SOCIOLOGY
in Modules

Fifth Edition

Richard T. Schaefer 著

第五版

社會學

温如慧・李易蓁・黃琇櫻
鮑曉萱・鮑曉詩・練家姍 譯

國家圖書館出版品預行編目(CIP)資料

社會學 / Richard T. Schaefer 著；溫如慧, 李易蓁, 黃琇櫻, 鮑曉萱, 鮑曉詩, 練家姍譯. -- 初版. -- 臺北市：美商麥格羅希爾國際股份有限公司臺灣分公司, 臺灣東華書局股份有限公司, 2022.08

面； 公分

譯自：Sociology in Modules, 5th ed.

ISBN 978-986-341-489-6 (平裝)

1. CST: 社會學

540　　　　　　　　　　　　　　　　　　　111010986

社會學第五版

繁體中文版©2022 年，美商麥格羅希爾國際股份有限公司台灣分公司版權所有。本書所有內容，未經本公司事前書面授權，不得以任何方式（包括儲存於資料庫或任何存取系統內）作全部或局部之翻印、仿製或轉載。

Traditional Chinese translation copyright © 2022 by McGraw-Hill International Enterprises LLC Taiwan Branch
Original title: Sociology in Modules, 5e (ISBN: 978-1-260-07495-6)
Original title copyright © 2020 by McGraw Hill LLC
All rights reserved.

作　　者	Richard T. Schaefer
譯　　者	溫如慧 李易蓁 黃琇櫻 鮑曉萱 鮑曉詩 練家姍
合作出版暨發行所	美商麥格羅希爾國際股份有限公司台灣分公司 104105 台北市中山區南京東路三段 168 號 15 樓之 2 客服專線：00801-136996
	臺灣東華書局股份有限公司 100004 台北市中正區重慶南路一段 147 號 3 樓 TEL: (02) 2311-4027　　FAX: (02) 2311-6615 劃撥帳號：00064813 門市：100004 台北市中正區重慶南路一段 147 號 1 樓 TEL: (02) 2371-9320
總 經 銷	臺灣東華書局股份有限公司
出版日期	西元 2022 年 8 月 初版一刷

ISBN：978-986-341-489-6

譯者簡介

溫如慧
現職
嘉南藥理大學社會工作系助理教授
學歷
臺南大學教育系教育經營管理博士
英國巴斯大學社會與政策系哲學碩士後研究
美國紐約州立大學水牛城分校社會工作碩士
經歷
執業社會工作師；老人專科社會工作師；長照機構評鑑委員；長照機構與社區培力外聘督導；新光醫院社工師；彰化基督教醫院社工員

李易蓁
現職
嘉南藥理大學社會工作系助理教授
學歷
中正大學犯罪防治研究所博士
經歷
執業社會工作師；三軍總醫院精神醫學部社會工作師；國防部台南監獄心輔員；曝險兒少、家暴被害人及相對人、物質成癮者及其家屬之團體治療師、個別諮商老師與相關服務方案外聘督導

黃琇櫻
現職
新光醫院社會服務室副課長
學歷
東海大學社會工作系碩士
經歷
馬偕醫院社會工作員

鮑曉萱
現職
專職翻譯
學歷
日本大阪大學日本文學系
經歷
時代國際英日語講師

鮑曉詩
現職
倫敦金屬交易所分析師
倫敦 JP Strategic Consulting Ltd 總監及總編譯
學歷
英國巴斯大學企業管理碩士
東吳大學英國文學學士
經歷
中國建設銀行倫敦分行金融機構分析師；東吳大學英文系助教暨國科會研究助理；現旅居英國倫敦

練家姍
現職
親子工作室負責人和國際學校心理輔導老師
學歷
高考社會工作師
英國巴斯大學社會與政策系哲學碩士後研究
英國歐斯特大學應用心理系碩士
輔仁大學臨床心理系學士
經歷
曾任大學兼任講師、台灣兒童暨家庭扶助基金會專員

譯者序

　　社會學是探究微觀社會學層面的人際互動與制度到鉅觀社會學層面的整體社會系統與全球化的科學。社會學是大專院校的人文社會科學系學生基礎必修學科之一，經常與經濟學、政治學、人類學等學科並列為社會學科之下，是培養大專學生具備洞察細微的個人日常生活到廣泛社會體制改變的重要學科。

　　本書原著作者 Dr. Schaefer，曾任教於美國多所大學，教授「社會學」已逾 35 年，出版過數十本相關著作與教科書，喜歡與學生互動並自認從中獲益良多，課堂上與學生討論的議題以及學生報告內所呈現的社會問題經常成為社會學教科書的題材。Dr. Schaefer 重要的社會學著作例如：Sociology: A Brief Introduction（第十三版），Sociology Matters（第六版），Racial and Ethnic Groups（第十四版），翻譯成多國語言如中文、日文、葡萄牙語、西班牙語言的 Encyclopedia of Race Ethnicity and Society，以及本書 Sociology in Modules（第五版）。

　　本書以多元的角度出發，促使讀者了解社會學者如何檢視人類行為及對於現有社會的相關研究結果，並試著幫助學生以社會學者的思考模式，應用社會學理論與概念到人際互動和制度之間。原著的每一章節包含「批判性思考」、「運用社會學於校園中」、「運用你的社會學想像」、「社會學實戰小練習」、「當代研究」、「社會學領域職涯」、「我們緊密連結的世界」、「全球社群的社會學」、「社會政策層面」、「地圖」，為了避免內文有過多關於美國社會的描述，在翻譯時稍作部分刪除，內文收錄共 17 章，包含「社會學」本體應有的文化、社會階級、社會流動、社會宗教、社會法律、社會變遷、社會控制、種族與多元、媒體、家庭、年齡議題、社會學理論與研究方法等。作者亦更新大量數據，以簡單明瞭的「地圖」（或是統計圖表），解釋各國與全球化的重要議題。

　　疫情多變，本書的翻譯與出版進度亦受影響，由衷感謝好友與同事們在工作繁忙之餘，協力完成。擔任新光醫院社工副組長的黃琇櫻小姐負責第 1 章到 4 章、於江蘇開設諮商工作室的練家姍小姐負責第 5 章和第 6 章、嘉南藥理大學社工系李易蓁助理教授翻譯第 7 章、擔任倫敦金屬交易所分析師的鮑曉詩小姐負責第 8 章、專職翻譯者鮑曉萱小姐翻譯第 13 章到第 17 章，而筆者則負責第 9 章到第 12 章。為使譯文易於讀者了解，由筆者學生、曾擔任培力社區社工員的李妍怡小姐負責譯後的第一次校讀以挑選出艱澀難懂文句。最後，感謝東華書局暨新月圖書編輯部經理儲方先生、編輯部余欣怡小姐給予的指導與支持。有幸翻譯 Dr. Schaefer 大師級著作，誠惶誠恐，若有疏漏之處，尚祈各界前輩與夥伴不吝予以指正。

温如慧

2022 年 5 月 30 日

目次

Chapter 1 　認識社會學　1

1.1 何謂社會學？　1
1.2 社會學的發展　7
1.3 主要的理論觀點　15
　　當代研究：從五個社會學理論觀點來看運動　22
1.4 社會學與你　24
　　全球社群的社會學：你的早安咖啡　28

　　本章摘要　30
　　重要詞彙　30
　　自我評量　31

Chapter 2 　社會學研究　33

2.1 何謂科學方法？　35
2.2 主要研究設計　42
　　當代研究：視覺社會學　46
2.3 研究倫理　50
　　社會學在工作的運用　53
2.4 方法論的發展　55

　　本章摘要　58
　　重要詞彙　58
　　自我評量　59

Chapter 3 　文化　61

3.1 何謂文化？　61
3.2 文化元素　66
3.3 世界各地的文化發展　75
　　全球社群的社會學：地球村的生活　77
　　全球社群的社會學：巴西的文化生存　79
3.4 文化差異　80

　　本章摘要　83
　　重要詞彙　83
　　自我評量　84

Contents

Chapter 4 社會化與生命歷程　87

- **4.1** 社會化的角色　87
- **4.2** 生命歷程的自我與社會化　92
- **4.3** 社會化的媒介　100
  - 社會學在工作的運用　102
  - 當代研究：變遷中的第三地　104
  - 當代研究：父母監控的數位世界　106
  - 本章摘要　108
  - 重要詞彙　108
  - 自我評量　109

Chapter 5 社會互動、團體與社會結構　111

- **5.1** 社會互動與社會結構　112
  - 當代研究：身心障礙者的主要身分　117
- **5.2** 全球觀點下的社會結構　125
  - 我們緊密連結的世界：法理社會中的社交情況　128
- **5.3** 認識團體　133
- **5.4** 認識組織　137
  - 本章摘要　144
  - 重要詞彙　144
  - 自我評量　146

Chapter 6 大眾傳播媒體與社群媒體　149

- **6.1** 關於傳播媒體的社會學觀點　149
- **6.2** 觀眾　163
- **6.3** 媒體的全球影響力　165
  - 本章摘要　168
  - 重要詞彙　168
  - 自我評量　169

Chapter 7 偏差、犯罪與社會控制　171

- **7.1** 社會控制　171

- 7.2 何謂偏差？ **177**
- 7.3 犯罪 **188**
  - 本章摘要 196
  - 重要詞彙 197
  - 自我評量 198

Chapter 8　全球不平等　201

- **8.1 世界性的階層化　201**
- **8.2 各國內的階層化：觀點比較　214**
  - 本章摘要 218
  - 重要詞彙 218
  - 自我評量 218

Chapter 9　種族與族群的不平等　221

- **9.1 少數民族、種族與族群團體　222**
- **9.2 社會學觀點的種族與族群　231**
  - 本章摘要 238
  - 重要詞彙 238
  - 自我評量 239

Chapter 10　性別階層化　241

- **10.1 性別的社會結構　242**
  - 全球社群的社會學：請勿區分性別：這裡是幼兒園！　244
- **10.2 標籤化與人類的性行為　249**
- **10.3 女性：被壓迫的多數　252**
  - 本章摘要 257
  - 重要詞彙 257
  - 自我評量 258

Chapter 11　年齡階層化　261

- **11.1 老化與社會　261**
- **11.2 全球老化　267**

11.3　年齡階層化　273
　　　本章摘要　276
　　　重要詞彙　276
　　　自我評量　276

Chapter 12　家庭的多元性　279

12.1　家庭的全球觀點　280
12.2　婚姻與家庭　287
12.3　替代傳統家庭的生活型態　297
　　　本章摘要　303
　　　重要詞彙　304
　　　自我評量　304

Chapter 13　教育　307

13.1　教育的社會學觀點　307
13.2　作為正式組織的學校　318
　　　本章摘要　325
　　　重要詞彙　325
　　　自我評量　326

Chapter 14　宗教　329

14.1　研究宗教的社會學方法　329
14.2　世界的宗教　337
14.3　宗教組織　343
　　　本章摘要　347
　　　重要詞彙　347
　　　自我評量　348

Chapter 15　政府與經濟　351

15.1　政府、權力與權勢　351
15.2　在美國的政治行為和權力　361
　　　我們緊密連結的世界：網路競選活動　368

15.3 經濟制度　370
15.4 變動的經濟　376
　　當代研究：平權行動　378

　　本章摘要　383
　　重要詞彙　383
　　自我評量　385

Chapter 16　健康、人口與環境　387

16.1 健康與疾病的社會學觀點　387
16.2 美國的社會流行病學與醫療保健　394
　　當代研究：美國醫療保健的零售模式　401
16.3 何謂精神疾病？　404
16.4 人口　408
　　全球社群的社會學：中國的人口政策　414
16.5 環境的社會學觀點　417

　　本章摘要　424
　　重要詞彙　424
　　自我評量　425

Chapter 17　全球社區中的社會變遷　427

17.1 集體行為　427
17.2 社會運動　442
17.3 社會變遷　448
17.4 全球社會變遷　457

　　本章摘要　465
　　重要詞彙　465
　　自我評量　467

索引　469

1 Chapter 認識社會學

1.1 何謂社會學?
1.2 社會學的發展
1.3 主要的理論觀點
1.4 社會學與你

©Cathy Yeulet/123RF
人們如何組成團體以完成必要的社會任務,是社會學家研究的其中之一。在加州,志工為了資源回收而撿垃圾。

1.1 何謂社會學?

「社會學與我或與我的生活有什麼關係?」當學生在選修基礎社會學課程時,經常可能面臨如此的疑惑,回答之前,先想想這些問題:你是否會受到所看的電視節目所影響?你使用網路嗎?上次選舉你有去投票嗎?你熟知校園裡喝酒狂歡的活動嗎?你使用另類療法嗎?這些只是本書所闡明日常生活的一小部分,社會學也關注更多社會議題。我們運用社會學來調查為什麼數以千計的工作機會從美國轉移到開發中國家?哪些社會動力助長偏見?是什麼力量促使某些人投入社會運動,致力於改變社會?資訊技術如何降低社會的不平等?以及西雅圖與新加坡的兩性關係有什麼不同?

簡而言之,**社會學**(sociology)是一種社會行為與人類群體的科學性研究,強調社會關係對人們行為的影響,以及如何建構、發展及改變社會。

社會學想像

社會學家依靠一種獨特的批判性思考方式來了解社會行為，具有領導地位的社會學家 C. Wright Mills 表示，這樣的思考方式就是**社會學想像（sociological imagination）**，意即個人與現代及過去社會之間關係的覺察（Mills [1959] 2000a）。這種覺察讓所有人（不只是社會學家）能夠理解我們的周遭環境，將個人的社會背景與疏離淡漠的社會環境做連結，得以形塑成為我們。

社會學想像的重要元素是，寧可用旁觀者的視野來觀察自己所處的社會，而非只是從個人經驗的觀點與文化偏好；簡單舉例如運動項目，在美國大學校園中，數以千計的學生為訓練良好的美式足球員喝采；在南美及加勒比地區，觀眾圍繞在兩個各有一隻雀鳥的籠子而歡呼。打開籠子遮幕，第一隻鳥唱了 50 首曲子贏得現金獎品，並且博得聲望。唱歌速度如同足球，觀眾總是會擁護自己所喜愛的，且深信自己支持的一方會贏，在某些文化視為普遍的運動，在其他文化可能認為不尋常（Rueb 2015）。

社會學想像使我們超越個人經驗與觀察，以了解更廣闊的公眾議題，例如離婚，毫無疑問是屬於離異的丈夫與妻子個人的難題；然而，Mills 提倡以社會學想像來看待離婚，因為離婚不僅是個人問題，也是社會議題。以此觀點，我們從離婚率增加重新定義家庭這項重要的社會制度。現代家庭成員經常包含繼父母以及父母離異再婚的同父異母或同母異父的手足。因為混合家庭的複雜性，家庭這個私領域成為公共議題，影響學校、政府機構、企業與宗教團體。

社會學想像是一個賦權的工具，透過社會學想像，人們超越既有對於人類行為的認識，以更寬廣視角從不同的嶄新方式看待人們及其所處的世界。這也更容易了解為什麼室友喜歡鄉村音樂更甚於嘻哈，也可以對世界其他人們展開一個全然不同的了解。例如，經歷 2001 年 9 月 11 日恐怖攻擊之後，許多美國人開始想了解世界上的穆斯林如何看待美國，以及原因。本書將會不時提供許多情境作為社會學想像的練習。

✓ 運用你的社會學想像

走在你所處城市鄉鎮的街道，環顧四周，很難不注意到半數以上的人體重過重，你如何解釋這項觀察？假如你是 C. Wright Mills，你會如何解釋？

社會學與社會科學

社會學是不是一門科學？**科學（science）**是指利用系統性觀察以獲取知識本體

的方法。社會學如同其他科學學科,也是一種透過結構性及系統性的方式,以增進了解許多現象的研究(例如人類行為)。不論研究蘑菇或謀殺犯,科學家都盡可能運用客觀的方法獲取準確的資訊;他們謹慎小心的記錄其觀察及累積的資料。

當然,社會學與物理學、心理學與天文學之間都有極大的差異;因此,一般而言,科學區分為自然科學與社會科學。**自然科學(natural science)** 研究自然界的物理特徵,及其互動與改變的方式,天文學、生物學、化學、地質學與物理學都屬於自然科學。**社會科學(social science)** 研究人類的社會特徵與互動改變方式,包括社會學、人類學、經濟學、歷史學、心理學與政治學。

©RawPixel.com/Shutterstock
社會學是社會行為及人類群體的科學研究。

這些社會科學的共通點是強調人類的社會行為,但每個學科都有其特殊的定位。人類學家通常研究過去工業社會之前沿襲至今的文化,與人類的起源。經濟學則探討人類生產與交換物品、服務、金錢及其他資源的方式。歷史學家關注過去發生的事件,以及對現代的影響。政治學家研究國際關係、政府的運作、權力與權威的行使。心理學家探討人格與個人行為。然而,社會學家的重點又是什麼?社會學家探討人類的行為與態度,以及人類互動與形塑社會的方式。因為人類是社會的動物,社會學家運用科學化來檢視我們的社會關係。他們探討的範圍相當廣泛,如美國社會學學會(American Sociological Association, ASA)所摘錄(表 1-1)。

社會學與常識

社會學聚焦於研究人類行為,然而我們都具有人類行為的經驗,至少有某些相關知識。例如,對於人們成為街友的原因,我們都有一套自己的論點,而這些論點往往來自常識(common sense),意即來自我們的經驗與交談、閱讀、電視等。

在我們日常生活之中,常依賴常識來面對許多陌生的情境,然而,有時候這些常識性知識雖是正確的,卻並非總是可靠的,因為那些只是一般信念並未經過系統性分析。即便 Pythagoras 與 Aristotle 確切的質疑,依據常識,人們曾經認為地球是平的,錯誤的常識不僅存在於過去,至今也仍然存在。

好比就一般常識而言,認為女性較男性長舌,然而研究發現,愛說話的程度,兩性之間的差異極微小;歷經五年的研究期間,研究者將隱藏式麥克風放在墨西

表 1-1　美國社會學學會摘錄表

社會學議題相當廣泛，例如，隸屬於美國社會學學會中動物與社會部門的社會學家可能研究動物權，隸屬於性取向部門的社會學家則可能研究全球性工作者或同性戀、雙性戀與跨性別運動；經濟社會學可能探索全球化或消費主義等議題。

老化與生命歷程	情緒	組織、職業與工作
酒精、藥物與香菸	環境與科技	和平、戰爭與社會衝突
利他、道德與社會團結	俗民方法論與會談分析	世界體系的政治經濟學
動物與社會	進化、生物學與社會	政治社會學
亞洲與亞裔美洲	家庭	人口
軀體與化身	全球化與跨國社會學	種族、性別與階級
兒童與青少年	社會學史	種族與少數民族
集體行為與社會運動	人權	理性與社會
溝通、資訊科技與媒體	不平等、貧窮與變動	宗教
社區與都市社會學	國際遷移	科學、知識與科技
比較與歷史社會學	勞工與勞工運動	性與性別
消費者與消耗	拉丁社會學	性取向
犯罪、法律與偏差行為	法律	社會心理學
文化	馬克思主義社會學	社會學實務與大眾社會學
發展	數學社會學	教與學
失能與社會	醫療社會學	理論
經濟社會學	心理衛生	
教育	方法論	

資料來源："ASA Sections," American Sociological Association, 2017. (American Sociological Association 2017a)

哥及美國共 396 名不同科系的大學生身上，發現男性與女性每天說話的字數都是 16,000 字左右（Mehl et al. 2007）。

誠如其他的社會科學家，社會學家並不會因為「每個人都知道」而接受某些事物為事實；取而代之的是，社會學家會將每個片段訊息檢驗及記錄，然後與其他相關資料進行分析。社會學家依賴科學研究以探索及了解社會環境。有時候，社會學家的研究發現可能類似於常識，那是因為他們處理的是日常生活方面的議題；差別在於類似的研究發現被研究者檢測了。現代常識告訴我們地球是圓的，也是基於 Pythagoras 與 Aristotle 開始的突破性進展，與幾個世紀以來的科學考證工作。

何謂社會學理論？

人們為何會自殺？過去普世觀點經常如此表示，自殺者遺傳了自殺的念想；其他的看法則認為，太陽黑子驅使人們自殺；對研究者而言，這些觀點並沒有完全的說服力，但在 1900 年代仍被人們深信。

社會學家並不會特別對任何個人死於自殺的原因感到興趣；相對地，他們更加關注於哪些社會力量有系統的迫使某些人結束生命；為了研究此一議題，社會學家發展出一套解釋自殺行為的一般理論。

我們可將理論視為嘗試以廣泛的方式，對於事件、問題面、資料想法或行為的解釋。就社會學而言，**理論（theory）**是一組試圖解決問題，行動與行為的描述；有效的理論包含解釋及預測兩種能力，也就是說，理論有助於我們從看似獨立事件現象中找出關聯，並且了解環境中某種型態的改變如何影響其他改變。

世界衛生組織（World Health Organization, 2010）指出，每年約有一百萬人死於自殺，早在一百多年前，社會學家即嘗試以科學的方法來檢視自殺的資料。Émile Durkheim（[1897] 1951）發展出一套非常獨特關於自殺與社會因素之間關聯的理論，Durkheim 關心的並非只是自殺者之個人特質，而是自殺率及各國的差異。他探討 1869 年法國、英國與丹麥的自殺資料，同時注意到每個國家的人口數，以便統計出各國的自殺率；他發現每一百萬個人之中，英國只有 67 人自殺，法國則有 135 人，丹麥有 277 人。因此他的質疑成為「為什麼丹麥有較高的自殺率？」

於是，Durkheim 更深入調查研究自殺率，在 1897 年將研究結果出版並成為其代表作《自殺論》（*Suicide*）。對於未經證實研究的說法，Durkheim 拒絕接受，包括遺傳傾向或是宇宙力量導致自殺；相反地，他認為自殺問題的導因是社會因素，例如缺乏宗教社會與職業團體的凝聚力。

Durkheim 指出，雖然自殺是個體獨自的行為，卻與團體生活息息相關。他發現缺乏宗教連結的人比那些有宗教連結者有較高自殺率、未婚者的自殺率也高於已婚者，以及軍人的自殺率也高於一般老百姓。此外，承平時期的自殺率高於戰亂或革命時期，經濟不穩定及衰退時期的自殺率也高於繁榮時期。Durkheim 就此歸納，社會的自殺率反映出人們能否整合融入社會群體生活的程度。

如同其他的社會科學家，Durkheim 也發展出一套理論，以說明如何在社會的範疇內了解個人的行為；Durkheim 表示團體與社會力量對個人行為的影響。顯然地，針對自殺提出比遺傳或太陽黑子更加科學性的解釋，意即自殺率提高或降低會隨著社會與經濟改變而變動。

當然，即便是一個最好的理論，也非人類行為的最終定論。Durkheim 的自殺

©Nicholas Pitt/Photodisc/Getty Images

論也不例外,社會學家持續檢驗導致全世界自殺率,以及某些特定地區差異的因素。例如在拉斯維加斯的自殺死亡率相當高,幾乎是全美整體的兩倍,研究者關注到 Durkheim 強調自殺與社會孤立之間的關係,因此指出拉斯維加斯的快速成長與旅客大量湧入已經逐漸破壞社區意識,即便是長期住民也如此。雖然賭博,更準確來說,賭博輸錢時更可能促使人們自殺,但研究者經過更謹慎的研究後,否定此種說法。拉斯維加斯發生的事情會留在拉斯維加斯,但其他地區擁有的社區凝聚力(sense of community cohesiveness)卻是拉斯維加斯所欠缺的(Wray et al. 2008, 2011)。

✓ 運用你的社會學想像

假如你是 Durkheim 自殺論的擁護者,你將如何調查並解釋現今美國 55 歲以上長者的自殺率日漸升高?

1.1 概述與回顧

摘要

社會學(sociology)是一門針對社會行為與人類群體的科學性研究,本節檢視社會學理論的本質與某些可能關聯的基本論點。

1. **社會學想像**(sociological imagination)是指個人與更廣闊社會之間關係的覺察。強調以局外人視野來看待我們社會的能力,而非僅只是從自身有限經驗與文化偏見的觀點。
2. 相較於其他**社會科學**(social science),社會學重視團體對於個人行為及態度的影響,以及人類如何形塑社會。
3. 立基於常識的知識並不總是可靠的,社會學家必須對每一個片段資訊加以檢測分析。
4. 社會學家運用**理論**(theory)檢驗可能完全無關的觀察或資料之間的關聯。

批判性思考

1. 社會學家如何面對一個全然不同於經濟學或政治學研究,如槍枝管控的議題?
2. 在速食餐廳的社會及工作環境中,有哪些觀點最吸引社會學家?如何運用社會學想像分析這些議題?
3. 想想本節的 Mills 與 Durkheim,哪一位學者對現代社會問題影響更大?為什麼你認為是這位學者,以及你想到哪些社會問題?

重要詞彙

自然科學	社會學想像
科學	社會學
社會科學	理論

1.2 社會學的發展

社會大眾經常對於社會學相關議題產生好奇——例如人們與他人相處的方式、我們以什麼維生、我們選誰當領導者。遠古及中世紀的哲學家或宗教權威，對於人類行為甚少關注，他們不會加以檢測或以科學方式區分這些觀察資料，即便有也是作為道德規約的基礎。有許多早期的社會哲學家曾準確預測，未來人們會用有系統的研究來探查人類行為。十九世紀開始，歐洲的理論家對於人類行為的科學發展做出開創性貢獻。

早期思想家

Auguste Comte

十九世紀的法國是個動盪不安的年代，1789 年法國大革命，法國君王被廢位，隨後 Napoleon 一統歐洲霸業的企圖也遭受挫敗，身處如此亂世之際，哲學家思考著如何改善社會。身為 1800 年代初期最具有影響力的哲學家——Auguste Comte（1798-1857），相信改善社會必須發展社會的理論科學，並且對人類行為予以系統性研究。他創造社會學（sociology）這個專有名詞，作為人類行為研究的科學。

從 Comte 在 1800 年代的著作裡，我們發現他深怕法國大革命的激烈行動對法國的安定產生長期傷害，然而他也希望社會行為的系統性研究能夠使人類更理性互動。在 Comte 的科學階層中，社會學的位階最高，他稱為「女皇」，社會學的信徒則稱為「科學傳教士」，這位法國的理論家不僅為社會學命名，也對這個新興的學科表現出巨大的挑戰野心。

Harriet Martineau

透過英國社會學家 Harriet Martineau（1802-1876）的翻譯，學者得以大量學習 Comte 的著作；但是 Martineau 與生俱來就是開拓者：她對英國及美國之風俗習慣與社會事務的觀察有相當深刻見解，在其著作《美國社會》（*Society in America*, [1837] 1962）中，她細查美國這個新大陸的宗教、政治、兒童養育與移民等議題，特別關注於社會階級區分及性別種族等社會因素，Martineau（[1838] 1989）也寫出第一本社會學方法的書籍。

©Georgios Kollidas/Alamy Stock Photo
Martineau 是社會學的早期先鋒，致力於故鄉英國及美國的社會行為研究。她提出的許多方法至今仍為社會學家所運用，包括系統性觀察。

Martineau 的著作強調經濟、法律、貿易、健康及人口對社會問題的影響，她提倡女權，主張解放奴隸及宗教包容。即便在生命後期，聽力障礙仍未阻止她作為行動家。Martineau（[1837] 1962）提倡，知識分子與學者不該僅止於單純觀察社會，他們應該依循信念行動，造福社會。正因如此，Martineau 提倡女性就業本質，並指出應該更進一步調查（Deegan 2003; Hill and Hoecker-Drysdale 2001）。

Herbert Spencer

另一位早期對社會學頗有貢獻的重要學者是 Herbert Spencer（1820-1903），他是一位相對富裕的維多利亞時代英國人，Spencer 不像 Martineau，不覺得需要匡正或改變社會；相反地，他只是希望多了解社會。透過 Charles Darwin 的著作《物種源始》(*On the Origin of Species*)，Spencer 運用物種進化的概念，來解釋社會如何隨著時間變遷與演化；同樣地，他也採用 Darwin 進化論「適者生存」的觀點，人為社會有窮人與富人是「自然」的。

終其一生，Spencer 的社會變遷論點得到廣大社會的回響，與 Comte 不同，他認為社會變遷是極為自然的事，人類對於當前的社會結構，實在沒有必要過度批判，也無須積極運作，企圖改變社會。此種論點頗獲許多英國、美國具有影響力的既得利益者，以及對改變有所質疑的社會思想家之認同。

Émile Durkheim

Durkheim 對於社會學具有開創性的貢獻，包括先前提及重要的自殺論；Émile Durkheim（1858-1917）是猶太教拉比的兒子，曾經前往在法國及德國受教育，他的學術聲譽卓著，也在法國獲聘為首席社會學教授；重要的是，Durkheim 讓後人印象深刻的主張是，必須從大社會範疇中了解行為，而非只是從個別的行為。

舉例來說，Durkheim（[1912] 2001）建立一套了解社會型態的基本論點，透過在澳洲阿倫達（Arunta）部落的密集研究，他聚焦於宗教形塑部落的功能，並且強調群體生活角色為我們所認為的宗教做出定義；Durkheim 認為就如同其他型態的團體行為，宗教促進群體的團結。

工作對當代社會的影響也是 Durkheim 研究重點之一，他認為工業社會逐漸帶來勞力分化（分工），使得工人在其工作領域分工更細，導致他所認為的「脫序」。**脫序（anomie）**是指當社會對個人的行為失去有效控制時，感覺失去方向。當社會發生大變遷時，人們失去方向及目標，經常發生脫序現象；在社會脫序期間，人們較容易迷惘且無法適應新的環境，也因此會有自殺的傾向。

Durkheim 也關注疏離、寂寞與孤立對現代工業社會造成的危險性，他認可

Comte 的觀點，認為社會學應可引導社會變遷的方向，因此提倡社會團體創新——在個人家庭與國家之間創立新的社會團體——在此巨大冷漠社會中，提供團體成員歸屬感。例如工會組織。

如同許多其他社會學家，Durkheim 並非侷限對於某個特定的社會行為，本書稍後會探討他對於犯罪與刑罰、宗教，以及職場等議題，在社會學科中，很少有其他社會學家如同 Durkheim 在社會學諸多領域造成如此戲劇性影響。

©Gary Conner/Stockbyte/Getty Images

Max Weber

Max Weber（1864-1920）是另一位重要的早期理論家，他出生於德國，曾研究法律與經濟史，但後來逐漸轉而對社會學產生興趣。最終，他成為許多德國大學的教授。Weber 教導學生應該將**瞭悟（verstehen）**，德文意即「了解」或「洞察」應用在學術工作中。他指出，我們無法像測量體重或溫度時，使用相同客觀的標準來分析我們的社會行為，要想完全理解行為，就必須學習附著於人們行動上的主觀意義——人們如何看待及解釋自己的行為。

例如，假設社會學家想要研究大學兄弟會社團成員的位階，Weber 會建議研究者應用瞭悟，以探討大學兄弟會成員社會階層的顯著性，研究者可以檢視運動或學業成就、社交技巧或資歷等方面，對於成員在兄弟會資歷的影響，也可以探討兄弟會成員與其他地位較高或較低成員之關係。當研究者探討這些問題時，可以將人們的情緒、想法、信仰及態度列入考慮（L. Coser 1977）。

我們也感謝 Weber 提出一個關鍵性的概念工具：理念型。**理念型（ideal type）**是指一個用來評估特定案例的架構或模型；在 Weber 的著作裡，他指出各種官僚政治的特徵是理念型（稍後在第 5 章將會詳細討論）。Weber 提出這個官僚政治的模型，既非指涉任何一個特定組織，也不是用理念型的方式給予正向評價。他的目的是提供一個有效的標準，以衡量官僚政治的實際狀況（Gerth and Mills 1958）。本書稍後章節將會運用理念型概念，探討家庭、宗教、權威及經濟制度，並且分析官僚政治。

雖然 Durkheim 與 Weber 的專業領域都是社會學，但他們從未謀面，甚至可能不知道對方的存在，更不用說理念的互通。Karl Marx 的著作就不是如此了，在他的著作裡可以看見與 Durkheim 工業社會分工的影響有所關聯。然而，Weber 所關

圖 1-1　社會學的重要貢獻者

©The Art Gallery Collection/Alamy Stock Photo

©Keystone Pictures USA/Alamy Stock Photo

©Everett Historical/Shutterstock

圖片來源：Library of Congress Prints and Photographs Division〔LC-DIG-ppmsca-38818〕

	Durkheim 1858-1917	Weber 1864-1920	Karl Marx 1818-1883	W. E. B. DuBois 1868-1963
學術訓練	哲學	法律，經濟，歷史，哲學	哲學，法律	社會學
重要著作	1893：《社會分工》(The Division of Labor in Society) 1897：《自殺論：社會學研究》(Suicide: A Study in Sociology) 1912：《宗教生活的基本形式》(Elementary Forms of Religious Life)	1904-1905：《新教倫理與資本主義精神》(The Protestant Ethic and the Spirit of Capitalism) 1921：《經濟與社會》(Economy and Society)	1848：《共產主義宣言》(The Communist Manifesto) 1867：《資本論》(Das Kapital)	1899：《費城黑人》(The Philadelphia Negro) 1903：《黑人教堂》(The Negro Church) 1903：《黑人的靈魂》(Souls of Black Folk)

資料來源：作者自編。

注的價值中立，客觀社會學直接回應了 Marx 的信念，因此 Marx 被視為社會學及其他社會科學發展史上的重要人物也就不令人驚訝了（圖 1-1）。

Karl Marx

　　如同 Durkheim 與 Weber，Karl Marx（1818-1883）對於抽象哲學議題及現實的日常生活感到興趣，但差別是，Marx 對於現存的社會機制採取極度批判的立場，以至於他的學術生涯難以發展，終其一生大部分時間都遠離母國（德國）流亡他鄉。

　　Marx 的一生掙扎困頓，當他的文章被禁後，便開始流亡，前往法國，他在巴黎結識 Friedrich Engels（1820-1895），兩人成為終生的至交好友。在他們所處的時代，歐洲及北美州的經濟型態已經漸漸由農業經濟轉變為工業經濟。

　　1847 年，Marx 與 Engels 參加一個由非法的工會組織──共產主義聯盟（Communist League）舉行的祕密集會，隨後數年，他們草擬《共產主義宣言》（The

Communist Manifesto），主張除了勞力毫無資源的廣大民眾（他們稱為無產階級）應該團結起來，共同對抗推翻資本主義社會。Marx 與 Engels 如此寫道：

> 至今所有存在的社會歷史全都是一部階級鬥爭史……無產階級除了背負枷鎖之外一無所有。他們要戰勝全世界，全世界的勞動者團結起來吧！（Tucker 1978:473, 500）

完成《共產主義宣言》之後，Marx 回到德國，卻又被驅逐出境。之後他移居英國，繼續寫書及文章的生涯。Marx 在英國的生活十分清苦，他幾乎把僅有財產都典當了，有幾個孩子也死於營養不良與疾病，Marx 就像英國社會的局外人，無法融入，因而影響他對西方文化的觀感。

在 Marx 的分析中，社會基本上劃分為兩個為利益互相衝突的階級，當他檢視所處的當代工業社會，例如德國、英國及美國，他認為工廠已經成為剝削者（生產的擁有者）與被剝削者（工人）兩者之間衝突的中心。Marx 有系統地觀察兩者的關係，相信經濟社會及政治關係的體制保障擁有者對工人操控支配權。因此，Marx 與 Engels 主張工人階級應該推翻現存的階級制度，Marx 對當代思潮影響十分引人注目，他的著作激發日後俄羅斯、中國、古巴、越南等地領導之共產革命。

即便不論因他的著作思想所引發的政治革命，Marx 的影響也十分深遠。Marx 強調群體歸屬及連結對社會個體的位階產生影響，這是當代社會學的重要議題。透過本書，我們將探討在特定性別、年齡群、種族或經濟地位的位階，如何影響個人的態度與行為。最重要的是，源自 Marx 的首創，我們可以循此方式認識社會。

W. E. B. DuBois

Marx 的著作鼓勵社會學家應透過那些影響力較低的人口群的視野來看待社會，美國早期黑人社會學家，包含 W. E. B. DuBois（1868-1963），希望藉著研究為促成種族平等社會而努力。DuBois 相信知識對於打擊偏見及達成寬容與正義是必要的，堅決主張社會學家必須制定科學準則來研究社會問題，例如美國黑人所經歷的問題。為了區隔觀念與事實，他提倡對黑人生活予以研究。透過他對白人及黑人都市生活的深入研究，例如費城及亞特蘭大，DuBois（[1899] 1995）為社會學做出重要的貢獻。

如同 Durkheim 及 Weber，DuBois 看見宗教對於社會生活的重要性。然而，他傾向重視宗教的社區層級，以及教會對於信徒的生活中所扮演的角色（DuBois [1903] 2003）。DuBois 對於諸如 Spencer 這些安於現狀的理論家缺乏耐心，他深信唯有賦予黑人完全的政治權利，才是社會與經濟進步不可或缺的。

DuBois 透過亞特蘭大社會學實驗室（Atlanta Sociological Laboratory），還幫助其他學者的開創性研究；同時這些同僚也訓練其學生參與宗教、犯罪及種族關係的調查，亞特蘭大的學生們大規模訪查，使我們對人類行為有更豐富的了解（Earl Wright II 2012）。

因為 DuBois 的許多思想挑戰當時社會狀況，在政治界或學術界都很難尋覓接受他的聽眾，因此他逐漸參與那些質疑既存社會秩序的組織。在 1909 年，他協助籌組全國有色人種協進會（National Association for the Advancement of Colored People），如今廣為大眾熟知的名稱為 NAACP（Morris 2015; Wortham 2008）。

DuBois 的洞察力相當持久，他在 1897 年創造出**雙重意識（double consciousness）**這個詞彙，是指個人自我認同分裂為兩個或更多的社會實體。他藉此描述美國白人的黑人經驗。雖然一個身為總統的非裔美國人可以擁有最高權力，但是對於數以百萬的非裔美國人而言，黑人並非真正總是擁有權力（DuBois [1903] 1961）。

二十世紀的發展

Durkheim、Weber、Marx 與 DuBois 建立當代社會學的穩固基礎，而過去百年之中，這門科學並非停滯不前；不僅歐洲人持續努力研究，世界各國的社會學家，特別是美國的社會學家，發展出社會學理論與研究，他們的新觀點有助於增進人們對於社會運作的了解。

Charles Horton Cooley

1900 年代初期著名的社會學家 Charles Horton Cooley（1864-1929），出生於密西根州的安納堡（Ann Arbor）。研究所就學時期修習經濟學，之後卻成為密西根大學（University of Michigan）社會學教授。如同其他早期的社會學家，他是在學習其他相關學科時，培養出對社會學這門新學科的興趣。

Cooley 與 Durkheim、Weber 及 Marx 同樣想要更認識社會，但是為了達到有效性，他傾向運用社會學的觀點先觀察較小的社會單元——親密且面對面的團體，例如家庭、幫派與朋友網絡。他視這些團體為社會的發源地，真正能分享人們的理念、信仰與社會本質。Cooley 的研究有助於增進我們對於小團體的認識。

Jane Addams

1900 年代初期，美國許多主要的社會學家將自己視為社會改革者，致力於系統性研究，以便能夠改善敗壞的社會。他們真誠地關心那些逐漸擴張城市中移民的生活，不論這些移民來自歐洲或美國南方鄉村。特別是早期女性社會學家，經常主

動前往貧窮城市，參與被稱為安置所（settlement house）的社區中心作為領袖，例如 Jane Addams（1860-1935），她是美國社會學會（American Sociological Society）的成員，她共同創辦著名的安置所——赫爾館（Hull House）。

Addams 與其他先鋒的女性社會學家共同致力於學術研究、社會服務工作及政治運動——目標為扶助弱勢者及創造公平正義社會。例如，Addams 與 Ida Wells-Barnett 共同合作，Wells-Barnett 是一位黑人新聞記者兼教育家，Addams 成功阻止芝加哥公立學校實施種族隔離政策。Addams 致力於實務工作，她建立少年法庭制度與女性工會（Addams 1910, 1930; Deegan 1991; Lengermann and Niebrugge-Brantley 1998）。

圖片來源：Library of Congress Prints and Photographs Division [LC-H25-71336-BF]

Addams 是社會學及安置所運動的早期先鋒，同時也是許多理想目標的行動家，包括世界各地的和平運動。

然而二十世紀中葉之後，社會學關注的重點逐漸改變，大部分社會學家關注於建立理論及蒐集資料，社會改革的目標轉移到社會工作者與激進主義者身上，社會學家的工作重點逐漸從社會改革轉移為科學方法的研究及客觀的資料分析。在 1950 年代，一個新的組織——社會問題研究學會（Society for the Study of Social Problems）成立，目的是直接協助處理更多的社會不公及其他社會問題。

Robert Merton

社會學家 Robert Merton（1910-2003）最大的貢獻是，有效結合理論與研究，Merton 出生於費城的斯拉夫移民家庭，曾得到天普大學（Temple University）的獎學金。之後他繼續前往哈佛大學（Havard University）深造，在此將社會學視為終生的興趣，Merton 的教學生涯是在哥倫比亞大學（Columbia University）。

Merton（1968）提出一套與偏差行為相關的理論，普遍受到世界各學者的引用；他指出人們總是嘗試不同的方式追求成功的人生，認為某些人並不認同積攢物質財富或收受財物達到人生目標的社會常規。例如在 Merton 的分類基模中，創新者（innovator）是指以追求物質財富為目標卻使用非法手段，包括強盜、竊盜及勒索。雖然 Merton 以個人行為來詮釋犯罪，但擴大來說，那些個人行為卻是受到社會認可的目標及財富影響；他的理論有助於說明窮人有較高的犯罪率，因為窮人從傳統的成功途徑看不到希望。第 7 章將詳細討論 Merton 的理論。

Merton 也強調社會學研究應該融合鉅觀層面與微觀層面，**鉅觀社會學（mac-**

rosociology）著重於大規模的現象或整體文明，例如 Martineau 在美國的宗教及政治研究；更近期者，鉅觀社會學家探討國際犯罪率（請見第 7 章），以及亞裔美國人被視為「模範少數族群」的刻板印象（請見第 9 章）。相對地，**微觀社會學（microsocioligy）**則強調採取實驗性質的小群體研究。微觀社會學研究針對微觀層面，包含婚後的男女如何擺脫社會角色的特徵（請見第 5 章），以及教師的期待如何影響學生的學業成就（請見第 12 章）。

Merton 想要包容所有研究，過去五十年間社會學家提出另兩類研究：中觀社會學與全球社會學。**中觀社會學（mesosociology）**是指從中觀層面分析包含正式組織與社會運動。例如 Weber 對官僚政治的分析（請見第 5 章）及環保主義研究（請見第 14 章）都屬於中觀社會學。**全球社會學（global sociology）**是指國家之間的比較，典型採用整個社會作為分析單位，Durkheim 的自殺跨文化研究正是全球社會學的範例，國際犯罪率研究也是（Smelser 1997）。

Pierre Bourdieu

越來越多的美國學者參考他國社會學家的觀點，法國社會學家 Pierre Bourdieu（1930-2002）獲得北美及其他地區的擁護追隨。Bourdieu 年輕時，曾在阿爾及利亞從事田野調查，當時阿爾及利亞正在為了脫離法國統治爭取獨立而戰鬥，如今學者們不僅探討 Bourdieu 的研究技巧及研究結論。

Bourdieu 的論述提及如何以各種型態的資本維持個人及家庭，從一個世代到下一個世代；Bourdieu 指出資本並非只是物質貨物，還包含文化與社會資產。**文化資本（cultural capital）**是指非經濟性財貨，例如家庭背景與教育，足以反映出語言及藝術的知識。文化資本不必然是書本知識，而是社會菁英所珍視的教育方式。例如，中式烹調知識是一種文化，但並不會被社會菁英視為有聲望的文化。美國移民──特別是大規模遷移且定居於美國境內領地的族群，通常需要經過二到三個世代方能建立更多族群，以發展相同程度的文化資本。

相較之下，**社會資本（social capital）**是指社會網絡的集體利益，必須建立於相互信任上。有許多相關著作都提及，家庭及朋友網絡提供人們進步機會的重要性。社會連結及資本對於健康幸福學業成就與經濟成功都有極大價值。Bourdieu 雖然受到早期社會思想家如 Marx 與 Weber 之啟發，但更重視文化及社會資本（Bourdieu and Passeron 1990; Poder 2011; Putnam 2015:207）。

當代社會學反映出當社會學家努力研究離婚、毒癮、宗教崇拜等議題時，會參考社會學先進的理論觀點提供多元化的理論貢獻；細心的讀者不難在當今的研究上，發現 Comte、Durkheim、Weber、Marx、DuBois、Cooley、Addams 等人的大名。如今社會學已超越北美及歐洲的知識體系範疇，社會學家及世界各地人類行為

的研究貢獻良多。在探究這些社會學家的研究時，先了解一些理論觀點，也稱為途徑或看法，是有所幫助的。

1.2 概述與回顧

摘要

十九及二十世紀，奠定社會學根基並加以發展的思想家，反映出他們所生活的社會樣貌。

1. 十九世紀對於社會學貢獻良多的思想家，包含法國哲學家 Comte、英國社會學家 Martineau、英國學者 Spencer。
2. 其他對社會學發展至為重要的名人有 Durkheim，自殺論的先進；Weber，教導學術研究中洞察的需要；Marx，強調經濟與社會衝突；DuBois 提倡基礎研究的有效性，以對抗偏見並促進種族寬容及正義。
3. 二十世紀，對社會學貢獻的社會學家有美國的 Cooley、Merton，以及法國的 Bourdieu。
4. **鉅觀社會學（macrosociology）** 強調大規模層面現象或整個文明；**微觀社會學（microsociology）** 重視小團體研究；**中觀社會學（mesosociology）** 著重針對正式的組織與社會運動從中間層面加以分析；**全球社會學（global sociology）** 強調國際或整個社會的比較。

批判性思考

1. 想一想早期的社會學家，如 Comte 及 Martineau，他們反映出哪些社會問題？現代這些問題又達到何種程度的改善？
2. 十九世紀工業化如何影響社會學思想的發展？
3. 你所擁有的社會與文化資本有哪些？舉例說明。

重要詞彙

脫序	鉅觀社會學
文化資本	中觀社會學
雙重意識	微觀社會學
全球社會學	社會資本
理念型	瞭悟

1.3 主要的理論觀點

社會學家以多元的觀點看待社會，有些人視社會為一個穩定持續的實體，他們對於家庭的恆久、有組織的宗教與其他社會機制感到驚豔；其他社會學家則認為社會是由許多衝突中互相爭取稀少資源的團體所組成；對另外一些社會學家而言，最迷人的觀點在於，把社會視為日常例行生活，以及視為理所當然的人際互動。三種

最被社會學家廣為引用的觀點是功能論、衝突論與互動論觀點，這些觀點將共同引導我們認識這門學科。

功能論觀點

將社會當作一個活的有機體，而這個有機體的每一個部分都是為了維繫社會而努力貢獻，這樣的觀點正是**功能論觀點（functionalist perspective）**，強調社會每一個部分都是為了維持社會穩定度而建構的。從任何的社會面向檢視，功能論強調為全面的社會穩定而努力。

哈佛大學社會學家 Talcott Parsons（1902-1979）是功能論理論發展的關鍵人物，Parsons 深受 Durkheim、Weber 及其他歐洲社會學家的影響。他倡導功能論觀點，主導美國社會學界四十多年，Parsons 視社會為一個巨大的網絡，各個部分都是為了維繫整個體系而相互連結。德國社會學家 Niklas Luhmann（1927-1998）將他的論述予以發揚光大，認為假如某部分社會生活對於社會安定或存在毫無貢獻、沒有特別有用的功能，或促進社會成員價值觀的共識，就可能被淘汰而無法世代傳承（Joas and Knöbl 2009; Knudsen 2010）。

讓我們檢視功能論觀點，例如，許多美國人對於印度屠牛禁令（特別是聖牛）感到不解，當人們為了勉強負擔得起的微少糧食而討價還價時，在印度市集街道上，牛絲毫不受阻攔，任意穿梭，吃著橘子及芒果。要如何解釋當人們面臨自己的匱乏，卻對牛如此虔敬，這是一種反功能嗎？

以上案例正說明在印度社會裡牛崇拜是高功能的，依據經濟學家、農業學家及社會科學家研究結論，牛有兩項重要功能：耕田與生產牛奶。假如印度允許吃牛肉，貧窮家庭可能會為了一時的飢餓宰殺牛，如此便沒有牛可以耕種而獲得農產收入。牛會產生糞便，糞便有雙重功能：作為肥料及煮飯燃料。終究牛供養社會最貧窮者，賤民或最底層者有時會偷偷吃牛肉，如果社會許可吃牛肉，毫無疑問的高種姓印度人將會哄抬價格，將售價提高到飢餓者無力負擔。

©John Lund/Tiffany Schoepp/Blend Images/Corbis
在巴拿馬首府巴拿馬市，功能論將家庭視為社會安定的重要力量。

顯性與隱性功能

大學的學校簡介裡常自述學校有眾多功能，例如「不論人文、科學或藝術，學

校都能提供每個學生在古典與當代思潮更廣闊的學習。」但如果學校簡介裡，寫著「本校自1895年成立以來，創校宗旨是協助每個學生找到婚姻伴侶」，就會令人大吃一驚了，這不可能是任何學校的立校宗旨。然而社會機制具有許多功能，事實上，大學也的確促成許多伴侶的選擇。

Merton（1968）在顯性與隱性功能之間做出重要的區隔。**顯性功能（manifest function）** 是公開的機制，是指社會特意且認可的結果，就像大學的角色是確認學術表現與優秀的功能；反之，**隱性功能（latent function）** 則是指不自覺的或非刻意的功能，可能反映出機制的隱藏目的，降低失業率可能也是大學的隱性功能之一，另一個隱性功能則是為人們創造尋覓婚姻伴侶的場所。

©Elmer Martinez/AFP/Getty Images

馬克思主義觀點社會學家質疑「誰獲利？誰受苦？而誰又是支配者？」這些刺青可能會讓人聯想到哪些馬克思主義理論？

失功能

功能論學者了解社會中各個部分並非總是隨時能夠維繫社會的穩定，**失功能（dysfunction）** 意味著某個社會的元素或過程，也有可能破壞社會安定或降低社會穩定度。

有許多失功能行為模式，例如殺人，是令人不愉快的，但我們不能以此推論所有失功能都是不好的。評價失功能行為，經常取決於自身的價值觀或立場，例如，美國監獄官方說法認為應該根絕獄中囚犯的拉幫結派，因為對於管理而言是一種失功能，然而有些獄警卻認為獄中的囚犯拉幫結派保障他們的工作。監獄幫派創造一種「危害安全」的風險，因此需要加強監管與增派警衛人力，以處理幫派問題（G. Scott 2001）。

衝突論觀點

功能論學者重視穩定及共識，衝突論社會學家則認為社會持續在爭鬥中。**衝突論觀點（conflict perspective）** 認為認識社會行為的方法，是從團體間權力張力或資源分配，如住宅、金錢、服務取得及政治代表等方面，團體間資源競爭不必然是暴力的，可能採用勞資協商或政黨政治、宗教團體吸收信徒競爭，或預算爭議等方式呈現。

1900年代大部分時期,美國的功能論社會學家較占優勢,直到1960年代晚期,衝突論越來越有說服力。當時有許多事件導致社會動盪,例如爭取公民權運動、越戰參戰意見分歧、女性主義和同性戀解放運動、水門事件、都市暴動、墮胎爭議及中產階級經濟前景萎縮等,因此走向衝突觀點——意即社會的特點就是競爭團體之間永無止境的爭鬥。直到現代,社會學界已經接納衝突論觀點為社會研究的有效方法之一。

馬克思主義觀點

如先前所述,Marx認為由於資本主義剝削工人,社會階級之間的爭鬥不可避免;社會學家及其他社會科學家將Marx的論述加以闡述,認為衝突不只是階級的現象,也是所有社會日常生活的一部分。在任何文化、組織或社會團體研究中,社會學家意欲了解誰是獲利者、誰是犧牲者,以及又是誰藉由操縱他人以獲取利益。他們關注男女之間、父母與孩子之間、城鄉之間、白人與黑人之間的衝突,衝突論學者關注包含家庭、政府、宗教、教育及媒體等社會機制,如何介入以維護某些特定群體的特權及地位。衝突論學者強調社會變遷與資源再分配,比功能論學者更加激進與極端(Dahrendorf 1959)。

女性主義觀點

雖然女性主義在其他學科領域有長遠的傳統,但是直到1970年代,社會學家才開始接受女性主義觀點。**女性主義觀點(feminist perspective)** 認為性別不平等是所有行為與組織的癥結點,因為強調不平等,女性主義經常與衝突論結盟。女性主義理論的支持者強調鉅觀層次,如同衝突論學者。從Marx與Engels的著作裡,當代女性主義學者認為,資本主義社會造就女性被支配的地位,某些激進女性主義學者更認為,不論是資本主義或社會主義,在所有男性主導的社會裡,女性不可避免地受到壓迫(Ferguson 2017)。

早期女性主義(遠在尚未被社會學家所標註)的觀點,從Ida Wells-Barnett(1862-1931)的一生及其著作得見樣貌。她在1890年代出版了一本開創性的著作——美國黑人私刑的實際面貌,她後來成為女性權力倡導者,特別是爭取女性投票權。一如她之後的女性主義理論家,Wells-Barnett運用社會分析作為對抗壓迫

©Smithsonian Libraries/Science Source
Ida Wells-Barnett 探討女性及黑人在美國的意涵,她的研究促使她成為女性主義早期先鋒。

的方式，在論述中，她研究身為黑人、美國女性、美國黑人女性各樣角色的意涵（Giddings 2008; Wells-Barnett 1970）。

女性主義延續激起近代交叉論（intersectionalities）或支配原型議題的討論，在所有社會裡有許多複雜社會因素決定是否有特權，例如性別、年齡、種族、性取向與宗教。其他女性主義學者 Patricia Hill Collins（2000）關注這些交叉因素，並不僅是財富資源，還有在社會中我們如何掌控日常生活的影響。

酷兒理論

傳統上，社會學家及其他研究者都認定男性與女性都是異性戀，他們忽視其他性取向或視為不正常。法國社會學家 Michel Foucault（1978）指出，何謂正常或可接受的性取向因文化而異，也會因時代不同而改變，現代酷兒理論的社會學家對於性取向研究已經超脫狹隘的定義，接納各種形式。

從歷史觀點來看，酷兒這個字多被用在以貶抑的態度，羞辱一個人或行為，然而自 1970 年代初期開始，男同性戀與女同性戀開始將這個字視為賦權的術語，駁斥只有異性戀才是正常性取向的概念，取而代之的是，他們認同多元的性認同，包含雙性戀。**酷兒理論（queer theory）**對於性認同的社會研究從更廣泛的觀點來探討，包含異性戀、同性戀及雙性戀。

酷兒理論學者 Eve Sedgwick（1990）提出質疑，認為若未包含廣泛的性認同，所做的任何社會分析都不夠完整，想想 2012 年 Barack Obama 總統競選連任時，政治科學家通常關注他從非裔美國人、拉丁裔美國人與女性選民得到壓倒性支持，大部分卻忽略廣大的支持者——76% 男同性戀、女同性戀及雙性戀選民的支持。相較之下，異性戀支持者均分選票（49% 對 49%）支持 Obama 與其對手 Mitt Romney，在佛羅里達州、俄亥俄州及維吉尼亞州三個決戰州，從男同性戀、女同性戀及雙性戀選民所獲得支持就足以讓 Obama 登頂，假如 Romney 能夠得到 51% 男同性戀、女同性戀及雙性戀選民的支持，他就會成為下一任的美國總統（Gates 2012）。

✓ 運用你的社會學想像

設想你是一個衝突論的社會學家，會如何詮釋性交易工作？假如你採取功能論觀點又會有何不同？女性主義觀點呢？酷兒理論觀點呢？

互動論觀點

工人在工作中的互動、在公共場所如車站及公園的偶遇、在小團體中顯現的行為，這些微觀社會學的觀點引起互動論學者的關注。鑑於功能論學者與衝突論學者

皆強調社會行為模式的大規模分析，**互動論觀點（interactionist perspective）**則是將日常社會互動行為方式概念化，以詮釋整體社會。

現代社會大眾擔心交通壅塞與通勤費用，互動論學者開始研究某種通勤行為模式，稱為「共乘」（slugging），通勤族聚集在某個預先指定的地點，尋求與其他陌生人共同乘車，就可以減少自己開車上班。當駕駛者將車開往停車場或空地，並且告知自己的目的地時，隊伍中有著相同目的地的首位共乘者便會上車，當共乘的規則形成時，駕駛者與乘客之間的社會互動更加順暢：駕駛者及乘客禁止在車上飲食或抽菸；共乘者不得調整車窗、收音機或講手機。基於車上免費搭載共乘者，駕駛必須使用高承載專用車道（Slug-Lines.com 2016）。

互動論〔也稱為符號互動論（symbolic interactionism）〕是一種社會架構，人類被視為生活在一個有意義的客體所組成的世界，這些「客體」包含實質物品、行為、其他人群、人際關係及符號。互動論學者認為符號是人際溝通中相當重要的一部分（也因此被稱為符號互動論），所有的社會成員共享符號的社會意涵。例如，在美國，敬禮代表尊敬、緊握拳頭表示抗拒，然而在其他文化可能以不同的方式表達尊敬或抗拒。這些不同的符號互動型態稱為**非語言溝通（nonverbal communication）**，可能包含其他手勢、臉部表情及姿勢（Masuda et al. 2008）。

功能論與衝突論觀點都源自歐洲，互動論則起源於美國。George Herbert Mead（1863-1931）被公認為互動論的創始者。Mead自1893年起在芝加哥大學（University of Chicago）教書，直到去世。自從他的論說廣為人知後，社會學家對於互動論逐漸感興趣；並且從長期鉅觀層次的社會行為研究模式，轉向以微觀層次研究小團體社會行為。

Erving Goffman（1922-1982）提出一項互動學派方法，即**擬劇法（dramaturgical approach）**，將人們視為戲劇的表演者，廣為人知。擬劇法觀點將日常生活與舞台場景加以比較，就如同演員所需演出的某個形象，我們也需要展現出某些人格特質，並且隱藏另一部分特質。因此，我們在學校時展現出認真的形象，參加派對時則表現出放鬆與友善。

社會學方法

社會學家採用何種觀點來研究人類行為？功能論？衝突論？互動論？女性主義觀點？酷兒理論？我們無法單純地將所有社會想法壓縮為4到5個理論分類，或者把其他觀點也包含在內甚至有10個；然而，社會學家藉著研究這三類重要架構，更能掌握探索社會行為的途徑。這三類觀點的社會學研究摘要如表1-2。

表 1-2　主要的社會學觀點　　　　　　　　　　　　　　　　　　　　　　　| 追蹤社會學觀點

	功能論	衝突論	互動論
社會觀點	穩定、整合	團體間緊張與爭鬥	影響日常生活的社會互動
強調的分析層次	鉅觀、中觀、全球	鉅觀、中觀、全球	微觀，認識廣大社會現象的方法
主要概念	顯性功能 隱性功能 失功能	不平等 資本主義 階層化	符號 非語言溝通 面對面互動
對個人的看法	透過個人社會化以展現社會功能	個人受到權力強迫與權威所操控	個人透過互動過程中運用符號，以創造他們的社會世界
對社會秩序的看法	透過合作及共識來維持	透過武力與強制來維持	透過分享日常行為的認知來維持
對社會變遷的看法	可預測、可強化	改變隨時發生且有正向結果	藉由個人的社會地位及與他人溝通反映出來
例子	刑罰強化社會秩序	法律強化既得利益者的地位	個人依據其過去經驗判別是否守法
擁護者	Émile Durkheim Talcott Parsons Robert Merton	Karl Marx W. E. B. DuBois Ida Wells-Barnett	George Herbert Mead Charles Horton Cooley Erving Goffman

　　雖然沒有任一觀點可以自動驗證，且社會學家運用的目的各有不同，但許多社會學家僅是單純的偏好某個觀點更勝於其他觀點罷了。社會學家的理論取向會影響其社會問題研究的方法，包含研究主題的選擇、如何研究，以及要（或不要）研究的問題。專欄 1-1 顯示研究者從不同的社會學觀點探討運動。

　　無論社會學家工作的目的是什麼，他們的研究總是被其理論觀點所引導。例如，社會學家 Elijah Anderson（1990）同時擁護支持互動論觀點，以及 DuBoois 的開創性著作。Anderson 在費城執行社會調查工作 14 年，針對比鄰而居的黑人與白人的互動狀況做研究，對於他們的公開行為特別感到興趣，包含他們在街道相遇時是否有眼神接觸。Anderson 的研究告訴我們，許多關於美國黑人與白人的日常社會互動，但是並未對於這些互動的背後因素多做解釋。如同理論，研究結果如同舞台探照燈僅能照明某部分，其他部分仍隱身於黑暗中。

當代研究　　　　　　　　　　　　　　　　　　　　　　　　　　　　　　專欄 1-1

從五個社會學理論觀點來看運動

我們看運動、討論運動、花錢在運動上，有些人甚至依賴運動維生。運動直接或間接占據我們大量的時間與金錢，毋庸置疑地，運動本身具有許多社會元素，值得我們從各種不同的理論觀點加以分析。本節將從五種社會學觀點來分析運動。

功能論觀點

在探討社會樣貌時，功能論學者重視對社會穩定的貢獻，並將運動視為接近宗教的社會機制，運動透過各種儀式強化社會的共同價值。例如：

- 運動將年輕人社會化為具有競爭與愛國精神的價值觀。
- 運動有助於維繫人們的身體健康。
- 對於運動員及觀眾而言，運動被視為安全閥，允許運動員及觀眾以社會可接納的方式宣洩緊張及攻擊性情緒。
- 運動促進社區成員（例如支持當地運動員及團隊），甚或國家（例如世界盃或奧運）團結，達到全面一致性的社會安定。

衝突論觀點

衝突論學者主張社會秩序立基於壓迫及剝削，他們認為運動反映出或強化既有的社會階層：

- 運動是一個事業體，相較於員工的健康與安全，利益更重要。
- 運動傳遞一個錯誤的想法，就是努力即可成功，然而個人卻需要獨自面對失敗的責難（不能怪罪大社會制度的不公義）。
- 專業運動員的行為可能促成暴力與藥物濫用。

©Sergei Bachlakov/Shutterstock

加拿大職業高爾夫球員 Brooke Henderson 在 2017 年女子職業高爾夫球巡迴賽，贏得 150 萬美元獎金，獎金排行榜名列第六。她的勝利讓她晉級到包含男性球員的世界排名 74 位。

- 社區將有限的資源補貼興建專業的運動設施。
- 運動維持了黑人與拉丁裔的從屬角色，作為運動員相當艱苦，甚少見到晉升成為教練、經理人及雇主的位階。
- 球隊標誌與吉祥物〔如華盛頓紅人隊（Washington Redskins）〕貶低印第安裔美國人。

女性主義觀點

女性主義學者考慮的是，如何透過觀看或參與運動，強化男性及女性在大社會中所扮演的角色：

- 大致來說，運動雖然能夠強健體質，促進健康，但也可能有負面影響，男性運動者可能違法使用類固醇（如健美運動選手及棒球員），女性則是過度節食（如體操及花式溜冰）。
- 性別的期望鼓勵女性運動員應該被動及溫和，對強調競爭的運動而言，這樣的

特質難以支持。結果，女性難以進入傳統上由男性主導的賽場，例如賽車及全國運動汽車競賽協會（NASCAR）。
- 雖然職業女性運動員逐漸增加，但是她們的表現仍居於男性之後。

酷兒理論

酷兒理論的擁護者強調只有可接受的性認同可以加入，運動促成異性戀：
- 基於對同性戀的負面刻板印象，教練與運動員經常以輕蔑語言指稱同性戀運動員表現不夠格。
- 身為運動團隊一員，除了異性戀外，職業運動選手非常不願意公開任何性認同，因為害怕傷害到他們的職業生涯，以及失去粉絲與商業贊助。
- 當非異性戀的家長為孩子報名參加運動或童軍活動時，常遭到敵意，並且受到教練及其他贊助者拒絕。

互動論觀點

互動論學者研究社會秩序時，對於人們日常行為的共同認知特別感到興趣，互動論學者以微觀層次觀點來檢視運動，研究的焦點在於運動世界的特別規範，價值與需求，如何形塑我們的日常行為。
- 運動能夠提升父母與孩子之間的共同參與，有時會導致父母有所期待，有時產生過於不理性的成功期待（希望孩子獲得勝利）。
- 參加運動能建立友誼網絡，豐富我們的日常生活。
- 儘管有階級、種族與宗教差異，但是隊友們可以和諧的共同努力，甚至消除共同的刻板印象與偏見。
- 運動界的人際關係取決於人們的社會地位，以及運動員、教練與裁判位階的高低，和個人表現與聲譽。

儘管功能論、衝突論、女性主義、酷兒理論與互動論之間的差異，他們一致認同運動並非只是身體的活動或娛樂，也同意運動及其他文化型態等主題都值得社會學家慎重研究。

討論

1. 你是否曾經歷或目睹運動中存在的性別、種族、性認同等歧視？如果有，你的反應是什麼？在你的學校裡，黑人女性或同性戀者是否引起爭議？是哪方面爭議？
2. 你認為五種社會學觀點中，哪一種觀點用來分析運動最有效？為什麼？

資料來源：Acosta and Carpenter 2001; Eitzen 2009; Fine 1987; Sefiha 2012; Sharp et al. 2013; Young 2004; Zirin 2008.

1.3 概述與回顧

摘要

社會學家針對相同議題，運用五種主要觀點提出其獨特見解。

1. **功能論觀點（functionalist perspective）** 強調社會各個部分的建構方式是為了維繫社會穩定。
2. **衝突論觀點（conflict perspective）** 認為從競爭團體之中的衝突或緊張最足以了解社會行為。
3. **互動論觀點（interactionist perspective）** 關注於互動的根本或基礎型態，包括符號

與其他非語言溝通方式（nonverbal communication）。
4. **女性主義觀點**（feminist view）經常與衝突觀點連結，認為所有行為與組織問題中心來自性別不平等。
5. **酷兒理論**（queer theory）認為除了從「正常異性戀」的觀點，也應該重視更廣泛的性識別觀點才能全面了解社會。

批判性思考

1. 試述你所認知的一項當代社會失功能觀點。
2. 試述你所認知的校園內一項具有特別意涵的符號或事物。
3. 試述當地商店裡陳列的玩具，哪些與種族、階級與性別有關等議題。

重要詞彙

衝突論觀點
擬劇法
失功能
女性主義觀點
功能論觀點
互動論觀點
隱性功能
顯性功能
非語言溝通
酷兒理論

1.4 社會學與你

你已經看到社會學家如何將主要的社會學觀點運用於他們的研究。社會學與你的關聯呢？與你的研究呢？以及與你本身的職涯呢？本節我們將要學習應用社會學與臨床社會學這兩項發展中的領域，將大學及研究所學到的社會學知識得以應用於真實世界中。你也將學習如何發展你的社會學想像，這正是像社會學家般思考的關鍵之一。

應用社會學與臨床社會學

許多早期的社會學家，著名者如 Addams、DuBois 與 Mead 等都非常關心社會改革；他們期望自己的理論與研究發現攸關於政策制定者及人們的日常生活。舉例而言，Mead 曾任職赫爾館的財務長，運用自己的理論改善那些弱勢者（特別是移民）的生活；也曾任職於主掌芝加哥勞工問題及國民義務教育的委員會。DuBois 從 1895 年到 1924 年主持亞特蘭大社會學實驗室，支持學者在商業、犯罪正義、健康照護與慈善事業的應用研究（Earl Wright II 2012）。

如今，**應用社會學**（applied sociology）是將社會學知識實際運用在人類行為及組織，Michael Burawoy（2005）繼而擴大，他在當選美國社會學學會會長的就

職演說中，認同公共社會學（public sociology），鼓勵學者號召廣大群眾，共同創造美好未來。實際上，應用社會學的確漸漸朝向群眾共同參與，為創造美好社會而努力。

應用社會學或公共社會學的基本目標是解決社會問題，例如，過去五十年中，有八任美國總統都曾設立委員會，以探討國家面臨的重要社會議題；經常邀請社會學家運用專業，協助暴力、色情、犯罪、移民與人口等相關議題之研究。在歐洲，學術界與政府機構研究部門皆對於應用社會學研究經費提升贊助。

應用社會學也逐漸關注地方社區的研究，例如，1994年創立於傑克遜維爾（Jacksonville）的北佛羅里達大學（University of North Florida）的North Florida Center for Community Initiatives（CCI）所執行的數個社區研究，包括傑克遜維爾當地街友普查研究、藝術品的經濟影響力分析，以及卡崔娜颶風影響的長期研究。典型的應用社會學研究，包含各大學科系教職員、大學生、研究生、志工及社區住民等共同協力合作努力（Center for Community Initiatives 2014）。

另一個CCI應用社會學的例子是Magnolia Project，在傑克遜維爾當地底層貧民區設置診所，聯邦健康啟動計畫中一部分即是針對降低嬰兒死亡率，此計畫服務對象為極少或未接受常規健康照護的育齡婦女。CCI的責任包含：(1)訪談及調查社區中的關鍵參與者；(2)由計畫的工作人員蒐集整合資料；(3)分析資料；(4)提供相關進度報告給經費贊助機構與社區合作者。2014年6月期間，參加此計畫的662名婦女中沒有發生任何嬰兒死亡（Center for Community Initiatives 2014）。

應用社會學發展日益走向專業化，如醫療社會學（medical sociology）與環境社會學（environmental sociology）。前者包含健康照護專業人員與病人疾病處置的研究，例如，醫療社會學家研究愛滋病對於家庭、朋友與社區的社會影響（請見第16章）；環境社會學家則研究人類社會與外在環境之間的關係，他們的研究重點之一是「環境正義」的議題（請見第16章），此議題備受關注是因為研究人員及社區工作者發現，許多危險廢棄物被棄置於貧民區及少數族群居住地區（M. Martin 1996）。

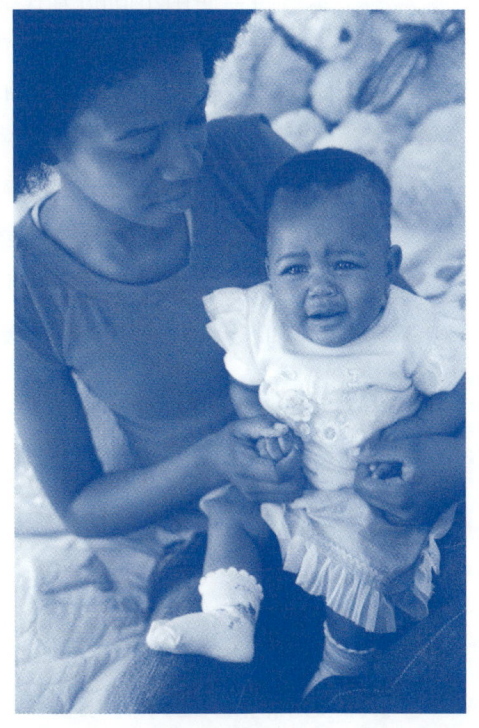

©Science Photo Library/Alamy Stock Photo
社區中心執行Magnolia Project，目標是降低嬰兒死亡率，即是應用社會學之範例。

隨著應用社會學廣受歡迎，促使臨床社會學專業化，Louis Wirth（1931）的著作早在 85 年前就已經提及臨床社會學，但此術語直到近幾年才較為廣泛。應用社會學可能僅適用於社會議題評估，**臨床社會學（clinical sociology）**則致力於改變社會關係（如家族治療）的社會變遷，或是社會機制重建（如醫療中心再造）。

應用社會學家通常將其研究評估留給決策者執行；相反地，臨床社會學家則負責執行，他們將共事者視為案主。臨床社會學的專業化吸引許多社會學的畢業生，因為他們得到運用所學的機會；畢竟學術界工作機會萎縮，這種另類職場也具有吸引力。

應用及臨床社會學相對於**基礎社會學（basic sociology）**〔或稱為純社會學（pure sociology）〕，意在追求社會現象基礎層面之知識。基礎社會學的研究發現雖可分析應用，但其目的並不盡然為了特定實際運用。當 Durkheim 研究自殺率時，最初興趣並非為了發現降低自殺率的方法。由此可知，他的研究傾向於基礎社會學，而非應用社會學。

社會學想像的發展

本書將會使用不同的方式呈現社會學想像──顯示理論在實務的運用及當代研究；指出電子裝置與 App 如何改變我們的社會行為；全球化思考；探索社會不平等的顯著性；討論跨越種族、性別與宗教藩籬；重視全球的社會政策。

理論應用

我們將闡述許多重要的社會學觀點如何促進對當代議題的認識與了解，從死刑到墮胎，社會學家並不需要聲明：「我運用功能論。」但是他們的研究與方法確實勾勒出一個或多個理論架構，稍後將更詳細介紹。

當代研究

社會學家積極研究各式各樣的議題及社會行為，經由研究，我們已看見影響自殺率的社會因素。社會學研究經常扮演一個改善人們生活的直接角色，例如有越來越多的非裔美國人參加糖尿病檢測。在本書的其他章節，將會介紹社會學家與其他社會科學家改善各個族群團體行為的研究。

我們的網路世界

「今天有什麼新聞？」對許多人而言，「新聞」意即經由朋友或熟人發布於網路的最新評論、圖像及影片；對某些人來說，隨時更新網路訊息已經成為上癮狀態。

2012年10月，超級風暴襲擊紐澤西州及紐約，不僅有些人的無線網路損壞，更多的是電力損壞造成大停電。

全球化思考

無論社會學家所堅信的理論觀點與研究方法，他們認為必須將社會行為置於全球脈絡下檢視，所謂的**全球化（globalization）**是指政府政策、文化、社會運動，以及透過貿易與理念交流之金融市場的全球性整合；雖然直到近幾年，全球化才逐漸成為公眾議題，然而知識分子早已長期關注其負面與正面的社會影響。Marx 與 Engels 在《共產主義宣言》（寫於1848年）一書中提到，全球市場會導致貨品產自遙遠的地方，現有的勞動關係蕩然無存。

©Milt Priggee, *Puget Sound Business Journal*
世界各地相互連接的狀態使得全球化對日常生活越來越重要。

摘錄自《難民足球隊》（*Outcasts United*）一書開場白，Warren St. John 或許把重點放在喬治亞州的一個小鄉鎮，但是球隊的靈魂人物們來自利比亞、伊拉克、蘇丹、蒲隆地、剛果及約旦，如此多元化日漸增加遍及美國。這種多元化說明地方社區的全球化，同時也反映出大範圍的社會事件與運動已遍及全球。

另一方面是跨國企業如何被許可擴展通訊技術，特別是網際網路及人造衛星傳播大量媒體訊息；有些觀點更具批判性，認為全球化即是允許跨國企業不受限制無限擴張的過程。透過專欄 1-2 及本書，將檢視全球化對於我們的日常生活及社會的影響（Fiss and Hirsch 2005）。

社會不平等的顯著性

誰擁有權力？誰沒有？哪些人具有威望？哪些人缺乏？也許**社會不平等（social inequality）**正是現代社會學分析的重要主題，而這種情況意味著社會成員擁有不等量的財富、威望或權力。例如，開發中國家的咖啡豆採收者所獲得的報酬，與你喝杯咖啡所付的價格之間有所差異，就突顯出全球的不平等（請見專欄 1-2）；而卡崔娜颶風襲擊灣岸地區，對其居民的影響也顯露出美國社會的不平等。可想而知，受到大規模風暴最嚴重打擊者是窮人，在風暴來襲之前他們難以撤退，風暴之後也無力復原家園。

某些社會學家在尋求了解不平等對人們的影響時，主張社會正義。DuBois（[1940] 1968:418）指出，世界上最大的權力並非「思想或倫理，而是財富」。一如

我們先前所見，Marx、Addams 及 Wells-Barnett 也強調社會不平等，進一步來說即社會正義。本書第 8 章主要探討社會不平等，以及社會學家對於不平等的研究。

跨越種族、性別與宗教藩籬

不論社會學家性別為男性或女性，也不論其來自多元族群國家及宗教團體，在他們的研究中，社會學家致力為所有人類尋求問題的結論，而不僅只是富人或有權者。當然這並不容易，相較於探討研究貧民區低收入者的微小交易計畫所獲得好處，研究企業的獲利方法似乎更容易吸引關注及研究資金贊助。然而，現代社會學家比起以往更致力於認識所有族群人們的經驗。

舉例而言，社會學家已注意到 2004 年南亞大海嘯對男性與女性的影響有所不同。當海嘯來襲時，母親、祖母與孩子留在家中，男人在外工作，因此可能更容易察覺即將逼近的災難；更甚者，大部分男性會游泳，而傳統社會裡的女性並不會學習這項求生技巧，因此這個大災難的結果是男性比女性有更高的存活率──約是 10 位男性比 1 位女性。在印尼災區中某個小村落裡，1,300 名居民只有 97 人存活，當中只有 4 位女性。當女性被定位為照顧孩子與老人的角色時，此種性別失衡所造成的影響將會持續一段時間（BBC News 2005）。

全球社群的社會學

專欄 1-2

你的早安咖啡

當你喝咖啡時，可曾想過咖啡豆來自何方，或者你更想從喝咖啡這個流行的飲料得到更大的愉悅？咖啡確實廣受大眾歡迎──更重要的，它是全世界僅次於石油第二重要的貿易商品。

雖然咖啡貿易已經全球化，但飲用習慣卻因地而異；星巴克（Starbucks）在全球 65 個國家設有 21,000 間門市，該公司的管理者發現在咖啡文化的起源地──歐洲國家，有 80% 的顧客會坐下來喝咖啡。歐洲人想知道咖啡師的名字，因此 2012 年星巴克推出名牌給予咖啡師配戴；相反地，在美國則有 80% 星巴克的客人選擇外帶方式。

©John Foxx/Imagestate/Getty Images

如今咖啡貿易依賴著剝削廉價勞工，咖啡是勞力密集的農作物：科技難以減輕咖啡豆採收工人的負荷。典型的咖啡豆採收工人都是赤道附近的開發中國家，一天工作得到的報酬僅是北美國家一杯咖啡的價格。在 1940 年代，倡議團體開始倡導公平貿易咖啡

認證，提供收穫此項農作物的採豆工人得到足以維持生活的報酬，讓他們的經濟得以自給自足。

生態運動者著重於咖啡產業對全球氣候暖化的影響，他們譴責為了擴展更多種植咖啡的農地而破壞雨林，同樣的批評也針對工業化國家大多數的消費行為。然而，所有來自開發中國家的產品，卻很少像大多數人早安咖啡日常儀式般獨特，你手上的咖啡是你與全世界最窮困地區裡貧窮農工的實質連結。

討論

1. 你愛喝咖啡嗎？假如你知道咖啡豆採收工人能因此獲得較高的報酬，你願意為了一杯咖啡付出更高的價錢嗎？
2. 咖啡貿易因延續社會不平等及全球氣候暖化而受到責難，你能夠想到咖啡產業有什麼正向的影響？此項經濟活動中最大受益者是誰？

資料來源：Alderman 2012; Cole and Brown 2014; Ritzer 2015; Timmerman 2009.

全世界的社會政策

運用社會學想像將是促進我們對全球當前社會議題更了解的重要方法，在某些情況下，我們將會檢視國家政府面臨的特定議題。例如，第 4 章將會探討托育中心的政府補助金；第 9 章將會探討社會化與生活歷程、全球性移民；第 9 章討論種族與族群不平等；以及校園中的宗教、宗教與教育；這些社會政策議題將會論證基本的社會學概念，如何提升我們的批判性思考技巧，並且幫助我們更了解、思辨當代全球的公共政策。

此外，社會學也被用來評量計畫的成功，或評估決策者與政治活動家所帶來改變的影響；例如，第 8 章探討全球不平等，包含福利計畫效益研究的討論，這些討論強調許多社會理論與研究的實際運用。

社會學家預期下一個二十五年將可能是最重要令人振奮的時期，因為社會學逐漸被認可——包括美國及世界其他地區——當前的社會問題應該在被掩飾壓制前揭露出來。我們期望社會學家能夠藉著研究與發展公共政策議題，在政府部門扮演舉足輕重的角色。因此，本書關注社會學家的研究，與美國及其他地區決策當局及人民所面臨困難問題之間的關聯。

1.4 概述與回顧

摘要

研究社會學有許多方式可以運用你的社會學想像。

1. **應用社會學（applied sociology）**與**臨床社會學（clinical sociology）**意即運用社會學解決人類行為與組織的實際問題；相反地，**基礎社會學（basic sociology）**只在運用調查探索尋求更深層基本的人類現象知識。
2. 本書列出實務及當前研究之理論，以運用社會學想像如下：思考全球化；聚焦社會不平等的顯著性；探討跨種族、性別及宗教藩籬；突顯全球的社會政策。

批判性思考

1. 你想使用應用社會學研究來探討當地社區面臨的哪些議題？這些議題與全球化是否有任何關聯？
2. 全球化對於你的日常生活有哪些特定影響？你是否曾想過全球化的影響是正面或負面？

重要詞彙

應用社會學
基礎社會學
臨床社會學
全球化
社會不平等

本章摘要

社會學實戰小練習

1. 調查！請替你的日常活動計時。相較於與他人面對面交談，你花多少時間透過電子媒體與他人交流？你與多少不同的人交談，以及透過數位裝置與多少人交談？
2. 2008 年開始的經濟衰退對你或家人有什麼影響？工作和住宅普遍受到影響，是否讓你和其他人更正視無家可歸的問題？同樣地，就業市場好轉後，你和家人或你的社區有受到什麼影響？
3. 運用 Robert Merton 的概念，試以你參與的某個團體或組織，列出其顯性和隱性功能。

重要詞彙

Anomie 脫序　當社會對個人行為失去有效控制時，社會感受到失去方向。
Applied sociology 應用社會學　將社會學知識實際運用於人類行為及組織的一門學科。
Basic sociology 基礎社會學　探討社會現象基本深層知識的學科，又稱為純社會學。
Clinical sociology 臨床社會學　運用社會學改變社會關係，或重新建構社會機制的學科。
Conflict perspective 衝突論觀點　一種社會學方法，認為認識社會行為的方法是從團體間權力張力或資源分配，如住宅、金錢、服務取得，以及政治代表等方面。
Cultural capital 文化資產　意指非經濟財，例如家庭背景與教育，反映於語言及藝術的知識。

Double consciousness 雙重意識　指個人認同分割為兩個或更多的社會實體。
Dramaturgical approach 擬劇法　將人視為劇院舞台表演者的一種社會互動觀點。
Dysfunction 失功能　一種擾亂社會或降低社會安定的社會元素或過程。
Feminist perspective 女性主義觀點　一種社會學研究觀點，認為性別不平等是所有行為與組織的核心問題。
Functionalist perspective 功能論觀點　強調社會的每個部門都是為維繫社會穩定而建構的一種社會學觀點。
Global sociology 全球社會學　一種社會學分析，以整個社會為分析單位，進行所有國家之間的比較。
Globalization 全球化　針對政府政策、文化、社會運動，以及透過貿易與理念交流的經濟市場之全球性整合。
Ideal type 理念型　評估特定案例的概念或模型。
Interactionist perspective 互動論觀點　一種社會學觀點，推斷社會互動的日常形式以解釋社會整體。
Latent function 隱性功能　是指無意識或非刻意的功能，足以反映出隱藏的目的。
Macrosociology 鉅觀社會學　是一種強調大規模的現象或整體文明的社會學。
Manifest function 顯性功能　一種公開陳述且刻意的功能。
Mesosociology 中觀社會學　是指從中間層面觀點強調正式組織與社會運動的社會學分析。
Microsociology 微觀社會學　是一種強調小團體研究的社會學研究，常採用實驗性方式。
Natural science 自然科學　研究自然界的物理特質及其互動與改變的方式。
Nonverbal communication 非語言溝通　是一種透過姿勢、臉部表情與手勢來傳遞訊息的方式。
Queer theory 酷兒理論　是一種從更廣泛性認同，包含異性戀、同性戀及雙性戀觀點的社會研究。
Science 科學　利用系統化的觀察方式以獲得的知識本體。
Social capital 社會資本　是指社會網絡的集體利益，為相互信任建立基礎。
Social inequality 社會不平等　意即社會成員擁有不等量的財富、威望或權力。
Social science 社會科學　是人類社會不同面向，以及他們互動與改變方式的研究。
Sociological imagination 社會學想像　是指個人與其所處社會之間關係的覺察，包括過去與現在。
Sociology 社會學　針對社會行為與人類團體的科學研究。
Theory 理論　就社會學而言，是試圖解釋問題、行動或行為的一套陳述。
Verstehen 瞭悟　是德文「了解」或「洞察」之意，強調社會學家應將人們的主觀意涵納入考慮。

自我評量

請仔細閱讀下列問題，並選擇最適合的答案。

1. 社會學是
    a. 範圍非常狹隘
    b. 探討個人做什麼或不做什麼
    c. 對社會行為及人類群體有系統研究
    d. 每次探討兩個個人之間的互動
2. 下列哪一位思想家提出社會學想像的概念？
    a. Émile Durkheim
    b. Max Weber
    c. Karl Marx
    d. C. Wright Mills
3. Émile Durkheim 的自殺論研究主張
    a. 有宗教信仰者比沒有宗教信仰者有較高自殺率
    b. 和平時期的自殺率比戰爭或革命時期的自殺率更高

c. 平民百姓比軍人有較高的自殺率
d. 自殺是一種個別行為，與團體生活無關
4. Marx Weber 教導其學生應在學術研究予以運用？
a. 脫序
b. 瞭悟
c. 社會學想像
d. 微觀社會學
5. Robert Merton 對於社會學的貢獻包含
a. 成功地結合理論與研究
b. 發展出一套經常被引用的偏差行為理論
c. 試圖將鉅觀層面與微觀層面的分析結合
d. 以上皆是
6. 下列哪一位社會學家透過對於白人及黑人都市生活深入研究，並且貢獻良多？
a. W. E. B. DuBois
b. Robert Merton
c. Auguste Comte
d. Charles Horton Cooley
7. 十九世紀晚期，在「女性主義觀點」被提出之前，此論點曾為哪一位理論家著作中提及？
a. Karl Marx
b. Ida Wells-Barnett
c. Charles Horton Cooley
d. Pierre Bourdieu
8. 假設社會是一個有機體，此有機體的每一部分都是為了維繫有機體的存在，上述敘述反映出哪一位理論家的論點？
a. 功能論觀點
b. 衝突論觀點
c. 女性主義觀點
d. 互動論觀點
9. Karl Marx 關於社會階級鬥爭的觀點啟發當代的
a. 功能論觀點

b. 衝突論觀點
c. 互動論觀點
d. 擬劇法論點
10. Erving Goffman 擬劇法論點，主張每個人都會想要展現或隱藏其人格中的某些特點，以上論點由何者理論觀點所衍生？
a. 功能論觀點
b. 衝突論觀點
c. 女性主義觀點
d. 互動論觀點
11. 在社會學之中，_____ 是一組為尋求解釋問題、行動、行為之敘述。
12. 在 _____ 的科學階層中，社會學是「女皇」，其信徒是「科學傳教士」。
13. 在 1837 年首次出版的《美國社會》一書中，英國學者 _____ 檢視了這個年輕國度的宗教、政治、兒童養育與移民。
14. _____ 改寫 Charles Darwin 的進化論「適者生存」觀點，認為有人富裕有人貧困乃是「自然」現象。
15. 社會學家 Marx Weber 創造 _____ 一詞，意即一個構思概念或模型，最為評估真實個案的標竿。
16. 在《共產主義宣言》中，_____ 與 _____ 主張廣大除了勞力沒有資源的群眾應該團結起來，共同戰鬥，推翻資本主義社會。
17. _____ 是一位早期女性社會學家，在芝加哥創立赫爾館，並且促成少年法庭制度。
18. 大學的角色功能是為了認證學術能力及優異，這是 _____ 功能的例子。
19. _____ 源自 Karl Marx 與 Friedrich Engels 的理論，認為女性被支配的地位是源自資本主義社會。
20. 從更廣泛性認同看待社會，包含異性戀、同性戀及雙性戀，這是 _____ 理論。

2 社會學研究

Chapter

- 2.1 何謂科學方法？
- 2.2 主要研究設計
- 2.3 研究倫理
- 2.4 方法論的發展

©Jim West/PhotoEdit
密西根州漢特蘭克（Hamtramck）地區，一位研究者正在訪問一位男性關於當時社會議題的看法，調查是社會學家常用蒐集資料的方法之一。

你可曾納悶研究者如何進行私密且個人的行為研究嗎？

社會學家 Patricia Adler 與 Peter Adler 利用網路，針對自殘者進行一項研究，接著讓我們看看他們的研究所得。

「遠超過歷史紀錄以來，自殘早已經存在了；隨著時間推進，雖然它的定義有所不同，但是從 1990 年代到 2000 年代初期逐漸增加，自殘已被賦予雖有爭議卻具體、樣貌及意涵。本書強調針對蓄意、非自殺地殘害自己的身體，包括自割傷、燒傷、烙印、劃傷、挖皮膚……。

本文至此，我們將針對最近的典型自殘行為，即當前經常被視為存在於青少年之間的特有行為；透過自殘者的發聲與觀點加以討論分析……。

導致許多自殘者自我傷害的嚴重壓力，對於身心正常的青少年而言，只不過是些微壓力……與朋友、親密關係及家人的不愉快，造成他們自殘。Mike 是一名不修邊幅的大學生，總是戴著一頂絨線帽，他從 12 歲到 14 歲時開始有割傷及燒傷自己的行為出現。Mike 就讀高中時，女朋友跟他分手，他感到心力交瘁。他表現出『噢，我看每段關係都是世界末日，變得越來越沮喪，我只是需要一些安靜不顯露的宣洩與憤怒，以至於任何人都說每件事都錯了。』他開始割傷自己，以減輕悲痛感……。

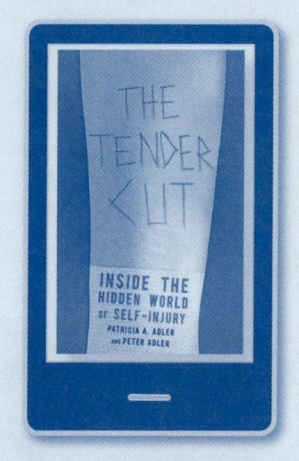

多年來，我們歷經曲折，積極介入自殘的網路世界，最初發現的網站約莫建立於 1990 年代晚期，當時大部分的網站都是私人網站且未受監控，參與者通常使用自殘一詞，而且圖形細節與傷害圖片並不少見。網站站名例如『讓我流血吧』（bleed me）、『摧毀你的人生』（ruin your life）、『生物蝕刻』（bioetchings）、『為緩解疼痛而流血』（bleeding to ease pain）、『砍掉它』（cut it out），以及『疼痛走廊』（gallery of pain），這些網站主要目的在於提供自殘者同儕情誼，好讓自殘者了解自己不孤單。

在我們的研究過程中，也蒐集成千上萬（大約 3 萬到 4 萬）的網路訊息與電子郵件，包含公開貼文及私訊給我們的。2006 年，我們招募 3 位學生擔任編碼者，協助登錄排序分析電子郵件及網路族群所張貼的訊息。此時我們正在進行一項論文，學生也幫助我們羅列相關的網帖及電子郵件。2008 年，我們再度招募 10 個學生擔任編碼者，進行重複工作，將此研究加以擴展；每個學生負責一組電子郵件，包含從團體、布告欄或聊天室，以及過去多年我們所蒐集的貼文。我們將學生分為五組，各組隔週聚會一次。每次集會時學生將已經掃描的資料列出摘要及備忘錄，然後我們集思廣益，整理為社會學編碼、分類、概念、趨向與型態。」

資料來源：Adler, Patricia A., and Peter Adler. *The Tender Cut: Inside the Hidden World of Self-injury*. New York, NY: New York University Press, 2011, pp. 1, 43, 44, 54-55.

Adler 的自殘研究反映出三個重要的社會學觀點，對自殘者而言，他們很少接觸和自己相似的其他人，網路功能提供了聚會場所，成為他們自我強加社會孤立的避難所。衝突論學者指出，自殘者本身離經叛道的行為邊緣化自己，也阻礙協助，即便他們願意接受幫助也是如此；互動論學者認定自殘者人際接觸，個人的及經常上網的重要本質；而女性主義觀點與酷兒理論學者，則從性別或性取向差異來探討自殘者的行為。

雖然許多人傾向忽視自殘的現象，並且深信最後這些人將會「擺脫困境」，但 Adler 的研究讓我們在社會的脈絡下，更加理性及科學地看待自殘。Adler 發現自殘者是一群多元的族群，他們的行為通常經過審慎計畫與思考，出人意外地，他們經常在有人陪伴更甚於隱密獨處時傷害自己，近來自殘者被連結視為一種次文化（2007:559-560）。

有效的社會學研究十分發人深省，可以提供新的質疑作為日後進一步的研究，例如為何我們對於諸如自殘這樣反常行為的族群抱持某些假定。在一些案例中，研究僅能單純確認先前的信念與發現，而非提出額外的新問題。社會學研究也可以放諸實務運作，例如駁斥既有婚姻及家庭信念的研究結果，將可能導致公共政策的改變。

首先,我們將檢視研究所運用的科學方法,之後是社會學研究中普遍應用的各種技巧,例如實驗法、觀察與調查。我們將特別謹慎關注社會學家進行人類行為研究的倫理議題,以及 Weber 在社會科學研究所稱「價值中立」。我們也將檢視女性主義與酷兒理論學者的方法論,以及當代研究所扮演之角色技術。

無論社會學探索的領域及社會學家的觀點為何——功能論、衝突論、女性主義、酷兒理論、互動論或任何其他觀點——有一個先決條件:想像力、負責任的科學研究必須符合最高科學與倫理標準。

2.1 何謂科學方法?

如同每個人一樣,社會學家對於我們所處時代的重要議題感興趣:家庭是否正在瓦解?為什麼美國的犯罪問題那麼多?日漸成長的世界人口是否都能獲得溫飽?諸如此類的議題獲得大多數人的關注,不論他們是否受過學術訓練。然而,與一般人不同,社會學家堅持運用**科學方法(scientific method)**研究社會。科學方法是一種系統性、有組織的步驟,以確保問題研究的客觀性與一致性。

我們多數人從未實際執行科學研究,而為什麼了解科學方法如此重要?答案是,科學方法在我們的社會運作中扮演重要角色。美國人民經常受到「事實」或「數據」的轟炸,電視新聞報導告訴我們:「在本國,每兩段婚姻就有一段以離婚收場。」然而,本書第 11 章將會說明這是源自統計的誤導。幾乎每天都有廣告引用研究統計來證明產品的優越,這類的廣告訴求用語可能是真確或誇大其辭,假如我們嫻熟科學研究的標準,對於資料數據將能更好的評估,而且不會輕易受騙上當。

這些標準相當嚴謹,並且應當盡可能遵守;科學方法需要精確地準備以進行研究,否則所蒐集的研究資料可能不準確。社會學家及其他研究者所依循的科學方法,有下列五個基本步驟:(1) 定義問題;(2) 文獻回顧;(3) 建立假設;(4) 選定研究設計,然後蒐集與分析資料;(5) 形成結論(圖 2-1)。形成結論之後,研究者針對研究撰寫報告。

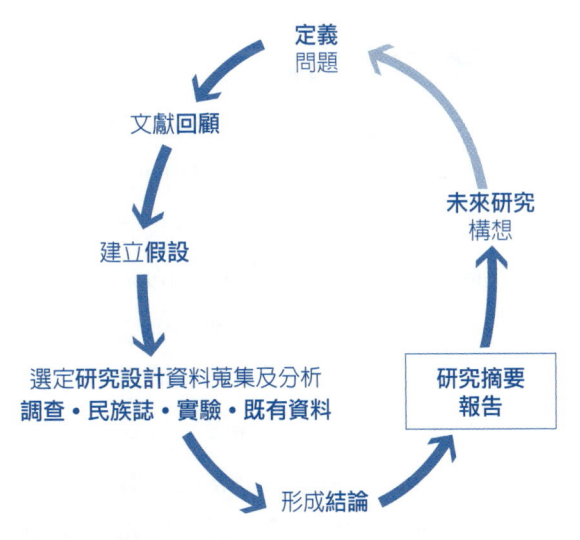

圖 2-1 科學方法

©Jason Lindsey/Alamy Stock Photo

這些位於北達科他州 Fort Bethold 保留區的 Fort Bethold 社區學院（Fort Bethold Community College）畢業生，他們未來的收入將會高於高中畢業生，這似乎是合理的，你將如何檢測這個假設？

定義問題

進入大學就讀「值不值得」呢？許多人必須犧牲許多且辛勤工作才能接受大學教育，父母需要借貸來支付子女學費，學生也必須兼差打工或全職工作，同時就讀夜間部或週末教育學程。但是值得嗎？取得學位的投資報酬率如何？

任何研究計畫首要步驟是，盡可能清晰描述你所希望調查的主題——就是定義問題，以上述為例，我們所要調查的是學校知識與收入的關係，我們想探討不同正規教育程度的人，其收入狀況如何？

研究初期，任何社會科學研究者必須針對研究的每個概念，發展出一個操作性定義，**操作性定義（operational definition）**意即抽象性概念的解釋，此解釋必須足夠明確，以便研究者能夠用來評量此概念。例如，有意研究地位的社會學家可能會以高級社交俱樂部會員來作為地位的操作性定義；有些學者研究歧視，所設定的操作性定義可能是聘僱少數民族或與其共同工作的意願。在此範例中，我們需要建立兩個操作性定義——教育及收入——方能研究接受較高等教育者是否值得。教育的定義是接受教育年數，收入的定義是指個人最近一年的所得。

文獻回顧

藉由文獻回顧——檢視相關學術研究與資料——研究者得以針對研究問題再改進，確認蒐集資料可能使用的技術，以消除降低可避免的錯誤。在我們的範例中，須檢視不同職業的收入。我們想知道是否需要較高教育訓練的工作，其報酬是否較高。想要了解教育與收入的關係，則必須回顧其他相關研究。

文獻回顧後，很快將會發現除了教育年數外，尚有其他因素影響所得。例如，比起貧窮父母的子女，家境富裕的子女更有可能就讀大學，因此我們認為將來富裕父母也會幫助子女謀得較高收入的工作。

同時，我們也將檢視鉅觀層面的資訊，例如各州收入與教育程度的比較。從鉅觀層面的戶口普查資料，研究者發現居民教育程度較高的州，家戶所得也較高（圖2-2）。由此可見，教育年數與收入的確相關，但無法說明所得與教育在微觀層次的關聯；意即我們想了解接受較高教育的個人，是否所得也較高。

世界人民生活地圖

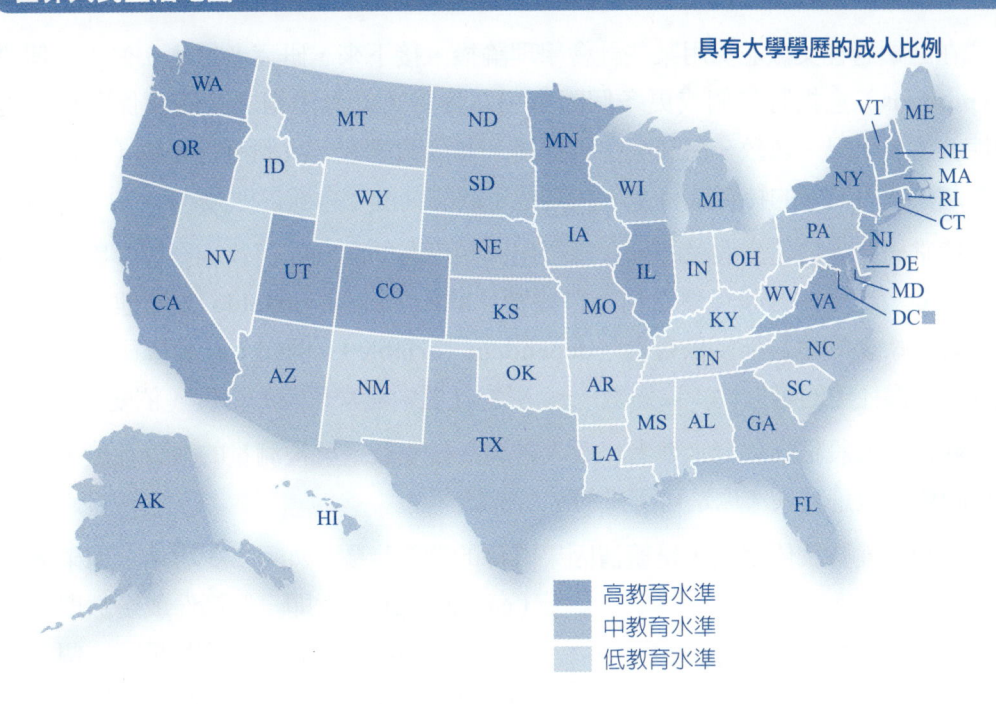

具有大學學歷的成人比例

- 高教育水準
- 中教育水準
- 低教育水準

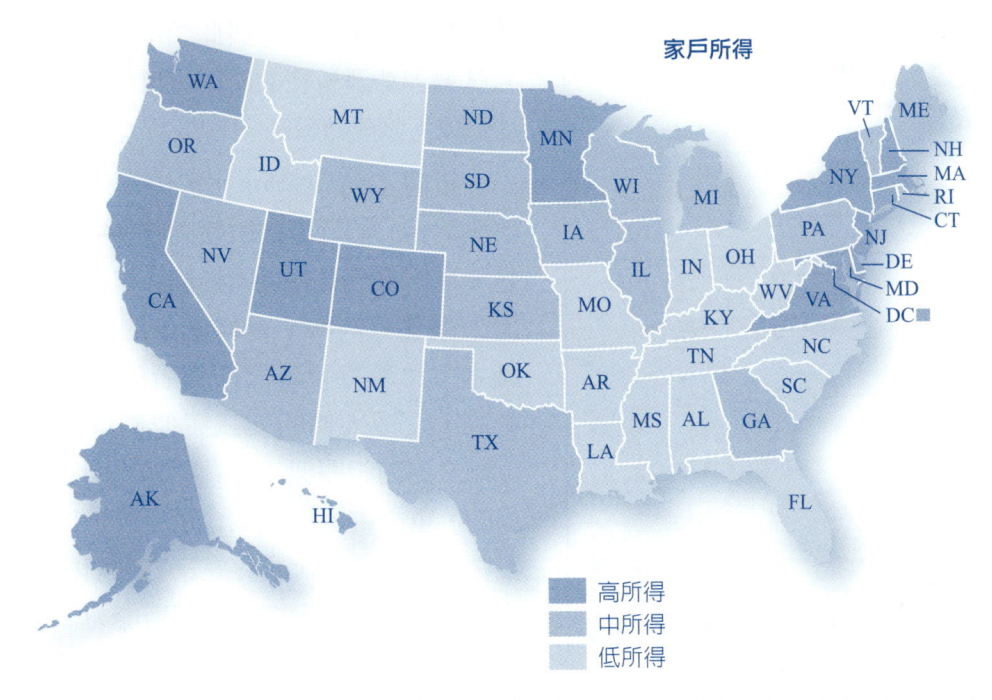

家戶所得

- 高所得
- 中所得
- 低所得

註：以 2015 年分界，該州 25 歲以上具有大學學歷，高／中教育水準及中／低教育水準之比例分別為 32％ 及 27％；全國教育水準中位數是 30.6％。以 2015 年分界，高／中家戶所得及中／低家戶所得分別為 60,700 美元及 51,080 美元；全國家戶所得中位數是 55,775 美元。

資料來源：American Community Survey. *2015 American Community Survey 1-Year Estimates*, 2016. Tables R1502, R1902.

圖 2-2　美國的教育水準與家戶所得

建立假設

在回顧過往文獻並採用某些社會學理論後,接下來,研究者須建立假設。**假設**(hypothesis)意指將二個或更多個因素列為變數,針對變相之間的關係所做的推測性敘述。所得、宗教、職業與性別都可列為研究變數。我們可將**變數**(variable)定義為一個可測量的特質或特徵,在某些不同的情況下會隨之改變。

通常研究者於建立假設時,必須提出人類行為的面向如何互相影響,影響或導致其他變數改變的假設性變數稱為**自變數**(independent variable),其他受到自變數影響而改變的變數稱為**依變數**(dependent variable)。例如,社會學研究者可能預期可負擔住宅的可近性(自變數,x)影響社區中無家可歸的程度(依變數,y)。

我們的假設是高教育水準者,收入越高。自變數是可被測量的教育程度,隨之改變的依變數是收入,也是可測量的。

確認自變數及依變數,是釐清因果關係的關鍵步驟;如圖 2-3 所示,**因果邏輯**(causal logic)意即一個條件或變數與其特定結果之間的關係,一個影響另一個。例如,較低度融入社會可能直接導致或造成較高自殺的可能性。與此類似,學生準備考試溫習功課所花的時間,可能直接導致或造成考試成績較高。

相關(correlation)是指一個變數的改變與另一個變數的改變同時發生,相關是可能出現因果關係的指標;但不必然有因果關係。例如,資料顯示閱讀者的知識水準比看電視新聞節目者的知識水準較高,這項人們的知識與他們選擇新聞媒體之間的相關似乎頗具意義,因為眾所周知,電視會降低知識含量,但是這兩個變數之間的相關確實存在第三個變數,即人們充分理解大量知識的相對能力。閱讀能力較差者比起他人更可能從電視獲取知識,而那些教育程度較高或閱讀技巧較好的人更常使用平面媒體。儘管觀看電視與低知識理解力有關,但卻不是因;社會學家試著確認變數之間的因果關係,並在建

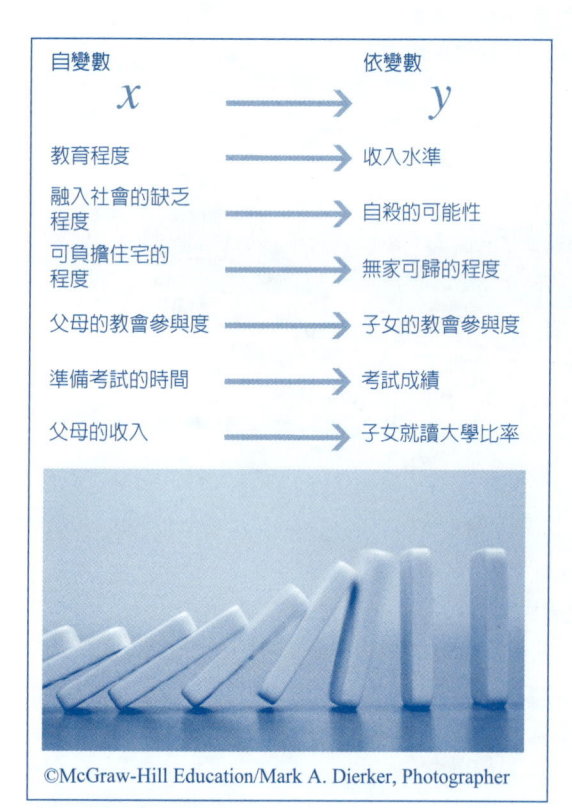

自變數		依變數
x	→	y
教育程度	→	收入水準
融入社會的缺乏程度	→	自殺的可能性
可負擔住宅的程度	→	無家可歸的程度
父母的教會參與度	→	子女的教會參與度
準備考試的時間	→	考試成績
父母的收入	→	子女就讀大學比率

©McGraw-Hill Education/Mark A. Dierker, Photographer

在因果邏輯中,自變數(通常使用符號 x 表示)影響依變數(通常使用符號 y 表示),即 x 導致 y,例如,父母參與教會程度較高(x)可能導致子女參與教會程度較高(y)。請注意,前兩組變數本書的關係先前已在本書描述。

圖 2-3 因果邏輯

立假設時說明可疑之因果關係（Neuman 2009）。

資料蒐集與分析

你應該如何測試一個假設，以便決定接受或者拒絕此假設？本章稍後將會介紹研究設計，讀者可用於蒐集資料，對於研究者而言，研究設計具有舉足輕重的影響性。

選擇樣本

在大部分的研究中，社會科學家必須謹慎選擇所謂的樣本。**樣本（sample）**是指從母群體中選取對該母群體具有統計代表性的集合體，樣本有許多種型態，但社會學家較常使用的是隨機樣本。**隨機樣本（random sample）**是指整個母群體中每一個成員都有相同的機率被選為樣本，因此，假如研究者想要從全部居民名冊了解民意，就必須使用電腦隨機從名冊裡選取地址，如此一來，便可獲得隨機樣本。運用專業抽樣技術的優勢，讓社會學家不需要逐一訪問母群體中每個成員（Igo 2007）。

在某些案例中，研究者想研究的對象難以確定，也許因為他們的活動是私密的，又或者難以取得這些人的名冊。例如，研究者如何取得非法藥物使用者這類樣本？又或者如何取得丈夫比妻子年輕10歲以上者的樣本？在這類案例中，研究者利用滾雪球（snowball）或是便利抽樣（convenience samples）方法──也就是透過口耳相傳或將訊息張貼於網路，研究者運用特別的統計學技術，從非隨機抽樣的樣本中取得結論。

採用嚴謹科學性代表抽樣技術，以及極受媒體關注的非科學性民意調查，兩者經常令我們感到混淆。例如，網站瀏覽者經常被鼓勵對於所觀看的頭條新聞及政治議題發表想法、觀點，然而，這類民調反映的只不過是那些人，恰巧看到新聞又願意花點時間，或付出一些代價，回應他們的個人想法而已。這些資料不必然能夠反映（有可能扭曲）廣大族群的觀點，而且並非每個人都能經常定期瀏覽電腦網頁，及／或願意表達意見。即便有成千上萬的人意見回應，這樣的民調技術也遠不如1,500名謹慎抽樣的受訪者來得精準。

為此研究的抽樣，我們採用由人口普查局（Bureau of the Census）執行的美國社區調查所取得資料，每年人口普查局大約調查美國350萬個家庭，政府各局處單位的技術人員會運用這些資料，以推估全國人口。

確保效度及信度

科學方法之主要目的在於確保有效性及可信度。**效度（validity）**是指研究中的測量或量表足以反映出現象的程度，許多研究顯示，大多數受訪者能大致正確回答其近年收入金額，假如問卷設計不夠明確，蒐集的資料可能也不準確。例如，假設問卷的問題不清楚，受訪者可能誤解而回答父母或配偶的所得，而不是自己的收入。

信度（reliability）是指一個測量能提供一致性結果的程度，某些人可能不會透露真正的收入，但大部分人願意。在美國社區調查（American Community Survey）中，研究者取得 98% 家庭參加調查，人口普查局將他們的回答與類似的家庭核對，以確保這些資料與其他已知的回答不至於差別太大。由於越來越多從網路蒐集的資料，人口普查局也查核這些受訪者回答的信度（American Community Survey 2013b）。

形成結論

科學的研究，包含社會學家的研究，並非只於回答某一特定主題的所有問題，因此一個研究的結論同時代表結束及開始。雖然對一個特定方面的調查是結束，但也為未來研究提供構想。

支持假設

在範例中，發現資料支持了我們的假設：接受更高正規學校教育者的所得高於其他人；高中畢業者所得高於沒有完成高中教育的人，受過專科教育者又比高中畢業者所得更高，此種關係延伸到更高階教育，因此研究所學歷者所得最高。

然而，這樣的關係並不完美，某些高中肄業者的所得遠高於高中畢業的人，某些研究所畢業者收入並不高，請見圖 2-4。例如，一個成功的企業家可能學歷並不高，而擁有博士學位者可能選擇低薪的非營利組織工作。社會學家對於資料顯示的一般大眾模式與個別特例都感興趣。

社會學研究並不總是支持原來的假設，假設經常也會被駁斥，因此研究者必須重新形成結論。非預期結果也可能讓研究者重新檢視他們的研究方法，並且變更研究設計。

控制其他因素

控制變數（control variable）是指為測量一個自變數的相關影響而保持恆定的一個因素。例如，假設研究者想知道美國成人對於公共場所禁止抽菸的看法，可能

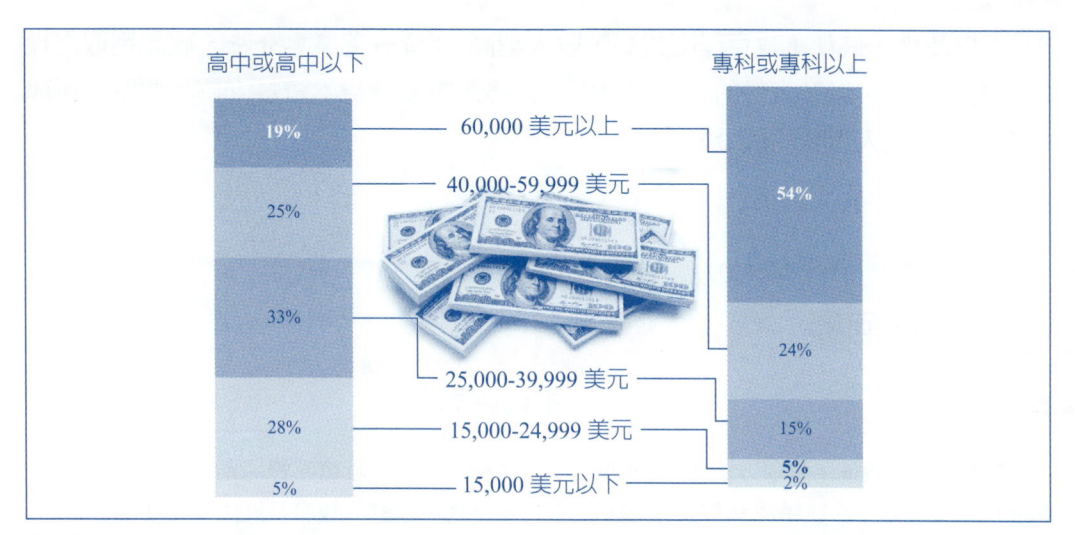

高中或高中以下		專科或專科以上
19%	60,000 美元以上	54%
25%	40,000-59,999 美元	
33%	25,000-39,999 美元	24%
28%	15,000-24,999 美元	15%
5%	15,000 美元以下	5% 2%

資料來源：作者分析 Semega、Fontenot 與 Kollar 2017:PINS-03。25 歲或 25 歲以上，全職工作者的教育程度資料。Semega, Jessica L., Kyla R. Fontenot, and Melissa A. Kollar. *Income and Proverty in the United States: 2016*. Washington, DC: US Government Printing Office, 2017.

圖片來源：Rob Bartee/Alamy Stock Photo

33% 高中畢業或高中以下學歷者（左）年所得低於 25,000 美元，只有 44% 的人年所得 40,000 美元或以上；相對地，只有 27% 專科或以上學歷者（右）所得低於 25,000 美元；有 78% 的人年所得達到 40,000 美元或更高。

圖 2-4　學校教育對收入的影響

會把受訪者的抽菸行為視為一個控制變數；也就是說，研究者將抽菸者與不抽菸者對於在公共場所抽菸的看法加以分開來統計。

　　關於教育程度對所得的影響，研究顯示並非每個人都享有平等的教育機會，這個差距是社會不平等的原因之一。因為教育影響個人的收入，我們可能期許從衝突論觀點更進一步探討這個主題。個人的種族與性別有什麼樣的影響？大學學歷女性的收入與同樣教育程度的男性一樣嗎？稍後我們將會討論其他的因素與變數；也就是說，我們將檢視在控制諸如性別與種族的變數之後，教育程度對收入的影響又是如何。

摘要：科學方法

　　讓我們利用案例回顧，為科學方法的過程做摘要；定義問題（接受較高教育程度是否值得）；文獻回顧（其他關於教育程度與收入之間關係的研

©Martin Persie/Alamy Stock Photo

研究者如何研究我們對於公共場所抽菸者的態度？他們傾向將受訪者過去抽菸行為作為控制變數，假設抽菸的受訪者比不抽菸的受訪者對於公共場所抽菸的忍受度更高。另一個有趣的問題是，戒菸的人比起不抽菸者對於在公共場所點菸的感受是否不同？你認為呢？

究）；以及建立假設（教育程度越高，收入越高）；資料蒐集與分析，確認選取之樣本具有代表性，以及資料的效度與信度；最後，形成結論：資料支持我們原先所建立教育對於收入影響的假設。

2.1 概述與回顧

摘要

社會學家致力於運用**科學方法（scientific method）**進行研究，本節檢視科學方法的基本規範。

1. 科學方法的五項基本步驟：定義問題、文獻回顧、建立假設、資料蒐集與分析，以及形成結論。
2. 無論何時，研究者都堅持希望嚴謹概念之研究，例如智慧及偏見，必須建立可用的**操作性定義（operational definition）**。
3. **假設（hypothesis）**是用來陳述兩個或更多變數（**variable**）之間的可能關係。
4. 社會學家運用**抽樣（sample）**技巧，不需要針對母群體的每一個都測試。
5. 依循科學方法，研究結果必須具備**效度（validity）**及**信度（reliability）**兩者。

批判性思考

1. 大學教育對於社會整體可能有什麼樣的影響？對於家庭、政府及經濟有哪些潛在性影響？
2. 假設兩個研究者針對相同主題設立不同的操作性定義，請說明此兩個研究結果的可信度與有效性。

重要詞彙

因果邏輯	隨機抽樣
控制變數	信度
相關	樣本
依變數	科學方法
假設	效度
自變數	變數
操作性定義	

2.2 主要研究設計

決定如何蒐集資料，是社會學研究重要的一部分，**研究設計（research design）**是指詳細計畫或以科學方式取得資料的方法。研究設計的選定，通常取決於研究者最初選擇的理論與假設（Merton 1948）。決定研究設計時，必須具有創造性及巧思，因為研究設計將會直接攸關研究計畫的成本，以及蒐集資料需耗費的時間總數。社會學家的研究設計，通常會利用調查、民族誌、實驗法，以及既有資源取得研究資料。

調查

我們絕大多數都有被訪查的經驗，可能被問所使用的清潔劑品牌，或是想投給哪一位總統候選人，或是最喜歡哪一個電視節目等。**調查（survey）**通常是以訪問或問卷形式的研究，提供研究者有關受訪者的想法及行動的訊息，曾在總統大選期間收看新聞的民眾都會知道，調查成為政治生命的必要。

在想到調查時，你可能會聯想起觀看網路投票，提供立即性結果。雖然這類民意調查很有趣，卻僅能反映出剛巧看到網站且選擇網路回答之民眾的想法。誠如我們所見，倘若要真正反映廣大母群體，調查必須採用精確、有代表性的抽樣方法。在網路的世界裡，許多人只需透過手機就可以瀏覽。

由於成本較低，問卷設計完成即可，網路調查逐漸成為吸引人的選項；但是這些經由網路調查，匿名的回答準確嗎？有可能相當有效的。類似案例如2009年的研究，針對美國超過一百萬名選擇使用網路廣告及直接電子郵件接觸的讀者，研究者使用這個資料庫，謹慎地建立總人口的代表性樣本，並且詢問關於種族刻板印象的敏感問題，同時針對其他國民採取面對面訪問類似問題，比較兩種方式，其結果相當接近。這樣的比較更激勵網路調查方式的未來發展（Simmons and Bobo 2015）。

在準備進行調查時，社會學家不僅建立代表性樣本，也必須十分謹慎斟酌問卷用詞。一個有效的調查問題必須是清楚、容易了解、題目必須明確，詮釋結果時不至於造成問題。開放式問題（「你對教育性電視節目製作的看法？」）必須小心措辭以取得所需要的資料。只要抽樣精確及問卷問題措辭明確無偏差，調查將是資訊的重要來源。

研究者在撰寫問卷時，也需要謹慎小心社會的變遷。2010年12月，美國勞動統計局（Bureau of Labor Statistics）官方承認經濟大衰退的影響改變十年以來的實際狀況。過去，問卷中多重選擇題有關民眾失業時間長度最長為「99週或以上」，但在2010年末，失業率居高不下成為長期現象，勞動統計局增加問卷選項，最長為「5年以上」。

調查有兩個主要型態：**訪談（interview）**，即研究者透過面對面，電話或網路提問的方式蒐集資料；而**問卷（questionnaire）**則是研究者使用印製或書寫型態，從受訪者獲得資料。此二者各有優點，訪談者可以獲得較高的回覆率，因為人們可能順手丟掉問卷，較難以拒絕訪問者當面的邀請。此外，較有技巧的訪談者除了可以取得制式問題的回答外，可能還能取得受訪者潛在的感受及原因。Patricia Adler與Peter Adler為了他們的著作，針對自殘這個敏感性主題進行139次深度訪談（請見本章章首故事）。另一方面，問卷法的優點是成本較低，特別是樣本數很大的時候。

訪談者必須謹慎小心記錄所有受訪者的反應，並且對受訪者的回答不會表現出任何批判性。

人們為什麼做愛？這是個直接的問題，儘管性愛對於公共衛生、婚姻諮商及犯罪學相當重要，但是直到近來仍然少有相關的科學性研究。為了找尋答案，研究者訪談約 2,000 名美國德州大學奧斯丁分校（University of Texas at Austin）的大學生。在問卷設計之前，首先他們隨機訪問 400 名學生，請他們列出所有發生性行為的原因。獲得的答案相當多樣化，從「我喝醉了」到「我想要更接近上帝」等，然後研究團隊又另外訪問 1,500 名學生，從第一組學生列出 287 項原因之中，評選每一項原因的重要性。結果排序如表 2-1 所示，幾乎每一項原因都被某些學生評選為非常重要，儘管答案之中存在著性別差異，但排列於前 10 項原因顯然在男性與女性之間達到共識（Meston and Buss 2007）。

研究顯示，訪談者的特質會影響到調查的資料，例如，比起男性訪談者，女性訪談者從女性受訪者獲得更多女性主義式的回答；比起白人訪談者，黑人訪談者在訪問黑人受訪者攸關種族議題時，更能獲得詳細的回答。性別與種族對研究結果的可能影響，顯示出社會研究需要更加謹慎小心（D. W. Davis and Silver 2003）。

調查是一種**量化研究**（quantitative research），蒐集與記錄的資料主要以數字形式呈現，本書至今所探討的研究多半屬於量化研究。雖然量化研究能夠處理大量的樣本，卻無法針對某個主題提供深入且詳細的探討。這也就是研究者也使用**質性研究**（qualitative research）之原因，質性研究通常依賴田野及自然情境觀察所見，強調小團體及社區，而不是大團體或整個國家，質性研究的普遍型態是民族誌或觀察，稍後將會討論。透過本書將會同時呈現量化研究及質性研究的範例，因為此兩種研究法都普遍為學術界採用。有些社會學家會傾向偏好某種研究法，但運用更多不同的研究設計將會令我們學習更豐富，而不必侷限於某個特定的研究型態。

民族誌

研究者通常透過第一手研究蒐集資料或假設考驗，**民族誌**（ethnography）是透過廣泛、有系統性實地考察社會整體的一種研究，民族誌的基本技巧是**觀察**（observation）或直接參與仔細觀察一個團體或組織。然而，民族誌研究也包含蒐集歷

表 2-1　男性與女性發生性行為的主要原因

原因	男性	女性
我被那個人吸引	1	1
性愛的感覺很好	2	3
我想要體驗生理的愉悅	3	2
很美妙	4	8
我想要對那個人展現吸引力	5	4
我的性慾被激起，而且想要放鬆一下	6	6
我很「好色」	7	7
我想要對那個人表達愛意	8	5
我想要達到性高潮	9	14
我想要取悅我的伴侶	10	11
我領悟到我戀愛了	17	9
我「一時意亂情迷」	13	10

資料來源：Meston, Cindy M., and David M. Buss. "Why Humanoids Have Sex." *Archives of Sexual Behavior 36*, August 2007, p. 506.

史性資訊與親自訪談。雖然比起調查或實驗法，民族誌可能似乎相對來說是非正式的方法，當民族誌研究者觀察其研究主體時，也須謹慎小心詳細記錄。

在某些情況下，社會學家實際參與一個團體一段時間，以了解此團體如何運作，這就是所謂的參與觀察（participant observation）。

1930 年代晚期，學者 William F. Whyte 為了進行研究，遷居波士頓一處低收入義大利裔社區。

他最初面臨的挑戰是——也是每一位參與觀察者都會碰到的——如何獲得這個陌生團體的接納，對於一個受過大學教育的社會學家而言，想要獲得宗教狂熱者、青少年幫派、貧窮阿帕拉契社區，或者流浪漢貧民區的信任，並不太容易，觀察者需要具備極具耐心、可親近且沒有危險性的人格特質。

民族誌研究調查者也面臨其他複雜的挑戰，社會學家必須充分了解自己要觀察的內容，在某種意義上，就是學習從被觀察群體的角度看他們所處的世界，才能充分了解發生於群體的事件。如此，又產生一些微妙的問題；假如希望研究成功，研究者必須小心避免與受研究者太親近或友情關係，否則必然影響受研究者的行為或研究的結論。研究者即使費盡心力獲得受研究者的接納，參與觀察者都必須與他們保持某種程度的抽離。

有一項令民族誌學者十分興奮的工具，即視覺社會學，請見專欄 2-1。

當代研究　　　　　　　　　　　　　　　　　　　　　　　　　　　專欄 2-1

視覺社會學

大致上，社會學家對於人類行為依賴科學觀察，不論直接或透過調查、實驗法及既有來源以蒐集資料。然而，越來越多的科學家也認同將視覺檔案作為重要的研究工具。**視覺社會學**（visual sociology）是指使用照片、電影與影音來做社會研究。社會學家 Howard Becker 在他最具影響力的文章〈攝影與社會學〉（Photography and Sociology）引起大眾注意影像的重要性。過去三十餘年，國際影像社會學協會大力支持影像社會學的學術研究，不只社會學家，還有人類學家、傳播學者及心理學家皆給予支持。

雖然視覺社會學這個術語相對來說仍很新穎，但視覺研究方法的根基十分穩固；誠如 Becker（1974:3）提醒我們，「攝影與社會學大約同時誕生」於 1830 年代。早期社會學研究使用照片與其他視覺，諸如地圖，不只是為了展示，更是研究的基礎。美國內戰的艱苦、美國原住民與美國騎兵的衝突，以及克里米亞戰爭等，均透過早期照片加以分析。在二十世紀，學者藉由觀看農業安全管理局（Farm Security Administration）蒐集的照片，以評估經濟大蕭條的損失，然而當時類似的研究並不被社會學家所認可採納，至今只有數值型資料才被視為適用於研究。

©Spaces Images/Blend Image
詢問居民描述照片，有助於注意到那些經常被忽略的細節，例如安全的重要性。

圖片來源：Library of Congress Prints and Photographs Division [LC-B8184-7964-A]
照片及其他視覺影像增進我們對影響社會行為事件的了解，這張內戰戰場的照片顯露出被戰爭所蹂躪社會的極大震撼。

如今影像有助於認識社會行為的價值已經顯而易見，幾個世代以來，音樂都是透過收音機推播及宣傳，然而音樂短片（MV）改變了流行音樂。1981 年音樂電視網（MTV）成立，Buggles 發表音樂影片 "Vidio Killed the Radio Star"，隨後有 Pat Benatar 的 "You Better Run"，暗示音樂產業即將發生的變革。如今學者極盡廣泛地研究這些影片的製作及流行音樂的歌詞。

視覺社會學包含透過記錄片或攝影進行一個影像記錄的意識創造，社會學家 Charles Suchar 對於中產階級的研究，就是透過攝影記錄商業區及住宅區各個時期的樣貌，然後加以分析影像以記錄街區如何變化，這些照片成為研究者與居民及店家訪談的基本話題，受訪者藉此表達及建議他們關注的議

題，例如隱私與安全。攝影記錄也可以運用於比較性研究，想像一下比較兩個截然不同的影像——在郊區烤肉及阿密須人（Amish）社區打造穀倉，社會學家將會從中學到什麼。這兩個例子都可視影像為資料，不只是教學輔具。

如今影像社會學有助於**應用社會學（applied sociology）**，社會學的首要任務是針對人類行為及組織的實質應用。英國公共衛生研究者拍攝街區照片時發現非法使用藥物相當普遍，這些照片顯示吸毒者在公園及公廁公然注射，有助於確認遭到棄置針頭與亂丟注射器的地區是不安全的。雖然這些影像不盡然是為了研究所用，卻也證明研究者非常寶貴的努力，以說服社會服務及執法機構必須介入干預。

簡而言之，視覺社會學的運用範圍如同社會學本身一樣廣泛，諸如網路、社群媒體及 3D 列印的技術發展，只會持續擴展這個領域。

討論

1. 從電視或社會群體選取一個或一些影像，從社會學觀點加以討論，你會學到什麼？與哪一類社會學概念相關？
2. 某些影像是否可能會被研究者誤解？舉例說明，學者應如何防止這類誤解？

資料來源：Becker 1974; Goffman 1979; J. Grady 2007; Harper 1988; Parkin and Coomber 2009; Stryker and Wood 1973 [1935-43]; Suchar 1997; International Visual Sociology Association 2018.

實驗法

當社會學家想要研究可能的因果關係時，他們會採用實驗法。**實驗法（experiments）**是一種人為創造，且允許研究者操作變數的情境。

在典型的實驗方法裡，研究者選出兩組特徵相似的人，例如年齡或教育程度，然後研究者將研究主題指定給兩組中的一組，這兩組即是實驗組或控制組。**實驗組（experimental group）**會接觸自變數，而**控制組（control group）**不會。因此，假如科學家想要進行一種新抗生素的測試，會給實驗組服用此藥物，但不會給控制組。

如同觀察研究一般，在某些實驗裡，社會科學家的表現或其他觀察者可能會影響受研究者的行為；實驗法的觀察者因研究主題而產生非預期性影響的現象，社會學家稱為**霍桑效應（Hawthorne effect）**。這個名詞起源於 1920 年代及 1930 年代，西方電器公司（Western Electric Company）霍桑（Hawthorne）工廠的實驗結果，當時研究者發現他們就工作場所裡做的每一項改變——即便是降低燈光亮度，對於勞工產能提升都有正向的影響；他們的結論是勞工特別努力工作以便吸引觀察者的目光。透過審慎建構研究的確發現某些勞工行為改變的因素，霍桑效應一詞也成為安慰劑或天竺鼠效應的同義詞（Franke and Kaul 1978）。

運用既有資源

社會學家不必然為了研究與假設考驗，而一定要蒐集新的資料。**次級分析（secondary analysis）**一詞意即利用先前已蒐集及公開可得資訊與資料而進行研究的方法。一般來說，當研究者採用次級分析時，使用資料的方式與先前資訊收集者立意不同，例如，人口統計資料乃是聯邦政府為了特定用途而蒐集，但對於市場營銷專家設立各式各樣設施，從自行車商店到照護機構等，都極具參考價值。

社會學家將次級分析視為非反應性（nonreactive），因為對人們的行為並無影響。例如，Durkheim的自殺統計分析研究，對於人類自殺既不會增加，也不會降低。利用次級分析，研究者得以避免霍桑效應。

然而，研究者依賴他人蒐集的資料，可能會發現並非自己所需的資料。家庭暴力研究的社會科學家可以利用警政單位及社會服務機構提供婚姻暴力與兒童虐待個案記錄的統計資料，但有多少個案未被通報呢？政府機構並沒有精準的所有虐待個案統計。

有些社會學家發現，文化、經濟與政治檔案，包含報紙、期刊、廣播及電視存檔影帶、網路、手稿、日記、歌曲、民間傳說及法律文件等，也極具研究價值（表2-2）。在檢視這些資源時，研究者採用**內容分析（content analysis）**的技術，依循某些基本原理，針對資料有系統地編碼與客觀記錄。

©Carnegie Mellon University

卡內基美隆大學（Carnegie Mellon University）的行動資料庫，讓研究者隨處可見研究主題——從夜店到馬拉松賽跑。此行動資料庫擁有最先進的設備，允許社會科學家把社區調查結果加入他們的即時資料庫，也提供該區的社群網路連線，甚至讓研究者錄製街上活動。

內容分析能夠發人深省，近來毀滅性颶風、洪水及長久旱災現象與日俱增，許多人表示必須教育下一代有關氣候變遷；為了評量孩童對於環境的認識，社會學家針對過去七十年獲獎的繪本，進行一項內容分析；研究結果顯示，對於自然環境與動物的描述明顯減少。當代童書描述環境議題，對於火山爆發的描述多於洪水或惡劣氣候，即便書中關於城市裡的大煙囪不斷飄出大量黑煙，童書的故事情節仍然不會將空氣汙染視為問題（J. Williams et al., 2012）。

表2-3列出主要的研究設計摘要及其優缺點。

表 2-2　在社會學研究中使用既有資料　　　｜總結

最常使用的資源
人口普查資料
犯罪統計
出生、死亡、結婚、離婚及健康統計
其他資源
報紙或期刊
個人日誌、日記、電子郵件及信件
宗教團體企業與其他組織的記錄及檔案資料
廣播節目錄音帶
電影與電視節目
網頁、部落格與聊天室
歌詞
科學記錄（如專利申請）
公眾人物的演講（如政治人物）
選舉時的投票數或民意代表對於特定法案的支持度
公共活動的參與記錄
社會抗爭或集會的錄影帶
文獻，包含民間傳說

表 2-3　主要的研究設計　　　｜總結

方法	範例	優點	限制
調查	問卷／訪談	獲得特定議題的資料	可能花費較昂貴且費時
民族誌	觀察	獲得特定族群或組織的詳盡資料	數月，甚至數年勞力密集的資料蒐集
實驗法	縝密地操控人類的社會行為	直接測量人們的行為	對於研究主題行為的操控，涉及某種程度的倫理限制
既有資料／次級分析	分析人口普查或健康資料	成本效益	受限於原始資料是為了其他原因所蒐集

✓ 運用你的社會學想像

想像一下，你是一位立法或政府決策者，正致力於一項複雜的社會問題。假如你根據錯誤的研究做出決策，可能會發生什麼狀況？

2.2 概述與回顧

摘要

本節強調**研究設計（research design）**，或社會學家蒐集資料的計畫類型。

1. 社會學家使用四種主要研究設計：調查、民族誌（觀察）、實驗法及既有資源。
2. **調查（survey）**研究的兩種主要方式是**訪談（interview）**及**問卷（questionnaire）**。
3. **民族誌（ethnography）**允許社會學家研究某些無法利用其他研究方法進行調查的特定行為及社區。**視覺社會學（visual sociology）**是民族誌的一項重要工具。
4. 倘若社會學家想要探究因果關係，他們可以利用**實驗法（experiment）**。
5. 社會學家也可能運用既有資源，採用**次級分析（secondary analysis）**及**內容分析（content analysis）**。

批判性思考

1. 你將如何建立一個實驗性研究，以評量電動遊戲對學齡期各年級孩子的影響？
2. 假如社會學老師要求你探究社區中的街友，你發現最有用的研究技巧是什麼？將如何運用那些技巧？

重要詞彙

應用社會學	觀察
內容分析	質性研究
控制組	量化研究
民族誌	問卷
實驗法	研究設計
實驗組	次級分析
霍桑效應	調查
訪談	視覺社會學

2.3 研究倫理

生物化學家不能夠任意將一項藥物注射到某個人身上，除非這項藥物經過完整試驗且這個人同意注射，否則就是不道德且非法。社會學家也是如此，研究進行時必須遵守某些特定的標準，稱為**倫理規約（code of ethics）**。1971 年，美國社會學學會首次出版專業的《倫理規約》（*Code of Ethics*），1997 年重新修訂，並提出以下基本原則：

1. 維持研究的客觀性與誠信。
2. 尊重受研究者隱私及尊嚴。
3. 保護受研究者，避免受到傷害。
4. 研究保密。

5. 當研究所蒐集受訪者的資料或行為涉及隱私,應徵求受訪者知情同意。
6. 說明研究的合作及贊助單位。
7. 公開所有研究經費贊助來源(American Sociological Association 1999)。

這些基本原則看似清楚,為何還會導致爭論或爭議?至今仍有許多微妙的倫理議題,無法憑藉閱讀這七項原則就能輕易解決。例如,進行參與觀察研究的社會學家可以保守受研究者的祕密嗎?假如受研究者是狂熱宗教團體成員,涉及違反倫理或可能違法的活動?假如政府機關要求社會學家針對政治激進分子進行訪談?

由於大多數社會學研究利用人作為資料來源——問卷調查的受訪者、民族誌的受研究者,或是實驗法的參與者——問題的選擇相當重要;不論何種研究,社會學家都必須確定不會侵犯到受研究者的隱私。一般而言,社會學家應當確保對受研究者保持匿名,以及保證受訪者個人資料的保密性。此外,所有以人為研究主體的研究計畫應受到審查機構監督審查,該審查機構須致力於確保受研究者處於不合理的風險中。若有必要,審查機構將可以要求研究者修正其研究設計,以遵守研究倫理規約。

下節論述從社會學家 Rik Scarce 的研究經驗裡,將可以領會到研究者面臨的倫理問題重要性,Scarce 堅守對受研究者的保密協定,使他陷入嚴重法律問題。

保密

如同新聞工作者,社會學家發現研究中取自受訪者的資料,導致自己受到執法機關的質疑,這種令人不安的情境引發強烈的道德問題。

1993 年 5 月,華盛頓州立大學(Washington State University)社會系博士候選人 Scarce,因為藐視法庭入獄,Scarce 拒絕將研究所知告訴聯邦大陪審團——是否知道關於 1991 年極端動保團體人士,攻擊大學研究實驗室的任何訊息。當時,Scarce 正在撰述探究一本關於環保激進人士的著作,而且至少認識一名參與抗爭的嫌疑犯。說來奇妙,雖然遭到聯邦法庭懲處,但 Scarce 卻贏得獄友的尊敬,視他為「不會打小報告」的男人(Monaghan 1993:A8)。

Scarce 對於判決提出上訴,美國社會學學會予以支持:Scarce 依舊保持緘默,最終法庭認定沒有進一步監禁的必要,在入獄服刑 159 天後,Scarce 獲得釋放。1994 年 1 月,美國最高法院駁回 Scarce 的上訴。遭到大法庭的駁回上訴,Scarce(2005)主張聯邦立法必須釐清學者及研究者必須保護受訪者隱私的權利。

利益衝突

有時候即便遵循美國社會學學會的七項《倫理規約》，公開所有研究經費的來源，也無法充分確定符合倫理規範。特別是來自政府及企業雙方的贊助，表面上提供基礎研究基金贊助，實則可能附帶許多條件；接受私人企業或甚至政府機構贊助，贊助者勢必從研究結果獲得利益，如此研究者的客觀與誠信足以令人質疑（第一項原則）。

有些學者質疑，即使公開研究經費來源，但在此情況下接受經費贊助是否合適，至少有一個案例顯示，某一名埃克森美孚（Exxon）員工明確告知一位社會學家，表示公司提供與其立場類似的學者研究經費贊助。另外，也可能產生的質疑，埃克森美孚挾其龐大研究基金以左右學者的研究議題，而不只是贊助清汙技術改進或長期環境成本的工作；埃克森美孚寧可選擇將科學家的注意力，轉移到環境案例法庭判決的有效性。

接受埃克森美孚研究經費贊助的學者，否認因此影響研究或改變研究結果，某些學者也自其他單位取得經費贊助，例如國家科學基金會（National Science Foundation）與哈佛大學歐林法律經濟商業中心（Olin Center for Law, Economic, and Business），其中許多學者的研究報告接受同儕審閱後，發表於聲望良好的期刊。儘管如此，仍有一位參與研究的學者為避免利益衝突，而拒絕埃克森美孚的經費贊助。

價值中立

社會學家的倫理考量不僅在於所採用的研究方法與贊助經費來源，還有對於研究結果的詮釋。Weber（[1904] 1949）認為個人的價值觀將會影響社會學家所選擇的研究問題，他的觀點是一個研究者絕不允許他或她的個人感受影響對資料的詮釋，這才是可以接受的。依照Weber 的觀點，社會學家必須在研究時保持**價值中立（value neutrality）**。

價值中立的意涵也包括研究者有倫理責任接受任何研究結果，即便是研究結果與研究者個人觀點、既有理論詮釋，或廣受接納的信念有所牴觸。例如，當 Durkheim 提出社會因素

©John Gaps III/AP Images

埃克森美孚油輪 Valdez 號在阿拉斯加海岸觸礁擱淺後，浮動的攔油索圍繞著油輪；埃克森美孚被責成環境汙染疏失，需支付 53 億美元清汙費；但該公司持續上訴，藉著成立學術研究基金，將罰金降為 5 億美元，某些學者深信當中必有利益衝突。

社會學在工作的運用

Dave Eberbach, 副董事
愛荷華州社區聯盟協會

Courtesy of Dave Eberbach

　　Dave Eberbach 個人職涯大半時間都在跟電腦為伍。1994 年他受聘到 United Way of Central Iowa 工作，他的職位是研究協調者，協助建立及執行愛荷華州無家可歸者管理資訊系統（Homeless Management Information System, HMIS），針對住宅與無家可歸服務提供者資訊整合協調。Eberbach 同時也跟 Human Service Planning Alliance 合作，協助建立及維持一個多元化來源的社會統計「資料倉儲」。身為研究協調者的他發現，這些資料有助於確認隱藏於州及國家統計的貧窮地帶。

　　如今 Eberbach 任職於愛荷華州社區聯盟協會（Iowa Institute for Community Alliances）這個小小的非營利組織，提供個案管理資訊化以及針對無家可歸與住宅服務提供者實際計畫監控；身為副董事的 Eberbach 管理一個七人小組，並且與為弱勢族群改善服務輸送體系的委託人會晤。他解釋：「當運用於社會計畫方案的資源稀少時，更迫切需要強調方案的重點是委託人成功，而不只是維護系統。」

　　Eberbach 進入格林內爾學院（Grinnell College）就讀，在他決定主修社會學之前，選讀許多社會科學課程；在那段時期，從許多客座教授身上獲益良多，教授帶領他學習許多種族及文化的觀點。他發現與個人熟識彌補社會學課程的概念。如今 Eberbach 將這些學校所學運用於工作上，讓他更能貼近與多元族群接觸。

　　身為學生，Eberbach 回憶起，他從未曾想到會在職涯中使用統計，課程也不那麼困難。他說：「當結果產出時，我幾乎每天都使用。了解資料及統計就能在工作中向他人說明這些數據。」這倒也是真實的，無論如何，擁有社會學背景有助於系統設計。他解釋：「意識到系統必須為眾人所用，而非要求眾人成為像我這樣」，是很有幫助的。他繼續說道：「世界並非是一個等待解決的電腦問題或數學習題，而是一個廣大人群不斷相互碰觸的複雜環境。」

討論

1. 你知道從現在開始十年要做什麼？假如答案是肯定的，未來職場裡統計學知識如何幫助你？
2. 你可以從 Human Service Planning Alliance 的電腦資料庫裡發現從哪些統計？這些統計資料從何而來？

（而非超自然因素）是自殺的重要原因，正是對普世概念的挑戰。

　　雖然某些社會學家相信，價值中立是不可能的，但若因此忽視這個議題就是不負責任。假如研究者將個人偏見帶入研究調查，讓我們思考一下將會怎樣？例如，一項針對大專院校校際運動競賽對男性校友捐獻的影響之調查研究，可能重視那些

顯而易見帶來高收入的運動項目，如橄欖球及籃球，而忽略那些所謂的小型運動，如網球及英式足球，這些次要運動極可能包含有女性運動員。儘管早期學者如 W. E. B. DuBois 與 Addams 曾努力過，但社會學家仍然需要被提醒，社會學研究規範經常未能充分考慮所有人的社會行為。

　　Joyce Ladner 發表於 1973 年的著作《白人社會學之死》(*The Death of White Sociology*)，書中提及主流社會學將非裔美國人視為社會問題的傾向。最近，女性社會學家 Shulamit Reinharz (1992) 質疑社會學研究不只是具備包容性，也應該反映出社會變遷，並且參考那些非社會學家的相關研究。Ladner 與 Reinharz 都主張，研究應分析女性地位不平等是否對研究造成影響。例如，研究者應考慮兩性薪資不平等的意涵，以增進教育對收入影響的了解。價值中立並非意味著社會學家不能擁有自己的觀點，而是必須克服任何偏見，儘管是無意的，也可能影響研究分析。

　　社會學家 Peter Rossi (1987) 承認自己偏向自由主義的觀點，確實引領他的研究範疇。然而為了與 Weber 的價值中立觀點一致，Rossi 支持嚴謹的研究方法，客觀的解釋資料，以至於有時候研究結果不符合他的自由主義價值觀。舉例而言，他在 1980 年代中期，針對芝加哥地區無家可歸者統計所得數量，遠低於芝加哥無家可歸聯盟 (Chicago Coalition for the Homeless) 的統計數量，聯盟的成員猛烈抨擊 Rossi，認為他藉著低估無家可歸人數來阻礙社會改革。Rossi (1987:79) 最後結論是「短期而言，良好的社會研究可能會被某一方或特定爭議的另一方視為背叛者。」

2.3　概述與回顧

摘要

社會學家進行研究時應遵守某些倫理規約。

1. 美國社會學學會**倫理規約（Code of Ethics）**要求研究客觀性與誠信、保密，以及公開所有研究經費贊助來源。
2. Weber 極力主張社會學家進行研究時，應該遵守價值中立，並確保研究者個人情感不至於影響資料的詮釋。

批判性思考

1. 假如你計畫進行人類性愛之研究，美國社會學學會的七項《倫理規約》中有哪些特別與你相關？這類研究可能引起哪些倫理問題，你又要如何預防？
2. 為什麼 Weber 特別指出資料的詮釋，應該保持價值中立？社會學研究是否可能全然保持價值中立？研究者應該克服自己的個人偏見到何種程度？

重要詞彙

倫理規約
價值中立

2.4 方法論的發展

女性主義方法論

女性主義觀點對於當代社會研究者有相當的影響力，這些觀點如何影響研究？雖然研究者必須保持客觀，他們會問或是不會問的問題，都可能受到本身的理論傾向所影響。例如，直到近年來，研究者針對工作與家庭的研究都是分開的，而女性主義學者認為這兩個活動範疇應該被緊密整合，以此類推，工作與休閒、有酬與無酬的家務工作可能不被看成分開的領域，但其實就像同一個銅板的兩面。

近來，女性主義學者對於自殘研究越來越有興趣，本章前文已論述。研究顯示85%自殘者為女性，女性主義研究者試圖說明為何女性族群占多數的原由。行為治療並不像疾病治療，女性主義學者特別提示，比起男性，社會更常透過除毛、皮膚美療及除色等，鼓勵女性對身體的關注。女性主義學者認為藉由對女性身體的強烈關注，某些特定傷害案例可能導致女性自殘。女性主義學者也致力對男性自殘者更多了解認識，並假設男性族群中自殘是一種對疼痛耐受力的陽剛象徵，加以檢驗探究（P. Adler and Adler 2011:25-27, 35-36）。

女性主義觀點也影響全球性研究，對女性主義學者而言，傳統上把工業化國家及開發中國家區隔為看似獨立的兩個世界，卻忽略兩者之間的緊密關係。女性主義學者也強烈呼籲，應該對於移民女性在維繫家庭所扮演角色、工業化國家運用低度開發國家女性家務勞動，以及全球非法性工作者等進行更多研究（Cheng 2003; Cooper et al. 2007; Sprague 2005）。

比起其他研究者，女性主義研究者更傾向將受研究者納入與諮詢，也更傾向尋求改變、喚醒群眾意識及影響決策。他們特別開放接受跨學科的觀點，例如運用歷史證據或法律研究（T. Baker 1999; Lofland 1975; Reinharz 1992）。

©Winston George/Alamy Stock Photo
女性主義學者將全球非法性工作者，視為工業化國家與開發中國家之間獨立的兩個世界親密關係的象徵。

酷兒理論與方法論

假如研究者期望研究發現可以推論到社會，就必須具備所有人口的代表性。上個世代以來，女性主義學者主張女性應如男性般得到研究者的關注，同樣地，酷兒理論的倡導者要求

研究者，不論男同性戀或女同性戀都應納入研究，也就是說所做的假定推論也能運用於每個人，不論異性戀、同性戀或變性人。

根據國家經濟研究局（National Bureau of Economic Research），大部分的研究顯然短報總人口中的男女同性戀比例；也低估反同性戀者觀點之比率。當局建議使用「模糊描述」的技巧，研究中受訪者被問到是否認為自己是異性戀者，應以其他低敏感問題取代，例如「小時候是否耗費許多時間玩電玩遊戲？」在某個研究裡，當團體中的受訪者被問到性取向的類似問題時，19% 受訪者表示自己是非異性戀者，如果問題更直接，比率是 11% 受訪者（Coffman et al. 2013）。

研究建議，假如研究者想要同時推論到異性戀與同性戀，和其他敏感性研究議題相較，例如政治與宗教團體，有關受訪者的性取向提問的用字遣詞更應謹慎。

數據豐富的未來

科技的進步對於人們各個層面的生活產生影響，社會學的研究也不例外。社會學家進行研究可取得使用的資料大量增加，實際上在十年前是不可能發生的。過去，只有得到許可的研究者或重要機構贊助者可以輕易獲得大量資料，如今任何人只需有一部電腦即可取得大量資料，學習了解更多關於社會行為的研究。

隨著大數據時代來臨，國家監獄總人口統計提供許多研究議題──美國人口占世界總人口的 5%，但監獄人口幾近 25%。然而精確數字卻難以取得，因為監獄人口總是在變動，並且有無數懲戒部門在運作中，懲戒體系約有七百萬成年人；更進一步來說，據估計，大約超過 170 萬名 18 歲以下孩子的父母之一正被關押監禁。這些孩子通常是低收入家庭，而且健康狀況不佳，亟需協助解決能夠改變人生的環境。例如，芝麻街（Sesame Street）工作坊計畫稱為「小小孩大挑戰：監禁」（Little Children Big Challenges: Incarceration），針對父母被監禁的 3 歲兒童提供資源及照顧指南（Lynch 2012; Sesame Street 2018）。

這些計畫真能幫助到孩子嗎？更甚者，要如何強化它們？社會學家鑽研成千上萬筆資料，針對所提供的方案加以評估，並且發掘改善方法。韋伯州立大學（Weber State University）社會學家 R. C. Morris（2017）提出兩種方案：其一是在 Indianapolis 都會區的 Big Brothers Big Sisters（BBBS）輔導計畫；以及國家破碎家庭（Fractured Family, FF）調查，追蹤 5,000 名兒童長達 9 年時間。

Morris 假設社會干涉可以降低父母監禁的孩童產生財產損失、偷竊、學校欺騙等可能性，研究顯示假設之前取得資料的重要性，如此才能建立正確的假設。意外地，輔導計畫的參與者問題竟多過於破碎家庭調查未加入計畫的類似團體。

為什麼接受輔導的孩子會比沒有輔導的孩子問題更多？資料並未顯露一個單純的因果關係，分析發現，相較之下，BBBS 的孩子在未接受輔導前就比控制組孩子的問題更多，因此面臨的挑戰也更大；其次，輔導計畫原本強調學業成就，卻導致未預期的影響，某些參與者為了有「好成績」而在學業上做出作弊的行為；第三，比起執行許多類似的處遇，BBBS 計畫的焦點在年紀較大的孩子，意味著父母之一持續監禁服刑的影響遠超過幾個月的輔導。換句話說，年紀較大的孩子必須克服父母長期服刑，或甚至多重父母缺席的影響。Morris 建議為了達到成效，輔導計畫應持續一年以上，而且不只是重視學業成就，應包括協助孩子在一個很有壓力的社會環境中的適應技巧。

©In Pictures Ltd./Corbis via Getty Images

監禁對於受刑人的孩子影響甚大，如圖所示，一位父親與其兒子在極為稀少的家庭會面時刻。

　　我們已經看到研究者依賴許多研究工具，從歷經時間考驗的觀察研究、運用既有資源，到近代電腦科技。在真實世界裡，社會學研究結果對於社會政策及公共福利影響相當廣泛而深遠。

2.4　概述與回顧

摘要

　　女性主義理論及科技變革對於社會學研究產生重要影響。

1. 女性主義觀點影響社會學家的調查問題、選擇的研究團體、使用方法，以及全球化如何影響研究。
2. 科技在社會學研究扮演著一個重要角色，無論是電腦資料庫或自網路取得資料。

批判性思考

1. 說明父母受監禁的孩子輔導計畫評估，如何反映出此科學方法的各個階段。
2. 近來同性戀與變性人權利的發展如何影響酷兒理論研究？
3. 假設你是一位社會學家，嘗試著從政府資源取得經費贊助，以進行一項成人性行為研究。你將會提出什麼主張，以說服政府機構贊助你的研究？

本章摘要

社會學實戰小練習

1. 試想你對某個工作很感興趣，在那個職位上，你將如何運用本身的研究技能——調查、觀察、實驗法或既有資源？
2. 從你的校園或社區選擇一項當今的議題，會如何運用科學研究方法加以探究？確認研究期間，並描述有效的假設，以及最適合的研究方法。
3. 選擇一個當前可以運用視覺社會學予以研究的環境面向，你如何採用這些技術進行研究設計？

重要詞彙

Applied sociology 應用社會學　將社會學實際運用於探究人類行為與組織的學科。
Causal logic 因果邏輯　一個條件或變數之間所存在的關係，而且由一個因導致特定的果。
Code of ethics 倫理規約　針對某一專業領域成員所建立的一套可被接受的行為準則。
Context analysis 內容分析　有系統的編碼與客觀的資料記錄，被某些邏輯所引導的研究方法。
Control group 控制組　研究者安排實驗中不會被自變數介入的一組受試者。
Control variable 控制變數　為了測試自變數的相關影響而保持恆定的因素。
Correlation 相關　兩個變數之間的關係，一面改變了，另一面也同時改變。
Dependent variable 依變數　因果關係中受到另一個變數影響的變數。
Ethnography 民族誌　透過廣泛有系統性實地考察社會整體的一種研究。
Experiment 實驗法　一種研究法，允許研究者操控變數的人為情境。
Experimental group 實驗組　被研究者安排到自變數的一組受試者。
Hawthorne effect 霍桑效應　研究中，受研究者獲知自己被觀察而產生非預期的影響。
Hypothesis 假設　關於兩個或兩個以上的變數之間關係的推斷性論述。
Independent variable 自變數　在因果關係中，導致或影響另一個變數產生改變的變數。
Interview 訪談　為了取得想要的受試者資料，所採用面對面或電話或網路問卷的訪問。
Observation 觀察　一項研究技巧，調查者透過直接參與，密切觀看一個團體或社區的方式蒐集資料。
Operational definition 操作性定義　針對抽象概念的解釋，此解釋必須詳細足以讓研究者評估這個概念。
Qualitatice research 質性研究　依賴對實際場域或自然環境的觀察，而不是統計資料的一種研究方法。
Quantitative research 量化研究　主要以數字型態方式蒐集及記錄資料的一種研究方法。
Questionnair 問卷　採用印刷或書寫方式，用來從受研究者取得資訊的研究工具。
Random sample 隨機抽樣　被研究母體的每個樣本都有相同機會被抽選為研究樣本。
Reliability 信度　測量結果達到一致性的研究設計。
Research design 研究設計　以科學方法取得資料的詳細計畫或研究方法。
Sample 樣本　從一個大型母群體中選出具有代表該母群體的集合體。
Scientific method 科學方法　有系統、有組織的研究步驟，以確保研究最大化的客觀性及一致性。

Secondary analysis 次級分析 利用先前已蒐集之資料及公眾可取得的資訊及資料進行分析的一種研究技術。

Survey 調查 一種研究方法，通常以訪談或問卷，提供研究者蒐集人們的想法及行為的研究方式。

Validity 效度 能真實反映所研究現象的測量或量表的程度。

Value neutrality 價值中立 Weber 的概念，主張社會學家在詮釋研究資料時應保持客觀。

Visual sociology 視覺社會學 透用照片、電影、電視研究社會。

自我評量

請仔細閱讀下列問題，並選擇最適合的答案。

1. 社會學研究計畫首要步驟是
   a. 蒐集資料
   b. 定義問題
   c. 文獻回顧
   d. 形成假設

2. 針對抽象概念的解釋，且必須足以讓研究者衡量此概念，是一種
   a. 假設
   b. 假設變數
   c. 相關變數
   d. 變數

3. 被假設為導致或影響另一個變數的變數稱為
   a. 依變數
   b. 假設變數
   c. 相關變數
   d. 自變數

4. 相關存在是指
   a. 一個變數導致某些事情發生影響其他的變數
   b. 兩個或多個變數存有關係
   c. 一個變數改變，與另一個變數的改變同時發生
   d. 兩個變數之間存在著負面關係

5. 透過何種研究技巧，社會學家可以確保所蒐集的資料具有被研究母群體統計上的代表性？
   a. 抽樣
   b. 實驗法
   c. 民族誌
   d. 控制變數

6. 為了取得隨機樣本，研究者必須
   a. 提供問卷給每隔 5 位進入辦公室的女性
   b. 為探討大學生的態度，從列冊學生名單中，每隔 100 名訪談 1 名
   c. 為探討已註冊民主選民的態度，從選民名冊中每隔 10 名選 1 名
   d. 以上皆是

7. 研究者採用何種調查方式可以獲得較高的回覆率？
   a. 訪談
   b. 問卷
   c. 代表性樣本
   d. 民族誌技巧

8. 1930 年代，William F. Whyte 為了研究，遷居到波士頓一處低收入義大利裔美國人社區，將近四年中，他成為著作《街角社會》（*Street Corner Society*）一書所描述的「街角男孩」，他的目的在於深入了解由這群人所組成的社區。Whyte 使用哪一種研究技術？
   a. 實驗法
   b. 調查
   c. 次級分析
   d. 參與觀察

9. 當社會學家想要研究一項可能的因果關係時，他們可能採取哪一種研究方法？
   a. 民族誌
   b. 調查研究

c. 次級分析
d. 實驗法
10. Durkheim 針對自殺所做的統計分析屬於哪一種研究方法？
 a. 民族誌
 b. 觀察研究
 c. 次級分析
 d. 實驗研究
11. 不像一般民眾，社會學家使用 _____ 方法研究社會。
12. _____ 是針對兩個或多個變數之間存在關係的一項推斷性論述。
13. _____ 意指真實反映所研究現象的測量或量表的程度。
14. 為了採取科學性的方法取得資料，研究者必須選定研究 _____。
15. 假如科學家想要在實驗環境中測試一種新型牙膏，會把牙膏分配到 _____ 組，而非 _____ 組。
16. _____ 是指研究中，受研究者獲知自己被觀察而產生非預期的影響。
17. _____ 是利用先前已蒐集之資料及公眾可取得的資訊及資料進行分析的一種研究技術。
18. 運用 _____，研究者從兒童繪本探究性別刻板行為。
19. 美國社會學學會之《_____ 規約》要求社會學家保持研究的客觀及完整性，並且保護受研究者的隱私。
20. 基於承諾 _____ 中立，即便研究發現與研究者個人價值觀，或是普羅大眾的觀點有所衝突，研究者有倫理道德義務都必須接納。

答案

1. (b)；2. (c)；3. (d)；4. (c)；5. (a)；6. (d)；7. (a)；8. (d)；9. (d)；10. (c)；11. 科學；12. 假設；13. 效度；14. 設計；15. 實驗組，控制組；16. 霍桑效應；17. 次級分析；18. 內容分析；19. 倫理；20. 價值

3 Chapter 文化

- 3.1 何謂文化？
- 3.2 文化元素
- 3.3 世界各地的文化發展
- 3.4 文化差異

©Nick Fox/Alamy Stock Photo
一名衣索比亞穆爾西族（Mursi）的婦女從市場回家路上。穆爾西族是非洲最後族群之一，規範15歲以上女性須配戴陶製或木製脣板。

3.1 何謂文化？

　　文化（culture）是學習、社會傳遞習俗、知識、有形物質，以及行為的總稱，包含思想、價值、人造物品（例如DVD、漫畫書、避孕器）。對於美國國旗的忠誠尊重是美國文化的一部分，正如同全民熱愛探戈是阿根廷的文化。

　　有時候，我們常說某人「很有文化」，或稱一個城市「極富文化氣息」，文化這個詞彙的運用與本書指涉的有所不同。在社會學的術語裡，文化不僅僅是藝術與知性品味，包含所有社會中的物質與思想，有俚語、冰淇淋甜筒與搖滾樂。社會學家認為，Rembrandt的肖像畫與街頭塗鴉都是文化的一部分，使用人力耕作的部落如同依賴操控電腦機械化的族群一樣，都擁有文化；每個民族具有其獨特的文化，從食物採集與準備、房屋建造、家庭組成，以及自己的認定是非對錯標準的方式。

©Rob Watkins/Alamy Stock Photo

打球！在芬蘭，棒球的玩法有別於我們在北美所熟知的，投手站在打擊者旁邊，然後將球向上拋出以被打擊，假如成功打擊出去，打擊者跑向一壘（我們期望跑到三壘）。調查顯示，棒球是第二受男性歡迎的運動（僅次於冰上曲棍球），而且是最受女性歡迎的運動。自從1907年傳入以來，棒球在芬蘭的發展不同於美國，但都是這兩個國家文化的重要一部分。

實際上，與他人分享類似的文化，有助於確認自己歸屬的團體或社會；居住於相同區域，相對獨立於區域之外，參與共同的文化，且數量相當龐大的一群人組成**社會（society）**。大都市洛杉磯的人口比起世界上至少150個國家還多，然而社會學家並不會因此視為一個社會，更確切地說，社會學家認為洛杉磯只是依附在美國這個大社會的一部分。

社會是最大型的人類團體，由具有共同傳統與文化的人們所組成，社會的成員學習這些文化，並且世代傳承，甚至透過文學、藝術、影像記錄及其他表達方式，保存其特有的文化。

長久以來，社會學家確認文化以各種方式影響著人類行為，具有共同文化的人們，透過習慣、技能與風格方式的工具箱，藉此建立獲取知識、親友互動及進入就業市場——簡言之，就是他們的生活方式。若非文化的社會傳承，每一個世代都需重複創造發明電視，更不用說汽車了（Swidler 1986）。

擁有共同文化可以簡化許多日常互動，例如，購買機票時，你知道不需要隨身攜帶數百美元現金，可以使用信用卡支付。當你屬於社會的一部分，就會將許多瑣碎文化型態（但很重要的）視為理所當然，你想當然地認為戲院提供座位給觀眾、醫師不會洩漏病人隱私資料、帶小孩過馬路時父母會特別留心，所有以上的理所當然反映出美國文化的基本價值、信念及習慣。

如今當文字、聲音與影像可以即時傳遞到世界各地，某些文化的傳遞已經跨越國境。德國哲學家Theodor Adorno等人論及，基於消費者的需求，世界各地「文化產業」商品及服務走向標準化。Adorno聲稱全球化，流行文化的主要影響是限制人們的選擇。然而，其他學者表示文化產業的影響並非總是能滲透國境，某些文化產業可被接納，也有些時候會完全被拒絕接受（Adorno [1971] 1991:98-106; Horkheimer and Adorno [1944] 2002）。

普世文化

所有的社會皆已發展某些特定的共同習慣與信念，稱為**普世文化（cultural**

universals）。實際上，普世文化意即因應滿足人類基本需求而產生，例如對食品居所及衣物的需求。波蘭出生的人類學家 George Murdock（1945:124）彙整一系列普世文化，包括體育活動、烹飪、舞蹈、探訪、個人姓名、婚姻、醫藥、宗教儀式、葬禮、性限制，以及貿易。

雖然 Murdock 羅列的文化習慣也許是普世的，但每個文化所表現的方式可能相當不同。例如，某個社會允許成員自由選擇婚姻伴侶，其他文化則可能鼓勵婚姻由父母做主。

各個社會的普世文化不僅呈現方式各異，在相同一個社會內，也可能因時間產生劇烈變化。就此而言，大部分的文化在每一個世代、每一年都在改變及創新發展。

種族中心主義

許多日常表達方式反映出我們的態度，那就是認為自己的文化是最優越，我們慣於使用開發中（underdeveloped）、落後（backward）及原始（primitive）這些詞彙加諸於其他社會，「我們」所相信的是信仰，「他們」所相信的是迷信與神話。

人們總是禁不住地用自己的個人觀點去評價其他文化習慣，社會學家 William Graham Sumner（1906）創造**種族中心主義（ethnocentrism）**一詞，用以指涉個人視自己的文化與生活方式為規範或優於其他人的傾向。具有種族中心主義的人以自己所處的團體及文化觀點為中心，認為其他文化偏離「正規」。西方人將牛視為食物，就是對印度人宗教信仰與文化的輕視；換言之，在某個文化中，人們選擇配偶及扶養子女的方式可能是另一個文化的人們無法想像的。總而言之，我們看待世界的觀點深受所處的社會影響。

種族中心主義並非僅侷限於美國公民，許多來自非洲文化的觀光客看見美國孩子對待父母不尊敬的態度感到驚訝；許多來自印度的人對於與貓狗同住在屋內感到抗拒，阿拉伯世界及亞洲的伊斯蘭教基本教義者認為美國是墮落、頹廢、注定毀滅的國家。這些人處於共同文化感到自在，認為他們的觀點比我們更優越。

文化相對論

種族中心主義是指觀察者以其熟悉的文化作為正確行為標準，用以評價外來文化。**文化相對論（cultural relativism）**則意指從人們自己文化的視角來看待人們的行為。文化相對論將認識其他文化列為優先，而非將其視為「陌生」或「外來的」。不同於民族主義者，文化相對論者採用 Weber 的觀點，認為價值中立是科學研究中相當重要的。

文化相對論強調不同的社會背景造成不同的規範與價值，因此，我們必須檢視如多配偶制（一夫多妻或一妻多夫）、鬥牛或君主政治於其文化的特殊背景。雖然文化相對論並非暗示我們毫無疑問地接受每個文化的差異，但的確需要以嚴謹且無偏見的方式，依據其特殊文化以評價其規範、價值觀與風俗習慣。

細想兒童與成人結婚的習俗，北美大部分的人無法想像 12 歲女孩對於結婚的想法，在美國，這種風俗習慣是不合法的；在西非與南亞卻很普遍。美國應該尊重這樣的婚姻嗎？顯而易見，答案是否定的。2006 年美國政府花費 6 億 2,300 萬美元，以勸阻許多高童婚率的國家（圖 3-1）。

從文化相對論的觀點而言，我們可能會質疑，一個社會是否應當花費本身的資源來支配另一個文化的規範。然而，聯邦政府官員為此行動提出辯護，他們堅決主張童婚剝奪女孩的受教權、威脅到她們的健康，並且削弱公共衛生防護愛滋病的努力（Jain and Kurz 2007; B. Slavin 2007）。

世界人民生活地圖

註：本資料為 2005 年到 2013 年之間有效資料，在 24 個國家中，有超過 40% 的 18 歲以下女性已婚。
資料來源：UNICEF. "Child Marriage in 2005–2014." 2014.
在 24 個國家中，有超過 40% 的 18 歲以下女性已婚。

圖 3-1　童婚率高的國家

社會生物學與文化

儘管社會學家強調文化呈現的多元化及變遷，但另一個思想學派——社會生物學，著重於文化的普世觀點。**社會生物學（sociobiology）**是指有系統地研究生物學如何影響人類的社會行為，社會生物學家聲稱許多人類展現的文化特質並非透過學習而來，而是根深蒂固在我們的基因構造之中，例如女性是被扶養者、男性是提供者，幾乎是普世的期待。

社會生物學立基於自然主義者 Darwin（1859）之進化論，Darwin 環遊世界時，注意到不同地方的物種有細微變異——例如鳥嘴的形狀。他推論歷經數百個世代，基因隨機變異有助於某些物種生存於特定的環境之中，例如一隻具有特殊不同形狀鳥嘴的鳥，可能比其他鳥類更容易搜取種子果實。透過繁殖，這些幸運的個體得以將優勢基因傳承後代，最終挾帶生存優勢的變異個體，其數量開始超過其他物種，此物種也逐漸適應環境，Darwin 稱這種透過隨機基因變異以適應環境的過程為天擇（natural selection）。

社會生物學家應用 Darwin 的天擇論進行社會行為的研究，假設如果某些特定的行為模式有助於生存適應，這些行為將會連結到物種的基因（van den Berghe 1978）；以此極端的形式，社會生物學家主張所有行為是基因或生物因素所造成，社會互動對於形塑人類行為並未扮演任何角色。

社會生物學家並不想在「為什麼 Fred 比 Jim 更具有攻擊性？」的層次上探討個人行為，而是強調具有共同特徵（例如男性、女性，或是偏遠部落的成員）的一群人，其基因組成如何影響人類的本質。整體而言，社會生物學家著重於所有人類共有的基本基因遺傳，但對於推測種族或國家之間所謂的差異並不感興趣。少數的研究者嘗試追蹤特定行為，像犯罪行動的某些基因標誌，但那些標誌並非決定論。家庭凝聚力、同儕團體行為，以及其他社會因素對行為的影響，都可能推翻基因影響力（Guo et al. 2008; E. Wilson 1975, 1978）。

當然，大部分社會科學家同意社會行為有其生物基礎，然而不論他們的理論立場，大部分的社會學家亦同意人類行為在於社會實體而非基因架構。衝突論學者擔心社會生物學派觀點可能被利用於反對協助弱勢者，例如缺乏競爭力的學童（Freese 2008; Machalek and Martin 2010; E. Wilson 2000）。

3.1 概述與回顧

摘要

文化（culture）是學習、社會傳遞習俗、知識、有形物質及行為的總稱。本節檢視所有文化的共同社會常態。

1. 共享文化有助於確定我們所屬的團體或**社會（society）**。
2. 人類學家 Murdock 彙整一系列**普世文化（cultural universals）**，包括婚姻、運動、烹飪、舞蹈、醫藥，以及性限制。
3. 具有**種族中心主義（ethnocentrism）**是指人們認為自己的文化比他人的文化更優越，**文化相對論（cultural relativism）**則是指從人們自己文化的視角來看待人們的行為。

批判性思考

1. 從 Murdock 系列的普世文化中選擇三項，並從功能學派觀點論述之。為什麼每個文化都有這些常態？有何功能？
2. 從社會生物學觀點看待社會行為會有哪些問題？有哪些優點？這種觀點實用性如何？
3. 對童婚的寬容意味著此文化對女性的看法是什麼？對男性呢？對孩子呢？

重要詞彙

文化相對論	種族中心主義
普世文化	社會
文化	社會生物學

3.2 文化元素

語言的角色

語言是文化的主要元素之一，同時也是文化資本重要的構成要素。回顧第 1 章 Bourdieu 使用**文化資本（cultural capital）**一詞來表示非經濟財，例如家庭背景及過去教育投資，以反映出個人語言及藝術的知識。

社會成員通常具有共通的語言，以便於日常與他人的交流；當你詢問五金行店員手電筒（flashlight）時，不需要畫出圖像說明；你們對於一個小小的、可隨身攜帶、電池供電的燈有著共同的文化用語。然而，假如你身處英國，而且需要這個物件時，就必須說你需要一個手電筒（electric torch）。當然，即便處於相同社會，一個詞彙可能具有多種不同的涵義，在美國，鍋（pot）有兩種意思，其一是用來烹煮食物的容器；另一個意思則是興奮劑。本節將探討語言的文化影響，包含書寫與口語及非語言溝通。

語言：書寫與口語

全世界目前每天有七千種語言正在被使用，遠比國家數量還多，對於每一種語言的使用者，不論 2,000 人或 2 億人，語言正是他們共享文化的基礎。

以英語為例，與戰爭相關的字彙應用相當廣泛，我們說到「征服」（conquering）太空、「戰鬥」（fighting）、預算「決戰」（battle）、對毒品「宣戰」（waging war）、股票市場「廝殺」（killing）、考試「慘敗」（bombing）、嚴重或重大「爆炸性」（the bomb）事件。對於來自截然不同文化的人而言，確認軍事用語在語言的比重顯著性，就可以揣測戰爭及軍事在日常生活的重要性。同樣地，居住於挪威北部及瑞典的薩米人（Sami），對於雪、冰與糜鹿有相當豐富多樣的說法（Haviland et al. 2015; Magga 2006）。

本圖片摘自奧尼達印第安民族（Oneida Indian Nation）來自紐約奧尼達族的母語教師使用貝立茲（Berlitz）語言教學法，截至 2015 年止，有 770 個人能使用奧尼達語言，基於了解語言實乃任何文化的重要基礎，許多美國原住民（印第安人）正努力嘗試逐步恢復甚少使用的母語。

語言是每一個文化的基礎。**語言（language）**是所有文化層面文字意涵與符號的抽象系統，包含口語、文字、數字、符號，與非語言姿勢及表情。因為語言是每一個文化的基礎，具備使用其他語言之能力對於跨文化關係相當重要。經過 1950 年代到 1970 年代之間的冷戰時期，美國政府為了處理蘇聯事務的外交官及軍事將領成立專門語言學校，鼓勵他們學習俄語。隨後 2001 年發生 911 恐怖攻擊事件，美國發現國內關於阿拉伯語及其他伊斯蘭教世界語言的專業翻譯人才十分稀少，語言不僅只是追蹤潛在恐怖分子的重要關鍵，同時也是與有意願共同協助對抗恐怖主義的伊斯蘭教國家建立外交之橋梁。

語言不僅是簡單描述實體，也能夠形塑文化的實體。例如，大部分的美國人無法像薩米人文化一樣，使用多種詞彙形容雪及冰，因此美國人也不會注意到其中的差異。

同樣地，女性主義學者注意到與語言相關的性別，雖然並非由語言本身決定，卻可以反映出傳統以來對於男性與女性在某些特定職業的接受度。我們總是使用某些名詞，例如 mailman、policeman 或 fireman，似乎暗示著（特別是對於孩子們）這些職業只能由男性來擔任，然而也有許多女性擔任郵差、警察與消防人員，所以

紛紛正式公認採用，如 mail carriers、police officer 與 firefighter 等中性語言。

語言能夠形塑我們所見、所嚐、所聞、所感及所聽的方式，也會影響我們對於周遭人、事、物的想法。文化中重要的規範、價值與獎懲都藉由語言來溝通；這也就是一個舊語言的衰微或引進一個新語言，對於世界各地都是敏感議題的原因。

比起面對面，經由行動裝置的互動逐漸增加；社會科學家開始探討在不同社會及文化的語言簡訊有何差異。例如，在大部分非洲地區，小農透過簡訊進行查詢穀物價格的工作管理。你使用簡訊進行更廣泛的溝通任務。

非語言溝通

假如你不喜歡會議進行的方式，可能會突然把身體背部往後靠，嘴角下垂，拉長臉；當你看到一位朋友眼眶含淚，你可能給他一個擁抱；贏得勝利之後，你可能跟隊友擊掌。這些都是非語言溝通（nonverbal communication）的例子，透過姿勢及臉部表情與其他視覺圖像方式來溝通。

我們並非生來就會這些表情，而是透過學習，正如同我們向那些相同文化的人學習語言的其他形式。這種表達方式，如基本的幸福及悲傷的表情，而更複雜的情緒，如羞愧或憂傷也一樣（Fridlund et al. 1987）。

誠如語言的其他形式，在所有文化裡，非語言溝通也不盡相同。例如，從微觀層次的社會學研究文獻中發現，在一般社會互動情境裡，來自不同文化的人允許他人身體碰觸的程度也有所不同。即便是饒富經驗的旅行者，有時候也會措手不及。在沙烏地阿拉伯，一位中年男性與其商業夥伴終止生意合作時，會想握住夥伴的手。在埃及，男人在街道手牽手走路；在咖啡廳，他們會相擁而眠。在美國文化裡這些姿勢（手勢）意味著祝賀，可能會讓美國商人受到驚嚇。手勢的意涵是非語言溝通的另一種形式，在不同文化裡傳達不同的意義。在澳洲，豎起大拇指是一種粗魯無禮的舉動（Passero 2002; Vaughan 2007）。

與溝通相關的形式是使用符號向他人傳遞意思，**符號（symbols）**是手勢、物體與文字，是人類溝通的基礎。豎起大拇指的手勢，一張金星貼紙，以及電子郵件的笑臉都是符號；通常許多貌

©LM Otero/AP Images

符號的作用可能是很強大，然而不同的人有不同的解讀方式；近年來許多人呼籲移除或擺設不同背景的雕像以及其他對美利堅邦聯（Confederate States of America）表現尊敬的紀念碑，因為這些雕像顯示出傳承的意涵。其他人則覺得這類符號傳達出歷史的重要性。此圖可見 2017 年，達拉斯市工人正在移除邦聯李將軍（General Robert E. Lee）之雕像。

似簡單的符號，卻蘊含豐富的涵義，可能無法在所有社會場合裡傳達相同的意思。

規範與價值觀

「飯前洗手」、「不可殺人」、「尊敬長輩」，所有社會都有鼓勵及增強社會所認定合宜行為的方式，同時對於不適當行為也有阻止及懲罰。對於生活中何謂美好的及理想的，他們也有（或沒有）共同想法。在本節中，我們將學習區分規範與價值觀之間密切相關的概念。

規範

規範（norm）是社會堅持的行為標準，為了使一個規範變得更重要，必須被廣泛共享及了解。例如，在美國的電影院裡，我們通常期待影片開始播映時，觀眾會安靜下來；當然，這項規範的應用也可能因為影片類型及觀眾而有所不同，比起觀看滑稽喜劇或恐怖電影，看嚴肅藝術電影的群眾較可能堅持這項保持安靜的規範。

異性戀是當代社會長久持續的社會規範，身為社會學家，特別是酷兒理論學者，提到孩子們自極年幼時接受這項規範而被社會化，絕大多數的父母向子女僅僅從異性戀關係來描述成人的戀愛關係；因為他們認為同性別關係不被接納，所以不需解釋，但極有可能因為父母們視異性戀為婚姻關係的規範。針對家有 3 歲到 6 歲幼兒的母親進行的全國性調查，五分之一的母親教導孩子同性戀是錯誤的，同一調查也顯示親職教養反映出主流的意識型態。大部分父母理所當然地認為他們的孩子是異性戀，只有四分之一的母親曾想過孩子將來可能成長為男同性戀或女同性戀（K. Martin 2009）。

規範的形式

社會學家以兩種方式區分規範。首先，可以依照正式或非正式來分類，**正式規範（formal norms）**通常文字記錄，並且對於違反者有嚴格的懲罰。在美國，我們經常將正式規範予以立法，並且詳加定義何者是適當或不適當行為。社會學家 Donald Black（1995）將**法律（law）**稱為「政府的社會控制」，意味著法律是國家強制的社會規範。法律僅只是眾多正式規範之一，禁止停車與足球或籃球規則也都被認定為正式規範。

相反地，**非正式規範（informal norm）**並未明文記載，但眾所周知，例如適當穿著的標準就是一個非正式規範，我們的社會對於穿著不適合的衣著出現在學校或職場，並沒有特定的懲罰或制裁，大部分的反應通常是一笑置之。

規範也被依照其對於社會的重要性加以分類，依此分類稱為道德與習俗。**道德（mores）**被視為對於社會福祉非常必要，因為道德包含一個民族社會最珍視的原

則,每個社會要求人們遵從道德,違反則會招致嚴重處罰。因此,美國社會對於謀殺、叛國及虐童有強烈道德規範,且將其制度化成為正式規範。

習俗(folkway)是引導日常行為的規範,在形塑一個文化中成員的日常行為扮演重要角色。比起道德,社會對於習俗更未予以正式規定;違反者也相對較少被關注。例如,在百貨公司下樓手扶梯往上走,此舉挑戰我們適當行為的標準,但也不至於被罰款或判刑入獄。

> ✓ **運用你的社會學想像**
>
> 假如你是一位高中校長,希望用什麼規範來管理學生的行為?這些規範與大學生的規範有何不同?

規範與獎懲

假設美式足球教練將第十二位球員送上球場、一位大學畢業生穿著短褲前往知名銀行參加面試,或是駕駛沒把錢投入停車收費器,這些人都違反眾所周知的規範,所以會如何呢?在每一個情境裡,如果他或他的行為被發現將被懲罰。

獎懲(sanction)意指對於一項社會規範的處罰及獎勵。請注意,獎勵的概念也包含在此定義之中,遵從規範可能獲得**正向獎懲(positive sanction)**,諸如調薪、獎章、感激道謝或是輕拍背部;相反地,如果未能遵從規範,則得到**負面獎懲(negative sanction)**,諸如罰款、威脅、入獄及受輕視。

規範與獎懲之間的相關摘要如表 3-1,如讀者所見,與正式規範(已被明文規定之)關聯之獎懲同樣也是正式的;假如美式足球教練派遣上場的球員人數超過規

表 3-1 規範與獎懲 | 總結

規範	獎懲	
	正向	負向
正式	績效獎金	降級
	獎勵晚宴	革職
非正式	獎牌	入獄
	學位	開除學籍
	微笑	皺眉
	讚美	羞辱
	歡呼	霸凌

定,球隊將會被罰15碼球;穿著短褲前往知名銀行參加面試的大學畢業生也許不會被錄取;但是從另一個角度而言,他或他的表現極為優秀的話,銀行主管可能不在意其穿著不合常規。

一個文化的規範與獎懲架構,反映出該文化的價值與優先事項。最被珍視的價值將伴隨最重要的獎懲;相對較不重要的,獎懲較為輕微且非正式。

遵守規範

人們並非在所有情境下都會遵守規範,不論是正式或非正式。有時候,人們會逃避強制力較低的規範。在美國,青少年飲用酒精性飲料是非法的,然而全國各地未成年人飲酒的情形相當常見(實際上,青少年酗酒已經是一個嚴重的社會問題)。

在某些情況下,違反社會規範的行為實際上可能是在遵守某個特定團體的規範;當青少年違反未成年不得飲酒的規範而飲酒時,就是遵守同儕團體的規範標準。同理可證,企業管理者使用欺詐會計技巧可能就是回應企業文化的要求,不計代價只要最大獲利,包括欺騙投資者及政府監督單位。

有時違反規範是因為規範牴觸另一個規範,例如,假設你在深夜聽到隔壁鄰居家傳來女性正被丈夫毆打的尖叫聲,若你決定干涉而前往隔壁家按門鈴或報警,就違反自己別管他人閒事的規範,但卻遵守協助受暴者的規範。

價值觀

每個人都有一套個人的價值觀,可能包括關懷或健康或事業成功,身為社會的一分子,我們同時也共有一套社會整體的價值觀。文化**價值觀(value)**是指在文化中被認為好的、受歡迎的與適當的,或者是壞的、討厭的及不合適的集體概念。這些價值觀顯示出此文化中人們的偏好,還有他們視為重要的與道德真確(或錯誤)的事物。價值觀可以是具體的,例如尊敬父母與建立家庭,或是價值觀已可能是很普遍的,就像健康、愛與民主。當然,從激烈的政治辯論攻防與引發衝突的告示,可見社會成員對於其價值觀並非一致的贊同。

價值觀影響人們的行為,同時成為評價他人行動的標準,在一個文化中,價值觀、規範與獎懲經常是相關的。例如,假設一個文化將婚姻制度置於較高的價值觀,可能會有規範(或嚴格的懲罰)禁止婚外情,或是加重離婚的困難度;假如某文化認為私有財產是基本價值,對於偷竊及損壞他人財物的行為,將會施以嚴格法律處罰。

一個文化的價值觀也可能會改變,但是大部分人終其一生,價值觀都是相對維持穩定。

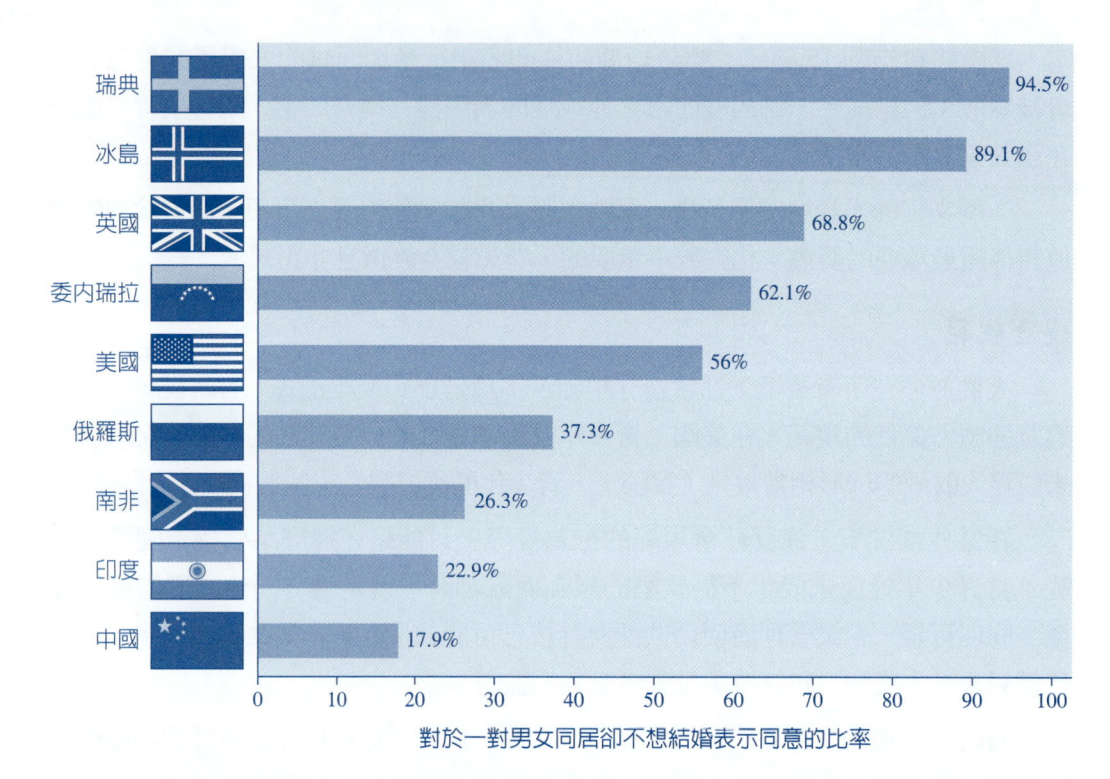

國家	比率
瑞典	94.5%
冰島	89.1%
英國	68.8%
委內瑞拉	62.1%
美國	56%
俄羅斯	37.3%
南非	26.3%
印度	22.9%
中國	17.9%

對於一對男女同居卻不想結婚表示同意的比率

資料來源：International Survey Social Programme. "ISSP 2012-Family and Changing Gender Roles IV Variable Report" October 29. Cologne Germany: GESIS Leibniz for Social Sciences. 2014, p. 42. Flags:©admin_design/Shutterstock

圖 3-2　價值觀；非婚姻關係同居的接受度

　　價值觀不只存在於個人及團體之間，也可能有各種不可思議的方式，是跨文化的。例如，在日本，年幼的孩子長時間與家庭教師學習，為了準備進入擇優錄取的小學入學考試。這些服務並不會被汙名標籤為「填鴨學校」；實際上，它們獲得高度的尊重。然而在南韓，他們開始抱怨填鴨學校提供家境富裕的學生一個不公平的機會，從 2008 年起，南韓政府針對放學後的課業輔導加以管控，限制上課時數，並針對學校收費。有些人認為這項政策降低學生的社會經驗，指稱是企圖使南韓人「更美國人」（Ramstad 2011; Ripley 2011）。

　　另一個價值觀的文化差異範例是關於不同種族及道德團體的論述，再次如圖 3-2 所示，各個國家對於婚前同居的接受度差異極大。

全球文化戰爭

　　近一個世代以來，「文化戰爭」或爭議性文化元素導致社會兩極化，已成為美國公眾論壇關注焦點。最初在 1990 年代，文化戰爭一詞被視為政治攻防的熱門議題，如墮胎、宗教自由、槍枝管制，以及性取向。然而不久後，特別是 911 恐

怖攻擊之後，演變為全球議題，美國人感到疑惑：「為什麼他們痛恨我們？」直到 2000 年，全球公共輿論報導美國如摩洛哥及德國的多元化之有利觀點，但是美國在 2016 年起向伊拉克及阿富汗發動軍事行動，並且採取反移民及反難民立場，外國對於美國的觀點逐漸變得十分負面（Wike et al. 2018）。

過去三十年來，研究者致力於不同民族之間價值觀的比較研究，承認以相同的方式詮釋跨文化之價值觀概念，確實是一大挑戰。心理學家 Shalom Schwartz 曾經研究超過 60 個國家的價值觀，環視世界，某些價值觀廣為接受，包含仁慈，可以定義為「寬恕」及「忠誠」；相反地，權力，則定義為「對人類或資源的控制與支配」，顯然是一項較不被讚許的價值觀（Hitlin and Piliavin 2004; S. Schwartz and Bardi 2001）。

儘管有價值觀共享的實證，但某些學者對於二十一世紀早期恐怖主義、種族屠殺、戰爭及軍事占領之詮釋，視為「人類文明的崩解」。依照此一論點，比起國家或政治忠誠，文化與宗教認同逐漸成為國際間衝突的主要根源。針對此論點持批判想法者，則認為價值觀衝突並非新鮮事，而是人類破壞及暴力的能力變強大了。更進一步來說，「文明」浩劫之說法也掩飾存在於大族群內部的分化；例如，基督教包含從和平主義的貴格會（Quaker-style）到三 K 黨（Ku Klux Klan）等不同的意識型態（Brooks 2011; Huntington 1993; Said 2001; Schrad 2014）。

文化的社會學觀點

功能論及衝突論學者一致認同文化與社會彼此相互支持，但此二學派是基於不同的原因；功能論認為社會安定需要共識，且為社會成員所支持；堅強的中心價值觀與共同規範能夠提供這項支持。此一文化觀點從 1950 年代開始，逐漸在社會學界盛行，源自英國人類學家將文化特質視為維繫文化穩定元素的觀點。從功能論觀點來看，一項文化特質或習俗得以持續，必然是因為該特質為社會所需，或是對於社會安定與共識有所貢獻。

衝突論學者同意可能存在共同文化，但是他們質疑此共同文化只是用來維持某些特定族群的特權。更甚者，為了保護自身的利益，這些特定族群置他人於從屬地位。**主導意識型態（dominant ideology）**一詞即說明這些文化信仰與習俗有助於維繫其強大的社會、經濟及政治利益。匈牙利馬克思主義者 Georg Lukacs（1923），以及義大利馬克思主義者 Antonio Gramsci（1929）率先使用此概念，但是直到 1970 年代早期，才獲得美國學界青睞。依照馬克思主義觀點，資本主義社會利用主導意識型態來維繫統治階層的利益。

從衝突論觀點來看，主導意識型態具有重要的社會意涵，社會的特權族群及制

表 3-2　文化的社會學觀點　　　　　　　　　　　　　　　　　　　　　　| 追蹤社會學觀點

	功能論觀點	衝突論觀點	女性主義觀點	互動論觀點
規範	強化社會標準	強化支配的型態	強化男性與女性的角色	透過面對面互動來維繫
價值觀	何謂好的集合式概念	可能延續社會不平等	可能延續男性的主宰地位	透過互動及社會互動來定義與再定義
文化與社會	文化反映出社會的強大核心價值觀	文化反映出社會的主導意識型態	文化反映出社會中男性與女性的觀點	透過日常社會互動以延續社會的核心文化
文化差異	次文化有利於次級團體	反文化質疑主流社會次序，種族中心主義貶抑族群	文化相對論者關注在不同社會看待男性與女性的差異	透過族群之間的接觸與媒體來傳遞文化與傳統

度不僅控制了財富與資產；更重要的是，甚至透過宗教、教育及媒體來控制產生社會信念的工具。同時女性主義學者也質疑，假如所有社會大部分的重要制度都告訴女性應該附屬於男性，這樣的主導意識型態有助於控制女性，並且使女性居於從屬的地位。

逐漸有更多社會學家相信，基於缺乏對於國家價值觀的共識、文化特質的擴散、文化的多元性，以及年輕族群觀念正不斷改變中，想要確認美國的核心文化並不是一件容易的事；相反地，社會學家認為核心文化提供所有信仰者為社會變遷制定策略的工具。儘管如此，不可否認的是，即便像美國如此複雜的社會中，某些價值觀的影響力比起其他價值觀更為強大（Swidler 1986）。

表 3-2 摘錄社會學對於文化的主要觀點。

3.2　概述與回顧

摘要

本節討論所有文化的主要構成元素：語言、規範與價值觀。

1. **語言（language）** 包含口語、文字、數字與**符號（symbol）**、姿勢及其他非語言溝通的形式。語言既可以敘述文化，也可以形塑文化。
2. 社會學家採取兩種方式區分不同的**規範（norm）**，可以區分為**正式（formal）** 或**非正式（informal）**，或區分為**道德（mores）** 或**習俗（folkway）**。
3. 文化的正式規範常伴隨最嚴厲的**獎懲（sanction）**，非正式規範的獎懲則較輕微。
4. 文化的**主導意識型態（dominant ideology）** 是指那些有助於維繫其強大的社會、經濟及政治利益的文化信仰與習俗。

批判性思考

1. 在美國，異性戀是一項正式規範或非正式規範？你會將其分類於道德或習俗？請說

明原因。
2. 你相信如某些學者所主張的，世界正歷經一場文明的毀滅更勝於族群的毀滅嗎？為什麼？
3. 看看校園周遭，人們主張美國有一個主導意識型態的核心文化，或是不同價值觀與意識型態的多元文化？你的學校所在的城鄉也持相同的看法嗎？

重要詞彙

文化資產	法律
主導意識型態	道德
習俗	規範
正式規範	獎懲
非正式規範	符號
語言	價值觀

3.3 世界各地的文化發展

當今儘管絕大部分的人偏好自己的生活方式，卻有股巨大力量將我們與世界各地的其他人連結。因此，美國的學生可以研讀 Leo Tolstoy 的小說、Pablo Picasso 的藝術，或是李安的電影；他們可能聽奈及利亞或南韓的流行音樂，或是透過衛星電視及社會傳媒追蹤伊拉克、埃及或敘利亞社會運動的進展。在本節中，我們將檢視兩項促使全球連結的社會過程：透過全球化及科技的文化創新與傳播。

■ 創新

在文化中提出新的想法或研製新物件的過程，就稱之為**創新**（innovation）。創新之所以吸引社會學家的興趣，是因為引進新事物的社會結果。創新有兩種型態：發現與發明。**發現**（discovery）包括將真實面的存在公告周知或分享，發現 DNA 分子結構，以及確認土星的一顆新衛星，兩者都屬於一種發現的行動。在發現過程中有一項重要因素，就是與他人分享新發現的資訊；相反地，當存在中的文化事項被合成為過去不存在的型態就是**發明**（invention），如同新教與民主、弓與箭、汽車及電視，都屬於發明的範例。

■ 全球化、傳播與科技

全世界咖啡廳連鎖店星巴克的崛起，正好是越來越多貿易朝向全球化的範例（請見第 1 章）。當亞洲人開始飲用咖啡時，住在北美洲的人也發現壽司，壽司從曾經是美國人的異國菜餚，到如今超市冰箱普遍可見的主流食物。橫越太平洋的壽司也改變菜式，美國人將壽司視為外帶或菜單上的食物，在日本吃壽司的真正方法卻

是坐在吧檯，跟主廚溝通討論當日捕撈的漁獲。

越來越多的文化表現與實務正跨越國家邊境，並影響社會傳統與習慣。社會學家使用**傳播（diffusion）**一詞說明文化事項從一個社會散布到另一個社會的過程。傳播方式可透過各式各樣工具，在文化之中探索研究、軍事征服、傳教工作，以及大眾媒體、觀光旅遊、網路（專欄 3-1）和速食餐廳的影響。

社會學家 George Ritzer 指出社會麥當勞化（McDonaldization of society），即是描述發展於美國的速食餐廳規則，逐漸遍布世界主宰越來越多的社會部門。例如，如今髮廊與診所會接受未事先預約的客人；在香港，不孕症中心提供性別選擇的選項，從增強生育能力到提升期望性別孩子的可能性；而宗教團體，從本地車站或網站的福音傳教士，到梵蒂岡中央電視台（Vatican Television Center）的傳教士，運用類似於麥當勞（McDonald's）販售快樂兒童餐的市場行銷方法來傳教。

麥當勞化意即與文化表徵相連結，經此我們得以看見越來越多類似的文化表現。例如，日本的非洲企業家發現嘻哈時尚廣受美國青少年瘋迷，相當具有市場潛力。同樣地，眾所周知的麥當勞金色拱門（Golden Arches）標誌也是全世界到處可見。然而麥當勞本身也需要做某些調整，直到 2001 年前，麥當勞海外營運都是依循位於芝加哥郊區的總部所運作。

經歷一些錯誤後，麥當勞的決策部門承認必須依循當地客人的建議，開發海外餐廳的菜單及市場策略。如今在日本有超過 3,700 家餐廳，客人可以吃到無敵大麥克，漢堡內有牛肉、培根與煎蛋及特殊醬汁。在印度，不吃牛肉的老顧客可以點用蔬食漢堡 McAloo Tikki 馬鈴薯漢堡。由於印度有些嚴謹的素食主義者拒絕與非素食者共餐，2013 年麥當勞開始在當地設立僅賣素食的麥當勞餐廳（Gasparro and Jargon 2012; Ritzer 2015）。

科技以各種方式提升文化的傳播及擴散，社會學家 Gerhard Lenski 將**科技（technology）**定義為「文化資訊之中，關於環境的物質資源被運用來滿足人類需求及慾望的方式」（Nolan and Lenski 2015:357）。當代科技的發展，不再侷限在有限環境中等候期刊出版，記者招待會也會同步透過網路大力宣傳。

©Frank Zeller/AFP/Getty Images
Big Toe Crew 的團員，這個越南嘻哈團體在進行一場表演的排練。透過觀光客及大眾傳播媒體，音樂及舞蹈從一個文化散布到另一個文化的過程稱為傳播。

全球社群的社會學

專欄 3-1

地球村的生活

想像「無國界世界」中的文化、貿易、商業、金錢，甚至人們可以自由從某處遷移至他處。流行文化廣泛共享，不論是日本壽司或美國慢跑鞋，以及講著英語的客服人員，可能位於印度或愛爾蘭如同在美國一般，透過電話答覆你有關信用卡帳戶的問題。在此世界中，甚至國家主權受到政治運動或跨國的意識型態挑戰而陷入危機。

是什麼原因導致這個文化傳播的巨大波濤？首先，社會學家注意到溝通科技的發展，衛星電視、手機、網路及資訊自由傳播，連結全球市場。顧客可以利用手持裝置（電腦）觀看影片，使用手機瀏覽網路，無論在汽車內、機場及自助餐廳都能進行線上購物。其次，工業化國家合作成為跨國公司，開發中國家兼具製造生產及消費市場角色。商業界龍頭欣然接受到人口眾多的國家如中國販售商品。第三，這些跨國公司與全球各貿易機構、組織及政府合作，推動橫跨國境的無限制或輕微限制商業的自由貿易。

全球化並非舉世都歡迎，許多批評者看見較低度開發國家的窮人付費，富人操縱「商業無國界」獲得利益，特別是工業化國家的最富裕者，他們認為全球化對於幾個世紀以來壓抑第三世界國家的帝國主義或殖民主義而言是成功者。

另一項對於全球化的抨擊，來自人們感覺遭到全球文化的浪潮所淹沒，開發中國家的文化主流想法被有錢國家置入全球化的概念。簡言之，人們喪失其傳統價值觀，並且開始認同主導國家的文化。他們可能拋棄或忽略自己的母語，並且穿著打扮試圖複製大眾娛樂及風潮標誌。假設掌控當地付費藝術形式的媒體，超人電影以及 Lady Gaga 可能被視為是對本土文化的威脅。非洲最著名的編劇、製作人及導演 Sembene Ousmane 指出，「（現代）比起我們的傳統故事，我們對歐洲神話故事更熟識」（World Development Forum 1990:4）。

全球化也有正向的一面，許多開發中國家可以加入世界各地貿易，且帶來急需的收入。通訊革命有助於人們保持聯繫及取得所需資訊，以改善生活品質，甚至挽救生命。

討論

1. 全球化如何影響你？全球化的哪些觀點對你是有利的，哪些是你不喜歡的？
2. 假如伴隨你成長的習慣及傳統，被另一個國家的文化或價值觀所取代，你感覺如何？你如何試圖捍衛自己的文化？

資料來源：Dodds 2000; Giddens 1991; Hirst and Thompson 1996; D. Martin et al. 2006; Ritzer and Dean 2015; Sernau 2001; Tedeschi 2006.

科技不僅促進科學創新的傳播，同時也傳遞文化。英語及北美文化主導網路世界與全球資訊網（World Wide Web, WWW）。這種科技的控制，至少是主宰影響文化傳播的方向。例如，網站經常報導美國文化中最表淺的觀點，很少提及其他國家公民迫切面臨的議題。全世界的人發現，比起學習自己國家政府對於日間托育或嬰兒營養的政策，造訪電子聊天室有關真人電視秀節目要更容易些。

©Robert Laberge/Getty Image

當一個社會的非物質文化（價值與法律）無法跟上物質文化快速變遷的腳步，人們經歷到適應不良的尷尬時期，稱為文化落差。二十世紀後半期展開核能世代過渡期，對於這項新科技反對抗議聲浪更加廣泛普遍，而且政府當局對於嚴重意外疲於應對處置。這項科技並非在每個國家都引發高度爭議性，位於法國的核能發電廠，75% 電力皆由核能發電生產，核能科技的爭議並不像核能發電低於 20% 的美國及加拿大。

　　社會學家 William F. Ogburn（1922）針對物質文化與非物質文化的元素提出區隔，**物質文化（material culture）**意指我們日常生活的物質或科技層面，例如食物、住宅、工廠及原物料等。

　　非物質文化（nonmaterial culture）意指運用物質的方式，就如同風俗習慣、信仰、哲學、政府與溝通形式。一般而言，比起物質文化，非物質文化更難以改變。因此，Ogburn 提出**文化落差（culture lag）**一詞，就是指非物質文化無法跟上物質文化快速變遷的腳步，人們經歷到適應不良的尷尬時期。例如，在 2010 年，電子菸問世，透過管內電池將液態尼古丁轉化為蒸氣霧，這項創新迅速盛行於禁菸的航空界，而食品藥物管理局（Food and Drug Administration）對於這項最新科技的因應顯得十分倉促（Kesmodel and Yadron 2010; Swidler 1986）。

　　抗拒科技變遷所導致的，不僅只是文化落差，也會產生某些文化生存的真實問題（專欄 3-2）。

✓ 運用你的社會學想像

假如你成長於父母的世代——沒有電腦、電子郵件以及智慧型手機——你的日常生活與你現在的生活如何不同？

全球社群的社會學　　　　　　　　　　專欄 3-2

巴西的文化生存

葡萄牙船隊首次所停靠的海岸，即是如今我們所知礦產豐富，居民二百萬人的巴西。原住民居住於狹小、與世隔絕的村落，說著各種語言，仍舊保持許多不同的文化傳統。

如今超過五世紀以來，巴西人口早已成長超過 2.08 億，只有約 90 萬人是土生土長的原住民。超過 240 個不同的原住民族群存在，就如同他們的祖先，過著與土地及河流緊密依靠的生活。但是過去兩個世代以來，他們的棲息土地已經因礦業、伐木、石油開採與農業的蓬勃發展而變小，人口也在減少（Survival International 2017）。

許多原住民族群曾是遊牧民族，隨著狩獵或捕魚地點而一再遷移；如今他們蟄居於政府限定保留區而生活，周遭有大型農場或牧場環繞包圍，農牧場擁有者拒絕承認這些原住民走出保留區的權利。政府官方堅決主張法律限制原住民保留區的開發，但是原住民族群卻有不同說法。在馬托格羅索州（Mato Grosso），鄰近亞馬遜河森林繁茂地區，伐木工人以一定的速度清理這片原住民波洛洛（Bororo）族世代定居的土地，對於波洛洛族將是一項警訊。依照一位長者所言，波洛洛族如今被限居在 6 個狹小約 500 平方英里的保護區，遠遠小於政府於 19 世紀所承諾應允的區域。

面對資源減少，許多像波洛洛族的原住民族群努力維繫其傳統文化，雖然這些部落注意到傳統青春期男孩入會儀式中，因為當地獵物及魚類稀少，成員已經難以持續進行狩獵及捕魚儀式。鄰近農場使用的除蟲劑隨雨水溢流，汙染他們捕魚及洗澡的水源，也對他們的健康及文化生存形成威脅。

討論

1. 將如今的巴西邊界與 1800 年代美國西部做比較，你看到哪些類似的情況？
2. 當原住民文化消失時，你看到社會損失什麼？

資料來源：Brazier and Hamed 2007; H. Chu 2005; Survival International 2016.

3.3　概述與回顧

摘要

本節檢視文化改變及傳播的方式。

1. 人類文化經常透過**創新（innovation）**的過程而擴散，包含**發現（discovery）**與**發明（invention）**。

2. **傳播（diffusion）**——文化項目從一處散布到另一處，促進全球化，儘管如此，但人們抗拒那些似乎太外國及威脅自己的價值與信仰的想法。

批判性思考

1. 說出一個在你一生中發生文化的重要發現及文化的重要發明，試說明這些創新如何改變你的生活。
2. 請提出發生在你身上有關麥當勞化的例子，正面及負面各一個。

重要詞彙

文化落差	發明
傳播	物質文化
發現	非物質文化
創新	科技

3.4 文化差異

雖然世界上存有普遍性文化，如求愛與宗教，卻也有許多文化之間存有許多的差異，加拿大北部地區的因紐特人（Inuit）部落穿著毛皮狩獵，而東南亞農夫在水稻田工作時穿著輕薄，兩者之間幾乎沒有共通點。文化需符合各地環境，例如氣候、科技水準、人口與地理條件而有所不同。

即便在一個國家內，某些特定的人口群會形成特殊的文化型態，有別於主流社會的型態，因此確認美國核心文化有其困難度，地區性差異激起傳統守舊與自由之間的文化戰爭。更甚者，每個地區的特定社區傾向於聚集在一起，形成它們自己的文化，稱為次文化。

©Christine Pemberton/The Image Works
印度國際客服中心的員工在工作之餘的社交生活，客服中心的員工工作時間不固定，導致他們與其他人隔絕，形成一種緊密聯繫的次文化。

次文化

競技表演的牛仔、退休社區的居民及海上鑽油平台的工人，都是社會學家稱為次文化的例子。**次文化（subculture）** 是指社會某一部分的人群，他們特殊型態的風俗習慣、規範與傳統，不同於更大社會的型態；存在許多次文化正是一個複雜社會的特徵，例如美國。

次文化的成員參與主流文化中，同時也表現其獨特且不同的行為模式；一般來說，次文化會形成一套**暗語（argot）**，或與廣大社會有所區隔

的特殊語言。跑酷（parkour）運動是一種極限運動，向前跑步並結合跨越柵欄及越過高牆、擋水牆，甚至行動中的汽車，他們想出一套暗語來描述自己特殊的技藝，跑酷者表示他們在做金剛撐越（King Kong vaults）跳馬動作，即先以潛水般，雙臂撐跳越過一道牆或購物車，再以站姿著陸的動作。跑酷者也運用踢踏方法，即以足踢牆，跨越某些障礙物的動作（Kidder 2012）。

次文化中的成員透過此類暗語，了解字彙所賦予的特殊意涵，也建立一套外人不了解的溝通模式。社會學家從互動論學者觀點來看，強調語言及符號提供次文化強而有力的方式，以感受凝聚力，並且維繫他們的自我認同。

反文化

1960 年代晚期，美國一群年輕人被社會所脫離，他們認為社會太過物質化與科技化，因此形成一種普遍的次文化，這個族群包含激進的政治分子與脫離主流社會制度的嬉皮，這些年輕男女拒絕追逐汽車、住宅與無盡的物質商品；相反地，他們渴望生活在一個更有人道價值，例如分享、愛，以及與環境和平共處的社會。這種次文化形成反戰的政治力量，反對美國參加越戰與抗拒徵兵（Flacks 1971; Roszak 1969）。

當一種次文化很明顯且蓄意地反對主流文化的某個特定層面時，我們稱為**反文化（counterculture）**；一般而言反文化都是在年輕人中成長茁壯，因為他們投入既有文化的時間較短。在大多數情況下，20 歲的年輕人比起那些涉入主流文化模式生活了 60 年的人，更容易接受適應新的文化標準（Zellner 1995）。

近十年來，反恐怖主義專家開始關注美國極端保守主義民兵團的崛起，這個團體的成員行事隱密且裝備精良，傾向反政府，而且當中隱藏種族主義者。監視當局估計目前在美國約有 663 個反政府團體正在運作中（Southern Poverty Law Center 2017）。

文化震撼

當你身處異國第一天時，是否經歷跨出門時感覺膝蓋無力？當任何人

©Tyler Cacek/Redux Pictures
俄亥俄州國防軍的民兵團成員參與軍事演習，假想他們正在摧毀在美國的穆斯林大本營，極端保守主義民兵團正是反文化的型態。

處在一個陌生文化裡，覺得迷失方向、不確定、手足無措，甚至感到恐懼害怕，可能就歷經**文化震撼（culture shock）**。這種不安的經驗甚至可能是互相的，旅客的文化習慣也可能震撼主人。試想一下，例如，你正在日本旅行，知道當拜訪某人的家，應該將鞋子脫下放在門外；然而，有更多習慣是你不熟悉的。去別人家做客時，當你進入浴室，看到幾雙室內拖鞋，以為是為客人準備的，你穿上一雙並且回到彬彬有禮的主人身邊，你卻無意間把浴室拖鞋穿到客廳了（McLane 2013）。

在某種程度上，所有人都會把自己所處社會的風俗習慣視為理所當然，因此，其他文化與我們的生活方式不同時，可能會感到驚訝，甚至困擾不解。事實上，對我們而言似乎怪異的習俗，在他人文化裡可能被視為正常且適當，我們的社會風俗在他人眼中也可能是詭異的。

☑ 運用你的社會學想像

身為一個和平組織的志工，你抵達一個開發中的非洲國家。有哪些文化是你認為相當不一樣而難以接受適應的？試說明之。對於該國的民眾而言，你的哪些文化可能會令他們感到震撼？

3.4 概述與回顧

摘要

每個人類文化都有獨一無二的特徵，這些特徵的形成是為了符合氣候、地理、技術發展與人口族群的特定環境。

1. **次文化（subculture）**是指存在於較大主流文化中的一個小文化；**反文化（counterculture）**則是蓄意反對較大主流文化觀點的次文化。
2. 當一個開始要融入一個陌生文化時，可能會經歷**文化震撼（culture shock）**。
3. 來自各種人種或種族群體的人們會以更多元方式看待自己的文化。

批判性思考

1. 你認為自己屬於何種次文化？與較大主流文化相較之下，如何運作？
2. 為什麼人們會經歷文化震撼？這種現象會展現何種文化角色與日常風俗習慣？

重要詞彙

暗語
反文化
文化震撼
次文化

本章摘要

社會學實戰小練習

1. 探查種族中心主義。用兩天的時間,牢記社會學家所說的種族中心主義,有系統地記錄你所處地區看見及聽到種族中心主義的證據。
2. 探討流行文化,用兩天的時間,記錄任何你從網路或文獻、音樂、電影、戲劇、電視節目與運動項目等所看見的主流文化證據。
3. 記錄次文化。用兩天的時間,記錄那些你熟悉的次文化中,有關規範、價值、獎懲與暗語等證據。

重要詞彙

Argot 暗語 一種團體或次文化成員的專用語言。
Counterculture 反文化 一個次文化很明顯且蓄意的反對某個較大主流文化的特定層面。
Cultural capital 文化資產 非經濟財,例如家庭背景與教育,足以反映出語言及藝術的知識。
Cultural relativism 文化相對論 人們從自己文化的視角來看待人們的行為。
Cultural universal 普世文化 每個文化中共通的習慣或信念。
Culture 文化 所有學習、透過社會傳遞的習慣、知識、有形物質與行為的總稱。
Culture lag 文化落差 當一個社會的非物質文化無法跟上物質文化快速變遷的腳步,人們經歷到適應不良的尷尬時期。
Culture shock 文化震撼 當人們面對不同於自己的文化時,產生驚訝及迷失方向的感受。
Diffusion 傳播 文化項目從某一個群體散布到另一個群體,或從某個社會到另一個社會的過程。
Discovery 發現 將一個實體的某個層面公開周知或分享其存在的過程。
Dominant ideology 主導意識型態 維繫強大的社會、經濟與政治利益的文化信念及習俗。
Ethnocentrism 種族中心主義 個人視自己的文化與生活方式為規範或優於其他人的傾向。
Folkway 民俗 指導個人的日常行為的規範,違反者受到較少的爭議。
Formal norm 正式規範 透過文字記載的規範,違反者受到較嚴厲的懲處。
Informal norm 非正式規範 普遍被了解卻未明文記載的規範。
Innovation 創新 透過發現或發明,將一個新的想法或實體引進一個文化的過程。
Invention 發明 利用既有的文化項目組成一個以前不存在的形式。
Language 語言 一套反映文化各層面的文字與符號意涵的抽象系統,包含姿勢與其他非語言溝通等表現方式。
Law 法律 政府的社會控制。
Material culture 物質文化 我們日常生活中的物質及科技層面。
Mores 道德 被視為對於社會福祉非常必要的規範。
Nonmaterial culture 非物質文化 使用物質的方法與習慣、信仰、哲學、政府及溝通模式。
Norms 規範 是社會所維繫的一套行為標準。
Sanction 獎懲 意指對於攸關一項社會規範的處罰及獎勵。
Society 社會 相當龐大的一群人居住在同一個領域,獨立於外圍的人,並且有共同的文化。

Sociobiology 社會生物學　一套生物影響人類社會行為的系統性研究。
Subculture 次文化　社會的某一個部分，有著與更大社會不同型態的風俗習慣、規則及傳統。
Symbol 符號　形成人類溝通基礎的姿勢、物體或文字。
Technology 科技　文化資訊中，關於環境的物質資源被運用來滿足人類需求及慾望的方式。
Value 價值觀　在文化中被認為好的、受歡迎的與適當的──或是壞的、討厭的及不合適的集體概念。

自我評量

請仔細閱讀下列問題，並選擇最適合的答案。

1. 下列何者為一個文化的樣貌？
   a. 一本漫畫書
   b. 對於美國國旗產生的愛國情感
   c. 俚語
   d. 以上皆是

2. 以下何者是 George Murdock 認為滿足人們對於食物、住所與衣物的需求？
   a. 規範
   b. 民俗
   c. 普世文化
   d. 獎懲

3. 哪一個詞彙是社會學家用來指涉文化項目從某一個群體散布到另一個群體，或從某個社會到另一個社會的過程？
   a. 傳播
   b. 全球化
   c. 創新
   d. 文化相對論

4. 星巴克咖啡出現在中國，是何種文化觀點的象徵？
   a. 創新
   b. 全球化
   c. 傳播
   d. 文化相對論

5. 關於語言的敘述下列何者正確？
   a. 語言是文化的重要元素
   b. 共同語言有助於日常互動
   c. 世界上被使用的語言有成千上萬種
   d. 以上皆是

6. 關於規範，下列敘述何者正確？
   a. 在所有情境下，人們不需要遵循規範。在某些狀況下，人們逃避規範，因為他們知道規範沒有強制性
   b. 在某些狀況下，違反社會規範的行為，可能意味著對於另一個特殊群體規範的堅持
   c. 在某些狀況下違反規範，原因是一個規範與另一個規範相互衝突
   d. 以上皆是

7. 關於價值觀，下列敘述何者正確？
   a. 價值觀從來不會改變
   b. 文化的價值觀可能改變，但在個人終其一生，大多是保持相對穩定的
   c. 價值觀持續在變化中，社會學家認為價值觀處於不穩定的狀態
   d. 以上皆是

8. 下列哪一個詞彙用來描述文化信仰及習俗，有助於維繫強大的社會、經濟與經濟利益？
   a. 道德
   b. 主導意識型態
   c. 輿論
   d. 價值觀

9. 恐怖主義組織是什麼的例證？
   a. 普世文化
   b. 次文化
   c. 反文化
   d. 主導意識型態

Chapter 3 文化

10. 哪一個詞彙用來表示應該優先了解其他文化，而非將其視為「奇怪」或「外國的」？
    a. 種族中心主義
    b. 文化震撼
    c. 文化相對論
    d. 文化價值觀
11. _____是構成人類溝通的姿勢、物體與文字的基本形式。
12. _____是指將一個新的想法或物體引進一個文化。
13. 弓與箭、汽車及電視皆是_____的例子。
14. 社會學家結合_____的觀點，強調語言及符號提供一個強而有力的方法，以維繫其次文化的認同。
15. 在美國文化中，「穿上乾淨衣服參加晚宴」及「不可殺人」，兩者皆是_____的例證。
16. 美國擁有強烈的_____，以反對謀殺、叛國與其他型態的虐待，並且已是被公眾正式認可的既有文化。
17. 從_____的觀點，主導意識型態有很重要的社會意義，社會中的特權團體與制度不僅為控制金錢及財富，更重要的是，他們控制的生產的工具。
18. 反文化（例如嬉皮），對於既有文化投入甚少，一貫地流行於_____當中。
19. 當人們面對陌生而不熟悉的文化時，產生驚訝、不確定及迷失方向，甚至害怕的感受，就是經歷_____。
20. 從_____的觀點，次文化是一個共同文化中可能存在差異的實證。

解答：
1.(d)；2.(c)；3.(a)；4.(b)；5.(d)；6.(d)；7.(b)；8.(b)；9.(c)；10.(c)；11. 符號；12. 創新；13. 發明；14. 互動論觀點；15. 規範；16. 道德；17. 衝突；18. 年輕人；19. 文化震撼；20. 功能論觀點

4 Chapter 社會化與生命歷程

4.1 社會化的角色
4.2 生命歷程的自我與社會化
4.3 社會化的媒介

©Mike Kemp/Getty Images
父親教兒子騎自行車。在世界各地，家庭是社會化最重要的因素。

4.1 社會化的角色

　　通常來說，社會學家對於從嬰兒到老年的生命歷程所顯露的行為與態度的模式感到興趣。這些模式是終其一生**社會化（socialization）** 過程的一部分，在此過程中，人們學習某些態度、價值與行為，以便成為符合某個特定文化的一員。透過從嬰兒持續到退休的人群互動，即產生社會化。在我們的生命中，絕大多數的學習來自那些最重要人們——最接近的家庭成員、最好的朋友與老師。然而，我們也學習那些從街上、電視、網路及影片與雜誌所見到的人們，從微觀社會學的觀點來看，社會化提供文化的世代傳承，並確保社會的長期延續。

　　社會化也形塑我們的自我形象。例如，在美國，當一個人的身材不符合身體吸引力的理想文化標準，就被視為「太胖」或「太矮」。這類令人不愉快的評價可能嚴重地影響人們的自尊，從這個觀點來看，社會化的經驗有助於形塑我們的人格。

日常所說的**人格（personality）**一詞，通常被用於指涉一種關於個人態度、需求、特性與行為的典型模式。

是什麼讓我們成為如今的自己？是與生俱來的基因，或是我們成長的環境？傳統上，研究者對於生物遺傳與環境因素兩者在人類發展的相對重要性有所衝突——稱為本質對抗養育（nature versus nurture）或是遺傳對抗環境（heredity versus environment）。現今大部分社會科學家已經超越此種爭論，取而代之認為這些變數的互動形塑人類的發展。然而，假如我們第一步先檢測只有一項因素運作的情況，即可更加了解遺傳與環境因素互動如何影響社會化過程（Homans 1979）。

社會環境：孤立的影響

接下來的兩個案例說明極度社會孤立與疏忽的實證影響。

極端孤立：Isabelle

一個名為 Isabelle 的女孩，她的戲劇性故事太真實了。在 6 歲之前，Isabelle 如同隱居般住在黑暗的房間中。除了聾啞母親之外，很少與其他人接觸，Isabelle 的外祖父母對她的非婚生身分深感羞恥，把她藏起來，與世界隔絕。當 Isabelle 的母親帶著她逃離外祖父母家時，1938 年俄亥俄州政府當局終於發現這個孩子。

Isabelle 被發現時年約 6 歲，她不會說話，只能發出各種呱呱叫聲；她只會透過簡單的手勢與母親溝通。Isabelle 被剝奪許多傳統的人際互動，與兒童期社會化經驗。自從她開始接觸人，對陌生人表現出極強烈的恐懼，反應幾乎如同野生動物一般。當她逐漸習慣看見某些特定的人時，態度轉變為冷漠。起初，觀察者認為 Isabelle 耳聾，但她很快開始對周遭的聲音有反應。評估其成熟度，她的表現則近似一個嬰兒，而非 6 歲兒童。

專家設計一個系統性訓練計畫，幫助 Isabelle 適應人類關係與社會化。多日訓練後，她第一次嘗試用語言表達，雖然剛開始很緩慢，但很快就通過 6 歲的發展程度；兩個多月後，她可以講出完整句子；九個月後，她已能辨識單字與句子；當 Isabelle 未滿 9 歲時，她已經可以與其他孩子去上學；14 歲時，她升上六年級，情緒適應良好。

由於 Isabelle 在 6 歲之前缺乏社會化的經驗，當她剛被發現時，與人類社會感官頗有差距。她被發現初期難以與人溝通，儘管具有生理與認知潛能，被發現後的幾年呈現明顯進步，顯示人類發展社會化的重要影響（K. Davis 1947:435-437）。

科學家指涉 Isabelle 的案例做出結論，所有孩童都需要愛、照護及喜愛等型態的社會化，如果缺乏這些關愛，人類無法如期學習說話以及與他人互動，這種正向

的社會互動需求並不止於兒童期，將會持續終其一生。

遺憾的是，其他被隔絕或嚴重忽視的孩子未能如同 Isabelle 一樣的遭遇。許多案例證實，社會孤立傷害更嚴重。

極端疏忽：羅馬尼亞孤兒

對研究者而言，Isabelle 的經驗相當重要，因為在完全隔離封閉中養育的兒童案例只有極少數被發現；然而，還有許多兒童案例處於極端疏忽的社會環境之中。1990 年代，政府關注焦點在東歐前共產主義國家，許多嬰兒及幼童被安置於孤兒院養育。在羅馬尼亞的孤兒院裡，嬰兒每天躺在嬰兒床上長達 18 到 20 小時，他們與奶瓶蜷縮在床上，極少獲得成人的照料，這種極少被關注的情況持續到幼童 5 歲為止。許多孩子年紀稍長後，懼怕與人接觸，並且產生無可預料的反社會行為的傾向。直到 2004 年，羅馬尼亞多達 32,000 名兒童皆受到機構式照顧方式。

當北美與歐洲家庭開始領養數以千計的兒童，這種現象才逐漸改善。被領養者中約有 20% 兒童發生戲劇般的適應問題，領養家庭覺得自己無法勝任父母而深感愧疚，有些人尋求教養的協助。慢慢地，領養者被教導了解這些幼童被剝奪依附感及社會化，因此之前從未經歷與人接觸（Groza et al. 1999; S. Craig Smith 2006）。

2001 年，羅馬尼亞政府迫於壓力而中止國際領養，政府採取的措施包括讓孤兒回歸原生家庭、羅馬尼亞在地家庭領養，或將孤兒安置於小規模團體家園。在細心照顧者與專業人員的關注下，這些曾被棄養的孩子逐漸有明顯進步。目前聯合國兒童基金會（United Nations Children's Fund, UNICEF）將此項計畫作為其他國家處理類似兒童問題的模範。世界各地約有二百萬名兒童接受機構式照顧（Aslanian 2006; Bahrampour 2014; *The Economist* 2013a; Ironside 2011; UNICEF 2009）。

與 Isabelle 一樣，羅馬尼亞孤兒也顯示出社會環境對兒童發展的重要性；逐漸地，研究者開始強調所有兒童早期社會化經驗的重要性，也包括那些在較正常環境成長的兒童。如今我們了解只滿足嬰兒的生理需求是不夠的；父母也必須同時關注自己與孩子的社會發展。例如，假設孩子自幼就被勸阻與朋友交往，就會錯失與同儕互動的機會，這種互動是社會化與情緒成長不可或缺的。

©Thomas Coex/AFP/Getty Images

在羅馬尼亞，強調社會互動的特殊方案有助於孤兒克服社會孤立的歲月。

靈長類的研究

針對動物在封閉孤立的環境中成長的研究,也同樣證實社會化對於發展的重要性。Harry Harlow(1971)是威斯康辛大學(University of Wisconsin)靈長類實驗室的研究者,他進行一項獼猴測試,受測獼猴自幼遠離母親,並且其他同伴沒有接觸。就如同 Isabelle,在孤立隔絕環境中養育的獼猴較易出現恐懼及受驚的情形,它們不能交配,以人工受精方式懷孕生產小猴的母猴,卻成為施虐的母親。很明顯地,孤立對於猴子造成有害的影響。

Harlow 發展出一個創意的實驗,利用「人工母親」。在此研究中,Harlow 使用兩個替代母親撫育孤立環境中的小猴:一個是用布包著的複製品;另一個則是用金屬線包著且能提供牛奶。小猴到金屬線母猴模型處取用維生牛奶,而大部分時間黏附在包布母猴模型那邊。由此顯示,小猴的社會依附發展來自溫暖、舒適與親密多過於牛奶的需求。

這些研究可能指涉遺傳將不被列入人類與動物社會發展的一項因素,接下來一對雙胞胎的研究顯示出遺傳及環境之間迷人的相互影響。

> **運用你的社會學想像**
> 在你的生命中,哪些事件對你影響重大?

遺傳的影響

Oskar Stohr 與 Jack Yufe 是一對同卵雙胞胎,他們出生後不久就分開,在不同洲際,不同文化背景之下被扶養。Stohr 由居住於捷克斯洛伐克蘇台德地區(Sudetenland)的外祖母養育為嚴謹的天主教徒,身為納粹德國的希特勒青年(Hitler Youth)運動的成員,他學習到憎恨猶太人;相反地,他的兄弟 Yufe 則由住在千里達的猶太父親撫養,Yufe 在 17 歲時加入以色列基布茲(Kibbutz)(集體社區),不久後加入以色列軍隊。然而當這對雙胞胎在中年相遇時,卻有令人驚訝的相似處,他們都戴無框眼鏡,蓄著小鬍子,兩人都喜歡辛辣食物及甜酒,漫不經心、如廁前會先沖水、手腕套著橡皮筋,以及把奶油吐司浸泡到咖啡裡(Holden 1980)。

這對雙胞胎也有許多相異點:Yufe 是個工作狂,Stohr 享受休閒活動。Stohr 是傳統主義者,對待女性態度較專橫跋扈,Yufe 則是較能接納女性主義的政治自由者。最後,Yufe 以身為猶太人為傲,然而 Stohr 從來不曾提及他的猶太血統(Holden 1987)。

Stohr 與 Yufe 的案例,印證遺傳與環境的交互影響。多年來,明尼蘇達雙胞

胎家庭研究（Minnesota Twin Family Study）已經追蹤137對被分開扶養的同卵雙胞胎，探究他們是否在人格特質、行為與智力方面有相似處。這些雙胞胎研究初步結果證明，基因因素與社會化經驗兩者對人類發展皆有影響力。分開教養的雙胞胎，某些特質，例如氣質、聲音敏感度，以及緊張習慣等表現出明顯相似，顯示這些特質可能與遺傳因素有關。然而，分開教養的同卵雙胞胎在態度、價值、擇偶，甚至是飲酒習慣方面卻相當不同，這些案例顯然是受到環境因素所影響。研究者檢視這群受試雙胞胎的個人特質，發現他們傾向擁有領導及主導的相同點，但是對於親密、安慰與幫助的需求則有明顯差異。

©encrier/iStock/Getty Images Plus/Gutty Images
在巴黎放鬆的這對同卵雙胞胎，儘管身體外表有明顯的相似之處，但她們無疑也有許多不同。研究指出，雙胞胎之間有些行為相似，但非雙胞胎手足之間卻少有相似。

分開教養在大致相似的社會環境裡的雙胞胎，研究者對他們的智力測驗成績類似也感到印象深刻，大部分雙胞胎的測驗成績，比起同一個人接受兩次測驗的成績更加接近。然而，生長於截然不同社會環境的雙胞胎，智力測驗成績顯示十分不同，這項發現也印證社會化對人類發展的影響（Segal 2012）。

我們在回顧雙胞胎研究文獻與相關研究時應相當謹慎，大部分的發現都是根據初期少量樣本的研究分析。例如，某個（非關雙胞胎）研究經常被用來印證基因與行為的關係，然而當研究者增加樣本數，並將原始個案重新分類後，研究者必須撤銷原先的研究結論，經過這些改變後，最初的發現不再有效。

另外，針對雙胞胎研究的其他批判則是，即便是分處兩地教養的同卵雙胞胎，關於他們彼此可能接觸程度的資訊並不充分，他們是否有密集互動，對於雙胞胎研究的效度可能產生質疑。當這項爭議持續討論的，我們可預期更多的努力投入類似的研究，以釐清遺傳與環境因素對人類發展的相互影響（Horgan 1993; Plomin 1989）。

©Saleh Al-Obeidi/AFP/Getty Images
社會化可能是負面的，也可能是正面的，當年輕的兒童把抽菸或非法藥物使用這類有害行為視為「正常」時，社會化就是負面的。在葉門，這些兒童士兵學習使用自動化武器。

4.1 概述與回顧

摘要

社會化（socialization）是一種過程，人們學習某些態度、價值與行為，以便成為符合某個特定文化的一員。

1. 社會化影響一個社會的全面性文化實務，也形塑我們的自我形象。
2. 遺傳與環境因素相互影響社會化的過程。

批判性思考

1. 有關於遺傳與環境影響的研究，有哪些可能的倫理議題？
2. 有哪些社會政策涉及早期社會化經驗影響的研究？

重要詞彙

人格　　　　　社會化

4.2 生命歷程的自我與社會化

關於我們是誰和我們像什麼，有各式各樣不同的認知、感受與信念，這些是如何發展出來的呢？當我們年紀漸長時會有所改變嗎？

我們並非一出生就具備這些領悟，根據 George Herbert Mead（1964b）著作主張，社會學家認為我們對於自己是誰的概念，當我們與其他人互動時，就會顯現出自我。**自我（self）**是一個讓我們與其他人區辨的明確本體，它並不是停滯固定的現象，而是會在我們生命中持續發展與改變。

社會學家與心理學家對於個人如何經由社會互動發展及修正自我，同樣感到興趣；身為互動論的先鋒，社會學家 Charles Horton Cooley 與 Mead 的論述，有助於我們更進一步了解這些重要議題。

■ 自我的社會學觀點

Cooley：鏡中自我

1900 年代初期，Cooley 主張我們藉由與他人互動而學習了解自己，我們不只從自己的個人特質認識自己，也從他人如何看待我們的印象得知。Cooley 使用**鏡中自我（looking-glass self）**的詞彙，強調自我是我們的社會互動產物。

發展自我認同或自我概念的過程有三個階段：首先，我們想像如何在他人——親屬、朋友，甚至街上的陌生人面前表現自己；然後，我們想像他人如何評價我們

（迷人的、聰明的、害羞或奇怪的）；最後，我們發展出關於自己的某些感受，例如受尊敬或害羞等印象（Cooley 1902; Michael C. Howard 1989）。

關於 Cooley 的鏡中自我，有點微妙卻重要的觀點就是自我來自個人對於他人如何看待自己的「想像」，如此一來，我們的自我認同可能立基於他人如何看待我們的不正確知覺上。一個學生也許會對老師的批評有強烈反應，並且因為老師的觀點而決定（錯誤的）自己是愚笨的。這種錯誤的知覺透過下列過程轉化成負面的自我認同：(1) 老師批評我；(2) 老師必定覺得我很笨；(3) 我是愚笨的。但是，自我認同也是可以改變的，假如學生在期末得到 A 的成績，他或她可能就不再覺得自己是愚笨的。

Mead：自我的階段

Mead 延續 Cooley 的互動論研究，Mead（1934, 1964a）藉由三個不同階段的定義，發展出一套有效自我形成過程的模式，這三個階段是：預備階段、遊戲階段與競賽階段（表 4-1）。

預備階段

在預備階段（preparatory stage），兒童只是仿效身旁的人，特別是跟他們持續互動的家人。因此，當一個小孩看到父母正在操作木工時，他會敲打一塊木頭；或者當他的較年長手足在附近玩球時他也會嘗試丟球的動作。

當兒童年紀較大時，對符號使用更加嫻熟，包括人類溝通的基本型態，例如手勢與文字。透過與親友的互動，以及看卡通電視節目與圖畫書，預備階段的兒童開始了解認識符號，他們終其一生都會持續使用這種溝通型態。

遊戲階段

Mead 是第一位分析符號對社會化關係的學者，當兒童透過符號發展溝通技巧時，他們也對社會關係更充分了解。所以在遊戲階段（play stage），他們開始假裝

表 4-1　Mead 的自我發展階段　　　　　　　　　　　　　　　　　　　　　　|總結

階段	自我表現？	定義	範例
預備階段	否	兒童仿效他人的動作。	當大人大笑與微笑，兒童也跟著大笑與微笑。
遊戲階段	發展中	兒童扮演單一他人的角色，宛如自己就是那個他人。	兒童先扮演醫師的角色，然後才扮演病人的角色。
競賽階段	是	兒童可以同時兩個或更多他人的角色。	在捉迷藏遊戲中，兒童同時考慮躲藏與尋找的角色。

扮演成其他人，就如同演員「化身」為一個角色人物，兒童也會扮演成醫師、父母、大英雄或艦長。

實際上，Mead 注意到遊戲階段的重點是角色扮演。**角色取替（role taking）**是指在心理上假想自己是另一個人，並從想像的觀點做出回應的過程。例如，透過此過程，兒童逐漸學會何時才是向父母要求幫助的最好時機，假如父母下班到家面露不悅，孩子會等待晚餐後，當父母較為放鬆及和藹可親時再開口。

競賽階段

在 Mead 的第三個階段，競賽階段（game stage），兒童約成長到 8 或 9 歲便不再扮演角色，而是同時開始思考許多任務與關係。就發展觀點而言，兒童不僅能掌握自己的社會位置，還能掌握周圍其他人的，就像足球競賽中球員必須知道自己和其他隊友的位置。試想童軍團的男女童軍，將在週末出發爬山，男女童軍必須知道自己被期待做些什麼，也必須了解其他成員及領隊的責任。按照 Mead 的最後發展階段：兒童已經能對社會環境許多的成員做出回應。

Mead 使用**概括化他人（generalized other）**一詞是指，兒童的行為已經能夠考慮整體社會的態度、觀點與期待。簡單來說，這個概念認為個人的行為表現會將社會整體列入考慮。例如，一個兒童表現親切有禮不僅只是為了取悅父母，更甚者，兒童了解親切有禮是父母、老師與宗教領袖普遍讚許的社會價值。

表 4-1 摘錄 Mead 的三個自我發展階段。

Mead：自我的理論

Mead 最知名的理論是自我理論，根據 Mead（1964b），自我開始於個人世界中一個特有的、中心的位置，幼童視自己為周遭任何事物的中心焦點，並且難以考慮其他人的觀點。例如，如果對兒童出示一幅山景圖片，並且讓兒童描述在山的另一頭可能看到的景象（類似湖泊或徒步旅行者）；幼童只能描述自己眼見的景物。這種兒童期以自我為中心的傾向，從來沒有完全消失。許多恐懼搭飛機的人會設想，倘若有飛機失事，自己必然在那架班機上。誰在看報紙星座分析時，不會先看自己的星座？假如我們不想中大獎，又怎麼會去買樂透呢？

隨著年齡增長，自我有所改變，對於其他人的反應開始表現出更多關注。父母、朋友、同事、教練與老師，這些人在形塑個人的自我時，扮演一個相當重要的角色。**重要他人（significant other）**一詞是指這些在自我發展上至關重要的人。例如許多年輕人發現，自己被父母相同的工作領域所吸引（H. Sullivan [1953] 1968）。

運用你的社會學想像

當你與周遭的人互動時,會如何看待自己?關於這些自己的觀點,你是怎麼想的?

Goffman:自我表現

我們如何處理「自我」?我們如何在他人面前表現自己?互動論觀點的社會學家 Goffman 認為,我們的日常活動都在試圖向他人傳遞我們是誰的印象。他的觀察有助於我們了解那些有點微妙卻重要地展現社會化自我的方式,也提供社會化觀點的具體範例。

在生命早期,個人學習自我表現傾向於建立獨特外觀以滿足某些特定人;Goffman(1959)將這種自我展現的改變稱為**印象管理(impression management)**。

在分析這類日常生活的社會互動中,Goffman 提出許多類似戲劇人物的觀點,稱為**擬劇法(dramaturgical approach)**。依照此觀點,人們就如同戲劇的表演者,例如,假設在老闆監看之下,店員可能表現出比實際狀況更忙碌;一個在單身酒吧裡的客人,可能表現出好像在等人。

Goffman(1959)同時也注重自我的另一面,即**面子功夫(face-work)**。在感到難為情或被拒絕時,你有多頻繁做出顧面子的行為?一個人在單身酒吧被拒絕時的反應,可能表現的面子功夫是「這一大群人裡,居然沒有一個有趣的」。為了繼續社會互動,我們覺得需要維持適合的自我形象。

對失業者而言,面子功夫更是必須的。近年來,經濟衰退蕭條時期,社會各階層的人受到失業影響,許多人不習慣突如其來沒工作了。一項最近民族誌研究發現,近來未就業,意即失業,被重新定義了。比起過去注重成就,當他們成為志願服務者後開始更加重視志願服務性工作。這項研究的受訪者歷經兩次的經濟衰退與面子功夫(Garrett-Peters 2009)。

Goffman 的自我論述延續 Cooley 與 Mead 的理論,那就是 Cooley 與 Mead 主張人格是經由社會化,以及我們如何處理在他人面前展現自我而形成。Cooley 重視

©Scott Arthur Masear. Reprinted by permission of www.CartoonStock.com.

人們憑藉著我們的外表、衣著裝扮、身體語言、態度與癖好來評判我們,因為知道他人如此,我們在他人面前的表現也會隨之改變,Goffman 稱此策略為印象管理。

建立自我的過程；而 Mead 著重於我們與他人互動過程中如何發展自我；Goffman 強調我們有意識的為他人形塑自我形象的方法。

自我的心理學觀點

心理學家對於 Cooley、Mead 及其他社會學家的自我發展概念有共同的興趣，早期的心理學論述中，例如 Sigmund Freud（1856-1939）強調與生俱來的驅力——性滿足的驅力——導引人類的行為。更近期的心理學家，如 Jean Piaget 則強調人類發展過程的階段。

誠如 Cooley 與 Mead，Freud 深信自我是一項社會的產物，個人的人格受到其他人影響（特別是雙親）。然而，有別於 Cooley 與 Mead，Freud 認為自我的組成運作會產生相互對立。依照 Freud 的看法，我們的自然衝動本能經常與社會約束相互衝突。部分的自我追求無拘束的歡樂，另一個部分的自我則追尋理性的行為。藉著與他人互動，我們從中學習到社會的期待，然後選擇適合於我們文化的行為。（當然，Freud 也非常了解，我們有時會扭曲事實，並做出不合理的行為。）

瑞士兒童心理學家 Piaget（1896-1980）針對新生兒研究，強調社會互動對於自我發展的重要性，Piaget 發現新生兒沒有鏡中自我的意識。但諷刺的是，嬰兒十分自我中心，要求所有的關注都在他們身上。新生兒還未學習到他們是社會的一分子，對嬰兒而言，「你和我」這個詞句沒有意義，他們只了解「我」。然而，隨著嬰兒逐漸成長，即使是在自我中心的世界裡，兒童漸漸透過社會關係而社會化。

Piaget（1954）在其著名的**發展認知理論（cognitive theory of development）**中，認為兒童思考過程的發展可分為四個時期：第一個階段是感覺動作（sensorimotor）期，幼童運用他們的感覺來發覺事物；例如，透過觸摸，他們發現自己的手是身體的一部分；第二階段是前運思（preoperational）期，此階段兒童開始運用文字與符號以區分事物及想法；第三階段是具體運思（concrete operational）期，此階段的里程碑是兒童致力於追求更多邏輯性思考，他們學習到即便將一堆黏土揉捏成蛇的形狀，它還是一堆黏土。第四階段是形式運思（formal operational）期，青少年已經具有複雜抽象思考的能力，也能夠有邏輯地處理想法與價值觀。

根據 Piaget 的論點，社會互動是發展的重要關鍵，當兒童逐漸成長，他們更加關心他人對自己的看法，以及他人為何會有特別的行為。為了發展成與他人明顯區辨的人格，我們每個人都需要與他人社會互動。誠如先前所見的案例，Isabella 被剝奪正常社會互動的機會，導致嚴重的結果（Kitchener 1991）。

我們看到許多思想家都認為社會互動是個人自我發展的重要關鍵，這個論點是真的，若我們運用更多理論與研究，就可以得到更多了解。表 4-2 摘錄社會學及心

表 4-2 自我發展的理論觀點 | 追蹤社會學觀點

學者	核心概念與貢獻	主要的理論觀點
Charles Horton Cooley 1864-1929 社會學家（美國）	鏡中自我	自我發展階段不明確；透過與他人互動來建立自己的想法。
George Herbert Mead 1863-1931 社會學家（美國）	自我 概括化他人	三個明確的發展階段；兒童藉著理解生活中他人的角色以發展自我
Erving Goffman 1922-1982 社會學家（美國）	印象管理 擬劇法 面子功夫	透過傳遞印象給他人或其他團體，以發展自我
Sigmund Freud 1856-1939 心理學家（奧地利）	心理分析	自我受到父母及與生俱來的驅力所影響，對性滿足的驅動力
Jean Piaget 1896-1980 兒童心理學家（瑞士）	發展認知理論	認知發展的四個階段

理學關於自我發展的豐富文獻。

生命歷程的社會化

生命歷程

　　非洲剛果的科塔族（Kota），青少年會將全身塗成藍色。墨西哥裔美國女孩經過一整日宗教靜修，至夜間才離開前去跳舞，埃及母親跨過她們的新生嬰兒七次，海軍學校的學生畢業時會將帽子丟向天空。這些都是屬於一種慶祝人生大事**過渡儀式（rites of passage）**的方式，或是一個標記象徵人們從某個社會位置轉換到另一個位置的儀式。過渡儀式可以是個人位置的有效及/或誇張性的改變；可以是一種分離的標誌，就像畢業典禮，或者是一種編入，例如加入某個組織（Van Gennep [1909] 1960）。

　　過渡儀式是一種遍布全世界的社會現象，科塔族用來標示為進入成人，藍色意味著死亡，象徵兒童期的結束。西班牙裔女孩在 15 歲時舉行成人禮（quinceañera）儀式，象徵成為女人。在邁阿密的古巴裔美國人社區，成人禮儀式廣受歡迎，資助許多

©Paul Chesley/Getty Images
一名年輕的阿帕契（Apache）婦女接受傳統過渡儀式的塗泥巴儀式，通常用於青春期與某些婚禮。

舞會計畫者、宴席承辦者、服裝設計者，以及成人禮拉丁小姐盛裝遊行。數千年來，埃及母親為歡迎孩子來到世上，在 Soboa 儀式上跨越出生七天的新生兒七次。

這些特定的儀式標示著生命歷程的各個發展階段，指出歷經所有生命週期持續社會化的過程。實際上，某些研究者選擇致力於將社會化視為終生過程的研究。社會學家與其他社會科學家利用**生命歷程觀點（life course approach）**，貼近觀察影響人們從出生到死亡終生的社會因素，包含性別與收入。他們認為生物性可以改變性格，但無法支配人類行為。

數個生命事件標示出過渡到成年的歷程，包含結婚與第一個孩子的出生。當然，這些轉捩點會因為社會或甚至世代而不相同。在美國，重要生命事件似乎是完成學校教育；然而，如今無法像一個或兩個世代之前一般，完成教育的時間可以明確界定，越來越多人一邊全職工作，一邊完成學校教育，或是回歸學校以取得專業文憑或進修學歷。同樣地，關於離家或找到穩定的工作，以及建立長期人際關係等里程碑，如今也不再發生於特定年齡（Silva 2012; T. Smith 2003）。

不同於某些其他社會，邁向獨立的步伐重疊，因此美國青少年與成人之間的分界線並不明顯。在現代，很少年輕人在約略相同的年紀完成學業、結婚、離家獨立，明確的過渡到成年期。諸如青年期（youthhood）、成年萌發期（emerging adulthood）、不太成熟（not quite adult）等名詞，即用來描述 20 多歲年輕人延緩曖昧模糊的狀態（Côté 2000; Settersten and Ray 2011; Christian Smith 2007）。

✓ 運用你的社會學想像

為什麼你認為完成學校教育是現今成年的最重要里程碑？婚姻、全職工作或經濟獨立不再依賴父母或監護人呢？你認為哪一個里程碑最重要？

預期社會化與再社會化

社會自我的發展完全是一種終生的轉變，開始於嬰兒，持續至死亡。在生命歷程中有兩種社會化：預期社會化與再社會化。

預期社會化（anticipatory socialization）意指個人透過事先演練未來的社會位置、職業與社會關係的社會化過程。假若文化的成員於取得該社會位置之前，便能預先熟悉相關規範、價值觀及行為，這個文化的運作將會更為有效率且平順。許多成年生活的預備，開始於兒童與青少年時期的預期社會化，並且終其一生，我們都在為了新責任而預備著。

當高中生開始考慮未來就讀的大學，你已經看到預期社會化的過程。傳統上，常透過郵寄各校簡介刊物或參觀各校，然而隨著科技日新月異，越來越多學生利用網路開始對大學的認識之旅。各所大學也投入更多時間與經費發展建立更吸引人的網站，學生可進行虛擬校園之旅，以及從校歌到動物學課程的語音導覽。

有時候接受新的社會或職業位置，需要捨棄先前已確立的定位。**再社會化（resocialization）** 意指拋棄已有的行為，並接受新模式的過程，是生命過渡期的一部分。再社會化通常發生於當個人明確努力改變時，如感化院、治療團體、監獄、宗教轉換及政治犯改造營。對個人而言，再社會化的過程通常相當具有壓力，比起一般社會化，甚或預期社會化的壓力更大（Gecas 2004）。

發生於一個全控機構下的再社會化特別有效，Goffman（1961）提出**全控機構（total institution）** 一詞，意指一個將個人所有各面向的生活統一規範於單一權威的機構，例如監獄、軍隊、精神病院或修道院。因為全控機構切斷所有與外界社會的聯繫，提供成員全面的生活需求。從字面上來看，航行於海上的商船船員就成了全控機構的一分子，因此，在一個全控機構內，所有必需品十分充足，活動無所不包，如同一個社會的小縮影。

Goffman（1961）定義全控機構具有四項特徵：

- 個人所有面向的生活統一規範於單一權威之下。
- 機構內的任何活動管理就像其相同環境，例如，軍隊的新兵或修道院的見習修女。
- 全控機構的規則及活動日程並沒有與參加者商議。
- 在全控機構內的各個生活層面皆為滿足機構的目的。因此，所有修道院的生活可能都是禱告，以及與上帝溝通為主（Davies 1989; P. Rose et al. 1979）。

人們通常會在全控機構裡失去個人自我。例如，一個人進入監獄時會經歷**降黜儀式（degradation ceremony）**，例如被迫去除衣物、珠寶及其他個人財務。由此來看，日常制式活動極少或毫無個人隱私，在此專橫的社會環境中，個人位置淪為其次，甚至遭到無視（Garfinkel 1956）。

圖片來源：Cpl. Benjamin E. Woodle, United States Marine Corps

海軍新兵正在南卡羅來納州帕里斯島（Parris Island）接受嚴苛的基本訓練，軍隊正是社會學家口中全控機構的範例。

4.2 概述與回顧

摘要

本節將檢視社會學家與心理學家對於自我發展的觀點。

1. 1900 年代初期，Cooley 主張我們藉由與他人互動而學習了解自己，稱為**鏡中自我**（**looking-glass self**）。
2. 著名的自我理論學家 Mead 提出，隨著人們的成長，他們的自我也會反映出對其他人的關注，包括概括化他人及重要他人。
3. Goffman 認為，我們的日常活動都在試圖向他人傳遞我們是誰的印象，此過程稱為**印象管理**（**impression management**）。
4. 依照 Piaget **發展認知理論**（**cognitive theory of development**），社會互動是心理發展的關鍵。
5. 社會化持續終生都在進行，某些社會以**過渡儀式**（**rites of passage**）標示發展的階段。在美國文化裡，諸如結婚及生兒育女都被視為改變個人地位的重要事件。

批判性思考

1. 運用 Goffman 的擬劇法觀點描述印象管理下列團體的成員：運動員、大學教師、父母、醫師或政治家。
2. Mead 的自我階段與 Piaget 認知發展階段有哪些相似？又有哪些不同？
3. 在你小時候或青少年時期，曾經歷哪些預期社會化，舉例說明之。又有哪些例子是目前正在經歷的？

重要詞彙

預期社會化	鏡中自我
發展認知理論	再社會化
降黜儀式	過渡儀式
擬劇法	角色取替
面子功夫	自我
概括化他人	重要他人
印象管理	全控機構
生命歷程觀點	

4.3 社會化的媒介

延續一生的社會化過程，包含許多不同影響我們生活及改變自我形象的社會力量。

家庭是美國最重要的社會化媒介，本章也將討論其他的社會化媒介：學校、同儕團體、大眾媒體與科技、職場、宗教及國家。

■ 家庭

我們一生的學習過程從出生後不久隨即開始，當新生兒有聽覺、視覺、嗅覺、

味覺，以及冷熱痛苦的感覺，便持續熟悉周遭的環境。人類，特別是家庭成員，是組成社會環境的一部分。人們以餵食、清潔、照顧及撫慰來照料嬰兒的需求。

性別角色（gender role）一詞是指對男性與女性正確的行為、態度及活動的期望。例如，傳統上我們認為「堅強」是男子氣概，僅僅用來形容男性；而「溫柔」一詞則用於女性。其他文化並不盡然與我們的文化對性別特質有相同的期望，性別角色的存在，並非意味著男性及女性各有其特定角色，也不意味著兩性角色之間存在絕對的差異。倒不如說是，性別角色強調男性及女性之角色並非全由基因決定的事實。

©Michel Renaudeau/age fotostock
瓜地馬拉的小女孩跟從母親學習編織，家庭是最重要的社會化媒介。

實驗有助於說明此社會行為的論點，社會學家 Nelta Edwards 針對安哥拉治的阿拉斯加大學（University of Alaska）進行研究，她準備指甲油，請學生為一位異性友人塗指甲，男性非常不樂意被塗指甲，通常選擇透明或黑色；當他們走到公眾場所時，遭到陌生人的嘲笑及謾罵。男同學表示自己會避免出現在公眾場合，快速地卸掉指甲油，或者說「為了社會學課程，我必須這樣做」的印象管理。

被男性塗指甲油的女生，注視著剛塗好的濕漉漉指甲，如果男性塗得好，女同學就會表現十分驚訝。這樣的實驗簡易地呈現出性別角色的界定，不過關於人的實驗還是得謹慎小心實行。Edwards（2010）表示，實驗需要密切小心避免造成對學生的身體凌辱，或感覺在強化反同性戀。

作為兒童最初的社會化媒介，在引導孩子進入社會視為適切的性別角色上，父母扮演著相當重要的角色。其他的成人、較年長的手足、大眾媒體與宗教及教育機構，對於兒童社會化進入女性化及男性化規範也有顯著影響。一個文化或次文化可能要求某個性別或另一個性別來承擔兒童社會化、家庭經濟支柱，或宗教或是知識啟發的責任。在某些社會裡，女孩的社會化主要是由母親引導，男孩則由父親，這樣的安排阻礙了女孩學習重要的生存技能。在南亞，父親教導兒

©Florian Franke/Purestock/SuperStock
一項針對大學生的實驗，參與者被要求為某位異性塗指甲油，探查我們如何看待性別期待，以及以人類主題的實驗執行所需注意事項。

社會學在工作的運用

Rakefet Avramovitz，兒童保育法律中心計畫管理人

自 2003 年起，Rakefet Avramovitz 任職於舊金山的兒童保育法律中心（Child Care Law Center），該中心提供法律專業促進兒童托育品質、可負擔得起的兒童托育，以及擴展兒童托育相關事項，特別是針對低收入家庭。身為該中心的律師助理，她管理補助金、中心出版刊物，以及辦理研討會與訓練課程。

Avramovitz 於 2000 年畢業於狄金森學院（Dickinson College），當她修習一門社會分析課程時，開始對社會學產生興趣。雖然她較喜歡質性課程，但發現量化課程也很有趣。她說：「我們進行學校調查時，我非常喜歡實地訪查。」Avramovitz 最難忘的課程是一整個學期與農場移工的互動機會，她說：「我曾經修習過民族誌，以及如何與不同文化的人共處的課程，這改變了我的生活。」

Avramovitz 發現她在社會學課程學習的技巧對工作相當有幫助，「社會學教我如何與人共事⋯⋯以及如何敏銳思考。社會學教我如何傾聽及發現人們所述說的故事。」她如此解釋。在進入兒童保育法律中心工作前，Avramovitz 是遭遇困難議題女性的諮商者，她提到「我學民族誌的背景有助於跟這些婦女有效訪談及傾聽，藉著對這些婦女的了解，我得以協助將她們的需求傳達給中心的律師。」

Avramovitz 對工作相當熱心，而且她的能力也讓別人的生活有所不同。也許正因如此，她期待著夏季，屆時將會有數個法律系學生前來中心實習。她說：「看到人們學習並熱中於兒童保育議題，實在太棒了。」

討論

1. 該中心致力於兒童保育議題，有哪些廣泛且長期的影響？試說明之。
2. 除了法律之外，有哪些其他專業可能受惠於社會學技巧？

Courtesy of Rakefet Avramovitz

子游泳，為了日後捕魚為生；女孩則不學游泳。2004 年致命的南亞大海嘯襲擊海岸時，女性死亡率明顯高於男性。

學校

如同家庭，在美國，學校對人們的社會化有明確指引，特別是引導兒童進入美國文化的規範及價值觀。

根據衝突學派理論家 Samuel Bowles 與 Herbert Gintis（[1976] 2011）觀察，美國的學校透過獎勵及懲罰之內建制度以促進競爭，例如老師的評分及評價。因此，一個正在努力學習新技能而歷經艱難的孩子，可能會覺得自己愚笨又失敗。然而，當他更成長後，就更能實際評估自己的智力、體能與社會能力。

功能論學者指出，學校作為社會化媒介，須履行指導兒童社會價值觀與習俗之功能。衝突論學者同意這個論點，但認為學校強化社會區隔，特別是社會階級。例如，雖然有學費補助方案，美國高等教育學費仍相當昂貴。同時，經濟不富裕的年輕人可能無法具備符合高收入與受尊敬工作所需要的教育水準。

同儕團體

就社會發展而言，當孩子逐漸成長，家庭變得有些不那麼重要，取而代之的是 Mead 所謂重要他人同儕團體的角色日漸增加。在同儕團體裡，年輕人與年齡相仿或社會位置類似的人相處交往（Giordano 2003）。

當年輕人的社會生活被戰爭或疾病扭曲時，可見同儕團體對年輕人多麼重要。在敘利亞，社會團體遭到內戰、侵略與轟炸所撕裂，Fatmeh 表示在 2012 年，如同典型的青少年，她的生活日常圍繞著學校、班上、朋友與作業。三年後，她 15 歲，住在黎巴嫩臨時庇難所。當她離開敘利亞時，仍希望在黎巴嫩繼續就學，並且成為語言老師，但這一切都不可能發生，因為他們整個家族一週有七天都必須從事農作，以便維持貧困的生活。她與家鄉親屬的聯繫是透過手機，可以讓她與敘利亞保持消息，並且聽聽家鄉的歌曲。Fatmeh 說她仍有「很小的願望」，將來有朝一日可以回到學校，甚至念大學。她說「很小、很小的願望」（Beaubien and Davis 2015）。

青少年的性別差異也值得關注，男孩與女孩藉由父母、同儕團體與大眾媒體而社會化，受歡迎的途徑很相近，但程度上有所差異。表 4-3 針對男女大學生調查，

表 4-3　高中生受歡迎的原因

高中女生受歡迎的原因		高中男生受歡迎的原因	
男大生的說法：	女大生的說法：	男大生的說法：	女大生的說法：
1. 外表吸引力	1. 成績 / 智力	1. 運動參與	1. 運動參與
2. 成績 / 智力	2. 運動參與	2. 成績 / 智力	2. 成績 / 智力
3. 運動參與	3. 一般社交能力	3. 受女孩歡迎的程度	3. 一般社交能力
4. 一般社交能力	4. 外表吸引力	4. 一般社交能力	4. 外表吸引力
5. 受男孩歡迎的程度	5. 服飾	5. 汽車	5. 學校社團 / 學生會

註：以下大學生被問及高中青少年如何在同儕之間受歡迎：康乃爾大學（Cornell University）、路易斯安那州立大學（Louisiana State University）、東南路易斯安那大學（Southeastern Louisiana University）、紐約州立大學阿爾巴尼分校（State University of New York at Albany）、紐約州立大學石溪分校（State University of New York at Stony Brook）、喬治亞大學（University of Georgia），以及新罕布夏大學（University of New Hampshire）。

資料來源：Suitor, J. Jill, Staci A. Minyard, and Rebecca S. Carter. "'Did You See What I Saw?' Gender Differences in Perceptions of Avenues to Prestige among Adolescents." *Sociological Inquiry* 71, Fall 2001, 437–454.

> **當代研究** ──── 專欄 4-1
>
> ### 變遷中的第三地
>
> 一個世代以來，社會學家提出「第三地」（third place）一詞，意指「第一地」家庭及「第二地」職場之外的社會環境，人們習慣聚集在第三地，最具有代表性的就是咖啡廳或速食店，看看熟悉的老朋友或結交新朋友。
>
> 這種社會型態會持續下去嗎？社會學家發現助力與阻力兩者皆有，這類場所提供免費無線網路吸引人們，然而在那邊使用筆記型電腦真的能夠促進社會互動嗎？雖然咖啡廳提供與朋友方便談話的客廳場所，但店家並不總是那麼歡迎這類社交聚會。某些實施違反亂丟垃圾規定或要求老顧客固定間隔時間就需要消費。儘管如此，就社會意義而言，第二地（職場）電信業務較少相關成長，第三地可能持續成長。
>
> 2018年，人們聚集於第三地攸關種族歧視討論的行為，引起戲劇性質疑；在耶魯大學（Yale University），一個白人研究生發現一個黑人女性研究生在宿舍的公共休息區小憩，立刻通報校警；在費城，兩位黑人男性在星巴克，當他們要求在等候第三個朋友到達開會前使用廁所時遭到逮捕。這些案例的觀察者質疑，假如小憩的學生及等候的男性是白人呢？這種差別行為似乎倒回七十年前公共場合的公然種族歧視。因為諸多此類的例子，機構組織試圖教育學生或員工避免在第三地發生歧視行為。
>
> **討論**
>
> 1. 想想哪些是第三地可以接受的行為。在何種狀況下，人們在第三地傾向於因為種族、階級或性別而分裂？
> 2. 你常去的第三地有哪些？哪些較公眾？哪些較隱私？在不同類型的第三地，你的行為會有所改變嗎？
>
> 資料來源：Oldenburg 1989, 2000; Pomrenze and Simon 2018; Putnam 1995.

比較他們高中時期認識的男女孩如何受歡迎。這兩組提出的受歡迎方法大致相同，但重要性順序略有差異。雖然男女學生都未將性行為、嗑藥或飲酒列入前五項，但男大生比女大生更會將這些行為視為受歡迎的途徑。

專欄4-1描述所謂的「第三地」，這是社會化的一個要素，對青少年來說越來越重要。

大眾媒體與科技

在上一個世紀，收音機、電影、錄製音樂、電視與網路等，媒體創新已成為社會化的重要媒介。問題不再是媒體多受年輕人歡迎，而是他們如何使用這些資源。如今有95%的12歲到17歲的青少年使用網路，不必驚訝，其中91%的人會將

照片署名放到網路上，92% 的人使用真實姓名，82% 的人則會將出生年月日放在社群媒體上。

因此網路社會化與日俱增，年輕人使用網路的年齡也在下降中，促使我們關注到潛在著小小孩的媒體濫用。過去十年來，美國兒科學會（American Academy of Pediatrics）開始發文關注青少年的網路使用狀況。近來，該機構公開宣布90% 的幼兒經由父母使用網路（American Academy of Pediatrics 2011, 2013; Madden et al. 2013）。年輕人透過這種方式接觸社群媒體，成人指導孩子進入網路線上互動的冒險活動也就不足為奇，請見專欄 4-2。

©Jake Lyell/Alamy Stock Photo
在烏干達索羅蒂（Soroti），一名婦女迅速地打了一通電話，在開發中國家，手機對於溝通及商業扮演個重要角色，因為其他通訊方式較無效或更昂貴。

不僅是工業化國家，非洲及其他開發中國家，人們也依賴新的溝通科技進入社會化。不久前，如果 Zadhe Iyombe 想跟母親說話，必須歷經八天的旅程，從首都金夏沙（Kinshasa）搭船上行剛果河，抵達他出生的鄉村小鎮。如今他和母親都有手機，可以每天互相傳遞文字訊息，Iyombe 與他的母親並非特例，雖然手機並不便宜，但低收入國家中有 51% 的人擁有手機，相較之下，只有 4% 的人擁有家用電腦（World Bank 2015a:Tables 5.11, 5.12）。

也就是說，在開發中國家，並不是所有新的溝通科技都能被普遍廣泛取得。例如，這些國家中有許多人無法負擔寬頻網路費，以他們的相對收入來說，和工業化國家中的一般人相比，開發中國家的寬頻服務費超過 40 倍（International Telcommunication Union 2012）。

職場

學習在職場上有適當的行為表現是人類社會化的根本，人們習慣在完成學業後進入職場，但至少在美國，已經不再是這種情況。如今有越來越多年輕人在打工，而且並非是幫忙父母或親戚工作，青少年通常為了零用錢而工作，80% 較高年級的中學生表示，他們賺的錢很少或是不需要負擔家庭開銷。這些青少年並未將打工視為尋找職業興趣，或是在職訓練的方法。

某些觀察家認為，青少年從很早就開始工作的情況與日俱增，所以職場成為幾乎與學校一樣重要的社會化媒介。事實上，許多教育工作者抱怨，學生打工會影響學業；美國十幾歲青少年打工是工業化國家中比例最高的，也因此說明美國中學生在國際學業成績落後於其他國家學生的原因。

當代研究 — 父母監控的數位世界

專欄 4-2

關於年輕人從事危險行為的消息，從宛如恐怖主義的自我傷害到自殺，意味著這些壞結局之前都會先顯現出危險的網路行為。此外，應該更關注年輕人遭受同儕網路霸凌的事件日漸增加。儘管最近調查顯示，約有三分之一的年輕人每天至少4小時使用螢幕媒體，但普遍而言，父母與其他成年監護人承認很少或不知道孩子上網做什麼，相較之下，大多數人表示一整天都沒在念書。

關於積極的家長如何監督網路使用，社會學研究有何發現？2014年，針對家中有13歲到17歲青少年的父母調查發現，父母試圖採取一系列活動監看青少年子女日常的網路使用狀況，陪伴狀態如右圖所示，比起較年長子女，父母對年幼孩子的數位生活傾向有更多的參與。

整體而言，母親比父親對子女使用網路更多關注；低收入及低教育程度父母會比家境富裕或高教育程度父母更易於討論網路活動；西班牙裔與黑人父母比白人父母對孩子的數位溝通更熱中。

儘管調查結果顯示積極參與，但是只有半數父母表示知道子女的電子郵件與手機密碼，只有三分之一的父母表示知道孩子社群帳戶的密碼，如此也引起積極參與父母如何監看子女活動的合理懷疑。

父母對青少年子女網路活動的監看狀態

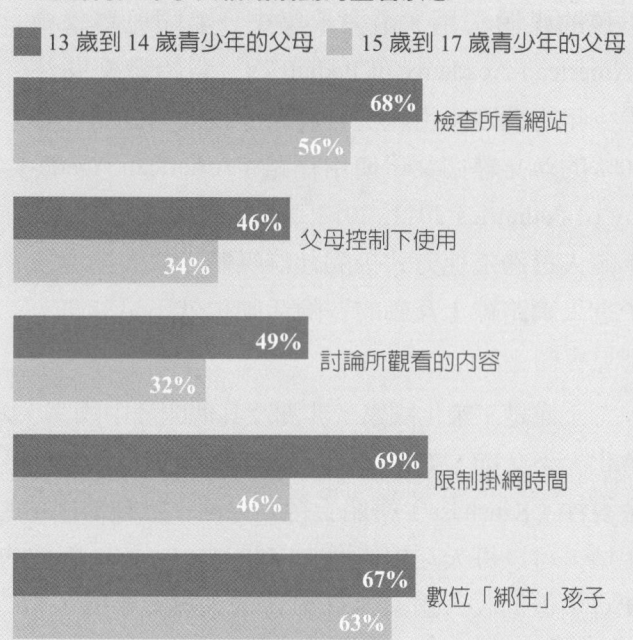

■ 13歲到14歲青少年的父母　■ 15歲到17歲青少年的父母

- 檢查所看網站：68% / 56%
- 父母控制下使用：46% / 34%
- 討論所觀看的內容：49% / 32%
- 限制掛網時間：69% / 46%
- 數位「綁住」孩子：67% / 63%

資料來源：Anderson, Monica. *Parents, Teens, and Digital Monitoring*. 2016, pp. 7–8, 16.

討論

1. 父母監看子女的網路活動有多麼重要呢？應該監看到孩子幾歲呢？
2. 為什麼你認為不同種族、收入與教育程度的父母對子女監看程度有所不同？

資料來源：Anderson 2016; Common Sense Media 2015; Mesch 2009.

當學生課後打工轉變為全職工作時，職場社會化也隨之改變。從學校轉變到職場這段期間，職業社會化可能最為劇烈，但這種社會化在個人的工作史上都將會一直繼續。科技進步可能改變職務要求的能力，也促使某種程度的社會化。如今男性

及女性的成年期、職業雇主及工作地點可能會有許多次改變，例如，典型的勞工為一個雇主工作時間約為四年。個人終其一生的勞動生涯，職場社會化也一直持續進行（Bialik 2010）。

現在的大學生認為，職場社會化不再終生都是單一職業，他們會轉換許多個工作。

宗教與國家

因為宗教與國家對生命歷程的影響性，越來越多社會科學家認同宗教與政府（「國家」）作為社會化媒介的重要性。在我們的傳統文化裡，家庭成員承擔著基本照顧者之責，但在二十世紀到來，家庭的保護功能逐步地轉移到外界機構，例如醫院、心理衛生診所及幼兒托育中心，許多此類機構營運隸屬於某些宗教團體或國家。

有組織的宗教團體與政府，透過重現某些過去農業社會與早期工業社會的人生大事儀式來影響生命歷程。例如，宗教機構規定某些聚集大家庭成員的傳統儀式，雖然這些成員並沒有其他見面的理由；政府制度則規定允許個人開車、飲酒、選舉投票、不需父母同意自主結婚、加班與退休的年齡。這些規定並未嚴格限制人生大事：大部分18歲的人選擇不去投票，而且大部分人並未參照政府規定，而是自己決定退休年齡。

4.3　概述與回顧

摘要

社會化的重要媒介，包含家庭、學校、同儕團體、大眾媒體與科技、職場、宗教機構及國家。

1. 作為社會化的最基本媒介，父母扮演重要角色，引導孩子養成被社會所視為合適的**性別角色（gender role）**。
2. 如同家庭，在美國，學校對人們的社會化有明確指引——特別是引導兒童進入美國文化的規範及價值觀。
3. 同儕團體與大眾媒體，特別是電視與網路，是青少年社會化的重要媒介。
4. 當我們在求學時打工就開始職場社會化，接著正式全職工作及終生工作轉換，都一直持續著。
5. 宗教及國家透過規範生命歷程，以及影響我們在特定年齡的適當行為想法，形塑了社會化的過程。

批判性思考

1. 功能論與衝突論學者對於大眾媒體社會化分析有何不同？

2. 至少列舉兩個例子，對你而言，同儕團體如何成為有效用的社會化的媒介。
3. 在限制社群網站使用上有什麼處罰？試說明你觀察到有關限制人們使用社群網站的規範，這些懲處有何目的？

重要詞彙

性別角色

本章摘要

社會學實戰小練習

1. 記錄兩天內你所使用的大眾媒體——電視、網路等——包含你所觀看的節目、閱讀或溝通等內容，以及原因。然後以社會學家的角色，說明如何透過這些媒體而社會化，你接觸到哪些規範及價值觀，這些規範及價值觀如何影響你？
2. 與一個最近換工作的人面談，了解這份新工作所需的社會化過程，是自願換工作或非自願？如何影響這個人的適應？有哪些在本章學習到的概念與此經驗相關？
3. 過去三年來，你曾經歷何種角色轉換，以及未來三年期待經歷哪一種角色轉換？你認為這些轉換會如何影響你的工作方式？或是與他人互動的方式？

重要詞彙

Anticipatory socialization 預期社會化　意指個人預先演練未來的社會位置、職業與社會關係的社會化過程。

Cognitive theory of development 發展認知理論　兒童的思考過程歷經四個發展階段之理論。

Degradation ceremony 降黜儀式　人們在全控機構中喪失個人尊嚴及特性的社會化過程。

Dramaturgical approach 擬劇法　將人們視為戲劇的表演者的一種論點。

Face-work 面子功夫　人們為維持適當的形象，避免公眾出糗所做的努力。

Gender role 性別角色　是指對男性與女性正確的行為、態度及活動的期望。

Generalized other 概括化他人　兒童的行為已經能夠考量社會整體的態度、觀點與期待。

Impression management 印象管理　建立獨特外觀調整自我，以滿足某些特定人。

Life course approach 生命歷程觀點　貼近觀察影響人們從出生到死亡終生的社會因素之一種研究趨向。

Looking-glass self 鏡中自我　強調自我是我們社會互動產物的概念。

Personality 人格　個人態度、需求、特性與行為的典型模式。

Resocialization 再社會化　意指拋棄已有的行為，並接受新模式的過程，是生命過渡期的一部分。

Rites of passage 過渡儀式　一個標記象徵人們從某個社會地位轉換到另一個地位的儀式。

Role taking 角色取替　透過在心理上假想自己是另一個人，並從想像做出回應的過程。

Self 自我 是一個讓我們與其他人區辨的明確本體。
Significant other 重要他人 在自我發展上極具重要性的人，例如父母、朋友或老師。
Socialization 社會化 是終生的過程，人們學習某些態度、價值與行為，以便成為符合某個特定文化的一員。
Total institution 全控機構 一個將個人所有各面向的生活統一規範於單一權威的機構，例如監獄、軍隊、精神病院或修道院。

自我評量

請仔細閱讀下列問題，並選擇最適合的答案。

1. 下列哪一位社會科學家使用鏡中自我一詞，強調自我是我們與他人社會互動的產物？
   a. George Herbert Mead
   b. Charles Horton Cooley
   c. Erving Goffman
   d. Jean Piaget

2. George Herbert Mead 在社會化的遊戲階段，主張人們想像自己是他人，然後自己得以依循那個想像觀點做出回應，此過程稱為
   a. 角色取替
   b. 同儕團體
   c. 概括化他人
   d. 印象管理

3. George Herbert Mead 最著名的理論是什麼？
   a. 過渡儀式
   b. 認知發展
   c. 自我
   d. 印象管理

4. 假設老闆在工作場所監督時，一位店員表現出比平常更加忙碌的樣子，Erving Goffman 將運用何種觀點來研究此行為？
   a. 功能論
   b. 衝突論
   c. 心理學
   d. 互動論

5. 依照兒童心理學家 Jean Piaget 的認知發展理論，兒童開始使用文字和符號以區辨事物及想法，此過程屬於哪一個發展階段？
   a. 感覺動作期
   b. 前運思期
   c. 具體運思期
   d. 形式運思期

6. 軍隊基本訓練首日，新兵需脫下便服，穿上「綠色」軍服，剃掉頭髮，失去個人隱私，以及使用公共浴室洗澡，所有這些羞辱的行動都是什麼的一部分？
   a. 成為重要他人
   b. 印象管理
   c. 降黜儀式
   d. 面子功夫

7. 哪一種社會制度是美國最重要的社會化媒介，特別是針對兒童？
   a. 家庭
   b. 學校
   c. 同儕團體
   d. 大眾媒體

8. 性別角色一詞是指
   a. 我們是男性或女性的生物學事實
   b. 老師給予的角色
   c. 一個遊戲中被賦予的角色
   d. 對男性與女性正確的行為、態度及活動的期望

9. 哪一個社會學觀點強調，美國的學校透過內建的獎勵及懲罰制度來促成競爭？
   a. 功能論觀點
   b. 衝突論觀點
   c. 互動論觀點

d. 心理論觀點
10. 阿拉斯加大學社會學家邀請男女學生參與為異性塗指甲油的研究，這個實驗顯示
   a. 過渡儀式
   b. 全控機構
   c. 性別角色
   d. 概括化他人
11. _____ 一詞是社會學家用來說明人們學習某些態度、價值與行為，以便成為符合某個特定文化一員的終生過程。
12. 在日常談話中，_____ 一詞是指一個人態度、需求、特性與行為的典型模式。
13. 雙胞胎研究引發不同的建議，認為 _____ 與 _____ 兩者都會影響人類發展。
14. _____ 是指一個對於自我發展十分重要性的人，例如父母、朋友或老師。
15. 早期的 _____ 論述中，Sigmund Freud 強調與生俱來的驅力 —— 性滿足的驅力 —— 導向人類行為。
16. 瑞士心理學家 Jean Piaget 提出發展 _____ 理論。
17. 成人生活各個層面的準備開始於兒童及青少年的 _____ 社會化，並在我們一生中準備面臨新責任時都持續進行。
18. 再社會化發生於 _____ 機構特別有效。
19. _____ 觀點強調學校於教導社會的價值觀及習俗扮演重要角色。
20. 當兒童的年紀稍長，在社會發展中家庭的重要性變得較低，_____ 團體變得較為重要。

答案

1. (b)；2. (a)；3. (c)；4. (d)；5. (b)；6. (c)；7. (a)；8. (d)；9. (b)；10. (c)；11. 社會化；12. 人格；13. 遺傳、環境；14. 重要他人；15. 心理分析；16. 認知；17. 預期；18. 全控；19. 功能論；20. 同儕

5 Chapter
社會互動、團體與社會結構

5.1 社會互動與社會結構
5.2 全球觀點下的社會結構
5.3 認識團體
5.4 認識組織

©Caia Image/Glow Images
不同規模的團體有助於個人在較廣的社會環境中定位，包括非正式互動（informal interaction）與複雜的社會組織。

如果你是獄監，你會如何虐待囚犯？

為了找到這個問題的答案，社會心理學家 Philip Zimbardo 創造一個模擬監獄，並招募大學生擔任囚犯與獄卒。

「在加州帕羅奧圖（Palo Alto）的一個夏日早晨，警車發出尖銳警鈴聲，疾駛穿越城市，大規模逮捕參加模擬實驗的大學生。每個嫌疑犯都被指控為重刑犯，被宣告他們的憲法權利；被反手壓在警車上；搜身、銬上手銬；並被塞進警車後座，押送至警局等候筆錄。

在採集指紋與準備他們的『囚犯檔案』（主要的罪犯資料）後，每名囚犯被獨自關進狹小的拘留牢房，讓囚犯好好反省自己到底幹了什麼好事，才會淪落至此。一段時間後，囚犯被戴上眼罩，並送往『史丹福郡立監獄』（Stanford County Prison）。在這裡，他開始了囚犯人生 —— 被脫光衣物、身體檢查、灑上除蝨粉末、被發給犯人服、棉被、肥皂和毛巾。到了傍晚，當完成九次這樣的逮捕，這些年輕的『初犯』蹲坐在逼仄的牢房小床上，在茫然的沉默中若有所思。這些男生是特殊監獄的一部分，這是實驗性或稱為模擬監獄，由社會心理學家設計，用來研究監禁的心理效應，這些人是自願參加研究的。當我們計畫執行兩週的模擬監禁生活時，我們主要關心的是，了解人被稱為『囚犯』，失去自由、公民權利、自主權、隱私權，適應新的、陌生環境的心理

Courtesy of Phil Zimbardo, Stanford University

過程;當另外一群人被稱為『獄卒』,透過負起責任,掌控並管理這些被指控的犯人,而獲得社會權力……。

我們最後採用的受試者樣本(10 位犯人與 11 名獄卒)是從 75 個志願者中選出,都是從市區廣告和校園報中招募來的……。一半被隨機指派要角色扮演獄卒,一半則扮演囚犯。因此,在實驗開始時,扮演獄卒或囚犯的人本身並沒有什麼不同……。

實驗才進行六天就已經失控,我們必須緊急停止模擬監獄的實驗,因為可怕的事情發生了。大多數的受試者(或我們)已經看不到剛開始時的『假裝』,而是成為那個角色。大多數人真的已經變成囚犯和獄卒,分不清角色扮演和真實。他們的行為、思考與感受,各方面在實質上都有戲劇性的變化。在不到一週的時間內,監禁的經驗完全(暫時性地)顛覆終生的學習:人類價值觀被棄絕、自我概念受到挑戰,而最醜陋不堪的是潛藏在人心、病態的人性黑暗面浮現。我們嚇壞了,因為看到有些男孩(獄卒)將他人視為卑鄙的動物,在殘虐中取樂,而其他男孩(囚犯)變成奴性、去人性化的機器人,他們只想著逃避、想著生存下去,以及對獄卒的無盡恨意。」

資料來源:Philip G. Zimbardo et al. 1972. "The Psychology of Imprisonment: Privation, Power, and Pathology." In Z. Rubin (ed.), *Doing Unto Others: Exploration in Social Behavior*: 61-63. Used by permission of Philip G. Zimbardo, Inc.

社會心理學家 Zimbardo 針對大學生在模擬監獄情境中的互動狀況進行研究,發現他們採用了可預期的社會互動模式。社會學家將人與人相互回應的方式,包括面對面或透過電話與電腦互動等方式等稱之為**社會互動(social interaction)**。在模擬監獄裡,獄卒以囚犯編號稱呼囚犯,因此彼此之間的社會互動是冷漠的。此外,獄卒會著戴可反光的墨鏡,讓雙方不會有眼神接觸。

史丹福大學(Stanford University)的模擬監獄和真實生活中的監獄一樣,都可以發現明顯的社會結構:獄卒幾乎可以完全掌控囚犯。將社會組織成可以預期的關係稱之為社會結構。在 Zimbardo 的研究中,模擬監獄中的社會結構影響了獄卒與囚犯間的互動模式。Zimbardo 及其同事(2009: 516)指出,「對獄卒和犯人而言,這座模擬監獄就是真實的。」這項模擬監獄研究在三十多年前展開,隨後幾年在美國和其他國家也有類似研究,皆獲得一樣的結果。

5.1 社會互動與社會結構

Zimbardo 的研究在 2004 年發現新的關聯性,令人震驚的事件是發生在伊拉克阿布‧格來布(Abu Ghraib)美國軍事基地的虐囚案。殘暴的「戰利品照片」可以

看出美國士兵在羞辱伊拉克囚犯，命其裸體，並威脅要以警犬襲擊他們。戰時的監獄結構，加上軍事情報官必須承擔恐怖主義陰謀保密的緊張壓力，導致獄卒瀕臨崩潰的行為。但是 Zimbardo 發現，基於他的研究，便可簡單地預期獄卒瀕臨崩潰的行為（Ratnesar 2011; Zimbardo 2015）。

顯然，Zimbardo 的實驗典型地帶來矯正機構現況的討論。然而，也有其他內容的涵義。研究者指出，在此實驗的初級階段，扮演罪犯的受試者在面對警察的逮捕時，感到困惑、徬徨與非人性的對待。當考慮到這些被逮捕的「公民」，是知情的大學實驗受試者，卻仍有這些感受，使人不禁懷疑警民衝突究竟是多麼容易擦槍走火，形成暴力行為，如同黑命關天（#BlackLivesMatter）所展示的。也許 Zimbardo 的實驗也可以用來反映，執法機關與民眾的日常互動情況。

社會互動與實體

社會互動與社會結構這兩個概念是社會學研究的中心議題，和社會化有密切的關聯。透過社會化的過程，人們會學習到態度、價值及在相應文化中的適當行為。當學生進入 Zimbardo 創建的模擬監獄時，他們便開始再一次社會化的歷程。在新一次的社會化歷程中，他們進入到一個新的社會結構並學習新的規則，以進行社會互動。

試問當有人在人群中推擠你時，你會立即推回去嗎？或是你在有所反應前，會先考慮這件事情的情況，以及對方的態度？後者應該比較可能是你的反應。根據社會學家 Herbert Blumer（1969:79）的觀點，**社會互動（social interaction）**最大的特點是：「人類不僅對彼此的行為做出反應，也會詮釋或定義他人的行為。」換言之，我們對他人行為會產生什麼反應，取決於我們對他人行為是由個人的認知、評估，以及定義所歸結。

行為所代表的涵義通常反映了主流社會的文化規範與價值觀，和我們在這個文化中的社會化經驗。如同互動論學者所論述，我們如何詮釋他人的行為，取決於我們和他人以及整個社會的互動經驗。因此，社會實體實際上是從我們的社會互動中建構起來的（Berger and Luckman 1966）。

我們如何定義社會實體？以我們的社會如何看待刺青為例。即使在幾年前，多數美國人仍會認為刺青是怪異或愚蠢的行為。我們經常會把刺青者與龐克族、機車幫或光頭族聯想在一起，給人負面的印象。然而，現在社會上許多人也會刺青──包括引領社會風潮的人和一流的運動選手──刺青的行為變得更具正當性，很大程度的改變主流文化對刺青的看法。因此，更多人和刺青者有所互動。在多數的場合中，我們覺得刺青是稀鬆平常的。

社會互動與構成實體的本質，常常會因為不同文化而變得具多樣性。西方社會強調浪漫的愛，配偶既是關係，也是社會身分。從情人節的花束到日常生活中各種非正式的手勢，這些對愛情的表白都成為婚姻中的期待之一。

然而在日本，婚姻被認為是社會身分大於關係。無疑地，雖然許多日本夫妻彼此相愛，但要將「我愛你」說出口，卻不容易，尤其是丈夫。大多數的丈夫不會直呼妻子的名字，而是稱「孩子的媽」，也不會注視另一半的眼睛。在 2008 年，一些日本男士努力改變陳規，成立忠實丈夫組織（Devoted Husband Organization），這是由新的節日「我愛太太日」所贊助。近來，這個團體創立「在高麗菜娃娃日呼喊愛」的活動。數十位男士站在東京北部的高麗菜娃娃前，對妻子說「我愛你！」她們之中有很多人從未聽到丈夫親口說這句話。以另一種較罕見的方式，丈夫發誓當天要在八點前回家（Japan Aisaika Organization 2017; Kambayashi 2008）。

©Evgenii Zadiraka/123RF

定義社會實體的能力，可以看出該群體在社會中的力量。事實上，在支配群體與被支配群體的關係中，最重要的一環就是，支配群體或多數群體可以定義一個社會的價值觀。早期種族與性別差異理論評論家 William I. Thomas（1923）認為，「情境的定義」會影響一個人的思考模式和人格發展。Thomas 認為，從互動論觀點看來，人們不僅是回應個人或情境的客觀樣貌；他們回應的對象其實是人或情境對他們個人所產生的意義。舉例來說，在 Zimbardo 的模擬監獄實驗中，學生所扮演的「獄卒」與「囚犯」都接受「監獄」情境的定義（包括對傳統角色的定義，以及獄卒和囚犯互動的行為），也依照著這樣的角色定義來扮演。

如同我們在過去 70 年間經歷的社會變遷，首先是 1950 年代和 1960 年代的公民權運動，以及接下來的女性、老人、男同性戀、女同性戀、身心障礙者的各項人權運動，我們發現社會變遷的涵義，實際上是社會實體再定義和再建構的過程。被支配群體的成員，開始挑戰傳統的定義，並且用新的方式來認識與體驗這個社會實體。

社會結構的要素

所有的社會互動，包括重新定義社會實體的互動，都在**社會結構（social structure）** 中進行。為了研究目的，我們將社會結構分成五大要素：身分、社會角色、團體、社會網絡和社會制度。就像房屋的結構是由地基、牆和天花板所組成，這五大要素構成社會結構。

身分

當我們聽到一個人的身分，會聯想到他的影響力、財富及名聲。然而，社會學家所用的**身分**（status），是指社會定義下的地位（position）——從最低到最高的位置。在我們的社會中，一個人的身分可以是美國總統、果農、子女、小提琴家、青少年、明尼亞波里斯（Minneapolis）的居民、牙科技師或鄰居。當然，每個人可以同時擁有很多不同的身分。

先賦地位與自致地位

社會學家把一些身分（或地位）視為是先賦的，而有些則是自致的（圖5-1）。**先賦地位**（ascribed status）是由社會分派給個人，且不考量個人獨特的天分和特徵。一般來說，這種先賦地位的分派在出生時就已決定；例如種族背景、性別和年齡都可以視為先賦地位。雖然這些特徵是與生俱來的，卻擁有不同的價值，且取決於它們在其文化中的社會意義。衝突論學者對先賦地位特別感興趣，因為天賦地位往往反映出一個人是屬於特權階級抑或被支配群體（Linton 1936）。

在多數的情況下，先賦地位是難以被改變的，但是我們可以試著改變傳統對天賦地位的限制。例如，成立於1971年的銀髮族權益會（Gary Panthers）是致力於爭取老人權益的政治團體，修正社會對老人的負面刻板印象。在這個團體以及各方的努力下，數以百萬計「資深公民」的先賦地位已經獲得顯著的改善。

同樣的先賦地位在不同的社會文化中，不一定具有相同的社會意義。社會學家 Gary Huang（1988）在其跨文化的研究中指出，尊敬老人在中國文化中是很重要的規範之一。在中文裡，許多「老」字本身具有尊敬的意味：例如，稱呼他人為「老師」或「老前輩」等，就像在美國稱法官為「法官大人」一樣，是一種尊稱。Huang 指出，中國文化裡對長者保持崇敬態度的特徵，在美國文化中卻看不到；相反地，美國人卻把老人這樣的稱呼是為一種汙辱，而不是象徵智慧或者對長者的敬意。

相較於先賦地位，**自致地位**（achieved status）是經過個人努力而獲得的地位。「程式設計師」、「獄卒」、「律師」、「鋼琴家」、「婦女聯誼會成員」、「囚犯」或「社會工作者」等，這些都屬於自致地位。個人必須有所付出才可能獲得自致地位，例如，要付出時間精力去上學、學習技術、建立友誼或發明新產品等。但是，我們將在下一節說明，先賦地位對自致地位的影響很大。

在繼續討論之前，讓我們考量一下身分的重要性。首先，先賦地位嚴重影響自致地位。例如，身為男性，社會較不可能鼓勵他成為保姆。其次，可能對一個人而言，其先賦地位不一定是他想要的。你的家庭背景，如同先賦地位，可決定

先賦地位

女兒　拉丁裔　姊妹　羅馬天主教　學生　隊友　朋友　僱員　室友　同學　女性　20歲

自致地位

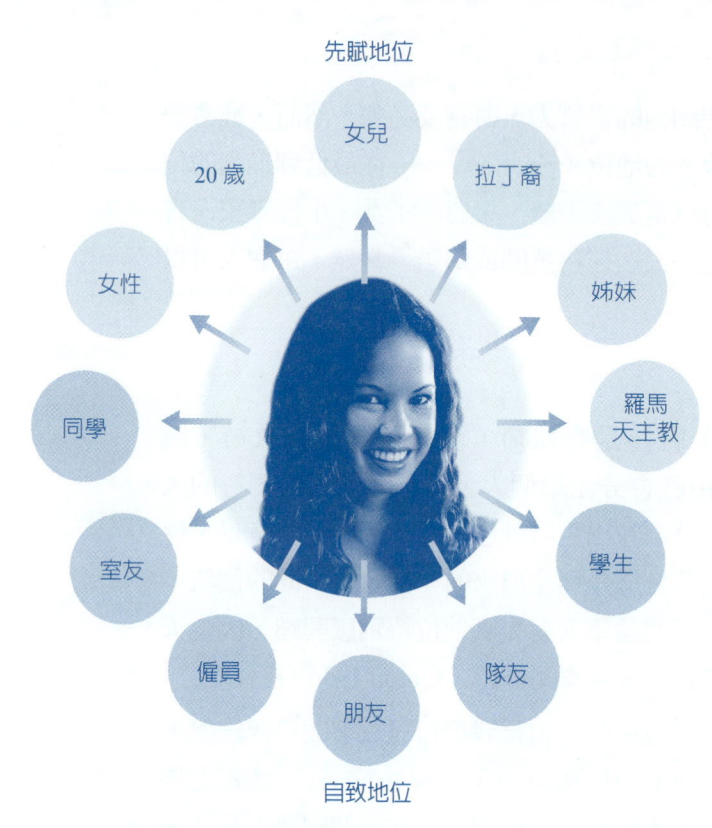

圖片來源：©Lew Robertson/Getty Images

圖 5-1　社會地位（身分）

©ZUMA Press, Inc./Alamy Stock Photo

先賦地位可能與一個人的成就地位相交。這位女性作為低收入工人的地位，加上她的少數民族身分，與她的顧客高地位形成鮮明對比。

你處於正面或負面的地位。自致地位──罪犯或英雄──也可能不是自己想要的。第三，有些身分地位可能不是自致就是先賦，取決於個人的情況。以宗教為例，如果一個人繼承家族的宗教傳統，它便是先賦地位，但是如果一個人接觸各種宗教，最後選擇信仰某宗教，這時宗教便為自致地位。如圖 5-1 所示，我們將一個人的宗教視為先賦地位，這表示她的信仰是承繼自父母（Foladare 1969）。

主要身分

每個人都有許多的身分，有些隱含較高的社會地位，有些則較低。若一個人擁有許多互相衝突的身分時，在社會上整體的社會地位又是如何？社會學家 Evertt Hughes（1945）認為，社會在面對個人身分不一致時，有些身分比較重要，有些居於次要。**主要身分（master status）** 對個人整體的社會地位具有決定性影響，比其他身分更為重要。舉例而言，網球明星 Arthur Ashe 於 1933 年死於愛滋病；但是在他人生的最後幾年，與愛滋病搏鬥的樣貌，遠遠超過他身為退休運動員、作家及政治運動者的身分。全世界許多身心障礙者發現，他們身心障礙者的身分被給予過度關注，而掩蓋他們其他的成功表現，例如在就業市場上成就（請見專欄 5-1）。

當代研究 　　　　　　　　　　　　　　　　　　　　專欄 5-1

身心障礙者的主要身分

在人類歷史上，全世界各地的身心障礙者常常受到不人道與不平等的對待。例如，二十世紀初，身心障礙者經常被視為次等生物，認為他們會對社會造成威脅。日本政府從 1945 年到 1995 年，強制超過一萬六千名身心障礙的婦女進行節育。瑞典政府近期為 1970 年代針對身心障礙者實行的不平等法案道歉，當時約有六萬兩千名身心障礙者受到影響。

這種對待身心障礙者的明顯敵視態度，漸漸因為醫學模式的解釋而消弭，醫學模式認為，身心障礙屬於一種慢性疾病。然而，越來越多關心身心障礙權益的人，批評醫學模式的看法。他們認為，生活環境中，不必要且具歧視的妨害（包括生理與態度上的），更勝於身心障礙者本身的生理限制。以行使公民權模式為例，社運人士認為，身心障礙者經歷到許多的偏見、歧視與排擠。例如，大部分投票所都沒有無障礙空間的設施，也沒有為盲人設計的點字選票。

藉由 Goffman 先前的研究，現在的社會學家認為，社會已經將不同形式的身心障礙汙名化，而這樣的汙名化導致帶有偏見的對待。的確，身心障礙者經常發現，一般無身心障礙的民眾認為他們是瞎子、或是坐輪椅的殘障人士，而不將他們看成是有血有肉、具有複雜人性的人類，然而失明或坐輪椅卻只是他們生活中的一部分。

雖然全世界都有歧視身心障礙者的例子，但這樣的態度正漸漸地改變。非洲的波札那正有計畫地幫助國內的身心障礙者，這些人大多數住在農村，需要移動設備與促進經濟發展的特殊服務。然而，在許多國家，身心障礙權利運動者的目標在於，改變社會視「身心障礙」為主要身分，以及爭取成為完整的公民，不論在就業、居住、受教育、進出公共設備，都與一般人享有同樣的權利和便利性。

©Image Source/Getty Images

討論

1. 在你的校園中，是否對身心障礙學生設限？如果有的話，其限制為何？是生理還是心理（態度）方面的，抑或兩者皆是？試詳述之。
2. 為何一般民眾看到身心障礙者時，總是注意到他們的殘疾？如何使人們不僅僅關注輪椅或導盲犬等輔具，而是有更深入的看法？

資料來源：Albrecht 2004; Goffman 1963; Murphy 1997; Newsday 1997; R. Schaefer 2019; J. Shapiro 1993.

社會角色

社會角色是什麼？

在我們的一生中，會獲得許多角色，社會學家稱之為社會角色。**社會角色（social role）**是指社會對有某種社會地位或身分的人所抱持的期望。因此，我們會期待計程車司機知道城裡的路、秘書處理電話留言值得信賴、或警察看到被威脅的市民會挺身處理。不論是先賦地位或自致地位，每一個社會地位都伴隨著一個預期角色。但即便如此，在面對社會角色的實際表現卻因人而異。有的秘書承擔多樣行政責任，有些卻只需專注文書處理的工作。同樣地，在 Zimbardo 的模擬監獄研究中，有些扮演獄卒的參與者表現得很殘酷且有虐待的傾向，有的則不然。

在社會結構的組成要素中，角色是非常重要的一環。從功能論觀點來看，社會角色可以讓社會成員預期他人的行為，每個人依照自身所屬角色來表現，進而達到社會穩定的功能。但是社會角色也可能帶來負面功能，因為它可能限制人與人之間的互動和關係。例如，假如我們僅將某人視為「警官」或「督察」，可能認為很難和這樣的人做朋友或鄰居。

角色衝突

設想一位在電子工廠裝配線上工作十年的女性，最近被升職為該部門的監工，現在她和多年來的同事兼好友該如何互動？是否該像過去幾年一樣，每天都和他們一起出去吃午餐？假如老友跟不上裝配線的需求時，她是否要建議公司開除她的老友？

當一個人有兩個以上的社會地位，但對這些角色的期待卻互不相容時，就會產生**角色衝突（role conflict）**。滿足一個身分的角色，卻可能直接違背另一個身分的角色。在上述的例子中，那位剛升任的監工就會面臨衝突主要涉及道德抉擇：這位新監工必須很困難地決定她對朋友或上司該各付出多少忠誠。

另一種常常發生的角色衝突，是當某人進入一個行業，而在該行業職業角色與社會角色間的嚴重衝突。角色衝突中，卻很少人和他一樣擁有某種先賦地位。例如男性幼兒園老師或是女性警官等，他們常會面臨這樣的角色衝突。以女性警官為例，法律層面上，她必須盡力達到對警官職責的規範；在社會層面上，身為警官所擁有的技巧卻和社會對女性角色的期待有許多不同。此外，當女性警官面對職場性騷擾時，也必須像其他職場上的女性一樣，遵照職場「潛規則」，也就是不得公開舉報同僚性騷擾犯行的非正式規範（Fletcher 1995; S. Martin 1994）。

> **✓ 運用你的社會學想像**
>
> 如果你是一名男護士,可能會遇到怎樣的角色衝突?現在再試想妳是一名女性拳擊手,妳預期可能會遇到怎樣的角色衝突?在上述兩種情況,你各會如何處理角色衝突的問題?

角色緊張

當一個人同時擁有兩個以上的社會地位時所面臨挑戰,稱為角色衝突。然而,即使是同一個社會地位也可能招致問題。當社會對同一個社會地位有著不同需求與預期時,所造成的困境,社會學家稱之為**角色緊張(role strain)**。

例如,當少數文化的人們在主流文化的職場中,有時會經歷角色緊張。犯罪學家 Larry Gould(2002)在訪談擁有印第安納瓦荷族(Navajo)身分的國家警察,研究他們與傳統執法者的關係,例如警長或聯邦調查局(Federal Bureau of Investigation, FBI)人員。在傳統執法之外,納瓦荷族國家警察也扮演另類形式的正義,稱為製造和平(Peacemaking),他們會在不同陣營中尋求對罪刑的和解方式。官員對於這種製造和平的方式擁有很大的信心,同時也會擔心如果沒有逮捕罪犯,其他執法官員會認為他們太過軟弱,或「偏袒自己人」。不管傳統納瓦荷族方式帶來的約束力如何,這些執法官都會擔心被認為「太納瓦荷」或「不夠納瓦荷」。

角色退出

當我們要扮演某種社會角色時,通常會經歷一系列的過程,以做好對這個角色和預期社會化的準備。當一個人要成為律師、廚師、配偶或父母時,都會經歷這樣的過程。但是人們在退出一個社會角色時所做的調適行為,是近幾年社會學家才開始研究的議題。

Helen Rose Fuchs Ebaugh(1998)是首先提出**角色退出(role exit)**一詞的社會學家。角色退出為個人擺脫自我認同的角色,並重新建立新角色身分的過程。Ebaugh(自身也是還俗修女)透過與 185 位受訪者的訪談,研究人們自願從某些重要社會角色退出的過程。訪談對象包括前科犯、離婚男女、曾經酗酒者、還俗的修女或尼姑、曾擔任醫生的人(包括退休醫生)、退休者、跨性別者等。

根據訪談結果,Ebaugh 提出角色退出四階段論。第一階段通常開始於懷疑。當一個人對他當下的社會地位相應的身分與角色,感到挫折、精疲力竭或厭惡時,就會產生自我懷疑。第二階段是尋找替代角色。一個厭惡自己職業的人可能會暫時離職,思考一段時間;婚姻不幸福的人,也可能會與配偶暫時分居。

第三階段是展開行動或脫離角色。Ebaugh 發現，大多數的受訪者能夠說出影響其脫離原本角色的轉捩點，在這個時間點後，他們決定離開工作、結束婚姻，或其他形式的角色退出。但是也有將近 20% 的人認為，他們的角色退出是漸進式的，而不是特定的某一天。

角色退出的第四階段，是創造一個新的身分認同。每個人從高中進入大學，都會經歷角色退出的過程：脫離與父母同住的子女角色，展開與室友同住宿舍且較為獨立自主的大學生角色。社會學家 Ira Silver（1996）研究角色轉換過程中，有形物質所代表的關鍵因素。即將離家的學子決定要留在老家的東西（如娃娃或動物布偶等），都是和之前認同有關的物品。雖然對這些物品仍有依戀，但並不希望這些東西出現在新的角色認同中。他們會帶去的東西，通常象徵現在的自己，以及希望他人認同的我。例如，智慧型手機、iPhone 或海報，似乎都在訴說著：「這就是我！」

團體

在社會學的詞彙中，對**團體（group）**的定義為：擁有類似規範、價值觀與期望，且彼此互動的一群人。大學女子籃球隊、醫院的管理委員會與交響樂團等，都可以稱為「團體」。不過，住在郊區的居民則無法稱為一個團體，因為他們很少互動。團體也是社會結構中非常重要的一環。大多數的社會互動都在團體中進行。團體規範和團體獎懲都會很大程度地影響團體過程。假如你是青少年或退休人士，這樣的身分在特定的團體中就別具意義。許多與社會角色有關的期待，像是對兄弟姊妹身分或是學生身分而來的角色期待，在團體中就會定義得更清晰。

社會網絡

團體不只是用來定義其他社會結構的要素，例如，身分或角色，更是個人與整個社會之間的連接。每個人同時都是許多團體的成員，並且藉由這些團體，我們得以和不同社交圈的人建立關係，這種關係就是所謂的**社會網絡（social network）**。社會網絡是指一系列的社會關係，將一個人直接和他人建立關聯，並透過這些人，間接地和更多的他人建立關係。社會網絡為社會結構的五大要素之一。

廣義地說，社會網絡包含我們和他人產生社會互動的所有過程。在社會學傳統上，學者將社會網絡的研究，定義為僅限於面對面接觸或透過電話的交談，雖然近年來他們發現必須與時並進，而開始研究透過各

©Valentino Photography/Shutterstock

種形式新興媒體的社會互動。然而，我們必須以嚴謹的態度來進行研究，不要把 Instagram 這些社群網站和社會網絡混為一談，後者包含廣義社會互動的各種形式。

社會網絡幾乎可以集中在任何活動，從分享工作資訊，到交換新聞和閒聊，甚至是分享性愛關係。在 1990 年代中期，社會學家 Peter Bearman、James Moody 與 Katherine Stovel（2004）研究一千名高中生的性愛關係。他們發現，在過去十八個月，61% 的女性是性活躍的。在回答性活躍的人之中，研究者計算僅有 63 對情侶保持穩定的性關係；而占大多數的 288 名學生，達樣本數的三分之一，性愛關係則是流動的（Bearman et al. 2004）。

參與社會網絡——也就是我們常說的建立人脈，對就業十分重要。例如，Albert Einstein 畢業一年後，才透過同學父親的介紹得到第一份工作。即使像這種微弱且遙遠的關係，對於建立社會網絡及資訊的流通上，仍然可以有著非常重要的影響。

在 2008 年金融海嘯開始時，電子社會網絡提供新的目的，幫助這些失業者。網站或聊天室雖然無法提供這麼多的失業者需要的求職資訊，但轉而幫助他們互相團結，彼此扶持，並且保持樂觀積極的態度。對失業者而言，和朋友能在網路上聊天，甚至是與不認識的失業網友分享經驗，不啻是珍貴的助力（R. Scherer 2010b）。

然而研究指出，無論是面對面還是在網路上，不是每個人在社會網絡中的參與程度都一樣。網絡，就像在內團體中，可能有人是菁英分子，有人則是被排擠者。女性和少數種族或族群，可能在找新工作、尋求更好工作機會或社會接觸時處於弱勢（Erikson and Occhiuto 2017; Trimble and Kmec 2011）。

在一個世代之前，對於社會網絡的研究，聚焦於面對面、電話，甚至書信等的交流。有越來越多關於社會網絡的研究，基於這些早期發現的基礎，並聚焦在社群媒體。

社會制度

大眾媒體、政府、經濟體制、家庭和健康照護體系等，都是在社會中常見到的社會制度。**社會制度（social institution）** 是指以社會需求為核心的信仰和行為所組織的形式，例如人員的替換（家庭），以及秩序的維持（政府）。圖 5-2 摘要社會結構的許多要素，包括社會制度。

社會學家藉由研究社會制度，以對社會的結構有深入的了解。例如，宗教制度必須適合它所服務的社會區域。對於服務於貧民區的牧師和市郊中產階級區的牧師，教會工作的內涵就不盡相同。貧民區的牧師的首要工作是照料病人，和提供食物和住所；相對地，在富裕市郊的神職人員，多數時間會花在婚姻或離婚諮詢，和

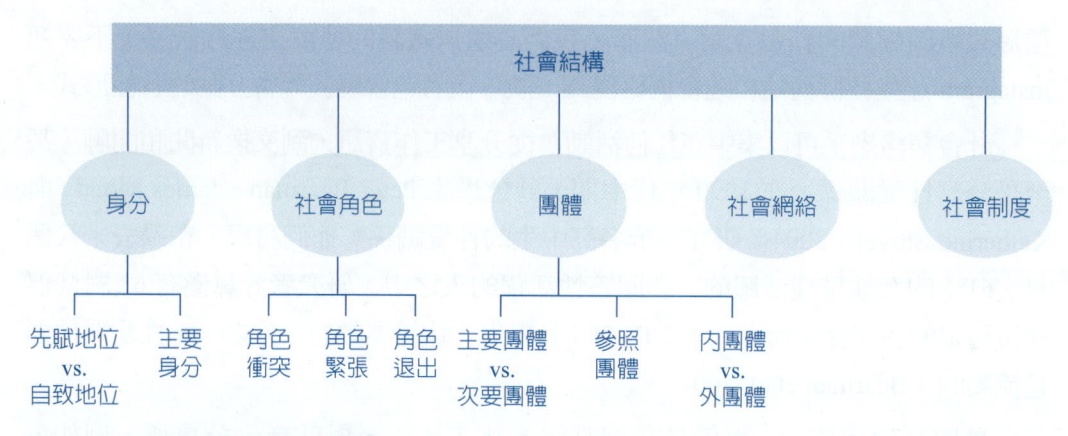

```
                            社會結構
         ┌──────────┬──────────┼──────────┬──────────┐
        身分       社會角色     團體      社會網絡    社會制度
      ┌──┴──┐   ┌──┬──┬──┐  ┌──┴──┐    ┌──┴──┐
    先賦地位  主要  角色 角色 角色  主要團體 參照    內團體
     vs.    身分  衝突 緊張 退出   vs.   團體     vs.
    自致地位                    次要團體         外團體
```

圖 5-2　社會結構的要素：概觀

青少年與文化活動的安排上。

功能論觀點

我們可以從其基本功能來了解社會制度。人類學家與社會學家提出社會制度的五大任務，或可說是功能上的必備條件，一個社會或相較穩定的團體如果想要存續，就必須具備下述五項功能：

1. **人員的替換**。任何團體或社會中，只要有成員死亡、離開或傷殘時，該團體或社會都必須要有能夠接替的人。這種人員替換可以透過移民、併吞其他民族、引進奴隸或是透過生育。以美國震顫派教徒（Shakers）為例，他們是在1774年到達美國的宗教團體，但在人員的替換這方面出了問題。此宗教信仰的特色是教友必須獨身；為了讓教派得以延續，必須不斷招募新教友。剛開始在1840年代時，震顫派還相當成功，在美國大約有6,000名教友；然而，到了2018年，全美國震顫派社區只剩下緬因州的一個農莊，總共只剩2名教友——一男一女，僅此而已。

2. **教導新進人員**。當團體中的許多成員對團體所規定的行為模式和責任不贊同且不遵守，該團體就無法存續。所以，光是招募或產出新成員還是不夠的，團體還要鼓勵新進人員學習並接受團體的價值觀與習俗。這樣的過程可以透過學校進行正式學習（此時學習是一種顯性功能），也可以透過同儕團體間的互動方式進行非正式的學習（此時學習是一種隱性功能）。

3. **財貨及服務的生產與分配**。每一個相對穩定的團體或社會，都必須能夠生產和分配財貨與服務，以滿足成員的需求。每個社會對於財務與各種資源的生產與分配，都有一套既定的規則。團體必須至少能滿足多數人的基本需求，否則可能會造成團體成員不滿而最終失去秩序的局面。

4. 維持秩序。世界各地的土著和原住民都努力保護自己不受外來侵略者的攻擊，有不同程度的成功。若無法維持秩序與防禦領地，不僅會讓民族滅亡，更會使其文化消失。
5. 提供並維持生活目的。人們要有想繼續作為某個社會成員的動機，這個社會才有可能實踐以上四個條件。愛國主義、部落認同感、信仰價值觀或個人道德守則，都可以幫助人們發展並維持這樣的目的感。無論動機為何，在任何社會中有一個共通且至關重要的真理：如果一個人沒有目的，就不太可能對這個社會做出貢獻。

然而，這些功能要件並沒有說明，一個社會與相應的社會制度是「如何」處理每個任務。例如，有的社會在面對外來攻擊時，可能會集結大量的軍火來反擊；有的社會則是盡可能在國際舞台上保持政治中立，並與鄰近國家結盟以自保。不論策略為何，每一個想要永續經營的社會或是團體，都必須滿足上述的五大要件，才得以存續。即使只有一個功能無法維持，這個社會就可能會滅絕（Aberle et al. 1950; R. Mack and Bradford 1979）。

衝突論觀點

衝突論學者和功能論者都同意社會制度的組成，是為了滿足社會的基本需求。但衝突論學者並不同意功能論觀點對社會制度的解釋：前者並不認為這些現存的結果是有效且必要的。

衝突論觀點認為，社會制度與組織的存在並非巧合。主要的社會制度，例如教育，是為了要保障社會上某些強勢團體或個人的特權，且這麼做會讓其他人處於弱勢地位。舉例來說，美國公立學校的經費來源，主要是以地方的財產稅支應，如此一來，富有地區的學校設備與師資，都會比貧困地區的學校來得好。最終導致的結果是，出身富有地區的學童將來在學術上的競爭力，遠高於來自貧困地區的學童。國家的教育制度竟然默許甚至鼓勵這種對學童的不公平對待。

衝突論學者認為，像教育這類型的社會制度，是有著保守主義的本質。毋庸置疑地，想要實施教育改革以創造公平機會是困難重重的，包括在雙語教學、打破學校之間的差別待遇，以及讓身心障礙學童回歸正規班級的訴求等，都遭遇相當大的困難。從功能論觀點來看，社會變遷的過程往往會損害原本的功能，因為它帶來社會的不穩定。然而，從衝突論觀點來看，若原本的社會結構是不公平且具有歧視性，我們為什麼還要因循守舊？

衝突論學者、女性主義學者及互動論學者都認為，性別和種族歧視一直存在於社會制度中。在學校、公司和政府機關裡，對一個人所扮演角色的預期，可以反

映出整個社會對性別和種族歧視的事實。例如，許多人認為女性無法做出重大決策──這種錯誤假設在公司的最高管理階層依舊是普遍的現象。此外，也有很多人假設，黑人學生多是透過特殊待遇才得以進入頂尖大學就讀。社會中存在非常普遍針對性別、經濟、種族及族群的不公平對待；這些歧視現象還會延伸到年齡、身心障礙和性取向等議題上。我們經常會在求才廣告、附加福利的提供或取消（如兒童托育和育嬰假）等決策上見到這些不公平與歧視的事實。

互動論觀點

我們的日常行為，甚至是小到如開車，或是排隊結帳的習慣，都受到社會制度的影響。例如，非常多的研究都支持，職場上的幽默感對工作有積極影響，還可以促進工作效率。研究顯示，一起歡笑的員工更有創意感且合作更融洽，形成較高的生產力與獲利能力。

然而，幽默的角色在社會互動中有些複雜的潛規則。講笑話固然是好事，但不可以用來取笑他人，尤其講笑話的人如果是主管，而被取笑的對象是下屬。還有笑話不能品味低劣，如果職場充滿惡俗的笑話，會使得員工習以為常，也行為惡俗。然而，若能講適度的，有品味的笑話，幽默感不僅可以令人會心一笑，亦可激發成員對組織效力之心（Yam 2017）。

互動論學者強調，我們所接受的角色與身分、歸屬的團體，以及所處的社會制度都會制約我們的社會行為。舉例來說，法官的社會角色是存在於更大範疇的司法體系中。「法官」和其他的身分，例如律師、原告、被告、證人及其他政府制度，都有高度的關聯性。只要法院與監獄的象徵意涵是令人敬畏的，則司法體系在人們的角色互動中，就會一直保持其重要性（Berger and Luckmann 1966）。

表 5-1 摘要針對社會制度的社會學觀點。

表 5-1　社會制度的社會學觀點　　　　　　　　　　　　　　　　　　　　｜追蹤社會學觀點

觀點	社會制度的角色	重點
功能論	符合基本社會需求	必要的功能
衝突論	符合基本社會需求	維持特權和不平等
互動論	培養每日行為	我們接受的角色和身分的影響

5.1 概述與回顧

摘要

　　社會互動（social interaction）是指人們回應他人的方式。**社會結構**（social structure）是指社會組織成可預測關係的模式。此模組檢視社會結構的五大基本要素：**身分**（status）、**社會角色**（social role）、**團體**（group）、**社會網絡**（social network）與**社會制度**（social institution）。

1. 人們建構自己的社會實體是基於透過**社會互動**的學習。重新定義或重新建構社會實體，造成社會變遷。
2. **先賦地位**（ascribed status）通常是與生俱來的，而**自致地位**（achieved status）則是後來靠自己努力達成的。有些先賦地位，如種族和性別，也可以作為一種主要身分，影響一個人日後獲得某種專業或社會地位。
3. 每種不同的身分——無論是先賦或自致地位——都帶有一個特定的社會角色，期望獲得此地位的人應該達到社會對他的某些期望。
4. 許多社會行為在**團體**中進行。
5. **社會制度**滿足基本需求，如替換人員、訓練新進成員與維持秩序。大眾傳播媒體，政府，經濟、家庭，與健康照護系統，都是社會制度的例子。
6. **社會網絡**乃是個人與團體的連結，而且幾乎存在於任何活動中。

批判性思考

1. 想一想過去幾天有哪些活動？找出其中兩個場合，其中不同人定義的社會實體不同。
2. 描述一個主要身分，並解釋它是如何被建立的。這是一個負面的身分形象嗎？如果是，個人又該如何克服？
3. 你會如何定義自己的各種身分？哪些身分對你的人生影響重大？

重要詞彙

自致地位	社會制度
先賦地位	社會互動
團體	社會網絡
主要身分	社會角色
角色衝突	社會結構
角色退出	身分
角色緊張	

5.2 全球觀點下的社會結構

　　相較之下，現代社會比早期的社會複雜許多。社會學家 Durkheim、Ferdinand Tönnies 與 Gerhard Lenski，分別以較簡單的社會結構型態，來對比現代社會。

Durkheim 的機械與有機連帶

Durkheim 在《分工論》（*Division of Labor* [1893] 1933）中認為，社會上的勞動分工決定了社會結構——也就是說，工作如何進行決定了社會結構。因此，以提供食物這樣的工作為例，可以由一個人進行，也可以很多人分攤進行。後者的型態便是現代社會的典型，從食物的耕種、加工、運送到販售，會有數百人經手。

當社會極少分工，就必須有集體意識並強調團體連帶性（group solidarity）。這樣的心理狀態 Durkheim 稱之為**機械連帶性（mechanical solidarity）**，即每個人都執行相同的工作。在這樣的社會中，每個人都做類似的工作，沒有人會問：「你的父母做什麼的？」因為每個人都要準備食物、打獵、做衣服及蓋房子等。社會不重視個人的需要，因為每個人一生中沒有太多的選擇。相反地，團體意識主導著這樣的社會。專業分工不細讓社會角色不多。社會互動與協商的過程是親密且面對面的接觸。

當社會的科技進步時，便加深了勞動的分工。因此，一個人想要獨自完成工作就不太可能，互相依賴深深影響著團體的存續。在 Durkheim 的詞彙中，在這樣的社會裡，**有機連帶性（organic solidarity）**取代了機械連帶性。有機連帶性意指社會成員間彼此奉獻的集體意識。Durkheim 之所以會用有機連帶性這樣的詞彙，是因為他認為人和人之間的互相依賴，和人體內各器官的運作有著異曲同工之妙。

Tönnies 的禮俗社群與法理社會

十九世紀末期，在 Tönnies（Ferdinand Tönnies, 1855-1936）的德國家鄉，工業都市正快速地興起。Tönnies 對這樣的變遷感到驚愕不已，他認為這樣的都市變遷，代表社會正由一個互動頻繁的社區型態（禮俗社群），急遽轉型為冷漠的大都市（法理社會）（Tönnies [1887] 1988）。

禮俗社群（**Gemeinschaft**，德語）是鄉村生活的典型社區。在這個小小的社區中，人們擁有相似的背景與生活經歷，大家相互認識，彼此的互動親密且熟悉，就像一家人一樣。當這些社區成員身處在較大的社會團體中，也會互相扶持且團結。這些人是以私人的方式彼此互動，而非只是維持如「職員」與「經理」這樣的公務關係。這種較為私人的互動方式，會讓彼此互相熟識，但人們的隱私也相對較少。

禮俗社群會透過道德勸說、閒話，以及表情手勢等非正式技巧來達到社會控制。由於人們真的很關心他人對自己的看法，因此這些控制技巧能達到效果。在禮俗社群中，社會的變遷很有限；所以一代人的生活，可能和祖父母的時代沒有太大差異。

相對地，**法理社會**（Gesellschaft，德語）則是現代都市生活的典型。在法理社會中，大多數人彼此陌生，且人們會覺得自己和其他居民沒有什麼共同點。不同互動情境中的不同角色主導著人和人之間的關係。例如，一個人在購買商品時或安排正式會議時會扮演不同的角色。自身利益（self-interest）支配一切，且社會上對於價值觀或成員應盡的義務並沒有共識。因此，必須依賴更正式的手段來達到社會控制，例如，法律及法定的刑罰。在法理社會中，社會變遷顯得很重要；即使在一個世代內，都可能會有非常明顯的社會變遷。

如專欄 5-2 所示，人們使用社群媒體來克服法理社會中缺乏的東西。

表 5-2 摘要 Tönnies 認為禮俗社群與法理社會之間的差異。社會學家會利用這些詞彙，來針對緊密互動和較不重視個人關係的兩種社會結構進行比較。懷舊的人會認為，和現代「競爭忙碌的社會」相較之下，禮俗社群提供了更好的生活方式。然而，關係緊密的禮俗社群也有缺點：偏見與歧視的現象較為普遍，會對個人的發展造成較大的侷限。再者，禮俗社群過度強調像家庭背景這樣的先賦地位，容易忽略了個別的天分與成就。此外，禮俗社群對追求創意與特立獨行的人，較會抱持懷疑、不信任的態度。

Lenski 的社會文化演化觀點

社會學家 Lenski（Gerhard Lenski, 1924-2015）以完全不同的觀點來詮釋社會與社會結構。Tönnies 是以兩個對立的社會型態進行分類，Lenski 則認為，人

表 5-2　禮俗社群和法理社會的比較　　　　　　　　　　　　　　　　　　　|總結

禮俗社群	法理社會
鄉村生活是典型	都市生活是典型
人們的背景與生活經驗類似，造就他們有共同的社區情感	人們的共識不高，相異處多於相似處
社會互動緊密且熟悉	社會互動是任務取向
有團結向心力	自利心支配一切
任務與個人關係無法分割	任務優先，關係其次
不太強調個人的隱私	個人隱私極為重要
由非正式的社會控制主導	由正式的社會控制主導
對偏差行為較無法容忍	較能容忍偏差行為
比較強調先賦地位	比較強調自致地位
社會變遷較不顯著	社會變遷非常顯著，甚至在一個世代中就有很大的改變

> **我們緊密連結的世界** ──專欄 5-2
>
> ### 法理社會中的社交情況
>
> 回到 2014 年，記者 Federico Bastiani 與太太 Laurel，想找方法試圖消除生活中的空虛感。這對夫婦之前曾住過義大利波隆那（Bologna），並住在（Via Fondazza）三年，但 Bastiani 的工作安排，使得他們無法交到朋友。因為他們的社交隔離，找不到 20 個月大的兒子 Matteo 的玩伴。Bastiani 說：「我們聽到附近有小孩子的聲音。但又不能直接敲門，叫那些小孩出來陪我的兒子玩。」
>
> 夫婦經常看到同一群人，但沒有和他們互動過，也沒有看到其他鄰居這麼做。顯然地，他們住在所謂*法理社會*的社會環境中。
>
> Bastiani 決定為這個鄰里設立一個臉書（Facebook）社群。他雖然說是宣傳線上聚會，但卻用了非常傳統的方法：印了五十張傳單，放在公共空間和沿街發送。「基本上，我解釋了自己的難處，以及我們家有多渴望社交。」
>
> 兩週內，他們的臉書社群就增加 93 名成員，都是住在這個區域的人。Via Fondazza 社群不斷擴張的結果，他們決定給這個睦鄰計畫命名為「社交街」（Social Street）。在義大利，這是第一個這麼做的社群，並擁有自己的網站。
>
> 關於社交街的傳聞在網路與媒體中上傳播，在短短數月內，在義大利已經有 160 個社交街的計畫。今日，社交街計畫已經傳到澳洲、智利、克羅埃西亞、印度與葡萄牙。
>
> 臉書不是唯一一個提供線上社群集會的社群網站。在 2010 年，Nextdoor 創立，到了 2018 年，超過 150,000 個在美國、荷蘭、法國、德國與英國的鄰居上線交流（Nextdoor 2018）。
>
> 網路社群通常可以讓人待在家裡，不用面對面接觸地，和他人交流。社交街則是反向操作，促進人們面對面互動。社交街的傳播耐人尋味，由於它不斷地促進人際交往互動，即使在今日的世界，它的作用已經超過敦親睦鄰。固然，Via Fondazza 只有 16,998 名臉書成員（相較於歌手 Selena Gomez 有 6 千萬的臉書粉絲），但對住在這個住宅區的人而言，臉書是一個新的聚會場所。
>
> **討論**
> 1. 法理社會社群的何種面向，使其成員很難有社交接觸？
> 2. 你覺得臉書社群為何會如此成功？
>
> 資料來源：Camponeschi and Warner 2015; Tarricone 2014.

©Ken Welsh/Photolibrary/Getty Images

類社會是受到社會文化演化的支配模式，有著持續變化的進程。**社會文化演化**（sociocultural evolution）一詞是指「持續、創新，以及和選擇相互作用下的社會長期趨勢」（Nolan and Lenski 2015:415）。

Lenski 認為，社會的科技水準會對社會的組織方式有很大的影響。在他的定義中，**科技（technology）**是指「如何運用自然資源來滿足人類需求與慾望的資訊」（Nolan and Lenski 2015:415）。雖然特定社會與社會結構形成的原因不能完全以科技來定義，但是如果社會的科技水準過低，就無法建造良好的灌溉系統，或是操作精密的機器設備。Lenski 認為，隨著科技的發展，社區由前工業社會進化到工業社會，最終進化到後工業社會。

前工業社會

前工業社會的經濟是如何開展？我們可以依經濟開展方式將社會分類。出現在人類歷史的第一類前工業社會是**狩獵和採集社會（hunting-and-gathering society）**，人類只能依賴那些能夠採集到的食物與物品維持生計，且技術的應用程度很低。人們分成很多的團體，為了尋找食物也必須經常遷移。在這樣的社會中，專業的勞力分工是幾乎不可見的。

狩獵和採集社會是由許多分散的小團體組成，小團體成員間的血緣關係相當密切。因此，親屬關係成為權威與影響力的決定性因素。在這樣的社會中，家庭機制便扮演極為重要的角色。若以 Tönnies 的觀點，這樣的社會被視為*禮俗社群*。

在狩獵和採集社會中，社會地位的區分主要是依照性別、年齡和家庭背景等先賦地位來決定。此外，由於資源稀少，很少有分配不公平的狀況。世界上最後的狩獵和採集社會一直到二十世紀末才完全消失（Nolan and Lenski 2009）。

在一萬兩千年前開始出現**初期農業社會（horticultural societies）**，人們不只依賴採集和狩獵維生，也開始知道播種與收成。相較於狩獵和採集社會必須為了食物遷徙，初期農業社會較少遷移。他們開始製造工具和家庭用品。不過，整體而言，技術的應用仍然相當有限，他們僅使用木棒或鋤頭等簡易工具來協助耕種（Wilford 1997）。

大約在五千年前開始出現**農業社會（agrarian society）**，是前工業社會發展的最後一個階段。如同初期農業社會，農業社會的成員首要任務是生產食物。不過，犁或其他新科技的發明，大大增加了農業的產值。好幾個世代的人們都可以在同一塊土地上耕作，也讓聚落的規模逐漸增大。

©Mike Goldwater/Alamy Stock Photo
在世界的某些偏遠地區仍存在前工業社會。圖中的土著（原住民）來自巴西，亞馬遜雨林的恩維拉（Envira）地區。

表 5-3　社會文化演化階段　　　　　　　　　　　　　　　　　　　　　　　　　| 總結

社會型態	首次出現	特色
狩獵和採集社會	人類出現	遊牧；依靠現成可用的食物與纖維
初期農業社會	大約一萬兩千年前	較少遷徙；發展出農業與有限的技術
農業社會	大約五千年前	聚落規模較大，較穩定；改良技術和增加產量
工業社會	1760 年到 1850 年	依賴機械化生產與新能源；集中化的工作場所；經濟相依；正規教育
後工業社會	1960 年代	依賴服務業，尤其是對資訊的處理與掌控；中產階級的擴張
後現代社會	1970 年代後期	高科技；大量消費商品與資訊；跨文化整合

　　農業社會的社會結構仍然依賴人力與動物（而非機器），但相較於初期農業社會，農業社會中有更為細緻的角色分工。人力的運用和分工更為專業，讓人們可以專注在特定的工作上，例如漁網修補人或是鐵匠。當聚落規模更大且更為穩定後，社會制度也就更為細緻，產權的觀念也愈發重要。農業社會的生活相對穩定，物產也更為豐饒，讓人們開始有餘力去創作雕像、公共紀念碑和藝術品等工藝，並且代代相傳。

　　表 5-3 摘要 Lenski 的社會文化演化三階段，並依照不同階段來介紹。

工業社會

　　雖然工業革命不似政治革命一般推翻帝制，但它造成的影響不見得比政治革命來得小。在 1760 年到 1830 年間主要發生於英國的工業革命，本質上是一場科學應用的革新，亦即將非動物（機器）的動力應用到勞動工作上。**工業社會（industrial society）** 是指在財貨與勞務等方面都依賴機械化生產的社會。工業社會需要新的發明，來提升農業與工業的生產，並仰賴新型能源（如蒸汽）。

　　工業革命的發生帶來了新的社會結構，很多社會都經歷從農業經濟轉型到工業社會的過程。在工業社會中，個人或家庭不再包辦所有產品的製造；相反地，工作與產品製造的專業分工成為越來越普遍的現象。工人（大多是男人，但也包括女人與小孩）會離家到集中的工廠工作。

後工業和後現代社會

　　尚未探討逐漸成熟的工業社會在面對推陳出新的科技時，會受到什麼樣的影響。最近，Lenski 和其他的社會學家研究了工業社會中職業結構的重要改變，即為從製造經濟轉移到服務經濟。社會學家 Daniel Bell 於在 1970 年代將**後工業社會**

（postindustrial society）定義為：社會型態中的經濟體系，主要是從事資訊處理與控制。後工業社會主要的產品為服務，而不是製造物品。許多人開始從事教學、生產與傳播新思維的職業。廣告、公關、人力資源，以及電腦資訊系統，是典型後工業社會的職業（D. Bell [1973] 1999）。

Bell 將工業社會到後工業社會的變遷，視為正向的發展。他看到勞工階級團體日益減少，部分利益團體則漸漸興起，像是健康、教育及環境等國家相關議題。Bell 這種以功能論為出發的觀點，是因為他認為後工業社會是基本共識。Bell 相信，當組織和利益團體參與了公開且具競爭性的決策過程時，不同團體間的衝突將會消失，並增強了社會的穩定性。

衝突論學者卻對 Bell 觀點中的後工業社會有所批判。例如，Michael Harrington（1980）在《另一個美國》（*The Other America*）這本書中，警告國內的貧窮問題，並批評 Bell 對白領階級興起所賦予的意義。Harrington 認為，科學家、工程師及經濟學家等都與重要的政策和經濟決策有關，但他反對 Bell 所說的，這些人士能夠在做決策時獨當一面而不受富人利益所影響。Harrington 以馬克思主義的觀點來批判，社會階級的衝突將會在後工業社會中持續發生。

最近，社會學家不再針對後工業社會進行討論，轉而分析後現代社會的理想典型。**後現代社會（postmodern society）**充斥著消費品與媒體影像，是一個科技複雜的社會（Lemert 2013），且這樣的社會大量消費商品和資訊。後現代理論學者保有全球化的觀點，著重於不同國家的跨文化層面。例如，美國人也許會聽源自牙買加的雷鬼音樂，吃壽司或日式料理，穿著瑞典的木屐鞋。而線上的社會網絡，如今已沒有國界。（譯註：仍有少數國家除外。）

後現代理論學家會針對新興文化與社會互動的模式進行觀察與描述。在社會學中，後現代觀點對各種理論觀點的整合（功能論、衝突論、女性主義和互動論）予以支持，並含納其他現代理論。女性主義社會學家樂觀地認為，後現代主義將會唾棄以男性為主的價值觀，進而促進性別平等。但也有其他社會學家主張，雖然有新技術的發展，後工業後現代社會仍會經歷工業社會面臨的不公平問題（Denzin 2004; Smart 1990; B. Turner 1990; van Vucht Tijssen 1990）。

Durkheim、Tönnies 與 Lenski，前後提出三種有關社會結構的觀點。雖然三個觀點不全然相同，但卻很有幫助，本書也都會介紹。社會文化演化的觀點強調歷史的重要性，但這個觀點並未描述同一社會裡存在不同形式的社會結構。因此，依據社會文化演化論的觀念，我們不會期待一個社會同時存在後現代與狩獵和採集的形式。相反地，Durkheim 與 Tönnies 的觀點則允許不同型態的社區——例如，禮俗社群與法理社會——同時存在於一個社會中。因此，一個距離波士頓一百英里遠的新

罕布夏州鄉村地區，可以透過現代科技連結到波士頓。這兩個觀點最大的不同是其強調的重點不同。Tönnies 強調的是在每一種社區型態中，人們關心的重點是什麼——個人的福祉或社會的利益；而 Durkheim 所強調的是勞動分工與否。

這三個思想家的觀點提醒我們，社會學的主要重點是認識社會結構的變遷，以及人類行為如何隨之改變。就鉅觀層面而言，我們看到社會轉變為更加進步的科技形式。社會結構變得更為複雜，新的社會制度漸漸成形並取代先前家庭的功能。在微觀層面而言，這些改變影響人與人之間的社會互動，每個人都扮演諸多角色，且依賴社會網絡遠多於單一的親屬關係。當社會結構變得更複雜，人與人之間的關係就會變得更為冷漠、短暫和鬆散。

5.2 概述與回顧

摘要

社會學家發展出分類系統，幫助我們以較簡單的社會結構形式，參照這複雜的現代社會。

1. Durkheim 認為社會結構取決於其社會的勞動分工。根據 Durkheim 的理論，沒有勞動分工的社會，有稱作**機械連帶性（mechanical solidarity）**的集體意識；而分工較細的社會，則呈現**有機連帶性（organic solidarity）**的相依狀態。
2. Tönnies 將社會分成關係緊密的**禮俗社群（Gemeinschaft）**和冷漠的**法理社會（Gesellschaft）**。
3. Lenski 認為，一個社會的結構，會隨著其文化和科技越趨分工而改變，他稱此過程為**社會文化演化（sociocultural evolution）**。

批判性思考

1. 根據 Lenski，科技是社會文化演化的關鍵。哪些社會因素最可能影響一個社會的文化，使其進入到下一階段的社會文化演化？
2. Durkheim 和 Tönnies 對社會結構型態的分類，有何相似之處？又有何不同之處？
3. 試述你在一個非工業化，或開發中國家的個人經驗。若沒有相關經驗，想像一下如果你處在那樣的地方會是何種感受？

重要詞彙

農業社會	機械連帶性
禮俗社群	有機連帶性
法理社會	後工業社會
初期農業社會	後現代社會
採獵社會	社會文化演化
工業社會	科技

5.3 認識團體

大多數人會隨意地使用團體一詞，用來描述個人的集合狀況，共乘電梯的三個人與上百位參加搖滾演唱會的人都被稱之為團體。然而，在社會學的專業詞彙裡，**團體（group）**是指一群任意數目且會彼此互動的人，這些成員有相似的行為標準、價值觀與社會期待。大學裡的姊妹會、兄弟會、舞蹈社、無殼蝸牛協會及西洋棋社等都屬於團體。團體的組成中，最重要的元素是成員間會分享歸屬感。這個元素便區分出了聚眾（aggregate）人群和類別（category）人群：同一班飛機的乘客是聚眾關係，而退休人員因退休的緣故成為同一類別的人；這兩種人群因緣際會地聚在一起，卻沒有其他關聯可以形成團體。

以大學合唱團為例，它有約定成俗的價值觀及社會標準，讓參與成員都想改進歌唱技巧並安排多場演唱會。此外，這合唱團就像其他團體一樣，有正式與非正式的結構：團員們需要定期團聚練唱，並推選團體領導者，以安排團練時間及處理團務；同時，團員也擔負非正式的領導之責，幫忙訓練新進團員的歌唱表演技巧。

我們日常互動的團體有時會以非預期的方式扮演重要的角色。Durkheim（[1893] 1933）指出，一項令人髮指的犯罪可以如何讓我們震驚，並促發後續對我們具有保護作用的公共反應。在 2007 年 4 月，維吉尼亞理工學院（Virginia Tech）一名大四的學生在校園兩處掃射 300 回的子彈，造成 32 人死亡，17 人受傷。維吉尼亞理工學院的社會學家 James Hawdon 與 John Ryan（2011），針對學生與教職員進行三項網路調查；第一項調查在案發後九天進行，最後一項調查在案發後十個月進行。他們發現那些參與圍繞在此悲劇團體或活動的人，並不會對於這個悲劇感到寬慰或和其他團體成員有進一步深層的連結。然而，對康復更具關鍵性的影響是，在悲劇發生後幾週內，持續參與俱樂部及朋友的聚會團體。這個研究顯示團體內的連結性會帶來不一樣的結果。

團體的類型

社會學家對於各種類型的團體做了有效的區分——初級團體與次級團體、內團體與外團體、參考團體與聯盟。

初級團體與次級團體

初級團體（primary group）一詞由 Cooley（1902）所創，用來稱一個相互依存、親密與共的小型團體（表 5-4）。如街頭幫派分子自成一個初級團體。同住一個屋簷下的家庭成員以及大學裡姊妹會成員所組成的團體，也都屬於初級團體。

表 5-4　初級團體與次級團體的比較　｜總結

初級團體	次級團體
通常較小	通常很大
為期較長的互動	為期較短、暫時性
親密、面對面互動	較少親密關係或相互了解
感情較深厚	常是表面關係
合作性、友誼性	較正式、事務性的

在社會化的過程中，以及角色與身分的發展中，初級團體扮演相當關鍵的角色，對人們的日常生活產生一定的影響。當我們意識到自己屬於某個團體時，它很有可能就是一個初級團體。

我們同時也會參與一些沒有深刻情誼連結的團體，像是大學裡的大型班級及商會等。於是，**次級團體（secondary group）**一詞應運而生，用來指那些正式、事務性的團體，但成員間較少私下往來，彼此也沒有太多認識（請見表 5-4）。次級團體通常存在於職場中，同事們會分享工作上的特殊理解。然而，初級與次級團體有時並沒有清楚的區別。有些社交俱樂部因為發展得太大、太規模化，以至於喪失了初級團體的功能。

內團體與外團體

一個團體可以因為和其他團體的連結，而對有些成員產生特殊的意義和感情。例如，團體成員有時會對其他團員產生仇恨或脅迫的情緒，尤其是這個團體和自己的文化、族群矛盾時。內團體和外團體這兩個名詞最早由社會學家 William Graham Sumner（1906）所提出，用來區分這種「我們」和「他們」的情感。

©Pat Tuson/Alamy Stock Photo

披薩外送員是次級團體的一個例子——一個正式、疏離的團體，他們之間沒有社交親密感或彼此認識。在英國薩里（Surey），工作人員在等待下次配送前，會互相了解一下誰打算長久在此工作，而誰只是臨時打工。他們會知道誰會去高風險區（治安較差）配送，而誰不會。他們甚至在下班後一起社交，並開玩笑或吹噓自己如何被剝削，但他們的友情是典型的逢場作戲。

內團體（in-group）一詞的定義是，任何一個使人們有歸屬感的團體或類群；簡單來說，團體裡的每個人都會被視為「我們的人」。這個內團體的範圍小至青少年幫派，大至整個社會。內團體的存在，也表示會有「他們的人」的外群體存在。也就是說，**外團體（out-group）**就是無法讓人們產生歸屬感的團體或類群。

內團體成員最後經常會自命不凡，自認比外團體成員更為優秀。一些在內團體看來是適切的行為，若外團體有類似的行為卻會難以接受。這樣的雙重標準加強他們的優越感。社會學家 Robert Merton（1968）便形容此現象是「內團體的德」（in-group virtues）轉變為「外

團體的惡」（out-group vices）的過程。在全世界針對恐怖主義進行討論時，這種雙標會尤其明顯。當團體或國家採取激烈手段時，往往會以各種方法來合理化其行為，即使這種行為造成無辜百姓的傷亡！另一方面，他們的敵人則迫不及待地為其貼上恐怖分子的標籤，並積極尋求國際社會共同譴責他們。值得注意的是，此時這群高舉正義大旗的團體或國家，也會以類似不計傷亡的手段，進行報復行動；原本被貼上恐怖分子標籤的敵對團體或國家，也會同樣譴責這類「恐怖行動」。

無論在個人或政治層面上，內團體與外團體之間的衝突，都可能變得相當激烈。1999年，兩名科羅拉多州利特爾頓（Littleton）的科倫拜高中（Columbine）學生槍殺同校師生，造成連同他們在內共15人死亡的慘劇。這兩名開槍的學生，隸屬於該校一個被稱為風衣黑手黨的外團體，顯然兩人都對校內稱為Jocks的內團體的挑釁行為感到不滿與憎惡。在全美各地的中學都有類似情況的發生，遭到排擠的青少年因為難以忍受個人或家庭問題、同儕壓力、課業責任，或是媒體暴力內容和影像的刺激，憤而攻擊受歡迎的學生。

✓ 運用你的社會學想像

假設你自己是一個外團體的成員，會如何看待你原先的內團體？

參考團體

不管是內團體或初級團體，都有可能會對個人的思想、行為產生深遠的影響，社會學家因此用**參考團體（reference group）**一詞，指稱人們用來評價自己及其行為標準的團體。例如，一位嚮往想加入嘻哈樂迷團體的中學生，他的一舉一動都在模仿這個團體，他開始穿同樣風格的衣服、聽或看同樣的下載音樂與DVD，也會逛同一家店或俱樂部等。

參考團體有兩個基本目的。其一是規範功能，可以建立並強化行為與信仰的準則。因此，若想成為嘻哈團體的中學生，必須在一定的範圍內遵循團體的內規。其二是比較功能，用來成為人們評價自己與他人的標準，如演員會集合其他同業演

©Stan Honda/Getty Images

在一次的帕瓦（powwow）中，鼓樂團將神靈（鬼魂）引入這個古老的部落傳統中。儀式樂師可以作為圍觀者的參考團體，讓這些人更了解（族人的）傳統鼓樂。〔譯註：帕瓦為現代諸多美洲原住民定期舉行的一種集會，期間會有各種歌舞活動，以慶祝、比賽、教育為目的（出處：裴延延〈北美印地安人的帕瓦節及其意義探究〉，《楚雄師範學院學報》，2015年4期）。〕

員，形成參考團體來進行自我評價（Merton and Kitt 1950）。

參考團體也有助於預期社會化的歷程。例如，就讀財經系的大學生會看《華爾街日報》（*Wall Street Journal*）、研究公司年度報表、收聽股市新聞廣播等。這樣的學生正運用其所渴望的財經專家視為參考團體。

通常，我們會受到不只一個參考團體的影響，自我評價會受到家人、鄰居甚至同事的影響。另外，要注意的是，對參考團體的依賴程度會隨著年齡增而有所不同。例如，在 45 歲退出商場，轉而成為某社會企業執行長，會因人生的轉變而尋求新的參考評價標準。因此，我們會在人生的各個階段，因為不同的身分，而轉換自己所認同的參考團體。

聯盟

隨著團體越來越大，聯盟關係就應運而生。**聯盟（coalition）**是一種聯合關係，可以是暫時性的，也可以是永久性的，並以合作方式達到共同的目的。聯盟的基礎可大可小，也可擁有多個不同的目標。社會學家 William Julius Wilson（1999）曾經描述一個德州的社區組織，成員結合白種人與拉丁裔人士、工人階級與富人階級，大家合作一起建設人行道、改善排水系統，以及鋪設寬廣的街道。他希望從這種聯盟的成立，能夠促進不同族群間的相互了解。

©CBS via Getty Images
你能智取、過五關斬六將，最後從比賽勝出嗎？也許組成一個聯盟能幫助你。在《我要活下去：英雄 vs. 騙子》（*Survivor: Heroes vs. Hustlers*）這個長壽節目（目前已經第三十五季）中，聯盟建立是此節目持續成功的關鍵。

然而，有些聯盟只為短期，並非長期。對於像《我要活下去》（*Survivor*）這個受歡迎的節目來說，短期聯盟的建立是節目成功的關鍵。經常我們懷疑國會「不分黨派」並組成聯盟的能力，但這確實是做得到的。在 2015 年，政府在縮減軍事經費的議題上僵持不下時，國會成員做到不在國會殿堂上公開發飆，而是對他們的選區表達適度的憤怒，這使得成員得以投票通過控制整體預算，並維持政府的運作（Bennett 2015）。

5.3 概述與回顧

摘要

我們的許多社會行為都在**團體（group）**中進行。

1. 當我們覺得自己處於認同相同、親密與共的團體，這很可能是一個**初級團體（secondary group）**。**次級團體（primary group）**則較為正式、事務性的。
2. 人們大多會根據**內團體（in-group）**與**外團體（out-group）**的區分來看世界。他們屬於的不同團體，給予他們歸屬感。
3. **參考團體（reference group）**作為比較的基準，用來評量自己及他人的行為。
4. 互動論研究者指出，團體允許**聯盟（coalition）**的形成，並作為社會網絡與他們廣大資源的橋樑。

批判性思考

1. 描述你曾建立或聽說聯盟的例子（也許是政治領域的）。這個聯盟有效嗎？其成員需要克服什麼問題？
2. 試想一個你所屬的初級與次要團體。在何種情況下，初級團體會變成一個次級團體，或次級團體變成一個初級團體？

重要詞彙

聯盟	初級團體
團體	參考團體
內團體	次級團體
外團體	

5.4　認識組織

正式組織與官僚制度

更為先進的科技形式和愈加複雜的社會結構，讓現代社會的生活越來越受制於大型次級團體等正式組織。**正式組織（formal organization）**是具有特殊目的並追求最大效益的團體，如美國郵政局（U.S. Postal Service）、麥當勞、波士頓大眾管絃樂團都屬於正式組織。組織之間會因組織的大小、目的不同及效率高低而有所差異，但不論差異為何，組織都具有架構，用以協助管理大規模運作；組織也具有慣有的官僚形式，會在之後的章節討論。

在我們的社會中，正式組織很大程度地迎合個人與社會需求的各式需求，並形塑了每個人的生活；事實上，由於正式組織的掌控力太強，我們需要創建另外的組織來監督這些組織，如證券交易委員會（Securities and Exchange Commission, SEC），是用來規範證券經紀公司的交易行為。雖然用「資訊時代」來形容現今的

社會，似乎比用「正式組織的時代」更為受人喜愛，但不可諱言地，後者恐怕是對當代社會更為貼切的形容（Azumi and Hage 1972; Etzioni 1964）。

雖然剛畢業就有志於在大型正式組織工作的人不多，但大多數的老百姓仍對在大型組織工作求之不得。超過半數的零售業員工在超過 2,500 名員工的大型組織工作；在服務與金融產業也有三分之一的人是如此。典型的例子是 Bonnie Chih，她在 2017 年畢業於華盛頓州立大學藥學系，宣稱：「我不認為自己可以在連鎖企業工作！」她和 8 個同學最後找到獨立、醫院或診所藥局的工作，但另外 52 個同學找到的工作仍是連鎖商店（Francis 2017）。

進入正式組織後，先賦地位（如性別、種族、族群）會對個人的自我形象帶來影響。例如，一項研究追蹤 4,000 名男女，在 2000 年進入業界，並發現在全職律師中，女律師每年的平均薪資比相同職等的男律師少了 6,000 美元。即使將律師事務所的類型、專門的法律項目和工作經歷等納入考慮，仍存在這樣的薪資落差。儘管創業者和新成立的公司十分引人關注，但大型組織仍掌控經濟。

這種持續的性別薪資不平等，使得在法律組織結構中的女性員工，明顯有自我形象低落的情況。遺憾地，在這樣的企業文化中執業的女律師，可能會覺得自己較沒有價值或是能力，因此又造成性別之間更不平等的惡性循環。例如，隨著時間的推移，女律師和男律師計時付費的標準變得不同：男律師分分秒秒都要計費，而女律師對於談話部分的重要性會選擇性計費。這種組織文化的模式，助長薪資的差異，與最終使得女律師難以像男律師一樣在收費上毫不妥協，其實在許多職業上都有這樣的情形發生（Dinovitzer et al. 2009; Sandberg 2015）。

官僚制度的特點

正式組織的組成要素之一為**官僚制度（bureaucracy）**，主要用規則及階級制度來達到效率。一個個坐在辦公桌前面無表情的人、無盡的線條與圖表、不可思議的複雜語言，以及讓人感到挫折的繁文縟節──這項負面的形象已與官僚制度畫上等號，使得官僚制度變成不受歡迎的詞彙，並時常在競選活動中飽受抨擊。

因此，即使每個人都在從事官僚化的工作，卻很少人會宣稱他們的職業是「官僚化」的模式。但其實在工業社會如美國，官僚制度的元素早已滲透至各行各業。

Weber [1913-1922] 在 1947 年開始便引領研究者注意官僚結構的重要性。在社會學的重要發展中，Weber 認為，官僚結構與宗教、政府、教育及商業這些看似不相關的體系，卻有著基本相似的結構與運作過程。他認為，官僚制度和家族企業的組織型態大不相同。為了便於分析，他發展出官僚制度的理想類型，藉以反映各種人類組織的全部樣貌。Weber 的**理念型（ideal type）**是一個可供所有案例評比的

架構或模型。但實際上，理想的官僚制度並不存在，也沒有任何一個真實世界的組織，能符合 Weber 的理想類型。

Weber 指出，不論是經營教會、公司或軍隊，理想的官僚機制應具備五大基本特點，在下文中介紹，而官僚制度的失功能也將在稍後說明。

1. 勞力分工。擁有專業背景的人被僱用來處理特定的事務。例如，在學校行政體系裡，招生組的人不會去做註冊組的事，輔導人員也不負責硬體維修。勞力分工的目的在於，一直處理某項特定事務的人可以更為專精於這方面的工作，也能達到最大效率。這種強調專業分工的模式一直是現代生活的基本面向，但我們也因此忽略這份堅持其實僅是西方社會最近百年來的發展。

遺憾的是，工作不斷分化為更小的工作，讓人們被分化，也連帶使人們失去與體制整體目標的聯結。1848 年的《共產主義宣言》中，Marx 與 Engels 便指控資本主義體制無疑是將勞工貶低成「機器的附屬物」（Tucker 1978）。他們認為，這樣的工作安排帶來的結果是極端的**異化（alienation）**——與周遭社會疏離或脫節的狀態。根據 Marx 與衝突論學者的觀點，若勞工的工作內容僅限於在細小的事務上，會降低勞工的工作安定感，因為老闆可能會隨時訓練新的勞工來替換他們。

雖然勞力分工對複雜的官僚體系運作有一定的優勢，但它有時候會造成**專業盲點（trained incapacity）**，即勞工變得過於專業化而產生盲點，對某些明顯的問題視而不見；更糟的是，他們會變得毫不關心其他部門發生的事。因此有觀察者認為，這樣的發展就是造成美國勞工生產力低下的元凶（Tett 2015; Veblen 1914）。

在某些情況下，官僚體系的勞力分工會帶來悲劇。在發生 2001 年 9 月 11 日世貿中心與五角大廈的連續恐怖攻擊事件後，美國民眾納悶，為何聯邦調查局與美國中情局（Central Intelligence Agency, CIA）未能事先偵查出恐怖分子的陰謀。部分原因在於聯邦調查局與中情局的勞力分工上，前者著重國內案件，後者執行國外事務；這兩個擁有龐大官僚體系的情報組織中，由於勾心鬥角，官員們對於手中情資抱持著藏私態度和商務機密，不願意分享給另外一個組織（譯註：即使老闆都是美國政府），且不願意合作（又稱為 silo 現象）的態度。

事後調查發現，他們早在 1990 年代初期，就知道 Osama bin Laden 及蓋達組織（Al-Qaeda）的資訊。很不幸地，五個國家機構——CIA、FBI、國家安全局（National Security Agency）、國防情報局（Defense Intelligence Agency）與國家偵查局（National Reconnais-

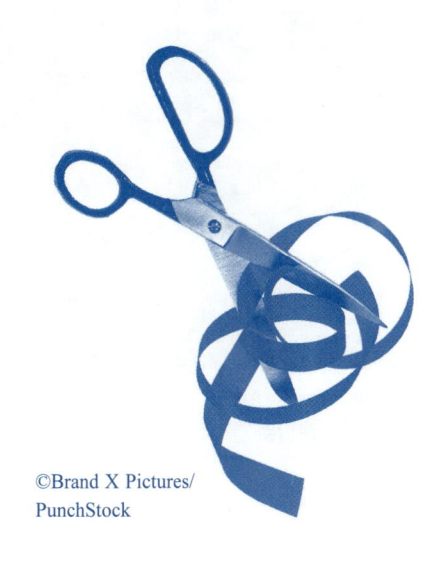

©Brand X Pictures/PunchStock

sance Office），都未能彼此分享他們手中關於恐怖組織的資訊。雖然恐怖分子劫持四架商務客機的恐怖攻擊行為，實在是防不勝防，但官僚體系的勞力分工確實阻礙了對恐怖組織的防禦，削弱了美國的國家安全。

2. 權力階級化。官僚制度依循階級化原則，即每個職位都受到更高一層的職位監督。例如，大學校長統領整個校務體制，有權任命行政主管；行政主管也可以行使自己的任命權來任命幹部。在羅馬教廷（Roman Catholic Church）體系中，教宗擁有至高無上的權力，在他之下則有總主教、主教等階層。

3. 成文法規。假如社會學教授因為你燦爛的笑容而給你評分 A，你會做何感想？也許你會覺得受寵若驚，但也會擔心這樣的做法是「違背常規」。制定成文法規，員工便有明確的標準來評定何為適宜的工作表現；此外，行政程序為官僚制度帶來寶貴的承續精神：員工流動率高，但組織的結構及過往記錄卻可以讓其機制繼續運作，超越任何個人官僚。

然而，無可諱言地，條文與規範會讓組織的整體目標失焦，而無法發揮原本的功能。假若醫院急診處的醫生因為病患沒有美國公民身分，而不願意救治，你會做何感想？這就是成規本末倒置的結果。若盲目地遵從，它們非但不能成為達到目標的工具，反而會擁重一方、本末倒置。Merton（1968）將這種過分遵從成規的現象，稱為**目標置換（goal displacement）**。

4. 非人性化。Weber 認為，在官僚制度中，任務都是「不痛不癢」地完成。官僚制度的內部規範要求幹部一絲不苟地執行任務，不得帶有私人情感。這種做法是為了保障所有人的平等待遇，但是也造成人們對現代組織的冷漠疏離感。人們總以為只有政府及大企業才會有非人性的官僚氣息，但今天連小公司都用電子選單來過濾來電。

5. 因材適用。在理想的官僚制度中，人員任免是依據才能，而非上級的好惡；工作表現則由客觀的標準評量；成文的人事規章制定晉升的條件，並允許員工有申訴的權利。這樣的程序在於保障員工不受武斷的資遣、提供員工有安全感的衡量標準，並鼓勵員工對組織忠誠。

©Dinodia Images/Alamy Stock Photo
大公司的會計師是一個相對高薪的職業。然而，以馬克思主義的語彙來說，會計師很容易被疏離，因為他們遠離公司創造的服務或產品。

表 5-5 官僚制度的特點　　　　　　　　　　　　　　　　　　　　　　　　　　　｜總結

	正面結果	負面結果對個人的影響	負面結果對組織的影響
勞力分工	提升大型組織運作效率	造成專業盲點	窄化視野，造成狹隘的格局
權力階級化	清楚界定誰是領導者	在決策過程中喪失發言權	容許錯誤的隱瞞
成文法規	使員工了解組織的期望	扼殺主動精神與想像力	造成目標置換
非人性化	減少成見	造成疏離感	降低員工向心力
因材適用	降低個人好惡、減少不必要的競爭	降低個人自我改善的動機	促成彼得原理的效應發生

理想上任何官僚制度重視專業技術與能力，但實際上人事決策不一定能夠遵循理想模式。官僚制度裡的失功能早已為人所知，特別是 Laurence J. Peter。根據**彼得原理（Peter principle）**，即在階級體制的每個員工，多半會一級級地爬到他力有未逮的職位（Peter and Hull 1969）。這項未獲證實的假說，反映出以績效為晉升依據的架構可能產生的失功能：有才幹的人不斷地受到拔擢晉升，直到某個他無法勝任的職位為止。

表 5-5 總結 Weber 在八十年前發展的五項官僚制度特點，這只是一個理想類型，而非對現實官僚制度運作的確切意義。事實上，並非每個正式組織都具有 Weber 定義的所有特點，且組織之間的官僚制度也有不同程度的差異。

在現代生活中，官僚制度相當普遍。透過麥當勞化的概念——官僚化已經到達新的高度（Ritzer 2015）。

©2016, Gatis Sluka, Latvijas Avize, Latvia
官僚制度的特徵為階層制、或權力的分層化。

✅ 運用你的社會學想像

假設你的學校或職場突然失去官僚制度中五個特點的其中之一，會是哪一個？又會產生什麼影響？

官僚化進程

你是否有類似的經驗：你與一個公司或政府部門中 10 人到 12 人交涉後，終於知道負責解決這個問題的人是誰？在這個過程中，電話從一個部門轉到另

密西根州安娜堡（Ann Arbor）的 Menlo 新創公司，是一家軟體設計開發公司，無主管管理：員工自我監督。Menlo 只是一家小公司，但是這樣「平權」的階層制度，吸引研究組織發展學者的興趣。

一個部門，往往讓人等得不耐煩而掛上電話。社會學家用**官僚化（bureaucratization）**一詞，指稱團體、組織或社會運動日漸演變成官僚制度的過程。

通常，我們將官僚化與大型組織畫上等號，但官僚化也會發生在小型團體中。社會學家 Jennifer Bickman Mendez（1998）曾針對加州中部的家庭清潔工做了一份調查，他們受僱於全國連鎖家庭清潔企業，發現他們的工作被劃分得相當精細——清潔廁所時必須遵從手冊上的 22 個步驟來完成；另外，顧客的抱怨或特殊需求並不會直接告知給清潔工人，而會由坐在辦公室的主管經理接收並做後續處理。

官僚化並不僅限於西方工業社會。2012 年，習近平擔任中國共產黨總書記，國家最高領導人。在他第一次公開聲明中，為了讓中國人民追求「更好的生活」，習近平要求黨內必須停止「不當的強調形式主義與官僚主義」（I. Johnson 2012: A19; Malcolm Moore 2012）。

寡頭政治：少數統治

衝突論學者試著檢視官僚化對社會運動的影響。德國社會學家 Robert Michels（1915）研究歐洲的社會主義政黨與工會在第一次世界大戰前的樣貌，他發現這些組織日益官僚化。這些崛起的領導人物，包括那些最激進的政治人物，都熱中於權力鬥爭；因為若他們失去領導地位，就得再次從事體力勞動工作。

Michels 的研究提出了**寡頭政治鐵律（iron law of oligarchy）**，用以形容即使是民主體制，最後仍會演變成少數人統治的寡頭官僚制。為什麼會有寡頭政治的出現？Michels 認為，那些取得領導地位的人通常具有能力、知識，或有 Weber 所說的領導群眾魅力，因為參與運動或組織的大眾仰望他們引領方向，而強化由少數人統治多數人的發展。此外，寡頭政治的參與者有更強烈的動機去維護自己的領導地位，並爭奪特權與權力。

官僚制度與組織文化

組織的官僚化如何影響身處其中的一般人？在早期研究正式組織的理論學者，多半忽視這個問題。以 Weber 為例，他的研究多針對官僚體制中的管理經營者，卻很少著墨於企業員工或政府機關職員。

根據正式組織的**古典理論**（**classical theory**），又稱為**科學管理取向**（**scientific management approach**），勞工的驅動力幾乎來自於金錢的回報。這項理論強調生產力只會受限於勞工的體能狀態，因此勞工被視為資源，如同在二十世紀起取代勞工的機器一樣。組織的管理意圖，主要在利用科學方式建立周密的工作標準及勞工生產監督機制，來達到最好的工作效率。但是，利用科學管理取向建立的生產標準和效率監督機制，並未將勞工態度及工作成就感納入考慮。

直到勞工工會的成立，要求管理階層正視勞工，而非視為物質資源的事實後，理論學者才開始修正古典理論。在管理與管理者之外，社會科學家開始注意到，非正式的勞工團體對組織也有重要影響。另一種探討官僚制度運作的方法——**人性關係取向**（**human relations approach**），則強調人、溝通、參與官僚制度內的角色。這種分析反映互動論學者也對小團體行為模式有所重視。不同於科學管理取向，依照人性關係取向而制定的管理方法，注重勞工的感覺、挫折，以及對工作成就的情感需求。

從重視工作效率的物質條件，到關懷勞工的需求，這樣的轉變趨勢促使人性關係取向的擁護者，提倡降低官僚制度的形式主義；而組織內非正式團體與社會網絡的發展，部分也來自於人們能在非正式的環境下，較能創造出更多的直接溝通方式。Charles Page（1946）以官僚制度的另一面（bureaucracy's other face）來指稱組織中的日常性的非正式活動與互動。

當代對於正式組織的研究有一些新的方向包括：

- 新興女性和少數族群進入高階管理階層。
- 在大公司中，決策小組成員不限於高階主管。
- 在平權或階級制度較為不明顯的無老闆（bossless）辦公室裡，取消中階主管的制度，並漸漸讓員工自我監督。
- 組織將主要功能委託外包，讓原本地界線消失。
- 網路的角色如何影響企業和消費者的喜好。

儘管組織研究仍追隨 Weber 的觀點，但它已經超越 Weber 的範疇（Hamm 2007; Hutson 2014; Kleiner 2003; W. Scott and Davis 2007）。

5.4 概述與回顧

摘要

當社會變得更大更複雜，日常生活漸漸被大型**正式組織（formal organization）**所主宰。

1. Weber 認為在**理念型（ideal type）**下，**官僚制度（bureaucracy）**應有五大特點：勞力分工、權力階級化、成文法規、非人性化與因材適用。組織的非正式結構，可以破壞或重新定義精心建構的官僚制度政策。
2. **科學管理研究法（scientific management approach）**將員工當作經濟資源。相較之下，**人性關係研究法（human relation approach）**，強調人的角色、溝通和組織的參與。

批判性思考

1. 大型正式組織的優點與壞處分別為何？
2. 回想你曾做過的一個工作。首先，使用古典理論分析這個職場（科學管理研究法），然後用人性關係研究法。你認為何種研究法更能有效地了解職場？

重要詞彙

異化	理念型
官僚制度	寡頭政治鐵律
官僚化	工會
古典理論	麥當勞化
正式組織	彼得原理
目標置換	科學管理研究法
人性關係研究法	專業盲點

本章摘要

社會學實戰小練習

1. 訪問一個你選擇產業的專業人士，他在這個專業中經常遇到怎樣的角色衝突？關於這些衝突，這個專業人士的行為守則告訴我們什麼？
2. 與兩或三個商學院學生或商人，討論企業的官僚化。整體而言，他們認為官僚化是正面還是負面的潮流？在企業中常見怎樣的官僚制度失功能，主管如何嘗試抵制它們？

重要詞彙

Achieved status 自致地位 經過個人的努力而獲得的社會地位。

Agrarian society 農業社會 是前工業社會中科技最先進的社會。農業社會成員的主要任務就是生產食物。不過，犁或其他新科技的發明，大大增加了農業的產值。

Alienation 異化 與周遭環境疏離或脫節的狀態。

Ascribed status 先賦地位　社會「分派」給個人的社會位階,且不考量個人獨特的天分和特徵。

Bureaucracy 官僚制度　一種正式組織的成分,主要用規則及階級制度來達到行事效率。

Bureaucratization 官僚化　團體、組織或社會運動日漸演變成官僚制度的過程。

Classical theory 古典理論　一種研究正式組織的方法,視勞工的驅動力幾乎來自於金錢的回報。

Coalition 聯盟　一種聯合關係,可以是暫時的或永久性的,並以合作方式達到共同的目標。

Formal organization 正式組織　是具有特殊目的並追求最大效益的團體。

Gemeinschaft 禮俗社群　鄉村生活的典型社區。在這種社區中,人們擁有相似的背景與生活經歷。大家相互認識,彼此的互動親密而熟悉。

Gesellschaft 法理社會　現代都市生活的典型。大多數人彼此陌生,且人們會覺得自己和其他居民沒有什麼共同點。

Goal displacement 目標置換　過度熱切地配合官僚制度內的正式規章。

Group 團體　擁有類似規範、價值觀與期望,且彼此互動的一群人。

Horticultural society 初期農業社會　一種前工業社會的型態,人們不只依賴採集和狩獵維生,也開始知道播種與收成。

Human relations approach 人性關係取向　一種研究正式組織的方法,強調人的角色、溝通及組織的裁員,並趨向研究組織內的非正式結構。

Hunting-and-gathering society 狩獵和採集社會　一種前工業社會的型態,人類只能依賴那些能夠採集到的食物與物品維持生計,且科技的應用程度很低。

Ideal type 理念型　一種可供所有案例評比的架構或模型。

Industrial society 工業社會　一個財貨與勞務都依賴機械化生產的社會。

In-group 內團體　一個使人們有認同歸屬感的團體或類別。

Iron law of oligarchy 寡頭政治鐵律　一項組織生活的原則;在此原則下,連民主體制最後仍會演變成少數人統治的官僚制。

Master status 主要身分　對個人整體的社會地位具有決定性影響,比其他身分更重要的身分。

Mechanical solidarity 機械連帶性　當社會極少分工,就必須有強調團結的集體意識。

Organic solidarity 有機連帶性　社會成員之間相互依賴,彼此奉獻的集體意識,當社會有科技進步,有較複雜的勞動分工時,就會呈現這樣的特性。

Out-group 外團體　無法讓人們產生歸屬感的團體或類別。

Peter principle 彼得原理　在階級體制的每個員工會一級級地爬到他力有未逮的職位。

Postindustrial society 後工業社會　社會型態中的經濟體系,主要從事資訊處理與掌控。

Postmodern society 後現代社會　充斥著消費品與媒體影像,是一種科技複雜的社會。

Primary group 初級團體　一種相互依存、親密與共的小型團體,以親密、面對面聯繫、合作為特色。

Reference group 參考團體　人們用來評價自己及行為的標準的團體。

Role conflict 角色衝突　當一個人同時擁有兩個以上的社會地位時,但對這些角色的期待卻互不相容時,所發生的問題。

Role exit 角色退出　描述一個人擺脫自我認同中心的角色,並建立新角色與認同的過程。

Role strain 角色緊張　當社會對同一個社會地位有著不同的需求或預期時,

Scientific management approach 科學管理取向　古典理論的另一名稱。

Secondary group 次級團體　一種正式、事務性的團體,但成員間較少私下往來,彼此也沒有太多認識。

Social institution 社會制度　以社會需求為核心的信仰和行為所組織的形式。

Social interaction 社會互動　人與人相互回應的方式。

Social network 社會網絡　一系列的社會關係,將一個人直接和他人建立關聯,並透過這些人間接地和更多人建立關係。

Social role 社會角色　社會對有某種社會地位或身分的人所抱持的期望。

Social structure 社會結構　將社會組織成某些可預期關係的方式。

Sociocultural evolution 社會文化演化　持續、創新,以及和選擇相互作用下的社會長期趨勢。

Status 身分　社會定義下的地位——從最低到最高的位置。

Technology 科技　如何運用自然資源來滿足人類需求與慾望的文化資訊。

Trained incapacity 專業盲點　在官僚體制下的趨勢,因勞工過於專業化而對某些明顯的問題視而不見。

自我評量

請仔細閱讀下列問題,並選擇最適合的答案。

1. 在美國,我們期待計程車司機會知道如何在城市中繞行,這樣的期待是下列何者的實例?
   a. 角色衝突
   b. 角色緊張
   c. 社會角色
   d. 主要身分

2. 對同一個人有兩或更多社會身分有不相容的期待,會發生什麼事?
   a. 角度衝突
   b. 角色緊張
   c. 角色退出
   d. a 和 b 皆是

3. 在社會學專有名詞中,一群人有相同規範、價值觀和期待,並且定期互動,我們稱為什麼?
   a. 一個類別
   b. 一個團體
   c. 一個集合體
   d. 一個社會

4. 震顫派從 1774 年開始在美國傳教,其團體成員顯著減少,是因為它無法
   a. 教導新成員
   b. 保持秩序
   c. 人事更替
   d. 提供並維持使命感

5. 哪個社會學觀點認為目前的社會制度組織是沒有偶發事件的?
   a. 功能論觀點
   b. 衝突論觀點
   c. 互動論觀點
   d. 全球觀點

6. 美國郵政局、波士頓大眾管絃樂團,以及你現在就讀的大學,都是什麼團體的例子?
   a. 初級團體
   b. 參考團體
   c. 正式組織
   d. 三元團體

7. 官僚制度的一項正面結果是降低偏見。哪個官僚制度特色可以降低偏見?
   a. 非人性化

b. 權力階級化
c. 成文法規
d. 因材適用
8. 根據彼得原理：
   a. 所有官僚制度都是非常沒有效率的
   b. 如果事情可能出錯，它就會出錯
   c. 在階級體制的員工會一級級爬到他力有未逮的地步
   d. 每位員工到最後會耗竭
9. 在 Ferdinand Tönnies 的社會控制中，禮俗社群透過下列何者來維持？
   a. 道德勸說
   b. 閒話
   c. 法定罰則
   d. 表情手勢
10. 社會學家 Daniel Bell 使用下列哪個名詞，說明社會的經濟系統主要是從事資訊處理和控制？
    a. 後現代社會
    b. 初期農業社會
    c. 工業社會
    d. 後工業社會
11. _____ 意指將社會組織成可以預期的關係。
12. _____ 非裔美國人行動家 Malcolm X 在自傳寫下他的位階是黑人男性——_____ 地位；而這是他夢想成為律師——_____ 地位的障礙。
13. 社會學家 Helen Rose Ebaugh 首先提出這個名詞——_____，用來描述一個人擺脫自我認同的角色，並重新建立新角色身分的過程。
14. _____ 團體經常從職場產生，成員分享他們對職業的特殊理解。
15. 在許多個案中，人們作為其行為典範的人，可能不是他們歸屬的團體，這稱為 _____ 團體。
16. 社會學家 Mitchell Duneier 在芝加哥法律事務所針對文書處理員的社會行為研究是基於 _____ 觀點。
17. Max Weber 發展官僚制的 _____，反映大部分人類組織特有的面向。
18. 根據 Émile Durkheim，分工不多的社會，有 _____ 連帶特色，而分工精細的社會，則有 _____ 連帶特色。
19. 在 Gerhard Lenski 的社會文化演化理論中，一個社會的 _____ 水平會對社會的組織方式有很大的影響。
20. _____ 社會是一種科技複雜的社會，充斥著消費性產品與媒體影像。

答案

1.(c)；2.(a)；3.(b)；4.(c)；5.(a)；6.(c)；7.(a)；8.(c)；9.(c)；10.(d)；11. 社會結構；12. 先賦／自致；13. 角色退出；14. 次團體；15. 參考；16. 互動論觀點；17. 理念型；18. 機械／有機；19. 科技；20. 後現代

6 Chapter 大眾傳播媒體與社群媒體

- 6.1 關於傳播媒體的社會學觀點
- 6.2 觀眾
- 6.3 媒體的全球影響力

©Franziska Krug/German Select/Getty Images
媒體跨越國界和文化。這是德國柏林的有名電影院 Zoo Palast 正上映《星際大戰：原力覺醒》(*Star Wars: The Force Awakens*，2015 年首映)。

6.1　關於傳播媒體的社會學觀點

　　傳播媒體（簡稱傳媒）為一個廣泛的領域，主要影響我們的社會參與和社會本身。傳媒可以區分為大眾媒體與社群媒體，雖然兩者的界定很難說得清。**大眾傳播媒體（mass media）**（簡稱大眾傳媒），能以印刷品和電子通訊方式，將訊息傳遞給觀眾。廣告也是一種大眾傳媒的形式。**社群媒體（social media）**是指提供人們創造、分享內容或參與社會網絡的網站或 App（譯註：手機應用程式，現亦可使用於平板電腦、新型電腦）。

　　大眾傳媒的社會影響甚鉅，讓我們細想一些例子，如一邊看電視，一邊吃晚飯，讓數以百萬的沙發馬鈴薯（couch potato，譯註：整天窩在沙發上看電視的人），再也不怕錯過喜愛的電視節目。現在緊盯螢幕不僅限於看電視，也包括滑手機。候選人為其政治文宣，使用社群媒體將訊息傳遞給選民，並藉由媒體公關人員

營造成功的形象。世界領導人利用各種形式的媒體創造政治利益，無論是爭取更多支持的選區，還是爭取舉辦奧運。在部分的亞洲和非洲，對於愛滋病教育計畫的成功，媒體的宣傳功不可沒。

在過去的十年中，新科技造就新形式的大眾傳播媒體提供給每個家庭。新技術改變人們看和聽的習慣方式。人們花很多時間在傳媒上，且越來越多網路成癮。傳媒消費者不看電視，而是利用電子設備下載音樂、影片或直接在線上看影片、聽音樂（譯註：此句因不符合時代需求，有些許更改）。漸漸地，他們透過臉書瀏覽朋友的近況，或是利用 Instagram 或推特（Twitter）聯繫朋友。

人們觀看和傾聽的習慣如何影響其社會行為？在接下來的章節中，我們將使用三個主要的社會學觀點，檢視大眾傳媒和這些傳播媒介的使用模式所帶來的影響。

功能論觀點

大眾傳播媒體的其中一個重要的功能就是娛樂。除了特定的新聞或教育節目，我們很常利用大眾傳播媒體來打發時間——從看電子漫畫及玩填字遊戲，到聽廣播或網路上播放的最新音樂。我們認知到這個事實的同時，也應檢討大眾傳播媒體的其他重要功能。大眾傳媒也有一個失功能相當重要：它像麻醉劑般，使我們對重要事件感到麻木（Lazarsfeld and Merton 1948; C. Wright 1986）。

社會化的媒介

媒體會透過大眾傳媒來灌輸民眾一些共通且標準化的文化觀點，以增加社會凝聚力。社會學家 Robert Park（1922）研究那些移居美國的移民如何受到報紙的影響改變習俗，並學習美國人擁有的觀點，以便適應環境。無庸置疑，大眾傳播媒體扮演的角色是為社會成員提供集體經驗。想一想，大眾傳媒如何透過播放重要事件或儀式（如就職典禮、新聞發布會、遊行、國葬及奧運），以及重大災難事件，來將社區甚至是國家的成員凝聚起來？

今日，新聞媒體更往網路上發展。阿富汗的各種政治勸說，現在與海外的穆斯林社群連結，以獲得社會與財政的支持。在流行文化的國度裡，在 2009 年一則有關 Michael Jackson 驟逝的全球自發性分享訊息，造成從 Google 網站、《洛杉磯時報》（*Los Angeles Times*）、名人新聞網

圖片來源：https://twitter.com/VaticanNews
教宗的推特以九種語言發布，包括拉丁語，擁有超過 1,700 萬名追蹤者。

路 TMZ、Perez Hilton 的部落格，到 Twitter 的所有連線中斷（Rawlinson and Hunt 2009; Shane 2010）。

然而，有些人對具有社會化功能的大眾傳媒感到憂心。舉例來說，許多人擔心電視成為兒童的保姆，還有含暴力內容的節目會對兒童的行為造成影響；某些人則採取責備媒體的心態，把媒體視為萬惡之源，特別是對年輕人而言。不過媒體對於年輕人亦有正面的影響。例如，對於年輕人，甚至年齡較大的成人，一種新的部落主義（tribalism）在網絡上形成風潮，其中社群的發展是圍繞著共同興趣或共享認同（Tyrene Adams and Smith 2008; American Academy of Pediatrics 2013）。

強化社會規範

媒體肩負向大眾傳播適當行為的功能，所以會播放當負面行為違背社會期待時的下場。例如，在卡通裡壞人被擊倒，或是在影集 *CSI* 裡，壞人被送進監獄等的訊息。但是媒體有時也推送負面行為，例如播放內容含有肢體攻擊、對老師的不敬或毒品的使用。

在人類的性行為上，媒體也有著關鍵性角色。例如，有媒體節目良性勸導青少年，不要互傳裸照給朋友。由於這些裸照很容易在網路上造成瘋傳（viral）效應，並可能被有心人士利用，藉此騷擾青少年與他們的家長。為了定義這些裸露圖像的使用規範，有組織發起名為：「這一點兒也不酷」的運動，以抨擊用 email 夾帶裸照，發送跟蹤狂訊息的圖像濫用者。而廣泛地把這些原來只與親密朋友分享的圖像，亂發給別人的新社會亂象，就是一種網路霸凌（cyber bullying）（Hinduja and Patching 2015）。

另一種媒體授予名人地位的方式，便是發表某位名人的網路搜尋率有多高，一些報紙和網站會定期更新每週最受歡迎的個人和主題的排名。可說戲劇性的變化是：Google 搜尋前十名的名人，都無法在這個榜單上停留超過一年。

隨著媒體的日新月異，媒體授予地位，可用許多方式進行，包括透過社群媒體管道。例如，美國女明星 Kim Kardashian West 在臉書擁有超過 3 千萬人按「讚」，與 1 億 4 百萬的 Instagram 追蹤者，幾乎二十四小時都可以在網路上看到她的各種消息：像這樣的資訊是即時的，不需要等到週刊出版才能知道。在社群媒體上，與傳統媒體不同，名人也可以直接對粉絲的留言按「讚」、留言回應，甚至轉傳推特，以維持他們一直很紅或具吸引力的社會地位。

✓ 運用你的社會學想像

你正在瀏覽各種媒體管道。你更有可能因為某人的專題報導，而使用某種媒體管道嗎？什麼樣的形象會吸引你？

©Action Sports/Shutterstock

置入性行銷（「品牌廣告」）漸漸成為媒體或娛樂管道的重要營收來源。此圖中賽車手 Danica Patrick 的賽車制服上貼滿了品牌的 logo，有些品牌根本和賽車八竿子打不著。

促進消費

後現代社會的特徵之一便是**過度消費（hyper consumerism）**，這個術語由法國社會學家 Jean Baudrillard（1929-2007）首創，是指買得過多且花費超出我們能負擔金額的過度購物情況。媒體無疑鼓勵這種消費模式，美國兒童每年平均在電視上看到 2 萬個廣告，這還不包括其他媒體平台的廣告數量。

對年輕人而言，這些商業訊息簡直就是無孔不入。廣告出現在高中體育比賽計分板、搖滾音樂會、網頁旗標。廣告也以置入性行銷（product placement）的方式出現，這並非新鮮事。早在 1951 年的電影《非洲皇后》（*The African Queen*）中，Katharine Hepburn 與 Humphrey Bogart 坐的船上，就刻意展示高登牌琴酒。然而，現在媒體的商業廣告更為普及，例如，奧迪汽車（Audi）在 2017 年的漫威電影《蜘蛛人：返校日》（*Spider-Man: Homecoming*）中如影隨行（Concave Brand Tracking 2017）。

利用廣告來發展具有全球吸引力的品牌名稱，能特別有效的鼓勵消費。許多美國企業已成功建立全球品牌。針對全球百大成功的品牌所做的分析顯示，每一個品牌至少有三分之一的獲利來自母國以外的國家，百大品牌中有 54 個品牌起源於美國，而 46 個品牌來自其他 14 個不同國家（請見圖 6-1）。

媒體廣告有幾個主要的功能：經濟的支援、產品資訊的提供，以及負擔媒體的營運成本。在有些情況下，廣告成為娛樂的一部分。一項針對美國全國的研究指出，51% 的超級盃（Super Bowl）觀眾是為了看廣告，而三分之一關於超級盃當日或隔日的線上討論，受超級盃廣告影響。然而，在功能的背後也有失功能。媒體廣告創造一種消費文化，「需求」是可以被創造的，並且營造一種虛假的幸福和滿足感。此外，因為媒體依賴廣告收入，刊登廣告的客戶可以影響媒體的內容（Carey and Gelles 2010; Nielsen Company 2010）。

✓ 運用你的社會學想像

假設你是一個新聞迷，會從哪裡蒐集事實或資料？——報紙、雜誌、電視新聞、部落格或社群媒體？為何選擇這個媒體？

世界人民生活地圖

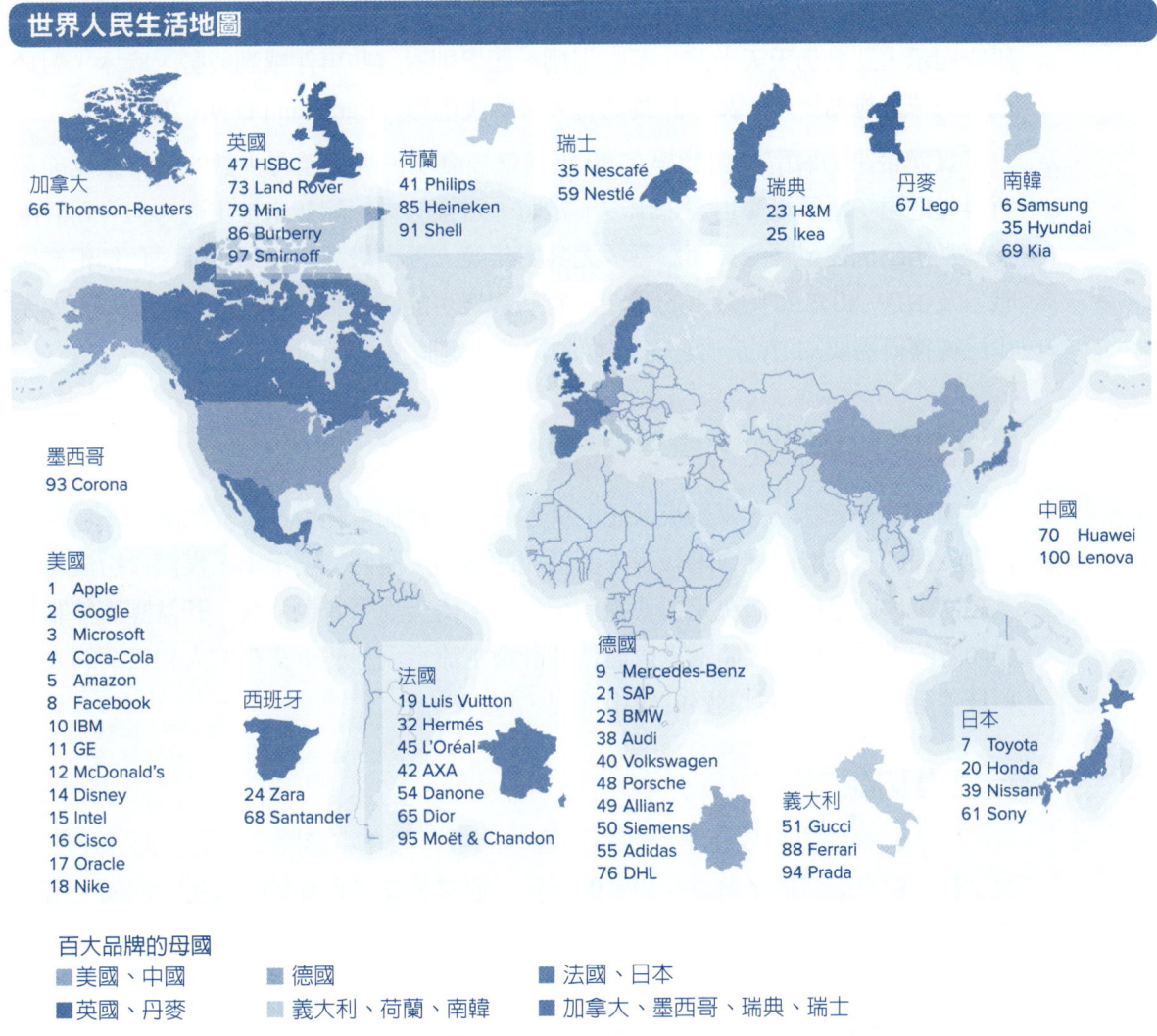

加拿大
66 Thomson-Reuters

英國
47 HSBC
73 Land Rover
79 Mini
86 Burberry
97 Smirnoff

荷蘭
41 Philips
85 Heineken
91 Shell

瑞士
35 Nescafé
59 Nestlé

瑞典
23 H&M
25 Ikea

丹麥
67 Lego

南韓
6 Samsung
35 Hyundai
69 Kia

墨西哥
93 Corona

美國
1 Apple
2 Google
3 Microsoft
4 Coca-Cola
5 Amazon
8 Facebook
10 IBM
11 GE
12 McDonald's
14 Disney
15 Intel
16 Cisco
17 Oracle
18 Nike

西班牙
24 Zara
68 Santander

法國
19 Luis Vuitton
32 Hermès
45 L'Oréal
42 AXA
54 Danone
65 Dior
95 Moët & Chandon

德國
9 Mercedes-Benz
21 SAP
23 BMW
38 Audi
40 Volkswagen
48 Porsche
49 Allianz
50 Siemens
55 Adidas
76 DHL

義大利
51 Gucci
88 Ferrari
94 Prada

中國
70 Huawei
100 Lenova

日本
7 Toyota
20 Honda
39 Nissan
61 Sony

百大品牌的母國
- 美國、中國
- 德國
- 法國、日本
- 英國、丹麥
- 義大利、荷蘭、南韓
- 加拿大、墨西哥、瑞典、瑞士

註：地圖中顯示的全球百大企業（2017 年），以產權所有人的國籍分類，除美國外，只有前 20 名標出。在百大企業中，美國品牌占 54 個。

資料來源：Interbrand, *Best Global Brands, 2017*.

根據營收和知名度，這些都是主宰全球市場的跨國品牌，只有 15 個國家就代表了百大企業。

圖 6-1　全球的品牌

媒體的失功能：麻醉效應

　　除了前面提到的正向功能之外，媒體也還存在一個失功能。社會學家 Paul Lazarsfeld 與 Merton（1948）提出**麻醉負功能**（narcotizing dysfunction）一詞，用來說明因為受到媒體提供大量的資訊，導致觀眾的麻木不仁及對資訊無感的現象（無論事件的強烈程度）。對某些議題有興趣的公民，就算會接受媒體的資訊，但卻是毫無作為或光說不練。

細想媒體經常發起無數對自然災難或弱勢家庭的慈善活動，但之後發生什麼？研究顯示，悲劇仍天天上演，歹戲拖棚，觀眾則對這些事件感到疲勞、麻木、對於他人的苦難無動於衷，甚至認為總有人會解決危機（Baran and Davis 2015）。

媒體帶來的麻醉負功能早在 70 年前就被發現，那時僅有少數的富裕家庭能夠買得起電視，電子媒體也還未出現。當時，這樣的失功能並未被重視，但今日評論家經常指出沉迷螢幕的負面影響，尤其對年輕人傷害最甚。街頭犯罪、色情氾濫、戰爭及 HIV/AIDS 這些嚴重的議題，有些觀眾可能認為他們已經採取行動——或至少已經獲得需要知道的一切——僅從瀏覽社群媒體獲取資訊。

衝突論觀點

衝突論學者認為，媒體反映出的問題，可能會加重社會及世界的隔閡，包括以性別、種族、族群與社會階級等方面形成的隔閡。他們特別指出，媒體會扮演守門員功能，也就是由媒體決定要傳遞何種資訊。衝突論學者也強調，利益團體控制媒體內容的方式；權力團體透過媒體傳達社會主流意識型態；富裕的人和貧窮的人的科技差距，限制人們對網路的使用情況。

守門員功能

哪一種事件要被放在早報頭版？哪一部電影應在電影院三大廳，而非小廳放映？哪一種電影禁播？做這些決定的背後，通常是有強大背景的人物，例如，出版商、編輯及其他媒體大人物。

媒體構成一個較重視利益，較不重視節目品質的廣大商業集團。在媒體中，有一群相對少數的人擔任所謂的**守門員（gatekeeping）**工作，為最後呈現在觀眾眼前的節目品質做把關。這個詞彙是指，在最終呈現給觀眾之前，必須先經過一連串的關卡（或審查），由指定的少數人決定將何種影像呈現給廣大觀眾。在許多國家是由政府扮演守門員的角色。即使在網路自由的擁護下，其自豪讓人們自由通過這些關卡，仍可迅速將人們引導至某個方向。

守門員幾乎存在於所有類型的媒體並非新概念。這個詞彙是由新聞學者在 1940 年代創造，特別指那些小鎮報紙的編輯，用來操控大眾關注某一事件的方式。正如 Mills（[1956] 2000b）所觀察的，媒體真正的力量在於可以操控什麼要呈現在大眾面前。在唱片業，守門員可以拒絕一個在當地真正受歡迎的好樂團，因為該樂團和守門員認定的團體處於競爭關係；即使他們已經錄製唱片，廣播電台也可以用音樂風格不符而拒播。在美國，電視節目（影集）的試播集，可以因為守門員認為它們不吸引觀眾而喊卡（有時取決於廣告贊助商）。守門員也同樣會在出版業

做出相似的決定。

　　守門員並不是占盡所有的優勢，至少在網路這類大眾傳播媒體裡不是。你可以自由地傳送任何資訊到電子布告欄中，也可以建立網頁或網誌來傳播任何論述，包括你堅持地球是平的這一的說法。網路可以快速散播資訊，而不用經過任何守門員的把關。

　　然而，網路並非無所限制，很多國家的法律試圖管控賭博、色情，甚至具有政治觀點的網路內容。受歡迎的網路服務供應商會強制停用不良用戶的帳號。在2001年的911恐怖攻擊事件後，eBay決定不讓民眾在平台上販售世貿大樓的殘片瓦礫。2015年有9人在南卡羅萊納州的非裔衛理公會教堂（African Methodist Church）被射殺。槍手曾在網路上發布種族歧視宣言，配上聯盟旗幟的圖像。因為這起悲劇，eBay及其他網路電商禁止販售聯盟旗與其圖像。儘管如此，也可能正因如此，有這樣的守門員控管，使得利用網路的人數增長。

　　今日，許多國家以限制公民接觸網路評論的方式，試圖管控不利於政府的政治異議。近年來在全世界專制政權的政府，對於敗壞中央政府名譽的發言用戶，會將其IP暫時或永久停權（無法連上網路）。尤其在2011年，由於成千上萬人在開羅街頭示威遊行，埃及政府切斷網路與手機通訊。更近期，緬甸、喀麥隆及其他近二十幾個國家，都曾關閉網路服務。另一種壓制異議的方法是，關閉抗議者使用的語言顯示功能，或提高資料處理的成本到用戶無法負擔的程度（Searcey and Essomba 2017）。

傳媒監測

　　傳播媒體監測（media monitoring，簡稱傳媒監測）一詞，最常指利益團體對於傳媒內容的監測。2007年4月，大眾對於維吉尼亞理工大學槍擊事件的反應為例，人們不需要持續鎖定新聞，就可以得到這件慘案的後續發展。自1999年科羅拉多州利特爾頓附近的科羅拜高中發生大規模校園槍擊至今，校園槍擊案件仍持續地出現在各類型新聞媒體的網站上，提供肇事者和其家人的相關深入報導、傳達給大眾許多悲痛的陳述，以及後續整個社區如何努力復原。再者，新聞媒體雖然可以提供有用的資訊，以迅速消除觀眾、聽眾和讀者對於加害者不會再造成危險的疑慮，但是很多人仍對新聞媒體有時會編造一些不實報導提出批評。

　　傳播媒體監測的實踐和道德界線在哪裡？日常生活中，家長會監督孩子的上網活動，並查看他們瀏覽的部落格。多數父母認為成人監測兒童在網路媒體的使用是適當的行為。但他們的窺探同時也為自己的孩子建立另一種範本，讓孩子認為可以將這項技術應用在自己的目標上。一些傳媒分析者指出，青少年群體中有一種日

益增長的趨勢：他們會利用新的傳播媒體，來獲知父母不為人知的一面（Delaney 2005）。

政府對私人通訊進行傳媒監測，有一項意外的好處是加速災難的緩解。在 2005 年卡崔娜風災的教訓之後，美國政府轉而以傳媒監控海地的地震情況。在國土安全局（Department of Homeland Security），美國國家營運中心（National Operation Center）專員為了獲得災情資訊，監測 31 個社群媒體的地點。他們蒐集的情報幫助回應者定位需要救援的人，以及太子港（Port-au-Prince）外圍需要救援的待確認地區（Department of Homeland Security 2010）。

主流意識型態：建構實體

衝突論學者認為，大眾傳播媒體擁有某些特定團體的特權；此外，為了保護特權階級的利益，可以在媒體中限制其他人的曝光機會。**主流意識型態（dominant ideology）**是指一套文化信仰和慣例，用以維持優勢社會、經濟與政治利益。即使媒體建構的世界與社會上大多數人認知的不同；但實際上，我們認定的真實世界依然操控在媒體傳達的資訊來定義。

大眾傳播媒體決策者的特徵絕大多數是白人、男性及富有。因此，當媒體傾向於會忽視次級團體的生活和目標，一點都不令人感到意外，像是工人階級、非裔美國人、拉丁裔美國人、同性戀者、身心障礙者、體重問題者和老人等次級團體。更糟的是，媒體會以錯誤或刻板印象的方式描繪他們，讓真實生活中的社會大眾誤以為這是真實的現象。**刻板印象（stereotype）**會將所有處在這些團體的人都普遍概化，但這並非事實，因為忽視個別差異的存在。一些廣播媒體會刻意使用刻板印象來進行報導，且這種方式也獲得負責人的核准，以尋求大眾關注。

酷兒理論學者長期以來研究媒體呈現同性戀的方式。他們分析，同性戀角色不是幾乎不會出現在媒體上，就是呈現問題百出的樣子。以酷兒理論學者的觀點來看，明顯地媒體呈現出非異性戀是正常的，而且可能是異性戀以外的情況。然而，對於男同性戀與女同性戀的污名化，在媒體和在社會上一樣嚴重（Sloop 2009）。一項針對 2007 年到 2016 年上映的 900 個最受歡迎的電影的研究，僅有四分之一有出現 LGBT 的角色。而這些角色代表將近 1% 的人類（Sloop 2009; S. L. Smith et al. 2017）。

電視內容經常會有忽略事實的傾向。你能說出幾個體重過重的電視人物？在美國，現實生活上每 4 名女性就有 1 人過重（超出健康標準達 30 磅或以上）；但在電視上，每 100 人才會出現 3 人過重。身材矮胖的電視角色，在節目中較少能出現浪漫橋段、較少談到性、經常大吃，並且更常成為被嘲笑的丑角（Hellmich 2001; J. Whyte 2010）。

另一方面，電視新聞和其他媒體管道警告人們肥胖症對健康的隱憂。基於事實的建構，一些報導是否真的具有教育意義確有爭議。漸漸地，媒體不僅以個體或個人的方式關注此議題，也以廣泛的結構性問題來考量，例如食物的加工與銷售的方式（Saguy and Almeling 2008）。

相似地，約 45% 的美國年輕人都是有色人種兒童，然而他們在電視上卻看不到自己的膚色或是相同文化遺傳的人。使用內容分析，研究者發現這些拉丁裔、亞裔、美洲原住民，在媒體上有嚴重代表性不足的問題，而且往往在描繪少數族群時帶有刻板印象（如在描繪拉丁裔時總是認為他們性慾過剩，或是有色人種總是沒水準）。當然還是有以成功的少數族群作為主角的節目，例如，《嘻哈帝國》（*Empire*）、《黑人當道》（*Black-ish*），但大多數電視節目的主要角色——領導者、執行長、老闆、決策者與愛人，都不是有色人種（Tukachinsky et al. 2015）。

衝突論的另一個觀點是：政治過程會遭到媒體這個元凶所扭曲。在明確地改革並實施政治獻金制度前，財力雄厚的候選人（經常是強而有力的遊說組織支持的對象），能藉由大量曝光的廣告來攻擊對手，並會對投票者產生影響。

主流意識型態：是誰的文化？

擔憂會喪失認同的國家，可能試著抵抗外來文化的入侵，特別是來自經濟優勢的美國。然而，如同社會學家所認知，無論是身處在開發中國家或是工業化國家的觀眾，不一定都是外來文化資訊的被動接受者。因此，若想要研究消費者使用電視、音樂和電影等文化產品時，就要將其置於社會脈絡中進行研究。人們會去觀賞，甚至享受傳媒的內容，但這不意味著他們會接受和自己大相逕庭的價值觀（Bielby and Harrington 2008）。

很多開發中國家早就提出，在工業化國家和開發中國家之間的資訊，經常是負面資訊居多。例如，對南美洲的了解有多少？大多數美國人當提到美國南邊的鄰國，想到的只有兩件事：革命和毒品，很少人知道關於南美洲的其他資訊。

為了彌補這個訊息不對等的現象，在 1980 年代聯合國教科文組織（United Nations Educational, Scientific, and Cultural Organization, UNESCO）通過一項決議，將對涉及到跨國界的開發中國家的相關新聞和內容進行監控。美國一直反對這項計畫，即便全球大多數國家一致認為，聯合國教科文組織這麼做是在保護開發中國家，免於受到（工業化國家的）文化侵略。然而，川普政府在 2017 年，宣布將在 2019 年退出聯合國教科文組織。

對來自美國媒體產品的抵抗並非僅限於聯合國教科文組織或開發中國家。南韓政府針對電影院每年能播映幾天外國動作電影（主要是美國的）設定限制。由於現

在越來越多的節目可以線上收看（網路），歐盟意欲限制網飛（Netflix）公司（美國）的「文化傾銷」（cultural dumping），其被視為對國家文化認同和歐洲本土媒體工業的威脅（Baran 2015:397-398; Barbière 2014）。

> ✓ **運用你的社會學想像**
>
> 你最喜歡的媒體是如何反映美國文化？它們又如何反映你所在社區的文化？對其他國家的文化又是如何反映？

數位落差

最後，正如許多研究顯示，通訊技術的進步不是平等的。在全世界，低收入團體、少數種族和族群、農村居民及開發中國家的公民，獲得比其他人更少的最新技術——也就是**數位落差（digital divide）**。例如，居住在低收入家庭、農村和開發中國家的人，不太可能接觸到網路。當這些社會邊緣人都能獲得上網的機會時，他們很可能仍遠遠落後生活優渥的人，可能必須撥號上網，而非擁有寬頻服務，或者擁有寬頻，但沒有無線上網。問題不僅是連接上網這麼簡單，而在高速寬頻的費用和可獲得性。高速連網變成生活所需，包括從完成學校註冊，到諮詢專業醫療人士，與進行商務活動日常必須的銀行轉帳（P. Shaefer 2008; Tomer et al. 2017）。

數位落差無孔不入，例如在 2016 年發行的手機遊戲《寶可夢 GO》，讓玩家能創造自己的虛擬化身，然後全世界「抓」寶可夢，將虛擬世界轉為真實世界的場景，如某公園的一個郵筒，玩家儘量努力抓到 250 個寶可夢以達成要求。然而研究顯示，在美國，比起白人社區，非裔和拉丁裔社區較不會成為寶可夢「補給站」（PokéStop）的地點（Juhász and Hochmair 2017）。

©Richard Shaefer
圖中為萬聖節小孩子扮裝成《寶可夢 GO》中的造型。智慧型手機遊戲寶可夢 GO 的粉絲扮裝成皮卡丘（右）與寶可夢主人（左），雖然到處都可以玩這個遊戲，但數位落差顯示，即使在這個世界也有不同的現實：非裔和拉丁裔社區較不會被設定為抓寶熱點。

女性主義觀點

和衝突論的觀點相同，女性主義學者認為大眾傳播媒體僵化並扭曲真實社會。媒體具有強大的力量影響著我們如何看待

男性和女性，且會根據這些定見來傳達不實又帶有刻板印象的性別形象，大為限制了我們對兩性的認識。

教育工作者和社會科學家早就發現在大眾傳播媒體裡，會對女性和男性有著刻板印象描述。女性常被刻畫成著迷於美麗的膚淺女人；女性比男性更容易被包裝為穿著暴露、身處危險，甚至遭到身體上的迫害。若女性在一直由男性主導的領域上，展現了具有新聞價值的成就時，例如職業運動，媒體往往不會立刻認同她們的成就。

讓女性主義學者和社會大眾一直困擾的另一個議題是色情。女性主義學者更偏向支持言論上的自由和自決，但相較於男性，女性更容易被剝奪這兩項權利。然而，色情物化了女性，且似乎讓所有人都認為，只有觀看女性是可接受的。色情帶來的不只有物化女性，具體化和形象化的描繪等於是為對女性施暴行為背書。DVD、網路製作成人影像的公司，大多為地下化產業，使得演員處在危險情境中。

女性主義學者也擔憂，在一些國家能接觸媒體的數位落差仍持續存在。在美國和其他工業化國家，女性略比男性喜歡使用電子媒體。然而，在印度、中國、印尼、墨西哥、埃及與尼日的農村地區，女性受到男性控制，主要是因為不鼓勵，甚至禁止女性擁有手機的所有權或使用權（Bellman and Malhotra 2017; Concave Brand Tracking 2017）。

互動論觀點

互動論學者特別理解分享日常的行為，也對此感興趣。對於這些如何成為日常的社會行為，互動論學者會從微觀角度檢視媒體。慢慢地，研究者以社會資本的背景來看大眾媒體，如社會學家 Pierre Bourdieu 描述的。**社會資本（social capital）**是社會網絡的集合利益，其建立在互惠的信任。網路整體而言，特別是社群媒體，提供我們與他人不間斷的互動。這些社群媒體增加我們與家庭成員、朋友和熟人的聯繫，無論住得遠近。社群媒體促進新連結和新社會網絡的發展（Bourdieu and Passeron 1990; Neves 2013）。

事實上，線上社會網絡已成為增進消費的一種新模式。如圖 6-2 所示，傳統上，刊登廣告者藉由定點廣告、群發郵件或廣告板，來促銷平板電視或推廣「請勿酒後駕車」公共服務的訊息，藉此行銷產品和服務。現在刊登廣告者可以使用社會網絡，他們可以找到線上消費者，並試著和消費者建立關係。例如，漢堡王曾透過臉書行銷：只要刪除 10 個臉書好友的人，就可以獲得一個免費漢堡。隨後漢堡王通知 23 萬 9,906 名臉書用戶，因為他們已經被朋友為了一個漢堡而刪除好友。然而，這種行銷手法讓臉書的員工很不高興，因為此舉違反公司政策。不過，漢堡

傳統行銷　　　　　　　　線上行銷

刊登廣告者　　　　　　　刊登廣告者

傳統形式的廣告（左）只允許廣告者到消費者的單向溝通，而網路行銷的社會網絡（右）提供雙向的溝通，允許刊登廣告者和消費者建立關係。

圖 6-2　透過社會網絡所建立的線上行銷

王藉此創建一個喜歡吃華堡的龐大消費者網絡。同樣地，卡夫食品（Kraft Foods）鼓勵人們在 Flickr 相片網站上張貼熱狗麵包車的圖片（Bacon Lovers' Talk 2009; Burger King 2009; Gaudin 2009）。

互動論也觀察到，友誼的連結能夠從一同觀看節目，或是一同回憶曾經喜歡的影集中建立。家庭成員和朋友也會因為某個熱門事件節目而聚在一起，例如超級盃或者金像獎。我們已經注意到，在當今社會，電視經常成為很多孩子的玩伴或保姆，甚至連嬰兒也接觸電視。

網路的興起，發展出新的溝通和社會互動的模式。祖父母能透過電子郵件或透過 Skype 聊天，聯繫孫子、孫女。同性戀青少年可以在網路上找到支持和資訊；人們甚至能藉由網路交友服務，找到終生伴侶。

頻繁地使用網路也會發展出新的問題，若是恐怖主義者或其他極端主義分子，將仇恨甚至是製造炸彈的方法散布在網路上，我們該如何處理？網路上出現的性愛內容又該如何處理？如何才能保護孩子？我們應對「情色聊天」和限制級電影預告片進行審查？還是保有完整的言論自由？

雖然極端分子、仇恨團體和色情文學作家利用網際網路建立新的平台，網路也賦予人們對於想看到和聽到的內容有更大的管理權限；也就是說，網路使用者能夠管理自己的媒體，來避免自己聽到或看到不喜歡或不接受的聲音、圖像和想法。法律學者 Cass Sunstein（2002）稱之為自我播放（egocasting），即具有個人化的新聞

資訊蒐集方式。這種現象的社會後果，可能是一個較缺少寬容的社會。如果我們只讀取、看到與聽到自己知道或認可的事物，就可能難以和不同背景，或是具有新觀點的人溝通。

此外，儘管很多美國人有上網的管道，但我們應該注意到資訊並沒有公平地散布於所有人口。整體而言，身體健康不佳與就業機會較少的人較無法接觸到網路這條資訊的高速公路。圖 6-3 根據性別、年齡、種族、收入、教育程度及所處社區分析網路的使用率。注意到介於高低收入使用者間，以及介於高低教育程度間的明顯差異。數據也顯示顯著的種族差異。雖然教育工作者和政客向弱勢團體兜售網路的潛在利益，網路的使用卻可能強化現有的社會階級與教育程度差異的障礙。

互動論觀點也幫助我們更能理解觀眾——大眾傳播媒體系統的重要面向。觀眾

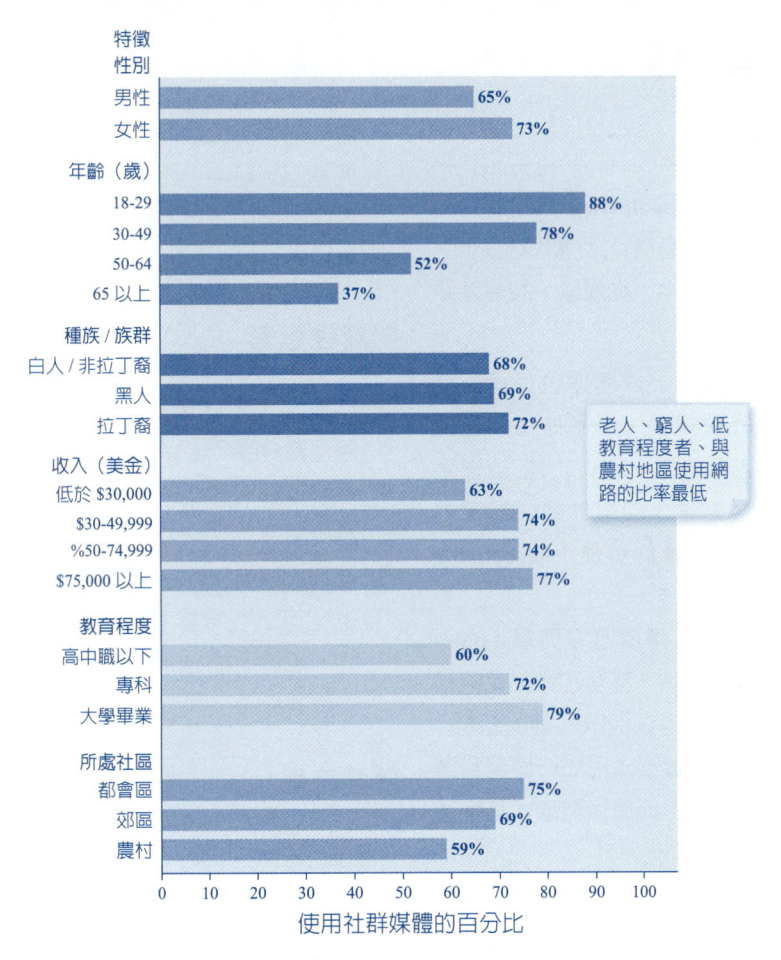

特徵	百分比
性別	
男性	65%
女性	73%
年齡（歲）	
18-29	88%
30-49	78%
50-64	52%
65 以上	37%
種族 / 族群	
白人 / 非拉丁裔	68%
黑人	69%
拉丁裔	72%
收入（美金）	
低於 $30,000	63%
$30-49,999	74%
%50-74,999	74%
$75,000 以上	77%
教育程度	
高中職以下	60%
專科	72%
大學畢業	79%
所處社區	
都會區	75%
郊區	69%
農村	59%

使用社群媒體的百分比

> 老人、窮人、低教育程度者、與農村地區使用網路的比率最低

註：基於 2018 年 1 月美國的國家調查。

資料來源：Pew Research Center for Internet and Technology. "Social media Fact Sheet." 2018.

圖 6-3　誰在使用社群媒體？

如何積極參與媒體事件？如何向其他人建構媒體資訊的意義？在接下來的章節將探討這些問題（表 6-1 總結各種社會學對傳播媒體的觀點）。

表 6-1　媒體的社會學觀點　　　　　　　　　　　　　　　　　｜追蹤社會學觀點

理論觀點	重點
功能論	社會化、強化社會規範、授予地位、促進消費、麻醉效應（失功能）
衝突論	守門員、傳播媒體監測、建構現實、數位落差
女性主義	女性代表人數不足、女性的不實呈現
互動論	社會行為的影響、友誼網絡的來源、社會資本

6.1　概述與回顧

摘要

　　大眾傳播媒體（mass media）能以印刷和電子通訊的手法，將訊息廣泛地傳遞給觀眾。它滲透在各種社會制度中，從娛樂、教育產業到政治。

1. 從功能論觀點來看，媒體提供娛樂、社會化、強化社會規範、授予地位，並促進消費。它也可能是一種失功能，（過度報導）使觀眾對重大的事件或議題感到麻木〔又稱為**麻醉負功能（narcotizing dysfunction）**〕。
2. 衝突論學者認為媒體透過**守門員（gate-keeping）**功能，反映，甚至加深社會階級的區隔，或控制呈現在觀眾面前的題材；傳媒檢測，隱藏性觀察人民如何使用和選擇媒體；以及支持主流意識型態，其定義實體，並壓制在地文化。
3. 女性主義觀點指出，媒體對於兩性印象的傳達很不真實、帶有刻板印象、限制，有時甚至對女性有暴力傾向。
4. 互動論對於分享日常生活的理解特別感興趣，他們從微觀角度檢視媒體。互動論研究指出，藉由一起看電視、公眾曝光操作形象，參與者可透過媒體來表達自我的社會現實定義。

批判性思考

1. 你認為大眾媒體對社會最重要的功能為何？為什麼？
2. 媒體造成的問題中，哪一項最令你困擾？為什麼？
3. 美國人以前只有三台國家電視頻道，但是現在可以在眾多有線電視頻道中看到新聞，媒體這樣的趨勢會如何影響主流意識型態的散布？

重要詞彙

數位落差　　　　麻醉負功能
主流意識型態　　社會資本
守門員　　　　　社群媒體
過度消費　　　　刻板印象
大眾媒體

6.2 觀眾

你曾經發簡訊給你認識的每個人，說服他們投票給實境秀中你最喜歡的演員嗎？你曾經看到他人正在觀看上星期的《冰與火之歌：權力的遊戲》(*Game of Thrones*)，然後忍不住想劇透嗎？你曾經突然發現一張舊 CD，卻想不起來，上次播放的時候？或實在無法回憶上次將這張 CD 從頭聽到尾是什麼時候？透過這些瑣事的提醒，我們都是廣大觀眾（聽眾）的一員。

觀眾都是一些什麼人？

大眾傳播媒體，有別於其他的社會制度的原因在於必須要有觀眾這個要素，觀眾可以是一群可識別、有人數限制的團體。例如，在爵士俱樂部或百老匯歌劇的觀眾；或者也可以是範圍廣泛、難以定義，例如看過漫威電影《黑豹》(*Black Panther*)的觀眾，或閱讀同一期《今日美國》(*USA Today*)的讀者。觀眾可以是聚集在觀眾席的次級團體，也可能是主要團體，例如，全家人一起觀賞最新迪士尼電影的 DVD。

我們可以從微觀社會學和鉅觀社會學的觀點來理解觀眾。由微觀方面，我們分析觀眾如何彼此互動、如何回應媒體，或是如現場表演，這些互動會如何影響演出者。鉅觀方面，我們將檢視媒體帶來的更大範圍的社會結果。例如，透過像《芝麻街》(*Sesame Street*)這類的兒童節目，所提供的嬰幼兒教育。

即使觀眾分散各地，且成員之間彼此不認識，我們仍然發現不同觀眾群體在年齡、性別、收入、政黨、正式學校教育、種族和族群等方面各有特色。例如，欣賞芭蕾舞的觀眾和聽另類音樂（如另類搖滾等）的觀眾族群是全然不同的。

觀眾的區隔

越來越多的媒體會向特定觀眾行銷自己。一旦媒體管道，例如電台或網站，了解他們的聽眾或觀眾的定位後，就會將目標鎖定在這個特定族群上。在某種程度上，這種專業分類需求來自廣告。廣告媒體行業的行銷專家會藉由問卷之類的調查，來更精準地定位觀眾族群。在 2016 年，種族、政治媒體專家利用社群媒體觀眾，鎖定其目標用戶，找出特定模式。社群媒體龍頭之一的臉書，允許其廣告商基於個資（如教育程度、專業科目、收入、淨收入、性別、婚姻狀態、年齡、工作履歷、政治傾向，甚至是否為拉丁裔白人），來鎖定目標用戶。端看你想要誰獲得特定訊息，你可以自行定義廣告的受眾（Herrman 2018）。

鎖定目標觀眾的做法，讓一些專家思考，所謂的「大眾」傳播媒體是否已名不符實？例如，英國社會心理學家 Sonia Livingstone（2004）指出，媒體已經變得如此區隔化，並開始有了幾乎是個人化的表象。觀眾在不斷地分類和區隔之下，所謂的「大眾」是否已不復存在？我們還說不清楚。即使在這個個人電腦稱霸天下的時代，很多正式的組織仍然對為數眾多、異質，且分散的觀眾，傳達同樣的公開訊息。

媒體專家快速進化，透過問卷調查鎖定特定觀眾。在選舉期間，選舉人和政治活動團體，透過選情調查，將廣告準確投放在支持者的市場中。在以前，會選擇電視或廣播頻道播放廣告，但越來越多的目標市場是投注在社群媒體上。為了 2016 年地方、州，暨美國總統選舉，約有 14 億美元的資金投入在線上政治宣傳廣告。數位策略利用累積的投票者檔案，寄送徵求競選獻金。競選團隊利用這些人在推特上的 # 標記，或他們貼在 Snapchat 上的照片或影片，來辨識廣告的受眾。利用臉書和 Instagram，競選團隊利用國會選區、興趣、性別、年齡或這些要素的排列組合等，鎖定目標選民（投票者）（Miller 2017; Parker 2015）。

> **✓ 運用你的社會學想像**
>
> 想一想你上次屬於某種媒體的觀眾？描述其表演的內容。你與其他觀眾間有什麼異同之處？你認為什麼（因素）可能代表你們的相同（不同）之處？

觀眾行為

一直以來，社會學家研究當媒體對事件的報導後，觀眾如何與他人互動並分享資訊。社會研究者對觀眾群裡的意見領袖特別興趣。**意見領袖（opinion leader）**的特質是，每天藉由自己的接觸和溝通，達到影響他人的意見和決定。例如，影評人的功能就是一種意見領袖。社會學家 Paul Lazarsfeld 與同事（1948），針對 1940 年代意見領袖在投票活動中帶來的影響進行研究。研究發現，意見領袖會助長親朋好友及同事對特定候選人建立好感，也會催促他們去聽候選人的政見和閱讀相關文宣。

讓我們思考一下線上新聞的觀眾。漸漸地，人們習慣從網路，而非電視、印刷品或廣播獲得資訊。意見領袖在傳統媒體資源中是典型的專欄作家角色，出現的就是「旁敘人」（talking head）或編輯委員會的形式，轉戰網路並不代表意見領袖就不會出現。一項針對線上討論團體的分析發現，某些參與者典型獲得比他人更多的關注，而這些匿名的影響力中心，可以占所有討論與轉推文的 40-60%（Choi 2015）。

「觀眾」一詞也可能意味著一個消極的團體，但事實上通常並非如此，政治集會的抗議者或對表演者、運動員或演講者發噓聲（喝倒采）的人，完全稱不上消極。意見領袖可能在此扮演煽風點火的角色，使得部分觀眾成員轉而產生集體行動（請見第 15 章）。具體而言，觀眾的行動家角色與媒體都要考量到媒體的全球影響力，將在下一節的主題討論（Croteau et al. 2012）。

在近幾年，由於大眾媒體為了操控觀眾，假新聞故事層出不窮，或對某些線上觀眾捏造假事件，而進入前所未有的境界。當線上的觀眾小心警惕內容的同時，經常忽視迎合觀眾喜好或偏見的謊言。製造假新聞的人先確認觀眾的偏見，並藉由觀眾的網頁瀏覽記錄，有效率地鎖定他們（Carey 2017）。

6.2　概述與回顧

摘要

大眾媒體由於觀眾這個要素，因此有別於其他社會制度。

1. 觀眾可以是可識別、數量少的人，也可以範圍大且難以定義的人。隨著媒體管道日漸增加，漸漸鎖定區隔開的（特定的）觀眾族群。
2. 社會研究者研究**意見領袖（opinion leader）**如何影響觀眾。

批判性思考

1. 電視轉播職業摔角賽中，製作人鎖定怎樣的觀眾？動畫電影呢？饒舌歌手團體呢？什麼因素決定特定觀眾群裡有哪些人？
2. 對你而言，誰是意見領袖？這些人為何會對你有影響力？你的父母、朋友或老師，會選擇同樣的意見領袖嗎？

重要詞彙

意見領袖

6.3　媒體的全球影響力

地球村是否因為電子媒體的興起而創造出來？六十年前，加拿大媒體理論家 Marshall McLuhan 就預言了這個結果。今天任何即時的訊息都可以橫跨整個世界傳遞到遠方，距離不再是障礙。媒體確實已經在訊息溝通層面開創了一個地球村。如圖 6-4 所示，雖然媒體在不同國家的發展程度不一，但是 120 年前才開始有聲音的傳輸，相較之下，這樣的進步可說是相當驚人（McLuhan 1964, 1967）。

社會學家 Todd Gitlin 以更為貼切的方式將媒體全球化比喻成全球狂潮（global torrent）。媒體已經全面滲透到我們的日常生活中。以廣告為例，消費性產品可以

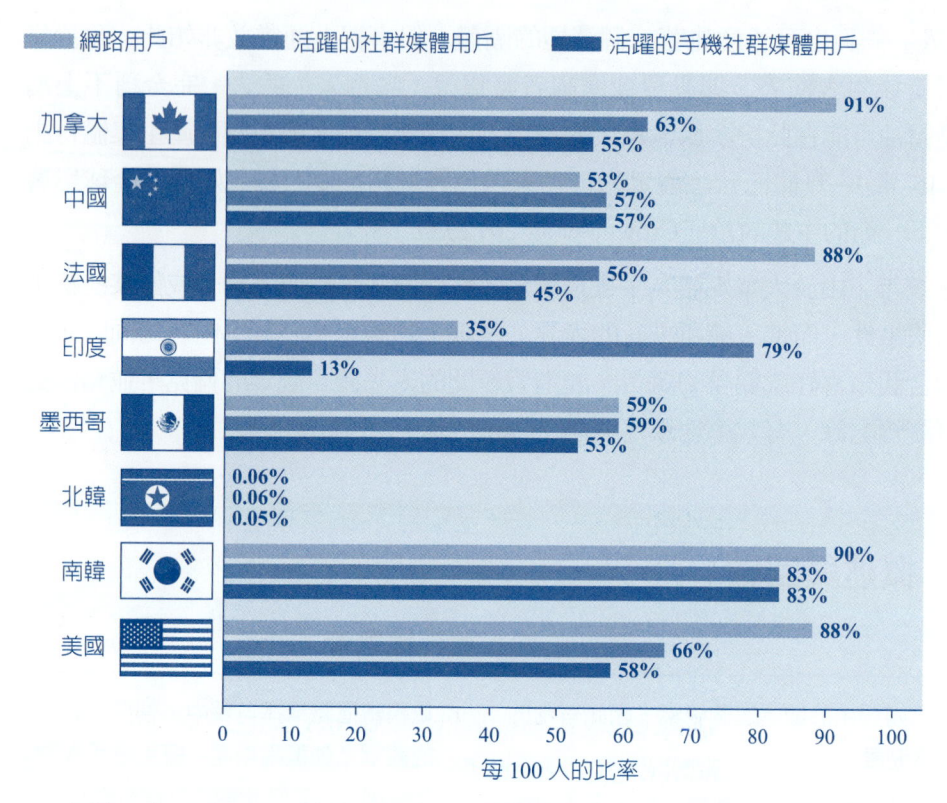

圖 6-4 特定國家中的網路與社群媒體滲透力

國家	網路用戶	活躍的社群媒體用戶	活躍的手機社群媒體用戶
加拿大	91%	63%	55%
中國	53%	57%	57%
法國	88%	56%	45%
印度	35%	79%	13%
墨西哥	59%	59%	53%
北韓	0.06%	0.06%	0.05%
南韓	90%	83%	83%
美國	88%	66%	58%

每 100 人的比率

註：資料來自跨國訪問 26,210 位成年人，2012 年 3 月到 4 月。
資料來源：Kemp, Simon, "Digital in 2017: An Overview," 2017, slides 45, 50, 79, 103, 143, 164, 205, 234.
Flags: ©admin_design/Shutterstock

在全世界的手機持有率大多很高，但在美國以外的某些國家，手機簡訊比通話更盛行。

在全球行銷，從機場行李推車上到海灘邊，都可以看到無孔不入的廣告。難怪相較於對支持球隊的忠誠度，群眾對品牌的忠誠度，如 Nike、可口可樂、哈雷機車，可以說是不相上下（Gitlin 2002; Klein 1999）。

網路也讓其他各種通訊方式更加蓬勃發展。當今已經能夠跨國存取和查詢參考資料和資料庫；點一下螢幕就可以知道國際金融、行銷、貿易與製造業的相關資訊。我們可以看到全球媒體管道的形成，也可以聽到融合各種文化風格的音樂。在後工業化與後現代主義的社會中，即便是最前瞻性的思想家也須承認，大眾傳播媒體與社群媒體的擴展是相當顯著的（Castells 2001, 2010b; Croteau and Hoynes 2006, 2014）。

雖然在美國，家裡有電視被視為理所當然，甚至覺得它是落後的電器設備，但在其他國家並非如此。在印度，有一半的家庭沒有電視；在奈及利亞和孟加拉，則超過七成的家庭沒有電視。然而，有兩項進步的科技發明可能改變這種情況：首

先,電池蓄電量的進步,讓觀眾在沒有電力供應的地方也可以收看電視;第二,數位信號的傳遞使得電視信號可以透過有線電視或衛星傳送。

在某些開發中國家,人民即便家中沒有電視,仍設法找電視看。在巴西,有一個偏遠的亞馬遜河區古魯帕(Gurupá)小鎮。在 1982 年,該鎮最富有的三個家庭買了電視,為了讓鎮民有福同享,他們同意將電視放在窗邊,如此一來,鄰居便可以靠近並透過他們的窗戶看電視。當這些電視擁有者驕傲地展示象徵他們新身分的象徵,看電視成為整個社區的社交活動。新科技的導入,創造新的社會規範(Kenny 2009; Pace 1993, 1998)。

©Noah Flanigan
新科技的導入創造新的社會規範。在巴西的古魯帕,當三戶有錢人買了電視,並同意與 3,000 位鎮民有福同享後,看電視成為社區的重要社交活動。

媒體的使用對開發中國家具有附加的重要性。以肯亞為例,其國土面積大約等同於美國德州。在瘧疾大爆發時,公共衛生學者監控肯亞民眾持有的一千五百萬支手機的簡訊,並利用其內容繪製這場可怕疾病的感染區域地圖。令人驚訝的是,他們發現帶有此疾病的旅客足跡出現在很少人旅遊的路線,而非往來首都奈洛比的旅遊熱門路線,他們取得的資訊後來被證實對疫情獲得控制至關重要(Wesolowski et al. 2012)。

在全世界,從手機到網路,人們越來越依賴數位媒體。這樣的風潮也引發人們對於隱私權受侵犯的憂慮,政府官方是否有權監控人民的簡訊?即使目的為保護人民的健康?

6.3 概述與回顧

摘要

媒體得以全球化,要感謝新通訊科技的發明,尤其是網路。

1. 有些人擔憂媒體的全球化,將會把不健康的影響散播到其他文化。
2. 媒體工業變得越來越集中化,創造大型媒體企業集團,使得我們懷疑媒體是否還能帶來創新且中立的內容?有些國家的政府擁有並完全掌控媒體。
3. 網路是媒體集中化的一個顯著例外,因為網路容許成千上萬的人自行生產媒體內容。

4. 在後現代數位時代，新的科技助長蒐集與分析個人資訊，對人們的隱私權造成威脅。

2. 舉出一個媒體個人化，如何透過網路、媒體集中化，透過報導、電影、電視、廣播影響你生活的例子。

3. 在不同的國家中，媒體滲透的差異造成的經濟與政治影響為何？

批判性思考

1. 用功能論、衝突論與互動論觀點，評估全球化的電視節目製作，對開發中國家的影響。

本章摘要

社會學實戰小練習

1. 找一天將你接收到的媒體訊息就其功能分類：它是屬於社會化、強化社會規範、授予地位或促進消費？記錄下來並統計結果。哪個功能出現最多次？你可以從這些結果歸納出什麼結論？
2. 選定一觀眾群——如你宿舍裡的室友——並持續追蹤他們的媒體偏好一、兩天。他們觀看、閱讀或收聽哪些媒體？哪個媒體最受青睞？哪個又最不受青睞？這個特定媒體的觀眾區隔化現象如何？
3. 選定一個外國電影、電視節目或網站，從社會學家觀點來研究。這些觀點如何告訴你，文化是如何塑造它的？

重要詞彙

Digital divide 數位落差　在低收入團體、少數種族和族群、農村居民和開發中國家的人民裡，在接觸最新技術的機會上相對缺乏。

Dominant ideology 主流意識型態　社會、經濟及政治力量等方面的一套文化信仰，用以協助維持優勢團體。

Gatekeeping 守門員　相對少數的群體控制社會大眾接收資訊的過程。

Hyperconsumerism 過度消費　購買超過我們需要或想要的，而且經常是超出我們能支付的範圍；後現代社會的消費者之一種思考模式。

Mass media 大眾傳播媒體　傳達訊息給廣大群眾的印刷或電子工具。

Narcotizing dysfunction 麻醉負功能　媒體提供大量的訊息，導致觀眾變得麻木或對訊息無反應（無論此事件有多強烈），而不管是多麼重大的議題。

Opinion leader 意見領袖　個人每天透過自己的接觸和溝通，達到影響他人的意見和決定。

Social capital 社會資本　社會網絡的集合利益，其建立在互惠的信任上。

Social media 社群媒體　網站與 App，使人們得以創造或分享內容，或參與社會網絡。

Stereotype 刻板印象　將某個群不正確地概化，卻忽視個別差異的存在。

自我評量

請仔細閱讀下列問題，並選擇最適合的答案。

1. 從功能論觀點來看，媒體會如何產生失功能？
    a. 它們會強化社會規範
    b. 它們能授予地位
    c. 它們會讓我們對社會事件感到麻痺
    d. 它們是社會化的媒介

2. 社會學家 Robert Park 研究那些移居美國的移民如何受到報紙的影響來改變習俗，並學習美國人所擁有的觀點，以便適應環境。他的研究是從哪個社會學的角度出發？
    a. 功能論觀點
    b. 衝突論觀點
    c. 互動論觀點
    d. 擬劇法觀點

3. 大眾傳播媒體的社會化功能，有其內部的功能。舉例來說，許多人憂慮
    a. 將電視作為保姆帶來的影響
    b. 含有暴力內容的節目對觀眾的影響
    c. 所有個人在購買電視上的能力不相當
    d. a 與 b 皆是

4. 媒體廣告業有幾個主要的功能，但同時也存在失功能。社會學家擔心
    a. 它造成對於獲得快樂有不切實際的期望
    b. 它帶來新的消費者需求
    c. 廣告可以影響媒體的內容
    d. 以上皆是

5. 守門員是指一群相對少數的人，為最後呈現在觀眾前的節目品質做把關，在下列哪一個媒體中占主要的主導地位？
    a. 電視
    b. 網路
    c. 出版業
    d. 音樂產業

6. 哪一個社會學觀點特別關心媒體決定什麼可以透過守門員來傳遞的能力？
    a. 功能論觀點
    b. 衝突論觀點
    c. 互動論觀點
    d. 擬劇法觀點

7. 下列哪一項媒體報導內容的問題不是女性主義學者提出的？
    a. 女性被報導的機會較少，表示男性才是主要的文化認定標準，女性只是無足輕重的存在
    b. 會以固定的形象描繪男性和女性，並且帶有性別的刻板印象。例如，女性遇到危急的時候，就需要有男性拯救，卻很少有相反的情況發生
    c. 以傳統性別角色來敘述男女關係，並且把對女性的暴力視為正常
    d. 在媒體中，日益增多的單親媽媽角色，為女性帶來負面榜樣

8. 下列有關女性和男性使用網路的情況，何者並非真實？
    a. 在日常生活中，男性較傾向使用網路。
    b. 女性較傾向使用電子郵件來維持友誼
    c. 百分之百的男性都會玩線上虛擬運動聯賽
    d. 男性曾經較女性有稍微多的機會使用網路

9. 社會學家 Paul Lazarsfeld 與他的同事是哪一種研究的先驅？針對意見領袖在投票活動中帶來的影響進行研究。
    a. 觀眾
    b. 意見領袖
    c. 媒體的全球影響力
    d. 媒體暴力

10. 哪個名詞是指在低收入團體、少數種族和族群、農村居民及開發中國家的人民中，相對缺乏接觸最新技術的機會？
    a. 數位落差
    b. 文化失調
    c. 文化融合

d. 麻醉負功能
11. 媒體會透過大眾傳播媒體，灌輸民眾共通且標準化的文化觀點，以增加社會凝聚力，這個陳述反映 _____ 的觀點。
12. Paul Lazarsfeld 與 Robert Merton（1948）創造 _____ 這個名詞，用來說明因為受到媒體提供大量的訊息，導致觀眾的麻木和對訊息無感的現象。
13. _____ 這個名詞彙是指，社會、經濟及政治力量等方面的一套文化信仰，用以協助維持優勢團體。
14. 社會學家譴責大眾傳播媒體所建立且長期存在的 _____，也就是將所有處在這些群體中的人都不實地概化，卻忽視個別差異的存在。
15. _____ 的觀點主張：政治過程會遭到媒體這個元凶所扭曲。
16. 如果過分強調占有優勢的美國，認為其他國家難以成為媒體輸出者的角色，就可能冒 _____ 的風險。
17. _____ 和 _____ 理論學者感到不安，描寫在暴力畫面中的受害人，往往是在現實生活中較不受尊重的人：婦女兒童、窮人、少數民族、外國人，甚至是傷殘人士。
18. _____ 觀點從微觀的角度檢視媒體，看日常的社會行為是如何形成的。
19. 近五十年前，加拿大的媒體理論學者 _____ 就預言電子媒體的興起，將會創造一個「地球村」。

答案：

1.(c)；2.(a)；3.(d)；4.(d)；5.(b)；6.(b)；7.(d)；8.(c)；9.(b)；10.(a)；11. 功能論；12. 媒體麻醉失能；13. 主流意識型態霸權；14. 刻板印象；15. 衝突論；16. 民族優越論；17. 衝突論；女性主義；18. 互動論；19. Marshall McLuhan

Chapter 7 偏差、犯罪與社會控制

7.1 社會控制
7.2 何謂偏差？
7.3 犯罪

©Frederic J. Brown/AFP/Getty Images
何謂犯罪？何謂偏差？將大麻作為娛樂使用及開放生產仍是偏差嗎？這三天來自加州各地的大麻農民正在洛杉磯銷售高品質大麻。

7.1 社會控制

　　如同第 3.4 節中所言，每個文化、次文化與團體都有其獨特規範藉以控制行為的適當性。法律、穿著、組織章程、課程要求、運動與遊戲規則都代表社會規範。

　　社會是如何讓人們接受基本規範的？**社會控制**（social control）是指，在任社會中，避免人們表現偏差行為之技巧和策略。所有社會階級都存有其社會控制。我們在家庭中被社會化應該順從父母；同儕團體讓我們理解非正式規範，例如藉由服裝穿著來控制所屬會員的行為；大學訂立校規期待學生遵守；在官僚組織中，員工被要求遵守正式的規則和條例；最後，政府會立法並強制執行社會規範。

　　我們多數人都會尊重並接受基本社會規範，並認為其他人同樣會遵守。我們不

社會控制的措施範圍很廣，從表示贊同或不悅的臉部表情、違規停車的罰款，到入監服刑，甚至因為嚴重犯罪而被處決。

需要任何思考，就會遵守警察的指示、遵循日常的工作規定，並在有人進入電梯時，退到後方。這些行為是特定文化標準下有效社會化過程的反映。我們同時會清楚地意識到個人、團體和制度習俗，皆期待我們應該正確表現。這些期待藉由**獎懲（sanction）**、懲罰和獎勵來管理社會規範。我們如果未遵守就可能會面臨感到畏懼、被嘲笑等非正式獎懲，或遭受坐牢或罰款等正式獎懲。

有效社會控制的挑戰是，人們對於如何舉止端正會收到完全矛盾訊息。例如，當國家或政府明確定義可接受之行為標準時，朋友及同事可能會鼓勵截然不同的言行。回顧過往，為了化解諸如種族、宗教、性別、年齡、性取向等相關歧視的法律都很難落實，因為很多人會心照不宣地被鼓勵違反這些措施。

功能論學者主張，假若任何社會或團體想要永續經營，就需要尊重社會規範。他們認為，如果多數成員公然違抗這些適當言行的標準，社會就會無法順利運作；反之，衝突論學者主張，社會的成功運作總是有益於強者，並且去推動影響其他弱勢團體。他們指出，美國就是藉由廣泛的反抗社會規範，才能從英國獨立建國，且推翻奴隸制度、讓女性投票、確保公民權及強制越戰結束。

從眾與順從

社會控制的技術可同時在團體與社會兩個層面運作。對那些跟我們一樣較屬同儕或相同地位的人，我們會表現出特定的言行；同樣地，在面對較權威者或具備令人敬畏地位的人時，人們也會有特定表現。Stanley Milgram（1975）區分這兩個層級的社會控制。

Milgram 的實驗

Milgram 所謂的**從眾（conformity）**意指附和同儕。同儕是指跟我們地位相同，無權力支配我們言行的人；相對地，**順從（obedience）**則是指服從具有較高權威的階級，因此剛進入軍隊服務的新兵會表現出跟其他新兵一致的習慣和語言，並服從長官命令；學生會跟著同儕一起喝酒，順從校警的要求。

假如管理者的實驗工具是增強會讓人疼痛的電擊，藉此命令你時，你會執行嗎？許多人會回答：不會；但是 Milgram 的研究（1963, 1975）認定多數人都會遵

循，這是他的原話（1975:xi）：「在被當權者告知需實行命令時，個人會未經思考，毫不猶豫地執行。」

Milgram 在康乃狄克州紐哈芬（New Haven）的報紙上刊登廣告，招募實驗對象參與耶魯大學的學習實驗。參與者包括郵局職員、工程師、高中老師及勞工。他們被告知實驗目的為調查懲罰對學習的影響。實驗者會穿灰色技術員大衣向他們解釋，在每一項測驗中，受試者都會被隨機挑選擔任「學習者」，其他人則扮演「老師」。不過實驗其實是被操控的，所有受試者都是扮演老師，Milgram 的同事則擔任學習者。

學習者的手上都綁著導電儀器，老師則握有具 30 個電擊等級的電擊器。電壓介於 15 伏特到 450 伏特之間。在實驗開始前，所有受試者都會先接受 45 伏特的電擊，以讓他們相信實驗的真實性。每一次當學習者答錯記憶測驗的答案時，實驗者便會命令老師增強電擊。老師被告知：「雖然電擊會讓人非常疼痛，但不會造成永久性損害。」事實上，學習者並未遭受任何電擊。

根據預先安排好的劇本，學習者會故意答錯，並在被「電擊」時表現痛苦。例如，在 150 伏特電擊時，學習者會大聲哭喊：「讓我離開！」在 270 伏特電擊時，學習者會痛苦地尖叫；當電擊來到 350 伏特時，學習者則會陷入沉默。如果老師想終止實驗，實驗者會使用「實驗要求你繼續。」「你沒有其他的選擇，必須繼續。」這樣的措辭，藉此堅定要求老師繼續（Milgram, 1975:19-23）。

Milgram 實驗的反思

這不尋常的實驗結果，讓 Milgram 和其他社會學家感到吃驚、沮喪。隨機挑選的精神科醫生原本預測幾乎全體受試者都會拒絕電擊無辜受害者，他們認為只有少於 2% 的「病態偏激者」會持續電擊到最高等級，然而卻有將近三分之二的參與者屬於「順從的受試者」。

為什麼這些受試者都會順從？為什麼他們會電擊無辜、從未傷害過他們的受害者，讓這些人痛苦？沒有證據顯示這些受試者是殘酷成性的，只有極少數的人看起來似乎喜愛執行電擊。Milgram 認為，導致受試者順從的關鍵是實驗者作為「科學家」和「知識的探求者」的社會角色。

Milgram 指出，身處現代工業世界，我們習慣服從客觀的權威人物，這些人因頭銜（教授、中尉、醫生），或制服（技術員的大衣）展現地位。因為認為權威比個人更有意義且重要，所以我們將會自我言行的責任轉嫁到權威人物身上。Milgram 實驗的受試者通常聲明：「如果這是取決於我，我不會執行電擊。」他們認為自己只是在善盡職責（Milgram, 1975）。

《順從》(*Obedience*) 電影劇照 ©1968 by Stanley Milgram. ©Renewed 1993 by Alexandra Milgram. Distributed by Alexander Street Press.

在 Milgram 的某個實驗中。學習者認定在回答錯誤時會受到電擊。在 150 伏特的等級，學習者會要求被鬆開並拒絕將手放到電擊板上。實驗者接著會要求真正的受試者（擔任老師角色者），如圖顯示，強迫學習者把手放回電擊板上。儘管 40% 的受試者拒絕服從 Milgram，但仍有 30% 的受試者即便學習者表現得極為痛苦，仍會要求他們把手放回電擊板。

衝突論觀點認為，我們的順從性可能受到那些影響我們行為之人的價值觀所影響。相較於，Milgram 的實驗顯示，人們在大多數情況下，會願意服從權威人士的命令；而其他人的研究則指出，當人們認為「受害者」理應接受懲罰時會更願意順從。Gary Schulman（1974）後來重新操作 Milgram 的實驗。即發現白人學生電擊黑人學習者的比例明顯高於白人學習者，在 40% 到 70% 的幅度差距中，會對黑人學習者施加比白人學習者更多的電擊。

互動論觀點指出，在 Milgram 的發現中很重要的部分是，當受試者在後續實驗裡，被推進到越靠近受害者的身體時，他們較不會執行電擊。此外，互動論學者關注每次逐漸增加 15 伏特電擊實驗的影響。從結果來看，實驗者會和擔任老師者協商，並說服他們繼續執行更高強度的電擊，但難以預測的是，假如實驗者要求立即執行 450 伏特的電擊，是否仍會有三分之二的受試者順從（Allen 1978; Katovich 1987）？

Milgram 應用自己關於順從的實驗延伸思考，更能理解德國人為何會在第二次世界大戰中屠殺 600 萬名猶太人和數百萬其他族群。在研究公布許久之後的一個訪問中，Milgram 表示：「如果美國成立類似納粹德國的死亡集中營，在任何美國的中型城鎮裡，一定都能找到充足的員工到集中營工作。」雖然很多人質疑此觀點，但 2004 年美軍在阿布格萊布監獄虐待、羞辱伊拉克戰俘的照片，讓人回想起兩個世代以前 Milgram 的實驗。在有感染力的情境下，正常人通常會非人性地對待他人（CBS News 1979:7-8; Hayden 2004; Zimbardo 2007a）。

時至今日，有多少受試者會在實驗中電擊學習者？雖然許多人質疑 Milgram 實驗發現的高度順從，但是近期重複操作的實驗仍證實他的發現。心理學家 Jerry Burger（2009, 2014）在 2006 年以大學生為實驗對象，複製部分 Milgram 的實驗。並增加保護措施，以維護受試者的權益。為了避免參與者的偏見，Jerry Burger 謹慎的篩選出從未聽過 Milgram 實驗的學生。實驗結果和 Milgram 的發現有驚人相似：受試者都對電擊學習者有高度意願。這兩個研究最大的差異是：Burger 實驗

的完全順從率是 70%，低於兩個世代前 Milgram 實驗的 82.5%，但兩者的差異並不顯著。

> ✓ **運用你的社會學想像**
>
> 如果你是 Milgram 從眾實驗的受試者，認為自己會順從到什麼程度？對於實驗者操控受試者的行為，你覺得是否有任何倫理問題？試說明之。

非正式社會控制與正式社會控制

鼓勵從眾與順從和防止違反社會規範的獎懲，都是藉由非正式與正式的社會控制執行。這意味著人們藉由**非正式社會控制**（informal social control）來強制執行規範，例如微笑、笑聲、挑眉和嘲笑。

在美國與其他許多文化中，成人通常會將打屁股、摑巴掌與踢小孩的行為，視為適當且必要的非正式社會控制。兒童發展專家反駁並認為這是不恰當的體罰，因為會教導孩童運用暴力解決問題，提醒摑巴掌和打屁股可能會被擴大為更嚴重形式的施暴。但儘管美國小兒科學會的政策聲明，體罰不僅無效且必會造成傷害，但是仍有 59% 的小兒科醫師贊成在特定情況下實施體罰。我們的文化普遍接受此類非正式社會控制（Chung et al. 2009）。

正式社會控制（formal social control）主要由權威機構執行，例如警察、法官、學校管理者、雇主、軍隊長官、電影院管理者。當藉由社會化和非正式獎懲仍無法讓個人言行符合要求時，它是最後的手段。有時候非正式社會控制實際上會暗中破壞正式社會控制，並鼓勵人們違反社會規範。

死刑在過去被視為最重大的社會控制，處以死刑的威脅是要勸阻人們不要觸犯可判處死刑的犯罪。然而，研究者無法證實死刑是否真的具有威懾作用，很多人對死刑的有效性感到困惑。

法律與社會

有些規範因為對社會來說非常重要，因此被正式訂定為法律。**法律**（law）之定義為政府的社會控制（Black 1995）。某些法律，例如禁止謀殺是約束社會中的所有成員；其他譬如釣魚和打獵的規定則只會影響特定的人；另外，有一些法律則是應用在管理社會機構（例如公司法與非營利企業的課稅）。

社會學家將法律的建立視為社會過程，因為政府是透過制定法律來回應對正式

社會控制之需求，社會學家已經解釋此觀點是如何與為何會產生。在他們看來，法律不僅是代代相傳的固定規則，也相當程度地反映出何謂正確和錯誤的標準不斷在改變，包括對於違規的定義及應採取哪一種獎懲（Schur 1968）。

所有理論觀點的社會學家，都贊同法律命令是權威價值的反應。因此，制定民法和刑法一直都備受爭議。僱用非法移民、墮胎、在公立學校禱告、在飛機上抽菸，是否該被視為違法？上述議題會因為價值觀差異，而衍生激烈爭論。毫無意外地，一些不受歡迎的法律，例如以前的十八號修正案（Eighteenth Amendment）規範之禁酒令，以及高速公路普遍限速 55 英里等，在大眾缺乏共識的情況下，很難落實執行。

社會化是遵循和順從行為的首要根源，包括順從法律。一般來說，我們之所以會順應社會規範，並不是因為承受同儕團體或權威人士之外在壓力。更確切地說，我們已經內化了，覺得這些規範是值得信服且嚮往的，進而願意承諾遵守。就更深度的意義來看，我們希望自己（且被他人認定）是忠誠、合作、負責及受人尊敬的。在美國和其他國家裡，人們在被社會化過程中會想要有所歸屬，且擔心會被視為異類或偏差。

控制理論（control theory） 認為社會成員之間的連結，讓我們井然有序地遵循社會規範。社會學家 Travis Hirschi 和其他控制理論學者表示，我們和家庭成員、朋友及同儕的連結，促使我們遵循社會道德和風俗習慣，我們鮮少會意識到自己是否會因未遵守規範而被懲罰。社會化讓我們發展絕佳的自我控制，因而不需要因承受更多壓力才遵守社會規範。控制理論雖不能有效解釋所有順從行為之根本原因，但仍提醒我們，當媒體關注犯罪和脫序行為時，大多數的社會成員其實都能順從且遵守基本規範（Gottfredson 2017; Hirschi 1969）。

控制理論所關注之社會公認的偏差和犯罪行為，通常不包括缺錢。但犯罪被告在等待出庭受審期間，因無力支付保釋金而坐牢的比例持續增加中。

7.1 概述與回顧

摘要

本節檢驗**從眾（conformity）**和**社會控制（social control）**機制間的關係。

1. 社會利用**社會控制（social control）**鼓勵接受基本規範。
2. Milgram 將**從眾（conformity）**定義為附和同儕；**順從（obedience）**則是服從具有較高權威的階級。
3. 有些規範對社會來說非常重要，因而被正式化為**法律（law）**。社會化是從眾和順從行為的主要根源，包括服從法律。

批判性思考

1. 曾經犯下暴力罪的青少年是否應被判處死刑？為什麼？
2. 某些非法藥物是否應該被合法化？為什麼？
3. 法律條文會反映對錯是非標準的改變，近期將大麻使用和同性婚姻合法化的修法便是證明。你認為由於社會標準改變，有哪些法律可能在不久後會改變？

重要詞彙

從眾　　　　　　　　法律
控制理論　　　　　　順從
正式社會控制　　　　獎懲
非正式社會控制　　　社會控制

7.2　何謂偏差？

　　社會學家認為，偏差並非代表曲解或墮落。**偏差**（deviance）是指違反特定團體或社會的行為標準或期待。在美國，酗酒、嗜賭和心理疾病患者都會被界定為偏差。上課遲到被歸類為偏差的、在正式婚禮上穿牛仔褲亦然。根據此社會學定義，我們時常都是偏差的，每個人都會在特定情況下，違反大眾的社會規範（Best 2004）。

　　體重過重算是偏差嗎？在美國和很多其他文化中，對外表和身材的不切實際標準造成人們很大的壓力，尤其是女人和女孩。新聞工作者 Naomi Wolf（1992）以美麗神話（beauty myth）一詞論述被過分誇大的理想美貌，這只有極少的女性能擁有，且會導致不幸結果。為了擺脫自我「偏差」形象，並遵守不切實際社會規範，許多女人和女孩對調整自我外貌深深著迷。然在某文化中被認為是偏差，可能在其他文化中卻是被讚許的。

　　偏差涵蓋違反不一定會被正式列入法律的團體規範，它是廣泛的概念，不僅是犯罪行為，也包括許多不會被起訴的言行。政府官員接受賄賂是違反社會規範，高中生拒絕坐在指定位置或曠課

©Moviestore collection Ltd/Alamy Stock Photo

名人康復？涉及偏差能否讓人保有知名度？女演員 Sean Young 因為在 1982 年演出《銀翼殺手》（*Blade Runner*）而成名。她近期和 Dr. Drew 在參加《名人康復所》（*Celebrity Rehab with Dr. Drew*）的實境節目中，展現她想克服酒精濫用問題的企圖心。隔年，報紙刊登她在奧斯卡派對上因攻擊保全人員被逮捕的畫面。

也是。當然,除了刑事犯罪外,違反規範並非都是負面的。社交俱樂部的會員發表反對拒絕女性、黑人和猶太人加入政策的言論,屬於違反俱樂部規範的行為。警員告發所屬部門的貪汙和暴虐也是違反規範。

社會學認為,偏差很難有客觀或有一成不變的定義,而是屬在特定時期之特定社會中的定義。因此,何謂偏差在不同社會時代之定義是變動的。最常見的情況是,擁有最高地位和權力的個人及團體會定義何謂可容許、何謂偏差的標準。例如,香菸在 1964 年被製成後,儘管有諸多關於菸草具嚴重危害的醫療警告,但抽菸在過去數十年依然被認定是可容許的,這有很大原因即是因為菸草農夫和香菸製造商的權力。在歷經公共健康和抗癌積極分子的長期運動後,才讓抽菸逐漸被視為偏差。目前已有許多國家和地區的法律會限制吸菸區。

偏差與社會汙名化

人們會因為很多方式而被認定是偏差,有些人不想因為自己的生理或行為特徵而被投射為負面的社會角色。一旦被認定屬於偏差,就很難對別人展現正面自我形象,且會覺自卑。以「矮子」或「紅髮人」為例,整個團體的人都可能因此被貼上標籤。互動論學者 Goffman 以**汙名化(stigma)**來描述社會藉以貶低特定社會團體的標籤(Goffman 1963; Heckert and Best 1997)。

2012 年發生在康乃狄克州新鎮(Newtown)的學校槍擊案後,因為傳聞表示,槍手遭到未接受處遇的心理困擾所苦,有關心理疾病的議題立即顯現。在很多人看來,此推測是對心理疾病患者的汙辱。不論其定義為何,這個說法將所有的心理疾病患者都視為潛在暴力犯,但是壓倒性證據顯示,絕大多數的精神疾病患者並無暴力行為,美國只有 4% 的暴力犯患有心理疾病(R. Friedman 2012; Nocera 2012)。

汙名化也會影響那些在同儕眼中是不一樣的人。對身材和美麗的主流期待,可能妨礙那些被認為屬於醜陋或肥胖者的快速進步。體重過重和厭食症的人被推測是脆弱的,且是食慾和媒體形象的奴隸,因為他們並未符合美麗神話,反而在外表上屬「難看」或「奇怪的」。這就是 Goffman 形容的「毀損身分」(spoiled identity)。不過,毀容的定義其實是如何詮釋的問題。美國每年進行的一千六百萬項整容手術中,許多患者在客觀上都是被認定屬於外貌正常的女性。女性主義社會學家明確表示,美麗神話讓許多女人對自我覺得不自在,男性也對自己的外表缺乏自信。近年來,男性選擇進行整容手術的人數大幅增加(American Society of Plastic Surgeons 2016)。

通常即便人們已不再表現偏差,但仍會持續被汙名化。例如,「嗜賭者」、「前

科罪犯」、「已康復的酒癮者」及「前心理疾病患者」等標籤，可能終其一生都被貼著。Goffman 有效區分可提升個人正面身分的聲望象徵（如婚禮樂隊和徽章），以及可能毀損或降低身分的汙名化象徵（如兒童性騷擾罪犯）之差異。雖然汙名化的特徵不一定都很明顯，但必然會眾所皆知。從 1994 年開始，許多州政府要求性犯罪者到當地警察部門登記，有些社區會公布他們的姓名與住址，有些甚至在網站上公告照片。

當某些類型的偏差導致個人被汙名化時，其他類型偏差則不會招致嚴重懲罰。例如，在尖端科技領域中，有些偏差是可被社會包容的。

偏差與科技

科技化的新發明，例如智慧型手機，重新定義社會互動與其相關的行為標準。當網路首次出現在大眾面前時，並無任何使用管理規範和規定。因為網路溝通具有高度匿名性，如對他人粗魯說話、獨占聊天室等失禮行為迅速變得普遍，原先被設計用來交流社群興趣的網路布告欄被貼滿雜亂的商業廣告。這些偏差促使人們希望正式規範網路行為。例如，立法者已經討論是否應該針對散布仇恨言論，以及色情內容的網站進行規範（請見第 6 章）。

儘管並非所有參與者都這麼認為，但有些使用科技之偏差是犯罪的。如今在街上已隨處可見販賣盜版軟體、電影和音樂，並且成為一大商機。雖然社會已廣泛接受必須尊重著作權，因此應禁止從網路下載音樂，音樂和電影產業也已進行許多期待停止非法使用產品的宣傳活動。但是對大多數人而言，這些非法使用並不會讓他們被貼上汙名化標籤。偏差是一個複雜的概念，有時微不足道，有時則會造成很大傷害；有時社會可以接受，有時又被排斥。

偏差的社會學觀點

人們為何會違反社會規範？我們已看到偏差同時會受到非正式社會控制與正式社會控制。沒有遵守或拒絕順從的人可能會面臨不諒解、失去朋友、罰款，甚至需要坐牢。只是當下為何仍會產生偏差？

早期對於違反社會期待之偏差的解釋，會被歸因於超自然力量或遺傳因子（如仇恨或追溯到祖先的演化發展）。到了十九世紀，特別針對犯罪行為的大量研究，致力於確認導致偏差的生物因素。這些研究成果在二十世紀皆被懷疑，生物學家執行的當代研究中，已經排除遺傳因素和特定人格特質有關。雖然犯罪（更不用說偏差）很難被視為人格特質，但是研究者已關注可能導致犯罪的特徵，例如攻擊性。當然，攻擊性也可在全球企業、專業運動或其他生活階層中導致成功。

可能導致犯罪的生物學原因之當代研究，在社會學界是很受爭議的觀點之一。一般而言，社會學家會批判任何強調遺傳因素與偏差、犯罪有關的觀點。有關遺傳與反社會行為間的有限知識，促使他們廣泛地引用其他取向解釋偏差（Cohen 2011）。

功能論觀點

功能論學者認為，偏差對人們而言是很常見的，並對社會穩定同時具有正面與負面的效果。偏差有助定義適當的行為，小孩看到父母之一責罵另一方在餐桌上打嗝，藉此學習什麼行為可被允許。這對收到超速罰單的駕駛人、因為對消費者吼叫而遭解僱的商店收銀員，以及因為遲交作業好幾個禮拜而被處罰的大學生來說，都是同樣的道理。

Durkheim 的傳承

Durkheim（[1895] 1964）的社會學研究，主要關注犯罪行為，他的結論涵蓋所有形式的偏差。Durkheim 主張在文化中建立的懲罰（包括正式與非正式社會控制）有助定義可接受的行為，並促成維持穩定。如果不當行為未被獎懲，人們可能會曲解適切行為的標準。

社會學家 Kai Erikson（1966）在以十七世紀新英格蘭清教徒進行的研究中，解釋偏差對維持界線的功能。依據目前標準來看，清教徒非常強調傳統道德，他們對女巫的迫害和處決，主要是為了持續嘗試定義和重新定義他們的社區界線。從結果來說，清教徒改變的社會規範導致犯罪激增，原本可被接受的行為突然被視為偏差，因而必須受到懲罰（Schaefer and Zellner 2015）。

Durkheim（[1897] 1951）以**脫序（anomie）**形容社會因為無法藉由社會控制有效約束個人言行，因而失去價值指引。脫序是指無規範狀態，通常會發生在極度社會變遷或混亂期間，例如經濟崩潰時，人們會變得更激進或沮喪，因而造成更高犯罪率與自殺率。因為在革命運動、迅速成功或經濟不景氣期間，人們對適當行為的定義會缺乏一致共識，導致從眾和順從的社會強制力也顯得無意義，此時要精確的定義何謂偏差也變得更困難。

Merton 的偏差理論

強盜和老師之間有何共通點？兩者都是在為可換取喜愛物品的金錢而「工作」。此例子突顯出，違反既定規範（例如強盜）也許和追求更常規的生活型態，在行為本質上，基本目標都是相同的。

社會學家 Merton（1968）調整 Durkheim 的脫序概念，促使更適合解釋人們為何接受或拒絕社會目標，以及為何社會可認同他們實現理想的方式。Merton 認為，

在美國以金錢作為判定成功的標準是重要的文化目標之一。除了提供人們這個目標，社會還提供可得到此成功的操作指南，例如上學、認真上班、不要放棄及抓住機會等。

當社會過度強調以財富作為成功之基本象徵時，個人會發生什麼？Merton 推定人們會有衍生特定的適應方式，若不遵守就是偏離這樣的文化期待。他的**偏差脫序理論（anomie theory of deviance）**將人們對行為或基本規範的適應區分成五個類型（表 7-1）。

在表 7-1 中顯示的其他四種行為均涉及些許背離順從。退縮者（retreatist）基本上對社會目標和方法都會逃避（或退縮）。美國的藥物成癮者和流浪漢常被認定屬典型的退縮者，酒精成癮的青少年將在生命早期就成為退縮者之議題，在近期備受關注。

創新者（innovator）則接受社會目標，但追求的方式卻被社會認為是不適當的。例如，保險箱竊賊可能是為了購買消費性產品和豪華旅行而偷錢。

儀式者（ritualist）放棄物質的成功目標，強迫自己要承諾遵守制度。工作被簡化為生活方式，而非追求成功的手段。例如，官僚制度的職員忽視組織的更深遠目標，只是盲目地實施政策和規則，如同社會工作者拒絕幫助一個無家可歸的家庭，

表 7-1　Merton 的偏差脫序理論　　　　　　　　　　　　　　　　　　│總結

個人是否能接受	非偏差	偏差			
	從眾	退縮	創新	儀式	反抗
社會目標，例如獲得財富？	👍	👎	👍	👎	👎 👍
使用可被社會接受的方法來達成目標，例如認真上進？	👍	👎	👎	👍	👎 👍

資料來源：Adapted by author, Richard Schaefer, from Chapter VI, "Social Structure and Anomie," in Merton, Robert, "Social Structure and Anomie," *Social Theory and Social Structure*. New York: Free Press, 1968. *Photos: Moneybag*: ©Givaga/Shutterstock; *Time clock*: ©Alamy Stock Photo

只因為他們最後的公寓屬於另一個行政區。

最後一種 Merton 定義的行為適應類型，反映出人們嘗試建立嶄新的社會結構。反抗者（rebel）自認被主流的目標與方法所孤立，且可能會尋求截然不同的社會秩序。政治改革組織（例如義民軍團體），可在 Merton 的模式中被歸類為反抗者。

Merton 對偏差的社會學觀點所做最關鍵的貢獻是指出，偏差者（如創新者和儀式者）與順從者之間有許多共通性，重大罪犯和沒有犯罪背景的人可能志向、抱負相同。這個理論有助理解偏差是被社會創造的，而非瞬間的病態衝動結果，只是此理論並未被系統化應用來解釋真實的犯罪行為。

互動論觀點

功能論取向解釋了即便面臨應順從和遵守的壓力，為何仍會持續違反規則的偏差觀點。然而，功能論學者沒有說明何以特定的人會表現偏差，或為何在某些犯罪時機下會偏差或不偏差。關注每天日常行為的互動論觀點，對此提出以下解釋：文化傳遞理論。

文化傳遞

社會學家 Susan A. Phillips（1999）在洛杉磯幫派的塗鴉研究中，發現畫家間會互相學習。Phillips 非常驚訝他們長期以來是如此堅定地專注於此。她也因為解釋其他種族團體如何在非裔及墨西哥裔美國人的幫派中，添加柬埔寨、中國或越南的標誌象徵而聞名。

不論是否恰當，人們都會學習如何在社會情境中表現，在彼此互動時，並沒有任何自然、天生的風格。此觀點直至今天仍受認可。但當社會學家 Edwin Sutherland（1883-1950）第一次提出個人在學習遵守或偏差時，都會經歷相同的基本社會化過程時，卻引起很多爭論。

Sutherland 的觀點在犯罪學具有主導地位。他草創**文化傳遞（cultural transmission）**學派，強調人們藉由與他人互動學習犯罪行為，所學習的不只是違法技術（如怎麼樣安靜快速弄壞一台車），也包含犯罪動機、誘因及合理化。文化傳遞的概念也可用來解釋濫用酒精及藥物的行為。

Sutherland 認為人們藉由與初級團體和重要他人之互動，學習到適當與非適當行為的定義。他以**差別接觸（differential association）**描述由於暴露在讚許犯罪行為的態度中，進而導致違反規則的過程。研究顯示，差別接觸的觀點也可以應用於解釋非屬犯罪的偏差，例如抽菸、曠課和過早性行為。

Sutherland 以善於交際、外向且活潑的男孩為例，描述男孩居住的社區中，有較高比例的少年有觸法行為。這個年輕人經常接觸到的同儕，多屬有破壞公共財產、拒絕上學等諸如此類行為者，進而可能會促使他接受這些行為。然而，住在同社區的另一位性格較內向的男孩，可能會和同儕保持距離，且避免觸法行為。在另一社區中，外向且活潑的男孩可能加入經常一起互動同儕，隸屬於少棒聯盟球隊或童子軍。因此，Sutherland 認為不適當行為是因為以自己所附屬團體為榜樣所導致，並且是他們展現友情的方式之一。

　　對此觀點的批判指出，此文化傳遞取向可解釋屬青少年觸法或塗鴉藝術家的偏差，但無法解釋商店竊賊因為衝動而初次犯罪，或窮困者偷取生活必需品。即便沒有精確描述個人是如何成為罪犯的過程，但差別接觸理論讓我們關注到社會互動對增強個人從事偏差的動機是至關重要的（Loughran et al. 2013; Sutherland et al. 1992）。

社會解組理論

　　社區或鄰里的社會關係會影響人們的行為。在第 5 章中提到模擬監獄實驗的作者 Zimbardo（2007a）曾做過一個實驗，來展現社區關係的權力。他在兩個不同社區各自棄置一台車，並打開引擎蓋、移除輪胎中心蓋。在第一個社區中，Zimbardo 還未設置好遠距攝影機進行觀察前，人們就已經拆解汽車；而在另一社區，除了行人在大雨時停下來關上此車的引擎蓋之外，幾個禮拜過去，車子都未被觸碰。

　　何以 Zimbardo 的實驗在兩個社區會有截然不同的結果？**社會解組理論（social disorganization theory）**認為，犯罪和偏差行為的提高，主要是因為公共關係和社會組織的缺乏或瓦解，例如家庭、學校、教堂或當地政府。此理論由芝加哥大學在 1900 年早期開始發展，描述當城市因為鄉村民眾遷入和移民而快速擴張時，所導致的明顯混亂。Clifford Shaw 與 Henry McKay 使用最新研究科技，精準畫出芝加哥社區問題的地圖分布。他們發現那些建築物磨損和人口減少的地區，發生社會問題的比例較高。有趣的是，儘管社區的人口、種族組成會變遷，但仍可支持此模式的觀點。

　　這個理論受到批判。對有些人來說，社會解組理論似乎在「責備被害人」脫離更大的社會約束力，也無法解釋如失業和

©Frank and Helena/Cultura RM Exclusive/Getty Images
根據社會解組理論，強大的社區鍵可以強化鄰里維繫，降低犯罪率。

高素質學校。評論家也爭辯，即便是動亂的社區也會具有切實可行且健全的組織，即便在各類問題圍繞下，這些組織依然持續存在。

近期的社會解組理論學者更強調社會網絡在社區鍵（communal bond）之效果。這些研究者認為社區並不是孤島，居民間的聯繫可能會因為他們與社區之外團體的連結而被強化或削弱（Jensen 2005; Sampson and Graves 1989; Shaw and McKay 1942）。

標籤觀點

聖徒（Saints）和硬頸（Roughnecks）都是高中男生的團體，都持續有酗酒、危險駕駛、曠課、偷竊和故意破壞公物等行為，他們的目標是相似的，但聖徒的成員從未被逮捕，硬頸的成員則常被警察和市民找麻煩。為何會有這樣的差別待遇？社會學家 William Chambliss（1973; Chambliss and Haas 2012）依據自己在這所高中進行的觀察研究推斷，社會階級在此二團體的不同命運中扮演重要角色。

聖徒躲在體面的表象背後。他們來自「好的家庭」、活躍於學校組織、預計上大學、成績好，人們普遍認為，他們的不良行為只是放蕩生活的偶一為之、單一特例。硬頸則缺乏這樣的體面光環，他們開著破車在鎮上閒晃、在學校表現欠佳，並且不管做什麼都會被懷疑。

我們可以用**標籤理論（labeling theory）**來解釋這種差異。和 Sutherland 不同，標籤理論並未解釋為何人們會有偏差，主要試圖解釋為何特定的人（如硬頸）會被視為偏差者、流氓、壞小孩、輸家與罪犯；但其他表現類似行為的人（如聖徒）卻未被冠上這些嚴厲措辭。標籤理論呼應互動論學者的研究成果，關注人們如何被貼上偏差的標籤，以及如何接受此標籤。社會學家 Howard Becker（[1953] 2015; 1963:9; 1964）讓這個理論聞名，並做出結論表示：「偏差行為是被人們所標籤的行為。」

標籤理論也被稱為**社會反應取向（societal-reaction approach）**。這提醒我們，偏差的定義並非源自行為本身，而是被對此行為的反應所賦予。例如，研究顯示有些學校的人事部門和臨床醫學家將有行為問題的學生納入針對學習困難學生設計的教育計畫中。結果，「麻煩製造者」可能被不當地標籤為「學習困難者」，反之亦然（Grattet 2011）。

標籤和社會控制之代理人

偏差行為之傳統研究多聚焦在違反社會規範者；相反地，標籤理論則關注警察、觀護人、精神科醫師、法官、老師、雇主、學校人員和其他的社會控制調節者。這些代理人被認為在藉由指定特定人（而非他人）為偏差者，創造偏差定義中，扮演關鍵角色。標籤理論的重要觀點主張，須承認某些個人或團體具有權力去定義標籤，並將此標籤應用於他人身上。此觀點呼應衝突論所強調之權力對社會的重要性。

近年來，社會大眾已會監視種族側寫（racial profiling），亦即純粹因為種族就被定義為罪犯。研究證實大眾的質疑，在某些司法管轄區，相較於白人，警察會因為期待能在黑人的車上找到毒品或槍枝，因此更容易在例行交通違規中要求黑人停車。公民權力運動者將這些事例諷刺地稱為「黑人駕駛」（Driving While Black）的違規。從 2001 年開始，這些側寫有了新的轉變，阿拉伯裔或穆斯林受到特別關注（種族側寫在第 9 章會有更詳細解釋）。

標籤理論的普及化後出現另一個相關觀點：社會建構論。**社會建構論觀點（social constructionist perspective）**主張偏差是我們所處文化之產物。社會建構學家特別關注創造偏差定義的決策過程，指出「小孩誘拐者」、「遊手好閒父親」、「無節制殺手」和「約會強姦犯」一直存在我們身邊，但因為密集的媒體報導，以致成為立法者主要關注的社會焦點（Liska and Messner 1999; E. R. Wright et al. 2000）。

特定行為是如何被視為問題？抽菸曾被認為是禮貌且紳士的，現在則被視為對健康有嚴重危害，目前不只抽菸者本人，身旁不抽菸的人都開始擔心這些危害，尤其是香菸對孩童的傷害，因而提出三手菸（附著在衣服，以及縈繞在房間、車上，甚至電梯中的香菸相關化學物質）。

✓ 運用你的社會學想像

假設你身為教師，在教育中，你可以給學生貼上什麼標籤？

衝突論觀點

衝突論學者指出，握有權力者為了保護自我利益，因此制定偏差的定義以符合自我需求。社會學家 Richard Quinney（1974, 1979, 1980）最先倡議此觀點，主張刑事司法體系主要在服務有權力者的利益。根據 Quinney（1970）的定義，犯罪是在政治組織社會中，由被授權可執行社會控制的機構（如立法者與法律執行者）所創

造的。他和其他衝突論學者主張，法律制定常是有權力者企圖強制他人服從他們的道德規範。

這個理論解釋為何我們會訂定法律，禁止賭博、使用毒品及娼妓等，卻仍有很多人違反上述規定。（我們將在本章後段解釋「無被害人犯罪」。）衝突論學者指出，刑法不僅未將已具一致性的社會價值觀納入規範，反倒反映相互對抗的價值觀和利益，所以美國刑法因為大麻會傷害使用者，被認定大麻為違禁品；然而，對具有同樣傷害性的香菸和酒精，卻幾乎可以在任何地方合法販售。

事實上，衝突論學者主張，整個美國刑事司法體系，都會因為犯罪嫌疑人的種族、族群或社會階級差異，而給予不同的對待。在許多情況下，官員會運用自己的決斷，做出是否起訴、是否保釋、保釋金多寡、同意假釋與否等偏頗決定。研究者發現，在不同團體中都存有這類**差別正義（differential justice）**的社會控制差異，並讓青少年或成人的非裔美國人在司法體系中處於劣勢。就平均值而言，即便將之前的逮捕記錄和相關犯罪輕重納入考量，白人違法者相對於非裔違法者，通常刑期被判得較輕（King and Johnson 2016）。

衝突論和標籤理論學者對偏差的觀點，和功能論取向有強烈對比。功能論學者認為偏差的標準僅是文化規範之反映；衝突論及標籤理論學者則指出社會中握有權勢的團體可以制定法律與標準，並且界定誰可以（或誰不可以）被起訴為罪犯。這些團體不太可能把公司管理者貼上「偏差」的標籤，即便他們的決定導致大規模的環境汙染。衝突論學者的觀點認為，社會控制的機構與其他有權力的團體可將自己對偏差的定義強加在一般社會大眾身上。

女性主義觀點

女性主義犯罪學家，如 Freda Adler 與 Meda Chesney-Lind 指出，目前許多偏差和犯罪的概念，均以男性為中心建構。例如，在美國，多年來，任何強迫妻子和自己發生性行為的丈夫，即便未經妻子同意並違反其意願，在法律上都不構成強暴。法律只將強暴定義為雙方無婚姻的性關係，這反映當時男性在國家立法機關的壓倒性地位。經過女性主義組織再三抗議，才成功改變法律對強暴的定義（Allen 2015; LawServer 2016）。

©David Pollack/Corbis Historical/Getty Images

在1930年代，聯邦麻醉品局（Federal Bureau of Narcotics）曾倡議，應將大麻視為危險藥物，而非令人愉悅的物質。從衝突論的觀點來看，握有權力者經常使用這種策略，強制他人接納不同的觀點。

根據女性主義學者的分析顯示，大約 80% 到 95% 的女學生遭受性侵案件並未向學校通報。這種情況可能會因為全美發起的「我也是受害者」(#MeToo) 運動而改變，鼓勵女性勇敢說出遭受性侵經驗，但學校勢必需要重新定義且審視校園文化的期待。傳統文化正常化某種程度的男性之性侵行為（Spencer et al. 2017）。

未來有關女性主義學者的學術成就被期待會有戲劇化成長，特別是某些特定主題，例如性虐待、性騷擾、白領犯罪、酗酒行為、藥物濫用及判罪率的性別差異，或是在有關如何定義偏差的基本問題上，女性主義學者都將有更多想法要表達。

在過去一個世紀，我們已經看到社會學家發展多元觀點來研究偏差，並且引起一些爭論。在表 7-2 中，彙整有關此主題的各種理論觀點。

表 7-2　偏差之社會學觀點回顧社會學觀點　　　　　　　　　　　　　　　　　　　　｜追蹤社會學觀點

取向	理論觀點	支持者	重點
脫序	功能論	Émile Durkheim Robert Merton	適應社會規範
文化傳遞 / 差別接觸	互動論	Edwin Sutherland	藉由學習其他人而來
社會解組	互動論	Clifford Shaw Henry McKay	社區關係
標籤 / 社會建構論	互動論	Howard Becker William Chambliss	對行動的社會回應
衝突論	衝突論	Richard Ouinney	由權力機構掌控 / 差別正義
女性主義	衝突論、女性主義	Freda Adler Meda Chesney-Lind	性別角色 女性被害人與罪犯

7.2　概述與回顧

摘要

偏差是指違反社會規範的行為。有很多行為可能被歸類類為偏差，且每個人在某些情況下都會違反社會規範。

1. 某些形式的**偏差**（deviance）較會被負面的**社會汙名化**（stigma），儘管其他的偏差其實是更容易或更無法被社會接納。
2. 功能論學者主張，偏差及其結果有助定義適當行為的界線。
3. 有些互動論學者主張，人們會藉由和他人互動學習犯罪行為〔**文化傳遞**（cultural transmission）〕。偏差是因為暴露在讚許犯罪行為的態度中所導致〔**差別接觸**

（differential association）〕。
4. 其他互動論學者把犯罪和偏差的增加，歸因於社區關係和社會制度的缺乏或崩潰，包括家庭、學校、教堂及當地政府〔**社會解組理論（social disorganization theory）**〕。
5. 標籤理論主張，當某些人被視為偏差者時，其他有同樣行為者卻不會被如此認定。
6. 衝突論觀點主張，法律和刑罰是有權力者利益的反映。
7. 女性主義學者強調，文化態度和不同的經濟關係，有助我們解釋偏差與犯罪的性別差異。

批判性思考

1. 在美國，國家及聯邦法律都保護在公共場所哺乳。請應用偏差的概念，解釋為何有些人會認為在公共場所哺乳是不正確的，儘管有些母親實際上是覺得自在的。
2. 請應用 Merton 提出人們對規範適應的五個類型，舉例每一類型在工作或大學生活的適應樣貌。

重要詞彙

脫序	標籤理論
偏差的脫序理論	社會建構論觀點
文化傳遞	社會解組理論
偏差	社會反應取向
差別接觸	汙名化
差別正義	

7.3 犯罪

犯罪存在每個人的心中。直到最近，大學校園都被視為是犯罪的避風港，目前希望允許大學生或校園相關人士可以攜帶槍枝的呼聲有提高的趨勢。

犯罪（crime）是指違反的法律已被政府權威機關制定，且有正式刑罰。它代表偏離由國家執行之正式社會規範。法律根據犯罪的嚴重性、犯罪者的年齡、可能遭受的處罰，以及具有司法審判權的法院之差異。

犯罪類型

除了法律上的分類外，社會學家會藉由他們如何犯罪、社會如何看待犯罪者，來分類犯罪。以下章節將會介紹六種由社會學家區分的犯罪：無被害人犯罪、專業犯罪、組織犯罪、白領階級與科技犯罪、仇恨犯罪，以及跨國犯罪。

無被害人犯罪

當想到犯罪，我們通常傾向認為犯罪是屬於違反個人意願（或未經當事人認可），並且危及經濟或個人福祉的行動。完全相反的是，社會學家使用**無被害人犯罪（victimless crime）**來形容，成員間出於自我強烈渴望，且心甘情願地交換非法商品和服務，例如賣淫（Schur 1965, 1985）。

有些行動家致力於將這些非法的慣常行為除罪化，支持除罪化者對試圖將成人的道德準則變成法律覺得苦惱。他們認為，例如賣淫、藥物濫用、賭博，以及其他無被害人犯罪是不可能被預防的，已經負擔過重的刑事司法體系應將資源投注到街頭犯罪，以及其他有明顯被害人的犯罪。

儘管無被害人犯罪一詞已被廣泛使用，但許多人反對這類犯罪屬於無被害人竟被視為罪犯的觀點。飲酒過量、嗜賭與非法藥物濫用，都可能導致巨大的個人及財產損失。酗酒者可能會對配偶或孩子施暴；嗜賭或有藥物濫用習慣者可能會以偷竊來滿足自我執念。女性主義社會學家認為，賣淫和其他與色情相關的騷擾，都會強化女性是可被視為物品的「玩物」，因此不需要被當成「人」去對待的錯誤觀點。批評除罪化的人士則表示，社會不應默許這些會造成嚴重後果的行為（Melissa Farley and Malarek 2008）。

除罪化的爭辯提醒標籤論與衝突論學者之前提出的重要見解。此爭辯存在兩個潛在問題：誰有權力定義賭博、賣淫和在公共場合酒醉的人即是「罪犯」？誰又有權力將這些行為標籤為「無被害人」？答案通常是國家立法者，或者在某些情況下是警察和法院。

專業犯罪

雖然「犯罪是划不來的」（Crime doesn't pay）這個俗諺廣為人知，但是仍然有許多人將非法活動作為事業。**專業犯罪（professional criminal）**〔或職業犯罪（career criminal）〕是指個人以犯罪作為日常職業，發展出熟練技術，並因為在其他罪犯中擁有特定程度的地位而樂在其中。一些專業罪犯會專門觸犯搶劫、撬開保險櫃、劫持貨櫃、扒手和商店行竊等特定犯罪。他們會學習技巧，以降低被逮捕、判刑和坐牢的機率，因而促使在此專業中有很長的職涯。

Sutherland（1937）藉由專業小偷撰寫的自

"KICKBACKS, EMBEZZLEMENT, PRICE FIXING, BRIBERY... THIS IS AN EXTREMELY HIGH-CRIME AREA."

©Sidney Harris. Copyright ScienceCartoonsPlus.com

傳，提出對專業犯罪的先驅見解。專業小偷與只偷竊一到兩次的人不同，他們會將偷竊當成事業，會付出時間去計畫和執行犯罪，有時甚至為了追求「專業職責」而跨國旅行。就像有正常職業的人一樣，專業小偷會徵詢同夥有關工作上的要求，並和有相似職業者形成其次文化。他們會交換許多資訊，例如行竊地點、可銷贓偷竊商品的商店，以及如果被逮捕，要如何安全保釋的方法。

組織犯罪

政府在 1976 年的一份報告中，以三頁篇幅來定義組織犯罪。我們認為**組織犯罪（organized crime）**是指此團體有系統的管理犯罪企業從事相關非法活動，包括賣淫、賭博、非法走私與販售毒品。組織犯罪掌控非法交易的世界，如同大企業掌控傳統的商業世界，分配公司、為商品和服務標示價錢，並且行為表現如同是在處理內部爭論的仲裁者。一個祕密且陰謀的活動通常可以逃離法律的制裁。它會接管合法企業、在工會中獲得影響力、賄賂公職人員、威脅犯罪審判的目擊者，甚至以威脅商人應支付「稅金」來換取「保護」（National Advisory Commission on Criminal Justice 1976）。

組織犯罪讓為生活掙扎的人們提供逃離貧窮、向上流動的方法。社會學家 Daniel Bell（1953）用族群接替（ethnic succession），形容二十世紀初原本組織犯罪是由愛爾蘭裔美國人主導；到了 1920 年代，轉由猶太裔美國人主導，之後在 1930 年代早期，則是由義大利裔美國人主導的轉移過程。族群接替在近年變得更複雜，這反映國家最新移民的多元性。哥倫比亞、墨西哥、俄國、中國、巴基斯坦和奈及利亞的移民，都已開始在組織犯罪中扮演重要角色（Herman 2005）。

白領階級與科技犯罪

白領階級犯罪（white-collar crime）的例子，包括逃稅、股票操控、欺騙消費者、賄賂和索取回扣、盜用公款及欺詐性廣告；這些非法行為多與商業活動有關，而且犯罪者通常是富裕、「受尊重」的人物。1939 年在對美國社會學學會的主席致辭中，Sutherland（1949, 1983）就曾把這類犯罪比喻為組織犯罪，因為他們通常是利用職業角色去做壞事。

近十年中出現嶄新的白領階級犯罪形式：網路犯罪。**網路犯罪（cybercrime）**是指，應用電腦硬體和軟體從事的非法活動，包括網路間諜和網路恐怖主義。網路犯罪已是國際議題。在美國有八成的被害者因為資訊或數據被外洩而受害。由於美國是具有極高價值的犯罪目標，根據估計，全世界因為資訊外洩所造成的損失，有九成都是由美國承擔。到了 2021 年，網路犯罪讓全世界損失近 6 兆美元，相較於 2015 年的 3 兆美元，有了大幅成長（Juniper Research 2015; Morgan 2017）。

當 Cooley 談論自我概念，Goffman 提到印象管理時，應該沒有任何學者可以想像到身分盜用是如此陰險的犯罪。每年有將近七成的成人，發現他們的個人資料因為犯罪目的而被盜用。不幸的是，因為社會對電子金融交易的依賴逐漸提高，偽造他人的身分越來越容易（Harrell 2015）。

身分盜用並不一定需要技術。犯罪者可以藉由偷竊或攔截電子郵件，獲得他人的身分資訊。廣泛的線上資訊交換，促使犯罪者能夠得到大量的個人資訊。大眾對身分盜用之潛在危害的意識，在 2001 年 911 事件後有了很大的提升，當時的調查顯示，許多劫機者使用偽造的身分證開設帳戶、租公寓與登機。2004 年頒布的法律規定，當和其他犯罪相關時，身分盜用可以被判處強制監禁。即便如此，儘管是不小心的未經授權資訊公開仍然存在。

Sutherland（1940）在 1930 年創造白領階級犯罪這個名詞時，主要是指個人的行為，但是近年來此專有名詞被擴展應用到企業和社團法人的違法行為。企業犯罪（corporate crime）或任何應受政府法律處罰的企業活動有很多種形式，被害者涵蓋個人、組織及機構。企業可能從事反競爭行為、環境汙染、醫療詐欺、稅務詐欺、操弄股市騙局、會計詐騙、生產不安全貨品、賄賂和貪汙，以及違反健康和安全等（J. Coleman 2006）。

即使某個人被判處觸犯企業犯罪，通常他的聲望和職業抱負並不會因而受損，這幾乎就和街頭犯罪的結果類似。顯然的，「白領階級犯罪」這個標籤並不像「暴力重刑犯」一樣被汙名化。衝突論學者對此差別待遇並不感到訝異，他們認為刑事司法體系大多忽視有錢人的犯罪，主要會較關注窮人的犯罪。一般而言，如果觸法者具有一定地位和影響力，他的犯罪行為就會被視為較屬輕微，受到的處罰也較仁慈（Simpson 2013）。

仇恨犯罪

和其他犯罪不同，仇恨犯罪的定義不僅是針對犯罪者的行動，也會考慮其犯罪行為之目的。當犯罪者是依據種族、宗教、族群、國籍或性取向為動機去選擇受害者，或當證據顯示是仇恨促使觸法者犯罪時，政府就會視為**仇恨犯罪（hate crime）**。仇恨犯罪有時也被稱為偏見犯罪（bias crime）（Department of Justice 2008）。

跨國犯罪

越來越多學者和警察關注**跨國犯罪（transnational crime）**，或是那些跨越多個國家邊界的犯罪。在過去，國際犯罪（international crime）多侷限在跨越兩國邊界的商品走私，然而，這類犯罪逐漸地不再只是存在於兩國邊界。如同合法貿易一

表 7-3　跨國犯罪的類型

破產與保險詐騙
電腦犯罪（電腦同時是犯罪的工具和目標）
貪汙和賄賂公務人員
仿製品
環境犯罪
劫持飛機（劫機）
非法毒品交易
非法金錢轉移（洗錢）
非法販售槍枝和砲彈
滲透合法商業
智慧財產權犯罪
移民走私
網路犯罪組織
海盜
恐怖主義
藝術品和文物的偷竊
非法販賣身體部位（包含非法器官移植）
非法人口販賣（包含性交易）

資料來源：作者根據 Mueller（2001）和聯合國藥物和犯罪問題辦事處（United Nations Office on Drugs and Crime 2018）的資料彙整並更新。

樣，目前國際犯罪早已橫跨全球，已非僅集中在特定國家。

奴隸大概是過去最可怕的跨國犯罪。最初，政府並沒有將販賣奴隸視為犯罪，只將他們視為貿易中的貨物予以管制。在二十世紀，跨國犯罪包含瀕臨絕種物種、毒品、被偷竊畫作及古董的非法交易。

跨國犯罪其實也包括一些我們已討論的其他犯罪，例如組織犯罪的網絡已正邁向全球化。科技肯定促進他們的非法活動，例如非法販賣兒童的色情商品。聯合國在 1990 年代，開始將跨國犯罪分類；表 7-3 中列出一些常見的類型。

近年來為了追捕諸如走私等邊界犯罪的雙邊合作，已變得常見。全球第一個為了控制國際犯罪的努力成果，即是國際刑事警政組織（International Criminal Police Organization, Interpol），它是歐洲警察的合作網絡，目的為遏止政治改革者跨越邊界。雖然這些為了打擊跨國犯罪的努力可能很崇高，需要各國政府共同合作，但是當中其實存在複雜敏感的法律及安全問題。

大多數已經簽署聯合國協議的國家，包含美國，都會擔心這份協議可能會干涉自己國家的刑事司法體系，也擔憂國家安全問題，因此對於分享特定類型的情報資訊頗為勉強。有關俄羅斯參與分裂 2016 年美國總統競選活動及選舉的調查，致使有關網路資訊安全防護議題更受關注。

✓ 運用你的社會學想像

身為一名網路新聞的編輯，你對企業或白領犯罪的故事，和那些暴力犯罪相比，在報導論述上會有何差異？

犯罪統計

犯罪統計並未如同社會科學家那樣的精準，尤其當他們處理的是受到美國人民

嚴重關切的議題時。不幸的是，它們經常被認定是完全可信賴的引述。這些數據被警察作為行動的指標，同時也是特定犯罪嚴重程度的大致估計跡象，但若將這些數據解釋為準確的犯罪率會是錯誤的。

犯罪趨勢

在新聞報導、網路和報紙上，犯罪相關訊息隨處可見。社會大眾因而將犯罪視為主要的社會問題。不過美國近年來的暴力犯罪率，在上升多年後已顯著下降。

犯罪率下降了多少？細想以下描述：根據報導，2017 年的犯罪率和 1963 年相當，1963 年的汽油價格是每加侖 29 美分，每個人的年均所得低於 6,000 美元。

過去十年犯罪率的急遽下降，暴力犯罪和財產犯罪在過去十年大約下降兩成左右。雖然在 2016 年，有 17,250 人慘遭殺害；但在 1991 年，這個數字卻是驚人的高達 24,700 人。根據被害調查的記錄顯示，被害率也是下降的（請見圖 7-1）。

要如何解釋犯罪指數和被害率的下降原因呢？有以下幾種可能：

- 以社區為導向的警政和犯罪預防方案。
- 新的槍枝管制法案。
- 監禁人口的大量增加，至少預防這些受刑人在社區犯罪。
- 新型監視科技。
- 較好的居家和企業保全。
- 濫用古柯鹼的流行情況減少，古柯鹼在 1980 年代後期極為盛行。
- 人口老化，50 歲的人口增加，20 歲的人口則下降。

沒有單一解釋可以說明犯罪率為何會有如此顯著的改變，但綜合來說，這些在公共政策、公共健康、科技和人口統計方面的改變，可能可以解釋這種現象（Tonry 2014）。

儘管犯罪率已減少，但一般民眾仍然認為犯罪是日益嚴重的威脅。每年的調查統計結果都顯示，大多數人都相信與過去相比，現在有更多的犯罪發生。該如何解釋這個和現實差距極大的認知？媒體報導會

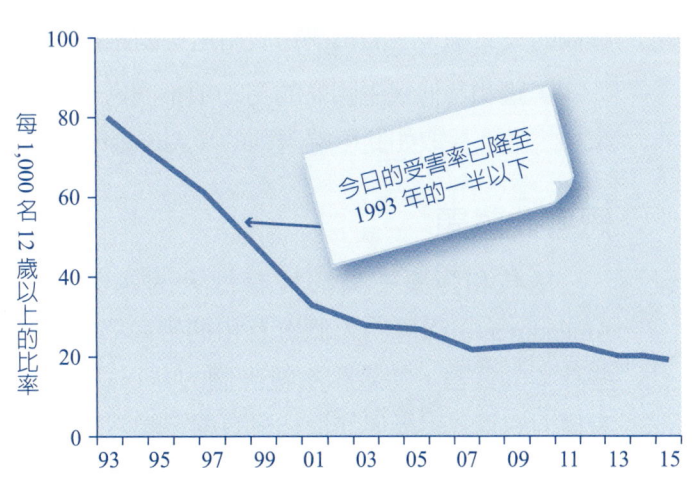

註：數據為暴力犯罪的受害率。
資料來源：Truman, Jennifer L., and Morgan, Rachel E. Criminal Victimization, 2015. Washington, DC: BJS, 2016.

圖 7-1　被害率，1993 年到 2015 年

強調發生在地方和全國性的暴力犯罪，因此我們都被在學校、工作場所、音樂會和教堂發生的槍擊案報導不斷轟炸（McCarthy 2015）。

女性主義學者提醒我們關注一個違反趨勢的議題：女性觸犯重大犯罪的比率上升，但女性觸犯暴力犯罪的情況是下降的。儘管在流行文化中有所謂的「壞女孩」形象，但根據可信賴的調查顯示：女性打架、擁有武器、攻擊和暴力傷害的比率在過去十年顯著下降（Department of Justice 2017; Males and Chesney-Lind 2010）。

國際犯罪率

從 1980 年代到二十一世紀，相較於西歐，美國的暴力犯罪越來越普遍。美國的警察報案通報，謀殺、強姦和搶劫占的比率較高，但其他形式的犯罪在別的國家的發生率較高。例如，和美國相比，英國、愛爾蘭、丹麥和紐西蘭的汽車盜竊率較高；開發中國家由於內亂和人民間的政治衝突，凶殺案較多（United Nations Office on Drugs and Crime 2015b）。

開發中國家急遽上升的凶殺率特別令人煩惱，這些國家通常會提供工業化國家毒品，特別是美國。出口古柯鹼到北美和歐洲可以獲取極高利潤，這讓販毒集團可以配置武器裝備，形同非法軍團。在墨西哥，凶殺案的發生率是美國的兩倍；宏都拉斯、瓜地馬拉、委內瑞拉和薩爾瓦多的凶殺率，則是墨西哥的三倍到五倍之多（Luhnow 2014）。

為什麼美國的暴力犯罪會比西歐國家高出許多？社會學家 Elliot Currie（1985, 1998）認為，相較於其他社會，美國比其他國家更強調個人的經濟成就。許多觀察家同時指出，美國文化長期容忍（而非寬恕）多種形式的暴力。嚴重的貧富差距、極高的失業率、酗酒和藥物濫用這些因素整合起來，就形成有利犯罪的風潮。

美國和其他民主國家的另一項不同之處，就是死刑的使用。美國是民主進步國家中，唯一採取如此極端處罰的（Amnesty International 2015）。

思考此議題

槍枝和彈藥在美國擁有很大的商業利潤。美國憲法第二修正案（Second Amendment）保障「人們擁有和攜帶武器的權利」。目前，40% 的美國家庭擁有某些種類的武器。初級和次級團體的非正式槍枝俱樂部蓬勃發展。在國家基礎上，有權力的正式組織促進槍枝擁有權。顯然地，擁有槍枝在美國社會中並非屬於偏差（Igielnik and Brown 2017）。

在過去二十年，對嚴格管控槍枝的要求是降低而非提高的。這個訴求在 2000 年時最受到支持，當時將近 67% 的美國民眾認為比起保障擁有槍枝的權利，管制

槍枝所有權者的身分更為重要。到了 2009 年，支持率則下降 50%，一直持續到 2017 年。在此時期，全國步槍協會（National Rifle Association, NRA）利用它的力量阻擋或削弱倡導槍枝管制規範的努力成果。在康乃狄克州新鎮的桑迪胡克（Sandy Hook）國小槍擊案發生一年後的 2013 年，政府制定 109 條新的槍枝法律，當中有 70 條鬆綁了對槍械的限制，39 條則是更嚴格管制（Igielnik and Brown 2017; Yourish and Buchanan 2013）。

雖然近年來犯罪有下降的趨勢，但槍枝在犯罪中扮演的角色卻始終如一。從 2012 年開始，三分之二的謀殺和槍械有關。雖然槍枝持有者堅稱需要槍械，保護自己與所愛的人免於受到暴力侵害；但是一些知名公眾人物被刺殺事件，例如總統 John F. Kennedy、議員 Robert Kennedy、Martin Luther King Jr. 和披頭四（The Beatles）的 John Lennon 的暗殺案，都讓立法機關思考更嚴格的槍枝管制措施（Department of Justice 2017）。

槍枝管制的立法是由《Brady 槍枝暴力防治法案》（Brady Handgun Violence Prevention Act）開始，法案名稱源於當時的白宮發言人 Jim Brady 在 1981 年總統 Ronald Reagan 的遇刺事件中受了重傷，暗殺的嫌疑犯 John Hinckley 當時是在當鋪以偽造的個人資料購入槍枝。該法案在 1994 年生效後，要求軍火商必須確認購買者的犯罪背景，大約有 2% 的人因為有重大罪犯前科或因家庭暴力受處分禁制令而被商家拒絕購買（Frandsen et al. 2013）。

倡導槍枝管制者認為《Brady 槍枝暴力防治法案》的限制不足，認為需要有更嚴格的立法。反對者則主張《Brady 槍枝暴力防治法案》只管制到誠實的人，有犯罪意圖的人可由其他管道取得槍枝。相較於通過更多法案，反對者建議目前應該加強執行對非法使用槍枝的懲罰。

2008 年在哥倫比亞特區控告海勒案（District of Columbia v. Heller）的指標性案件中，最高法院以 5 比 4 的裁決，幾乎推翻了所有槍枝使用的禁令。兩年後，在麥克唐納控訴芝加哥案（McDonald v. City of Chicago）中，法院以 5 比 4 的投票推翻芝加哥已經持續 28 年的槍枝禁令。這兩項判決受到槍枝權力倡議者推崇，卻被支持槍枝管控的人們所譴責。槍枝權力相關團體繼續

©2016, Dave Granlund, Politicalcartoons.com
聯邦槍枝管制法的支持者，在大規模槍擊事件引起全國憤怒後，譴責法律缺乏行動。

測試其他槍枝所有權限制的合憲性；另一方面，槍枝管控的倡導者則努力制定法官可接受的法案（Pilkington 2010; Winkler 2009）。

7.3 概述與回顧

摘要

犯罪是正式社會規範中的偏差行為，會受到國家正式的刑罰。

1. 社會學家將犯罪區分成**無被害人犯罪（victimless crime）**（如使用毒品和賣淫）、**專業犯罪（professional criminal）**、**仇恨犯罪（hate crime）**、**組織犯罪（organized crime）**、**白領階級犯罪（white-collar crime）**及**跨國犯罪（transnational crime）**。
2. 犯罪統計是最不可靠的社會數據，有部分原因是因為許多犯罪並未報警。美國的暴力犯罪率雖已有下降趨勢，但仍較西歐國家高出許多。
3. 死刑是最終的制裁，功能論學者認為這可制止嚴重犯罪。只是經濟弱勢者和少數民族者卻更容易被判決死刑。全世界有許多國家已取消死刑。

批判性思考

1. 為什麼除了已報警的犯罪數據之外，社會學家的被害調查會是有用的？
2. 請應用至少兩個在第 7.2 節已討論的理論，來解釋專業犯罪，並比較說明哪一理論提供最好的解釋？

重要詞彙

犯罪	跨國犯罪
網路犯罪	無被害人犯罪
專業犯罪	白領階級犯罪

本章摘要

社會學實戰小練習

1. 描述在你的學校實施之社會控制機制，包括正式與非正式的。你覺得這些正式社會控制與非正式社會控制，哪一個比較有效？
2. 以互動論觀點解釋鄰近貧民區的犯罪者和守法公民之差異。
3. 參觀你所居住區域的法院大樓，並以社會學家的觀點觀察陪審團，進而以社會學觀點闡述你的所見所聞。

重要詞彙

Anomie 脫序　Durkheim 以此形容社會因為無法藉由社會控制有效約束個人言行,因而失去價值指引。

Anomie theory of deviance 偏差的脫序理論　此為 Robert Merton 的理論,主張偏差是指其目標或用來達成此目標的方式,或者這兩者是否屬社會所接受。

Conformity 從眾　附和同儕。同儕是指無權力支配我們言行,且跟我們地位相同的人。

Control theory 控制理論　對從眾和偏差的觀點主張我們和社會成員間的連結,使我們井然有序地遵守社會規範。

Crime 犯罪　違反已被某些政府組織規定會遭受正式刑罰的法律。

Cultural transmission 文化傳遞　為犯罪學派流,主張人們藉由和他人互動學習犯罪行為。

Cybercrime 網路犯罪　應用電腦硬體和軟體從事的非法活動。

Deviance 偏差　指違反特定團體或社會的行為標準或期待。

Differential association 差別接觸　此理論主張偏差是因為暴露在讚許犯罪行為的態度中所導致。

Diffferential justice 差別正義　社會控制的施行會因為團體不同而有所差異。

Formal social control 正式社會控制　主要由權威機構執行,例如警察、法官、學校管理者、雇主。

Hate crime 仇恨犯罪　犯罪者是依據種族、宗教、族群、國籍或性取向為動機去選擇被害人,因此也被稱為偏見犯罪。

Informal social control 非正式社會控制　藉由日常人際互動,例如微笑、笑聲、挑眉和嘲笑,來強制執行規範的社會控制。

Labeling theory 標籤理論　其偏差觀點試圖解釋為何特定的人會被視為偏差者,但其他表現類似行為的人卻未被冠上此嚴厲措辭。

Law 法律　政府的社會控制。

Obedience 順從　服從具有較高權威的階級。

Organized crime 組織犯罪　此團體有系統的管理犯罪企業從事相關非法活動,包括賣淫、賭博、非法走私與販售毒品。

Professional criminal 專業犯罪　個人以犯罪作為日常職業,發展出熟練技術,並因為在其他罪犯裡擁有特定程度的地位而樂在其中。

Sanction 獎懲　與社會規範有關的行為獎賞或懲處。

Social constructionist perspective 社會建構觀點　此觀點關注所處文化在偏差定義上扮演的角色。

Social control 社會控制　在任何社會中,預防人們表現偏差行為的技巧和策略。

Social disorganization theory 社會解組理論　此論理主張犯罪和偏差行為,主因是公共關係和社會組織的缺乏或瓦解所導致。

Societal-reaction approach 社會反應取向　標籤理論的另一個名稱。

Stigma 汙名化　社會藉以貶低特定社會團體的標籤。

Transnational crime 跨國犯罪　跨越多個國家的犯罪。

Victimeless crime 無被害人犯罪　成員間出於自我強烈渴望,且心甘情願地交換非法商品及服務。

White-collar crime 白領階級犯罪　由富裕、「受尊敬」者在商業活動過程中觸犯的違法行為。

自我評量

請仔細閱讀下列問題，並選擇最適合的答案。

1. 社會藉由預防人們表現偏差的技巧和策略來促成基本規範被接受，此過程稱為
   a. 汙名化
   b. 標籤
   c. 法律
   d. 社會控制

2. 哪一個社會學觀點強力主張任何社會或團體想要永續生存就必須遵循社會規範？
   a. 衝突論觀點
   b. 互動論觀點
   c. 功能論觀點
   d. 女性主義觀點

3. Stanley Milgram 所謂從眾是指：
   a. 附和同儕
   b. 服從具有較高權威的階級
   c. 任何社會藉以預防人們表現偏差的技巧和策略
   d. 與社會規範有關的行為獎賞或懲處

4. 哪一個社會學理論主張我們和社會成員間的連結，使我們井然有序地遵守社會規範？
   a. 女性主義理論
   b. 控制論
   c. 差別接觸理論
   d. 功能論

5. 以下對偏差的描述，哪一項是正確的？
   a. 偏差是指犯罪行為
   b. 偏差是指違反特定團體或社會的行為標準或期待
   c. 偏差是指邪惡的行為
   d. 偏差是傷害所有文化和社會秩序的不適當行為

6. 哪一個社會學家以十七世紀新英格蘭清教徒研究為例，說明偏差對維持界線的功能？
   a. Kai Erikson
   b. Emile Durkheim
   c. Robert Merton
   d. Edwin Sutherland

7. 以下哪一項是屬 Robert Merton 之偏差的脫序理論所定義的創新者？
   a. 以嶄新模式建立創新的政府日誌
   b. 官僚制度要求更高的薪資
   c. 監獄管理員煽動工會
   d. 學生繳交由網路抄襲的文章，而未撰寫原創論文

8. 哪一個社會學家首先提出，個人在學習順從或偏差時，都會經歷相同的社會化過程？
   a. Robert Merton
   b. Edwin Sutherland
   c. Travis Hirschi
   d. William Chambliss

9. 以下哪一個理論主張犯罪被害人會增加，主因是公共關係和社會組織的缺乏或瓦解所導致？
   a. 標籤理論
   b. 衝突論
   c. 社會解組理論
   d. 差別接觸理論

10. 以下哪個學者針對兩個男高中生團體進行觀察研究，進而推論社會階級在此二團體的不同命運中扮演重要角色？
    a. Richard Ouinney
    b. Edwin Sutherland
    c. Émile Durkheim
    d. William Chambliss

11. 如果我們無法遵守社會規範，就可能經由正式或非正式 _____ 而被處罰。

12. 警察、法官、學校管理者、雇主、部隊長官、電影院經營者等媒介都是屬 _____ 社會控制。

13. 有些規範因為對社會很重要，因而被正式制定為 _____，藉以控管人們的行為。

14. 重要且需要被強調的事實是 _____ 是學習順從和從眾的最首要來源，包括遵守法律。
15. _____ 是一種無規範狀態，主要發生社會極度改變或解組的時候，譬如經濟崩潰。
16. 標籤理論也被稱為 _____。
17. _____ 理論認為偏差行為的標準只是反映文化規範；反之，_____ 和 _____ 的學者則主張社會中最有權力的團體可以決定法律、規範及決定誰應該（或不應該）被起訴為罪犯。
18. 女性主義學者主張賣淫和某些形式的色情作品並非屬 _____ 犯罪。
19. Daniel Bell 使用 _____ 這個名詞描述領導統御權從愛爾蘭裔美國人轉移到猶太裔美國人，後來傳到義大利裔美國人的轉移過程。
20. 欺騙消費者、賄賂和逃稅，被視為屬 _____ 犯罪。

8 全球不平等
Chapter

- 8.1 世界性的階層化
- 8.2 各國內的階層化：觀點比較

©Stockbyte/Getty Images
一個拾荒小男孩在菲律賓馬尼拉的煙山（Smokey Mountain）垃圾山，尋找著可以拿回家的有用資源。儘管垃圾山山體滑坡奪走許多拾荒者的性命，但仍有數千人靠著撿拾垃圾維生。菲律賓馬尼拉 1,100 萬的人口中，約有一半生活在貧民窟。

8.1 世界性的階層化

分化的世界

　　在世界的某些地方，這些用生命在對抗飢餓的人們參用他們所謂的「應對機制」──極度貧困的人們試圖控制飢餓的方法。厄利垂亞婦女會將扁平的石頭綁在肚子上，以減輕飢餓感；在莫三比克，人們會食用毀了莊稼的蚱蜢，並稱蚱蜢為「會飛的蝦子大餐」。在豐衣足食的世界裡，吃土被認為是一種病態（稱為異食癖），然而世界上仍有窮人真的會吃土，為了在飲食中添加礦物質。而在許多國家裡，眾所周知，母親會水煮石頭讓飢腸轆轆的孩子以為晚餐快要好了，當她們在鍋上攪拌時，希望營養不良的孩子能趕快睡著（McNeil 2004）。

在世界各地，不平等是反映人類行為的重要決定性因素，機會大門向某些人敞開卻對某些人緊閉。事實上，生活機會的差距如此巨大而極端，以至於在某些地方，最貧窮的人甚至可能沒有意識到這一點。看到西方媒體報導已在全球普及，但在極端偏僻的鄉下地區，生活在社會底層的人們可能根本就看不到。

在幾個世紀以前，全球財富如此巨大的鴻溝並不存在。除了少數的統治者和地主外，其他大部分的芸芸眾生都是貧民。那時在大部分的歐洲，生活艱困度也不亞於亞洲或南美洲，直到工業革命和不斷提高的農業經濟生產力爆炸性成長前，情況一直如此。工業革命後提高人類生活水準的效果，結果並沒有平均地分布在世界上的每個角落。

為了深入了解全球不平等，我們需要考慮與世界上其他地區相比，貧困在工業化國家中意味著什麼。儘管工業化國家和開發中國家之間的鴻溝很明顯，但社會學家承認國家貧富差距階層所呈現的型態卻都是一致，從最富有的富人到最窮的窮人。例如，在 2017 年，美國、荷蘭、瑞士、法國和挪威等工業化國家每位公民生產商品和服務的平均價值〔或人均國民所得毛額（Gross National Income, GNI）〕都超過 5 萬美元。在至少 23 個較貧窮的國家中，則僅為 2,000 美元或更少。然而，大部分的國家都落入這兩邊極端的中間值，如圖 8-1 所示（Kaneda and Dupuis 2017）。

儘管如此，對比還是很明顯，這裡討論的這些力量是少數國家對世界市場的統治負有特別責任：殖民主義、跨國公司的廣告和現代化的遺毒。

©Andrew Gombert/EPA-EFE/REX/Shutterstock　　　©Photofusion Picture Library/Alamy Stock Photo

我們在排什麼隊？人民的需求和渴望甚大的差異，完全取決於他們住在哪裡。在柏林某家店門口，瘋狂的消費者大排長龍就為了要搶購最新款的 iPhone；而衣索匹亞的居民排隊則是為領取飲用水。

Chapter **8** 全球不平等

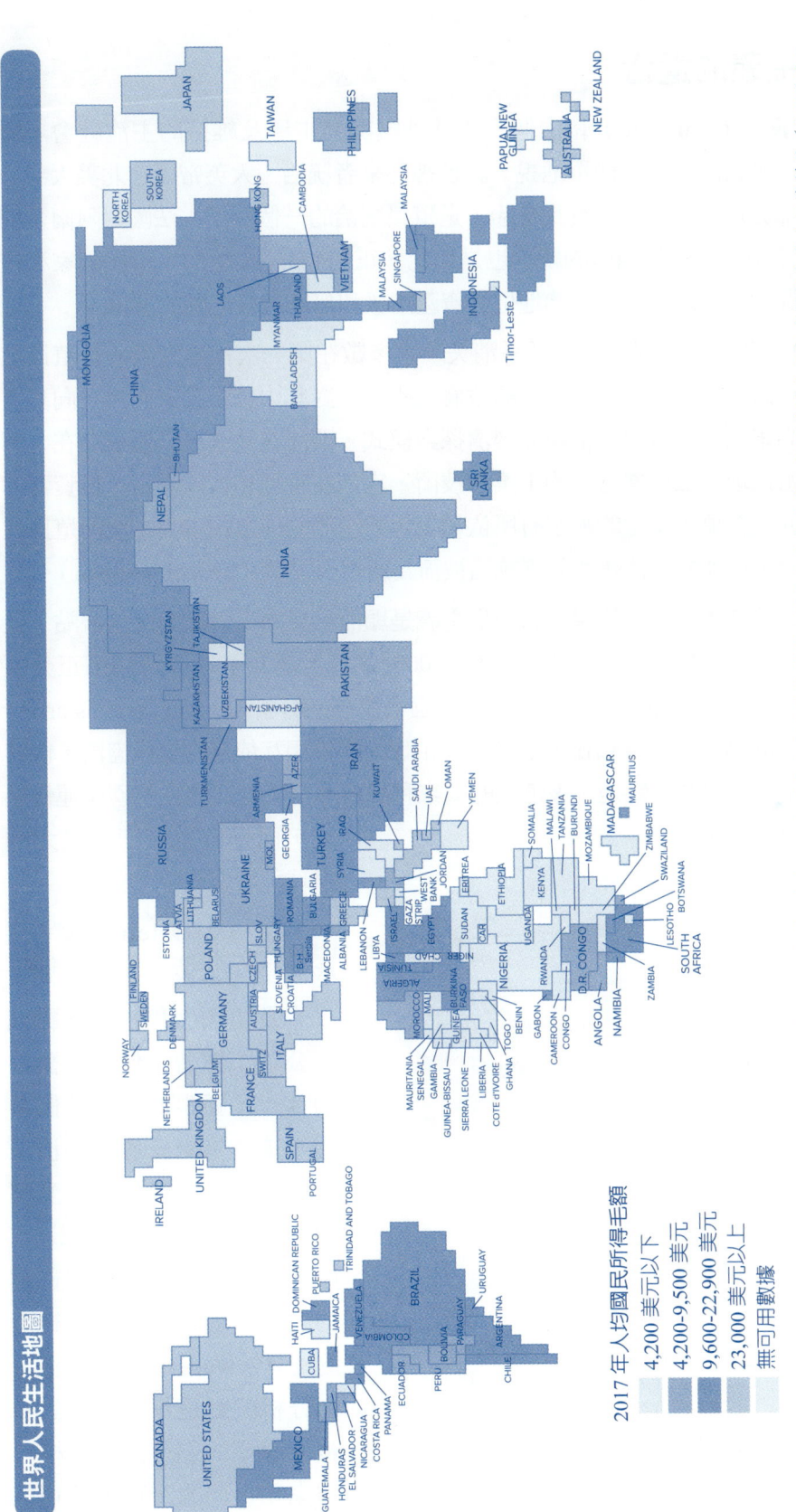

世界人民生活地圖

2017 年人均國民所得毛額
- 4,200 美元以下
- 4,200–9,500 美元
- 9,600–22,900 美元
- 23,000 美元以上
- 無可用數據

註：國家面積是根據 2010 年的預估數據，收入是根據 2017 年的預估數據。包括人口超過至少 300 萬的國家。GNI 為年中數據。GNI 購買力指數資料部分由人口資料局（Population Reference Bureau）提供。全球人均年收入中位數為 16,021 美元。

資料來源：Kaneda and Dupuis 2017; Weeks 2012.

這張程式化的地圖反映世界各國的相對人口規模。每個國家/地區的顏色顯示人均 GNI（該國在特定年份生產商品和服務的總值）。

圖 8-1 人均國民所得毛額

殖民主義的遺毒

殖民主義（colonialism）藉由個人或某外國勢力主導及維持的主流社會、經濟、文化一段延長的時間。簡單地說，就是被外來者統治。大英帝國在北美大部分地區、非洲部分地區和印度的漫長統治，是殖民統治的一個例子；法國對阿爾及利亞、突尼西亞和北非其他地區的統治也是如此。正如 Marx 描述的，殖民國家和被殖民人民之間的關係類似於占統治地位的資產階級和無產階級之間的關係。

到了 1980 年代，殖民主義已幾乎消失。大多數在第一次世界大戰前是殖民地的國家都實現政治獨立，並建立自己的政府。不過，對其中許多國家而言，向真正自治的過渡尚未完成。殖民統治建立經濟探索模式，即使在建國後仍繼續存在。部分原因是前殖民地無法發展自己的工業和技術，它們在管理和技術專長、投資資本及製成品方面，對更工業化的國家有所依賴，包括它們的前殖民主人，使前殖民地處於從屬地位，這種持續依賴和外國統治被稱為**新殖民主義（neocolonialism）**。

殖民主義的經濟和政治後果與新殖民主義是顯而易見的。借鑑衝突論觀點，社會學家 Immanuel Wallerstein（1974, 1979a, 2000, 2012）認為全球經濟體系正分裂成控制財富的國家和被掠奪資源的國家。透過世界體系分析（world systems analysis），Wallerstein 描述一個依賴在不平等經濟和政治關係相互依存的全球經濟。他的分析中提到至關重要的一點是，被殖民的國家和民族本身不曾建構完整國家運作系統，而是寄生在一個更大的全球社會背景中。

在 Wallerstein 看來，某些工業化國家（包括美國、日本及德國）和它們的跨國大公司主導著這個世界體系的核心（圖 8-2）。在該體系的半邊陲是處於邊陲經濟地位的國家，如以色列、愛爾蘭和南韓。Wallerstein 認為在亞洲、非洲和拉丁美洲貧窮的開發中國家處於世界經濟的邊陲。Wallerstein 的宏觀層面分析關鍵是核心國家對非核心國家的剝削關係。核心國家和它們的跨國大公司控

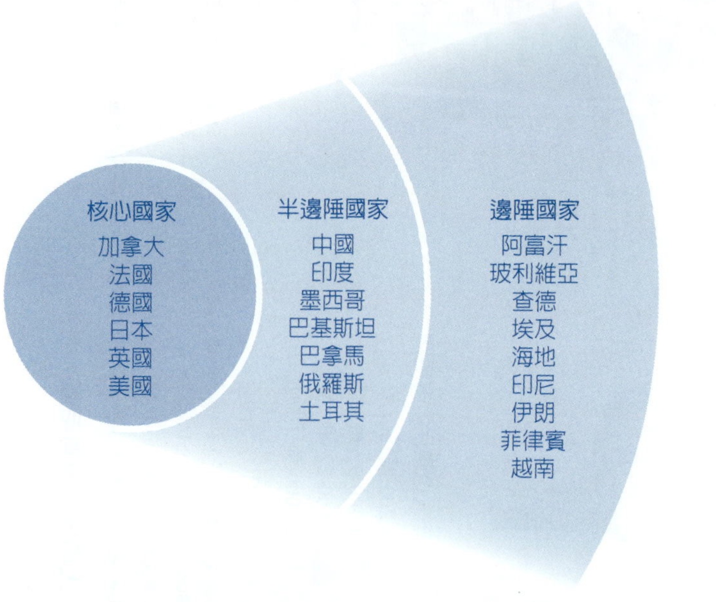

核心國家
加拿大
法國
德國
日本
英國
美國

半邊陲國家
中國
印度
墨西哥
巴基斯坦
巴拿馬
俄羅斯
土耳其

邊陲國家
阿富汗
玻利維亞
查德
埃及
海地
印尼
伊朗
菲律賓
越南

註：此圖僅顯示由本書作者選錄的部分國家。

圖 8-2　世界體系分析

制及剝削著非核心國家的經濟。有別於其他國家，核心國家相當獨立並不依賴任何外力的控制（Chase-Dunn and Grimes 1995; G. Williams 2013）。

核心國家和外圍國家之間的分歧很明顯且非常穩定。根據國際貨幣基金（International Monetary Fund）的一項研究（2000; Alvaredo 2011），研究超過 24 個經濟體系在過去 115 年中，發現整個過程基本上變化不大，唯一的變化只有日本進入核心國家群與中國走向邊陲化及半邊陲國家。然而 Wallerstein（2012:9）推測我們目前所理解的世界體系可能很快就會發生不可預知的變化。世界正快速大量變得越來越城市化，這種趨勢正逐漸消除偏僻地區便宜的低成本勞動力群體。在未來，核心國家將不得不尋找其他方法來降低所需的勞動力成本，加上枯竭的土地和水資源由於長年的砍伐與汙染，也推高總生產成本。

Wallerstein 的世界體系分析是應用最廣泛的**依賴理論（dependency theory）**版本。根據這個鉅觀層面的理論，即使開發中國家取得某些經濟上的進步，它們仍然軟弱並屈從於核心國家和跨國大公司控制下日益交織的全球經濟。這種相互依賴性使得工業化國家能夠繼續剝削開發中國家。從某種意義上來說，將依賴理論裡的衝突論觀點應用在全球範疇。

在世界體系分析家和依附理論家看來，開發中國家有越來越多的人力和自然資源正在重新分配給核心工業化國家。這種重新分配之所以發生的部分原因是由於外援、貸款和貿易逆差，開發中國家欠了工業化國家鉅額的資金。全球債務危機加劇第三世界國家自舊殖民主義、新殖民主義和跨國投資後，持續對核心國家的依賴。國際大型金融機構正在向負債累累的開發中國家施壓，要求開發中國家政府採取嚴厲措施，想辦法支付其借款利息。結果就是導致開發中國家可能被迫採取貶值其貨幣匯率、凍結工人工資、增加工業私有化，以及減少政府服務和就業。

與這些問題密切相關的是**全球化（globalization）**，在全球透過貿易和思想交流，整合政府政策、文化、社會運動和金融市場。由於世界金融市場超越傳統民族國家的治理，世界銀行（World Bank）和國際貨幣基金等國際組織已成為全球經濟的主要參與者，這些機構受到核心國家的大力資助和影響，職責是鼓勵經濟貿易和發展，確保國際金融市場平穩運作，因此它們被視為全球化的推動者和主要核心國家利益的捍衛者。

評論家呼籲關注各種問題，包括侵犯勞工權利、自然環境破壞、文化認同的迷失和對少數族群的歧視。全球化對拉丁美洲和非洲的開發中國家的影響似乎是最有問題的；而在亞洲的開發中國家似乎稍微較好。在亞洲，外國投資涉及高科技部分，幫助亞洲國家產生具可持續性的經濟成長。然而，即使在亞洲，全球化也絕對沒有縮小國家之間或國家內部的貧富收入差距（Kerbo 2006）。

©John Wong/EPA/REX/Shutterstock
中國工人組裝玩具出口到美國。全球化影響國內和國外的勞工，在美國限制國內的就業機會，而對國外中國工廠工人面對的工作條件也惡化了。

一些觀察家將全球化及其影響視為通訊技術進步的自然結果，特別是網路和大眾媒體的全球傳播；其他人則更為批判地認為，人們將很快就會看到，這將會是允許跨國公司不受限制擴張的過程（Chase-Dunn et al. 2000; Guenther and Kasi 2015）。

> **運用你的社會學想像**
>
> 你正在一個開發中國家旅行，會看見什麼新殖民主義和全球化的證據？

貧困的世界

在開發中國家，當那群最不富裕的人們受到任何一點在經濟福利上的惡化都將直接威脅他們的生存。在開發中國家裡，即便那群算是富有的人民，如果依照美國的標準來看還是很窮，而在開發中國家裡的窮人則真的是赤貧。

全球貧困率近年來已經下降，我們將在下一節檢視聯合國（United Nations）所做的努力。然而，大量的赤貧人口主要集中在兩種類型的地區：全球貧困地區不是在非常脆弱的地區，如撒哈拉以南的非洲和約旦河西岸毗鄰以色列的迦薩走廊，就是在中國和印度的偏遠地區。

©Peter Probst/Alamy Stock Photo
聯合國在第二次世界大戰後建立時有 51 個會員國，現在則有 193 個會員國。

社會科學家如何測量全球貧困率？在美國，關於應該在哪裡劃定貧窮線存在重大的意見分歧；若要將世界其他地方都添加到這個等式中，會使得這個任務更進一步地複雜化。個別來說，許多開發中國家定義貧窮線是基於一個人賴以生存所需的最低收入——通常是範圍從每天 1 美元的低點到 2 美元的高點。尚比亞的貧窮線定義則為，人們無法負擔基本生存飲食中的某些特定食物（Alkire 2016; *The Economist* 2017p）。

千禧年的發展目標

在 2000 年，聯合國發起千禧年專案（Millennium Project），目標是要在 2015 年將全世界的極端貧困減半。千禧年專案的目標針對八個領域：貧困、教育、性別平等、兒童死亡率、婦女健康、疾病、環境和全球合夥機制。每個目標領域都有 21 個具體目標和 60 多個指標支持。

當千禧年專案剛啟動時，只有五個國家給予目標率：丹麥、盧森堡、荷蘭、挪威和瑞典。雖然以美元計算來看，美國政府提供對外國和跨國組織的援助遠遠多過任何其他國家，但這筆金額其實並不算特別好，因為與美國國家和人民的巨大財富相比，根本就只是九牛一毛。從國民所得毛額的百分比來看，美國的貢獻是 23 個最先進的工業化國家中最低的（圖 8-3）。

雖然許多目標尚未達到，但引起的關注確實幫助減少世界貧困。每天生活費低於 1.25 美元的人數從 1990 年的 19 億減少到 2015 年的 8.36 億，幾乎達到聯合國要將全球貧困人口比例減半的目標。回到當年在 1990 年的假設預計要達成這些進步，將需要大幅增加來自工業化國家的援助，然而實際上，在大多數情況下，最後並沒有發生。但是選擇性發展讓某些開發中國家明顯受益，快速工業化促進大宗商品的價格上漲和新興經濟體的城市化。中國就是一個典型的例子：中國經歷過一口氣減少 4.7 億原本生活在每日 1.25 美元的窮人，幾乎占全球貧窮人口比例的一半。儘管有所改善，但仍有數億人處於貧困中。

工業化國家的特權人士傾向假設世界上的窮人缺乏重要資產。一次又一次，觀察家驚訝地發現，少量的資金就能讓這些國家走得很遠，如提供許多小額信貸計畫，涉及相對較少的贈款或貸款，鼓勵邊緣化人群投資，而不是飼養牲畜（牲畜可能死亡、投資珠寶可能被盜），而這些國家需要改進科技技術，例如提高一個煮飯小爐子的科技技術。

儘管在減少貧困方面取得長足的進步，但它仍然存在，因此發展目標（Development Goals）擴大到包括在 2030 年前要顯著減少國家內部的所得不均。隨著全球貧困率降低，但貧富收入不均的鴻溝卻日益加劇。全球組織認為這種現象並非不可避免。兩種改變將大幅改善貧困：藉由建立有利於非富裕人群的稅收政策，以及允許海外勞工更容易將工資匯給家鄉的家人，並收取很低或幾乎不收取的額外費用（United Nations Department of Economic and Social Affair 2016）。

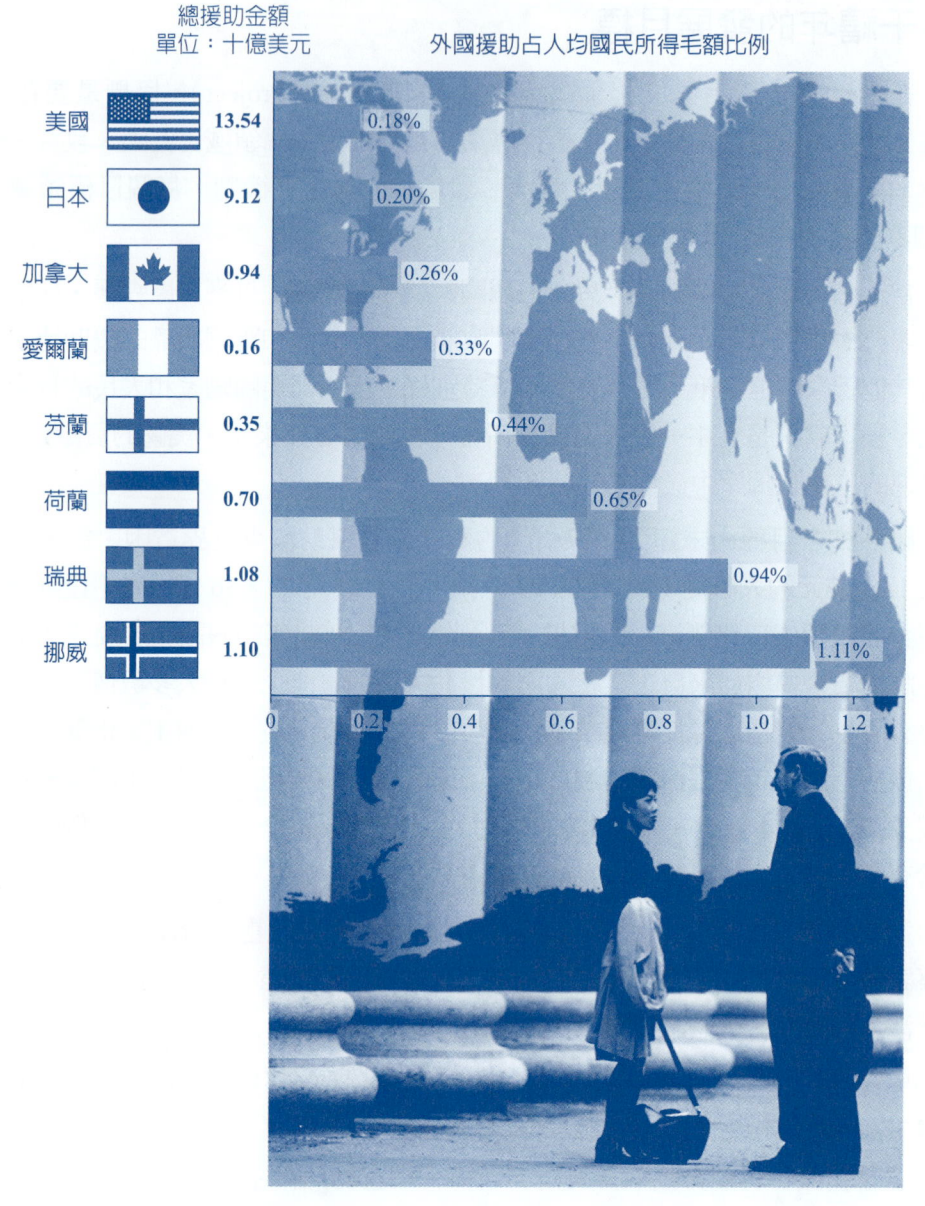

國家	總援助金額 單位：十億美元	外國援助占人均國民所得毛額比例
美國	13.54	0.18%
日本	9.12	0.20%
加拿大	0.94	0.26%
愛爾蘭	0.16	0.33%
芬蘭	0.35	0.44%
荷蘭	0.70	0.65%
瑞典	1.08	0.94%
挪威	1.10	1.11%

註：2016年實質淨發展援助。

資料來源：Organisation for Economic Co-operation. "Social Spending Stays at Historically High Levels in Many OECD Countries." October 2017. Flags: ©admin_design/Shutterstock; photo: ©PhotoDisc Imaging/Getty Images

圖 8-3　八大國家的人均外國援助

跨國公司

我們已經看到，全球化不一定改善發展中世界窮人的生活。另一個並不幫助開發中國家發展的是跨國公司，在全世界，企業巨頭在新殖民主義中發揮關鍵作用。**跨國公司**（multinational corporation）一詞是指總部設在一個國家，但在世界各地

展開業務的商業組織。這種私人貿易借貸關係並非新鮮事；數百年來，商人在國外展開業務，交易寶石、香料、服裝和其他商品。然而，如今的跨國巨頭不僅僅在海外買賣，還在世界各地生產商品（Wallerstein 1974）。

此外，今天的「全球工廠」（由跨國公司遍布全球，經營位於開發中國家的工廠），可能很快也會有「全球辦公室」設立在這些工廠旁邊。位於核心國家的跨國公司開始在所謂的邊陲國家建立負責預訂服務業務，以及處理數據和保險索賠的中心。隨著服務業成為國際市場中越來越重要的一部分，許多公司的結論是在海外營運的種種低人力和土地成本，可以很划算地抵消國際運輸通訊的成本。

不要低估這些全球性公司的規模。如圖 8-4 顯示，跨國企業的總收入與交換商品和服務的總價值相當整個國家。對於不斷尋求擴展到其他國家（在許多情況下是

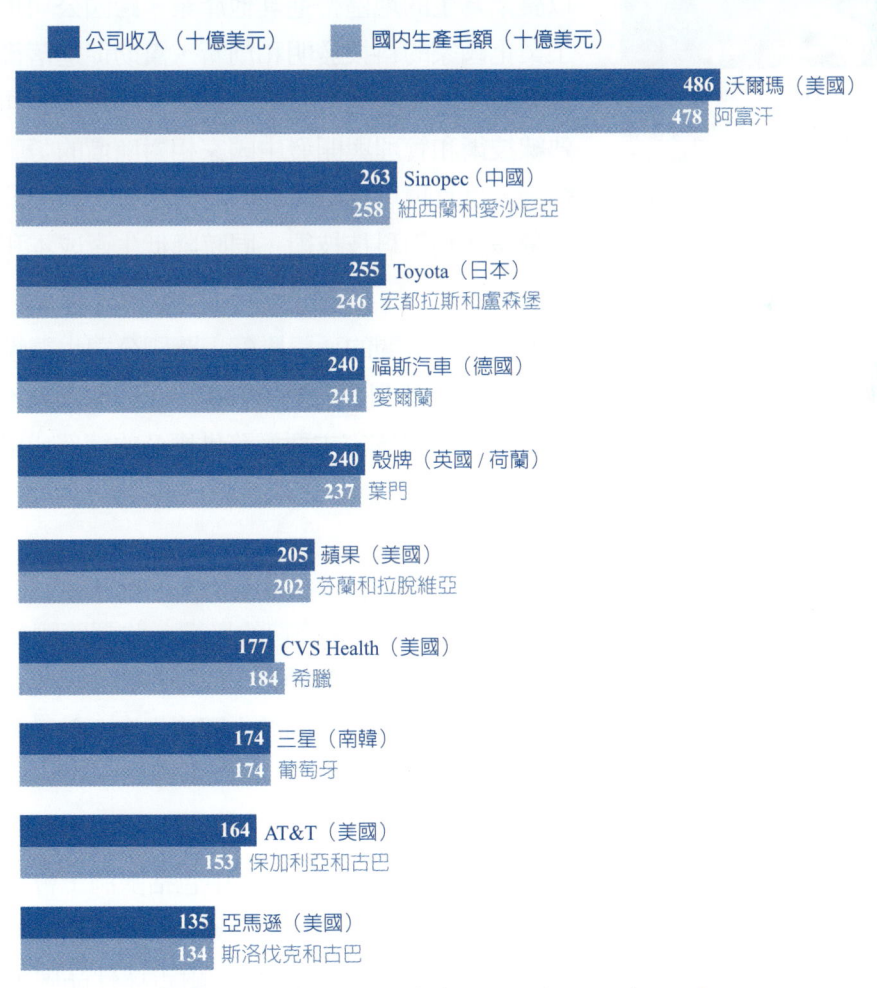

公司收入（十億美元）　國內生產毛額（十億美元）

- 486 沃爾瑪（美國）／ 478 阿富汗
- 263 Sinopec（中國）／ 258 紐西蘭和愛沙尼亞
- 255 Toyota（日本）／ 246 宏都拉斯和盧森堡
- 240 福斯汽車（德國）／ 241 愛爾蘭
- 240 殼牌（英國／荷蘭）／ 237 葉門
- 205 蘋果（美國）／ 202 芬蘭和拉脫維亞
- 177 CVS Health（美國）／ 184 希臘
- 174 三星（南韓）／ 174 葡萄牙
- 164 AT&T（美國）／ 153 保加利亞和古巴
- 135 亞馬遜（美國）／ 134 斯洛伐克和古巴

資料來源：由本書作者做的排名順序。根據公司 2016 年季報。2014 年國內生產毛額（Gross Domestic Product, GDP）（World Bank 2017）。

功能論學者和衝突論學者不同關於跨國公司的社會與經濟影響，將在下面看到。

圖 8-4　跨國公司營業額與國家 GDP 的比較

開發中國家）的跨國公司而言，對外銷售是重要的利潤來源。美國經濟嚴重依賴外國商業，其中大部分是由跨國公司經營。自 1984 年以來，當美國開始減少貿易限制時，國際貿易的成長速度超過整體經濟。自 2011 年以來，貿易額約占美國生產所有商品和服務總價值的 30%（United States International Trade Commission 2016:29-30）。

功能論學者的觀點

功能論學者認為，跨國公司實際上可以幫助世界上的開發中國家，它們帶來就業機會，並為曾經只能以農業為生的地區帶進其他產業。跨國公司也帶來自工業化國家的科技發明和創新，幫助促進落後地區快速發展。從功能論學者的角度來看，跨國公司提供的熟練技術和管理與開發中國家相對廉價的勞動力相互結合，是實現可持續發展的理想選擇。跨國公司可以盡量發展利用科技技術，同時降低生產成本和提高利潤。

透過國際間的通訊聯繫，跨國公司也讓世界各國更相互依存，這些聯繫可以防止某些爭端達到嚴重衝突的程度。一個國家不能隨便與一個國家斷絕外交或參與戰爭，因為這是國家主要業務供應商的總部或出口的重要據點。

©Alexander Mazurkevich/Shutterstock
社會不平等的公開表現在每個國家都是顯而易見的。在印度孟買，億萬富翁 Mukesh Ambani 為妻子和三個孩子建造這棟 27 層高的房子，配備三個直升機停機坪和可容納 160 輛車的車庫。為了經營這座建築，Ambani 僱用 600 人的員工團隊。

衝突論學者的觀點

衝突論學者挑戰這種有利條件，並評估跨國公司的影響，強調跨國公司剝削當地勞工以實現利潤最大化。開發中國家的廉價勞動力，使得跨國公司將工廠從核心國家遷出。一個對跨國公司來講的附加好處是，開發中國家大多不鼓勵強大的工會。

在工業化國家，勞工堅持體面的工資和人性化的工作條件，但尋求吸引或留住跨國公司的政府可能會建立某種「適合投資的氛圍」，其中包括限制工會活動和集體談判的勞工保護法律。如果勞工的要求太有威脅性，跨國公司就可以輕易遷廠，轉移到在其他地方設廠，導致原來抗議的勞工失業。例如耐吉球鞋品牌，耐吉集團已經將工廠從美國遷到南韓、南韓又遷廠到印尼，印尼又遷廠到越南，尋找最低的勞動力成本。衝突論學者得出的結論是，總體來說，跨國公司不只對原工業化國

家的勞工,也對開發中國家的勞工雙邊都帶來負面的社會影響。

幾位負責進行調查研究跨國公司的外國投資對社會國家影響力的社會學家,得出一個結論是,雖然跨國公司可能在初期階段為地主國的財富帶來貢獻,但最終會增加開發中國家內部的經濟不平等。這個結論也反映在收入和土地所有權不公平的面向上。上流社會和中產階級從這樣的經濟擴張行動裡是最大利益的受益者,而在低社會階層的勞工和民眾受益最少。正如衝突論學者指出的,跨國公司僅投資於有限的經濟區塊和有限的地理區域。儘管地主國在經濟上發展得以促使某些產業興盛擴大,例如飯店旅館業和昂貴餐館的服務業,但跨國公司的擴張似乎也阻礙該國當地農業和其他當地產業的成長。此外,跨國公司經常壟斷性地購買或排除,迫使當地本土企業家和企業必須增加對跨國公司在經濟與文化上的依賴(Chase-Dunn and Grimes 1995; Kerbo 2012; Wallerstein 1979b)。

©Photodisc Collection/Getty Images

✓ 運用你的社會學想像

想想你最近購買什麼商品是跨國公司製作的?你如何知道該製造商是一家跨國大公司?

現代化

全球化和跨國公司的興起,不僅在經濟上,而且在文化上影響開發中國家。在世界各地,數百萬人正目睹一場改變他們日常生活的革命。當代社會科學家使用**現代化(modernization)**一詞描述這個帶來深遠影響的過程。邊陲國家透過這種方式從傳統或低度開發的機構,轉變為較具現代發達社會的特徵。

我們正在使用社會學家 Wendell Bell(1981)對現代化的定義,他指出現代社會往往是都市化、全面識字率普及與工業化。現代化社會擁有複雜的交通和媒體系統。現代化社會的家庭組成往往是核心家庭模式,而不是傳統大家庭延伸模型的形式。因此,經歷身為現代化社會的成員必須將忠誠從對傳統權威人士,如父母和牧師,轉向新的權威,如政府官員。

許多社會學家很快就注意到,諸如現代化,甚至發展之類的名詞包含種族中心主義偏見。這些名詞背後未說明的假設是,「他們」(生活在開發中國家的人)正

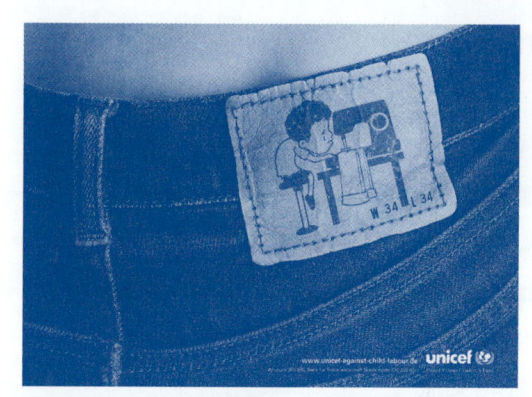

名為 JEANS 的廣告是由 Springer & Jacoby Werbung 廣告公司為德國反兒童勞動機構（Against Child Labour）（聯合國兒童基金會的一項活動）所設計。文案：Sven Keitel；藝術總監：Claudia Todt；創意總監：Timm Weber/Bettina Olf。
我穿的是哪裡做的呢？這張聯合國兒童基金會的海報提醒富裕的西方消費者，他們穿的名牌牛仔褲可能是被剝削的血汗工廠工人所生產的。在開發中國家的血汗工廠裡，沒有工會保護的製衣工人——其中一些還是童工——而且他們的工時超長。我們認為極低的工資——即使是那些所謂半邊陲國家的工人，工資都還比較高。

在努力變得更像「我們」（生活在核心工業化國家的人）。從衝突論觀點來看，這些名詞延續資本主義社會的主導意識型態。

現代化一詞也暗示著積極的變化。然而，變化如果到來了，往往來得很慢，但當它來的時候，往往會服務工業化國家的富裕階層。這個道理如果以近年最新電子科技如何向開發中國家傳播的過程似乎是一個經典的例子。

對於**現代化理論**（modernization theory）也出現類似的批評，功能論學者提出現代化發展將可逐漸改善開發中國家人民的生活。根據這個理論，即使發展比率不均，但是由於帶入工業發達國家的創新及科技技術，仍將有助於促進開發中國家的社會發展。但反對聲浪，包括支持依賴理論的批評學者則反駁，任何這類高科技技術轉移只會增加核心國家對開發中國家的主導地位，並促進核心國家對開發中國家進行更進一步地剝削。

當我們看到所有可口可樂和蘋果的招牌在開發中國家變得隨處可見，很容易認為全球化和經濟變革正在影響該國的文化與經濟面，但研究者指出，情況並非總是如此。獨特的文化傳統，例如有特定的宗教取向或民族主義意識型態，將削弱現代化對開發中國家的影響。一些當代社會學家強調工業化國家和開發中國家都是「現代的」。越來越多研究者使用一系列不同的社會指標——其中包括都市化程度、能源使用、識字率、政治民主度和節育措施的使用。顯而易見地，其中一些是較為主觀的指標，因為即使在工業化國家，也不是每個人都同意廣泛使用節育措施就是進步的例子（Armer and Katsillis 1992; Hedley 1992; Inglehart and Baker 2000）。

當前的現代化研究通常採取聚合性觀點（convergence perspective）。運用剛剛提到的指標，儘管存在著傳統差異，但研究者更在意的是社會如何能更緊密地聯繫在一起。從衝突論觀點來看，開發中國家的現代化往往使它們長期依賴工業化國家，並繼續接受工業化國家的剝削。衝突論觀點相信，開發中國家持續對這種外國勢力的依賴就是當代新殖民主義的例子。

表 8-1 摘要全球不平等的三大主要理論觀點。

表 8-1　關於全球不平等的社會學觀點　　　　　　　　　　　　　　　| 追蹤社會學觀點

方法	社會學觀點	解釋
世界體系分析	功能論和衝突論	不平等的經濟和政治關係，使國家之間存在尖銳分歧
依賴理論	衝突論	工業化國家透過殖民主義和跨國公司剝削開發中國家
現代化理論	功能論	開發中國家從傳統文化轉向工業化國家的文化

8.1　概述與回顧

摘要

綜觀全球，在富國與窮國及國家內部的不平等，皆可看到社會階級分層化。本節帶我們檢視全球鴻溝和分層化，以及**全球化**（globalization）、**現代化**（modernization）和**跨國公司**（multinational corporation）在開發中國家的影響。

1. 開發中國家占世界人口和出生人口的大部分，但它們也承擔大部分貧困、疾病和兒童死亡。
2. 前殖民地國家透過這個過程，處於屈從的地位，藉由**新殖民主義**（neocolonialism）受到外國的統治。
3. 從衝突論觀點來看，Wallerstein 的**世界體系分析**（world systems analysis）認為全球經濟體系將國家劃分成控制掠奪財富的核心國家和資本被掠奪的邊陲國家（開發中國家）。
4. 根據**依賴理論**（dependency theory），即使在開發中國家取得經濟進步，但國家整體仍然較軟弱，並會服從於核心國家和跨國公司日益一體化的全球經濟。
5. **全球化**（globalization），政府政策、文化、社會運動和金融市場透過貿易和思想交流，進行的全球一體化，是一種有爭議的趨勢，評論家指責它造成核心國家對邊陲國家的文化統治。
6. **跨國公司**（multinational corporation）為開發中國家帶來更多產業與就業機會，但它們也傾向剝削勞工，以實現利潤最大化。
7. 社會學家注意到諸如**現代化**（modernization），甚至發展一詞，都傾向帶有點種族中心主義的偏見色彩。**現代化理論**（modernization theory）說明，開發中國家的發展將依賴工業化國家的幫助和創新科技的轉移。

批判性思考

1. 聯繫 Durkheim、Tönnies 和 Lenski 關於當今存在全球鴻溝的社會結構的理論。社會文化進化是否與此相關？
2. 將現代化理論與依賴理論聯繫起來，你是否同意現代化將增加核心國家的影響力和統治？為什麼？
3. 你是否同意不平等並非不可避免？並請解釋你的答案。

重要詞彙

殖民主義　　　　　現代化理論
依賴理論　　　　　跨國公司
全球化　　　　　　新殖民主義
現代化　　　　　　世界體系分析

8.2　各國內的階層化：觀點比較

與此同時，富國和窮國之間的差距正在擴大，就連各個國家內部公民之間的貧富差距也正在擴大。如前所述，在開發中國家裡的階層化與開發中國家相對較弱的國力，以及在全球經濟上的依賴地位有著密切關係。開發中國家的地方菁英階層配合跨國大企業攜手合作，並從這樣的聯盟中發達。在此同時，這樣的經濟體系開始對農業和工業的勞工持續剝削，這就是外國大企業對開發中國家的投資，往往反而會加劇當地經濟不平等現象的原因。

■ 財富與收入的分配

全球不平等令人震驚。全球最富有的前 2% 成年人擁有占全球一半以上家庭的財富。在全球至少 19 個國家中，最富裕前 10% 的人口擁有全球人口 50% 的收入。圖 8-5 比較挑選的幾個工業化國家和開發中國家的收入分布（World Bank 2017）。

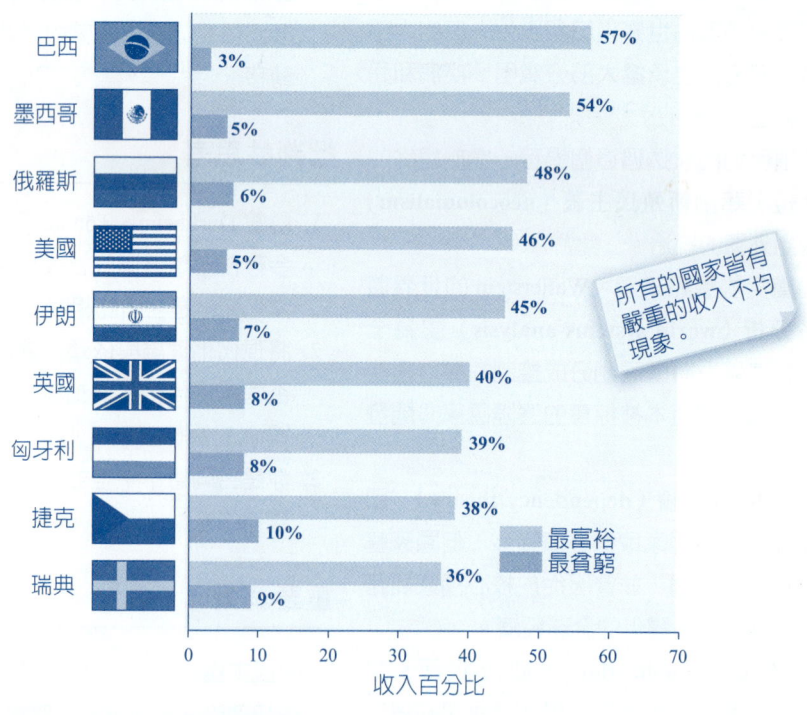

國家	最富裕	最貧窮
巴西	57%	3%
墨西哥	54%	5%
俄羅斯	48%	6%
美國	46%	5%
伊朗	45%	7%
英國	40%	8%
匈牙利	39%	8%
捷克	38%	10%
瑞典	36%	9%

所有的國家皆有嚴重的收入不均現象。

註：雖然是 2012 年到 2013 年的統計數據，但數據被認為具有可比較性。
資料來源：World Bank 2017. Flags: ©admin_design/Shutterstock

圖 8-5　九個國家的收入分布

> **✓ 運用你的社會學想像**
>
> 想像一下，如果與美國接壤的是一個比美國生活水準高出許多的國家。在這個鄰國，擁有大學學位的勞工工資至少都是每年 12 萬美元起跳，屆時你又會覺得美國的生活怎麼樣？

社會流動

工業化國家的社會階層流動

根據研究工業化國家的隔代社會階層流動，歸納出以下幾種型態：

- 在社會階級分層系統中，父母的社會階級如何傳遞給他們孩子的方式，代代間存在著極大的相似性。
- 與美國一樣，其他國家的社會流動機會也受到階層化結構性因素的影響，例如導致某職業群體的社會地位提升或下降的勞動力市場變化。
- 移民仍然是塑造隔代社會階層流動的重要因素。

跨文化研究顯示，在過去近 50 年中跨世代的社會階層流動迅速增加，但這發生在大多數國家，卻非全球所有國家。特別的是，研究者注意到其中有一個共同的模式，都是遠離以農業為主的職業類別。然而，研究者很快又指出，這種社會流動性的成長並不一定會帶來整體社會平等的提升。事實上，儘管有證據表明，整體社會大多都朝向穩定地向上流動，但富人和窮人之間的貧富差距卻也更拉大了。在過去的 30 年裡，30 個最大工業經濟體系的貧窮線水準保持相對穩定（Eurostat 2015; Organisation for Economic Cooperation and Development 2008）。

開發中國家的社會階層流動

工業化國家的社會流動模式，通常是相關於隔代社會流動和同代內的社會流動。然而，在開發中國家，鉅觀層面的社會和經濟變化掩蓋從一種職業到另一種職業的微觀運動。例如，通常城鄉之間的工資待遇差異甚大，這導致大量移民人口向城市遷移。然而一般來說，開發中國家的都會工業產業並不能提供所有來城市找工作的人足夠的就業機會。

在開發中國家群的大國裡，最具有社會意義的流動性其實就是擺脫貧困。然而，這種流動性很難客觀地測量和進行確認，因為一個國家內某地區的經濟趨勢可能與另一地區的經濟趨勢截然不同。正如本章前面提到的，在中國有許多人擺脫貧困。然而，中國農村地區或某些地區的收入成長速度遠遠不如中國的城市地區。在中國，農村地區的居民比起居住在城市中心擁有熟練技術和勞動力的居民，所能享

有的經濟成長利益基本上被排除了。同樣地，在印度，1990 年代到 2015 年城市地區的貧困率有所下降，但在農村地區充其量只能持平。綜觀世界，社會流動會向下也大幅受到農作物歉收和戰爭等災難極大的影響。

儘管仍有大量的人們持續在奮鬥掙扎努力，但全球經濟情勢並非完全黯淡。雖然經濟學家記錄世界各地的貧困現象取得一些進展，但他們也注意到享受中產階級生活方式的人數也有所成長。在二十一世紀初，人口大國的中國、印度、俄羅斯、巴西和墨西哥有數百萬人進入中產階級。創業家精神、小額信貸、商品推銷，以及有一些國家不斷增加收入相對豐厚的政府公部門，有效地促進這種向上的社會流動（Beddoes 2012; India, Government of 2009）。

性別差異的社會階層流動

開發中國家的婦女發現生活特別困難。非洲婦女發展基金會（African Women's Development Fund）宣布 2015 年的最後兩個星期為「反對基於性別暴力行動 16 天」（16 Days of Activism Against Gender Based Violence），這項運動是全球個人和組織團體為了消除所有形式對婦女的暴力行為，包括性暴力、童婚和校園暴力策略的一部分（African Women's Development Fund 2015）。

女孩和婦女所面臨的挑戰不限於任何一塊大陸。Karuna Chanana Ahmed 是研究開發中國家女性的人類學家，聲稱印度女性是最受到壓迫和剝削的，婦女從出生開始就面臨性別歧視，餵女孩吃的食物通常會比男孩少，女孩被剝奪受教育的機會，而且往往只有在病危時才送醫。不論在家中或外面，女性的工作價值都遭到貶低。當經濟不好時，一如 1990 年代後期的其他亞洲國家，女性是率先裁員的對象（J. Anderson and Moore 1993; Kristof 1998）。

調查顯示，在中國和印度農村地區，殺害女嬰的程度很高；巴基斯坦的性別隔離學校中只有三分之一是為女性開設，其中又有三分之一的這種女校連正常的建築物都沒有；在肯尼亞和坦尚尼亞，女人擁有房子是違法的；在沙烏地阿拉伯，婦女被禁止像兄弟一樣繼承財產、不准獨自在公共場合走動，也不准與家人以外的男人社交。

直到最近，研究者才開始調查性別對開發中國家社會流動模式的影響。發展過程的許多方面──尤其是剛剛描述的農村地區現代化和農村人口向城市的移民──可能會導致傳統的改變，或放棄傳統文化習俗，甚至影響婚姻制度，對女性社會地位和社會流動性的影響不一定是積極的。隨著國家發展和逐漸現代化的過程，惡化婦女提供食物生產的重要作用，危及她們的自主權和物質福祉。此外，隨著家庭遷往城市，削弱女性與可以提供食物的親戚的聯繫、財政援助和社會支持（Lawson 2008; United Nations Secretary General 2014）。

然而在菲律賓，婦女已成為為原住民祖先被外人剝削土地抗爭的前線。為了爭奪豐富礦產和森林資源的權利，原住民群體的成員間開始因土地應如何開發資源而發生爭執。在聯合國開發計畫署（United Nations Partners in Development Programme）的幫助下，女性志願者成立泛科迪勒拉婦女和平發展網絡聯盟（Pan-Cordillera Women's Network for Peace and Development），這是一個致力解決地方爭端的婦女團體聯盟。婦女籌畫土地界限，準備開發企劃書，並在社區成員之間成功協商 2,000 多項和平協定。她們還參與選舉、反對社會問題，並且組織居民齊心協力解決社會問題共同利益（United Nations Development Programme 2000:87; United Nations Secretary General 2014）。

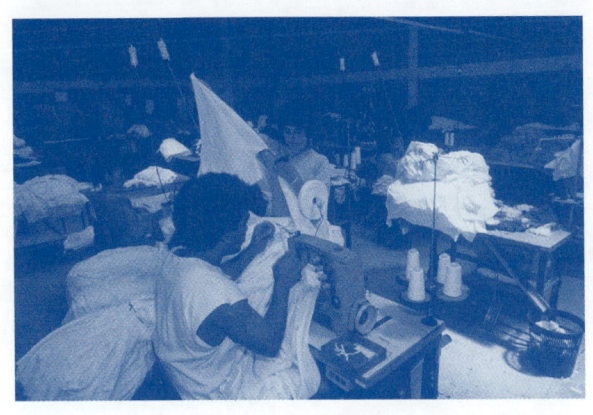

©Eco Images/Universal Images Group/Getty Images
在開發中國家，希望擺脫貧困的人往往會從農村搬到就業前景更好的城市。工業化城市地區的工作崗位可能是能夠向上流動社會階層的最佳途徑。一群婦女在在哥斯大黎加聖荷西（San José）城的成衣工廠工作。

對不同國家財富和收入分配的研究，以及對社會流動性的跨文化研究，始終如一地揭示階級、性別和其他的社會階層化現象的廣泛社會因素。顯然地，綜觀世界中社會的階級化不僅包括富國和窮國之間的鮮明對比，還包括在工業化國家和開發中國家內的社會階層。

8.2 概述與回顧

摘要

本節檢視國家之間階層化的影響。

1. 全球經濟系統建立且延續富國與窮國之間的鴻溝。
2. 在大部分但非所有的國家中，就過去 50 年間，隔代的社會流動增加了。在大型開發中國家裡，最有意義的社會流動方向就是擺脫貧困。
3. 性別差異的社會階級流動在開發中國家及已開發國家都存在。女性終其一生要往較高的經濟階梯爬，都將更容易遇到阻力。

批判性思考

1. 對比開發中國家和工業化國家的社會流動性。你認為分歧最終是否會消失？為什麼？
2. 什麼社會結構因素導致「婦女是最受到剝削的人」？

本章摘要

社會學實戰小練習

1. 選擇你熟悉的一家跨國公司產品，並查閱其財務報表。該公司在哪些國家生產產品，以及在哪些地方銷售產品？該公司在哪個國家納稅？它的利潤流向哪個國家？為什麼要回答這些問題的答案，對你很重要嗎？
2. 選擇你感興趣的某個國家，並做一些關於社會階層分層的研究。該國家的財富分配有多平等或多不平等，和美國相比如何？社會流動性有多廣泛？解釋任何導致社會階層化差異的原因。

重要詞彙

Colonialism 殖民主義　藉由個人或某外國勢力主導及維持的主流社會經濟文化。
Dependency theory 依附理論　一種認為工業化國家繼續剝削開發中國家謀取私利。
Globalization 全球化　政府政策、文化、社會的全球整合運動，以及金融市場透過貿易和思想交流。
Modernization 現代化　開發中國家透過從傳統或低度開發機構轉向那些已開發社會特徵的過程。
Modernization theory 現代化理論　一種功能論方法，提出現代化發展將逐步改善開發中國家人們的生活水準。
Multinational corporation 跨國公司　總部設在一個國家，但在世界各地展開業務。
Neocolonialism 新殖民主義　繼續依賴前殖民國的國家
World systems analysis 世界體系分析　全球經濟作為一個經濟和政治系統上相互依存的不平等的國家。

自我評量

請仔細閱讀下列問題，並選擇最適合的答案。

1. 維持政治、社會、經濟和文化的統治外國勢力對一個民族長期統治被稱為
    a. 新殖民主義
    b. 政府強制社會階層化
    c. 殖民主義
    d. 依賴理論
2. 將全球經濟體系視為不同國家之間的劃分時，控制財富與那些被控制和剝削的人，社會學家 Immanuel Wallerstein 強調這是一種
    a. 功能論觀點
    b. 衝突論觀點
    c. 互動論觀點
    d. 擬劇法
3. Immanuel Wallerstein 會將以下哪個國家歸類為世界經濟體系中的核心國家？
    a. 德國
    b. 南韓
    c. 愛爾蘭
    d. 墨西哥
4. 審查聯合國千禧年發展目標的成果，哪個國家做出過去十五年減少貧困的變化最引人注目？
    a. 印度
    b. 中國
    c. 希臘
    d. 美國

5. 聯合國千禧年專案是由何者發起和監督？
   a. 比爾蓋茲與美蘭達基金會（Bill and Melinda Gates Foundation）
   b. 聯合國
   c. 美國政府部門
   d. 國際貨幣基金
6. 哪個社會學觀點認為跨國公司實際上可以幫助世界上的開發中國家？
   a. 互動論觀點
   b. 女性主義觀點
   c. 功能論觀點
   d. 衝突論觀點
7. 下列哪個名詞被當代社會科學家用來描述開發中國家從傳統或低度開發的機構到更開發社會移動的長遠過程？
   a. 依賴理論
   b. 全球化
   c. 工業化
   d. 現代化
8. 在開發中國家的社會流動性最常由何者完成？
   a. 從鄉下遷移到都市中心
   b. 獲得大學學位
   c. 接受外國援助
   d. 接棒父母的職業
9. 在全球至少 19 個國家中，最富裕的前 10% 的人口擁有全球人口多少比例的收入？
   a. 20%
   b. 30%
   c. 40%
   d. 50%
10. Karuna Chanana Ahmed 是來自印度研究開發中國家的人類學家，宣稱何者是最受到壓迫和剝削的？
    a. 外國援助接受者
    b. 政府官僚單位
    c. 老人
    d. 婦女
11. 殖民統治確立經濟剝削模式，導致前殖民地仍然依賴更工業化的國家，這樣持續依賴和外國統治被稱為 _____。
12. 根據 Immanuel Wallerstein 關於世界經濟體系的分析，美國處於 _____，而鄰國墨西哥則處於 _____。
13. Immanuel Wallerstein 的世界體系分析是最廣泛使用的 _____ 理論版本。
14. 在許多開發中國家，_____ 被定義為一個人生存所需的最低收入，通常為每天 1 到 2 美元。
15. _____ 工廠是指遍布開發中國家由跨國公司經營的工廠。
16. 作為 _____ 行業成為國際市場更重要的組成部分，許多公司已經得出結論海外營運的低成本抵消在世界各地通訊費用。
17. 透過 _____ 的觀點認為，熟練的技術與管理提供結合跨國公司和開發中國家相對廉價的勞動力，是全球企業的理想選擇。
18. 現代化理論反映 _____ 的觀點。
19. 在開發中國家群的大國，最重要的社會流動形式是 _____。

9 Chapter

種族與族群的不平等

9.1 少數民族、種族與族群團體
9.2 社會學觀點的種族與族群

©Diego G Diaz/Shutterstock
美國社會呈現多元，因為有來自世界各地具技術、語言、文化的移民遷移新家。照片顯示美國奧勒岡州波特蘭新公民參加舉行入籍儀式。

在美國，事實上晚近移民及其家庭成員面臨歧視與敵意，無論是否為白人、亞裔、非洲裔、中東裔或東歐裔。在此多元文化社會中，那些與主流社會不同的人們永遠不受歡迎。

在二十一世紀，我們對種族、族群與移民議題的看法為何？現今少數種族與族群仍然在對抗是否同化的問題。隨著年齡增長，許多人感到遺憾。那些已同化者經常持續地面臨偏見與歧視，不僅在美國，而且是在全世界，如階級、種族、族群依然影響人們在分層系統的位置與地位。高收入、良好的英文程度，以及得來不易的專業證照並不總是能超越種族與族群的刻板印象，或是保護他們免於種族主義的傷害。

何謂偏見？歧視的形式如何被制度化？種族與族群以何種方式影響從其他國家移民者的經驗？迄今美國成長最快速的少數團體有哪些？本章將聚焦在種族

（race）與族群（ethnic）的意涵，從定義團體的基本特質與區分種族與族群團體開始，之後將檢視偏見與歧視的動態變化。從四種社會學層面考量種族與族群後，我們將探討群體之間關係的一般模式。

9.1 少數民族、種族與族群團體

社會學家經常將種族與族群團體區別分類。**種族團體（racial group）**是指以社會標誌而言，因身體特徵上不同的團體。在美國，白人、非裔美國人與亞裔美國人可視為種族團體。種族的確改變身體上的差異，但特定社會的文化會建構並賦予各種族的特殊性，之後的章節將呈現這些描述。與種族團體不同，**族群團體（ethnic group）**之所以與眾不同，主要是因為其民族血統或獨特的文化背景。在美國，波多黎各人、猶太人、波蘭裔美國人皆被視為族群團體。

少數團體

少數團體是指少於某些更大團體一半人口數的任何團體。美國的人口包含數千種少數團體，包括電視演員、綠色瞳孔的人、稅務律師，以及搭乘五月花號（Mayflower）移居美國清教徒的後代。然而，這些少數團體在社會學上並不被視為少數團體；事實上，在團體中，人們並不一定決定作為社會少數團體的地位（或是優勢團體）。當社會學家定義少數團體時，主要關注該團體的經濟與政治能力，或其無力之處。**少數團體（minority group）**是次級團體，其成員對生活的控制或權力比優勢或多數團體的成員要少得多。

社會學家確認五項少數團體基本屬性：不平等待遇、生理或文化的特徵、被形容為具有歸屬感、團結向心力強，以及實行內婚制（Wagley and Harris 1958）：

1. 與優勢團體相較，少數團體成員經歷不平等待遇。例如，公寓管理者可拒絕將房子租給非裔美國人、西班牙裔或猶太人。偏見、歧視、隔離或甚至是消滅，可能造成或維持社會不公平待遇。
2. 少數團體成員彼此分享與優勢團體區別的生理或文化上的特徵。每個社會皆可隨其所意地定義團體的重要特徵。
3. 在少數（或優勢）團體的成員參與並非自願，身分是與生俱來的。因此，種族與族群被視為地位（ascribed statuses）。
4. 少數團體成員擁有群體團結強烈意識。在 1906 年，William Graham Sumner 的著作中提到，人們會區別自己的團體（內團體）與其他人（外團體）。當一個團體是長期受到偏見與歧視的對象時，「我們相對於他們」的感覺是可以且經常感

到極度緊張。
5. 少數團體成員通常會與同一團體其他成員通婚。優勢團體成員經常不願意與所謂的次等少數團體結婚。此外，少數團體的團結意識鼓勵實行內婚制，不鼓勵與外來者結婚。

種族

許多人將種族視為一系列生物學上的分類。然而研究顯示，這並非區分人類有意義的方式。在遺傳上，種族之間並沒有系統差異，以影響人們的社會行為與能力；反之，社會學家使用種族團體一詞來說明那些因生理明顯差異而與其他人區別的少數團體（與對應的是優勢團體）。但是何謂「明顯」的生理差異？每個社會皆會標示出人們認為重要的差異，而忽略可以作為社會分化基礎的其他特徵。

種族的社會建構

因種族為一種社會建構，定義種族的過程通常會使那些擁有比他人更多權力與特權的人們受益。在美國，可以見到膚色與髮色的不同。然而，人們非正式地了解到膚色的不同存在戲劇化社會與政治意涵，但髮色的差異卻沒有。

當觀察髮色時，在美國許多人較易傾向將其他人隨意地分類為「白人」、「黑人」及「亞洲人」，膚色的細微差異通常不會被注意到；相反地，在中美洲與南美洲的許多國家人們可以認知膚色由淺色到深色系的連續性。巴西有大約四十種膚色，而其他國家人們可能被形容為「宏都拉斯梅洛蒂佐人（Mestizo）」、「穆拉托（Mulatto）哥倫比亞人」或「非裔巴拿馬人」。我們所看到的「明顯」差異，受制於每個社會的社會定義。

在美國為數最多的少數團體是非裔美國人（或黑人）、美國原住民（或美國印第安人）與亞太裔美國人（日裔美國人、華裔美國人、夏威夷人與其他亞太裔）。圖 9-1 提供美國在 2060 年之前 50 年有關種族與族群的資料。

以目前呈現的人口模式，顯然國家的多樣性將不斷增加。在 2011 年，有史以來首次的人口普查呈現，現今所有 3 歲以下的兒童都是西班牙裔或非白人，此轉捩點表示國家的少數團體人口將慢慢成為多數團體的一種模式的開始。到了 2014 年，在美國 18 歲以下的大多數人會屬於種族與族群的少數團體（Colby and Ortman 2015）。

種族的定義是透過 Michael Omi 與 Howard Winant（2015）描述所稱的**種族形成（racial formation）**，是一種社會歷史過程，其種族類別被區分、種族類別的居住地、種族的轉化與破壞。在此過程中，那些擁有權力者根據種族主義的社會結構

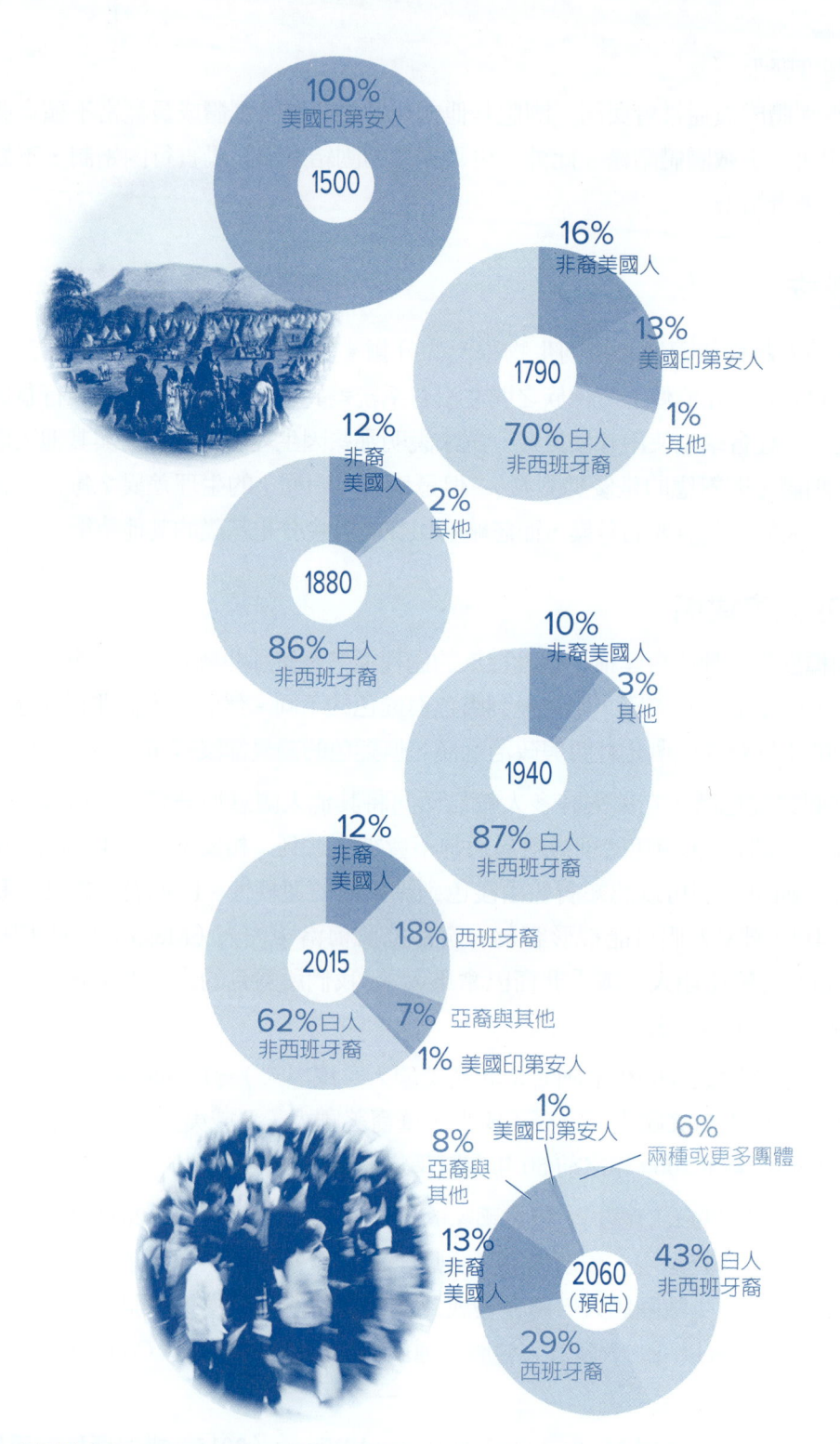

資料來源：原著作者估計；Bureau of the Census 2004a; Colby and Ortman 2015:9. 上方照片：Library of Congress Prints and Photographs Division [LC-USZC2-1745]；下方照片：©Ken USami/ Photodisc/Getty Images

今日美國種族與族群組成變化已非只在過去的 50 年，而是在五百年。五百年前，美國人口僅有印第安原住民。

圖 9-1　1500 年到 2060 年（預估）在美國的種族與族群團體

來定義人群。在 1800 年代後期，為美國原住民建立保留地系統是種族形成的實例之一。聯邦政府官員把獨特的許多部落合併為單一的種族團體，我們今天稱為美國原住民。人類遭到種族形成的程度與頻率如此之大，無人可倖免。

> **運用你的社會學想像**
>
> 操作電視遙控器時，你認為可以在多快的時間內找到所有的角色與自己有同樣的種族與族群背景的電視節目？在節目裡，與你不同背景的所有角色是如何——你如何在最短的時間內找到其一？

族群

族群團體有別於種族團體，是因為具有地域來源或區別之文化模式。在美國的族群團體裡有使用西班牙語的人口，統稱為拉丁裔或西班牙裔，例如波多黎各人、墨西哥美國裔、古巴美國裔及其他拉丁裔美國人。在這個國家的其他族群包含猶太裔、愛爾蘭裔、義大利裔與挪威裔美國人。儘管這樣的分組很省事，但卻可以掩蓋種族分類內的差異（例如在西班牙裔中），並可忽視美國如此多人的混合血統。

種族與族群的少數團體的區別並不總是很明確。種族少數團體一些成員，例如亞裔美國人具有與其他種族的重大文化差異。同時，特定的少數族群團體，例如在美國拉丁裔可能明顯在生理上與其他族群有所差異。

除了分類的問題外，社會學家持續感受到區分種族團體與族群團體是具有社會意義的。在多數社會中，包含美國，社會所建構的身體差異往往比種族差異來得明顯。部分由此事實的結果，以種族分類比族群的分類更能抗拒變革。久而久之，少數族群成員有時可能與優勢團體變得毫不相關——雖然這個過程可能經過好幾世代，並且可能永遠不會涵蓋團體裡所有的成員。相較之下，少數種族成員發現要融入更大的社會且獲得優勢團體的接納更顯不易。

男子：©Juanmonino/Getty Images;
女子：©SnowWhiteimages/Shutterstock
今日某些混血家庭的兒童認同他們為雙種族或多元種族，拒絕為他們歸類成單一種族而努力。

偏見與歧視

偏見

偏見（prejudice）是對一群人的一種負面態度，往往是對於少數種族或族群。如果你因室友邋遢而感到不滿，不一定存有偏見；反之，如果你基於室友的特質立刻產生刻板印象，例如種族、族群或宗教，就是一種偏見的形式。偏見往往會延續對於個人與團體的定義。

有時**種族中心主義**（ethnocentrism）造成偏見——傾向認為自己的文化和生活方式代表規範或優於其他所有事物。種族中心主義的人們以自己的團體標準判斷其他文化，此舉易導致他們被視為劣等文化的偏見。

種族主義（racism）是一個強化偏見的重要且普遍的意識型態，是某種種族優於其他種族的一種信念。當社會中出現種族主義，次等團體成員經常會經歷偏見、歧視與驅逐（exploitation）。1990年代在美國種族主義的攻擊越來越受關注，國會通過仇恨犯罪統計法案（Hate Crimes Statistics Act），因此仇恨犯罪已經開始與財產和民眾的普通犯罪，採取相同的方式進行報導與調查。

偏見來自多種來源，包括公開表達偏見，以及認為利用可能有助於自己的團體發展優於自己團體的想法。

偏見也源於種族與族群的**刻板印象**（stereotype）——未確認團體裡個人差異而無根據地推論團體中所有成員。優勢或多數的團體透過種族形成而創造這些刻板印象。如同互動論學者William I. Thomas論述優勢團體的「情境定義」經常是強大到可形塑個人的人格特質；也就是說，人們不僅回應情境或人的客觀特徵，也回應情境或人具有的社會意義。因此，由優勢團體創造出來的錯誤想像或刻板印象最終將成真（Thomas 1923）。

色盲種族主義

色盲種族主義（color-blind racism）是利用種族中立原則來捍衛引發種族不平等的現況。種族中立支持者宣稱他們相信每個人應公平地被對待，然而他們運用於政府政策的原則絕非中立。支持此傾向者反對平權運動、公共福利援助，以及較大程度由政府經費支助的健康保險，他們認為這些皆有利

©Paul Bereswill/Getty Images
即使少數團體中的成功成員如林書豪，布魯克林籃網隊（Brooklyn Nets）的控球後衛，亦受到種族歧視。2012年，當林書豪率先贏得多場比賽冠軍後，ESPN在網站上以頭條新聞稱他為「穿盔甲的中國佬」（Chink in the Armor），讓他一夜難眠，之後網站對此表示歉意。

於少數團體，但並不反對給予白人權利，例如大學錄取標準優先考慮給予校友的親友；他們也不反對為多數的白人房東減稅，或予以占極高比例為白人的大專學生政府經費補助。儘管種族中立不是基於種族優越或自卑的理論，但社會應是種族色盲的觀念只會使種族不平等長期存在。

色盲種族主義亦指「隱蔽的種族主義」，雖然其支持者很少談論種族主義，但社會地位的其他指標，例如社會階級或公民身分往往會成為種族的代表。因此，許多白人可說服自己不是種族主義者，他們也不認識其他種族主義者——但仍然對於「領取福利補助的母親」與「移民」抱持偏見。他們可以錯誤地得出結論，已達到種族寬容，甚至是種族和族群平等。

研究者調查過去幾十年白人對非裔美國人的態度，得到兩種必然的結論：首先是人們的態度會改變，在社會劇變時期，巨大的態度轉變可能在一個世代內發生；第二，與 1950 年代和 1960 年代短暫的時期相比，二十世紀末和二十一世紀初的種族進步較少。

今日，經濟弱勢團體如非裔美國人和拉丁裔與都市衰退、遊民、福利，以及和某些現在被視為種族議題的犯罪問題有緊密關係，即使並未如此標籤他們。指責這些社會弊病受害者的傾向，使得解決方法變得複雜，特別是在因為經濟衰退、反稅行動與對恐怖主義的關注，政府解決社會問題能力受限時。簡而言之，種族分界線（color line）仍然存在，即使越來越多的人拒絕承認（Ansell 2008; Bonilla-Silva 2014）。

歧視行為

偏見常常導致**歧視（discrimination）**，因為偏見或其他任意的理由，對個人與團體剝奪其機會和平等權利。假設一位白人公司總裁對亞太裔美國人存有偏見，他必須遴補一位行政職位人員，最符合此工作資格者是一位越南裔美國人。如果總裁拒絕僱用此候選者，取而代之地選擇另一位資格較差的白人候選者，他／她的所作所為即是歧視行為。

偏見態度不應等同於歧視行為，雖然兩者通常是相關的，但並不相同；兩者可以分別出現。一位帶有偏見的人不會總是表現出她／他的偏見，例如這位白人總裁可能選擇——不管他／她的刻板印象——僱用越南裔美國人，就是不帶有歧視的偏見。另一方面，對越南裔美國人尊重的白人總裁可能拒絕僱用他們擔任行政職，因為擔心抱持偏見的客戶會將生意轉移到別處，在那樣的情況下，這位總裁的行為構成歧視，未帶有偏見。

即使對來自最佳的家庭背景、受過良好教育且取得執業資格的少數團體成員，

歧視仍然存在，儘管擁有的才能與經驗，但有時遭遇態度上或組織上的偏見使他們無法發揮潛能。**玻璃天花板（glass celling）**一詞是指由於個人的性別、種族或族群，而阻礙工作環境中具有資格者升遷的無形障礙（R. Schaefer 2019）。

1995 年年初，美國的聯邦玻璃天花板委員會（Glass Ceiling Commission）發表關於升遷障礙的首次綜合研究，委員會發現玻璃天花板持續阻礙女性和少數團體男性擔任國家產業的最高管理職位。

> ✓ **運用你的社會學想像**
>
> 社群網絡如何抱持偏見與歧視？

優勢者的特權

歧視常被忽視的一面是，優勢團體的特權是享受以犧牲他人為代價。舉例來說，我們傾向多將重點放在女性在工作上獲得成功，和在家庭中得到幫助的困難上，而不是讓男性輕易地在世界上飛黃騰達，以及不需負擔家務事。同樣地，我們更加關注於種族和少數族群的歧視，而不是白人多數團體享有的優勢。的確，多數的白人很少考慮他們的「白人優越性」，認為他們的地位是理所當然的。

社會學家與其他科學家對於「白人」的意涵漸感興趣，因為白人優越性是種族歧視的另外一面。在此情況下，**白人優越性（Whiteness privilege）**是指只因為白人，就以特別的利益或偏好給予人們權利或豁免權。DuBois 的觀察回應白人優越性的觀點，即不希望所有勞動者都享有公平的工作條件。白人工人接受了白人的「公共和心理工資」（[1935] 1962:700; Ferber and Kimmel 2008）。

女性主義學者 Peggy McIntosh（1988）在留意多數男性不會承認男性享有特權——即使他們同意女性處於弱勢後，對白人優越性產生興趣。白人是否在種族優越性上遭遇類似的盲點？她想知道。McIntosh 對此深感興趣、列出所有由白人優越性獲益的所有方式，她很快了解到潛規則方式的清單又長且具有意義的。

McIntosh 發現身為白人，不論她去哪裡，很少需要走出她的舒適圈。如果她想，可以將大多的時間用來與同種族相處，她可以在舒適的鄰里找到好地方居住、從任何雜貨店購買愛吃的食物，以及在任何的美髮院做髮型。她也可以出席讓自己不會覺得與他人不同的公開會議。

McIntosh 也發覺膚色為她開啟一扇門。她可以兌現支票與使用信用卡而不被質疑；在商店隨意瀏覽時不會被保全人員盯著；她可以輕易地坐在餐廳裡；如果要找經理，她可以假設對方應跟自己同一種族；如果需要醫生或律師的協助，她也能取得。

McIntosh 也了解到她的白人優越性使育兒工作更容易。她無須擔心要保護孩子免受那些不喜歡他們的人的傷害；她可以確認孩子的課本上會呈現與他們相似的人的照片，並且歷史課文會描述白人的成就。她知道自己所看的電視節目會包含白人角色。

　　最後，McIntosh 必須承認其他人無須用種族來評論她，當她出現在公共場合，不需要擔心穿著與行為可能會使白人蒙羞。如果她因某個成就而被認可，則視為她的成就，而非屬於整個種族的成就，而且從來沒有人認為她所表達的個人意見應該是所有白人的意見。因 McIntosh 與周圍的人融為一體，她並非總是站在舞台上。

©Hero Images Getty Images
白人習慣看到其他擁有權威和聲望的專業職位與工作的白人，白人優越性確實有其特權。

　　最近的事件已突顯出白人以許多方式擁有特權。舉例來說，一位黑人畢業生在大學宿舍的公共區域睡著，白人學生找了警察，當警察到達現場，他們要求這位黑人女性拿出大學學生證，還要更多的身分證明；或一家咖啡店僱員請警察參與商務會議，以檢查兩位非裔美國人，當會議的第三人——白人到達時，情緒則得到緩解；或當三位女性黑人離開民宿時警察被召來，因這些女性離開時帶著行李箱遭到鄰居起疑。如果學生或顧客是因為白人所賦予的特權，這些事件會發生嗎？

☑ 運用你的社會學想像

你認為人們多久會因種族或族群而享有特權？你自己又是如何——享有特權的頻率為何？

制度性歧視

　　歧視不僅透過個人一對一接觸去實踐，也在日常運作中被制度化。社會科學家特別關注如就業、住宅、醫療照顧和政府運作等結構性因素，如何維持種族和族群的社會意義。**制度性歧視（institutional discrimination）**是指對個人和團體的機會與平等權利的剝奪來自於正常的社會運作。這種歧視對某些種族和族群團體的影響，比對其他種族的影響更大。

　　民權委員會（The Commission on Civil Rights, 1981:9-10）已確認各種形式的制度性歧視：

資料來源：Library of Congress Prints and Photographs Division [LC-DIG-fsa-8a26761]

通過《民權法案》之前（1964年），在美國南方公共居住隔離是一項規範。白人使用多數最新的廁所、等候室，甚至是飲水機，而黑人（有色人種）則被指引到狀況較差的舊設備，如此的隔離但不平等的安排是制度歧視的明證。

- 即使在業務工作上不必限制使用其他語言，要求在工作上只能說英文。
- 法律系和醫學院的錄取參考資料裡，富有和具影響力的校友子女幾乎都是白人。
- 嚴峻的休假政策，加上禁止兼職工作，使得單親家庭的戶長（多數為女性）很難得到並維持工作。

在某些案例裡，甚至看似中立的制度化標準可能產生歧視性影響。位於中西部州立大學非裔美國學生抗議一項政策，依此政策，使用校園設施進行舞蹈的兄弟會和社團需支付150美元的保證金，以彌補可能造成的損失，他們抱怨這項政策對少數族群學生組織產生歧視性影響，校園警察則反駁大學政策適用所有有興趣的學生團體可使用設施。然而，因為大多數在校的白人兄弟會與社團有自己跳舞的房子，這項政策事實上只影響到非裔美國人與其他少數族群組織。

已經嘗試消除或彌補制度上的歧視。1960年代見證許多開創性民權法案的通過，包括具有里程碑意義1964年民權法案（Civil Rights Act）（在公共住宅和公共設施上，禁止基於種族、膚色、信仰、國籍和性別的歧視）。

40多年來，已經制定平權行動計畫來克服以往的歧視。**平權行動（affirmative action）**是指，為了使少數團體成員或女性獲得工作、升遷和教育機會所做出的積極努力。許多人對這些計畫感到反感，認為推進一個團體只會導致歧視另一個團體，例如優先考慮讓非裔美國人入學，學校可能會忽略較具資格的白人。在美國的許多地區與許多經濟部門，平權行動正在削弱中，甚至從未完全執行。

今日歧視行為持續遍及在美國的所有生活領域範疇中，部分原因是由於金錢、地位和影響力，各種個人與團體實際上都從種族和族群歧視中獲益。歧視允許多數團體的成員犧牲他人的利益來增強自己的財富、權力和威望。較不符合資格者得到工作或升遷，只因為他們是優勢團體的成員，像這樣的個人與團體不會輕易放棄這些優勢。我們現在將仔細探究關於種族與族群的功能論，以及衝突論、標籤、互動論觀點。

9.1　概述與回顧

摘要

種族與族群的社會層面是形塑人類生活的重要因素。

1. **種族團體**（racial group）是以身體特徵而與其他團體有所不同；**族群團體**（ethnic group）之所以與眾不同，主要是因為其民族血統或獨特的文化背景。
2. 社會學家定義**少數團體**（minority group）時，主要關注在團體的經濟與社會權力，或是其弱勢狀況。
3. 人們連結身體差異賦予種族上的社會意義，製造**刻板印象**（stereotype）。
4. **偏見**（prejudice）經常但不總是引起**歧視**（discrimination）。有時透過**色盲種族主義**（color-blind racism），有偏見者利用種族中立原則來捍衛引發種族不平等的現況。
5. **制度性歧視**（institutional discrimination）來自於社會的正常運作。

批判性思考

1. 為何種族的社會建構難以使用以生物類別的種族傳統概念表示？
2. 不同族群在收入能力上的差異會有什麼影響？
3. 消除偏見或消除歧視哪一種更具社會意義？請解釋。

重要詞彙

平權行動	少數團體
色盲種族主義	偏見
歧視	種族形成
族群團體	種族團體
種族中心主義	種族主義
玻璃天花板	刻板印象
制度性歧視	白人優越性

9.2　社會學觀點的種族與族群

種族與族群之間的關係可由主要的四種社會學觀點進行分析。從鉅觀層面來看，功能論學者觀察到種族偏見與歧視對優勢團體有其正向功能；衝突論學者視經濟結構是剝削少數種族的重要因素；標籤理論學者留意到執法人員挑選少數種族以區別對待。在微觀層面，互動論學者強調不同種族與族群背景的人們每日接觸，會導致寬容或敵對態度。

功能論觀點

種族偏執（racial bigotry）可能有什麼用處？功能論學者雖同意種族敵意是難以被贊同，卻指出種族敵意對於那些執行歧視者具有正向功能。

人類學家 Manning Nash（1962）指出，對於優勢團體種族偏見信念的三項功能：

1. 種族主義觀點為了維繫一個經常剝削少數團體權利與特權的不平等社會，而提供道德理由。美國南方白人藉由相信非洲人在身體與精神上是次等的，且沒有靈魂以合理化奴隸制度。
2. 種族主義的信念阻止次等少數團體試圖質疑其低等的地位，這將質疑社會的基礎。
3. 種族主義的迷思提出任何主要的社會變革（如結束歧視）可能造成少數種族更貧困，以及降低多數人的生活水準。因此，當一個社會的價值體系受到威脅時（如在殖民帝國或奴隸制度內），種族偏見就會滋生。

雖然種族偏見與歧視可能支援強勢者，但這些不平等待遇也可能對社會造成失功能。社會學家 Arnold Rose（1951）概述與種族主義相關的四項失功能：

1. 一個實行歧視的社會無法運用所有個人的資源，歧視將尋找人才與領導能力限制在優勢團體。
2. 歧視加劇社會問題，例如貧窮、青少年犯罪，以及犯罪，並將減輕這些問題的經濟負擔推給優勢團體。
3. 社會必須投入大量的時間與金錢，為所有成員捍衛充分參與的障礙。
4. 種族偏見與歧視經常削弱國家間善意和友好的外交關係。

衝突論觀點

衝突論學者肯定同意 Rose 攸關種族偏見與歧視對於社會有許多不利的影響。社會學家使用**剝削理論（exploitation theory）**或馬克思主義階級理論（Marxist class theory），來解釋在美國的種族服從關係的基礎。Marx 認為剝削下層階級是資本經濟制度的基本部分。以馬克思主義的觀點，種族主義讓少數種族從事低薪工作，因此為資本主義統治階級提供大量的廉價勞工。此外，透過強迫少數種族接受低薪工作，資本家可以限制無產階級所有成員的薪資。優勢團體員工要求更高的薪資時總會被無從選擇的少數種族所取代，只能接受低薪的工作（Blauner 1972; Cox 1948; Hunter 2000）。

種族關係的衝突論觀點在許多情況之下似乎有說服力。日裔美國人是少許偏見

的目標，直到他們開始進入職場，與白人競爭為止。在十九世紀後半葉，中國人與白人為了日益減少的工作機會爭吵時，中國移民被趕出美國的運動變得相當狂熱。黑人奴隸和美洲原住民向西的滅絕和驅逐，皆是出於經濟動機。

然而，剝削理論過於狹隘，無法解釋偏見的許多形式，並非所有的少數種族團體已被剝削到相同的程度。另外，許多團體（例如貴格會與摩門教徒）除了經濟原因外，還受到偏見的傷害。然而，如 Gordon Allport（1979:210）的結論：「剝削理論正確地指出偏見所涉及的因素之一，……合理化上層階級的自我利益。」

標籤理論觀點

一種符合衝突論觀點與標籤理論的做法是種族描述。**種族描述（racial profiling）** 是執法單位依據種族、族群或民族血統，而非個人行為發起的任意行動。一般來說，當執法人員包括海關人員、機場保全與警察認為符合特定描述的人可能從事非法活動時，就會發生種族描述。1980 年代，隨快克古柯鹼在市場上的出現，膚色成為種族描述的關鍵特徵，此舉經常成為明確的刻板印象。舉例來說，一位聯邦禁毒倡導者督促官員特別注意留著長辮的人與一起旅行的拉丁人。

現今儘管太多的證據為誤導，執法單位仍持續依賴種族描述。一項最近的研究顯示，黑人被攔住時仍比白人更有可能受到鞭打與暴力對待，而白人比黑人更有可能擁有武器、非法毒品或竊盜的財產（Farrell and Mcdevitt 2010）。

互動論觀點

一位西班牙裔女性從裝配線工作轉換到與白人男性相鄰的類似職位工作，起初這位白人男性態度傲慢，假設她一定是無能的。她冷漠、憤恨；即使她需要協助，仍拒絕承認。一個星期後，兩人之間日益緊張導致激烈的爭吵。然而久而久之，彼此慢慢開始欣賞對方的長處和才能。一年後他們一起工作，這兩位工作者成為互敬的朋友。這個故事是互動論學者稱為接觸假說的案例。

接觸假說（contact hypothesis） 指出在合作的情況下，平等地位的人們之間的跨種族接觸會使他們減少偏見且拋棄舊有的刻板印象。人們開始視彼此為個體，並且

©moodboard/Getty Images

在美國的雜貨店裡，黑人顧客與白人顧客有不同的經驗，他們的支票與信用卡可能比白人更容易被拒絕，以及更容易被保全人員識別其特徵。

表 9-1　種族與族群的社會學觀點　　　　　　　　　　　　　　　| 追蹤社會學觀點

觀點	重點
功能論	優勢多數者受益於少數種族的服從。
衝突論	既得利益者透過經濟剝削，使得種族不平等長期存在。
標籤理論	依據種族與族群身分，剖析人們並產生刻板印象。
互動論	合作互動接觸可降低敵意。

拋棄刻板印象中廣泛概括的特徵。注意平等地位（equal status）與合作的情況（co-operative circumstances）用語。在這個故事裡，如果這兩位工作人員為了一個督導職位而競爭，彼此的種族敵意可能會惡化（Allport 1979; Fine 2008）。

隨著拉丁人與其他少數種族漸漸獲得更高的收入和賦予責任的工作，接觸假說可能具有更大的意義。在我們的社會裡，個人與次屬團體之間的趨勢是朝向增加接觸。這可能是消除——或至少減少——種族與族群刻板印象和偏見。由社會學家 William Julius Wilson（1999）提議的想法，是另一個可能為跨種族聯盟的建立。要發揮作用，這種聯盟顯然需要建立在所有成員處於平等角色上。

表 9-1 彙總種族的四種主要的社會學觀點，不管是功能論、衝突論、標籤理論或互動論對種族與族群區別的解釋為何，這些由社會構造的不平等現象都會以偏見和歧視的形式產生強大的後果。在下一節中，我們將看到基於種族和族群特徵的不平等如何毒害人類的人際關係，剝奪他人視為所有群體理所當然的機會。

內團體關係的範圍

種族和族群團體可以透過多種方式相互聯繫，從友誼和通婚到敵對，從需要相互認可的行為到優勢團體所施加的行為。

種族滅絕

團體內關係的一種破壞性模式是**種族滅絕（genocide）**——故意地、系統地殺害一個民族或種族。這個用語描述土耳其在 1915 年開始殺害 100 萬的亞美尼亞人；最常被用於納粹德國殺害 600 萬歐洲猶太人；以及第二次世界大戰期間，男同性戀、女同性戀和吉普賽人同樣被殘害。種族滅絕一詞也適用於描述 19 世紀美國對美洲原住民的政策。在 1800 年，美國原住民（或美國印第安人）的人口大約有 60 萬；到了 1850 年，遭受美國騎兵衝突、疾病，並被迫遷移到荒涼的環境中，人口減少為 25 萬。

驅逐（expulsion）人民是消除種族或族群偏見的另一種手段。例如在 2017 年，極端主義佛教僧侶的鼓勵下，緬甸軍隊對穆斯林少數種族羅興亞人（Rohingya）進行種族滅絕。羅興亞人至少從 8 世紀開始就住在緬甸，但多年來他們的活動受到限制，並且無法接受教育及被禁止從事政府工作。最近，政府開始認為他們是非法移民，殺害上千人以驅趕他們離開。

另一種驅逐的形式稱為分裂（secession），即未能解決種族或族群衝突而導致各種群之間正式的劃清界線。在 1947 年，印度被劃分為兩個獨立的國家，以結束印度教徒和穆斯林之間的暴力衝突。北部穆斯林地區成為巴基斯坦的新國家；印度其他地區則主要是印度教徒。

©Hafiz Johari/Shutterstock
約有 60 萬羅興亞難民被軍隊暴力驅逐後，逃離緬甸的家園。

分裂、驅逐及種族滅絕是極端行為，聚集在所謂的內團體關係光譜（Spectrum of Intergroup Relations）的負端（圖 9-2）。更具典型的內團體關係遵循四種可辨識的模式：(1) 隔離；(2) 融合；(3) 同化；(4) 多元主義。每一種模式定義優勢團體的行動與少數團體的回應。內團體關係儘管總是傾向於一種模式，但很少只侷限在四種模式的其中一種。

隔離

學校隔離、公車與餐廳座位隔離、廁所隔離，甚至是飲水機的隔離——二十世紀初執行隔離政策時，這些都是美國南方非裔美國人生活的一部分。**隔離（segregation）** 是指將兩個團體在居住、工作場所和社交活動方面做實質的區隔。一般而言，優勢團體將此模式強加給少數團體。隔離很少是可完全區隔的，然而即使是隔離極高的社會中，內團體的接觸仍不可避免會發生。

從 1948 年（獨立後）到 1990 年，南非共和國通過一項廣泛的種族隔離制度：**種族隔離制度（apartheid）**，以嚴格限制黑人和其他非白人的活動。種族隔離制度甚至包括建造黑人期待居住的隔離家園。然而幾十年來，當地對種族隔離的抵抗加上國際壓力，導致 1990 年代的政治發生明顯變化。在 1994 年，著名的黑人行動者 Nelson Mandela 在黑人（全國多數人口）首度擁有投票權時在總統選舉勝出。Mandela 已因反種族隔離運動而在南非監獄服刑約 28 年，人們普遍認為他的當選是對南非壓迫性種族隔離政策的最後一擊。

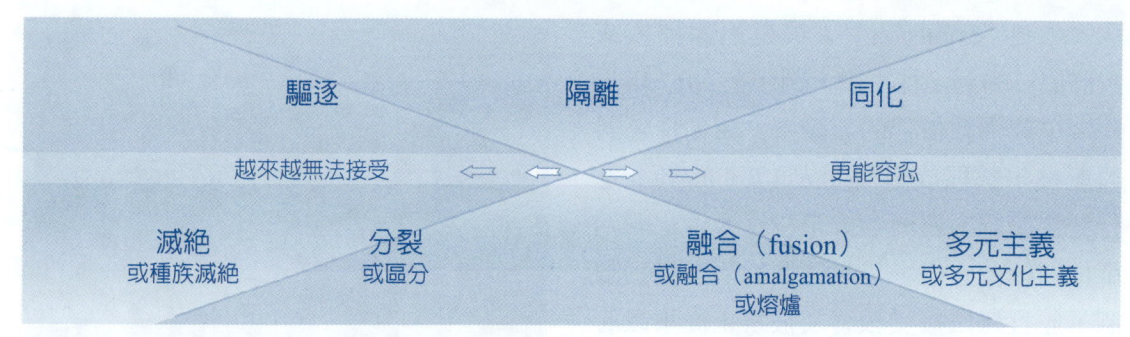

```
        驅逐              隔離              同化
    越來越無法接受    ⟵ ⟵ ⟵ ⟶           更能容忍

    滅絕          分裂              融合（fusion）      多元主義
  或種族滅絕      或區分          或融合（amalgamation）   或多元文化主義
                                      或熔爐
```

資料來源：作者 Richard T. Schaefer 自製。

圖 9-2　內團體關係光譜

融合

當優勢團體和少數團體合併為一個新團體時，即產生**融合（amalgamation）**。透過幾個世代的通婚，社會中的不同團體合併成新團體。此模式可以用 A + B + C → D 呈現，A、B 與 C 表示是社會中不同的團體，D 表示最終結果，是與最初的團體不同具有獨特文化種族團體（W. Newman 1973）。

在 20 世紀前半葉，人們信奉美國是一個大熔爐，特別是如此的形象象徵美國肩負將各種團體融合為一個人的神聖使命。然而事實上，許多居民不讓原住民、猶太人、非裔美國人、亞太裔美國人及愛爾蘭羅馬天主教徒納入熔爐，因此這個模式不適合描述在美國的主從關係。近年來，白人、黑人、亞洲人和西班牙裔人之間的異族通婚有顯著增加，我們將在第 12 章檢視這項趨勢。

同化

在印度，許多印度教徒抱怨印度公民抄襲英國的傳統和習俗。在法國，來自阿拉伯與具有非洲血統的民眾（其中許多是穆斯林），抱怨他們被視為次等公民——從 2006 年到 2017 年間，這項指控引起許多暴動。在美國，一些義大利裔美國人、波蘭裔美國人、西班牙人及猶太人更改族群姓氏為白人新教徒家庭中常見的姓氏。

同化（assimilation）是一個人拋棄自己的文化傳統，成為另一種文化一部分的過程。一般而言，這是由少數團體成員執行以期符合優勢團體的標準。童話可被呈現的模式為 A + B + C → A。多數團體為 A 占主導地位，少數團體 B 和 C 成員模仿，且試圖與之區隔（W. Newman 1973）。

> ✓ **運用你的社會學想像**
>
> 你已移民到另一個文化差異甚大的國家，你可能會採取什麼步驟來接受同化？

一項最近在美國、加拿大與歐洲移民團體的比較性研究發現，在大多數情況下，同化儘管在加拿大的進展較慢，但在美國的進展比在歐洲還快。在美國，各團體的同化速率通常保持不變。然而，最近的經濟衰退阻礙新團體進入各式各樣工作的能力。

多元主義

在多元社會中，次屬團體無須為了避免偏見或歧視而放棄自己的生活方式與傳統。**多元主義（pluralism）**是基於社會中各個團體之間相互尊重彼此的文化。此模式允許少數團體表達自己的文化，並能在不受偏見影響下參與較大的社會。之前我們描述融合為 A + B + C → D，以及同化為 A + B + C → A。運用相同的方式，我們可以將多元主義理解為 A + B + C → A + B + C，所有的團體共存於同一社會裡（W. Newman 1973）。

在美國，多元主義是理想多過於現實，存在著明顯多元主義的情形，在主要的城市裡有族群鄰里，例如韓國城（Koreatown）、小東京（Little Toyko）、安德森維爾（Andersonville）（瑞典裔美國人）與西班牙裔哈林區（Spanish Harlem）──不過其文化自由也受到限制。為了生存，社會必須在成員之間重新建立基本共識、價值觀和信念，以達成一定的共識。因此，如果某位匈牙利人移民到美國欲提升職業階級，他或她無法避免地要學習英文。

瑞士是一個現代多元主義國家的典範，在那裡，既無官方語言與主要的宗教信仰，如此導致對文化多元的容忍。另外，在美國，以不同的政治手段維護族群的利益。相對地，英國在多元種族社會裡很難實現文化多元主義，從加勒比海與非洲來的東印度人、巴基斯坦人及黑人在優勢白人社會裡經歷偏見與歧視，一些英國的倡議者禁止所有亞洲與黑人移民，甚至有些人呼籲驅逐目前居住在英國的非白人。

©Barbara Penoyar/Getty Images

9.2 概述與回顧

摘要

四種社會學觀點──功能論、衝突論、標籤理論及互動論──對於分析種族和民族群體之間的關係很有幫助。

1. 功能論學者指出，歧視對社會來說既是功能性的，也是功能性的。
2. 衝突論學者透過**剝削理論（exploitation theory）**來解釋種族從屬地位。

3. **種族描述（racial profiling）**是執法單位依據種族、族群或民族血統，而非個人行為發起的任意行動。基於對某些種族和族群的錯誤刻板印象，這種做法並不是打擊犯罪的有效方法。
4. 互動論學者提出**接觸假說（contact hypothesis）**作為減少偏見和歧視的一種方法。
5. 四種模式描述北美和其他地方典型的內團體關係：**融合（amalgamation）、同化（assimilation）、隔離（segregation）**及**多元主義（pluralism）**。多元主義與其說是現實，不如說是一種理想。

批判性思考

1. 試舉出你熟悉的一個標籤例子。
2. 試舉出你在校園或工作場所看到的融合、同化、隔離及多元主義的例子。

重要詞彙

融合	種族滅絕
種族隔離	多元主義
同化	種族描述
接觸假說	隔離
剝削理論	

本章摘要

社會學實戰小練習

1. 思考一個或多個你曾從事的工作或渴望的職業。與你共事或將來的同事會有多麼多樣性？你的客戶或顧客呢？你是否期待種族與族群多樣性在未來職涯裡扮演重要的角色？
2. 與一位年長的親人談談家庭的過去。你的祖先曾因為種族或族群遭受偏見或歧視嗎？如果有的話，是以什麼方式？他們有沒有使用種族或族群誹謗來指稱其他種族或族群的人？你家人對於其他團體成員的態度是否隨著時間而改變？如果是的話，為什麼？
3. 查看你的社區種族和族群組成的人口統計資料。哪些是主要的種族與族群團體？還有其他的族群代表嗎？你的社區有多少人是移民者，他們從哪裡來？

重要詞彙

Affirmative action 平權行動 是指為了使少數團體成員或女性獲得工作、升遷和教育機會所做出的積極努力。

Amalgamation 融合 優勢團體和少數團體合併成為一個新團體。

Apartheid 種族隔離制度 南非政府之前的政策，將黑人和其他非白人與白人區隔。

Assimilation 同化 是一個人拋棄自己的文化傳統，成為另一種文化一部分的過程。

Color-blind racism 色盲種族主義 是利用種族中立原則來捍衛引發種族不平等的現況。

Contact hypothesis 接觸假說 在合作的情況下，平等地位的人們之間的跨種族接觸會使他們減少偏見，並且拋棄舊的刻板印象。

Discrimination 歧視 因為偏見或其他任意的理由，對個人與團體剝奪其機會與平等權利。
Ethnic group 族群團體 團體之所以與眾不同，主要是因為其民族血統或獨特的文化背景。
Ethnocentrism 種族中心主義 傾向於認為自己的文化和生活方式代表規範或優於其他所有事物。
Exploitation theory 剝削理論 馬克思主義理論解釋美國的種族服從關係如同資本主義固有階級制度的表現。
Genocide 種族滅絕 故意地、系統地殺害一個民族或種族。
Glass ceiling 玻璃天花板 由於個人的性別、種族或族群而阻礙工作環境中具有資格者升遷的無形障礙。
Institutional discrimination 制度性歧視 對個人和團體的機會和平等權利的剝奪，來自於正常的社會運作。
Minority group 少數團體 是次級團體，其成員對生活的控制或權力比優勢或多數團體的成員要少得多。
Pluralism 多元主義 社會中各個團體之間相互尊重彼此的文化，允許少數團體在不受到偏見下表達自己的文化。
Prejudice 偏見 對一群人的一種負面態度，往往是對於少數種族或族群。
Racial formation 種族形成 一種社會歷史過程，其種族類別被區分、種族類別的居住地、種族的轉化與破壞。
Racial group 種族團體 以社會標誌而言，因身體特徵上不同的團體。
Racial profiling 種族描述 執法單位依據種族、族群或民族血統，而非個人行為發起的任何任意行動。
Racism 種族主義 相信某種種族是至高無上的，而其他種族都是低人一等。
Segregation 隔離 將兩個團體在居住、工作場所和社交活動方面做實質的區隔。
Stereotype 刻板印象 未確認團體裡個人差異而無根據地推論團體中所有成員。
White privilege 白人優越性 只因為是白人，便以特別的利益或偏好給予人們權利或豁免權。

自我評量

請仔細閱讀下列問題，並選擇最適合的答案。

1. 社會學家已經確定少數團體的五個基本屬性，不包括下列哪一項？
    a. 不平等待遇
    b. 身體特徵
    c. 先賦地位
    d. 一般會在自己團體內結婚
2. 在美國最大的種族少數團體為
    a. 亞太裔美國人
    b. 非裔美國人
    c. 原住民美國人
    d. 猶太裔美國人
3. 下列哪一項是種族歧視的形式？
    a. 獲得地位
    b. 歧視
    c. 偏見
    d. b 與 c
4. 假設白人雇主拒絕僱用一位具有資格的越南裔美國人，而僱用資格較不符的白人。此決定是什麼行為？
    a. 偏見
    b. 種族中心主義
    c. 歧視
    d. 汙名化

5. 假設工作場所要求只能說英文，即使以非工作的必要性來限制其他語言。此要求是什麼例子？
    a. 偏見
    b. 代罪羔羊
    c. 自我實現預言
    d. 制度性歧視

6. 一起在電子公司擔任電腦工程師，一位西班牙女性與猶太裔男性克服最初的偏見，並彼此欣賞對方的優點與才能。這樣的情景是什麼例子？
    a. 接觸假說
    b. 自我實現預言
    c. 融合
    d. 反向歧視

7. 數個世代的通婚制導致不同族群合併到形成新的族群，這是何種例子？
    a. 融合
    b. 同化
    c. 隔離
    d. 多元主義

8. Alphonso D'Abruzzo 將名字改成 Alan Alda，他的行為是什麼例子？
    a. 融合
    b. 同化
    c. 隔離
    d. 多元主義

9. 馬克思階級理論的倡導者爭辯在美國種族服從關係的基礎有賴於資本經濟制度，此一觀點的另一種陳述呈現在下列何種理論？
    a. 剝奪
    b. 功能論
    c. 互動論
    d. 接觸

10. 社會學家考量種族與族群是 _____ 地位，因為人們生來即屬於種族與族群團體。

11. _____ 未確認團體裡個人差異而無根據地推論團體中所有成員。

12. 社會學家使用 _____ 這個詞彙，意指對一群人的一種負面態度，往往是對於少數種族或族群。

13. 當美國白人可以兌現支票與使用信用卡而不被質疑，在商店隨意瀏覽時不會被保全人員盯著時，他們正在享受著 _____。

14. _____ 是指少數團體成員或女性獲得工作、升遷和教育機會所做出的積極努力。

10 Chapter 性別階層化

10.1 性別的社會結構
10.2 標籤化與人類的性行為
10.3 女性：被壓迫的多數

©Jupiterimages/Getty Images
性別階層化存在於所有社會中。在世界各地，大多數職業都由男性或女性主導。

英國作家 Laura Bates 在 2012 年架設日常生活中所見的性別歧視案例的網頁，三年內收到來自世界各地的十萬個案例。這種情況發生在工作場所、各級學校、聚會、街道、體育賽事和社群媒體中。雖然多數的貼文是女性在描述受害的過程，有些男性也因為身為男性受到不當對待而挺身而出。如同 Bates（2014:325）提及她的日常性別歧視方案（Everyday Sexism Project）時指出：「這不是男性對女性的議題，而是關於人類與偏見的議題」（Everyday Sexism Project 2018; Sanghani 2015）。

今日對待男性與女性的變化為何？在美國，女性是否因其性別而仍受到壓迫？男性與女性的社會地位是否已改變？性別角色從一種文化到另一種文化有何不同？首先藉由審視不同的文化，包括自身的文化、將男性和女性賦予特定的社會角色，來學習這些模式與問題。我們將考量人類性行為的複雜性、同性戀與異性戀，以及其他的性別認同，之後聚焦於性別階層化的社會學解釋；我們將看到在世界各地婦女占受壓迫人口的大部分；將了解到女性已經形成一種集體意識，也就是她們對自己的壓迫，以及她們的性別與其他因素，共同造成社會不平等的方式；最後，我們將有關工作場所性騷擾的社會政策作為本章結尾。

10.1　性別的社會結構

你認為有多少飛機乘客聽到從駕駛艙傳來女性座艙長的聲音會感到驚訝？我們如何看待一位父親宣稱上班遲到是因兒子的例行醫療檢查？有意識與無意識地我們可能會認為駕駛商務飛機是男性的工作，以及多數的親職責任實際上是落在女性身上。性別是我們日常生活中的規範，只有當有人偏離常規行為和期望時，我們通常才會注意到這一點。

雖然少數人出生時性別模糊，而絕對多數的人則具有明確的性別認同，且很快地吸收人類對性別行為的社會訊息。事實上，幾乎所有的社會皆建立男性與女性的社會區別，如此的區別並不是從性別的生物學差異來決定（如女性的生育能力）。

在研究性別議題時，社會學家對導致男性和女性行為不同的性別角色社會化感到興趣。在第4章**性別角色**（gender role）是針對男性與女性適當的行為、態度及行動的期待予以定義。主導性別角色的應用導致女性和男性之間存在多種形式的差異。兩性皆可學習烹飪與縫紉，不過多數西方社會決定女性應執行這些任務。男性與女性都能夠學習焊接、開飛機，而這些職務經常都派給男性。

如同將在本章中所見，社會行為並不會反映這些性別角色暗示的相互排斥。性別角色並不獨立，在真實生活中，男性的行為舉止影響女性的行為，女性的行為舉止影響男人的行為。因此，多數人並不會一直表現出明顯的「陽剛」或「陰柔」特質。確實，如此的標準可能是模稜兩可的。例如，雖然男性本來是缺乏情感的，但當最喜歡的運動團隊勝出或輸掉關鍵比賽時，他們可能變得情緒化。而我們的社會依然聚焦於「陽剛」或「陰柔」特質，似乎必須以這些用詞來評估男性與女性。儘管最近女性介入男性主導的職業，但我們對性別的建構持續地為男女定義截然不同的期望。

性別角色不但能展現在工作與行為上，也反映在我們對待他人的方式。我們經常「行使性別」（doing gender），並且毫無意識到這樣的行為。前面提到的那位父親，如果在工作時間與兒子坐在醫生的候診室，會被櫃檯人員與其他病人投以認可的眼神，「他是一位好爸爸！」的念頭會湧入他們的心中；但若這位男孩的媽媽離開她的工作，陪著兒子坐在醫生的候診室，將不會受到如此無聲的讚美。

社會化所建構的行為會創造或是突顯男女之間的差異，例如男性與女性的身高、體型、年齡各不相同。然而關於婚姻，甚至於是一般的約會的規範則告訴社會大眾，在異性戀的關係中，男性應該比女性年長、身高更高，也更聰明。正如我們將在本章裡所見，如此的社會規範有助於男性強化並合法化其優勢地位。

跨文化觀點

兩性之間的生物差異有多少程度會造成性別相關的文化差異？這樣的問題使我們思考「先天與後天」的爭論。在評估男性與女性尚未證實和真實之間的差異時，檢視跨文化資料是很有幫助的。

全世界的人類學家，已經記錄高度多樣化的性別結構，而這些性別呈現並不總是符合我們理想中的陽剛和陰柔氣質。從 Margaret Mead（[1935] 2001）開創性工作開始至今的實地調查工作，這些學者皆指出，性別角色皆受到物理環境、經濟和政治系統等極大的影響。

在任何的社會之中，性別階層化不僅要求將個人社會化轉變為家庭中傳統的性別角色，也需要其他社會制度來推動並支持這些傳統角色，如宗教與教育。即使所有主要機構將年輕人社會化到其傳統的性別角色，而每個社會仍存在著抗拒且成功反對刻板印象的男性與女性：強勢的女性則可為領導者或專業人員、溫良柔順的男性照顧子女等。顯然地，性別差異不是由生物學決定。的確，社會控制需要性別角色的維繫——而這些社會控制並非永遠有效。

遭受到戰爭與社會巨變而承受壓力的社會是可見的。性別角色會在過程中進行社會建構。美國軍隊被派到阿富汗，主要為了平息恐怖行動，但在一個社會保護與法治已遭破壞的國家，也要改善婦女的權利。阿富汗婦女從未感受到安全感，她們在公共場合露面會顯得特別危險。在阿富汗不僅常發生針對婦女的暴力行為，即使對於嚴重的暴力事件也很少受到調查或起訴，如果暴力受害者向官方舉報犯罪，就有可能被控通姦。然而，多虧聯合國代表婦女介入處理，阿富汗人開始認識到對婦女的暴力行為是一個社會問題。但正如在專欄 10-1 中描述的，即使在像瑞典這樣的自由、工業化國家，質疑性別角色仍存有爭議。「性別中立」可以成為基本的日常活動（UN Women 2016）。

性別的社會學觀點

跨文化研究指出，男性所主導的社會比女性主導的社會更為普遍，社會學家已經由主要理論觀點了解不同性別主導的社會差異是如何，以及形成的原因。在主要因素是性別差異時，所有的觀點則聚焦於文化而不是生物取向。但是在其他方面，這些社會學觀點的主張仍存有很大的歧見。

功能論觀點

功能論學者認為性別差異可穩定整體社會。社會學家 Talcott Parsons 與 Robert

全球社群的社會學

專欄 10-1

請勿區分性別：這裡是幼兒園！

很少有學校像 Egalia 這樣受到全球關注，Egalia 是一家小型、男女合校的州立幼兒園，於 2010 年在瑞典斯德哥爾摩開始招生。Egalia 遵循省略性別指定課程。在現今的教育環境中，某些學校的做法並不罕見：男生與女生皆被鼓勵使用廚房用具、玩積木、洋娃娃及卡車玩具，藍色與粉紅色的標誌已經消失。此外，Egalia 的工作人員避免是用像是「他」(him) 或「她」(her)（瑞典語為 han 與 hon），而是使用性別中立的人稱代名詞 hen 來代替，以創造更平等與包容的氣氛。2015 年，瑞典的國家百科全書認定 hen 是性別中立的人稱代名詞。

從玩具的顏色與位置和書籍的選擇，每個細節經過精心策畫，以確保兒童不會陷入傳統的性別刻板印象。31 歲的老師 Jenny Johnson 提及：「社會期待女孩要女性化、漂亮且討人喜歡；男孩是男子氣概、舉止粗魯及外向的。」「Egalia 給予他們絕佳的機會，使他們成為想成為的人。」

一些父母擔心會矯枉過正，他們表示對於消除性別角色的執念可能使兒童感到困惑與準備不足，而無法應付幼兒園以外的世界。自 1988 年以來，瑞典的幼兒園已依據法律要求，消除傳統性別角色與性別模式。然而，幼兒園經常會複製而非消除這些性別角色與模式。許多瑞典人認為幼兒園對於消除傳統的性別角色與模式還不夠努力。政府的指令故意含糊不清，因此除非學校擁有非常敬業的教職員，如同 Egaila 學校，否則傳統的性別角色就會出現。

Egalia 致力為兒童創造在不受性別期望下的成長條件。結果，批評聲浪四起。媒體大肆報導匿名威脅職員與闖入幼兒園事件。一些人認為這所學校是未能滿足真正社會需求的菁英計畫。在「性別瘋狂」的混亂指控中，Egalia 的負責人不得不反覆向媒體強調，學校並非試圖消除兒童的性別意識（如娃娃在解剖學上是正確的），或讓每個人成為同性戀者。後者的批評是為了回應媒體對兒童繪本的關注，這些繪本強調單親父母和同性戀伴侶——這裡沒有灰姑娘的故事！

在這個地方很容易找到讚美。這所幼兒園有很長的候補名單，當地將 Egalia 作為所有幼兒園的典範，並將其性別觀點視為訓練幼兒園職員的資源。

一些學者推測，雖然性別中立的課程可能會讓家長滿意，但不會對孩子產生持久的影響。研究者對類似 Egalia 的教育產生的長期影響感興趣，或許它可幫助減少性別差異，或大眾傳媒的影響與校外經歷會削弱類似計畫的目標。

討論

1. 回想你的早期教育經歷（托兒所、幼兒園），它們是否強化或幫助消除社會性別角色的刻板印象？
2. 你認為幼兒園或一般教育可以在多大程度上改變性別角色的刻板印象？

資料來源：Lind-Valdan 2014; Noack 2015; Scott 2017; Soffel 2011.

Bales（1955）認為一個家庭要達成高效率的運作，則需要有各司其職的成員，他們視傳統角色是源於婚姻伴侶之間建立勞力分工的需求。

　　Parsons 與 Bales 主張女性扮演情感表達、情緒支持的角色，男性則為工具性、實務型的角色，兩者可互為配搭與合作。**表達能力（expressiveness）** 表示對於維持家庭和諧與內部情感事務的關注。**工具性能力（instrumentality）** 重視任務與長遠的目標，以及能對於家庭與其他社會制度外在關係的關注。依據此理論，女性的興趣則在於表達情感的目標是可使男性自由追求工具性任務。反之亦然。女性在家庭被視為妻子、母親與家庭主婦的角色；男性則被定位於家庭之外的職場。當然，Parsons 與 Bales 在 1950 年代提出此理論，比起今日的社會，在當時有較多的婦女是全職家庭主婦。這些理論未能明確地幫傳統性別角色背書，但暗示配偶之間的工作分配有助於家庭整體的運作。

　　基於美國女性和男性的典型社會化型態，功能論觀點在初期是令人信服的理論。然而，這樣的觀點使社會期待對兒童毫無興趣的女孩與女性成為保母與母親；同樣地，喜歡與小孩相處的男性則被設定成投入上商業的職涯。這樣的區別，對可能對某些不符合指定角色的個人造成傷害，同時也剝奪許多受到性別刻板印象束縛的人才對於社會的貢獻。此外，功能論取向的解釋無法完全地說明為何男性被歸類為工具性角色，而女性則是表達性角色。

©STR/EPA/Newscom
在公共交通工具上被騷擾或偷摸是全世界女性面臨的問題。在東京，地鐵提供女性專用車廂保護女性免於性攻擊。

衝突論觀點

　　從衝突論觀點來看，功能論取向隱含男女之間潛在的權力關係。Parsons 與 Bales 從未明確描述表達性和工具性角色對社會具有不平等的價值，然而它們之間不平等卻是顯而易見的。縱使社會制度可能對女性的表達技巧予以口頭讚許，但對於男性的工具性技巧卻給予較高的獎賞，無論是給予金錢或是賦予地位。總之，根據女性主義與衝突論，依性別將任何勞動力劃分為工具性任務和表達性任務的方式，對於女性所產生的影響是相當不公平的。

　　衝突論學者認為在傳統上女性與男性之間的權力關係是不平等的，男性處於主導女性的地位。在前工業化時期，男性可能因為體型、體能及無須負擔生育的責

©DreamPicture/Shannon Faulk/Blend Images LLC
衝突論學者強調男性的工作一律是重要的，然而女性的工作（無論是在家的無償勞動或是受薪工作）是被貶抑的。這位女性在裝配線工作。

任，使得男性以身體支配女性，並擁有權力。如同兩位人類學家 Mead 與女性主義社會學家 Helen Mayer Hacker（1951, 1974）所強調，有關性別的社會文化信念早已建立，因此在當今社會，這些考量顯得不太重要，而這些信念支持了將男性置於控制地位的社會結構。

接著衝突論視性別差異為一個群體（女性）屈從於另一群體（男性）的反映。假設我們對 Marx 對階級衝突分析使用一種類比，我們可以這麼形容男性像資產階級或資本家，他們掌握多數社會上的財富、聲望與權力；女性就像無產階級或工人，她們只有聽從老闆的指示才能獲取珍貴的資源。男性的工作價值是一致的，而女性的工作（無論是家中無償的勞力或受薪工作）卻是被貶抑的。

女性主義觀點

性別階層化的衝突論取向的重要組成要素，來自於女權主義理論。儘管女性主義理論（feminist theory）一詞使用上相對較新，但對女性在社會和文化中的地位的批判，可以追溯到某些被社會學所影響的早期著作，其中最重要的有 Mary Wollstonecraft 的《為女權辯護》（*A Vindication of the Rights of Woman*，1792 年初版），John Stuart Mill 的《婦女的屈從》（*The Subjection of Women*，1869 年初版），以及 Engel 的《家庭、私有制和國家的起源》（*The Origin of the Family, Private Property and the State*，1884 年初版）。

Marx 的親密夥伴 Engel 主張女性的屈從與工業化時期財產私有化的興起有關。只有在人們超越農業經濟時，男性才可享受悠閒的奢侈，且不會從女性那裡扣留酬勞和特權。根據 Marx 與 Engel 的著作，現代女性主義學者認為，女性的從屬地位是資本主義社會中剝削與不公義的一部分。但是一些激進的女性主義理論學者認為，在所有男性主導的社會中，對女性的壓迫是不可避免的，無論她們被貼上資本主義、社會主義或共產主義的標籤（Feuer 1989; Tuchman 1992; Tucker 1978:734-759）。

女性主義社會學家對於衝突論觀點未存有過多歧見，但傾向更能接受政治議題，他們不會陷入討論上一世代取得性別平等的進展，而是關注到更大進展的必要

性。直到 1970 年代，女性主義學者也爭論無論立意多好，對婦女和社會的討論，皆因女性被排除在包含社會學的學術思想之外而有所扭曲。大眾關注到 Addams 與 Wells-Barnett 的許多成就，但她們的工作時常超出其學科領域，將重點放在現今我們使用的應用社會學與社會工作。那個年代裡，她們的努力被奉為人道主義，與學術界的研究和結論無關，當時的學術界無疑以男性為中心（Ferguson 2017）。

©Inti St. Clair/Getty Images

與種族、階級及其他社會因素的交集

當代女性主義學者認為對於某些女性的差別待遇不僅是因為性別，且會因種族、族群及社經地位而有不同待遇。簡而言之，白人主宰這些貧窮非白人女性因為這些女性不是白人；男性支配她們，因為她們身為女人；且富人主宰這些女性，因為她們身處貧窮。**交織性（intersectionality）** 是指一種將人們置於社會的優勢與弱勢重疊和相互依存的系統（Crenshaw 1989）。

隨著女性學者關注到強調種族可能會掩蓋其他主導的相關過程，對交織性的意識亦隨之增長。例如，許多女性經歷社會上的不公平，不僅是因其性別，也因其種族與族群。這些公民面臨兩種獨立但相互交叉的從屬地位，此一低地位、比例過大的群體也是窮人。非裔美國女性學者 Patricia Hill Collins（2000, 2013:232-234）將交織性視為創造**支配矩陣（matrix of domination）**（圖 10-1）。白人主宰非白人、男性支配女性，以及富人支配窮人——種族、階級與性別皆互有關聯。

性別、種族與社會階級並非唯一的壓迫制度，在美國，這些皆深刻地影響到女性與有色人種。在此矩陣也涵蓋其他類別與汙名化形式。如果我們將此矩陣轉向全球舞台上，可以在表中列入公民地位，以及即使殖民主義結束已久後仍被視為「殖民主體」（colonial subject）。

評論家認為交織性過度強調「認同政治」（identity politics），或是基於所謂的共享社會群體所形成的聯盟。然而，交織性與其說關於身分認同，不如說關於社會如何使用和濫用這些身分認同，來排除某些人及賦予其他人特權。解決排斥議題和承認特權並不容易，而且我們已經看到這需要深刻的社會變革（Crenshaw 2015; Ferguson 2017）。

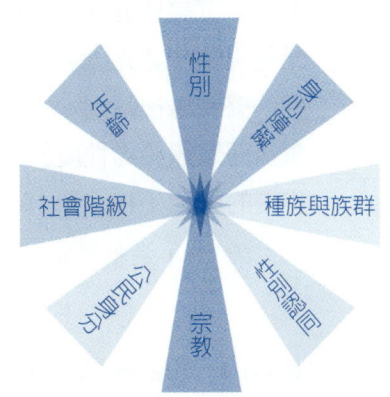

資料來源：作者自製。

交織性說明許多社會因素，包括性別、社會階級，以及種族與族群，如何交叉與重疊足以創造對一個人的社會地位漸進性的影響。

圖 10-1 交織性：支配矩陣

在本章之前，我們討論的許多重點放在種族與族群、貧窮、低收入及微薄財富對社會的影響。支配矩陣強調需整合性別歧視因素，我們必須將有色人種納入，以全面了解其困境。

> ✓ **運用你的社會學想像**
>
> 支配矩陣中有哪些元素賦予你特權？你在哪方面處於劣勢？

互動論觀點

當功能論學者與衝突論學者將性別階層化的研究重點放在鉅觀層面的社會力量與制度，而互動論的研究者則傾向於將重點放在日常行為的微觀層面，以及檢視性別階層化。這樣的取向關鍵是因為性別在每日互動社會建構的方式。我們藉著強化傳統的陽剛氣概與陰柔氣質的行動來「行使性別」。例如，一位男性替女友透過開門的動作以「展現陽剛氣概」，而該女性則接納他的協助來「展現陰柔氣質」。很明顯地性別的社會建構超越這些日常平凡行為。互動論學者也認為人們可以挑戰傳統的性別角色。使用男性高爾夫球座的女性高爾夫球員，與在工作場域中積極安排生日午餐的男性，都是重塑性別的方式（Deutsch 2007; West and Zimmerman 1987, 2009）。

一項主題為跨性別對話中的性別角色〔有時是指「串擾」（crosstalk）〕的持續性研究調查，特別是在男性打斷女性說話高於女性打斷男性的說話的主題。有趣的是，實證研究並未明確支持此一說法。的確，處於權威或擁有地位的人——可能常是男性主導人際之間的對話，相較於女性主導的比率較高。然而，這並非表示女性的聲音未被聽到。未來的研究可能呈現淡化女性必須直言不諱這種陳腔濫調的建議，而聚焦於男性處於主導地位的情境結構中。另一個研究途徑則是考慮線上性別串擾的研究（Tannen 1990; Weatherall 2015）。

表 10-1 彙整性別的主要社會學觀點。

表 10-1　性別的社會學觀點　　　　　　　　　　　　　　│追蹤社會學觀點

理論觀點	重點
功能論	性別區分有助於社會的穩定。
衝突論	性別不平等來自於兩性權力關係。
女性主義	女性的屈從被整合至社會與社會結構中。
互動論	性別區分與「行使性別」反映在人們的日常行為中。

10.1 概述與回顧

摘要

性別是一種先賦地位,並為社會差異化提供基礎。本節檢視性別的社會建構與性別階層理論。

1. 在美國,性別的社會建構對男性與女性的定義仍有截然不同的期待。
2. **性別角色(gender role)**在我們工作與行為,以及我們如何與他人互動中顯現出來。縱觀歷史,這些角色對女性的束縛遠遠超過對男性。
3. 雖然男性可能展現多樣性別角色,但社會仍強化他們支配女性的傳統角色。
4. 人類學研究指出,文化制約對於定義男性與女性角色的重要性。
5. 功能論學者認為性別差異化有助於整體的社會穩定,但是衝突論學者則指出女性和男性之間的關係是一種不平等的權力關係,由男性支配女性,這種支配表現在人們每天的互動上。
6. 許多女性曾經歷差別待遇,不僅是因為性別,還因為她們的種族、族群及社經地位。此種社會力量的匯集稱為**支配矩陣(matrix of domination)**。
7. 以微觀層面研究性別階層化為例,互動論透過對話打斷,分析男性對女性在口頭的支配情形。

批判性思考

1. 比較性別的社會建構與種族的社會建構。
2. 關於功能論和衝突論觀點的性別觀點,在哪些方面對你最有意義?請解釋。

重要詞彙

表達能力　　　　　交織性
性別角色　　　　　支配矩陣
工具性能力

10.2 標籤化與人類的性行為

性別角色是我們日常生活中互動方式的一個非常重要的部分,但實際上它們未能定義我們的身分或如何看待自己。性別角色與我們的自我認同之間的關係是複雜的。如我們所見,性別角色涉及我們透過與社會中其他成員的社會互動所了解到的文化期待。

性別與人類的性行為

相關但不相同的是性別認同與性認同。**性別認同(gender identity)**是指人們如何看待自己:身為男性或女性,或是其他的認同。雖然大多數的人們會發展符合

其生理特徵的性別認同，但這樣的認同也可能與出生時的生理性別不同。

性認同（sexual identity）是指性取向，是一種被特定的人群在情感上或性吸引的自我意識。通常人們在很小的時候就意識到自己的性認同，但強烈的性認同可能要到青春期才會出現。

社會直到上一個世代才承認性別不是出生時就必然為男性或女性，且個人不是自動成為異性戀者，也許甚至在過去的 10 年裡。如今網站通常涵蓋或鼓勵對任何類型人類性行為的描述。世界上越來越多的國家，在傳統的異性戀婚姻平等的基礎上接受同性婚姻。從 2014 年開始，臉書提供 50 個可以選擇的性別認同名稱，而不是使用原來的兩種自稱（男性或女性）來選擇。

儘管社群媒體承認性認同的擴展，但社會才剛開始避免對不符合男女典範者進行汙名化。直到最近，這些人在社會階層中的地位仍然偏低。

標籤化與認同

我們已經看到社會如何透過以正面或負面的方式對某些人群貼上標籤——例如「好孩子」或「違法者」來區別他們。標籤理論還研究如何使用標籤來制裁某些「偏差」性行為。

偏差性行為的定義隨著時間和文化的不同而有很大差異。直到 1973 年，美國精神科協會（American Psychiatric Association）仍認為同性戀是一種「反社會人格障礙」，實際上意味著同性戀者應該尋求治療。然而兩年後，此協會將同性戀從精神疾病的表單中移除。今日，該組織公開宣稱「同性戀和異性戀一樣健康」。引用 Goffman 的說法，精神衛生專家已經消除這種性表達形式的汙名化。因此，在美國和許多其他國家，同性成年人之間的自願性行為不再構成犯罪（American Psychological Association 2008; OutRight Action International 2018）。

儘管健康專業態度改變，但對同性戀的社會汙名化仍揮之不去。因此，許多人較喜歡男同性戀（gay）與女同性戀（lesbian）的措詞。其他人則無視汙名化，自信地使用貶義「酷兒」（queer）一詞，以回應他們因性認同而遭到的嘲諷。仍有一些人堅持認為，將一個人的性認同定義是同性戀或異性戀過於侷限。的確，這樣的標籤會忽略那些雙性戀或對兩性都有性吸引力的人。

在階層系統中，將男、女同性戀者與雙性戀者置於同

©BAKOUNINE/Shutterstock
Lady Gaga 的熱門單曲「天生完美」（Born This Way）是一首表達對所有人的多樣性和接受度的讚頌曲，包括男、女同性戀者。

等地位，只是減少性別階層化的一部分。我們才剛開始處理其他性認同所涉及的不利因素，例如跨性別者。

許多人發現，在認定男性與女性類別的描述不是過於嚴苛，就是不夠精準。在美國與許多其他的社會裡，我們正朝向一個性別光譜，雖然許多人將自己認同為男性或女性，但許多其他人認為自己介於這兩個傳統的固定類別之間。其中的一群人是跨性別者，是那些目前性別認同與出生時的生理認同不相符的人，一些跨性別者認為自己同時是男性，也是女性。其他被稱為變性者，可能會注射荷爾蒙或實施變性手術，使身體接近自己所選擇的性別認同。跨性別者有時會被異裝癖者或穿著異性服裝的變裝者所困擾。異裝癖者通常是男性，無論是男同性戀或異性戀，都選擇穿著女裝。

即使以正向或非批判的方式使用這些詞語也是有問題的，因為它們仍然暗示人類的性行為可以被約束在純潔、互斥的類別中。此外，這些標籤的去汙名化往往反映社會特權階層——即富人——的影響，他們擁有克服汙名化的資源。相較之下，美國原住民傳統的兩種精神，一種融合陽剛和陰柔的人格特質，受到極度的嘲笑或忽視（Enos 2017）。

©Brandon Thibodeaux/The New York Times/Redux Pictures

很多人認為違背傳統男女標籤的個人不是相對的年輕，或是受到媒體小報的支配。對許多跨性別者而言，情況並非如此。Phyllis Frye 經歷一生個人和專業的奮鬥，自 2010 年以來擔任休斯頓市法院的法官，她在 1970 年從男性變性為女性。

何謂性偏差行為？超越傳統異性戀類別的廣義性別認同，意味著人們可以更公開地表達性取向，並且參與過去被認定是錯誤，甚至是犯罪的雙方同意的親密關係。什麼是偏差——這個問題的答案似乎隨著每一世代而有所改變。

近日跨性別者可被公開接受，但汙名化仍然存在。在私人及公共場合，已經努力允許跨性別者使用與其性別認同相符的廁所，然而一些立法者試圖要求人們使用與原始出生證明上性別一致的廁所，無論他們如何認同自己的性別。

10.2 概述與回顧

摘要

性別角色與自我認同之間的關係是複雜的。

1. **性認同（sexual identity）**是指性取向，是一種被特定的人群在情感上或性吸引的自我意識。強烈的性認同可能要到青春期才會出現。
2. 社會才剛開始避免對不符合非男性/女性典範的人進行汙名化。

3. 許多人發現，在認定男性與女性類別的描述不是過於嚴苛，就是不夠精準。在美國與許多其他的社會裡，我們正朝向一個性別光譜。
4. 跨性別者是目前的性別認同與出生時生理認同不相符的人。
5. 性別偏差行為的定義會隨著時間和在不同的文化而有明顯變化。

批判性思考

1. 社會整體承認性認同以連續體存在，後果會如何？
2. 比較性別的社會結構與種族的社會結構。

重要詞彙

性別認同
性認同

10.3 女性：被壓迫的多數

很多人包含男性與女性，難以想像女性是附屬與壓迫的群體。然而，檢視美國的政治結構：女性的能見度仍顯不足。例如，在 2018 年初，在美國的 50 州，僅有 6 名的女性州長（阿拉巴馬州、愛荷華州、新墨西哥州、奧克拉荷馬州、奧勒岡州以及羅德島州）。

性別主義與性別歧視

女性在社會上是性別歧視的受害者，就如非裔美國人是種族主義的受害者。**性別歧視（sexism）**是一種性別比另一種性別更加優越的意識型態。性別歧視通常用來指稱男性對女性的偏見與歧視。在第 9 章，我們已關注到非洲裔美國人受到種族主義的個人行為和制度性歧視。**制度性歧視（institutional discrimination）**被定義為在社會正常的運作下，個人與團體的機會和平等權利被剝奪；同樣地，女性也遭受到性別歧視的個人行為（如性別評論與暴力行為）及制度性歧視。

不僅在美國，某些男性對女性有所偏見。男性掌控了社會裡的主要的機構──包含政府、軍隊、大企業、媒體、大學與醫療單位。這些機構在正常、每日生活中運作，女性經常被歧視，機構讓歧視持續存在。例如，全國性銀行的總行制定單身女性貸款是高風險的政策──不論她們的收入或投資如何──此銀行在每一州都歧視女性，即使分行的信貸人員對女性沒有個人的偏見，但只是「奉命行事」。

我們的社會是由男性所主導的機構運作，但是男性則背負著責任與壓力。男性比女性有較高的風險罹患特定的精神疾病，並且可能因心臟病與中風而死亡。男性處於競爭激烈的工作場所，必須獲取成功，保持領先地位的壓力可能特別大。但顯而易見的是，男性享有的權力和特權並不能保證個人健康。

> **運用你的社會學想像**
>
> 思考你所屬的組織或機構，其領導職位通常是男性擔任，如果由女性領導，這些組織會像什麼樣子？

全球婦女的地位

依據世界銀行於 2015 年發表攸關世界婦女地位的詳細論述，修正的性別策略是必要的，以提高性別平等的標準。公共與私人單位皆需要為貧困的女性和男性在經濟領域上減少不同的限制。世界上的許多地方，女性的收入與在政治上可發言的能力依然遠遠落後男性（World Bank 2015c）。

這樣的評論同時適用於西方與其他國家。儘管西方人傾向認為某些社會（如穆斯林國家）對待女性特別嚴厲，但這是一種過度概括的觀點。穆斯林國家極其多樣與複雜，而且往往不能符合西方媒體所創造的刻板印象。

無論文化如何，然而在世界各地，婦女可能遭受到處於次等公民的地位。根據估計，婦女種植一半的糧食，但卻很少擁有自己的土地；她們是為世界受薪勞動人口的三分之一，但通常從事薪資最微薄的工作。在許多國家，以女性戶長的單親家庭似乎呈現上升趨勢，通常出現在人口最貧困的地區，貧窮的女性化已經成為全球的一種現象。與美國一樣，世界各地的女性在政治上代表性仍然不足。

除了這些挑戰，女性並未消極地回應，她們個別與集體地採取行動。然而，基於婦女在政府部門和國家立法機構中的缺少足夠的代表性，這項任務格外艱難。

不足為奇地，工業化國家的財富與開發中國家女性的貧窮之間的關係有所連結。從衝突論觀點或透過 Wallerstein 的世界體系分析來看，工業化國家和設置在這些國家的跨國企業控制與剝削了開發中國家的經濟。在開發中國家被剝削的許多勞動力，特別是在非工業部門，多數是女性，女工通常為了低薪而長時間工作，但收入卻明顯都貢獻給家庭（UN Women 2015）。

在工業化國家，女性的不平等地位可由家事的分工，從她們的工作與所賺取的薪資中反映出來。社會學家 Jan Paul Heisig 分析 33 個工業化國家的富人（收入最高的十分之一）和窮人（收入最低的十分之一）之間的性別不平等。通常，貧窮男性比富有男性分擔較多的家事，但圖 10-2 顯示，無論富有或貧困，男性做的家事都比女性少得多。最近的經濟衰退加劇這種家務勞力的不公平，顯然地，失業使男性和女性都有時間做家事，然而失業女性額外分擔的家事是失業男性的兩倍（Gough and Killewald 2011）。

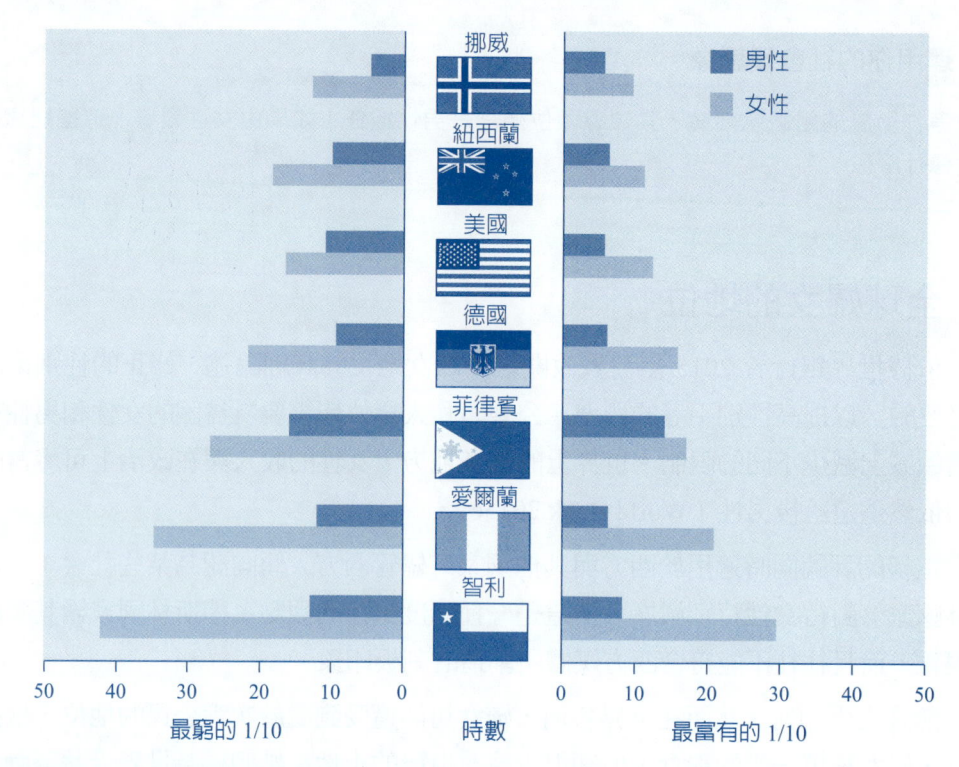

註：家務包括洗衣、購物、準備晚餐、照顧生病的家人。

資料來源：Heisig, Jan Paul. "Who Does More Housework: Rich or Poo? A Comparison of 33 countries." *American Sociological Review* 76 (1):74-99, 2011. Flags: ©admin_design/Shutterstock

在世界各地，無論貧富，女性分擔的家務遠比男性多。

圖 10-2　家務的性別不平等

女性就業的社會影響

今日很多女性面臨嘗試兼顧家庭與工作的挑戰，她們的情形引發了許多社會後果。一方面，她們的情形給日間托育機構、政府的日間托育的，甚至是提供許多女性自己餐食的速食業者帶來壓力。另一方面，它提升在家庭中賺取薪資男性所承擔的責任問題。

當女性成為維持家計的人時，由誰來做家事？研究指出，在家務的表現存在明顯的性別差距，儘管這種差距正在縮小（請見圖 10-2）。不管是上班日或休假日，女性比男性負擔更多的家事，且花更多的時間照顧子女。加總照顧時間後，女性工作日與休假日的工作時間比男性長得多（Yavorsky et al. 2015）。

社會學家 Arlie Hochschild（1990, 2005, 2012）以**第二輪班（second shift）**來描述許多女性會面臨的雙重負荷——外出工作、回家後照顧小孩和做家事，而且很少男性會公平地分擔。遺憾的是，今日由於行動資訊科技的出現，工作場所變成全年無休的虛擬辦公室。當這些設備占據員工僅剩的一點個人時間，對女性的身體傷害

離職的五個主要原因

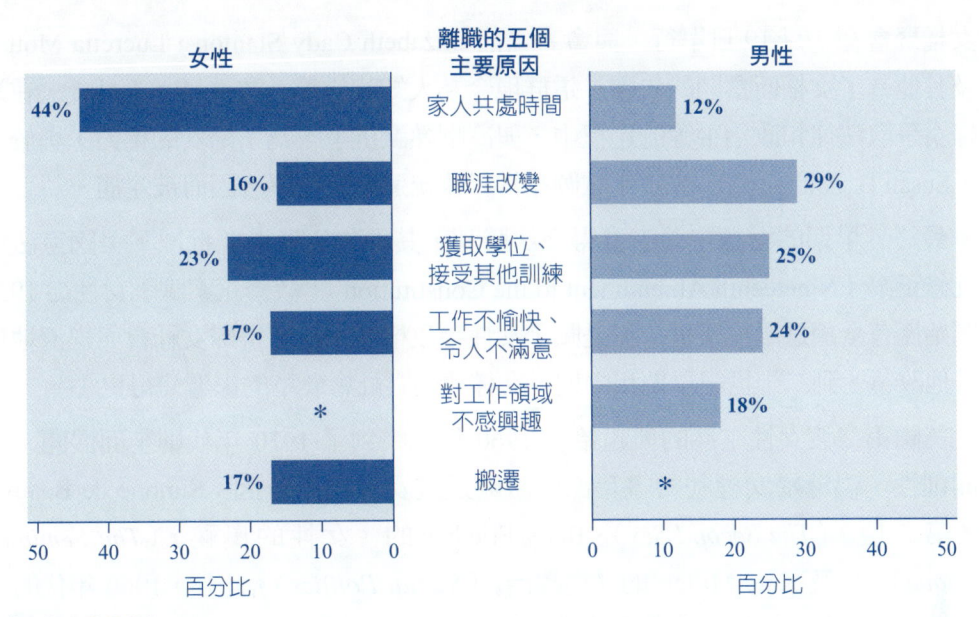

女性	原因	男性
44%	家人共處時間	12%
16%	職涯改變	29%
23%	獲取學位、接受其他訓練	25%
17%	工作不愉快、令人不滿意	24%
*	對工作領域不感興趣	18%
17%	搬遷	*

＊非五個主要原因之一。

註：根據一項「高素質」工作人員的代表性哈里斯互動性調查（Harris Interactive survey），這些高素質工作人員被定義為擁有研究生學位、專業學位或高榮譽學士學位的人。

資料來源：Hewlett, Sylvia Ann, and Carolny Buck Luce."Off-Ramps and On-Ramps:Keeping Talented Women on the Road to Success." *Harvard Business Review*, March 2005, 43-53.

圖 10-3　為何離職？

更是過多的負擔。

對身兼雙重職業的女性來說，不平等的要求是明確的。在 2017 年針對 222 家公司的 7 萬名男性和女性進行調查發現，女性自稱是主要家庭經濟來源者，43% 的女性仍然主要負責照顧孩子和做家事；相對之下，只有 12% 的男性是主要養家活口的人（Fuhrmans 2017）。

女性花較長的時間在照顧子女，在家事時間則越少，這對追求職業的女性造成了特殊的影響。一項發表在《哈佛商業評論》（*Harvard Business Review*）的研究顯示，相較於只有 24% 的男性，約有 40% 的女性認為自願離開工作數個月或幾年。如圖 10-3 所示，女性比男性更有可能因家庭因素請假。即使女性擔任最具聲望的職業，也難以在家庭與工作責任兩者中取得平衡。在第 12 章的社會政策中，我們評量家庭照顧假，沒有這項福利對女性與對男性的影響是不同的。

集體意識的興起

女性主義（feminism）是一種支持婦女平等權利的意識型態。在 1848 年夏天，美國女權運動起源於紐約州北部的塞內卡福爾斯（Seneca Falls）小鎮。第一次

的女權聚會在 7 月 19 日舉行，與會者包括 Elizabeth Cady Stanton、Lucretia Mott，以及其他為了女權而奮鬥的先驅。這群現今為人知曉的第一波女性主義學者，在為了婦女爭取法律和政治平等的過程中，與冷嘲熱諷抗爭，為了婦女的權力，勇於爭論，Susan B. Anthony 在 1872 年試圖在當年總統選舉時投票，因而被逮捕。

最終，早期的女權主義者贏得多次勝利，其中包括通過並批准了美國憲法第十九修正案（Nineteenth Amendment to the Constitution），該修正案賦予女性從 1920 年開始擁有全國選舉投票權，但是賦予女性參政權並未能使得婦女社會與經濟地位的其他改革，到二十世紀早期和中期，女權運動對社會變革的影響變得更小。

美國第二波女性主義的興起始於 1960 年代，到了 1970 年代則全面展開。三本開創性、倡導婦女權利的書籍部分激勵這波女性運動分因：Simone de Beauvir 的《第二性》（*The Second Sex*）、Betty Friedan 的《女性的奧祕》（*The Feminine Mystique*），以及 Kate Millett 的《性政治》（*Sexual Politics*）。此外，1960 年代的一般政治激進主義，使得許多盡心於爭取黑人公民權或反越戰的女性檢視其無力感。甚至在稱為進步和激進的政治圈中，經常發現的性別歧視使得許多女性相信需要發起一場婦女解放運動（Stansell 2011）。

隨著更多的女性察覺到性別歧視的態度和行為，包括女性本身透過社會化接受傳統性別角色的態度，她們開始挑戰男性的主導地位。Marx 希望從無產階級中顯現的階級意識一樣，如同一種姊妹情誼，變得清楚可見。女性個體認定她們的利益與集體女性一致。女性不再安於順從、從屬的角色（Marx 的用語是「錯誤意識」）。

然而，到了 1980 年代，此運動的影響開始減弱。在 1998 年，在挑釁的封面照片中，《時代》（*Time*）雜誌的編輯問道：「女權主義死了嗎？」，她們提及，年輕女性認為女性地位提高是理所當然的，且她們母親為了爭取平等權利而奮鬥，與她們自己的生活無關。她們指出，更少的女性將自己視為女權主義者。

女權主義死了嗎？許多女性主義學者對這個問題表示不滿，因為似乎暗示著她們所有的擔心都得到解決。今日女性主義學者主張她們已經超越早期的批判，即該運動過於關注白人中產階級，即邊緣化的非裔美國人女權主義者和其他人。事實上，目前的民意調查顯示，相較於其他人，非裔美國人與拉丁人更有可能自稱為女性主義學者。認同她們在過去 50 年中獲取的法律與經濟勝利，女性主義學者正努力改善非工業化國家婦女的生活，專注在消除營養不良、飢餓、極端貧困和暴力（Swanson 2013）。

10.3 概述與回顧

摘要

本節檢視美國和世界各地婦女處於受壓迫的少數群體地位。

1. 世界上的女性遭受**性別歧視（sexism）**與**制度性歧視（institutional discrimination）**。
2. 在今日的美國，許多女性幾乎和男性一樣參與有酬的勞動力，但是女性在管理階層上的代表人數不足，且同樣的工作，相較於男性，女性的薪資更低。
3. 當女性花更多的時間從事家庭以外的有薪工作，她們讓丈夫承擔家務責任，包括照顧小孩，只成功了一部分。
4. 許多女性同意女性主義學者的運動立場，但是拒絕女性主義學者的標籤。

批判性思考

1. 比較不同國家女性的地位，會有哪些挑戰？
2. 今日可能是女性主義產生社會變革還是回應社會變革？請解釋。

重要詞彙

女性主義
制度性歧視
第二輪班
性別歧視

本章摘要

社會學實戰小練習

1. 花一、兩天時間，留意在你校園中「行使性別」（doing gender）的人。將你的觀察記錄在日記中，並與其他同學進行比較觀察記錄。
2. 找出你所在大學的教職員工中，有多少是女性。相較於男性，有多少百分比的女性是終身職？有多少百分比的女性是專職教授？一個系所與另一個系所的百分比是否差異性相當大？如果是的話，為什麼？
3. 運用校友會網絡聯繫已經進入職場的校友。年幼子女的母親是否難以平衡工作與育兒？男性和女性是否都覺得他們有機會取得成功？男性和女性是否都得到很好的補償？

重要詞彙

Expressiveness 表達能力　對於維持家庭和諧與內部情感事務的關注。
Feminism 女性主義　一種支持婦女平等權利的意識型態。
Gender identity 性別認同　人們如何看待自己：身為男性或女性，或是其他的認同。

Gender role 性別角色 對男性與女性適當的行為、態度及行動的期待。
Institutional discrimination 制度性歧視 在社會正常的運作下，剝奪個人與團體的機會和平等權利。
Instrumentality 工具性能力 強調任務、重視長遠的目標，以及能對於家庭與其他社會制度外在關係的關注。
Intersectionality 交織性 根據種族、階級、性別及其他的特徵，一種將人們置於社會的優勢與弱勢重疊和相互依存的系統。
Matrix of domination 支配矩陣 由於種族和族群、性別和社會階級，以及宗教、性取向、身心障礙、年齡和公民身分，造成的壓迫所累積的影響。
Second shift 第二輪班 雙重負荷——外出工作、回家後照顧小孩及做家事——許多女性面臨此狀況，且很少男性會公平分擔。
Sexism 性別歧視 一種性別比另一種性別更優越的一種意識型態。
Sexual identity 性認同 一種被特定的人群在情感上或性吸引的自我意識，也可稱為性取向。

自我評量

請仔細閱讀下列問題，並選擇最適合的答案。

1. 男性與女性在生理上皆有煮飯與縫紉的能力，然而大多數西方社會決定應由女性承擔這些任務，這說明何種作用？
    a. 性別角色
    b. 社會生物學
    c. 恐同症
    d. 同工同酬
2. 在美國，教育性別角色的最重要社會化媒介是
    a. 同儕
    b. 教師
    c. 媒體
    d. 父母
3. 人類學家 Margaret Mead 的研究顯示
    a. 生物學是決定兩性社會角色的最重要因素
    b. 決定兩性社會角色的最重要因素是文化制約
    c. 在決定兩性社會角色，生物學與文化制約具有相同的影響力
    d. 生物學與文化制約在決定兩性社會角色具有極小的影響力
4. 哪一項社會學觀點認為，如果不對文化的社會結構進行重大修改，就不可能徹底改變性別角色？
    a. 功能論觀點
    b. 擬劇法觀點
    c. 互動論觀點
    d. 社會控制
5. 性別主義一詞通常指的是
    a. 女性對男性的偏見與歧視
    b. 男性對女性的偏見與歧視
    c. 女性歧視男性等同於男性歧視女性
    d. 相同性別成員之間的歧見
6. 哪一個社會學觀點區分工具性與表達性角色？
    a. 功能論觀點
    b. 衝突論觀點
    c. 互動論觀點
    d. 標籤理論
7. 現代女性主義學者認為，對某些女性的差別待遇不僅是因為性別因素，還有因為她們的
    a. 種族
    b. 族群
    c. 社經地位
    d. 以上皆是

8. 在當代女性主義運動興起期間,姊妹情誼的意識變得顯而易見,與 Marx 的哪一種概念類似?
   a. 異化
   b. 辯證
   c. 階級意識
   d. 錯誤意識
9. Talcott Parsons 與 Robert Bales 認為在家庭中,女性發揮_____,在情感上給予支持;男性則扮演_____、務實性的角色,兩者互為配搭與合作。
10. 構成性別階層化_____取向的重要要素是女性主義理論。
11. 不僅美國的某些男性對待女性存有偏見,社會中主要的機構,包含政府、軍隊、大企業、媒體、大學與醫療單位,皆由男性掌控,這種情況是制度性_____的象徵。
12. 社會學家 Arlie Hochschild 使用_____一詞來描述許多女性會面對且很少男性會公平分擔的雙重負荷——外出工作、回家後照顧小孩和做家事。
13. 在此社會學理論的普遍架構裡,_____社會學家認為性別差異化促進社會整體的穩定。
14. 透過當代_____的興起,女性正發展更大的團體凝聚意識。
15. _____一詞是由女性主義理論 Patricia Hill Collins 創造,來說明社會力量的聚集有助於窮困的、非白人女性的從屬地位。
16. 倡導婦女權利開創性論點,《女性的奧祕》的作者是_____。

答案

1. (a);2. (d);3. (b);4. (d);5. (b);6. (a);7. (d);8. (c);9. 表達性能力、工具性;10. 衝突論;11. 歧視;12. 第二輪班;13. 功能論者;14. 女性主義;15. 交配性壓迫;16. Betty Fridan

11 Chapter 年齡階層化

11.1 老化與社會
11.2 全球老化
11.3 年齡階層化

©wavebreakmedia/Shutterstock
不論哪個世代的人都喜歡拔河比賽。年齡是社會階層化的基礎，有時將老人與年輕人區分超出必要或盼望。老人的生活品質包括生計、社會關係和休閒活動，取決於社會對老化的看法。

越來越多的老人對社會的影響是什麼？本章會關注整個生命歷程中的老化過程，與世界各地的老化情形。在探究老化影響的各種理論後，將討論生命歷程中主要階段的典型角色轉換。我們將考慮「**三明治世代**」（**sandwich generation**）面臨的挑戰，三明治世代即為照顧子女和年邁父母的中年人。本章特別關注偏見與歧視對老人的影響，以及老人對於政治意識的提升。

11.1　老化與社會

　　雪巴人（Sherpas）是居住尼泊爾、會說藏語的佛教族群，雪巴人的文化認為年老是一種理想的狀態。幾乎雪巴老人都擁有自己的房子，且大部分的老人身體都很健康。通常年長的雪巴人重視自己的獨立性，不與子女同住。然而在非洲的副拉

尼人（Fulani），年長者則搬到家園的邊陲。因為那裡是埋葬人們的地方，老人睡在自己的墓地上，他們被社會視同已經死亡。如性別階層一樣，年齡階級因文化不同產生差異。一個社會可能對老人非常尊重，而另一個社會則認為老人毫無生產力且「難以」相處（M. C. Goldstein and Beall 1981; Stenning 1958; Tonkinson 1978）。

年齡階層化

我們可以理解的是所有的社會都具有年齡階層化系統，以連結特定的社會角色與生命中的不同時期。某些年齡階級差異似乎是不可避免，且毫無意義的是將年幼的孩子送上戰場，或者期待老人在造船廠搬運貨物承擔需要體力的任務。然而，如同性別階層化，在美國的年齡階層化已遠遠超出人類不同年齡的生理限制。

在美國，「變老」經常讓人們感受到壓抑。因此，對標籤理論的理解可以協助我們分析老化的結果。一旦被貼上「老」的標籤，這個標識對其他人如何看待自己，甚至是如何看待自己，會有重大的影響。正如我們會在本章後段討論，老人負面刻板印象會導致他們成為受歧視的少數族群。

少數或從屬團體的五種基本屬性（在第 9.1 節已說明）可套用於美國的老人，以了解其從屬地位：

1. 老人在職場上經歷不平等的對待，且可能面臨偏見與歧視。
2. 老人與年輕人的身體特徵不同。此外，老人的文化偏好和休閒活動經常與社會上其他年齡層有所差異。
3. 這一處境不利的團體是成員非自願的。
4. 老人具有強烈的團體意識，這可以反映在老人中心、退休社區及倡導組織。
5. 老人通常與年齡相仿的人結婚。

老人與其他從屬團體，例如少數種族與族群、或女性之間，存在一個重要的差異：我們所有活得夠久的人，最終都會獲得老人的先賦地位（Barron 1953; Levin and Levin 1980; Wagley and Harris 1958）。

老化的社會學觀點

老化是社會化的重要面向，是個人透過學習某一特定社會文化規範和價值的生命歷程。美國對老化週期的不同階段並無賦予明確的定義，老年通常被認為是從 65 歲開始，這與許多人的退休年齡一致，但並非所有的美國人都認同此定義。隨著預期壽命的增加，作家開始將 60 多歲的人稱為「年輕老人」（young old），以區別於 80 多歲以上的人〔「老老人」（old old）〕。

老人的特殊問題已成為專門研究領域的焦點，稱為老年學。**老年學（gerontology）**是對社會學和心理學的老化方面，以及老人問題的科學研究。這些研究始於 1930 年代，許多的社會科學家意識到許多老人面臨的問題。

老年學相當仰賴社會學原則與理論來說明老化如何影響個人與社會。在老化過程的研究裡，老年學家也引用心理學、人類學、體育、諮商及醫藥學。兩個老化的重要觀點——脫離理論和活動理論——可以分別從功能論和互動論的社會學觀點來理解老化。衝突論觀點也有助於我們了解社會學對老化的理解。

©Hill Street Studios/Blend Images RF
大家庭對美國人來說是很重要，特別是對拉丁美洲裔人。65 歲以上的西班牙裔女性，有 31% 與親戚同住，非西班牙裔白人的女性為 13%。在同年齡層的男性中，西班牙裔的比例為 15%，而非西班牙裔白人則為 6%（Jacobsen et al. 2011）。

✓ 運用你的社會學想像

時光飛逝，現在你已 70、80 歲，你這個世代與你父母或祖父母的老年經歷，相較之下會是如何？

功能論觀點

在研究身體健康、經濟條件較佳的老人後，Elaine Cumming 與 William Henry（1961）提出**脫離理論（disengagement theory）**，此理論暗示著社會和邁向年老的個人會彼此切斷許多關係。與功能論觀點一致，脫離理論強調世代間的角色傳承有助於社會穩定。

依據此項理論，瀕臨死亡逼迫人們放下多數的社會角色——包括工作者、志願服務者、配偶、熱中愛好者，甚至是閱讀者的角色。之後，社會的年輕成員承接這些功能。老人被認為在準備步入死亡時，活動力會逐漸地減少。

因為脫離理論是五十年前所發展的綱要，已引起相當大的爭議。現今，老年學與社會學更有可能見到老人來表現社會聯繫、退休後就業和志願服務。就電子產品的生產和零售商而言，他們很可能將老人視為偏好電子產品的消費者。在此市場區隔中，電腦與數位相機的銷售量大幅提升，而且安養中心為了想玩任天堂（Nintendo）Wii 遊戲機中保齡球或網球運動的住民挪出空間。

互動論觀點

無論是從工作中或其他事物中來維持活動力，對老人來說有多重要？在 1995 年，一場發生於芝加哥的悲劇顯示，這可能是攸關生死的議題。持續超過一星期的強烈熱浪，當中有兩天的熱指數連續超過攝氏 46 度，以至於造成 733 人死亡，大約有四分之三的死者是 65 歲以上。進一步分析發現，獨居長者的死亡風險最高，認為老人的支持網絡確實有益於協助拯救於挽救其性命。相較於其他種族，年長的西班牙裔與亞裔美國人在此次熱浪的死亡率較低，他們較強的社會網絡，導致與家人和朋友密切、頻繁的連結（Klinenberg 2015; R. Schaefer 1998）。

經常被視為與脫離理論相對取向的**活動理論（activity theory）**認為，若老人持續保持活動力並參與社會，將得到最好的調適。對此成功老化觀點的支持者承認，70 歲的人可能沒有能力或意願扮演 40 歲時擔任的各種社會角色。然而，支持者認為老人如同其他任何群體，具有基本相同的社會互動需求。

有時被社會科學家所忽略老人健康的改善，是活動理論學家所要加強的觀點。對老人而言，疾病與慢性病不再像以前那樣是一種災難。近年來對健康的重視、更好的醫療照顧、對傳染病更佳的控制、致命的中風和心臟病發的降低，已減輕變老所帶來的創傷。

累積的醫學研究也提及持續社會參與的重要性。在那些晚年時期心智能力下降的人中，撤離社會關係和活動的人退化速度最快。對老人而言幸運的是，他們正在找尋新方法來保持社會參與，更頻繁地使用網路即證明了這一點，尤其是與家人和朋友保持聯繫（Havighurst 1961; Rose and Cosco 2016）。

和其他的年齡層一樣，社會互動不僅限於面對面的接觸。2010 年到 2017 年之間，美國老人使用社群媒體已增加三倍，現在已有 42％ 的上網使用率。通常，老人使用社群媒體基本上是幫助他們維繫友誼與家人關係，而非認識新朋友（Anderson and Tayer 2018）。

不可否認地，允許高齡者參與的許多活動是不支薪的，而年輕人可能會因此獲得薪資。不支薪的老人工作者包括醫院志工（相對於助理與值班人員）、慈善組織的司機，如紅十字會（Red Cross）（相對於專職司機）、家教（相對於教師）、擔任慈善組織義賣的手工技師

©Strauss/Curtis/Corbis RF
這些在加州的「銀髮衝浪手」依然盡情享受生活，就像他們年輕時一樣。根據活動理論，對老人來說，保持活躍和參與是健康的。

（相對於木匠與裁縫師）。然而，近來已有一些公司實施僱用退休人士擔任全職或兼職工作的方案。

儘管脫離理論表示老人在退出社會中找到滿足感，順利地退隱幕後，並由下一代承接，但活動理論的支持者認為這種退出對老人和社會都有傷害。活動理論學者則將重點放在老人對於社會維持的潛在貢獻，認為老人唯有覺得自己有所用處，並具有助於社會的生產力時，才會感到滿足——這點主要是透過有酬勞的工作來達成（Charles and Carstensen 2009; Quadagno 2014; Rose and Cosco 2016）。

標籤理論觀點

誰是「老人」呢？標籤理論學者透過我們的文化與社會互動，來調查真實建構的方式。近來他們留意到我們的社會已重新思考讓一個人變老的原因。

早在 1975 年，社會科學家建議不該根據年齡來定義老年，而是要以個人的預期壽命來定義。隨著預期壽命的增加，個人被標籤為「老」的歲數也更長，某些人建議，老人年齡的門檻應該從個人的預期壽命的最後 10 年或 15 年開始。使用此定義，老人年齡可從 70 歲或 75 歲開始，至少對生活在美國的人而言。

這樣對老人年齡的新定義可能被認同嗎？從標籤理論觀點而言，一切都取決於你。可以理解的是，許多人寧願晚一點被認為老。那些倡導老年的人偏好老的更廣泛定義。例如，任何 50 歲以上的人可加入美國退休人員協會（American Association of Retired Persons, AARP）成為會員。該協會認為人們應該在 50 歲左右開始為晚年訂定計畫，但很明顯地，鼓勵「年輕老人」入會，並激勵凝聚力。對老人的標籤因不同文化而異，部分原因是身體健康和生活機會上的不同。

對老人的標籤因不同文化而異，部分原因是身體健康和生活機會上的不同。在相對繁榮的文化如美國，70 歲等於重回 60 歲的外表與身體狀態。但在過去 20 年，健康與社會支持系統相較薄弱的國家，例如俄羅斯，50 歲就像 60 歲一般（Sanderson and Scherbov 2008）。一項以多個社會向度對許多國家的老人進行排名的全球指數，在 96 個國家中，俄羅斯的老人排名第 65——遠遠落後於羅馬尼亞和薩爾瓦多等國家——更不用說排名在第五與第九的加拿大和美國（Barrry et al. 2015）。

衝突理論觀點

衝突論學者曾批判，脫離理論學者與活動理論學者未能考慮到社會結構對老化形式的影響，他們認為這兩種方法沒有質疑為何社交互動必須在老年時期有所改變或減少。此外，脫離理論與活動理論也忽略社會階層對老人的影響。

擁有特權的上層階級經常更健康和更有活力，老年時的依賴性可能較小。富裕

不能避免延緩老化，但可以緩解人們在晚年時期面臨的經濟困境。雖然制定的年金計畫、退休配套措施和保險福利可協助老人，但那些擁有財富的人可以運用財富來投資，為晚年創造最大的收入。

相反地，勞工階級經常要面對更大的健康與身心障礙風險；對那些因工受傷或生病的人來說，老化會特別的困難。勞工階級的人們也相當依賴社會安全福利與個人退休金制度。在通貨膨脹時期，他們從這些制度獲得的固定收入，幾乎難以應付不斷上漲的食物、房屋、水電費用和其他必需品的開銷（Atchley and Barusch 2004）。

依據衝突論取向，美國的老人待遇反映社會上許多的分歧。老人的社會地位低落展現了社會對老人的偏見與歧視、年齡區隔及不公平的工作狀況——而脫離理論或活動理論都未能直接關注這些議題。

此外，衝突論學者認為，除非高度關注老化對種族和少數民族的不同影響，否則任何對老化的處置都是不完整的。早年經歷的從屬地位會隨著時間不斷累積，使其在往後的生活繼續居於不利地位，即使個人沒有積極尋找工作或房子（O'Rand 2016）。

衝突論學者與酷兒理論學者觀察老年男、女同性戀面臨的特殊挑戰，因為在他們的世代通常無法接受另類的性別認同。其他 LGBT〔女同性戀者（Lesbian）、男同性戀者（Gay）、雙性戀者（Bisexual）與跨性別者（Transgender）〕的老人，特別是當他們住進機構，例如提供生活輔助設施的安養院或養護中心，可能會發現比異性戀老人更難以適應。調查中有 49% 的這群老人，相對於在 45 歲以上自我認同為男同性戀、女同性戀、雙性戀、酷兒或變性者人群中的 35%，顯示出較高的寂寞感。

衝突論學者也提及在開發中國家，從農業經濟至工業化與資本主義，並不全然對老人有利。隨著社會生產方式改變，老人的傳統價值角色沒落，他們的智慧在新經濟型態已不再適用。

總之，這裡考慮的四種觀點對老人有不同的看法。功能論將老人描述是以社會角色減少達到社會隔離；互動論則看待老人參與新網絡，並且改變社會角色；標籤理論將老年視為被社會所定義的生命階段。衝突論則視老人為受害者，其社會價值被貶抑的時期。表 11-1 摘要這些觀點。

✓ 運用你的社會學想像

你是否會注意有次等對待老人的徵兆？如果有的話，是以何種方式？

表 11-1　老化的社會學觀點　　　　　　　　　　　　　　　　　　　　　│追蹤社會學觀點

社會學觀點	老化的觀點	社會的角色	老人的形象
功能論	脫離	貶抑	社會隔離
互動論	活動	改變	參與社會網絡
標籤理論	社會建構	變動	隨大眾而有變化
衝突論	競爭	相對無變化	受害的、有組織地面對他們的受害

11.1　概述與回顧

摘要

與性別和種族一樣，年齡是一種先賦地位，構成社會差異的基礎。

1. 如同其他形式的階層化，年齡階層化因不同的文化而異。
2. 在美國，「變老」經常讓人們感受到壓抑。
3. 老人的特殊問題已成為專門研究領域的焦點，稱為**老年學（gerontology）**。
4. **脫離理論（disengagement theory）**暗示著社會和邁向年老的個人會彼此切斷許多關係；相對地，**活動理論（activity theory）**則認為若老人持續保持活動力並參與社會，將得到最好的調適。
5. 標籤理論學者指出，同年齡的人在不同的社會中被貼上不同的標籤，主要是基於身體健康、生活機會和預期壽命的差異。
6. 根據衝突論觀點，美國老人的待遇反映社會上許多的分歧。老人的社會地位低落，體現在社會對老人的偏見與歧視及不公平的工作狀況。

批判性思考

1. 為何脫離理論是功能論的佐證呢？
2. 標籤理論與刻板印象是一樣的嗎？為什麼？

重要詞彙

活動理論
脫離理論
老年學

11.2　全球老化

今日世界人口平均分布在 28 歲以下與 28 歲以上之間，到了二十一世紀中葉，平均年齡將提高到 40 歲。儘管聯合國在 1982 年舉行第一次高齡世界大會，但很少人考慮到整個國家的人口——即在 1990 年代之前人口老化的情景。到了 2018 年，全世界 65 歲以上的人已超過 6.86 億，占全世界人口的 9%。到了 2050 年，超過 65 歲將占全世界人口的 16%（Kaneda et al. 2018）。

在重要的意義上，如此的世界人口老化趨勢代表一項在二十世紀後期的重大成就。透過各國政府與國際機構的努力，許多社會已大幅減少疾病發生率與死亡率。因此，這些國家，尤其是歐洲的工業化國家，老人人口的比例較高且穩定上升（圖11-1）（Fishman 2010a, 2010b; He et al. 2016）。

由此來看，相較於其他州，歐洲的人口年齡更加老化。儘管許多歐洲國家長期以來為其具備的優渥年金制度而自傲，但是隨著老人人口的比例不斷上升，政府官員開始勉強地刪減年金福利，並提高領取年金的年齡門檻。日本也有相對的老人人口，相較於美國的預期壽命為 79 歲，日本人享有 84 歲的預期壽命。雖然多了四年的生命似乎是一筆額外的獎金，但對日本社會而言，這呈現一個真實與日益嚴峻的挑戰。

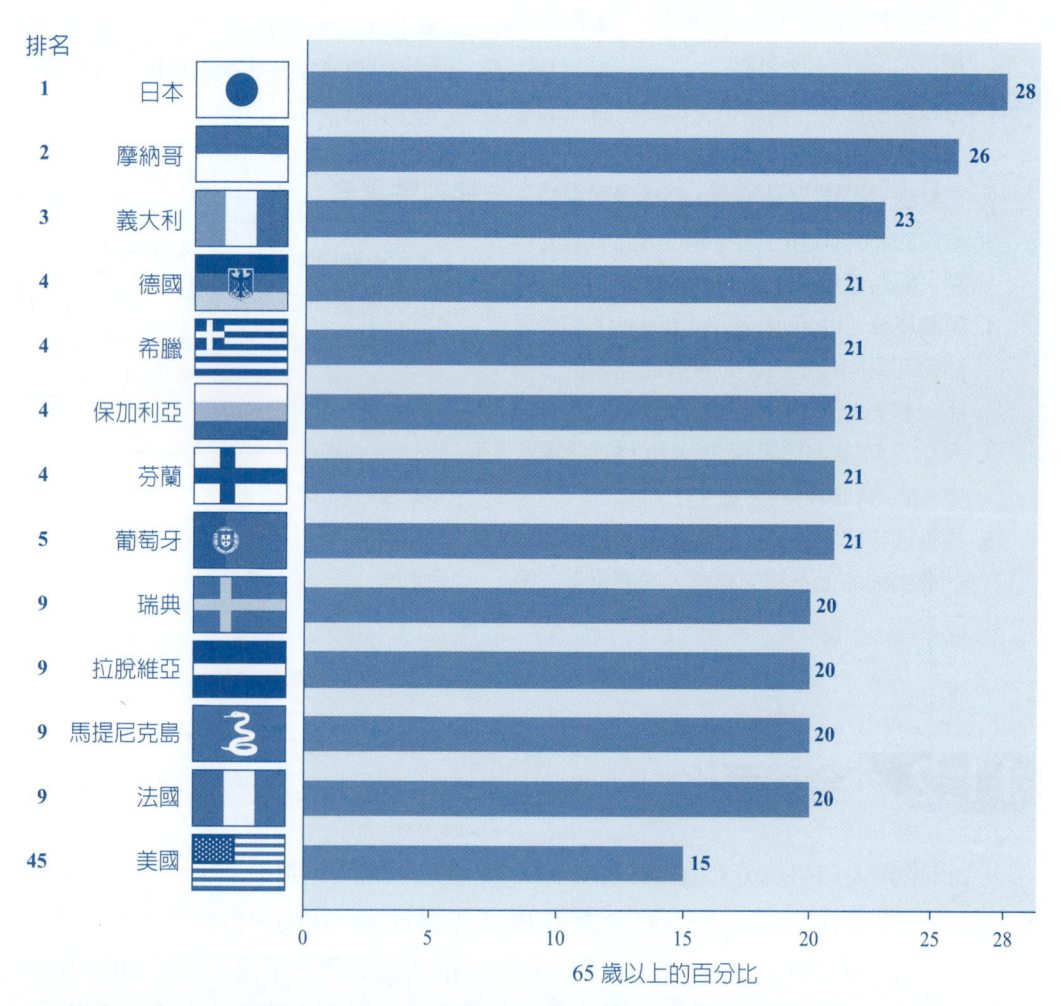

排名	國家	65 歲以上的百分比
1	日本	28
2	摩納哥	26
3	義大利	23
4	德國	21
4	希臘	21
4	保加利亞	21
4	芬蘭	21
5	葡萄牙	21
9	瑞典	20
9	拉脫維亞	20
9	馬提尼克島	20
9	法國	20
45	美國	15

資料來源：Developed by Richard Schaefer fro Kaneda et al. 2018. Flogs:© admin_design/shutterstock RF

圖 11-1　相較於美國，世界上「人口老化最嚴重」的國家

相較於工業化國家的同年齡者，多數開發中的國家，60 歲以上的人健康狀況可能較差。然而，僅少數國家有能力提供高額的預算補助老人。實際上，雖然開發中的現代化世界帶來諸多社會與經濟的進步，卻削減老人傳統的崇高地位。在現今很多國家裡，年輕成人的賺錢能力已經超越他們的長輩。

生命歷程中的角色轉換

如我們所見，社會化是終生的過程，我們在生命歷程的不同階段以不同的方式體驗事物。例如，一項研究發現即使是墜入情網，會因在生命歷程中的不同階段而有所異。年輕的未婚成年人傾向於將愛情視為一種無須承諾的遊戲，或是占有與依賴的痴迷。超過 50 歲以上的人們較可能視愛情包括承諾且傾向運用務實方法，來尋找符合理性標準的伴侶。和許多年輕人一樣，老人對約會網站的依賴也在迅速增加（Peel and Harding 2016）。

我們如何度過戲劇化的生命歷程，有賴於個人興趣與環境。我們當中有些人早婚，有些人晚婚；有些人生育小孩，有些人則沒有。這些個人模式被社會因素所影響，例如階級、種族與性別。本章後續我們僅用一般的專有名詞來討論生命歷程中的階段或時期。

心理學家 Daniel Levinson 提出一個轉換階段開始於個人逐漸地進入成人世界時期，或許是搬出父母的家、開始工作生涯或步入婚姻。下一次的轉換時期在中年期，一般始於 40 歲左右。男性與女性通常會體驗到自我評價的壓力時期，即所謂的**中年危機（midlife crisis）**，在此危機時期，他們意識到自己還未能實現基本目標和理想，而且已經沒有時間去達成。因此，Levinson（1978, 1996）發現，大多數受訪的成人都曾經歷自我內部與外部世界混亂的中年衝突。

在此時期，生命中並非每一個挑戰來自於工作或伴侶。在下一節中，我們會檢視越來越多的中年人面臨的特殊挑戰：一起照顧兩個世代。

三明治世代

在 1990 年代後期，社會科學家聚焦於三**明治世代（sandwich generation）**——同時努力滿足父母和孩子不同需求的成年人；也就是說，提供的照顧有兩個方向：(1) 對子女而言，即使他們是年輕成人，仍然需要具有影響力的指引；(2) 對年長的父母而言，他們的健康與經濟問題可能需要子女的介入處理。

如同照顧子女的角色一樣，照顧年邁父母的角色落在女性的比例較高。整體而言，女性提供 60% 的雙親照顧，而且隨著需求越來越多，提供的照顧更多，也更耗時。越來越多的中年婦女和更年輕的女性發現自己肩負「女兒的責任

©Rex Moreton/Bubbles Photolibrary/Alamy Stock Photo
三明治世代的母親照顧年邁的父母與她的子女。越來越多的嬰兒潮世代發現他們自己需要同時照顧兩個世代。

制」（daughter track），隨著這些女性的時間和注意力轉移到需要被照顧的年邁父母身上（National Alliance for Caregiving 2015）。

Levinson 指出最後主要的轉換時期發生在 60 歲以後──鑑於醫療照護的進步，人們對老人的接受度更高，社會逐漸接受老人，有時會遠遠超過 60 歲以後。儘管如此，人們會在某個時間點轉換到不同的生活方式。如同我們所見，這就是人們每日生活戲劇性變化的時期。

適應退休

退休是一種儀式，表示一個人生活從一個階段到另一個階段的重要轉折時期。通常象徵性事件與這種儀式有關，例如退休禮物、退休歡送會和工作最後一天的特別時刻。退休的這段期間可能充斥情緒，特別是退休者被要求訓練接班人時（Atchley 1976）。

在今日，退休階段因為經濟問題而複雜化：有許多老人缺少醫療福利、年金保障，或同時缺少這兩者。自 1950 年到 1990 年，美國平均退休年齡有所下降；然而，從那之後，退休年齡已有上升的趨勢。在 1992 年，12% 的 65 歲以上的老人仍在工作。到了 2016 年，該比例已增加至 19%，預計到 2022 年將達到 22%。在 2022 年，70 多歲仍在工作的人口比例將與 1992 年 60 多歲的勞動人口比例相當。事實上，就在 2016 年，有 8% 超過 75 歲老人仍在工作（Bureau of labor Statistics 2013c, 2017f）。

在提前退休的趨勢中，有許多的因素可解釋這樣的逆轉。社會安全福利的改變、最近的經濟衰退，以及勞工關心維持健康保險和年金福利都發揮作用。同時，預期壽命增加，人們健康品質也獲得改善（Toossi 2012）。

退休階段

老年學家 Robert Atchley（1976）提出幾項退休經歷的階段：

- 前退休期，個人準備退休的預期社會化時期。
- 接近退休階段，個人已設定他/她的離職日期。
- 蜜月階段，這是一個經常令人愉悅的時期，因為人們可以做從前沒時間做的事。

- 醒悟階段，退休者在應對新生活時（可能包括疾病或貧窮），感到沮喪，甚至是憂鬱。
- 重新定位階段，關於對退休生活方式有更真實的體認。
- 穩定階段，個人在此階段以合理又輕鬆的方式面對退休生活。
- 終止階段，此階段始於當個人無法參與基本的、日常的活動，例如自我照顧與家務。

那麼退休並非單一的轉換事件，而是一系列的適應，且因人而異。每一階段的時間長短因與個人的某些因素有關，如財務狀況與健康。個人不一定會經歷 Atchley 提出的每個退休階段（Reitzes and Mutran 2006）。

一些因素，例如被迫退休或經濟困難，會使退休過程更加複雜，非自願退休或非必要退休的個人可能永遠不會經歷蜜月階段。在美國，許多退休者繼續從事有薪酬的工作，通常是以兼職工作來補足年金的不足。

例如在美國的其他生活層面，退休經驗會根據性別、種族及族群而異。白人男性最有可能從退休金中受益，並加入正式的退休準備計畫。因此，對白人男性來說，退休的預期社會化是非常全方面性的；相對地，少數種族與族群團體成員，特別是非裔美國人，較有可能因身心障礙而退出有薪酬的工作，而不是因為退休而辭職。由於他們相對的低收入與較少的存款，少數種族與族群團體的男性和女性在退休後時常需斷斷續續工作的比例，較年長的白人來得高（National Institute on Aging 1999; Quadagno 2014）。

「比起『老人』，我較喜歡『嬰兒潮』」。
©Dave Carpenter. Reprinted by permission of www.CartoonStock.com.

☑ 運用你的社會學想像

你身邊親近的人，如親戚，如何因應退休生活？

死亡與臨終

通常晚年時期發生的角色轉換（並非總是）是死亡。直到近代，死亡在美國仍被視為忌諱的議題。然而，心理學家 Elisabeth Kübler-Ross（1969）以她的開創性著作《論死亡與臨終》（*On Death and Dying*），對死亡歷程公開討論給予極大

的鼓勵。從她對 200 名罹癌患者的研究，Kübler-Ross 指出經歷的五個階段：否認（denial）、憤怒（anger）、討價還價（bargaining）、沮喪（depression），以及最後的接受（acceptance）。

儘管該理論深受青睞，但死亡的五個階段仍受到挑戰，觀察者經常無法證實這些階段。隨著醫療進步，現在的臨終歷程比起半個世紀前 Kübler-Ross 所做的研究還要長，而且研究認為每個人會以自己的方式衰退。因此，人們不應該期望、更不用建議個人以任何特定的方式去接近死亡。在跨文化方面，方式上的差異會更加明顯（Okun and Nowinski 2011）。

功能論分析讓人聯想到備受重視但有爭議的「善終」（good death）概念。一位研究者描述南太平洋人 Kaliai 種族的善終。在 Kaliai 的文化裡，臨終者召集所有的親戚，還清債務，處理身家財務，然後宣告死亡時刻將至（Counts and Counts 2004）。

Kaliai 善終的概念在西方社會中也有類似之處，西方社會裡的人們可以談論「自然死亡」、「適當的死亡」或「有尊嚴的死亡」。在 1967 年，英國倫敦導入**安寧照護（hospice care）**，即建立在這個概念上。安寧照護工作人員透過提供安撫，並協助臨終者留在家中，以改善其生活品質，或是在醫院裡家樣型（homelike）的設施環境或其他的特別機構，一直到生命結束。今日的美國透過聯邦計畫，例如老人健康保險與低收入戶醫療補助，有超過 33,000 個居家照顧與安寧方案，每年提供服務給 1,200 萬以上的民眾（National Association for Home Care and Hospice 2018）。

雖然西方對善終的理想是盡可能使死亡的經驗更正向積極，但某些評論家則害怕，認可善終概念可能會直接使得個人與社會資源放棄嘗試延續生命。仍然有其他人爭辯罹患重病的老人不應只消極地接受死亡，而應該放棄更進一步的治療，以減少公共健康保險支出。這些議題是當前攸關死亡權和醫生協助自殺的辯論核心。

今日人們在許多方面已破除歷史上關於死亡的禁忌，並試圖處理理想化善終的某些面向。舉例來說，喪親之慟實務工作——曾經高度結構化——正變得越來越多樣化和具有治療性。越來越多人透過預立遺囑、留下「生前遺願」（醫療照顧代理者解釋他們對使用生命維繫設備的感受）、器官捐贈，以及對家庭成員說明有關葬禮、火葬和土葬，以積極

©Gero Breloer/dpa/Corbis
你是否猜到這是專業木雕師與殯儀館合作的店家？迦納的棺木有時非常精緻，試圖反映死者的地位或生活方式。

面對必然的死亡。鑑於醫療和技術的躍進，以及攸關死亡與臨終的公開討論和協商的突破，善終可能成為美國的社會規範。

11.2 概述與回顧

摘要

歐洲、北美與亞洲的工業化國家的老人人口比例高，且呈現穩定上升趨勢。

1. 人們以高度個人化的方式度過生命歷程，這些方式因文化和個人環境而異。**中年危機（middle crisis）** 是對自我評價的壓力時期，許多人發生在 40 歲左右。
2. 同時照顧子女及父母的成人稱為**三明治世代（sandwich generation）**。
3. 退休並非單一的轉換事件，而是一系列的調整。個人因素使得退休經歷有所不同，也與種族、性別和族群因素有關。
4. 死亡漸漸被視為生命的最後階段，因為人們試著破除傳統死亡的禁忌，以實現善終。

批判性思考

1. 現今，許多年輕成年人完成學業後仍繼續與父母同住。將他們的情況和那些與子女同住的老人相比。社會對待依賴的成年子女與接受撫養的父母會一樣嗎？為什麼？

重要詞彙

安寧照護
中年危機
三明治世代

11.3 年齡階層化

財富與收入

老人在財富與收入上呈現明顯不均，一些個人與夫婦發現自己在某些部分是貧窮的，因為固定的年金與上漲的醫療費用（請見第 16 章）。不過，在美國，作為一個群體的老人，既無同質性，也不貧窮。一般的老人現在享受的生活水準比過去任何時候都要高出許多。老人的階級差異仍是存在，但間距逐漸縮小：在年輕時享有中產階級收入的老人在退休後仍能過得較好，但不如以前的中產階級收入者的狀況佳（D. Smith and Tillipman 2000）。

在一定程度上，老人整體生活水準的提高歸功於財富的更大累積，例如擁有房屋、私人年金機制和其他金融資產。然而，隨著企業退出年金制度（美國），老人對年金的依賴已經成為問題，同時，通常保證某種年金的工會之工作機會已經顯

著減少。正如隨著人們的壽命延長，因此需要更多應付更長久的儲蓄（Whoriskey 2018）。

以衝突論觀點來看，老年女性所承擔的雙重負荷並不令人感到意外，少數種族與群族團體的老人亦是如此。例如，在 2017 年，拉丁裔老人在低收入標準以下的比例（17%），是白人非西班牙裔的兩倍（8.1%）。此外，有 19.3% 的非裔美國老人低於聯邦政府所定的貧窮線以下（Fontenot et al. 2018; Wilson and Roscigno 2018）。

年齡歧視

大約 50 年前，在華盛頓特區的醫師 Robert Butler（1990），擔心住家附近有一項房屋開發計畫阻礙老人。Butler 創造**年齡歧視（ageism）**一詞指出，個人因年齡所遭受偏見和歧視。在美國的研究顯示，有 84% 超過 60 歲的老人曾經歷年齡歧視，從侮辱的笑話，例如長輩交談到極度的不尊重（Roscigno 2010:7）。

年齡歧視對老人感到特別困難，因為遭到偏見的年輕人至少知道他們遲早會變得「夠老」。對許多人來說，老年象徵著疾病，隨著身體狀況因著年齡衰退，今日的老人比一個世代以前同年齡層的人們的身體狀況要好得多。無論如何，現今大多數的工作很少需要體力。研究也指出，年長工作者需要人員技能更佳的工作，在現有工作中所占的比例越來越多。在所謂的銀領經濟（silver collar economy）中，越來越多的公司正在招募 65 歲以上的員工，因為它們相信這些員工可靠且有效率（The Economist 2011d; Thrumbull 2006）。

> ✓ **運用你的社會學想像**
>
> 你會和誰花很多時間一起觀看以老人為角色的電視節目？試說明之。

老人：集體意識的興起

1960 年代，全美的大學生倡導「學生權力」，集體要求在教育機構管理上發揮其角色。在此之後的十年，許多老人開始覺察他們被當成次等公民對待，因此採取集體行動。

在美國，最能代表老人的最大組織是美國退休人員協會，是由一位遭到年齡偏見、無法獲得保險的退休校長於 1958 年成立。AAPR 的服務包含為 3,800 萬會員（約 26% 超過 50 歲以上）提供保險折扣，該組織也是強而有力的遊說團體，確認許多老人仍然從事有薪酬的工作，就會放棄美國退休人員協會的全稱（AARP 2017）。

許多人以不同的方式老化，並非所有的老人面臨同樣的問題，或是享有相同的資源。例如，1982 年成立的全國社會保險與醫療保險委員會（National Committee to Preserve Social Security and Medicare），成功遊說國會協助貧窮老人的醫療福利；其他大型的特殊利益團體則代表退休聯邦員工、退休教師及工會員工。然而，當 AARP 支持《平價醫療法案》（Affordable Care Act, Obamacare），該組織流失 40 萬成員，保守派團體試圖將這些成員變成美國老人代言人（Johannes 2014; Quadagno 2014）。

老人新意識的另一種表現，是老年同性戀組織的形成。一個這樣的團體——老年同志服務與倡導（Services and Advocacy for GLBT Elders, SAGE）於 1977 年在紐約市成立，現今管理全國性的社區團體網絡，以及在加拿大和德國的附屬機構。就像一般的老人組織，SAGE 贊助工作坊、課程、舞蹈、送餐等。在整個美國，安養中心自認接受年長的女同性戀、男同性戀、雙性戀和跨性別夫婦的住民，這些安養中心，有一些但不是全部由同性戀經營（C. Lehman 2012; SAGE 2018）。

今日美國老人的經濟與健康狀況皆較以往進步許多，許多老人擁有豐厚的資產與完善的醫療照護保障，以應對任何健康需求。但是如我們所見，仍有部分的人狀況惡化，身體衰退與醫療費用的增加。現在有一些老人將老化納入一生中的劣勢。如同處於生命歷程其他階段的人們，老人在美國和世界各地構成一個多元化群體。

11.3　概述與回顧

摘要

美國的老人人口不斷增加。

1. **年齡歧視（ageism）** 反映年輕人對變老強烈的不安。
2. 美國退休老人協會（AARP）是一個強而有力的遊說團體，支持立法以增進老人福利。

批判性思考

1. 從衝突論觀點討論年齡歧視。

重要詞彙

年齡歧視

本章摘要

社會學實戰小練習

1. 想想你的祖父母：你認為他們是仍在社會中活躍還是脫離社會？你認為他們的社會階層對他們的老化方式有影響嗎？試說明之。他們退休的適應情況如何？
2. 何種機構或組織 —— 老人中心、高齡化委員會 —— 在你的社區負責服務長者？拜訪這些機構並了解它們提供的服務，然後將你的發現與本章所學聯繫起來。
3. 找出你的社區超過 65 歲以上的老人人口百分比是多少？這樣的比例與你的國家或美國整體相較之下是如何？如果可以的話，此年齡群組的居民是否聚集在某個特定區域？

重要詞彙

Activity theory 活動理論 老化的互動論學者認為，若老人持續保持活動力並參與社會，將得到最好的調適。

Ageism 年齡歧視 個人因年齡而遭受的偏見和歧視。

Disengagement theory 脫離理論 老化的功能論認為，社會和邁向年老個人會彼此切斷他們的許多關係。

Gerontology 老人學 對老化的社會學和心理學方面，以及老人問題的科學研究。

Hospice care 安寧照護 透過提供安撫並協助臨終者留在家中，以改善其生活品質，或是在醫院裡家樣型的設施環境或其他的特殊機構，直到生命結束。

Midlife crisis 中年危機 對自我評價的壓力時期，大約發生在 40 歲左右。

Sandwich generation 三明治世代 同時努力滿足父母和孩子不同需求的成人。

自我評量

請仔細閱讀下列問題，並選擇最適合的答案。

1. 活動理論與哪個觀點有關？
   a. 功能論觀點
   b. 衝突論觀點
   c. 互動論觀點
   d. 標籤理論觀點

2. 什麼是介於老人和其他從屬團體，例如少數種族和族群團體或女性之間重要的差異？
   a. 老人在職業上並未受到不公平對待
   b. 老人有強烈的集體團結意識，而其他的團體則無
   c. 我們活得夠久，最終將會被賦予老人的身分
   d. 老人通常與年紀相仿的人結婚，而其他少數族群則不與族群中的人結婚

3. 哪個領域的研究原本於 1930 年代發展，隨著社會科學家的人數增加，對老人的困境也更加了解？
   a. 社會學
   b. 老人學
   c. 老人管理
   d. 老人自殺

4. 哪一種社會學觀點最有可能強調社會網絡在提供老人生活滿意的重要性？
   a. 功能論觀點
   b. 衝突論觀點

Chapter 11 年齡階層化

　　c. 互動論觀點
　　d. 標籤理論觀點
5. Elaine Cumming 與 William Henry 提出有關老化影響理論，稱為
　　a. 脫離理論
　　b. 活動理論
　　c. 標籤理論
　　d. 接觸假說
6. 依據心理學家 Elisabeth Kübler-Ross 的觀點，人們面臨死亡的第一階段可能經歷到
　　a. 否認
　　b. 憤怒
　　c. 沮喪
　　d. 討價還價
7. 下列有關老人的描述何者正確？
　　a. 變老是種主導地位
　　b. 當人們被貼上「老」的標籤，這對於他人如何看待自己，甚至是老人如何看待自己會有重大影響
　　c. 對老人負面的刻板印象使他們成為受歧視的少數群體
　　d. 以上皆是
8. 本章提及運用於美國老人少數或從屬團體的五種基本屬性，下列哪一項不是其中的基本屬性？
　　a. 老人在職場上經驗不公平對待，而且可能遭遇偏見與歧視
　　b. 統計上，老人占了多數
　　c. 在此團體的會員是非自願性的
　　d. 老人有強烈的團體凝聚力
9. 下列哪一項理論認為老人對社交互動的需求與其他任何團體基本上是相同的，那些保持活躍和參與社交的老人將得到最好的調適？
　　a. 衝突論

　　b. 功能論
　　c. 活動理論
　　d. 脫離理論
10. 根據你閱讀本章的內容，下面哪一項描述是正確的？
　　a. 功能論描述老人像是被社會隔離，且降低其社會角色
　　b. 互動論認為老人參與新的社會網絡，且改變其社會角色
　　c. 衝突論認為老人是社會結構的受害者，他們的社會角色不會改變，而是被貶低其價值
　　d. 以上皆是
11. 與 _____ 的社會學觀點一致，脫離理論強調當社會角色代代相傳時，社會的穩定就得到保證。
12. 根據 Robert Atchley 提出的退休階段，最後的階段是 _____，開始於個人不再涉及基本的、每日的活動，例如自我照顧與家事。
13. _____ 理論學者認為脫離理論與活動理論的觀點經常忽略社會階層在老人生活中的影響。
14. _____ 是社會學和心理學的老化方面，以及老人問題的科學研究。此項學科開始於 1930 年代，因為許多的社會科學家意識到許多老人面臨的問題。
15. 根據一項對身體健康良好和經濟環境相對充裕的老人研究，_____ 理論認為社會和老人相互切斷許多關係。
16. 在 1990 年代後期，社會科學家專注於 _____，他們同時嘗試著去滿足父母與子女之間互相競爭的要求。
17. 醫師 Robert Butler 創造 _____ 一詞，用來指涉基於個人年齡而遭受偏見和歧視。

12 Chapter

家庭的多元性

12.1　家庭的全球觀點

12.2　婚姻與家庭

12.3　替代傳統家庭的生活型態

©Eyecandy Images/AGE Fotostock
一個家庭在加州舊金山的金門大橋（Golden Gate Bridge）前合影，這是多個世代人團聚的一部分。儘管婚姻關係緊張和地域分離，但每年仍有無數家庭聚集在一起，重申這個社會制度的重要性。

本章著重在家庭的多元性。家庭模式因不同文化而異，甚至在相同文化也不盡相同。然而，儘管有其差異，家庭是普世性的，存在於每一種文化之中。

世界各地不同地區的家庭態樣是如何？人們如何選擇伴侶？當婚姻失敗，離婚會如何影響子女？核心家庭的其他替代選擇是什麼，其普及性為何？在本章中，我們會從功能論觀點、衝突論觀點、互動論觀點，以及女性主義觀點了解家庭與親密關係，同時審視婚姻模式與家庭生活的多元化，包括親子教養、日益增加的雙薪與單親家庭；也思考同性戀和異性戀關係之間的異同、美國的離婚狀況，以及多元的生活型態，例如同居、無子女的家庭。

12.1 家庭的全球觀點

在藏人中，一個女人可能同時嫁給一個以上的男人，這些男人通常是兄弟，如此的制度允許兄弟共享有限的肥沃耕地。在馬達加斯加的貝齊寮族（Betsileo），一個男人有多位妻子，每位妻子居住在他所耕種稻米的不同村落裡，哪個村落的稻田最豐收，那位妻子就被認為是他的第一任妻子或地位最高的妻子。在巴西和委瑞內拉的亞諾瑪米（Yanomami）女人，與異性的堂、表兄弟（母親兄弟或父親姊妹的孩子）有性關係會被視為正常。但如果與女性的異性堂、表兄弟是母親或父親姊妹的小孩，發生同樣的性關係，則為亂倫（Haviland et al. 2015; Kottak 2017）。

普世原則

正如上述的案例，呈現不同的文化和家庭多樣性。然而，家庭如同社會制度，存在於所有文化之中。一個**家庭（family）**可被定義是一群有血緣、婚姻或其他約定關係或領養關係的人，他們共同承擔繁衍後代和照顧社會成員的主要責任。此外，攸關家庭的組成、親屬型態和權威模式的一般原則都有共通性。

家庭的組成：什麼是家庭呢？

如果我們從電視的內容解讀有關家庭的資訊，可能會產生一些奇特的景象，媒體不一定可以呈現家庭真實的面貌。此外，許多人依然相當狹隘地認為，家庭是一對已婚夫婦和未婚子女住在一起，就像電視影集《天才老爹》（Cosby Show）的家庭。然而，這只是許多家庭型態的一種，是社會學家所稱的**核心家庭（nuclear family）**。核心家庭一詞是個不錯的選擇，因為這種類型的家庭是建立更多數的家庭核心。

在美國，多數人認為與異性伴侶結婚並有小孩是較佳的家庭型態。但是到了2016年，在美國，只有29％的家庭符合此類型態。在過去的50年，美國與異性結婚並有小孩的家戶數逐漸下降，且戶數正持續減少（請見圖12-1）。同時，單親家庭的家戶數則逐年上升（American Community Survey 2017a: Table S1101）。

家庭的親戚（如祖父母、阿姨或叔叔）與父母及其子女住在一起，稱為**擴展家庭（extended family）**。在美國，這樣的居住安排雖然不普遍，依然是存在的。比起核心家庭，擴展家庭的結構具有較多的特別優勢。死亡、離婚和疾病等危機減輕家庭成員的壓力，因為有更多的人可以提供協助和情感支持。另外，擴展家庭也比核心家庭可建構較大的經濟單位，如果家庭共同經營企業，如一間農場或一家小型企業，多位家庭成員可能代表成功與失敗之間的差異。

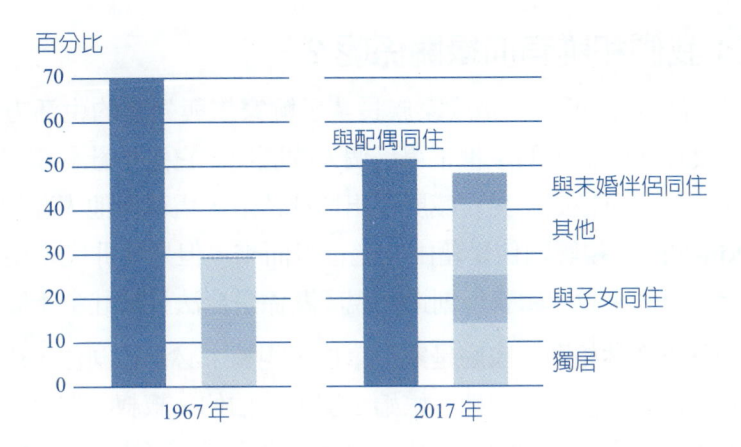

註:「其他」包括與父母、室友、兄弟姊妹、養子女或孫子女住在一起的成年人。
資料來源:Bureau of the Census 2017d: Figure AD-3a.

圖 12-1　18 歲以上成人的居住安排,2017 年

在考量這些不同的家庭型態,我們會受限自己在美國一夫一妻的婚姻型態。**一夫一妻制(monogamy)** 是指一個人只有一位伴侶的婚姻形式。直到最近,社會仍期望這對夫妻是一位男性與一位女性。今日,同性伴侶已可合法結婚。不論如何,觀察家發現美國的離婚率很高,建議以「連續的一夫一妻制」較能精確描述美國的婚姻形式。在**連續的一夫一妻制(serial monogamy)** 裡,個人一輩子可能會有許多配偶,而在同一時期,只能有一位。

某些文化允許個人可同時擁有多位的丈夫與妻子,這種形式的婚姻稱為**多配偶制(polygamy)**。事實上,世界上有多數的社會,過去與現在皆較偏好一夫多妻制。根據一項在二十世紀中分析 565 個社會的研究指出,超過 80% 偏好多配偶制。然而多配偶制在二十世紀漸漸式微,在非洲至少有五個國家,有 20% 的男性仍然處於多重配偶的婚姻內(Murdock 1949, 1957; Population Reference Bureau 1996)。

多配偶制有兩種基本的型態。根據 Murdock 的研究,所抽樣的大多數社會裡發現,**一夫多妻制(polygyny)** 中較普遍的狀況是妻子通常有類似的價值觀且已有共同生活經驗的姊妹。在一夫多妻制的社會中,只有相對少數的男性真的能夠擁有多位配偶。多數人生活在一夫一妻的制度下。擁有多位妻子象徵身分地位。

另外一種多配偶制是**一妻多夫制(polyandry)**,在此制度下,女性可以同時擁有多位丈夫。然而,一妻多夫制在當今極為罕見,只能在一些極為貧困的社會中被接受。就如同其他社會,一妻多夫制的文化貶低女性的社會價值。

親屬型態：我們和誰有血緣關係呢？

我們之中有許多人可從族譜或家族長輩了解家族與先人的生活方式，以來追溯家族淵源。然而，一個人的家世不單是個人的歷史，它還是社會模式掌控世系血統。每個文化中，兒童被期待對親戚展現出情感依附，這種與他人互相的連結稱為**親屬關係（kinship）**。親屬關係是藉由文化習得而來，但是並非完全由可由血緣或姻親關係而定。舉例來說，領養所創造的親屬關係是合法且被社會所接受。

家人和親屬不全然相同。家庭是家戶單位，親屬未必都會同住，或是在日常生活中一起行動。親屬團體包括阿姨、嬸嬸、舅媽、伯伯、叔叔、舅舅、堂／表兄弟姊妹，以及姻親等。像在美國的社會裡，親屬鮮少見面，可能只為了婚禮或喪事而聚。但親屬連結經常創造義務與責任，我們可能覺得是被逼著去協助親戚，也可以隨時尋求任何協助，例如借錢和照顧小孩。

親屬關係是如何認定？世系（descent）的原則是依據人們與母親或父親的關係，來決定親屬關係。有三種主要的方式決定世系。美國遵循**雙系繼嗣（bilateral descent）**制度，是旨個人家庭的男女雙方都同等重要。例如，父親兄弟的價值並不會高於母親兄弟的價值。

根據 George Murdock 的研究，多數的社會（64%）的宗族淵源屬於單系繼嗣。在**父系繼嗣（patrilineal descent**，由拉丁文 pater 而來，是指「父親」）制度中，只有父親的親屬在財產、遺產和情感連結上具有重要意義；反之，偏愛**母系繼嗣（matrilineal descent**，由拉丁文 mater 而來，意指「母親」）的社會中，唯有母親的親屬才是重要的。

新型態的生殖技術有必要以新的角度來看待親屬關係。今日，生物與社會上過程的結合可以「創造」家庭成員，對成員彼此的關係需要做出更多的區別。

©Brand X Pictures/Stockbyte/Getty Images

> ✓ **運用你的社會學想像**
>
> 在你的家庭中，你和哪些親戚關係緊密？又有哪些親戚是你幾乎沒見過的？請解釋關係差異的原因。

權力模式：由誰來決定？

想像你新婚不久，必須開始決定有關新家庭的未來。你與配偶面對許多問題：你們要住哪裡？該如何裝潢房子？誰負責煮飯、採買、打掃房間？誰的朋友會被邀請到家中吃飯？需要做決定的當下，問題即產生：誰有權力做此決定？簡言之，誰掌控這個家庭？衝突論學者從傳統的性別階級背景下檢視這些問題，認為男性站在支配女性的主導地位。

© ImagesBazaar/Alamy Stock Photo
雖然配偶在平權家庭中可能不會分享所有的決定權，但他們認為自己處於平等地位。在美國，這種權力的模式越來越普遍。

家庭內部權力的分配於不同社會不盡相同。期待男性在家庭主導所有的決策的社會，稱為**父權制（patriarchy）**。在父權制的社會中，如伊朗，最年長的男性通常擁有最大的權力，儘管妻子也受到尊重和善待。在伊朗的女性，基本上，她的地位是藉由與男性的親屬關係來定義，比如作為妻子或女兒。在許多父權制的社會裡，女性發現若想離婚會比男性來得困難。相對地，在**母權制（matriarchy）**的社會裡，比起男性，女性擁有較大的權力。母權制非常少見，出現在美洲原住民部落社會，和由於戰爭或食物採集男性須長期外出的地區（Farr 1999）。

第三種權力型態稱為**平權家庭（egalitarian family）**，配偶雙方被視為是平等的。然而，這並不意味著在這樣的家庭裡，所有的決策都是由兩人共同決定，妻子或丈夫各自在某些領域可能擁有決策權。許多社會學家認為，在美國，平權家庭已取代父權家庭，且成為社會規範。

由社會學觀點看家庭制度

我們真的需要家庭制度嗎？一個世紀前，Marx 的同事 Engels（[1884] 1959）描述家庭是社會不平等的基本根源，因為家庭在權力、財產和特權的轉移中發揮作用。近期，衝突論學者提出家庭導致社會不公、拒絕女性取得男性所擁有的機會，並限制性表達和配偶選擇的自由的論述。相對地，功能論觀點聚焦於，家庭滿足其成員需求的方式和促進社會穩定。互動論學者認為親密的、面對面的關係發生在家庭中。女性主義取向檢視妻子與母親的角色，特別是缺乏成人男性的情況下。

功能論觀點

在 80 多年前,最早由社會學家 William F. Ogburn 所提出的家庭六項主要功能（Ogburn and Tibbits 1934）:

1. **生育（reproduction）**。一個社會要保有其存續,則需更替其死亡的成員。在這一點上,家庭透過生育功能來維持人類生存。
2. **保護（protection）**。在任何文化中,家庭承著保護和撫養兒童的最終責任。
3. **社會化（socialization）**。父母與其他親屬監督子女的行為,並且傳承其文化的規範、價值觀、語言。
4. **規範性行為（regulation of sexual behavior）**。性行為的規範會因時間的推移（如約會的方式）與文化差異（嚴格的沙烏地阿拉伯與縱容的丹麥相較）而改變。然而,不論社會處在哪個時期或是文化價值觀如何,家庭生活圈裡會明確訂定性行為的標準。
5. **情感與陪伴（affection and companionship）**。理想上,家庭提供成員溫暖與親密關係,讓他們感受到滿足與安全感。無疑地,家庭成員可能會在家庭之外得到這樣的回應——從同儕、在學校、工作場所——甚至也可能覺得家庭是令人不悅或暴力的場所。然而,我們期待親人能了解與關心我們,並且當我們需要陪伴時,他們能在身旁。
6. **提供社會地位（provision of social status）**。由於父母和手足的家庭背景與聲望,我們繼承社會地位。家庭依據種族和族群為新生兒提供先賦地位,有助於確定新生兒在社會階層體系中的地位,而且家庭資源會影響兒童的能力以追求特定的機會,如高等教育。

依照傳統,家庭滿足了許多其他的功能,例如提供宗教訓練、教育及休閒管道。但是 Ogburn 提出其他的社會制度逐漸承擔家庭原有的許多功能。教育以往在家庭中進行,現在則是學校和大專院校專業人員的責任;甚至是家庭的傳統休閒娛樂功能已常被轉移到外部團體,例如足球聯賽、運動俱樂部、網路社群。

衝突論觀點

衝突論學者看待家庭不是社會穩定的貢獻者,而是反映更大社會中財富和權力不平等。女性主義與衝突論指出,傳統上家庭維持男性的主導地位,並使其合法化。跨越大部分人類的歷史且在普遍的社會裡,丈夫在家中行使擁有絕對的權力和權威。直到 1800 年代中期,美國當代女權主義的第一波浪潮,妻子和子女是丈夫的合法財產的歷史地位才面臨重大挑戰。

雖然近幾十年，來在美國平權家庭越來越普及——歸功於 1960 年代晚期和 1970 年代早期開始的女權主義運動——但由男性支配家庭仍很難消。自 1989 年以來，出於任何原因在家照顧子女的父親的人數幾乎多了一倍，在經濟大蕭條結束後的 2010 年達到最高點。從那時起，這個數字略有下降。與這種趨勢相似的是，不與家人同住、將所有照顧交給母親或其他照顧者的父親人數持續快速增加。社會學家發現雖然已婚男性參與照顧子女的比例正在增加，但妻子仍承擔較高的照顧比例。此外，相對於每個全職爸爸，會有五個全職媽媽。不幸的是，許多丈夫以家庭暴力為手段，來強化對妻子與子女的權力和控制（Livingston 2014a）。

衝突論也將家庭看作導致社會不公平的經濟體系，家庭是將權力、財產、特權從一代轉移到下一代的基礎。雖然美國廣泛地被認定是機會之地，但是社會流動仍受到嚴格的限制。子女從雙親繼承社會與經濟地位的特權，或是較少的特權（有些甚至是從前幾代所繼承的特權）。父母的社會階級十分明顯地影響著子女的社會化經驗，以及他們接受到的保護程度。因此，一個小孩的家庭社經地位對其營養、健康照顧、居住、教育機會，以及在他成人後的許多方面將有重大影響力。正因為如此，衝突論學者認為家庭助長社會的不平等。

互動論觀點

互動論的焦點在於家庭的微觀層面與其他親密關係，對個人如何與他人互動感興趣，無論他們是同居伴侶，還是結婚已久的夫婦。舉例來說，在針對一項白人與黑人雙親家庭的研究發現，當父親有更多時間與子女相處（陪讀、教孩子功課，或限制小孩看電視的時間），則子女較少有行為問題，能與他人相處更加和睦，並且更有責任感。

另一項互動論的研究是檢視繼父母的角色。越來越多的單親父母再婚，引發對於幫助他人撫養孩子的繼父母的關注。研究發現，比起繼父，繼母較可能承擔與繼子女關係不好的責任。互動論論述繼父（就像大部分的父親一樣），在孩子的母親不在時，可能同樣不習慣直接與孩子互動（Bastaits and Mortelmans 2014）。

互動論強調要歸納家庭關係，必須考慮家庭形成漸趨複雜的問題。越來越多的養育子女發生在婚前或未婚狀態。家庭可

©Blend Images/Don Mason/Getty Images
互動論特別對於父母之間與親子之間的互動感興趣。這裡顯示的親密與愛的關係是鞏固家庭的基礎之一。

能包括不同類型的婚姻或雙方同意結合所定義的關係。婚姻可能包含一位男性與一位女性、兩位男性或兩位女性（Vanorman and Scommegna 2016）。

女性主義觀點

由於「女性工作」傳統上注重家庭生活，女權主義社會學家對於家庭作為社會機構產生濃厚的興趣。對兒童照顧和家務勞務中性別角色的研究非常廣泛。社會學家特別關注女性外出工作，如何影響子女照顧與家務勞動（責任）。Hochschild（1990, 2005, 2012）稱為「第二輪班」。今日，研究者認為對許多女性而言，第二輪班也包含照顧年邁的雙親。

女性主義學者力促社會科學家與社會機構重新思考，家中無成年男性就該被關注，甚至被認為是失功能的觀念。他們也致力於單親女性、單親家庭、女同性戀家庭的研究。在單親母親的研究中，研究者聚焦於這些家庭處於經濟壓力下的復原力。根據喬治亞大學（University of Georgia）的 Velma McBride Murray 與其同事的研究（2001），發現在非洲裔美國人中，單親母親在物質資源、教養建議和社會支持方面非常依賴親屬。在考量女權主義對整個家庭的研究後，一項研究歸納的結論為家庭是「女性力量的來源」（V. Taylor et al. 2009）。

最後，採取互動論觀點的女性主義明確指出，需要調查家庭研究中被忽視的議題。例如，在越來越多的雙薪家庭中，妻子的收入高於丈夫。在 1981 年，在雙薪家庭中，少於 16% 的家庭，女性的收入高於男性。到了 2017 年，這個比例穩定提高約至三分之一（Bureau of the Census 2017d:Table F-22; Parker and Stepler 2017）。

表 12-1 摘要四種主要的家庭理論觀點。

表 12-1　家庭的社會學觀點　　　　　　　　　　　　　　　　　| 追蹤社會學觀點

理論觀點	重點
功能論	家庭有助於維持社會穩定 家庭成員的角色
衝突論	家庭導致社會的不平等 透過世代間轉移貧窮或財富
互動論	家庭成員之間的關係
女性主義	家庭傳承性別角色 女性戶長的家庭

12.1　概述與回顧

摘要

家庭以許多形式存在所有的人類文化中。

1. 家庭因不同文化而異，甚至在相同文化也不盡相同。
2. 比起**核心家庭**（nuclear family），**擴展家庭**（extended family）的結構擁有較多的特定優勢。
3. 社會透過父母雙方〔**雙系繼嗣**（bilateral descent）〕，或只從父方〔**父系繼嗣**（patrilineal descent）〕，以及只從母方〔**母系繼嗣**（matrilineal descent）〕的世系確定親屬關係。
4. 社會學家不同意美國的**平權家庭**（egalitarian family）已經取代父權家庭。
5. Ogburn 提出的家庭六項主要功能：生育、保護、社會化、規範性行為、情感與陪伴，以及提供社會地位。
6. 衝突論學者認為男性支配家庭導致社會不公、拒絕女性取得男性所擁有的機會。互動論觀點聚焦於個人在家庭人與人的互動和親密關係。女性主義學家強調拓展家庭研究議題的需要。如同衝突論，女性主義認為家庭在兒童社會化扮演的角色，是性別歧視的主要來源。

批判性思考

1. 從女性的觀點來看，一夫一妻制、一夫多妻制、一妻多夫制家庭的優缺點有哪些？對男性而言，這些類型家庭的優缺點為何？
2. 功能論、衝突論、互動論、女性主義如何解釋一夫多妻制的家庭結構？

重要詞彙

雙系繼嗣	核心家庭
平權家庭	父權制
擴展家庭	父系繼嗣
家庭	一妻多夫制
親屬關係	多偶婚制
母權制	一夫多妻制
母系繼嗣	連續的一夫一妻制
一夫一妻制	

12.2　婚姻與家庭

現在美國有超過 95% 的男性與女性在一生中至少有過一次婚姻。從歷史上來看，這個國家的家庭生活最具一致性的是高結婚率。事實上，儘管離婚率很高，但最近顯示結婚率有小幅上升的趨勢。

在本節裡，我們將檢視美國的戀愛、婚姻及親職的各個面向，並與其他文化對比。雖然我們習慣將戀愛與擇友歸於個人的喜好，而社會學分析告訴我們社會制度及特有的文化規範與價值觀也扮演重要的角色。

戀愛與選擇伴侶

在過去,多數伴侶在鄰里或工作場所透過家庭或朋友認識對方。然而,今日許多伴侶是在網路上認識彼此,透過網站擇友服務。

今日擇偶的明確趨勢是選擇伴侶的過程比過去花費的時間更長。許多的因素,包含經濟保障與個人獨立的考量,造成晚婚。回到 1996 年,男性通常在 23 歲以下,女性在 21 歲以下時第一次結婚。到了 2017 年,男性平均年齡則為 30 歲,女性則近 27 歲才會結婚。不論在美國或其他大部分的國家,現在大多數的人要到 20 多歲以後才會結婚(請見圖 12-2)。

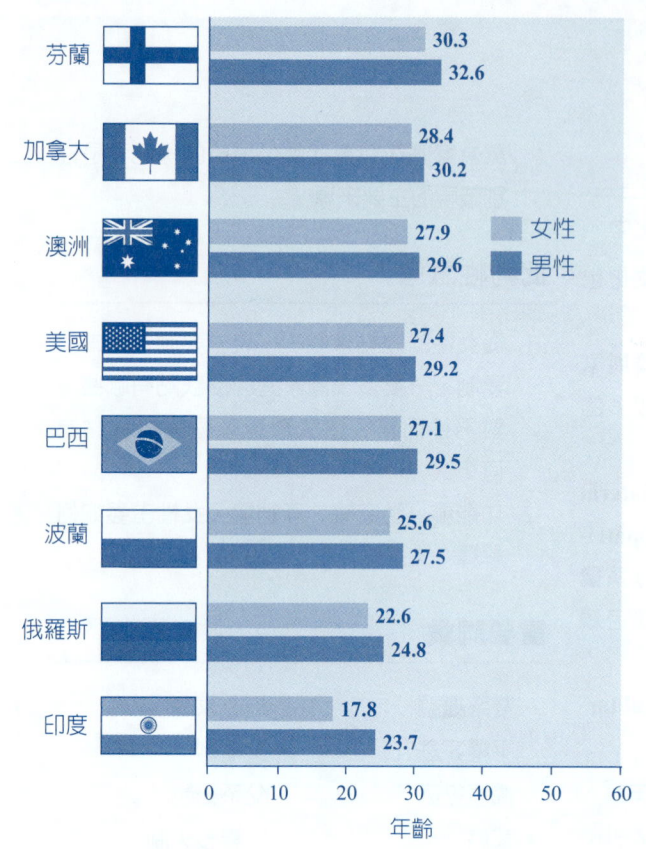

國家	女性	男性
芬蘭	30.3	32.6
加拿大	28.4	30.2
澳洲	27.9	29.6
美國	27.4	29.2
巴西	27.1	29.5
波蘭	25.6	27.5
俄羅斯	22.6	24.8
印度	17.8	23.7

資料來源:Bureau of Census 2017e:Table MS-2. Flags:©admin_design/Shutterstock

圖 12-2　八個國家第一次結婚的年齡中位數

選擇伴侶的條件

許多社會都有明確或不成文明的規則,將伴侶定義成可接受或不可接受的對象,這些規範可區分為內婚制與外婚制。**內婚制(endogamy)**(由希臘文 endon 而來,指的是「在內」)規定在自己的團體中尋找配偶,並禁止與團體外的其他人結婚。例如,在美國,許多人被期待與同種族、族群或宗教團體的人結婚;強烈反對,甚至禁止與團體外的人結婚。內婚制試圖建議年輕人應該與「自己同類」的人結婚,以增強團體的凝聚力。

反之,**外婚制(exogamy)**(由希臘文 exo 而來,指的是「外部」)則要求配偶來自外部的特定團體,經常是一個家族或某些親屬。**亂倫禁忌(incest taboo)**幾乎是所有社會的共同規範,禁止人們在某些文化的特定親屬之間有性行為。對美國人而言,此禁忌意味著不能與核心家庭成員結婚,我們不能與手足結婚,也不能與親堂/表兄弟姊妹結婚。

另一個影響選擇結婚伴侶的因素是**門當戶對(homogamy)**,是指有意識或無意識下,選擇與自己個人特徵相似的配偶。這種「因喜歡而結合的婚姻」可以在性格和文化興趣相似的伴侶身上看到。然而,擇偶是不可預期的。雖然一些人可能依

循門當戶對模式,但其他人則觀察到相反的吸引規則:一個人是依賴和順從的(幾乎是幼稚的);而另一個人則是支配和控制。

戀愛關係

這個世代的大學生似乎較傾向一群人交往或遊玩,而不像父母和祖父母世代投入浪漫約會關係。儘管如此,在他們成年生活的某個時刻,現今的大多數學生都會遇到所愛的人,並進入一段建立家庭的長期關係。

美國的父母特別強調愛情是婚姻基本基礎,所以鼓勵孩子建立基於愛和感情的親密關係。在歌曲、電影、書、雜誌、電視影集,甚至是卡通及漫畫裡,會加強愛情的題材。同時,我們的社會期待父母與同儕能協助個人於擇偶上限制在「社會上可接受」的異性成員。

在美國,雖然戀愛被視為習以為常,但先戀愛後結婚的法則,在文化上並非普遍現象。世界上有許多的文化在選擇伴侶時,不會將浪漫的愛情列入優先考慮的因素。由父母或宗教權威決策的媒妁婚姻(arranged marriage)社會中,經濟因素的考量扮演重要角色,這樣的新婚夫妻有望在正式結婚關係後發展出愛情(J. Lee 2013)。

©Featureflash Photo Agency/Shutterstock
雖然多數的異族通婚並不如 Robert De Niro 與 Grace Hightower 那樣引人注目,如此的結合開始越來越普遍且被為人所接受。他們也使得種族的定義變得模糊,他們的子女被視為黑人或白人呢?你為何會這麼認為?

> ✓ **運用你的社會學想像**
> 父母及/或媒人替你安排一椿婚事,他們將為你選擇什麼樣的對象?如果你可選擇自己的配偶,擁有成功婚姻的機率更好還是更糟?

家庭生活與親密關係的多元型態

社會階級差異

各種研究記錄在美國的不同社會階級其家庭組織的差異。在上流社會,則重於世系與家庭地位的維繫。假如你出身於上流社會,不僅是核心家庭成員的一分子,

還是傳統大家族的成員（如洛克斐勒家族或甘迺迪家族）。因此，上流社會的家庭對於子女接受適當的教育感到相當的在意。

下層階級的家庭無須經常對「家庭名聲」有過多擔憂，首先他們必須努力支付帳單，並在貧困生活相關的危機中求生存。類似這樣的家庭多是單親家庭，面臨子女照顧與經濟問題。下層階級的兒童通常比來自富裕家庭的兒童更早承擔成人的責任，包括婚姻與為人父母。在某種程度上，下層階級的家庭可能沒有足夠的金錢讓孩子繼續求學。

今日，家庭生活中的社會階級差異已不像以往那麼明顯。在過去，家庭專家認同社會階級差異對於教養子女方式有明顯不同。下層階級家庭在教育子女時，採取較權威的方式，而且容易使用體罰。中產階級家庭教養子女則採取較放任的方式，在處罰上也比較節制。相較於下層家庭，中產階級家庭傾向幫助子女規劃時間，或甚至過度涉入時間安排。然而，當越來越多不同社會階級的家庭從同樣的書籍、雜誌，甚至是電視脫口秀尋求育兒建議時，這些因階級的差異可能會漸漸地縮小（Kronstadt and Favreault 2008; Luster et al. 1989; J. Sherman and Harris 2012）。

一種婚姻模式正在形成，且顯現出一些明顯的社會階級差異。有大學學歷、夫妻皆晚婚，通常都有穩定的收入和相對穩定的工作前景。不出所料，與未受過大學教育的夫妻相比，受過大學教育的人的離婚率相對較低，尤其是在二十一世紀的第一個 10 年內結婚的人（C. Miller 2014; Stevenson and Wolfers 2007）。

在貧窮的家庭裡，女性經常是扮演經濟支持的重要角色。男性可能薪資低、失業或可能幾乎不在家。在 2016 年，27% 的家戶是沒有丈夫的女性家庭，所得低於聯邦政府所訂定的貧窮線。相較之下，已婚夫妻的貧窮率只有 5%。女性為戶長的貧困家庭的不成比例現象有持續並成長的趨勢，社會學家稱為貧困女性化（feminization of poverty）（Semega et al. 2017:16）。

最後，在 Katherine S. Newman（2012）所寫的《手風琴家庭》（*The Accordion Family*）一書，關注到手風琴或歸巢家庭（boomerang family）因社會階級而異。在導讀摘要中提及，中上層階級家庭可以提供更多的生活空間給正在就讀更高學位的成年子女。擁有特權較低的家庭往往依賴成年子女的勞動或收入，為家庭的福利做出貢獻。

許多種族與族群團體擁有明顯的家庭特徵。然而，族群與階級因素往往息息相關。在探討少數種族與族群的家庭生活時，要謹記某些特定的模式可能是由階級與文化因素造成的。

種族與族群的差異

在美國，少數種族與族群的從屬地位嚴重影響到他們的家庭生活。舉例來說，對於收入較低的非裔、美國原住民、多數的西班牙裔及某些亞裔美國族群建立與維繫成功婚姻是艱難的任務。社會學家 William Julius Wilson（1996, 2009）與其他學者陳述，在過去經濟重建的 60 年，對居住在市中心以及在偏遠郊區，例如保留區的人們影響相當大。另外，在美國的移民政策下，使來自亞洲與拉丁美洲的移民想要完整重建家庭變得複雜。

非裔美國人的家庭承受許多負面與錯誤的刻板印象。的確，比起白人家庭，黑人家庭有較高比例是單親母親的家庭（請見圖 12-3）。但穩定、運作良好的親屬網絡通常是黑人單親母親的依靠，可緩解性別歧視和種族主義的壓力。這些親屬網絡的成員——主要是女性家屬，如母親、祖母、阿姨——透過分享物品與勞務來減輕經濟壓力。除了這些緊密的親屬連結以外，黑人家庭生活強調忠於宗教承諾與追求成就的慾望（Cleek et al. 2012; DuBois [1909] 1970）。

如同非裔美國人，美國原住民運用家庭關係來緩解面臨的許多困境。例如，在納瓦霍（Navajo）保留區的未成年父母，並不會像在美國其他地方一樣，被當作危機。納瓦霍原住民血緣追溯母系繼嗣。傳統上，夫妻在婚後會與妻子的家庭同住，讓外祖父母協助撫養子女。雖然納瓦霍原住民不認同未成年父母，但在家庭中即使沒有父親或投入家庭事務，他們的大家庭深切的情感承諾可為子女提供溫暖的環境（Dalla and Gamble 2001; John 2012）。

社會學家也關注到，其他種族與族群團體之間家庭模式的差異。例如，墨西哥裔美國男性表現出陽剛、個人價值和男性氣質的自豪感，被稱為**男子氣概（machismo）**。相較於許多其他次文化，墨西哥裔美國人也被認定更具有家庭觀念。**家庭主義（familism, familismo）**是指對家庭感到自傲，與核心家庭以外的親屬維持緊密關係，並盡其義務。墨西哥裔美國人在傳統上將家庭置於其他需求與願望之上。

雖然家庭主義時常被看成為正向的文化屬性，但它有可能產生向的結果。社會學家研究西班牙裔學生申請大學的申請率較低，發現這些學生有強烈留在家中的渴望。即使具有大學學位父母的子女也顯現這種傾向，不但降低他們獲得大學文憑的機會，也大幅降低他們申請菁英大學的可能性。

不過，這些家庭模式會因為拉丁裔的社

©Blend Images/Getty Images

白人

1970 年
- 89% 雙親家庭
- 9%
- 2%

2016 年
- 79%
- 16%
- 5%

1970 年
- 68%
- 28%
- 4%

2016 年
- 41%
- 55%
- 4%

西班牙裔

1970 年
- 81%
- 15%
- 4%

2016 年
- 70%
- 26%
- 4%

1980 年
- 84%
- 11%
- 5%

2016 年
- 90%
- 8%
- 2%

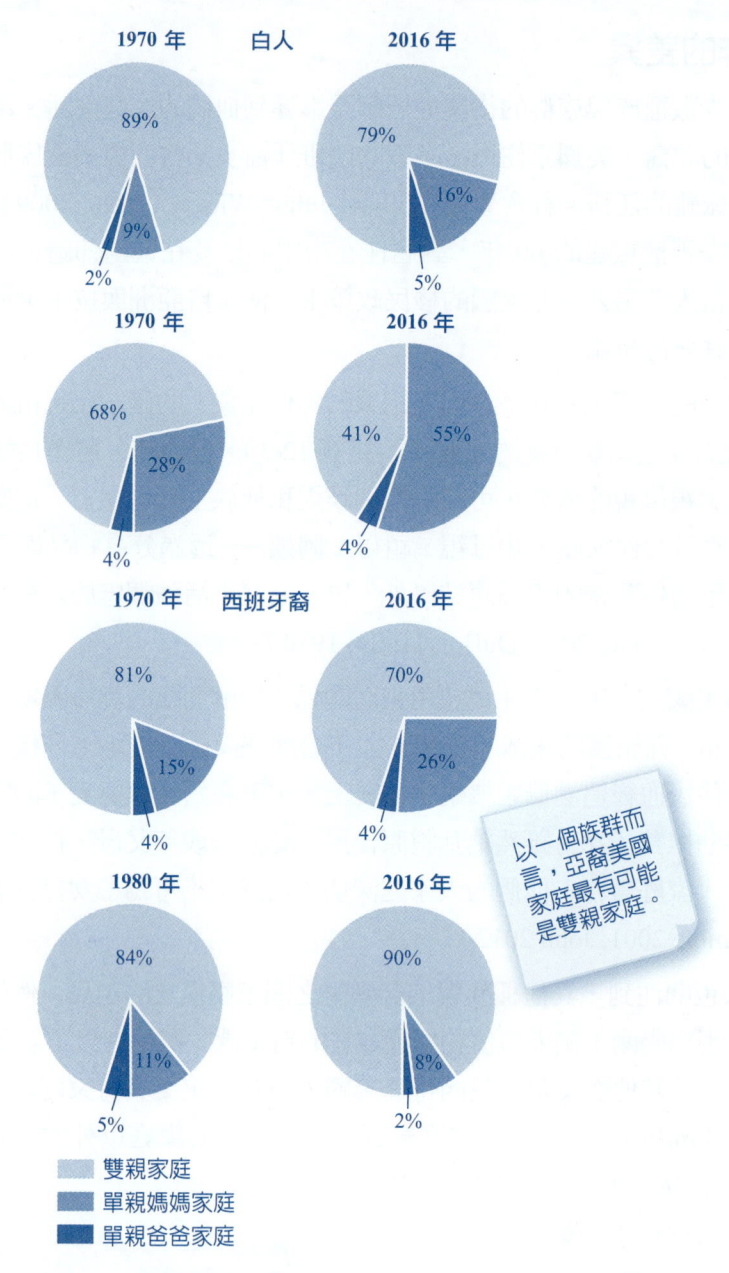

> 以一個族群而言，亞裔美國家庭最有可能是雙親家庭。

圖例：
- 雙親家庭
- 單親媽媽家庭
- 單親爸爸家庭

註：這裡是指有 18 歲以下小孩的家庭。亞裔美國人早期的資料來自 1980 年。白人的資料不包含西班牙裔白人。不包括生活在一起且沒有小孩的無親屬關係的人。所有資料均不包括未與父母同住的小孩。

資料來源：Bureau of the Census 2008a:56; 2017f:Table C3.

圖 12-3　1970 年到 2016 年美國單親家庭增加之情形

會階級地位、教育成就，以及職業變化而改變。如同其他的美國人，以職業為導向的拉丁裔在尋找伴侶時，因缺少空閒時間，則轉向網路交友。當拉丁裔與其他族群融入美國的主流文化，他們的家庭生活也會具有白人家庭的優缺點（Hossain et al. 2015）。

兒童教養的模式

印度南部的納亞爾（Nayars）族認知到父親在生物上的角色，而照顧子女由母親的長兄負責；相對地，在美國，舅舅或叔叔對於孩子的照顧僅扮演次要角色。照顧小孩是家庭的普遍功能，但不同的社會將照顧小孩的責任分派給家庭成員的方式卻不相同。即使在美國，兒童教養的模式也不盡相同。始於二十世紀並在二十一世紀加速發展的趨勢是，從 1950 年代開始，大幅重新安排兒童生活狀況。今天，只有不到五分之一的孩子生活在有父母，且父親有工作，以及沒有其他繼子女或監護子女的家庭中（P. Cohen 2014）。

以下我們將會探討父母親職責、祖父母職責、領養、雙薪家庭、單親家庭，以及繼親家庭。

父母與祖父母職責

兒童的社會化對任何文化的延續是很重要的。因此，在美國，父母是所有社會角色中最重要（與要求最高）的角色之一。社會學家 Alice Rossi（1968, 1984）指出，四個造成複雜混亂的個人轉型到父母身分和社會化的主要因素：首先，對照顧者社會角色的預期社會化關注不多，一般學校的課程很少留意與成功家庭生活最為相關的科目，例如兒童照顧和家庭管理。第二，在懷孕期間，準父母的學習有限；第三，個人轉型至父母身分是毫無預警的。不像青春期，並沒有延長，不像工作的社會化，也無法漸漸承擔照顧的責任；最後，以 Rossi 的觀點，我們的社會缺少如何扮演成功父母的明確而受用的指導方針。父母如何教育快樂與適應良好的下一代，或甚至對調適良好的定義，社會上並沒有共識。因此，對美國多數的男性與女性而言，父母的社會化過程充滿許多的挑戰。

有一些家庭是兒孫滿堂，大約有 10% 的孩子與祖父母同住。在這些家庭中，超過 15% 未與雙親同住，因此祖父母就負起撫養孩子的責任。有 9% 的白人小孩、17% 的黑人小孩，以及 14% 西班牙裔小孩與至少一位祖父母同住。在這些家庭中，大約有三分之一的父母未負起養育子女的責任。如此的特殊關係存在許多困難，包含法定監護的

©Lori Waselchuck/The New York Times/Redux Pictures
當 9 歲的 Blake Brunson 參加一場籃球賽，他的八位祖父母也一起陪同前往（由於他的父母再婚）。混合家庭可能非常支持孩子，但是他們向孩子傳達哪些有關婚姻永久的訊息呢？

考量、醫療照顧、經濟議題，以及成人與青少年的情緒問題。像是有祖父母爸媽（Grandparents as Parents）的支持團體提供協助，也就不足為奇了。超過三十六萬年過六十歲的祖父母仍繼續工作且照顧同住的孫子女（Bureau of the Census 2017g; Ellis and Simmons 2014）。

領養

在法律意義上，**領養（adoption）** 是指將父母身分的合法權利、責任和特權轉移至新的法定父母。在多數情況下，這些權利從生父母轉移給養父母。在美國，每年約有 11 萬兒童被領養（Jones and Placek 2017）。

從功能論觀點來看，政府重視且鼓勵領養。其實，政策制定者通常在領養過程中，同時會考量人道與經濟利益。按理論領養給予那些無法得到滿意照顧的兒童一個穩定的家庭環境。此外，政府的統計顯示，撫養小孩的未婚媽媽往往社經地位較低，且通常需要社會救助的協助。如果小孩轉移至經濟自給自足的家庭，則政府的社會福利支出將可減少。然而，從互動論觀點來看，領養可能需要小孩去適應非常不同家庭環境和父母的教養方式。

有兩種合法的方式可由非親屬關係的人領養：透過合法機構辦理，或在美國某些州，則由法院裁定透過私人協議的領養方式。被領養的兒童可能美國或來自其他國家。在 2016 年，有 5,370 位兒童入境美國，被美國公民領養（Bureau of Consular Affairs 2017）。

領養在美國存有爭議。某些案例領養人本身未婚。在 1995 年，紐約的法院的重要決議是伴侶不需要結婚即可領養小孩。根據這一項決議，在紐約未婚的異性戀伴侶與男、女同性戀伴侶皆可領養小孩。在 2015 年，最高法院裁決〔奧貝格費爾（Obergefell）一案〕結束對同性婚姻禁令的一年內，法院裁定允許同性家庭領養子女。

雙薪家庭

由男主外、女主內組成的家庭已大幅被**雙薪家庭（dual-income family）** 替代。在 2016 年，有 18 歲以下小孩的夫妻中，93% 的男性與 71% 的女性皆從事工作（Bureau of Labor Statistics 2017d）。

雙薪家庭的數量為何會急速增加？主要的因素是經濟需求，而且夫妻雙方皆有追求事業的渴望。如此趨勢的證據可從因婚姻不和以外的原因，而分居的已婚夫妻數量增加中發現。截至 2012 年，約有 18 歲以上的 350 萬對夫妻屬於所謂的通勤婚姻，比 2001 年的 300 萬對增加約 17%。因此，這些夫妻在通勤與住宅的花費更高，一人通常在他工作的城市租屋，另一人則留在原來住處，不論是自有或租賃住

宅。分居並非新鮮事：幾個世代以來，男性一直從事臨時工作，如士兵、卡車司機或旅行業務員。然而，現在女性的工作往往造成分開居住，如此家庭安排的存在反映對家庭平權的認可（Carlozzo 2012）。

單親家庭

近幾十年來，對未婚媽媽和其他單親父母的汙名化已明顯減少。**單親家庭（single-parent family）** 是指只有一位家長照顧子女的家庭，這種家庭類型在美國已是普遍現象。在 2016 年，21% 的白人家庭是有 18 歲以下小孩的單親家庭，30% 的西班牙裔家庭與 59% 的非裔美國人家庭都是有小孩的單親家庭（請見圖 12-3）。

單親父母與小孩的生活，並不一定比傳統的核心家庭生活來得困難，認為單親家庭一定是貧困的，就像認為雙親家庭總是安全和幸福的一樣，是不正確。然而，單親家庭的生活在經濟和情感方面都可能會帶來極大的壓力，而單親媽媽若還是青少女時，問題會顯得特別困難。

為什麼低收入青少女想要有小孩，並可面對為人母的經濟困境？從互動論觀點來看，這些女性通常自尊心較低且選擇有限：對我們社會中的經濟條件有限的青少女而言，一個小孩可提供生活的動機和目標。鑑於許多年輕女性會因為自身性別、種族、族群和階級而要面臨種種障礙，許多青少女可能會認為，生育孩子沒有什麼損失，反而可能是有利的。

根據大眾的刻板印象，在美國，「未婚媽媽」與「小孩生小小孩」多是非裔美國人。然而，這樣的觀點並不完全準確，雖然非裔美國人未婚與青少女生子的比例很高，但是在美國未婚青少女所生的嬰兒，以白人占大多數。而且，自 1980 年以來，黑人未成年生子的比例已漸漸下降（J. Maritn et al. 2015, 2018）。

早在 1950 年，美國有 85% 是由母親為首的單親家庭，由父親為首的單親家庭緩慢增加，因此，截至 2017 年，78% 是由母親為首的單親家庭。雖然單親媽媽通常會發展社會網絡，但單親爸爸通常會更加地孤立。此外，這些單親爸爸必須與習慣將女性視為監護人的學校和社會福利機構打交道（Bureau of the Census 2017i）。

©Cheryl Gerber/The New York Times/Redux Pictures
Miles Harvey 透過 Skype 通訊軟體與孩子共讀繪本。Harvey 有個美滿的婚姻，住在距離家人所在的芝加哥 900 英里的地方，他為了經濟因素在紐奧良工作。

> ✓ **運用你的社會學想像**
>
> 你有哪些由祖父母、雙薪家庭或單親家庭撫養孩子的親身經歷？請使用社會學概念描述所觀察到的情形。

繼親家庭

在美國，大約有 45% 的人會經歷結婚、離婚與再婚，這種混合家庭的性質對成人與小孩的影響具有社會意義。當成人成為繼父母，或小孩成為繼子女與繼兄弟姊妹時，再社會化是必然的過程。而且，在討論時必須對首次成為繼親家庭（stepfamily）和不斷離婚、分手或變更監護權安排的家庭之間做出重要的區分。

在評估繼親家庭增加的情形，一些觀察家認為小孩可以從父母再婚中得利，因為小孩可以獲得第二個監護權，也可能享有更好的經濟保障。然而，在回顧許多繼親家庭的文獻後，社會學家 Andrew J. Cherlin（2010）得出的結論是，父母再婚的小孩幸福感並不會比離婚單親家庭的子女來得高。

繼父母在繼子女的生活中扮演具有意義且特有的角色，但他們的投入並不能保證會改善家庭生活。事實上，生活水準可能會降低。研究顯示，與生母撫養的兒童相比，繼母家庭中長大的兒童在醫療照顧、教育和食物上花費的金額可能更少；對繼父撫養的兒童來說，該指標也是負面的，但負面影響的程度是繼母撫養的一半。這些結果並不表示繼母是「邪惡的」——原因可能是繼母會出於擔心而顯得過度干涉繼子女的生活，或是錯誤地依賴生父來履行父母職責（Jensen and Howard 2015）。

> ✓ **運用你的社會學想像**
>
> 繼親家庭可能面臨的特殊問題有哪些？他們可能擁有的優勢又是什麼？試以社會學觀點來分析。

12.2 概述與回顧

摘要

人們選擇伴侶有多種方式：在某些社會是媒妁婚姻，而在其他社會，人們可以選擇自己的配偶。

1. 有些社會規定在自己的團體中選擇配偶〔**內婚制**（endogamy）〕，或擇偶對象來自外部的特定團體〔**外婚制**（exogamy）〕。有意識或無意識下，選擇與自己個人特徵相似的配偶〔**門當戶對**（homogamy）〕。

2. 在美國，家庭生活因社會階級、種族和族群而異。
3. 目前，美國大多數夫妻雙方都在外工作。
4. **單親家庭（single-parent family）** 在美國家庭中所占的比例越來越高。

家庭越來越多？
2. 從功能論與互動論觀點來分析擇偶。

重要詞彙

領養　　　　　門當戶對
內婚制　　　　亂倫禁忌
外婚制　　　　男子氣概
家庭主義　　　單親家庭

批判性思考

1. 文化與社經因素這兩者如何影響以下的趨勢：第一次結婚年齡較晚、大家庭與歸巢

12.3 替代傳統家庭的生活型態

離婚

在美國，婚姻生活模式包含對於婚姻，以及對於自我表達與個人成長的承諾。無庸置疑地，這些承諾彼此競爭所造成的緊張關係會破壞婚姻，妨礙建立長久的關係。這種家庭的生活模式是美國獨有的。在一些國家，像是義大利，文化上強烈支持婚姻、勸阻離婚。在其他的國家，如瑞典，人們對待婚姻有如同居一般，且兩者的權利義務同樣長久（Cherlin 2009）。

離婚的統計趨勢

離婚到底有多普遍？令人意外地，這是一個不易回答的問題，因為離婚統計數據很難解讀。媒體時常報導，每兩對夫妻會有一對以離婚收場，但這個數字是有誤導的，如此的數字是將一年內所有離婚數（無論夫妻在何時結婚）與同一年的新婚數量進行比較。

婚姻有維持長久的現象。到 2014 年底，大約 70% 在 1990 年代初期開始的婚姻仍然維繫著關係，在二十一世紀頭十年結婚的人更傾向維持婚姻關係。以目前的趨勢來看，三分之二的婚姻不會以離婚收場（C. Miller 2014）。

在許多國家，離婚率在 1960 年代後期開始升高，但隨後趨於平緩；自 1980 年代後期以來，離婚率下降 30%。（圖 12-4 顯示美國的模式。）這樣的趨勢有部分原因是嬰兒潮世代的老化，以及適婚年齡人口比例相應地下降，但也呈現幾年來婚姻有較高的穩定度。

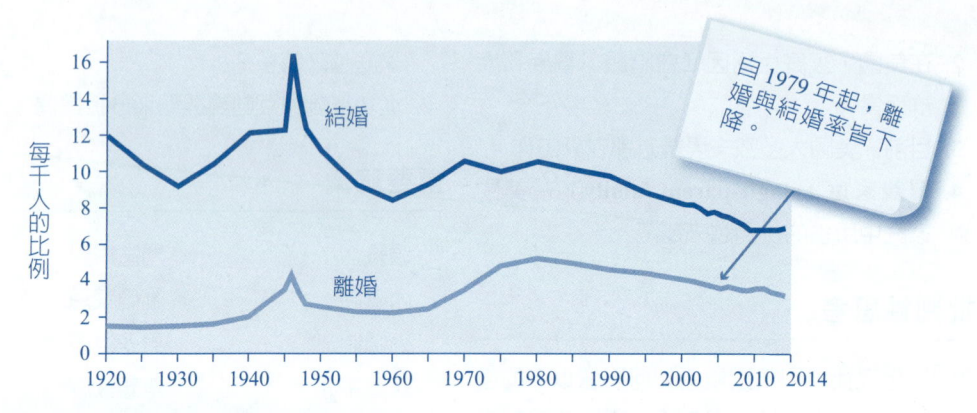

> 自 1979 年起，離婚與結婚率皆下降。

資料來源：Bureau of the Census 1975:64; Centers for Disease Control and Prevention 2012b, 2017a.

圖 12-4　美國結婚與離婚的趨勢 1920 年到 2014 年

離婚顯然不會讓人們對婚姻感到厭煩。在美國，約有 57% 離婚人口仍會再婚，50 多年來一直都是維持相對穩定的再婚率。女性的再婚率低於男性，因為離婚之後有許多女性擁有子女的監護權，使得建立新的成人關係變得複雜（Livingston 2014b）。

許多人認為國家的高再婚率是對婚姻制度的認可，但是再婚對新的與舊有的親屬網絡關係皆帶來挑戰。假設小孩牽涉其中，或前任配偶再婚，如此的網絡可能會更複雜。

與日常生活的其他面向一樣，社群媒體也在適應婚姻的變化。在 2016 年，臉書導入一個同情心團隊（Compassion Team），幫助用戶從他們的網頁狀態中刪除前配偶和前伴侶，並從其他網站上刪除可能在困難當下變得更加痛苦的訊息（Green 2016）。

與離婚有關因素

近百年來，離婚率增加的最重要因素可能是社會對離婚的接受度大幅提升，我們不再認為有必要忍受不愉快的婚姻。更重要的是，各個宗教派別已經改變對離婚的負面態度，多數的宗教領袖不再將離婚視為一種罪惡。

對離婚接受度逐漸提高是全球普遍的現象。一項跨國研究中指出，大多數人認為離婚在道德上是可以接受的，甚至不覺得這是一個道德問題。在 40 個國家中，只有 12 個國家至少有 40% 的受訪者認為離婚是不可接受的；那些國家位於南美洲、非洲與亞洲。在全世界，賭博和酗酒比離婚更容易引起道德憤怒（Poushter 2014）。

在美國，有幾個因素促成社會接受較高的離婚率：

- 過去四十年來，許多州採取較開放的離婚法律。無過失離婚法（no-fault divorce laws）允許夫妻在沒有一方有過失的情況下（如外遇），便可終止婚姻。此法案在 1970 年代通過後，最初造成離婚率激增，但之後對離婚率似乎沒有造成顯著影響。
- 與過去相比，現在的家庭生養較少的子女，因此離婚成為新成立家庭更實際的選擇。
- 家庭收入普遍增加，再加上可提供一些窮人免費法律援助，讓更多夫妻能負擔得起昂貴的離婚訴訟。
- 隨著社會提供女性更多的機會，越來越多的妻子在經濟與情感上變得較少依賴丈夫。當她們覺得婚姻毫無希望時，可能覺得更有能力離開婚姻。

離婚對兒童的影響

離婚對所有家庭成員來說都是一種創傷，但是離婚對每年超過 100 萬名因父母離異的兒童具有特別意義。當然對某些兒童而言，離婚象徵一段失功能關係的結束，也許這就是為什麼一項追蹤 6,332 名兒童在父母離婚前後的全國性研究發現，這些兒童的行為並未受到父母婚姻破裂的影響。其他研究則顯示，與父母離婚的兒童相比，生活在父母衝突中的兒童更不快樂。

儘管如此，這是過度簡單化地假設父母婚姻破裂後，孩子會自動變得更好。父母的利益並不必然全為了孩子的福祉，監護權的歸屬會花很多時間，而且不一定遵守。最近的資料顯示，62% 的法院判決扶養費已支付。在絕大多數情況下，如果只有一位家長對孩子有監護權，這位家長就是母親。擁有監護權且收入低於貧窮線的母親比例為 31.8%；只有大約一半擁有監護權的父親生活在貧困中（Grall 2013; H. Kim 2011; Zi 2007）。

女同性戀與男同性戀的關係

男、女同性戀的生活型態相當多元。有些同性戀伴侶是長期、一對一的關係；有些同性戀獨居或是與室友同住。隨著 2015 年最高法院對奧貝格費爾案戲劇性的裁決結果，公開生活在長期關係中的可能性，就像任何異性伴侶一樣。在奧貝格費爾訴霍奇斯案（Obergefell v. Jones），法院審理 Jim Obergefell 的案件，在 2011 年，他與身患絕症的伴侶在同性婚姻合法的州結婚。然而，由於這對伴侶的家鄉——俄亥俄州不承認同性婚姻，他的名字不能列在已故配偶的死亡證明上。法院以令人驚訝的五比四投票結果，判決抉擇超越案件的框架，並宣布憲法保障同性婚姻的權利。一項全國性研究調查顯示，將近有二十萬同性戀伴侶婚禮在此判決後四個月內

©ValaGrenier/Getty Images

舉行（Jones and Gates 2015）。

隨著同性戀婚姻合法化，目前州政府與社福機構開始面臨另外一項新的社會事實：同性婚姻離婚。從短期來看，這個問題非常複雜，由於在最高法院做出裁決之前的幾年內，許多同性戀伴侶前往某些同性婚姻合法的司法管轄州結婚，然後回到禁止同性戀結婚的家鄉生活（例如，麻薩諸塞州早在 2004 年就開始承認同性婚姻合法化）。訴求離婚的同性戀往往需要返回結婚的地方，並重新建立合法住所，或是在家鄉完成仍未完成的程序，可能還需要許多年，才能確認同性伴侶的離婚與再婚。

除了婚姻的品質之外，過去幾年，針對 LGBT 在法律歧視產生巨大變化。雖然存在著重重障礙，特別是在家庭法和公開表態的偏見，但在其他領域已經取得進展。越來越多的企業看到僱用 LGBT 的好處。在 2012 年，中央情報局開始在 LGBT 社群積極招募人員——與過去大不相同，當時中央情報局和其他聯邦機構經常拒絕為同志提供安全許可證明。因此，即使在奧貝格費爾案裁決前，92% 的 LGBT 也認為社會在過去十年中變得更接受他們（G. Allen 2012; Suh 2014）。

隨著婚姻在法律的擴大解釋，本章討論的所有話題，從離婚到撫養孩子，都急劇擴展到兩女和兩男的婚姻。這些家庭有不同之處嗎？他們與異性配偶關係有何不同？即使在奧貝格費爾案裁決前，酷兒理論學者認為，研究人員經常未能對同性戀進行研究（儘管這種情況開始發生改變），特別是酷兒理論學者指出，缺乏關於 LGBT 家庭及其與廣大社會關係的高品質研究，更不用說非 LGBT 親屬的研究了。隨著同性婚姻運動的發展越來越盛，一些學者認為有必要關注不符合新「同性戀規範」的男、女同性戀者，他們並不願意建立核心家庭。酷兒理論學者持續重視社會邊緣，主張更關注在 LGBT 社群中的有色人種、勞工階級、窮人和移民（Moore and Stambolis-Ruhstorfer 2013）。

✓ 運用你的社會學想像

同性婚姻合法化對配偶的親屬有什麼意義？對廣大的社會來說又是如何？

多元的生活型態

婚姻已不再是青少年邁向成人的必經之路，而是被視為通往成熟的幾種途徑之一。因此，婚姻儀式已喪失作為成年儀式的大部分社會意義。自 1960 年以來，美國的結婚率下降，原因在於人們晚婚，以及許多男女朋友，包括同性戀者，捨棄婚姻，只願意維持伴侶關係（Hag 2011）。

同居

在美國，做出承諾之前透過同居來試婚，是對婚姻抱持謹慎態度的 20、30 歲年輕人的常見做法。選擇不結婚而住在一起的男女伴侶人數急劇增加，這種方式被稱為**同居（cohabitation）**，是近年來最受到關注的趨勢之一。

在美國，目前有一半已婚夫妻聲稱婚前同居，這個比例似乎正在增加。未婚異性伴侶的家庭數量穩定增加，在 2015 年已超過 800 萬。大約 40% 的同居家庭包含同住的 18 歲以下小孩——比例上幾乎與已婚家庭一樣（Bureau of the Census 2015e:Table UC3）。

在歐洲的大部分地區，同居極為普遍，以至於一般的觀感似乎是「愛情，好啊！婚姻，考慮看看！」在冰島，有 62% 的兒童是由單親媽媽所生；在法國、英國及挪威，這個比例大約有 40%。在這些國家，政府的政策未將已婚與未婚的伴侶或家庭做出太多法律上的區隔。可能的結果是，同居伴侶之間的關係並不一定短暫或缺少承諾。例如，相較於美國，出生在瑞典的同居伴侶的小孩較少見到父母離異（Cherlin 2009; Lyall 2002; M. Moore 2006）。

保持單身

看看現在的電視節目，你可能以為多數家戶都是由單身為主。雖然事實並非如此，但在美國確實有更多的人選擇晚婚。在美國，超過三分之一有子女的家庭是單親家庭，儘管如此，只有不到 4% 的人可能一輩子保持單身（Bureau of the Census 2015e）。

長期保持單身生活方式的趨勢，與年輕人經濟越來越獨立有所關聯。這樣的趨勢對女性而言特別具有意義，女性經濟自主，並不一定需要結婚才能享受令人滿意的生活。離婚、晚婚與壽命延長都與此趨勢有關。

一個人選擇不婚的理由很多。有些單身者不想將一生的性伴侶固定在同一人身上；有些男性和女性不願變成過度依賴任何一方——也不想讓他人過度依賴他們。在一個重視個人和自我實現的社會中，單身生活方式在某些層面比已婚者更能享受

自由。即使離異的父母可能也不覺得有再婚的需要。Andrew J. Cherlin（2009）表示，一位與其他成年人（如祖父母）有聯繫的單親，可為養育子女而建立穩固、支持的關係，不需要急著再找伴侶。

儘管如此，保持單身代表嚴重背離社會期望；其實，保持單身被比做「在諾亞方舟上的單身者」。單身成人必須面對他人對單身的錯誤看法，以為單身的人都是落寞、工作狂或不成熟的。在美國與多數其他社會中，這樣的刻板印象可用來支持傳統的假設，也就是一個人必須結婚、組成家庭，才能獲得真正的快樂與滿足。為了因應這些社會期望，單身者組成許多支持團體（Bryant 2016; McKeown 2015）。

©Amos Morgan/Getty Images

無子女的婚姻

在美國與其他工業化國家，無子女的婚姻型態有緩慢上升的趨勢。根據現有的數據，約有 16% 到 22% 的女性將在沒有子女的情況下超出她們的生育年齡，此一比例在 1980 年時是 9% 到 10%（*The Economist* 2017c）。

一般來說，無子女的婚姻被視為是一種問題，可以透過領養與人工受孕的方法來解決。然而，今日越來越多的伴侶選擇不要有小孩，並認為自己是刻意避孕，而非不孕。他們不相信婚姻應當要有小孩，也不覺得傳宗接代是責任。無子女的伴侶已經組成支持團體（以 No Kidding 為名的團體），並設置網站。

經濟考量也促成這種態度的轉變：養育子女的花費變得非常昂貴。根據 2015 年美國政府的一項統計顯示，中產階級家庭若將子女養育至 18 歲，花費的食物、衣服、房屋則約 28 萬 4,570 美元。如果小孩要就讀大學，花費可能要加倍，這得看小孩就讀哪種大學而定。在 1960 年，父母僅用 2% 的收入在小孩照顧與教育上，現在則需要花費 16%，反映父母更加依賴非家庭托兒服務。在意識到經濟壓力時，一些夫婦會考量無子女婚姻的好處（Lino et al. 2017）。

無子女的伴侶開始懷疑目前職場的做法。雖然有些人贊同雇主提供托兒服務和彈性工時福利，但是未生育子女的夫妻則會介意提前下班帶孩子去看醫生、參加球賽或課後輔導的同事。隨著更多的夫妻進入職場，努力平衡事業與家庭之間的責任，他們與無子女同事的摩擦將會增加（Blackstone 2014）。

✓ 運用你的社會學想像

如果我們的社會有許多夫妻突然決定不要有小孩，會發生什麼事？如果同居及／或單身成為常態，社會將如何改變？

12.3 概述與回顧

摘要

離婚和傳統婚姻的替代方式如同居，是代表今日家庭型態常見的選擇。

1. 在美國，離婚率上升的重要因素是社會對離婚的接受度提高，以及許多州對離婚法律的鬆綁。
2. 越來越多的人未婚同住，稱為**同居（cohabitation）**。

批判性思考

1. 婚姻已失去邁向成年必經之途的社會意義，你認為這是正確的嗎？請解釋你的回應。在現今的社會中，通往成人的必經之途是什麼？
2. 在一個讓所有家庭成員福利最大化的社會裡，夫妻離婚是否容易？結婚又是否容易？

重要詞彙

同居

本章摘要

社會學實戰小練習

1. 請上網並嘗試使用族譜搜索網站尋找你的家族來源。你可以找到多久以前的家族來源？為什麼特定祖先的資料會比其他的祖先更難搜尋？
2. 對你所在國家的離婚法律進行一些研究。在過去十幾年裡，法律是否發生很大的變化，如果有的話，是如何變化？從社會學觀點，為何法律會修正？請解釋。
3. 與婚姻和家庭諮商師或家庭法教授討論婚姻與同居的優點，或是你在網路或圖書館讀到的實務建議。婚姻有什麼優點是同居沒有的？這些優點對你而言的重要性為何？

重要詞彙

Adoption 領養 在法律層面，將父母身分的合法權利、責任和特權轉移至新的法定父母。

Bilateral descent 雙系繼嗣 個人家庭的男女雙方都同等重要的親屬制度。

Cohabitation 同居 未婚並住在一起的男女伴侶。

Egalitarian family 平權家庭 配偶雙方的權力被視為是平等的。

Endogamy 內婚制 限制在自己的團體內找配偶。

Exogamy 外婚制 要求擇偶對象來自外部的特定團體。

Extended family 擴展家庭 家庭的親戚（如祖父母、阿姨或叔叔）與父母及子女住在一起。

Familism/familismo 家庭主義 對大家庭感到自傲，與核心家庭以外的親屬維持緊密關係，並盡其義務。

Family 家庭 一群有血緣、婚姻或其他約定關係，或領養關係的人。

Homogamy 門當戶對 有意識或無意識下，選擇與自己個人特徵相似的配偶。

Incest taboo 亂倫禁忌 禁止人們在特定文化的親屬之間有性行為。

Kinship 親屬關係 與他人互相關聯的狀態。

Machismo 男子氣概 表現出陽剛、個人價值和男性氣質的自豪感。

Matriarchy 母權制 女性具有主導家庭決策的社會。

Matrilineal descent 母系繼嗣 僅有母系親屬才重要的親屬制度。

Monogamy 一夫一妻制 一個人只有一位伴侶的婚姻形式。

Nuclear family 核心家庭 一對已婚夫婦和未婚的子女住在一起。

Patriarchy 父權制 男性在家庭主導決策的社會。

Patrilineal descent 父系繼嗣 僅有父系親屬才重要的親屬制度。

Polyandry 一妻多夫制 在此制度下，一位女性可以同時有多位丈夫。

Polygamy 多偶婚制 此種婚姻的形式是允許個人同時有多位丈夫與妻子。

Polygyny 一夫多妻制 此種婚姻的形式是男性同時可以有多位配偶。

Serial monogamy 連續的一夫一妻制 個人終其一生可能會有許多位配偶，但同一時期只會有一位配偶。

Single-parent families 單親家庭 只有一位家長照顧小孩的家庭。

自我評量

請仔細閱讀下列問題，並選擇最適合的答案。

1. 7 歲的 Alice 與父母、祖父母及姑姑住在自有住宅，這是什麼型態的家庭？
   a. 核心家庭
   b. 失功能家庭
   c. 擴展家庭
   d. 一夫多妻家庭

2. 在何種型態的婚姻中，一個人終其一生可以有好幾位配偶，但在同一時間只能有一個配偶？
   a. 連續一夫一妻制
   b. 一夫一妻制
   c. 多偶婚制
   d. 一妻多夫制

3. 一位女性可以同時有多位丈夫指的是
    a. 一夫多妻制
    b. 一夫一妻制
    c. 連續的一夫一妻制
    d. 一妻多夫制
4. 美國是依循哪一種世系制度？
    a. 母系繼嗣
    b. 父系繼嗣
    c. 雙系繼嗣
    d. 單系繼嗣
5. 依據功能論觀點，下列哪項不是家庭重要的功能之一？
    a. 調解
    b. 生育
    c. 規範性行為
    d. 情感交流
6. 哪一種規範要求擇偶對象來自外部的特定團體？
    a. 外婚制
    b. 內婚制
    c. 母權制
    d. 父權制
7. 根據家庭生活中社會階級差異與親密關係的討論，下列哪一項說法正確？
    a. 在家庭生活中，社會階級的差異比過去更受人關注
    b. 上流社會重視血統與維護家庭地位
    c. 在貧困人家，女性在家庭的經濟支持所扮演的角色微乎其微
    d. 在檢視少數種族與族群的家庭生活，家庭型態多數反映在文化因素，而非階級差異
8. 在美國，最近一項新的家庭生活發展趨勢，就是父母親職的延長，成年子女仍然住在家中，或是大學畢業後回到家中居住，原因在於
    a. 離婚率升高
    b. 房租上漲
    c. 財務困難
    d. 以上皆是
9. 在美國，哪一族裔的未婚青少女所生的嬰兒占有多數比例？
    a. 非裔美國人未成年人
    b. 白人未成年人
    c. 拉丁裔未成年人
    d. 亞裔美國人未成年人
10. 下列哪一項因素與美國高離婚率有關？
    a. 離婚法律的限制放寬
    b. 當代家庭比過去家庭的子女數量少
    c. 夫妻雙方的財力
    d. 以上皆是
11. ＿＿＿＿＿＿的原則是根據人們與母親或父親的關係來決定他們的親屬關係。
12. ＿＿＿＿＿＿出現於美洲原住民部落社會，以及由於戰爭或食物採集，男性須長期外出的地區。
13. 許多社會學家認為，在美國，＿＿＿＿＿＿家庭已漸漸取代父權家庭而成為社會規範。
14. 如同＿＿＿＿＿＿理論學者所指出的，父母的社會階級顯著地影響子女的社會化經驗，以及他們獲得的保障程度。
15. ＿＿＿＿＿＿著重於家庭的微觀層面與其他的親密關係，他們對個人如何與他人互動感興趣，無論是同居伴侶，還是結婚已久的夫婦。
16. ＿＿＿＿＿＿規範必須在自己的團體內部尋找配偶，且禁止與團體外部的人結婚。
17. 今日，家庭生活中的社會階級差異已不像以往那麼明顯。在過去，＿＿＿＿＿＿階級家庭在教養子女時採取較權威的方式，而且容易使用體罰。
18. 照顧子女是家庭＿＿＿＿＿＿功能，但不同的社會將照顧小孩的職責分派給家庭成員的方式大不相同。
19. 從＿＿＿＿＿＿論觀點來看，政府重視且鼓勵領養。
20. 離婚與再婚率的提高，使得＿＿＿＿＿＿關係顯著增加。

答案

1.(c); 2.(a); 3.(d); 4.(c); 5.(a); 6.(a); 7.(b); 8.(d); 9.(b); 10.(d); 11.再婚; 12.母權制; 13.平權; 14.衝突論; 15.互動論; 16.內婚制; 17.下層; 18.最低; 19.功能論; 20.繼親家庭

13 教育
Chapter

13.1 教育的社會學觀點
13.2 作為正式組織的學校

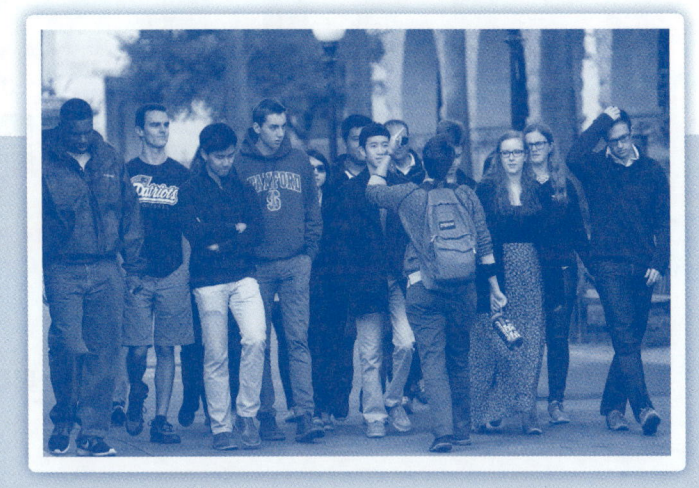

©Marcio Jose Sanchez/AP Images
準大學生與父母參觀史丹佛大學（Stanford University）。從非正式的家庭內學習，到高等教育機構的正規學習，教育是世界共同的文化。

在本章一開始，我們將會從四種不同的社會學觀點來討論教育：功能論、衝突論、女性主義與互動論。我們將會檢視作為正式組織的學校——同時作為師生的官僚制度或是次文化。我們也會深入檢視自學，一種脫離機構化教育的舉動，與其被過度渲染的不可為之。

13.1 教育的社會學觀點

在美國，教育不僅作為一種主流產業，也是訓練社會成員社會化的正規社會機構。近幾十年來，越來越高比例的民眾獲得高中、大學學歷與進階專業學位。圖13-1 顯示在這些國家中，具有大專學歷的人口比例。

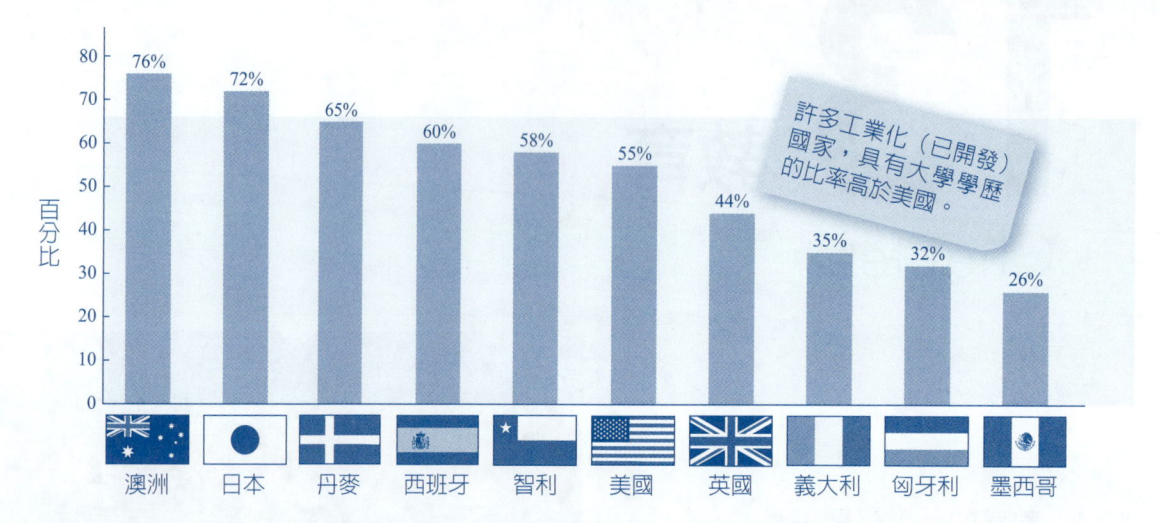

國家	百分比
澳洲	76%
日本	72%
丹麥	65%
西班牙	60%
智利	58%
美國	55%
英國	44%
義大利	35%
匈牙利	32%
墨西哥	26%

許多工業化（已開發）國家，具有大學學歷的比率高於美國。

註：統計範圍為 2015 年的 25 歲到 64 歲成人。百分比顯示整個成年人口中獲得大學學歷以上的人口比例，並考慮到即將完成學歷的現役學生比例。

資料來源：Organisation for Economic Co-operation and Development 2017b. "Graduation rate, Indicator." 2017. Flags: ©admin_design/Shutterstock

圖 13-1　某些國家完成大學學歷（包括文學學士與科學學士）的人口比例

在世界各地，教育早已形成一個龐雜的社會機制，以此訓練公民能更好地適應其他各種社會機制，如家庭、政府與經濟體系。功能論、衝突論、女性主義與互動論，都提出獨特觀點，分析教育這個社會機構。

功能論觀點

正如其他的社會機構，教育也擁有顯性（公開展現的）與隱性（隱藏的）功能，最主要的顯性功能即是傳遞知識。學校教導學生識字、外語、汽車修護等。教育的另一重要顯性功能，是賦予社會地位。由於許多人相信，以教育來決定社會地位並不公平，我們會在衝突論觀點的章節中討論這個議題。

除了顯性功能外，學校也具有一些隱性功能：傳播文化、促進社會與政治整合、維持社會控制，以及作為社會變遷的媒介。

傳遞文化

作為社會機構，教育執行一種相較而言十分保守的功能——傳播主流文化。學校教育將我們既有的思想、社會規範與文化價值觀，普及至各年齡層的兒童與青年。在社會裡，我們學習尊敬社會控制與尊重既有機構，如宗教、家庭與統治者。在其他文化中，教育的功能亦是如此。在美國學童對 George Washington 與

Abraham Lincoln 的貢獻耳熟能詳的同時，英國的學童亦熟知女王 Elizabeth I 與 Winston Churchill 首相的事蹟。

各國政府都以教育的方式塑造文化，然而有些國家的方式較為專制強硬。自 2010 年起，南韓政府要求出版社必須將教科書類書籍送審；通過審查後，教師可以任意選擇這些「合格的」書籍作為教材。從那時起，教育家與學者強烈反對政府的干預做法。而較傾向民主的政府，在 2017 年終止這項政策，給予學校自由選擇學童教科書的權利（Sang-Hun 2017）。

促進社會與政治之整合

許多學術機構要求大一、大二學生必須住校，目的是使原屬不同族群的學生有團體感。教育的隱性功能之一是，將不同種族、民族或宗教的學生轉換成有共同認同感的團體，促進社會與政治的融合。自古以來，美國的中小學一直擔負潛移默化移民的孩子，使其適應美國規範、價值觀與信念的重任。從功能論觀點來看，教育促進認同感與社會整合的形成，對於社會穩定與民眾共識功不可沒（J. Collins 2009; Touraine 1974）。

以往在美國，教育的整合功能在宣導官方語言上最為明顯。我們認為移民的孩子必須學英文，有時學校甚至會禁止他們在校內使用母語。近年來，大眾普遍認為受雙語教育的孩子更聰明，並鼓勵文化的多元性。然而，仍有反對人士認為，雙語教育阻礙教育促進社會與政治整合的傳統功能。

有助於社會控制之維持

學校作為傳遞知識的顯性功能時，其功能遠大於教導學生聽、說、讀、寫和算術。學校正如家庭、宗教等其他的社會機構，透過教化莘莘學子，使這些年輕人習得社會規範、價值觀與獎懲，並在出社會後能適應社會，成為守秩序、對社會有貢獻的人。

透過社會控制，學校教導學生各種技巧與價值觀以適應未來職場。他們學習守時、紀律、計畫、與負責任的工作習慣，以及如何在官僚制度中八面玲瓏。作為一種社會機構，教育反映家庭與經濟（另一種社會機構）的共同利益。學生被訓練成他們未來應該成為的

©Kim Karpeles/Alamy Stock Photo
學校以傳統方式傳播文化，例如透過社會研究課程及更創新的方式。圖中是在芝加哥拉丁裔社區 Pilsen 的一所學校的壁畫，強調學生及家人對拉丁裔傳統的自豪感。

樣子，無論迎接他們的是忙碌不堪的工廠裝配線，還是高雅的醫生辦公室。事實上，對大多數人而言，學校扮演的是社會控制的媒介——介於父母與未來雇主之間（Bowles and Gintis [1976] 2011; Foley 2011）。

學校有時甚至以反映社會價值觀與偏見的方式，限制學生的潛能發展。學校的高層可能重武輕文，給予運動比賽較多經費，然後對音樂、藝術與舞蹈等項目一毛不拔。而教師在指導學生生涯規劃時，可能帶有刻板印象，鼓勵男生當科學家，但跟成績一樣優秀的女生說：妳可以當幼兒園老師！諸如此類的傳統性別分工，也可被視為一種社會控制。

帶來期望的社會變遷

截至目前為止，我們討論的都是教育的保守功能——傳遞既有文化、促進社會與政治之整合，以及有助於社會控制之維持。然而，教育也可以刺激或帶來期望的社會變遷。例如，在國中導入性教育課程，是為了遏止飆高的未成年青少女懷孕率；對女性與少數族群的優惠入學方案，是用來補償種族與性別歧視；而提前就學方案（Project Head Start），每年幫助一百萬名兒童，則是為了補償低收入戶無法負擔幼兒園學費的問題。

這些教育方案可以改變，並且已經改變許多人的人生。例如，完成正規學歷能增加個人所得。中位數薪資與學歷高低成正比。當薪資關乎整個人生，因為學歷而增加的薪資顯得無比重要。顯然地，因為種族、民族與性別造成的薪資差異也非常重要。然而一樣不公平的是，一個人的終生薪資所得的最佳指標仍是受教育年的年數（請見圖 13-2）（Julian and Kominski 2011; Wessel and Banchero 2012）。

許多社會學的研究顯示，受（正式學校）教育的時間越長的人，越能接受新思維，並寬懷大度地看待較自由的社會與政策。社會學家 Robin Williams 認為，接受良好教育的人民更能明辨是非、求同存異，並能做到明察秋毫。正規教育強調陳述需要經過辯證〔而非廣義的概推（generalization）〕，以及至少能夠質疑（而非照單全收）現存的真相與習俗的基本要求。科學研究之方法論，其精神在於不斷地測試假說是否成立，這反映出當代教育中蘊含的質疑精神（R. Williams et al. 1964）。

衝突論觀點

功能論觀點認為教育基本上是良性的機構。例如，學校能合理地挑選未來適合高社會地位的學生，因此教育能滿足社會對技術及專業人員的需求。相對地，衝突論觀點則視教育為菁英階級掌控社會的手段。衝突論學者指出，不同種族和族群受教育的機會極不平等。在 2014 年，美國最高法院慶祝宣告公立學校種族隔離制度

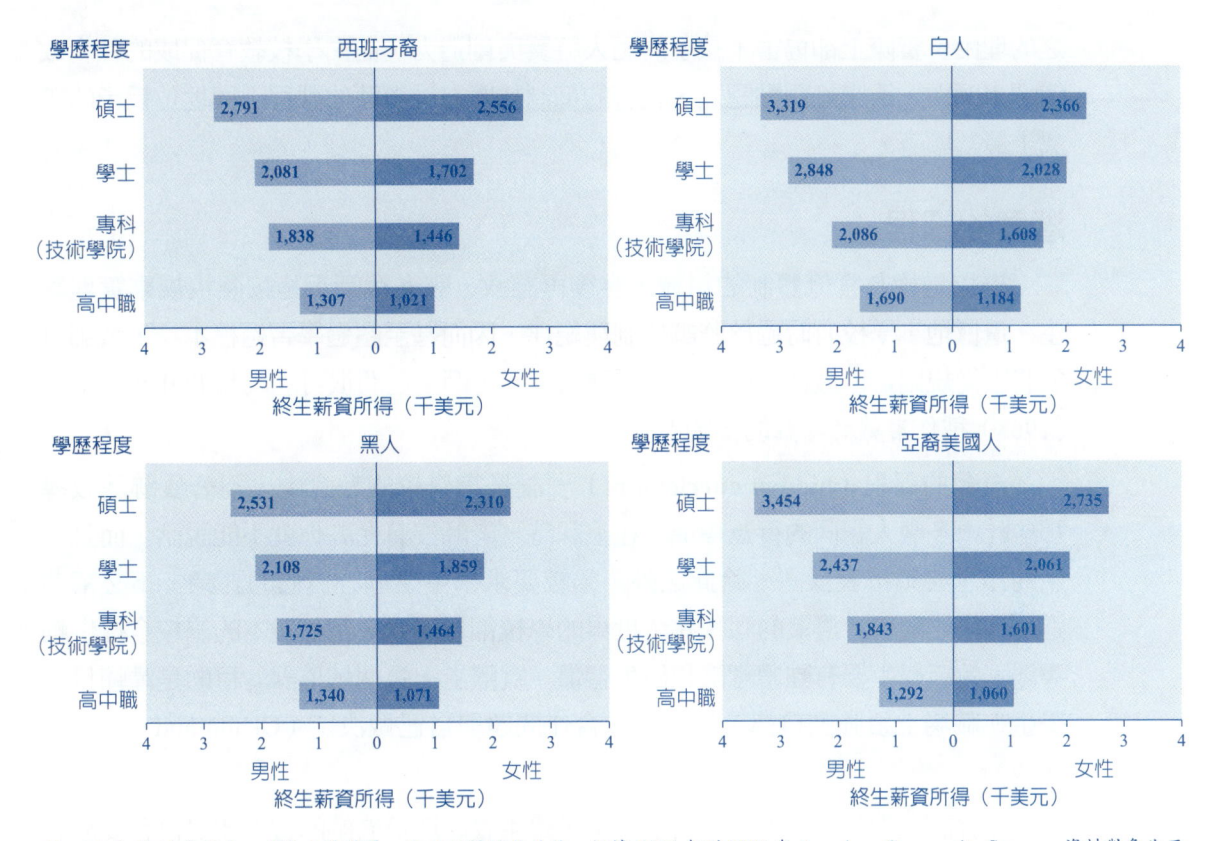

依種族、性別與學歷程度分類的終生薪資所得

西班牙裔

學歷程度	男性	女性
碩士	2,791	2,556
學士	2,081	1,702
專科（技術學院）	1,838	1,446
高中職	1,307	1,021

白人

學歷程度	男性	女性
碩士	3,319	2,366
學士	2,848	2,028
專科（技術學院）	2,086	1,608
高中職	1,690	1,184

黑人

學歷程度	男性	女性
碩士	2,531	2,310
學士	2,108	1,859
專科（技術學院）	1,725	1,464
高中職	1,340	1,071

亞裔美國人

學歷程度	男性	女性
碩士	3,454	2,735
學士	2,437	2,061
專科（技術學院）	1,843	1,601
高中職	1,292	1,060

終生薪資所得（千美元）

註：25歲到64歲整年工作的全職職員，終生所得的估計值，根據2006年到2008年American Community Survey。資料對象為西班牙裔、非西班牙裔白人、黑人與亞裔美國人。資料顯示單位為一千美元。

資料來源：Julian and Kominski 2011:6.

圖 13-2　依種族、性別與學歷程度分類的終生薪資所得

違憲的劃時代決議——*Brown v. Board of Education*——60週年紀念。

然而，迄今美國的學校仍有種族隔離的現象發生。例如，雖然白人學生的比例僅占超過全國在籍學生的一半多一點，但典型的白人學生就讀的卻是四分之三都為白人的學校，將近15%的黑人學生與14%的拉丁裔學生就讀的是被稱作「種族隔離學校」（apartheid school），在籍生只有1%不到的白人。而儘管最近數十年非裔美國人與西班牙裔家庭有戲劇性的郊區化現象，橫跨全國，80%的拉丁裔學生與74%的黑人學生就讀的仍是主要並非白人的學校——意即仍為50%到100%的少數（Orfield et al. 2012）。

衝突論學者也主張，教育體制教導的是權力階級掌控的價值觀，而且學校經常假藉須維持社會秩序如此堂而皇

©Bluemoon Stock/Stockbyte/Getty Images

之的理由，實際上卻傷害了孩子的個人特質與創造力，而由學校教育促成的社會改變卻不明顯。衝突論觀點認為，教育的抑制效應在「潛藏的課程」與地位授予的差異上最為顯著。

潛藏的課程

學校是極為官僚體制的組織，容後再詳敘。許多教師都是按照校規來管理學生。遺憾地，學校有時過於強調控制與紀律，因而甚至超過學習過程本身，教師可能將服從規則當作最終的目標。在這種情況下，師生之間很可能成為 Philip Jackson（1968）稱作潛藏的課程的受害者。

潛藏的課程（hidden curriculum）一詞是指學校的教育中，不著痕跡地教導那些社會多數人認同的行為標準。在上課時，老師沒有允許你就不能說話，而且學生的作息必須按表操課。除此之外，學校要求學生要專心自己的課業，不必幫助進度落後的同學。潛藏的課程在全世界的學校都看得到，例如日本的學校會提供輔導課，教導學生要有團體意識和衛生習慣。實際上，這個輔導課的目的是灌輸日本學生在職場上須強調自律，解決團隊合作問題與自己做決定（Okano and Tsuchiya 1999）。

在強調服從就是真理的學習環境中，學生養成取悅老師的習慣或覺得我安靜乖順就好，不需要發揮想像力與力求學術表現。習慣服從權威，可能造成如 Milgram 的服從研究中記錄的壓抑行為。

另一個潛藏的課程的例子是，雖然有些人會說這些課程實在算不上「隱藏」，就是學校的性教育極度邊緣化，幾乎只教異性戀的關係。酷兒理論學者主張年輕人並未接受到不帶偏見的資訊，或是任何關於女同性戀、男同性戀或跨性別者生活方式的資訊。雖然在某些學區已經沒有這個問題，但在其他學區竟然選擇乾脆放棄教性教育，而非將多元化性教育放入課程（B. Smith 2015）。

> ✓ **運用你的社會學想像**
>
> 你曾就讀的高中以何種方式傳達教育的潛藏的課程？

證照主義

在七十年前的美國，高中是職場的基本學歷。今日，大專學歷幾乎是最低門檻。這樣的改變反映出**證照主義（credentialism）**的過程——此術語用來描述進入某領域的最低學歷提高。

最近數十年來，被視為專業的職業種類急速增加，而證照主義正是這種趨勢的象徵。雇主和職業工會認為，這樣的改變是對於日益複雜化的職業合理的反應。確實，在澳洲一項檢視超過 400 項職業的研究，發現在這樣高學歷滿街跑的時代，相同學歷能獲得的職位比 15 年前低，尤其是在企業中。然而，在大多數案例中，雇主之所以提高學歷要求，只是因為求職者的學歷大都超過之前的最低學歷（David K. Brown 2001; Hurn 1985; Karmel 2015）。

衝突論學者觀察到證照主義可能強化社會不平等。窮人和少數族群的求職者在提高學歷上較可能吃虧，因為他們缺乏財力來獲得更好的學歷。此外，提高學歷標準的潮流，可歸咎於獲利最多的團體。教育機構因為人們求學年限增加，而從中謀取利潤。再者，如同 C. J. Hurn（1985）主張的，在職者仍可進修學歷證照，畢竟證照可以提供升職或是加薪的機會。Weber 早在 1916 年便預言這種可能性，提出「全球的各個領域高呼創造教育證照，形成企業與白領階級的優勢地位」（Gerth and Mills 1958:240-241）。

✓ 運用你的社會學想像

如果目前擔任的工作突然要求更高或更低的學歷，你該怎麼辦？

地位之授予

社會學家一直以來認為教育的主要功能是促進社會的階層化。功能論者與衝突論學者都同意教育擔負著地位授予之重要功能。根據 Kingsley Davis 與 Wilbert E. Moore（1945），社會必須將不同的社會地位分配給成員。教育正好提供分配的功能，因為它能透過專才教育等方式，讓學生學習在未來職場不同職位所需的知識。

衝突論學者則對教育之授予地位功能不以為然，他們認為學校嫌貧愛富，根據學生的階級背景來篩選他們。雖然學校體系並非一無是處，確實幫助一些出身貧困的學生出人頭地，但大多數弱勢學童仍難以鹹魚翻身，缺乏與有錢人

©Szaijiten/Datacraft/Getty Images

在東京，父母陪同女兒參加一所競爭激烈的私立學校之招生面試。一些日本家庭讓 2 歲的孩子就讀補習班。像美國的父母一樣，日本父母知道高等教育賦予他們地位。

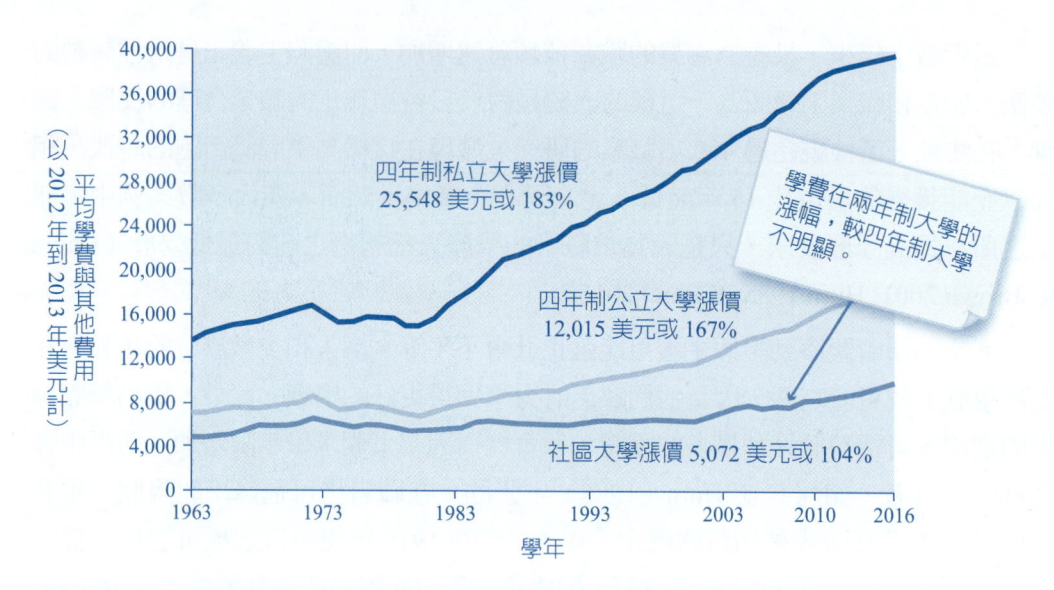

平均學費與其他費用（以2012年到2013年美元計）

四年制私立大學漲價 25,548 美元或 183%

四年制公立大學漲價 12,015 美元或 167%

學費在兩年制大學的漲幅，較四年制大學不明顯。

社區大學漲價 5,072 美元或 104%

學年

註：社區大學的數據不包括私立大學；私立四年制大學的數據不包括以營利目的的大學。
資料來源：National Center for Education Statistics. *Digest of Education Statistics*, 2018, Table 330:10.

圖 13-3　學費與學雜費支出，1963 年到 2016 年

家的孩子相同的教育機會。如此一來，學校確實強化社會的不平等。高等教育某種意義上像是一個篩子，篩掉窮人而非幫助他們脫貧（Domina et al. 2017）。

　　進階訓練帶來的社會地位提高並不便宜，而且數十年來一路漲價。在過去五十年，社區大學的平均學費與學雜費支出漲幅相對較小，符合通膨率的漲幅（請見圖 13-3）；學費漲幅較大的是四年制大學。在學費漲價的同時，獎助學金更難取得。

　　整個教育體制暫且不提，就一所學校來說，校方也可以透過學生的成績優劣來強化階級差異。**能力分班（tracking）**是指學校藉由考試成績或其他標準，將具差異性的課程，分配給學業能力不同的學生。能力分班可能從小開始，經常從小學一年級的閱讀小組就開始能力分組，這樣的操作可能使貧窮學童的情況雪上加霜，由於家裡根本沒有為這些幼小孩童準備讀物或電腦。若無視能力分班與學生種族和社會階級的關聯性，基本上就無法了解，學校是如何使得社會階層千秋萬代地世襲下去。

　　被分到升學班的孩子（被期望要上大學）典型地接受教科書式的教學，並要求他們掌握讀寫方面的知識；相較之下，放牛班的孩子受到的教學是灌水的，混水摸魚式的慢慢教，並教導他們高中畢業後立刻就業。能力分班的研究顯示，被分到放牛班的孩子大多來自低收入、單親家庭或是少數團體。能力分班最有害的層面是可能形成一種種姓制度：一旦被分到放牛班（低學力班級）的學生，之後就算成績進步，也很難再重新分配到升學班（高學力班級）（Mehan 2015）。

　　衝突論學者強調，能力分班造成的教育不平等，實際上是符合當代資本主義

社會的需求。Samuel Bowles 與 Herbert Gintis（[1976] 2011）主張，資本主義需要的是有技術且有紀律的勞動力，而美國的教育制度正是為了此目的設立，而非什麼高尚的目標。引用自許多研究，他們提出所謂的**對應原理（correspondence principle）**。根據這種取向，學校教導學生應該照著他的社會階級的期望而活，並子承父業地維持世襲。因此，勞工階級的孩子被認為命中註定要當下屬，在高中比較可能被分配到職業或是普通班，而這些班級的教育強調近身督導與順從權威；相較之下，出身富裕人家的學生更可能被分配到準備考大學的升學班，這些班級則強調領導和決策能力——期望他們成人後能擁有這些技能（Golann 2015; McLanahan and Percheski 2008）。

女性主義觀點

美國的教育制度正如許多其他的社會機構，具有歧視女性的特性。在 1833 年，歐柏林大學（Oberlin College）成為第一所招收女性學生的高等學校——比第一所男性大學晚了兩百年之久。但歐柏林大學雖然收女學生，卻仍有女性應該相夫教子，而非成為律師或是知識分子之落伍觀念。女學生在課餘時間還必須清洗男人的衣服、替男人整理房間，並且像丫鬟一樣伺候男人吃飯。在 1840 年代，Lucy Stone 之後成為歐柏林大學部畢業生，以及最仗義直言的女性主義領袖之一，她拒絕寫畢業致詞，由於該致詞要由一名男學生幫她向聽眾朗誦。

教育的性別歧視顯示在各種面向——教科書中仍有負面的婦女刻板印象；輔導人員霸凌女學生，要她們準備好「做女生該做的事」；以及給予男性與女性運動員不平等的計畫經費。但最歧視女性的工作便是教師，在美國的大學教授和行政人員屬於社會地位較高的教師，通常都是由男性擔任，公立學校教師的薪水比教授少了非常多，而且大多是女性擔任。

而唯有在某個特殊領域——繼續深造的比例，女性進步很大。在不久前的 1969 年，男性具有大學學歷的比例是女性的兩倍；今日，女性大學畢業生遠多於男性。更甚者，在過去數十年來，1972 年教育法案（Education Act of 1972）推行的結果，女性就讀醫學院、牙醫學院與法學院研究所的比例大幅增加。

無論是年輕女孩還是成熟女性，都為了學業成就而努力不懈。今日，研究者開始檢視她們在學校中表現卓越的原因——或換言之，為何男性相形見絀。一些研究指出，由於男性的好勝心強，伴隨著他們在職場上的優勢大於女性，即使教育程度

©Sam Edwards/agefotostock

不如女性也無所謂，導致他們低估高等教育的價值。很多大學校園的「陰盛陽衰」成為頭條新聞，也同時造成公共論述的假性危機。很少學生能透過正規教育發揮潛能；而其他因素，如企圖心與個人天賦，才是讓他們成功的真正原因。而且很多學生，包括低收入戶和移民孩童，在教育上的不公比性別歧視更嚴重（Sutherland 2015）。

在那些傳統性別分工仍是社會規範的文化中，女性受教育的權利受到壓迫。在2001年的911事件後，對塔利班（Taliban）政權壓迫阿富汗女性之事舉世皆知，使得開發中國家在教育上的不平等顯得更為顯著。研究指出，女性擔任重要職務有助於經濟發展與國泰民安，而教育正是培養她們成為重要角色的工具。讓女性受教育，特別是年輕女孩，不僅能降低生育率，而天下太平能產生相當的社會報酬，如五穀豐登（World Bank 2016）。

互動論觀點

美國的高中生知道自己的身分——可以免費吃午餐的人。在某些學校，由於害怕被同學嘲笑，有些窮苦學生在學生餐廳付現區只買很少的食物，或是索性餓肚子，以免被貼上「窮人家小孩」的汙名化標籤。在舊金山的學校官員對這種情況深感擔憂，讓這些孩子移步至不用現金付費的餐廳，無論有錢沒錢都用簽帳卡（Debit cards）買單（Pogash 2008）。

孟子曰：人必自侮，而後人侮之。而標籤理論學者認為：人侮之，而後人必自侮。被他人認為是「麻煩製造者」的青少年，後來也會漸漸認為自己是問題少年；優勢族群對少數族群的刻板印象，可能會使少數族群的人更難以翻身。

標籤理論也適用於班級內嗎？由於互動論研究者強調課堂中的微觀研究，所以對這個問題特別感興趣。社會學家 Howard S. Becker（1952）曾比較在芝加哥低收入區與富人區的學校，發現學校行政人員對低收入區的學生期望較低，而他推測老師可能也是如此。十年後，在《教室中的皮馬龍》（*Pygmalion in the Classroom*）一書中，心理學家 Robert Rosenthal 與校長 Lenore Jacobson（1968, 1992）講述所謂的**教師期望效果（teacher-expectancy effect）**——也就是教師對學生的期望，會無形中影響學生的實際表現，這種現象在低年級班上尤為顯著（小學三年級以下）。

美國的研究顯示，當教師在課堂上隨機抽考學生時，會給成績好的學生較長時間回答，而且當好學生答錯時，也比較容易獲得再試一次的機會。在另一個實驗中，教師對學生的期待，甚至影響學生的體育表現。教師期望有較好體育成績的學生，在仰臥起坐與伏地挺身的項目中都表現較佳。儘管這些研究仍有爭議，研究人員仍發現教師期望效果一直存在。互動論強調成績的好壞，可能非關個人能力

（Friedrich et al. 2015; Rosenthal and Jacobson 1992:247-262）。

表 13-1 摘要教育的四大理論觀點。

表 13-1　教育的社會學觀點　　　　　　　　　　　　　　　　　│追蹤社會學觀點

理論觀點	強調
功能論	傳播主流文化 整合社會 促進社會規範、價值觀與法令推行 促進期望的社會改變
衝突論	藉由不平等的受教育機會，來鞏固菁英階層的社會控制 隱藏性課程 證照主義 授予地位
互動論	教師期望效果
女性主義	對女學生的差別待遇 女性受教育對經濟發展的貢獻

13.1　概述與回顧

摘要

教育具有文化普世性，在世界各地以不同的形式存在。

1. 教育的顯性功能：傳遞知識和授予地位；而教育的隱性功能：傳播文化、促進社會與政治整合、維持社會控制，與作為社會變遷的媒介。
2. 衝突論者的觀點認為，因教育是進入職業的門檻標準、不公平地授予地位，與貶低婦女成為從屬角色，而成為菁英統治的工具。
3. 雖然大多數美國女性的學歷比男性高，但是在職場上，她們還是處於弱勢。在性別角色十分傳統的國家，女性受教育對經濟與社會發展都十分關鍵。
4. 教師對一個學生的期望，有時確實會影響學生真正的表現。

批判性思考

1. （教育的）整合功能和社會控制如何相輔相成？又是如何相互排斥？
2. 能力分班的功能和反功能各是什麼？對於大多數學生而言，能力分班如何給他們「正面」或「負面」的自我概念？
3. 以功能論與衝突論觀點思考，學費漲價有何社會涵義？

重要詞彙

對應原理
證照主義
隱藏性課程
教師期望效果
能力分班

13.2 作為正式組織的學校

十九世紀的教育家大概要對二十一世紀美國的學校規模之大嘆為觀止，直至今日，美國有 1,500 萬所高中，相較於 1961 年的 1,000 萬所與 1931 年的 500 萬所（Bureau of the Census 2012c; National Center for Education Statistics 2015b）。

在許多方面，在將今日的學校視為正式組織的例子時，和工廠、醫院、公司很類似。如同這些組織，學校並非自主地運作，受到潛在學生的市場影響。這個論述特別適用於私立學校，但更廣泛的影響在像是私立學校獎助學金計畫與其他就學方案增加的情況。若我們比較學校和其他類型的正規組織，尤其在檢視學校的官僚化本質、教學職業與學生次文化時，這個現象會更為明顯（Bidwell 2001; Diehl and McFarland 2015）。

學校的官僚化

由於不可能由一個老師教導所有年齡層、未來會進入不同行業的學生所需的文化與技能，尤其在社會科技發達，造成的專業分工日益複雜化，學校為了教導如此大量的學生，必然會轉變為官僚化組織。

Weber 指出官僚化有五種特徵，而大多數的學校都有這些特徵，無論在小學、中學，甚至是大學：

1. **勞動分工化**。由專家教導特定科目給特定年齡的學生。在公立中、小學，現在會聘用專門的老師來教導有學習障礙或是身體殘障的學生。
2. **權威的階級化**。學校制度中的每個受僱員工，都必須要順從上級的權威。教師必須向校長和副校長報告，也必須受到部門組長的監督；校長也必須向教育局長負責；而教育局長則由學校董事會決定聘用或開除。
3. **成文規則與規定**。教師和行政人員在執行職責時，必須遵守許多規則與規定。這種官僚特質也可能變成失功能的；花費在固定行政程序的時間，可能要比備課或教導學生的時間更長。
4. **缺乏個性**。隨著學校和大學的班級人數暴增，對教師來說很難關心到每個學生。事實上，官僚化習慣可能鼓勵教師照本宣科地對待每個學生，儘管每個學生都有獨特的個性，並且需要的是因材施教。
5. **教師受僱取決於教學資格認證**。至少一般而言，教師的聘用取決於專業知識和專長。升職通常是按照書面的人事政策；專長突出者在任期內可說是拿到長期飯票，就可以高枕無憂。

功能論則對教育的官僚化抱持著較正面的態度。教師能精通針對特定客戶的

技能，因為他們不用應付範圍很廣的教學。在校內的一連串命令是清晰的。學生假定他們被對待的方式是無偏見的，由於統一的規則。最後，對職位的安全感保護教師免於受到不公平的解僱。於是整體而言，功能論強調教育的官僚化增加學生、教師與行政人員都受到平等待遇的可能性——意即基於理性和公平的標準。

©GaudiLab/Shutterstock

儘管努力在學生之間及教師和學生之間建立積極的關係，但許多年輕人仍將學校視為非個人的機構。

相較之下，衝突論學者認為齊頭式統一教育的風潮，對弱勢族群會十分有害。教育課程的標準化，包括教科書，最終會反映出社會中擁有權力團體的價值觀、興趣與生活方式，而忽略種族和族群的少數團體。此外，弱勢的人與富裕的人相比，會更難釐清教育官僚制度，或組織有效的遊說團體。因此衝突論學者認為，低收入與少數團體最多僅能影響在地基層學校的主管，而對層級高的城市或是州際教育官員的影響力較低（Bowles and Gintis [1976] 2011; Katz 1971）。

有時學校官僚化可能令人喘不過氣，比起滋養學生的智慧好奇心，倒不如說是在扼殺他們的天賦。這個擔憂使得許多家長與決策者推行選校計畫——讓家長可以選擇符合小孩需求的學校，並強迫學校為了他們的「顧客」競爭。

在美國，另外一個學校官僚化的重要核心趨勢是網路教育的可獲得性。近年來，大專校院的網路課程在逐漸增加，提供完整的網路課程，甚至提供學位的主修課程，讓學生能在舒適的家中學習。線上課程提供自由調整課程的可能性，使得因為要工作，或是距離太遠或由於身心障礙等因素，而無法在傳統大學校園上課的族群，得以繼續深造。針對這種新學習模式的研究尚在起步階段，因此至於師生互動是否能做到像臨場學習那樣的問題，還有許多改進空間。藉由電腦便可零距離學習這件事，也影響作為僱員的教師地位，我們在下一節便會討論；以及其他可能的替代學習方案，如自學。

✓ 運用你的社會學想像

你會如何讓學校不那麼官僚化？這會是什麼情況？

教師：僱員亦是指導者

無論是幼兒園老師還是大學教授，教師都是官僚體系正規組織的僱員。在官

僚體系中作為專業人員，有一種固有的衝突。組織遵循等級制度並期望僱員遵守規定，但專業人士要求的是實務工作者的個人責任。這個衝突在教師工作中確實存在，他們經歷官僚制度中的所有優缺點。

教師每日遭受許多兩難的壓力。當教師的學術工作變得更加專門化，在工作之餘，對他們的要求仍是多樣而矛盾的。同時身兼三職，作為指導者、紀律嚴明者及學區僱員，這些衝突便油然而生。在太多的學校裡，紀律就是指暴力相向。「老子不幹了」就是這些壓力造成的結果：15% 的新教師在工作前三年便辭職，而高達一半的教師在工作前五年離開貧窮的都市學校（Gray et al. 2017; Wallis 2008）。

由於這些亂七八糟的難處，在美國還有人想當教師嗎？在 2017 年，3.4% 的大學一年級男生與 5.7% 的大學一年級女生表示，對當小學或高中老師有興趣。這些數字比起 1966 年的調查，11% 大學一年級男生與 37% 的大學一年級女生對當老師感興趣，戲劇性地少了不只一點（Eagan et al. 2017; Pryor et al. 2007:76, 122）。

無疑地，經濟考量影響教職工作的吸引力。在 2015 年到 2016 年，美國公立中、小學教師的平均薪資為 58,353 美元，代課老師的薪資則和時薪制員工的平均薪資差不多。在大多數其他工業化國家，教師的薪資高於一般生活水準。當然，在美國每個州的教師薪資差異很大（圖 13-4），而在不同學區之間的薪資差異甚至更大。儘管如此，教師的經濟收入相較於某些其他職業選擇，簡直可說是阮囊羞澀。如企業的執行長，一天就可賺到比教師一年薪資更多。

一種工作的地位反映出許多因素，包括要求的教育程度、經濟補償，以及社會給予這個職業的尊重，而教職工作在上述三個方面都倍感壓力。首先，擔任正規學校教師仍然需要很高的學歷，而且大眾開始要求新的能力測驗，使得門檻更高。其次，統計指出，教師的薪資比起許多專業人士或是技術工人低上許多。第三，教學專業的整體聲望早已大不如前，而且在最近十年越來越差。許多教師感覺萬念俱灰，大嘆不如歸去，最終離開教育界，轉行從事其他產業，另起爐灶（Banchero 2014）。

©Signe Wilkinson Editorial Cartoon used with the permission of Signe Wilkinson, the Washington Post Writers group and Cartoonist Group. All rights reserved.

從幼兒園一路到高中，教師面對一系列的挑戰，包括幫助學生備考各種標準化測驗。

世界人民生活地圖

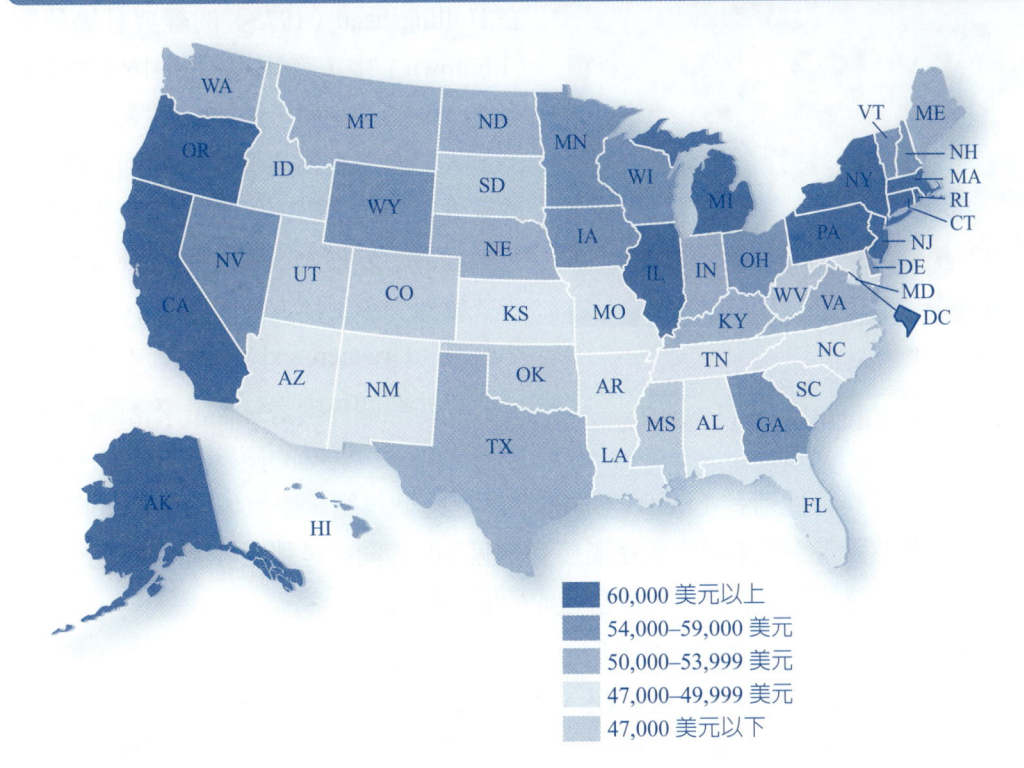

註：2017 年發布的 2015 年到 2016 年數據。

資料來源：National Education Association. Rankings and Estimates. Rankings of the States 2016 and Estimated of School Statistics 2017. May 2017.

全國平均工資為 58,353 美元。各州平均價格從南達科他州（South Dakota）的 42,025 美元到紐約的 79,190 美元。

圖 13-4　教師平均工資

學生次文化

教育的一個隱性功能，直接關係到學生的人生：學校提供學生社交與娛樂的需求。教育幫助嬰兒和幼童培養重要的人際關係技巧，這些技巧等他們成年後將是生存關鍵。在高中或是大學時代，學生可能遇見未來的配偶，或建立能維持畢生的友誼。很重要的是，我們必須記住在學校、社區大學與大學中，這些非正式的面向並非獨立存在於學校的明確教育功能中。此外，非正式的學校制度與學術制度，在對於決定學生的正向與負向結果具有同樣重要的作用（Crosnoe 2011）。

當人們從外部觀察國高中、社區大學或大學，學生似乎組成有凝聚力的統一團體。然而，事實上學生的次文化相當複雜且多樣化。在學校與社區中，種族、社會階層、外貌好不好看、學生分班、運動能力、性取向領導角色等因素，可能會讓國

學生次文化在今日比起以前更加多樣化。很多成人決定回到學校進修，試圖在職涯上更進一步，抑或轉換跑道。

高中生搞小團體（cliques）與社會團體。在 Hollingshead（1975）的經典社區研究「Elmtown」中，發現在一所中學裡竟有多達 259 個小團體。這些小團體通常人數為 5 人左右，主要在學校、娛樂活動與宗教或社區團體活動。學生小團體與次文化可能變得十分強大，使得教育家可能被警告要確保學校工作人員與老師不加入這些小圈圈（Gruenert and Whitaker 2015）。

在這些關係緊密且經常緊密隔離的小團體之間，最弱勢的便是女同性戀、男同性戀、雙性戀與跨性別者（LGBT）的學生。在這個年紀，學生迫切需要同儕團體的認同。雖然對青少年來說，要逐漸接受一個人的性向不是那麼容易，但這對性向不符合社會期待的學生而言，可能會造成極端的危險。

教師和行政人員對這些議題更加敏感。也許更重要的是，有些學校設置同異性戀交流聯盟（gay-straight alliance, GSA），此為學校贊助的支持團體，目的是讓同性戀青少年與能夠理解他們的異性戀同儕交流。此聯盟於 1984 年的洛杉磯創辦，在美國這些團體的數量在 2005 年達到將近 3,000 個；大多數都是在 1998 年的男大生 Matthew Shepard 謀殺事件後成立的。在某些學區，學生的父母反對這些團體，然而正是保護保守的聖經團體在校園聚會的相同判例（美國的法院判決可作為法律生效）也保護 GSA。在 2003 年，同異性戀活動達到一個里程碑，當紐約市公立學校將校內的同性戀、雙性戀與跨性別者的計畫移到一所獨立的學校進行。哈維米克中學（Havery Milk High School）是以舊金山第一個公開自己為同志的市執行官——Harvey Milk 命名，Milk 在 1978 年被暗殺（Gay, Lesbian and Straight Education Network 2016）。

我們也可以在大學層級，發現類似的學生團體多樣性。社會學家確認有四種不同的大學生次文化（Clark and Trow 1966; Horowitz 1987; Sperber 2000）：

1. 享樂派（collegiate），此次文化的重點在於享受大學生活和社交。這些學生將「合理程度」的用功讀書視為過度用功，而且會變成「書呆子」。任你玩四年（或兩年）的享樂派成員不追求學術成就，運動員經常符合這種次文化。
2. 學術派（academic），此次文化的特徵為對於學科專業的智育發展，並且看重知識本身。

3. 就業派（vocational），此次文化主要對職涯發展有興趣，將大學當作獲得學歷的途徑，學歷對之後的職涯而言是必要的。
4. 特立獨行派（nonconformist），此次文化對大學社交環境抱持敵意，並且關心與學習有關或無關的議題，這個團體的成員可能熱衷於校刊編輯或議題導向團體。

每個大學生最終都會暴露在這幾個相互競爭的次文化下，而且必須選擇一個與他感受或興趣最接近的團體。

如同國高中生，我們可以預測 LGBT 的大學生由於較特定的性向，形成自己的小圈子或團體。在 2016 年針對所有大學入學生的調查發現，舉例來說，相較於一般只有 20% 的大學生新鮮人，跨性別學生有高達 43%，在自我評估時認為自己的社會自信心低於水準。然而，跨性別學生更可能有高度的公民參與、主動尋求有價值的資訊，以及在課堂上發問（Eagan et al. 2017: 14-16）。

在美國，我們注意到種族與族群的多樣性日益成長，而在高等教育這個情況尤為明顯。如圖 13-5 所示，大學校園漸漸變得多樣化。

社會學家 Joe R. Feagin 研究一種截然不同的享樂派次文化：黑人學生在（主要是）白人的大學。在這些教職員很少是黑人，黑人學生經常被校警騷擾，還有在課堂上對黑人的貢獻絕口不提的大學，黑人學生必須品學兼優又懂得如何社交。Feagin（1989:11）主張：「對於少數團體的學生在清一色是白人的大專院校生活，意味著必須長期與到處都是的白人打交道。」Feagin 的觀點是，在這樣的機構中的黑人學生遭受既明目張膽又不易察覺的種族歧視，日積月累，可能會嚴重傷害學生的自信心（請見 Feagin et al. 1996）。

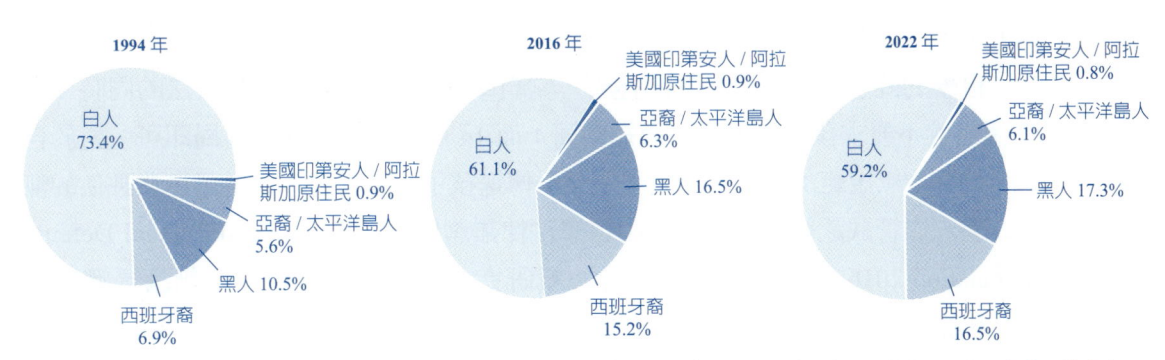

1994 年
- 白人 73.4%
- 美國印第安人／阿拉斯加原住民 0.9%
- 亞裔／太平洋島人 5.6%
- 黑人 10.5%
- 西班牙裔 6.9%

2016 年
- 白人 61.1%
- 美國印第安人／阿拉斯加原住民 0.9%
- 亞裔／太平洋島人 6.3%
- 黑人 16.5%
- 西班牙裔 15.2%

2022 年
- 白人 59.2%
- 美國印第安人／阿拉斯加原住民 0.8%
- 亞裔／太平洋島人 6.1%
- 黑人 17.3%
- 西班牙裔 16.5%

註：各類別百分比相加不足 100，由於四捨五入的關係。非居民的外國人，其種族／族群不明的不被計入。白人與黑人種族的類別，只包括非西班牙裔的白人與黑人。

資料來源：William J. Hussar, and Tabitha M. Bailey. *Projections of Education Statistics to 2019*. Washington, DC: National Center for Education Statistics, 2011, Table 29.

圖 13-5 大學校園的種族與族群分析圖：過去、現在及未來

> ✓ **運用你的社會學想像**
>
> 你在大學中可以看到哪些次文化現象？

在家自學

當大多數人想到學校時，腦海中浮現實體的磚造建築、教師、行政人員與其他校內的員工，但對於美國日益成長的學生數量，家就是教室，老師便是父母。大約1.7百萬的學生是在家自學的。約占 K-12 學校人口的 3%，對這些學生而言，他們比起在公立學校上學的學生，收到官僚化或社會階層的問題影響較小。

在 1800 年代，公立學校剛成立不久時，自學都是在家中隔離的環境教導孩子，或是保持嚴格的宗教觀，對公立學校這樣世俗的環境大感不以為然。但今日，在家自學吸引到範圍廣泛的一群家庭，並不一定屬於有組織的宗教人士。由於公立學校糟糕的教學品質、同儕壓力與校園暴力，促使許多家長決定自己在家教小孩。此外，有些第一代移民也選擇讓孩子在家自學，以減少孩子對社會無法突然適應的問題。例如，越來越多阿拉伯裔美國人最近加入自學運動（MacFarquhar 2008; National Center for Education Statistics 2015c）。

在自學的支持者相信，孩子在家自學可以學得比公立學校一樣好或是更好，評論家則不以為然，認為因為自學的孩子與廣大的社區脫節，失去改進社交技巧的機會。然而，支持自學的人卻認為孩子能和非同儕團體接觸，這對他們大大有益，也認為自學可以作為注意力缺失過動症（attention-deficit/hyperactivity disorder, ADHD）或有學習障礙（learning disorder, LD）的孩子的替代學習方案，這些孩子通常在小班制課堂上表現較好，因為這樣的環境較少干擾學習的分心因素。

自學的問題在於教學品質的控管，當自學在美國的 50 個州都合法的同時，有 12 個州並不要求孩子自學需要通知當局；而 14 個州只需要通知當局即可，對於自學的科目全無規範；其他州可能需要父母傳送孩子的課程表，或為了專業評估的測驗成績。儘管缺乏統一規則，但由自學法律辯護協會（Home School Legal Defense Association 2016; Ray 2009）進行的一項研究評論指出，自學孩童無論是哪個年級，在標準化測驗中每個科目的成績都比去上學的孩子更優秀。

到底是怎樣的家長能讓孩子自學？總體來說，他們傾向擁有高於平均的收入與學歷，大多是雙親家庭，而且孩子比一般美國兒童看電視的時間少──這兩個因素都使得他們更可能支持優秀的教育表現（educational performance）。若父母給予相同的支持，相同的學生可能在公立學校也能做得這麼好。如同研究多次顯示，小班制優於大班制，而強烈的父母與社區參與乃是關鍵所在（R. Cox 2003:28）。

13.2 概述與回顧

摘要

在美國，大多數的學校為正式組織，如同工廠或醫院。

1. 在學校，Weber 的五個官僚制度基本特徵都很明顯。
2. 教師身為官僚制度的一員，同時也是應獨立思辨的專家。在結合這兩種身分時，往往充滿矛盾。
3. 學校提供學生社交與情感的需求，以及受教育的需求。在高中與大學的學生次文化十分複雜且多樣化。
4. 在美國，自學已然成為傳統公私立學校之外的可行替代方案。在某些國家，在家自學仍為非法。

批判性思考

1. 選出教育的任兩種功能，並提出自學如何能達到這些功能。
2. 在你的校園中，可以看到哪些學生次文化？其中哪兩種是屬於最高與最低的社會地位？功能論、衝突論與互動論怎麼看待校園中的學生次文化？

本章摘要

社會學實戰小練習

1. 參加一次家長懇談會。家長在談論什麼議題？用一個以上的社會學觀點，描述他們的擔憂。
2. 將你就讀學校中的學生次文化列一張清單，然後使用你在第 3.4 節學到的概念描述。有任何一種次文化是作為其他次文化的外團體嗎？
3. 你就讀的學校有同異性戀聯盟嗎？如果有的話，訪問一個主管。該組織成員如何試圖減少人們的偏見，並強化同異性戀之間的友好關係？以社會學理論來解釋他們的方法。

重要詞彙

Correspondence principle 對應原理 學校對各種社會階級子弟，教導他們應該安守本分地在與父母相同階級中發展，並強化社會階級代代相傳的世襲制度。

Credentialism 證照主義 進入某種專業領域，所需最低學歷門檻的提高。

Hidden curriculum 潛藏的課程 意指學校的教育中，不著痕跡地教導的那些社會多數人認同的行為標準。

Teacher-expectancy effect 教師期望效果 教師對學生表現的期望，可能會影響學生真實的表現。

Tracking 能力分班 依學生的測驗成績與其他標準，將學生安排到特定課程的一種實務操作。

自我評量

請仔細閱讀下列問題，並選擇最適合的答案。

1. 哪一種社會學觀點強調，教育養成的共同認知與社會整合，對社會穩定和共識具有貢獻？
   a. 功能論觀點
   b. 衝突論觀點
   c. 互動論觀點
   d. 標籤理論

2. 下列哪個方案被導入學校體系，促進社會變遷？
   a. 性教育課程
   b. 優惠入學法案
   c. 提前就學方案
   d. 以上皆是

3. 對應原理是誰發明的？
   a. Marx Weber
   b. Karl Marx 與 Friedrich Engels
   c. Samuel Bowles 與 Herbert Gintis
   d. James Thurber

4. 對大學環境充滿敵意，因此尋求可能與學習有關或無關議題的次文化稱為
   a. 享樂派
   b. 學術派
   c. 就業派
   d. 特立獨行派

5. 大部分最近關於能力分班的研究，對於哪一點產生疑問？
   a. 效果（effectiveness），尤其是對功課不好的學生
   b. 無法改善功課好學生的前途
   c. 改善功課好與不好學生前途的能力
   d. a 與 b 皆是

6. 教育最基本的顯性功能是
   a. 傳遞知識
   b. 傳遞文化
   c. 有助於社會控制之維持
   d. 促進社會變遷

7. 70 年前的美國，高中學歷是進入職場的最低學歷標準，如今大學學歷可說是基本要求，這樣的改變顯示何種過程？
   a. 能力分班
   b. 證照主義
   c. 隱性課程
   d. 對應原理

8. Samuel Bowles 與 Herbert Gintis 主張，資本主義需要的是有技術且有紀律的勞動力，而美國的教育制度正是為了滿足這個目標設立。引用自許多研究，他們提出以下何種理論來支持其論點？
   a. 能力分班
   b. 證照主義
   c. 對應原理
   d. 教師期望效果

9. 教師期望效果最接近
   a. 功能論觀點
   b. 衝突論觀點
   c. 互動論觀點
   d. 脫序理論

10. 社會學家 Max Weber 提出五種官僚化的特徵，在大多數的學校中，這幾個特徵都非常明顯，無論在中小學、高中，甚至大學。下列何者為非？
    a. 勞動分工化
    b. 成文規則與規定
    c. 缺乏個性
    d. 共同參與決策

11. _____ 觀點，強調教育的重要性在於傳遞知識、有助於社會控制之維持與促進社會變遷。

12. 以往，教育的整合功能中最明顯的，是強調它能促進共通的書面與口語的 _____。

13. _____ 的次文化，特徵為關心學科的智育發展，並求知若渴。

14. 女性受教育遭到迫害，大多是在那些具有傳

統_____角色的文化中。

15. 學校具有多種_____功能，如傳遞文化、促進社會與政治的整合，以及社會控制之維持。

16. 學校的服裝規定是_____的一個例子，為 Max Weber 的官僚化理論的五大基本特徵之一。

17. _____是指在學校的教育過程中，不著痕跡地教導那些社會多數人認為適當的行為標準。在這樣的課程中，上課時老師沒有允許學生發言，學生就應該噤若寒蟬，而且學生的作息必須機械化地按照課表。

18. _____一詞是指學校藉由考試成績或其他的標準，將不同的課程分配給程度不同的學生。

19. 在本章討論的四種不同學生次文化中，_____次文化的學生主要對未來職涯發展感興趣，並將取得學位視為幫助就業的跳板。

答案

1. (a)；2. (d)；3. (c)；4. (d)；5. (a)；6. (a)；7. (b)；8. (c)；9. (c)；10. (d)；11. 功能論；12. 衝突；13. 衝突論；14. 性別；15. 隱性；16. 成文的正式規則；17. 潛藏的課程；18. 軌或分班；19. 就業派

14 宗教
Chapter

14.1 研究宗教的社會學方法
14.2 世界的宗教
14.3 宗教組織

©Spencer Platt/Getty Images
宗教儀式有各種形式，有些是公開的。圖中教徒舉起十字架穿越紐約市的布魯克林大橋，此宗教儀式為 2018 年的苦路善功（Way of Cross），其為羅馬天主教的儀式，紀念耶穌基督揹十字架走過的那段路。在世界上許多人信仰不同的宗教，宗教形式也完全不同，有些人則不參與任何宗教或儀式。

14.1 研究宗教的社會學方法

Durkheim 及宗教的重要性

社會學家如何研究宗教？用我們研究其他社會制度的方式，如教育或政治。如果一個團體相信「神的異象」，社會學家並不肯定或否定這個啟示，而是會評估團體中的宗教經驗。社會學家感興趣的是，宗教對個人與社會制度造成的社會衝擊。

Durkheim 是第一位意識到宗教對人類社會很重要的社會學家，他發現宗教對個人的影響。更重要的是強調宗教的社會衝擊。在 Durkheim 看來，宗教是一種集體行為，並且包含人類互動的各種行為。如同 Durkheim 對自殺的研究，他不太在乎教徒的個人特質，而是對了解社會脈絡中的宗教行為感興趣。

Durkheim 對**宗教（religion）**的定義是：「信念的統一系統與神聖事物相關的實踐。」對他而言，宗教的信念與實踐是宗教的獨特之處，這與其他社會團體的思考模式不同。Durkheim（1893 [1933]; [1912] 2001）認為，宗教信念區分超然事物與日常世界；Durkheim 將那些領域界定為神聖的與凡俗的。

宗教中超越日常經驗的**神聖（sacred）**部分，會引起敬畏、尊敬，甚至懼怕的感受，人們藉由某些宗教儀式，如祈禱或祭祀而進入宗教領域。信徒對信仰抱持信念，幫助他們接受未知的事物。相對地，**世俗（profane）**包含一般和普通的事物。不過，神聖與世俗很難清楚判定，端看我們如何觀察。一個再普通不過的餐桌可以是世俗的，但對基督徒而言，聖餐的桌子是神聖的。而猶太人認為，七座的燭台具有宗教意義（上帝用七天創造天地）；對儒家或道家而言，線香不止是香氛用品，更是初一、十五敬神的道具。

當宗教對一個社會的其他社會機構的影響減少時，**世俗化（secularization）**於是產生。在世俗化的過程中，宗教會存在個人領域或家庭生活之中，甚至盛行在個人層級。遵循著 Durkheim 於一百多年前建立的社會學研究方向，當代的社會學家以兩種方式觀教。首先，他們檢視重要的宗教信念，以此研究宗教的規範或價值觀。例如，我們可以從《聖經》（Bible）得知基督徒的信仰規範，或穆斯林如何使用《可蘭經》（Qur'an）作為信仰規範。同時，社會學家也檢視宗教的社會功能，例如，提供社會支持或強化社會規範等作用。藉由更深入理解宗教的信念與功能，我們可以觀察到宗教對個人、群體以及社會整體之影響。

宗教的社會學觀點

因為宗教具有文化普世性，因此在人類社會中扮演基礎角色。就社會學而言，宗教具有顯性與隱性兩種功能。就顯性功能而言（公開且宣告），宗教界定何為屬靈，並且賦予事物神聖的性質。宗教對凡人難以理解的事件提出解釋，例如死後的世界。宗教的隱性功能通常是非預期、不明顯、不易察覺的。儘管基督教教會禮拜的外顯功能，如敬拜讚美，提供宗教的集會功能，它同時也具有隱性功能，如提供未婚者認識交往對象的機會。

功能論與衝突論皆檢視宗教對人類社會的影響。我們將先探討功能論的觀點，說明宗教在社會整合、社會支持、促進社會變遷的功能，再從衝突論的觀點，說明宗教的社會控制性質。必須注意的重點是，宗教產生的影響最好以鉅觀角度視之，因為它的對象乃是社會全體。不過社會支持除外：著重於個人層面，因此較適合以微觀角度來探討。

宗教的整合功能

Durkheim 認為，宗教有助於整合人類社會——今日，這反映功能論的看法。Durkheim 想要解決一個複雜的問題：「具差異性的個體與不同的社會團體，如何達成社會的凝聚？」他認為，宗教具有超越個人與團體的力量。Durkheim 認為，宗教不是唯一的社會整合之力量，國家主義者或愛國主義者也提供這樣的功能。

宗教如何成為「社會的凝聚力」？無論信仰是佛教、伊斯蘭教、基督教或猶太教，宗教都提供人們關於生命意義的解答。宗教提供了人類生命的終極價值，儘管這些價值是十分主觀的，而且不一定全被接受，但這些價值觀和目標有助於社會整合。例如：喪禮、婚禮或是猶太教律例等，會讓人們整合成為一個更大的社群，共享相同的，關於人生終極問題的價值觀與信念。

宗教的整合力量可見於教會、猶太會堂、清真寺等，而且這些機構也對美國的移民產生影響。舉例來說，信仰羅馬天主教的移民，可能會選擇定居在天主教堂附近，以他們的母語，如波蘭文或西班牙文做彌撒；同樣地，韓國移民可能會參加韓裔美國人的長老教會，遵循與韓國類似的禮拜方式。如同其他宗教組織一般，之前提到的羅馬天主教與長老教會，對於新來的移民適應新家鄉的生活，功不可沒。

近年來，討論最多的移民宗教便是穆斯林。放眼全球，包括美國穆斯林可分為許多教派，其中包括遜尼派與什葉派。然而無論在這些教派之內或是之外，都以許多形式表達他們的穆斯林信仰。若硬要將穆斯林二分為遜尼派與什葉派，則會如同說基督徒只有羅馬天主教和浸信會這麼荒唐。

鑑於這些情況，在美國的伊斯蘭教可以用信仰或族群，或兩者皆是的方式整合。在美國，大多數的穆斯林是遜尼派——正如字面意義，他們是聖訓（Sunnah）或先知之路（way of the Prophet）的追隨者。相較於其他穆斯林，遜尼派傾向信仰正統、比較溫和。美國的什葉派，主要來自伊拉克與伊朗，則是第二大團體。什葉派穆斯林更願意聽信什葉派而非遜尼派學者的指導。在人數足夠時，兩個教派的人，會選擇分開聚會，即使需要跨越民族或語言的隔閡。然而在美國，無論屬於何種團體的穆斯林，其宗教聚會的伊斯蘭教場所有增加的趨勢。2000 年到 2010 年間，清真寺的數量增加 74%（Bagby 2012; Selod 2008a）。

©Johnathan Nackstrand/AFP/Getty Images
大多數的世界宗教尋求讓兒童對他們的宗教表示讚賞，這是宗教的整合功能之一。圖中為猶太教兒童在玩四角陀螺，早於耶穌基督誕生前，這就是光明節期間玩的遊戲，紀念希臘時期猶太人兒童偷偷在洞穴中學習《妥拉》（Torah）時，用來打發時間玩的遊戲。

在某些狀況下，宗教的忠誠度可能是失功能的，因此加深社會團體或國家間的緊張及衝突。在第二次世界大戰期間，德國納粹試圖種族滅絕猶太人，將近六百萬名歐洲的猶太人被屠殺。而今，如黎巴嫩（穆斯林與基督徒的衝突）、以色列（猶太教與穆斯林、東正教與世俗派猶太教）、北愛爾蘭（羅馬天主教與新教）、印度（印度教與穆斯林，或更近期的錫克教），以及緬甸（佛教徒與羅興亞穆斯林）這些國家，因為不同宗教之間無法和平共處，而爆發許多血腥衝突事件。

宗教與社會支持

大部分的人，對生命中的重大創傷事件都很難接受。例如，所愛之人的死去、重傷、破產、離婚等——如果事情的發生是「毫無預警」的，更會令人難以接受。我們如何能接受一位優秀、未滿二十歲的大學生，會忽然罹患不治之症而死？

宗教透過強調神聖性與超自然力量，幫助我們面對不幸的事件。在某些信仰中，信徒向神祭祀、祈禱，相信這樣的行為，可以改變他們在世上的情境。更基本的信仰鼓勵我們從鉅觀的人類歷史俯瞰個人所遭受的不幸，或將此視為，神的安排。前面提到的，突然罹患不治之症而死亡的大學生，親友可能會把他的死亡視為「神的旨意」，將無法理解的事物解釋為「神的意念高於人的意念」。這樣的解釋降低死亡的恐怖，特別是令人措手不及的死亡——而且神並不會告訴你為什麼有些人長壽，有些人短命。

©Jim West/PhotoEdit
宗教的主要功能之一是，提供貧困和痛苦的人需要的服務。此圖為羅馬天主教志工，在密西根州底特律市的救濟食堂準備早餐。

宗教與社會變遷

韋伯學派的觀點

認為當某人的工作表現出色，我們經常會說他具備新教的工作倫理。這個術語來自 Weber，他仔細檢視信仰忠誠度與資本主義之間的關聯。Weber 的研究發現，可見於《新教倫理與資本主義精神》（*The Protestant Ethic and the Spirit of Capitalism*, [1904] 2011）一書。

Weber 觀察在歐洲的新教與天主教徒，他發現絕大多數的商業領袖、資本家或資深專業人士均是新教徒。在他看來，這並非巧合。Weber 指出，John Calvin

（1509-1564）是新教改革運動的領袖，他的追隨者十分強調工作的倫理，此乃一種世俗性的關注和合理的生活取向，被稱作**新教倫理（Protestant ethic）**。新教倫理的副產物之一，是財富的累積，以便為將來的投資做準備。以 Weber 的術語來說，這種「資本主義精神」與當時社會流行的工作時數短、輕鬆的工作方式，以及缺乏企圖心是相反的。

很少宗教社會學書籍，有像對 Weber 的研究含有那麼大量的批評和評論。Weber 的研究曾被認為，其具有理論上的重要性，並且為鉅觀分析的典範。和 Durkheim 一樣，Weber 認為，宗教不僅僅是個人信念，強調宗教的集體本質對社會整體具有一定的影響力。

Weber 對於歐洲資本主義的興起，提出一個十分具說服力的描述，這種經濟體系在世界許多地方被非喀爾文主義者接受。美國的現代研究並沒有指出，羅馬天主教與新教，在成就取向上有任何不同。顯然，「資本主義精神」已經變成了一般性的文化性質，而不是特定的宗教教條（Greeley 1989）。

衝突論學者提出警告，即使 Weber 的理論被接受，也不應被視為跨國崛起的成熟資本主義之分析。Marx 和 Weber 的不同之處，在於對資本主義的未來看法不同，而非資本主義的起源。有別於 Marx，Weber 認為資本主義能夠忍受經濟體系中的不確定性。然而，Weber 補充，宗教在社會的式微使得勞工更能暢所欲言地表達不滿（R. Collins 1980）。

解放神學

有時候，神職人員是社會變革的先鋒。許多宗教活動，特別是南美洲的羅馬天主教會，支持**解放神學（liberation theology）**。解放神學是指，在政治角力中，以教會的力量消弭貧窮、歧視，以及世俗社會中的其他不公平。贊同這種思想的宗教派別，有時會與馬克思主義者不謀而合。許多人相信，與其放任經濟自由發展，激烈的改革，才是拯救開發中國家貧窮又絕望的人民的不二法門。解放神學的支持者相信，宗教應與窮人、弱勢、少數族群及女性並肩作戰（T. Cooper 2015）。

解放神學此一名詞的起源，可以追溯到 1973 年《解放運動的神學》（*A Theology of Liberation*）的英譯版。此

©The Star-Ledger/Jennifer Brown/The Image Works
新教徒的主日禮拜。雖然 Weber 將「資本主義精神」追溯自新教的教導，但在今日的美國，新教徒與天主教徒的敬業態度是相同的。

書的作者是一位祕魯神父 Gustavo Gutiérrez，他於 1960 年代早期，居住在利馬的貧民區，在過著貧困的生活數年後，Gutiérrez 得出一個結論：「為了服侍貧窮的人必須訴諸政治運動。」最終，拉丁美洲的神學家，在政治立場上受到某些社會科學家的思潮影響。這些社會科學家認為，資本主義和跨國企業的獨占是問題的核心。這些人的觀點為神學帶來新的趨向與視野，此種新取向反對歐洲與美國發展的模式，是建立於拉丁美洲自身的宗教和文化傳統上（R. M. Brown 1980:23; Gutiérrez 1990）。

不過，解放神學有可能導致失功能。某些羅馬天主教徒認為，神職人員專注於政治議題，可能會讓他們不再追求個人與靈性的需求。由於這個原因，有些拉丁美洲的天主教徒乾脆改信新教或是摩門教。

> **運用你的社會學想像**
> 假設在你的社區中，宗教團體突然不提供社會支持了，你和其他教徒的生活將會有什麼改變？如果宗教團體不推動社會變革了，這個社會將會變得如何？

宗教與社會控制：衝突論觀點

解放神學的發展不過是最近的現象，它與教會的傳統角色不同。Marx（[1844] 1964）反對教會的傳統角色，他認為宗教阻礙社會改革，因為宗教鼓勵人們專注於世俗的其他問題，而非貧窮或受剝削。Marx 認為，宗教是人民的鴉片，對窮人有害。他體察到宗教讓大多數人妥協嚴酷的生活中，並期盼在來世獲得救贖。例如，在美國黑奴時期，白人的主人禁止黑人奴隸信仰非洲傳統宗教，並且鼓勵他們改信基督教，教導他們只要順服，便可獲得救贖和永生的喜樂。今日，從衝突論觀點來看，基督教說服某些奴隸順服，使得他們的怨怒減少，因此減少反抗的可能。

然而在今日，全世界的人大多把宗教當作苦難生活的支持，而非壓迫的來源。根據在 143 個國家所做的民調顯示，有九成住在貧窮國家的人表示，宗教在他們的日常生活中是很重要的。在非貧窮國家的比例較低，但還是相對顯著的：在所得中等國家是 76%，而在所得最高的國家則是 47%（Crabtree 2010）。

宗教在社會結構的支持上十分重要。如之前提到的，宗教的價值觀有助於強化其他社會制度與維持社會秩序。然而，Marx 認為，宗教對社會穩定的提升，只是促使社會的不平等維持下去。根據 Marx 的觀點，主流宗教強化掌權者的利益。

例如，現今的基督教強化傳統的行為模式，使得權力弱勢者落於從屬地位。如女性在教會中的角色，即是教會權力分配不均的例子。性別角色的認定，讓女性在

教會或家中處於從屬地位。事實上，女性若想在教會中居於領導地位，就像在大公司當主管一樣，是很困難的。即使在最自由的教派，也彷彿有「無形的牆」，阻礙著女性神職人員的發展。

如同 Marx 的看法，衝突論學者認為，無論宗教如何影響社會行為，都強化既存的支配與不平等模式。由馬克思主義的觀點來看，宗教有「去政治化」的功能。簡而言之，宗教讓人避免用政治的角度，來看待他們的生活和社會狀況。例如，它模糊了衝突的經濟利益的焦點。馬克思主義認為，宗教透過讓弱勢者產生虛假意識（false consciousness）的方式，降低可能解決資本家壓迫和促進社會改革的政治集體行為的可能性。

女性主義觀點

研究者和理論家以女性主義觀點，強調女性在宗教社會化過程中扮演的基本角色。大部分的人在童年時期，就發展出對特定信仰的忠誠，他們的母親在信仰過程中扮演十分關鍵的角色。值得一提的是，無信仰的母親，影響她們的小孩對宗教組織的不信任。

然而，女性通常在大多數宗教神職上扮演從屬角色。事實上，大部分的信仰長期以來，都有完全由男性擔任宗教領袖的傳統。再者，大部分的宗教都是父權的，傾向強化男性在世俗和宗教上的控制。女性通常只能扮演活躍的志願者、職員和宗教教育者的角色，即使在今日，宗教的決策和領導權，一般還是落在男性身上。這個規則亦有例外，如震顫派教徒、基督教科學派教徒，以及有長遠女性神祇傳統的印度教，皆為少數（R. Schaefer and Zellner 2015）。

在美國，通常女性比男性更虔誠——如女性基督徒，在禱告、對神的信仰、宗教對她們生活的重要性，以及全年無休地週日禮拜。然而宗教組織並讓她們領導，在美國的神職人員中，只有 17.6% 是女性，然而神學院的學生卻有 34% 是女性。通常女性神職人員的職涯比男性神職人員短，且一般都是與領導無關的職位，例如諮商輔導員。在那些領導職位僅限男性的宗教，女性只能從事非正式的職務。例如，大約只有 4% 的羅馬天主

©Steve Skjold/Alamy Stock Photo
當美國的女性基督教牧師（神職人員）增加的同時，大多數的會眾仍然希望在星期天看到男性牧師在教堂講道。

教會領導人為女性，擁有非正式的主教職位，這是教會面臨男性神父不足的補救措施（Association of Theological Schools 2017:Table 2-12A; Bureau of Labor Statictic 2017a）。

表 14-1 摘要四個針對宗教的主要社會學觀點。

表 14-1　宗教的社會學觀點　　　　　　　　　　　　　　　　　　　｜追蹤社會學觀點

理論觀點	強調
功能論	宗教是社會整合和統一的來源 宗教是個人的社會支持來源
衝突論	宗教是結構性社會變革的潛在阻礙 宗教是結構性社會變革的潛在來源（透過解放神學）
女性主義	除了女性在宗教社會化過程中所扮演的角色外，宗教是女性從屬地位的工具
互動論	透過信仰、儀式和經驗的個人宗教表達

14.1　概述與回顧

摘要

宗教具有文化普世性，並在世界各地以各種不同的形式存在。

1. Durkheim 嘗試在大社會背景下，了解個人的宗教行為，以強調**宗教（religion）**所產生的社會衝擊。
2. 宗教有助於整合一個多樣化的社會，並在需要時提供社會支持。
3. Weber 觀察到宗教忠誠度與資本主義之間的關聯，他為此發明了**新教倫理（Protestant ethic）**一詞。
4. **解放神學（liberation theology）**用政治角度看待教會，以減輕貧窮與不公義所導致的痛苦。
5. 由馬克思主義者的觀點來看，宗教會強化當權派的社會控制力。它防止可能終結資本主義壓迫及改革社會的集體政治行動。
6. 女性主義觀點強調，女性在宗教社會化中所扮演的基本角色，以及她們在宗教管理體系（神職工作）下的從屬角色。

批判性思考

1. 有什麼東西你認為是世俗的，然而別人卻覺得是神聖的嗎？
2. 解釋 Weber 的理論和解放神學，如何促進社會變遷？

重要詞彙

解放神學	宗教
世俗	神聖
新教倫理	世俗化

14.2 世界的宗教

世界上的宗教信仰和實踐具有高度的多樣性。整體來說，世界 84% 的人口信仰某些宗教，因此，只有 15% 屬於無宗教信仰者。信仰程度不僅隨著時間而改變，也因國家和年齡而異。在今日，美國無宗教信仰者占 16%。而在 1900 年，無宗教信仰者只有 1.3%。而在 2015 年，比起他們母親那輩的 17%，美國大學新生中，有 30% 無特定的宗教信仰（Eagan et al. 2016; Newport 2010b）。

基督教是世界上信徒最多的單一宗教，伊斯蘭教信徒則為第二多（表 14-2）。雖然全球的新聞經常報導基督教和伊斯蘭教的衝突，但這兩種宗教在很多性質上是相似的，兩者都是一神教（信仰唯一的真神），也都相信有先知、來世和最後的審判。而且，伊斯蘭教也承認耶穌為一位先知，但不相信他是神的兒子。兩種信仰都要求信徒要遵守道德準則。無論是戒律森嚴的基本教義派，或是相對不嚴格指導的自由派。

預計在接下來的四十年，如圖 14-1 所示，基督教仍會是世界第一大教，但是伊斯蘭教的人口成長會比世界其他主要宗教來得快。伊斯蘭教的人口成長主要是由於教徒很年輕，而穆斯林的生育率很高。但另一個穆斯林人口成長的因素是改宗（改信其他宗教），特別是在非洲。在同一段時間，在基督教這邊可以預期看見呈水平成長或一定程度的教徒減少，兩個原因與穆斯林的成長很相似，是因為低生育率，和北美與歐洲的信徒對宗教變得較為冷感。

表 14-2　主要的世界宗教 ｜總結

信仰	目前信徒數，以百萬計（占世界人口比例）	當今信徒主要聚集地	創始者（大約的出生日期）	重要經典（和聖地）
佛教	499（6.9%）	東南亞、蒙古、西藏	釋迦牟尼（西元前563 年）	《藏經》（尼泊爾地區）
基督教	2,276（31.2%）	歐洲、北美洲、南美洲	耶穌（西元前 6 年）	《聖經》（耶路撒冷、羅馬梵蒂岡）
印度教	1,099（15.1%）	印度、其他國家的印度社群	沒有特定創始者（西元前 1500 年）	《天啟書》與《聖傳》〔七聖城，包括瓦萬西（Vavansi）〕
伊斯蘭教	1753（24.1%）	中東、中亞、北非、印尼	穆罕默德（西元 570 年）	《可蘭經》（麥加、麥地那、耶路撒冷）
猶太教	14（0.2%）	以色列、美國、法國、俄羅斯	亞伯拉罕（西元前 2000 年）	《舊約聖經》（與耶路撒冷）

資料來源：Pew Research Center 2017b; Swatos 1998. 2017 年的資料。

世界人口的百分比，2015 年到 2060 年

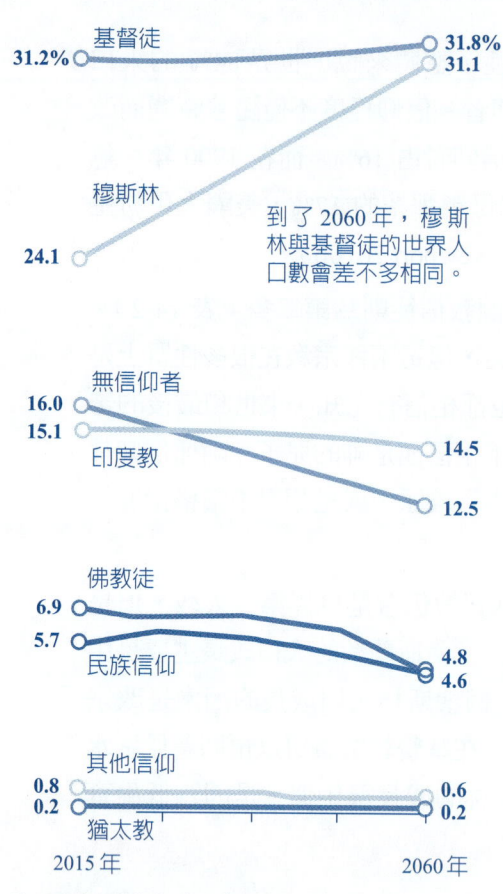

宗教	2015年	2060年
基督徒	31.2%	31.8%
穆斯林	24.1	31.1
無信仰者	16.0	14.5
印度教	15.1	12.5
佛教徒	6.9	4.8
民族信仰	5.7	4.6
其他信仰	0.8	0.6
猶太教	0.2	0.2

到了 2060 年，穆斯林與基督徒的世界人口數會差不多相同。

註：民族信仰包括非洲傳統信仰、中國民族信仰、美洲原住民信仰，與澳洲原住民信仰。其他宗教包括巴哈伊信仰、道教、耆那教、日本神道教、錫克教、天理教、威卡教、祆教（拜火教）與其他眾多宗教。

資料來源：Pew Research Center 2017b. *The Changing Global Religious Landscape*. April 5, 2017.

圖 14-1　世界宗教信仰，在計畫中的改變 2015 年到 2060 年

伊斯蘭教的信徒稱為穆斯林，他們相信伊斯蘭教的《可蘭經》是先知穆罕默德在一千四百年前得自阿拉（阿拉伯語：الله，為真主的阿拉伯語發音），視穆罕默德為從系出同源的亞當、亞伯拉罕、摩西和耶穌，眾先知中的最後一位。伊斯蘭教比基督教更為集體社會化，特別是與強調個人主義的基督教新教相比。由於教義，在多數人信奉伊斯蘭教的國家，政教並不需要分離。事實上，穆斯林政權的政府時常透過法律，強化伊斯蘭教的政權統治。穆斯林對於一些傳統的習俗非常堅持，例如婦女須包裹著面紗，起源較屬於文化性質而非宗教。

正如基督教和伊斯蘭教，猶太教也是一神信仰，猶太人相信上帝真正的本質顯示在摩西五書中，也就是基督徒熟悉的《舊約聖經》最初的五書。根據這些經書，上帝和以色列部落的祖先——亞伯拉罕和撒拉立下聖約，即使在今天，猶太人依然相信這個聖約，並要求他們必須遵循上帝的旨意。假如他們同時信守聖約和摩西五書的精神，救世主彌賽亞有一天會讓人間成為天堂。雖然，相對於世界上其他主要宗教信仰，猶太教信徒相對較少，但是它乃是基督教與伊斯蘭教的歷史基礎。這就是為何猶太教、基督教和伊斯蘭教，在中東的許多聖地，其實都是相同的地方。

在東方的印度，則發展出其他兩個世界的主要宗教。最早的是印度教起源約於西元前 1500 年，印度教不同於猶太教、基督教與伊斯蘭教的地方是，它是多神信仰，雖然大部分的印度教信徒只拜一個神祇，例如濕婆或毗濕奴，印度教徒相信輪迴、靈魂會不斷地投胎轉世。不同於猶太教、基督教與伊斯蘭教，以大量地引用經文，印度教信徒主要透過口耳相傳方式，使信仰延續下去。

源自印度的第二個信仰則是佛教，創立於約西元前 600 年，是由於不認同印度教教義，而形成的宗教。以悉達多（後來被尊稱為佛陀，或「覺者」）悟出的教義

為基礎。透過坐禪，佛教徒試圖克服生理或物質上的私慾享樂，以達到悟道或涅槃的狀態。佛教徒首創僧侶教條，被視為其他宗教的僧侶教條原型，包括基督教的修道會。雖然佛教源自於印度，佛教徒最後卻被逐出印度。現在佛教主要盛行在亞洲的其他國家（如今在印度的佛教徒，則是最近才改信的新興信徒）。

雖然宗教之間的差異十分明顯，但因為信仰的變化而擴充。看看基督教各教派之間的差異，從相對自由的教派，如：長老教會或基督聯合教會，到教義較為保守的摩門教和希臘正教。類似的差異也存在於印度教、伊斯蘭教和其他世界宗教的不同教派中（C. Adams 2015; Swatos 1998）。

> **運用你的社會學想像**
>
> 在你就讀的大學附近地區可以看到哪些不同的宗教？在大學校園內呢？

宗教的構成要素

所有宗教都有一定的共通要素，在不同的信仰中，它們以不同的方式顯現。宗教行為的模式和其他社會行為模式一樣，都引起社會學家的興趣——特別是互動論，因為他們關心宗教與社會的相互關係。

宗教信仰、宗教儀式與宗教經驗，有助於我們定義何者為神聖，以及區分神聖與世俗的不同。在接下來的部分，我們將從互動論觀點來檢視宗教的三大構成要素。

信仰

世界上一部分的人，相信死後有來生、至高無上的力量，或超自然力量。**宗教信念（religious belief）**是指，信徒堅信不移的主張。不同宗教間的觀點可能會有很大差別。

1960 年代末期，美國發生教義（信念）詮釋上的重大事件。對聖經採取自由詮釋的教派，如長老教會、衛理公會和路德教會的信徒減少；反之，對聖經採取保守詮釋的教派，則信徒增加。此外，在大多數教派中，那些對經文採取嚴格觀點的信徒直言不諱，質疑那些缺乏原則，對多種新詮釋都採放任主義的人。

這個與世俗化背道而馳的趨勢，也就是基本教義主義，在較大的社會中很明顯。**基本教義主義（fundamentalism）**也許可被定義為：教義一致性，以及對經文僅做字面意義的解釋。「宗教的基本教義主義」此一名詞，由美國的新教徒首創，他們自由詮釋聖經的意義，儘管其實全世界大部分主要的宗教，都是基本教義派，包括羅馬天主教、伊斯蘭教、猶太教。即使在相對較新成立的宗教，也有信徒聲稱

自由詮釋派,簡直是一派胡言。

對許多宗教的信徒而言,基本教義派人士各說各話,有人強調嚴格的信仰教條,對廣大的社會議題,比較沒意見;另外一些人則十分在意社會議題,例如,他們認為不符合與基本教義的政府政策。

在《聖經》舊約的創世紀中,亞當與夏娃的故事即是宗教信念的一個例子。許多美國人堅信《聖經》上帝造物的敘述,甚至堅持公立學校應該這樣教導學生,這些人被稱為創造論者(creationist),他們擔心社會的世俗化,並反對直接或間接質疑聖經內容的教育。

整體而言,工業化國家中精神層面的活動和開發中國家比起來,較不活躍。美國是這個世俗化趨勢的一個例外,或許是因為,美國政府透過允許宗教團體取得慈善事業的執照,甚至美國聯邦政府會補助他們的活動(如教育服務),來鼓勵宗教的樂善好施(雖然沒有公開支持)。此外,在曾為共產主義的國家,如俄羅斯,對宗教的信仰較弱。但根據調查在過去十年中,這些國家在精神層面的活動有顯著成長(Mazurczak 2014)。

儀式

宗教儀式(religious ritual) 對信徒而言是必要的宗教行為。儀式通常是對神聖力量的尊崇,也提醒信徒需擔負一些義務與責任。儀式與信念相輔相成,儀式包含對信念的肯定,如公開或私下承認自己的罪。正如其他的社會制度,宗教具有一套獨特的規範,來建立信徒的應有的行為;此外,宗教儀式也包含一套公認的獎懲制度,判定獎賞(如猶太教男子成人禮),或受罰(如違反教規會被開除會籍)。

在美國,宗教儀式可以十分簡單,可能是謝飯禱告,或是在喪禮中對死者默哀;然而,某些儀式則比較複雜,如封某人為聖徒。在我們文化中的宗教儀式大部分著重在對神的崇拜。參加宗教崇拜、無聲與出聲祈禱、唱讚美詩與聖歌等,是常見的群體宗教儀式。由互動論觀點來看,這些宗教儀式提供重要的面對面接觸,有助於人們對信仰的宗教更加堅定。

©Kazuyoshi Nomachi/The Image Works
在沙烏地阿拉伯麥加的大清真寺的朝聖儀式,伊斯蘭教主張信徒一生應該至少來此朝聖一次。

對穆斯林而言，朝聖（hajj）是一個非常重要的宗教儀式，教徒必須到沙烏地阿拉伯麥加朝聖。每個穆斯林在體能與經濟能力許可下，至少要到麥加朝聖一次。每年約有 300 萬名穆斯林會依照伊斯蘭曆，在特定期間到麥加朝聖。從全世界與美國，有些旅行社特別組成麥加朝聖團。

近幾十年，在大部分國家的宗教儀式參與度，趨於穩定或下滑。圖 14-2 顯示了在特定國家中的宗教參與。

宗教經驗

在社會學宗教研究中，**宗教經驗（religious experience）**是指與終極實體接觸的感覺或認知，如與神的接觸，或沉浸在宗教情緒中。宗教經驗的感受可能很微弱，如聆聽 Handel〈哈利路亞合唱〉（Hallelujah Chorus）獲得的屬靈感動；但是許

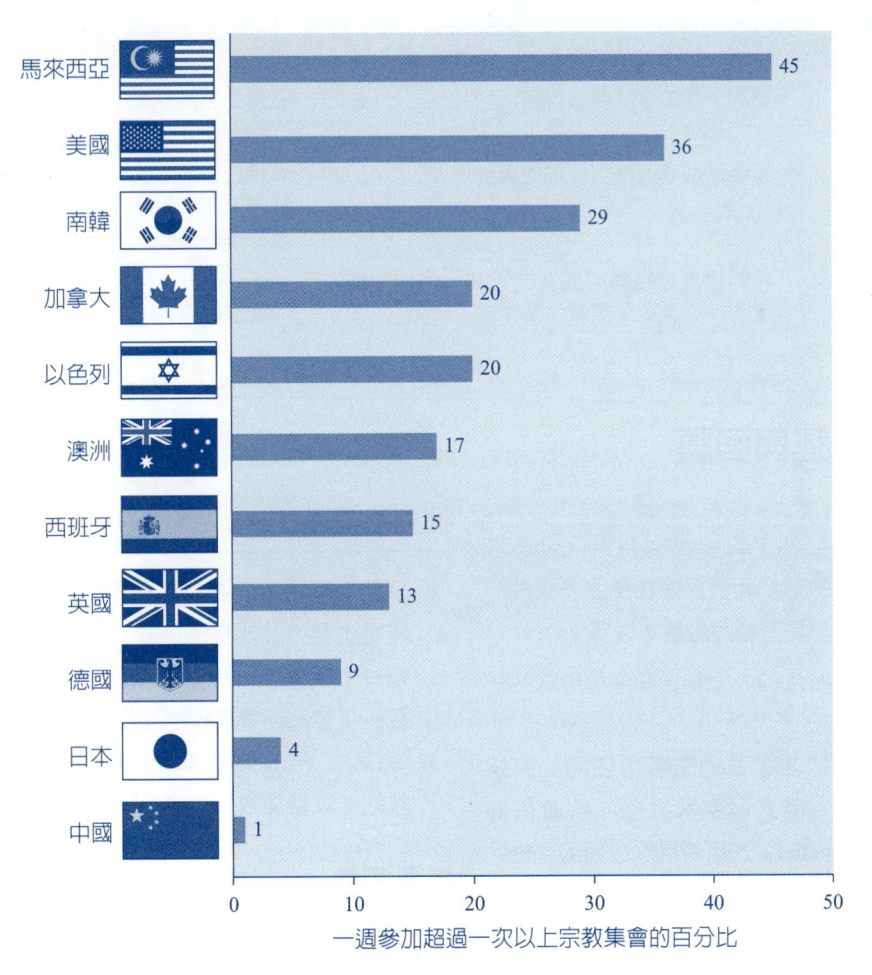

國家	百分比
馬來西亞	45
美國	36
南韓	29
加拿大	20
以色列	20
澳洲	17
西班牙	15
英國	13
德國	9
日本	4
中國	1

一週參加超過一次以上宗教集會的百分比

註：數據自 2011 年到 2014 年的統計資料而來。

資料來源：Special unpublished tabulation data from Pew Research Center 2016. Flags: ©admin_design/Shutterstock

圖 14-2　特定國家的宗教參與

多宗教經驗的意義深遠，如穆斯林的朝聖。非裔美國人行動家 Malcolm X（[1964] 1999:338）在自傳中，描述對麥加朝聖之旅的感受，以及他與不同種族、膚色的人在朝聖時所受的感動。對 Malcolm X 而言，穆斯林世界能跨越種族藩籬，即「證明唯一真神的力量」。

另一個意義重大的宗教經驗是重生——亦即，對耶穌基督做出信仰承諾時。根據 2014 年的全美的調查，有 35% 的美國人聲稱，他們在生命的某一時刻，曾經歷基督徒的重生經驗。Durkheim 所強調的宗教的集體性質，亦支持此統計數據。某宗教的儀式或信念，可能決定宗教經驗的氛圍是友善或冷淡的（Pew Research Center 2015b）。

表 14-3 摘要介紹宗教的三大組成要素。

表 14-3　宗教的組成要素　　｜總結

要素	定義	例子
信仰	特定宗教信眾成員的宣言	上帝造物論 人類的神聖特徵
儀式	某種信仰成員應該參加的實務操作	崇拜 禱告 唱詩歌或吟頌
宗教經驗	與終極實體接觸的感覺或認知，例如與神的接觸，或沉浸在宗教情緒中	重生經歷 與聖靈的溝通

14.2　概述與回顧

摘要

全世界宗教信仰和實務存在高度多樣性，儘管所有宗教都具有相同的基本性質。

1. 在全世界 85% 的人口都信仰某種形式的宗教。
2. 宗教行為的表達透過三種主要的要素組成：信仰、儀式與宗教經驗。**宗教信仰**（religious belief）是所有信眾成員的宣告。
3. **宗教儀式**（religious ritual）可以從非常簡單到高度複雜。
4. **宗教經驗**（religious experience），或某人直接與神的溝通，是所有主要宗教的一部分。

批判性思考

1. 宗教的哪個組成要素最容易測量？哪一個最難測量？為什麼？
2. 你會執行哪些儀式（無論是宗教或非宗教）？你為何會執行這些儀式？
3. 除了人口成長外，哪個要素可能造成某宗教的信眾增加或減少？

重要詞彙

基本教義主義　　宗教儀式
宗教信仰　　　　世俗化
宗教經驗

14.3　宗教組織

宗教的集體性質，使與宗教組織的型態十分多樣。在現代的社會，宗教組織的型態變得越來越正式。為了宗教崇拜的目的，人們建立如基督教會、猶太會堂與清真寺般的社會結構；而宗教的神職人員則接受專業訓練，以便日後擔任特定的職位。這些的專業分化，使個人生活神聖與世俗的部分得以清楚區分——在早期的社會，因為大多數的宗教活動在家進行，因此則很難區分這兩種生活。

宗教組織的四種基本形式

社會學家發現，宗教組織以規模可區分成四類：(1) 國教；(2) 教派；(3) 小教派；與 (4) 新興宗教或異教崇拜。我們可從規模、權力、成員的投入程度，還有與其他宗教信仰的關係上，比較這些組織的異同。

國教

國教（ecclesia，複數 ecclesiae）為社會上大多數人都是其教徒的宗教組織，並被社會全體承認為官方宗教。因為社會上大多數人都信相同的信仰，所以人自出生起就認為理所當然地應信仰某宗教，而非透過後天自由意志選擇宗教。國教的例子，如沙烏地阿拉伯的伊斯蘭教、泰國的佛教。然而，即使在國教這個分類，差別也是極為顯著。在伊斯蘭教國家如沙烏地阿拉伯，國教領袖對國家運作的影響甚鉅；而現代瑞典的路德派教會，其宗教領袖對國會或總理的影響就沒有這麼大。

一般來說，國教較保守，因為它不積極挑戰世俗政府領袖的權威。在國教社會中，政治與宗教組織通常和平相處，並相互強化各自的權力領域。在現代的社會中，國教有的權力逐漸減弱。

教派

教派（denomination）是指有組織的大型宗教的分派，但是跟國家和政府間沒有正式關聯。如同國教，教派都有明確的教義與權威體系，並且在社會上受人尊敬。通常教派的規模都很大，而且信徒眾多。一般而言，子女大多信仰父母的宗教教派，鮮少改信其他宗教或教派。教派和國教的另一個相似點，就是對其信徒都沒有太多要求。即便如此，這兩種宗教組織型態有一個顯著的區別，亦即，儘管教派也受社會大眾尊敬但它不像國教一般有政府加持，並享有極大的權力且不會威脅到世俗政府（Doress and Porter 1977）。

美國是世界上擁有最多不同基督教教派的國家。因為美國是一個移民國家。

許多移民,將家鄉的信仰傳統帶來美國。在美國,我們可以看到的基督教教派包括羅馬天主教、聖公會、路德教派,這些教派都是歐系教派的延伸。此外,也有新的基督教派形成,包括:摩門教與基督教科學派。在最近一個世代,新移民使得穆斯林、印度教徒與佛教徒,在美國的信徒人數增加。

雖然截至目前為止,美國最大的教派是羅馬天主教,但光是基督教就有二十四種以上的教派,有超過一百萬信徒。在 2014 年,美國成年人口的 47%,認為自己屬於廣義的新教徒,羅馬天主教占 21%,而猶太教占 2%,摩門教占 2%(在美國有高達六百萬信眾)。此外,美國還有許多人信伊斯蘭教(五百萬人);東方信仰,如佛教(三百萬人)與印度教(一百萬人)(Lindner 2012; Pew Research Center 2015b)。

小教派

小教派(sect)是指較小型的宗教團體。往往是為了改革原有的宗教信仰,而從原來的宗教中分裂出來。許多小教派,如在宗教改革時期由馬丁‧路德所領導的小教派,自稱為「真正的教會」,因為他們設法釐清何謂基督教的真教義,而哪些是人們自創的信仰與儀式(Stark and Bainbridge 1985)。Weber([1916] 1958:114)將「小教派」一詞稱為「信仰者的教會」,因為個人加入該宗教的前提是,必須接受某些特定的宗教教條。

小教派,在本質上與主流社會格格不入,也不尋求壯大成國教。小教派與國教與教派不同的地方,在於要求教徒對宗教活動更積極地投入,以此證明他們對信仰的堅定。可能要歸因於小教派在社會中處在「邊緣」的地位,因此小教派往往比主流宗教更有高度的宗教熱誠;它們吸收的教友對象以成年人為主,而經過改信儀式後就能成為真正的教徒。

小教派通常維持不久,能夠存活下來的小教派,通常都在經歷一段時間的磨練後,變得較不反社會,並漸漸轉型為教派。只有在極少數的個案中,小教派能夠存續好幾個世代,並且與社會保持相對地疏離感。社會學家 J. Milton Yinger(1970:226-273)以「**確立的小教派(established sect)**」一詞,來描繪一個已經超越小教派,但仍舊孤立於社會之外的宗教團體。哈特教派(Hutterites)、耶和華見證人(Jehovah's Witnesses)、基督復臨安息日(Seventh-day Adventists),以及艾米許派(Amish),都是當代美國「確立的小教派」的範例(Tracey 2012)。

✓ 運用你的社會學想像

選擇一個非你所屬的宗教傳統。如果你的生長背景在此傳統下,你的宗教信仰、儀式與宗教經驗會有何不同?

新興宗教（NRM）或稱異教崇拜

1997 年，當海爾波普（Hale-Bopp）彗星出現時，三十八名南加州天堂之門教派（Heaven's Gate）的信徒集體自殺。因為他們相信，只要能在彗星接近時脫離「肉體」，就能被彗星上的太空船載走。

可能因為這些新興宗教組織的惡名昭彰，所以大眾傳播媒體常常把異教崇拜（cult）團體，汙名化為神祕的，或是激進且強迫性質的入教儀式。這種對宗教崇拜團體的刻板印象，使得社會學家放棄「宗教崇拜」一詞，而改用新興宗教這個詞彙。雖然少數新興宗教有很奇特的宗教行為，但大多數仍很正常，它們吸收教友的方式和其他宗教並無不同，而遵從的教義也和其他基督教教派很接近，只是儀式行為較少一些。

想區分小教派與異教崇拜的差異並非易事。**新興宗教（new religious movement, NRM）或稱異教崇拜（cult）**，是指小型、祕密的宗教團體，代表一種全新的宗教信仰，或現存宗教的重大創新。新興宗教和小教派的相似點，在於通常不像主流宗教那樣被社會推崇。不過，與小教派不同的是，通常新興宗教產生的原因不一定是自國教或教派分裂。有些宗教崇拜，例如飛碟會，可能與該文化其他既存的宗教信仰一點而關係也沒有。即使異教崇拜團體，能接受主流教派中的一些基本信念——如相信基督或穆罕默德是上帝的使者——但仍舊會提出一些新的啟示或獨創觀點，以證明自己是更進步的宗教（Stark and Bainbridge 1979, 1985）。

與小教派相似，新興宗教經過時間的磨練後，也可能轉變為其他類型的宗教組織。例如，基督科學派為例，一開始只是由 Mary Baker Eddy 領導的一個新興宗教，但是今天這個教會，已經達到教派的規模。新興教派可能成為教派，但也可能因為信徒的流失，或是領導無方而漸漸消聲匿跡（R. Schaefer and Zellner 2008, 2015）。

宗教組織之比較

我們如何認定某宗教組織，屬於國教、教派、小教派或新興宗教（異教崇拜）？如前所述，這些宗教組織和社會的關係不同。國教是官方認定的宗教組織；教派雖然不被一國的官方認定，但受到社會普遍的尊重。相較於這兩種型態，小教派和新興宗教則通常與主流文化不相容。

儘管可以這樣做區分，但是國教、教派及小教派應該被視為系出同源，只是其規模不同，而非全新的組織型態。表 14-4 總結這些概念類型的主要特徵。因為美國沒有國教，所以社會學家對美國的宗教研究，大多集中在教派或小教派上。這兩種宗教組織，代表的是一個連續體的兩極，教派能夠適應世俗的生活，而小教派則

表 14-4　國教、教派、小教派和新興宗教的特徵　　　　　　　　　　　　　　　　　　　| 總結

特徵	國教	教派	小教派	新興宗教（或宗教崇拜）
規模	很大	大	小	小
財富	多	多	有限	不一定
宗教活動	正式、參與感低	正式、參與感低	不正式、感情投入	不一定
教義	規劃詳細，但有一定的詮釋空間	規劃詳細，但有一定的詮釋空間	規劃詳細，強調教義的純正性	創新突破的教義
神職人員	受完整教育，全職	受完整教育，全職	受某種程度的訓練	較不專業
教徒	一出生就是教徒	接受教義為前提	接受教義為前提	情感的投入
和國家的關係	官方承認，緊密結合	容忍	不鼓勵	忽視或挑戰

資料來源：Adapted from Vernon 1962; see also Chalfant et al. 1994.

不認同現存的宗教。雖然新興宗教也彙總在表 14-4 中，但和上述三種宗教組織型態完全無關。因為新興宗教通常是一種全新的信仰，不重視和現存宗教的關聯。事實上，山達基教（Church of Scientology）可能根本不能算是宗教。

社會學家從社會組織的觀點看宗教，傾向強調宗教忠誠的穩定性，但還有其他方法可來檢視宗教。從個人的觀點而言，宗教與教會是流動的，人們通常改變禮拜的場所，或更常見的是轉換到另一個教派。很多國家，包括美國，教堂、寺廟和清真寺，彼此之間的競爭強烈。

電子技術的進步促成新教會型態，也就是線上教會的出現。儘管線上教會的會眾，或許比不上少數幾個最大的教派，但是透過有線電視或衛星電視的傳播，美國電子福音傳道者的確能將宗教的訊息，傳達到許多人的家中。在這些電子福音傳道者中，只有少數人隸屬於某一特定教派，大多數的傳道者會給予電視機前的觀眾，並非宗教守舊人士的印象。

當我們進入二十一世紀，學者辯論網路對宗教的影響。有些人認為網路的利用，有助於解釋無宗教者的數量為何會增加，由於更多人發現對長期信奉的宗教的問題在網站上找到答案；或是單純耗費大量時間使用網路，以至於沒什麼時間參加實體聚會；另一方面，全世界的宗教團體都積極採用新媒體，雖然難免有不均衡或不適當的情況。臉書、部落格、簡訊、線上影片，相較於企業界，對有組織的宗教而言較不相關，但儘管如此，藉由新媒體，宗教信仰與人相互影響和堅定宗教社群的方式有所轉型（Downey 2014; Thumma 2012）。

除了對網路的依賴日益成長，另一個在最近社會發現的情況是，與宗教信仰有關的社會變遷。

14.3 概述與回顧

摘要

宗教組織隨著時間因應社會的變遷而增大或發展。

1. 宗教組織的四大基本型態是**國教（ecclesia）**、**教派（denomination）**、**小教派（sect）**、**新興宗教（new religious movement）或稱異教崇拜（cult）**。
2. 溝通工具的進步促成教會組織產生新型態──電子教會。電視傳道者如今可以向比教派信徒更多的人傳道，每天成千上萬的人透過網路獲得宗教訊息。

批判性思考

1. 你認為哪一點吸引人們加入新興宗教？

重要詞彙

| 教派 | 新興宗教或稱異教崇拜 |
| 國教 | 小教派 |

本章摘要

社會學實戰小練習

1. 調查在你的學校或社區總共有多少宗教團體？有多少屬於主流教派？多少是基本教義派？是否有小教派或新興宗教？
2. 如果你的學校或社區有跨宗教組織的話，參加它們的一次聚會，其成員目前正試圖解決哪些議題？何種社會學概念與這些議題有關？

重要詞彙

Denomination 教派 一種龐大、有組織的信仰團體，與政府或官方無關。

Ecclesia 國教 一種宣稱社會上大多數人都是其成員的宗教組織，並被社會大眾承認為官方宗教。

Fundamentalism 基本教義主義 嚴格遵守基本的宗教教義，正確地使用聖經或歷史上的信念應用於今日的世界。

Liberation theology 解放神學 運用教會（特別是羅馬天主教）的力量，以政治手段消弭貧窮、歧視，與其他各種現實社會中不公平的現象。

New religious movement（NRM）新興宗教／或稱異教崇拜（cult） 通常是一個小的宗教團體，可能是全新的宗教或現有宗教的重大創新。

Profane 世俗 一般的、生活中可見的事物，與神聖相反。

Protestant ethic 新教倫理 Weber對工作倫理的一種敘述，這個世俗的考量是喀爾文學派強調的理性導向工作倫理。

Religion 宗教　一種統一的信念體系，與神聖事物有關。
Religious belief 宗教信仰　特定宗教其信徒堅信的主張。
Religious experience 宗教經驗　與終極實體接觸的感覺或認知，例如與神的接觸，或是沉浸在宗教情緒中。
Religious ritual 宗教儀式　對信徒須進行一定的宗教行為的要求。
Sect 小教派　從一宗教組織分離出來的較小規模宗教團體，並重新檢視其宗教信念。
Secularization 世俗化　宗教對其他社會制度產生影響的過程。

自我評量

請仔細閱讀下列問題，並選擇最適合的答案。

1. 下列哪一位社會學家強調宗教的社會衝擊，可能是第一位意識到信仰對人類社會重要性的人物？
   a. Max Weber
   b. Karl Marx
   c. Émile Durkheim
   d. Talcott Parsons

2. 羅馬天主教會以移民社區的語言來宣教，服務教徒，這是一個什麼例子？
   a. 宗教的整合功能
   b. 宗教的社會支持功能
   c. 宗教的社會控制功能
   d. 以上皆非

3. 社會學家 Max Weber 指出 John Calvin 的追隨者十分強調工作倫理、世俗性的關注，以及合理的生活取向。整體來說，這個觀點指的是
   a. 社會主義
   b. 新教倫理
   c. 神聖
   d. 智慧設計

4. 運用教會（主要是羅馬天主教）的力量，以政治手段消弭貧窮、歧視與其他現實社會中不公平的現象，指的是
   a. 上帝造物論
   b. 儀式論
   c. 宗教經驗
   d. 解放神學

5. 有許多美國人相信《聖經》中對於人類與宇宙起源的解釋，抱持此觀點的人稱為
   a. 自由主義者
   b. 上帝造物論者
   c. 儀式論者
   d. 實驗論者

6. 《舊約聖經》創世紀中亞當與夏娃的故事，這是一個什麼例子？
   a. 儀式
   b. 經驗
   c. 習俗
   d. 信仰

7. 下列哪個宗教不是國教？
   a. 瑞典的路德教會
   b. 沙烏地阿拉伯的伊斯蘭教
   c. 泰國的佛教
   d. 美國的英國國教

8. 宗教定義屬靈的世界，並且賦予上帝「神聖」的意義，這是宗教的哪一個功能？
   a. 顯性
   b. 隱性
   c. 正面
   d. 負面

9. 下列何種社會學觀點強調宗教在人類社會的整合功能？
   a. 功能論觀點
   b. 衝突論觀點

c. 互動論觀點
d. 以上皆是
10. 下列何者並非一神教？
    a. 猶太教
    b. 佛教
    c. 伊斯蘭教
    d. 基督教
11. ＿＿＿＿是超越日常生活的元素，令人心生敬畏、與懼怕；和＿＿＿＿比較，後者是指一般的、生活中可見的事物。
12. ＿＿＿＿是世界最大的一神教信仰，第二大則是＿＿＿＿。
13. ＿＿＿＿是信仰成員堅信的主張。
14. ＿＿＿＿是一種宗教組織，為社會上大多數人都是其教徒的宗教，並被社會承認為官方宗教。
15. 因為宗教是＿＿＿＿，在世俗和屬靈的事務上，絕大部分的宗教傾向父權制度。
16. 美國最大的基督教教派是＿＿＿＿。
17. 不像國教和教派，＿＿＿＿需要高度的承諾，以及成員證明的堅定信念。
18. ＿＿＿＿可能造成的失功能，當羅馬天主教專注於政治和政府不正義時，可能會讓神職人員不再追求個人與靈性上的需要。

答案

1.(c)；2.(a)；3.(b)；4.(d)；5.(b)；6.(d)；7.(d)；8.(a)；9.(a)；10.(b)；11. 神聖、世俗；12. 基督教、伊斯蘭教；13. 信仰；14. 國教；15. 父權（特質）的；16. 羅馬（天主教）；17. 小教派；18. 國教功能

15 Chapter 政府與經濟

15.1 政府、權力與權勢
15.2 在美國的政治行為和權力
15.3 經濟制度
15.4 變動的經濟

©Jim West/The Image Works
圖中的抗議者舉牌抗議，顯示公民對政府與經濟兩大社會制度的日漸不滿。

15.1 政府、權力與權勢

在所有的社會裡，某人或某團體——無論是一個部落首領、獨裁者或議會——都擔任決定資源使用和物品分配的重責大任。而一項普世文化通則油然而生——權力和權勢是如何運作的。不可避免地，權力與權勢的爭取涉及**政治（politics）**，政治科學家 Harold Lasswell（1936）簡潔地將政治定義為：「研究某人於某時、用何種方法，得到某事物的學問。」社會學家在研究政治與政府時，關心的是個人與團體之間的社會互動，及其對大環境中政治與經濟規則的影響。

政治體系（political system）是實施並達到社會目標的社會制度。建立自一套可識別的程序，各國擁有其獨特的政治體系。政治體系與**經濟制度（economic system）**相應而生，後者由商品和服務的製造、分配與消費而生。我們將會在接下來的小節中看到，政治體系與經濟制度是密不可分的，而兩者共同調節社會中的權力與權勢。

權力

權力是政治體系的心臟。根據 Weber，**權力（power）**是使某人能凌駕於他人之上的力量；換句話說，行使權力就是使他人屈服，並掌控他人的行為。權力關係可以存在大型組織、小型團體，甚至有親密關係的人們之中。

Weber 在 1900 年代初期就發展出權力概念化理論，主要聚焦於民族國家及影響力的範圍。今日，學者認為全球化的潮流帶來新的契機，並因此產生新的權力集中。如今權力不僅全球化也在國家內產生，當國家與跨國企業爭相控制資源的取得，以及管控資本的分配（R. Schaefer 2008b）。

©C Squared Studios/Getty Images

在所有的政治體系中，都有這三大基本權力來源：武力、影響力與權勢。**武力（force）**是指威脅或實際使用武力，強迫他人服從，或改變某人的意願。當領導者監禁，甚至處決政治異議者，便是使用武力；同理，當恐怖分子搶占或炸大使館，或暗殺政治領袖時，也是使用武力。

另一方面，**影響力（influence）**是指透過勸說的方式行使權力。在美國，一位公民可能因為一篇報紙社論中，（在參議院司法委員會之前）法學院院長的專家證詞，或政治家一場激勵人心的演講，改變他對最高法院大法官提名人的看法。在不同情況下，社會學家會將勸說人民的努力視為影響力的例子。現在，讓我們再來看第三種權力的來源——權勢。

權勢的類型

權勢（authority）一詞是指制度化的權力，其行使者可以凌駕於他人之上。社會學家通常在使用「權勢」這個詞彙時，是指這個人透過選舉或位於公眾承認的地位合法擁有權力。一個人的權勢通常是有限的，因此裁判有權勢決定足球賽中的犯規行為，但沒有權勢影響賽事門票的價格。

Weber（[1913-1922] 1947）發展出權勢的分類系統，這是社會學最有用的系統之一，也是他對早期社會學重大的貢獻。他發現權勢有三種理想類型：傳統權勢、理性權勢與神格權勢。Weber 並未堅持一個社會或組織只能存在一種類型的權勢。儘管三種權勢都可以同時存在，但重要程度終究會不同。社會學家發現 Weber 的類型學，對了解社會中合法權力的不同展現上，十分具有價值。

傳統權勢

　　一直到上個世紀中期，日本萬世一系，一直都是由受人尊崇、擁有絕對權力的天皇所統治。在基於**傳統權勢（traditional authority）**的政治體系中，合法權力由習俗與公認的慣例授予。國王或女王是公認的國家統治者，單純因為他們繼承皇冠；部落首領統治部落，單純因為公認的慣例。無論人民是否愛戴、是仁君或昏君；由於他無論如何都合法，所以這些都不重要。對於傳統的領導者，權勢來自習俗，而非個人個性、技術能力，甚至明文法律。人們認同統治者的權勢，由於理所當然。當統治者有權決定法律和政策時，傳統權勢是絕對的。

理性權勢

　　美國憲法授予國會和總統權勢，制定並執行法律和政策。法律使權力具合法性，就是**理性權勢（rational-legal authority）**。政治系統的成文法律與規範，例如憲法，授予領導人理性權勢。通常在基於理性權勢的社會，領導人一般被認為具有一定範圍的權勢與適任性，但不被認為擁有像是傳統權勢那樣的君權神授性質。

神格權勢

　　Joan of Arc 只是中世紀法國的一個平民女子，卻能夠在好幾場戰役中，帶領法國人民抵抗英國人的侵略。這怎麼可能呢？如 Weber 觀察到的，權力也可在個人偶像身上合法化。**神格權勢（charismatic authority）**一詞是指由於領導者對追隨者而言擁有傑出的個人能力與情緒吸引力，而合法獲得權力。

　　偶像特質使一個人能不倚賴傳統或習俗，而領導或激勵群眾。事實上，神格權勢大多來自追隨者的信念，而非個人的特質。只要人民認可一位偶像人物，例如 Jesus、Joan of Arc、Gandhi、Malcolm X 或 Martin Luther King Jr.，讓他們有別於凡人，這位領袖的權勢便穩如泰山、不容質疑。

　　從互動論觀點來看神格權勢，社會學家 Carl Couch（1996）指出，電子媒體的崛起，促進神格權勢的發展。在 1930 年代到 1940 年代，美國、英國、德國的領導人都用廣播演說來吸引人

©RichardBakerFarnborough/Alamy Stock Photo
英國億萬富翁 Richard Branson，由於他的偶像特質，這位由 400 家公司構成的維珍集團（Virgin Group）創辦人，現在正監督維珍軌道（Virgin Orbit），用火箭載顧客繞地球軌道，進行太空旅行。

民。現在，電視與網路使領導人「走進」支持者的家中，並直接與他們溝通。

如前所述，Weber所謂的傳統權勢、理性權勢與神格權勢都只是理念型。在現實社會中，尤其是領導人與政治體系，經常是結合兩種或兩種以上的類型。美國總統Franklin D. Roosevelt、John F. Kennedy與Ronald Reagan，大多數透過理性權勢行使合法權力；同時，他們也是帶有偶像特質的領導者，可以號令大量民眾的個人忠誠度。

政府的類型

各個社會是如何被治理的，形成一套政治體系。在現代工業化國家，這些政府的正式體系制定出大量的重要政策。接下來將會調查五大基本類型的政府：君主制、寡頭制、獨裁制、極權制與民主制。

君主制政府

君主制（monarchy）是一種由皇室的極少數人，如國王、女王，或其他世襲貴族統治的政府形式。在古代，許多國家的君主宣稱君權神授。典型地，他們基於傳統形式的權勢統治，有時使用武力。然而到了二十一世紀早期，只剩少數幾個國家的君主仍擁有真正的治理權，例如摩納哥。現在，大多數君主擁有的實際權力很少；他們的存在僅剩下儀式性目的。

寡頭制政府

寡頭制（oligarchy）是一種由少數人統治的政府形式。這其實是一種發源自古希臘和古埃及的古老統治方法，現代的寡頭制大多為軍權政府。在非洲、亞洲、拉丁美洲的開發中國家，小派系的軍閥會強硬地掌控權力，其權力是從合法選舉政府或其他軍閥搶過來的。

嚴格說來，最初寡頭制一詞是指由選出的少數人統治的意思。然而，如果我們將這個詞彙的意義做延伸，中國可以被歸類為寡頭制政府。在中國，權力掌握在一群為數不小但據排他性的統治團體的手中——中國共產黨。以相似的脈絡，若用衝突論觀點闡述，可能會有人質疑許多西方世界的工業化國家也應該被認為是寡頭制（而非民主制），由於只有少數者擁有權力——大企業、政府、軍隊的領導者——在統治國家。

獨裁制與極權制政府

獨裁制（dictatorship）是指幾乎由一人制定並行使法律的政府形式。獨裁者主要透過威逼手段，通常是折磨或處決來進行統治。典型地，他們的權力是搶來

的，而非來自自由選舉（如民主制），或世襲權力（如君主制）。有些獨裁者極具偶像特質，並受人民一定程度的愛戴，透過支持者的熱忱，幾乎人民對他的恐懼微乎其微；而也有不少獨裁者統治下，人民對其深惡痛絕。

通常獨裁者對人民的生活，有如此壓倒性的控制力被稱為極權制（君主制與寡頭制也可以達到此種類型的威權）。**極權主義（totalitarianism）**包括對一個社會的社會及政治生活，由政府進行完全的管控與監視。在希特勒統治時期的納粹德國、1930年代的蘇聯，以及今日的北韓，都被歸類為極權制國家。

©ChinaFotoPress/Getty Images
北韓是極權制政府，其統治者試圖掌控人民生活的所有面向。圖中是2015年北韓工黨的70週年黨慶，廣大民眾尊敬金正恩，認為他是偉大的領導者。

民主制政府

字面意義上，**民主制（democracy）**是指政府由人「民」作「主」治理國家。英語的民主（democracy）一詞源自兩個希臘字根──demos 的意思為「民眾」或「普通人」，而 kratia 的意思為「統治」。當然，在大型、人口眾多的國家（如美國），想要全民統治國家是不切實際的。美國人民不能跳過國會，對每個重要議題都直接投票，於是普及的統治方式為**代議制民主（representative democracy）**，此種政府形式是由民意代表來為民喉舌。

美國通常被歸類為代議制民主政府，因為是由人民選出的國會議員與州立法機關來制定法律。然而，評論家經常質疑，美國的民主是否真的具有代表性？即使到了今天，窮人、許多種族或族群團體、藍領階級、LGBT 社群及身心障礙者都不禁懷疑，他們的意見是否真正被納入政治口水戰中。

美國國會和州立法機關真的代表大眾，包括少數族群嗎？美國人民合法地擁有自主統治權，抑或美國政府淪為權力菁英的論壇？我們會在本章後面繼續討論這些議題。

戰爭與和平

衝突是社會關係的中心面向之一。衝突很容易變得持續且暴力，不只故意的參與者，也會吞噬無辜的旁觀者。社會學家 Theodore Caplow 與 Louis Hicks（2002:3）曾將**戰爭（war）**定義為：兩個組織之間的衝突，雙方有經訓練的戰爭武力，並持有死亡武器。這個定義比起法定定義更加廣泛，法定的戰爭必須有正式宣戰。

戰爭

社會學家以三種研究方法分析戰爭：持全球觀點者，研究兩個或以上的國家為何或如何產生軍事衝突；持民族國家觀點者，強調內部的政治、社會經濟與文化力量的相互作用；以及持微觀觀點者，則聚焦在戰爭對個人與所屬團體的社會影響（Kiser 1992; Wimmer 2014）。

從民族國家觀點來看，戰爭通常不是為了國家的社會經濟利益。雖然武裝衝突無疑增加政府對軍隊和武器的支出，而可能會刺激經濟，但也必須從人民健康與醫療服務中，挪用一部分的工作者以應付戰爭。因此，軍事衝突對人民的生存機會有負面影響，造成高度的人民死亡率。對一個發生武裝衝突的社會而言，要維持人民在家園的健康安全是非常困難的（Carlton-Ford 2010）。

雖然戰爭與否是政府領導者的決定，但公眾意見在執行上十分重要。直到 1971 年，在越南殉職的美國軍人已經超過 5 萬人，而民間的反戰情緒非常濃厚。民意調查顯示，當時民心分裂且群情激憤，質疑戰爭是否為調節國家之間紛爭的適當方式。

美軍組成的主要改變在於女性軍人的增加。女性軍人占現役軍人的 15%，她們穿上軍裝，擔任戰鬥人員，而非從前的後勤人員。在伊拉克戰爭中第一位為國捐軀的士兵，是美國陸軍一等兵 Lori Piestewa，她是美國原住民霍皮族人（Hopi），美國西南部墨西哥人定居者的後裔。

從微觀觀點來看，戰爭可能引發最泯滅人性的行為，同時也引發人性最好的一面。2004 年，美國士兵在伊拉克的 Abu Ghraib 美軍基地監獄中，凌虐伊拉克戰俘的照片流出，震驚全世界。對於社會科學家而言，獄警行為的惡化，讓大家想起 1971 年 Zimbardo 的模擬監獄實驗。雖然此實驗的結果，在第 5 章已經說明，主要發生在公民矯正機構，Zimbardo 的研究事實上是由美國海軍研究實驗室（Office of Naval Research）資助。在 2004 年 7 月，美軍開始使用此實驗的記錄片，來訓練軍隊中的審問兵，避免對囚犯過激的虐待（Zarembo 2004a; Zimbardo 2004）。

軍用無人機是一項引進現代戰場的新科技──不需人類駕駛的飛行裝置。無人機可用來蒐集情報、載運或發射飛彈。越來越多的國家使用無人機作為武器，包括美國、中國、以色列、奈及利亞。如同之前每次導入新科技到戰場一樣，無人機的使用引發一連串問題──潛在的附屬傷害；由於遠端遙控，無人機和目標地都距離操控者很遠；無法反擊，以及由於對使用此科技的國家而言，不會產生死亡人數，因此作戰較容易部署（Chamayou 2015; Etzioni 2013）。

和平

　　社會學家認為**和平（peace）**必須滿足沒有戰爭，以及積極推動國家間的合作兩項要件。儘管在本節聚焦於國際關係，但是仍應注意大多數的武裝衝突並非國與國之間，而是國內的戰事。通常外來的權力干涉這些國內衝突，不是作為某派系的援助，就是試圖作為和平協議的調停者。由於發生這些軍事衝突的國家，並不被世界體系分析認為屬於核心國家（Institute for Economics and Peace 2015a; Kriesberg 1992; D. Smith 1999）。

　　另外一個描繪世界各國相對和平狀態的是全球和平指數（Global Peace Index）（圖 15-1）。該指數基於 24 項指標，包括有組織的內部衝突、暴力犯罪率、政治穩定度、潛在的恐怖攻擊，以及一個國家的軍事支出與鄰國相比的程度。

　　最近，冰島和紐西蘭在指數的頂端（非常和平）；敘利亞和阿富汗則在指數的底端（不斷的內戰）。美國排名第 114 名，在 163 個國家的清單中，介在盧安達與薩爾瓦多之間。這個地圖顯示世界包含和平程度很高的廣大區域，例如北美和歐洲。不過仍有 23 億人住在 20 個最不和平的國家，而只有 5 億人住在 20 個最和平的國家。

　　使用社會學理論與研究的社會學家與其他社會科學家，試圖找出避免戰爭的方

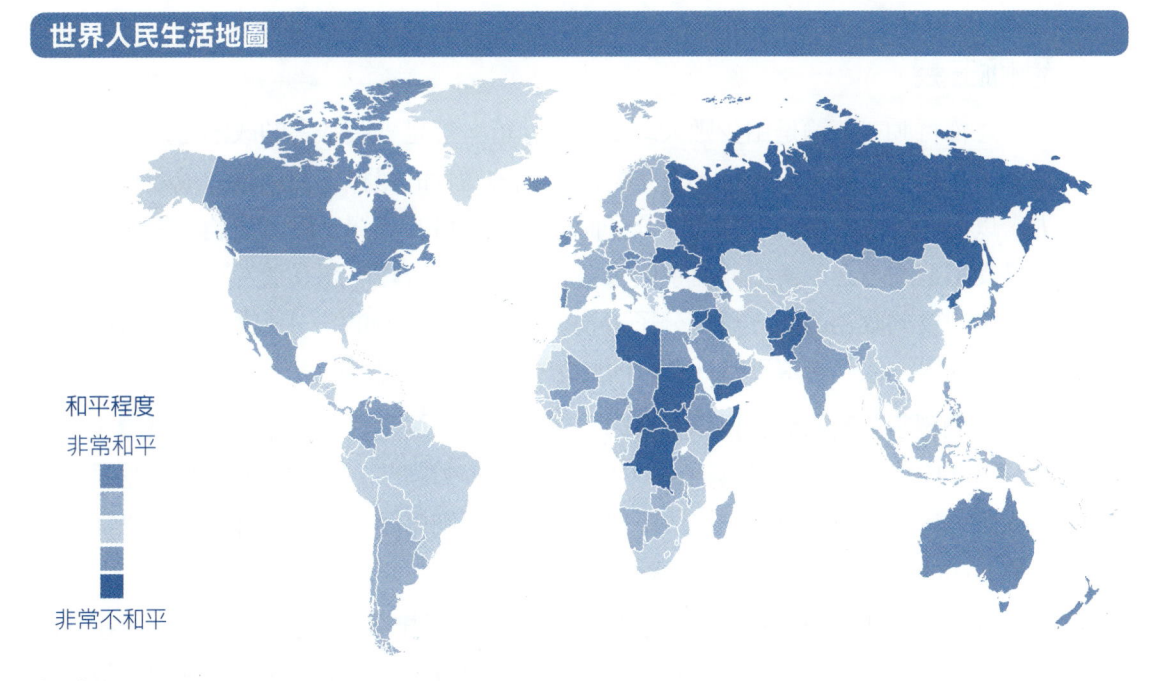

世界人民生活地圖

和平程度
非常和平

非常不和平

資料來源：Institute for Economics and Peace 2017a.
此為領先世界的測量國家和平量表——全球和平指數，根據 24 個的定性與定量的指標，測量和平程度。

圖 15-1　全球和平指數

法，其中的一個發現是國際貿易可以阻礙武裝衝突。當國家之間有貨物、人民與文化的交流時較為融合，且較不可能威脅彼此的安全。從此觀點出發，不只是國際貿易，還有移民、外匯方案等，對於國際關係都有有益的影響。

另一種促進和平的方法是國際慈善組織，與稱為非政府組織（nongovernmental organization, NGO）的維權團體。國際紅十字會與紅新月運動（Red Crescent）及無國界醫生（Doctors Without Borders），不論國家，到需要他們的地方提供人道服務。在過去十年，甚至更長時間，這些全球組織的志工人數、規模與領域不斷增加。藉由分享當地情況與釐清當地的問題，他們經常可以避免暴力與戰爭的惡化。有些非政府組織發起停火協議，甚至終止戰爭，使雙方化敵為友。

最後，分析者強調國家間不能以暴力來維持安全。他們宣稱最好的維持和平的方式，是制定敵對國家之間強而有力的安全協議（Etzioni 1965; Shostak 2002）。

自從 911 事件後，美國才發現國土安全不僅可能被其他國家威脅，也可能被合法政權以外的政治組織所威脅。的確，美國國土安全目前最大的威脅是恐怖主義。

> ✓ **運用你的社會學想像**
>
> 你是否曾聽說許多關於如何促進世界和平的討論？或者更常聽到的是如何終止某種衝突？哪種研究方法較可能形成正面的結果？為什麼？

恐怖主義

恐怖行動，無論是由少數人或很多人執行，都是一股強力的政治力量。如之前定義的，**恐怖主義（terrorism）**是對隨機或象徵性的目標，使用暴力或威脅施以暴力，以達到其政治目的。對恐怖分子而言，為達目的不擇手段，他們相信目前的現狀是受壓迫的，必須使用非常手段來終止被剝奪的苦難。認為透過正式政治程序無法達到想要的政治改變，恐怖分子堅稱非法行動是必須的——通常受害的是無辜的民眾。最終，他們希望恐嚇社會，因此帶來新的政治規則。

人們經常認為我們對目擊的暴力已經麻木，無論是個人經歷或透過媒體。一項 2017 年的分析，在 163 個國家中，16 萬件恐怖攻擊的直接或間接影響，並根據死亡人數、輕重傷者、財產損失與事件造成的情緒創傷等資料，統計出全球恐怖主義指數（Global Terrorism Index）（圖 15-2）。

在我們做出此分析的同時，美國收到恐怖攻擊排名為世界第 35 名，排在英國之後，伊朗之前。受恐怖主義威脅的前五名是伊拉克、阿富汗、奈及利亞、敘利亞與巴基斯坦。光是這五個國家就占了世界四分之三的恐怖攻擊死亡人數。最不可能受到公布攻擊的國家則具有多樣性，如多哥（Togo）、羅馬尼亞與越南。目前恐怖

世界人民生活地圖

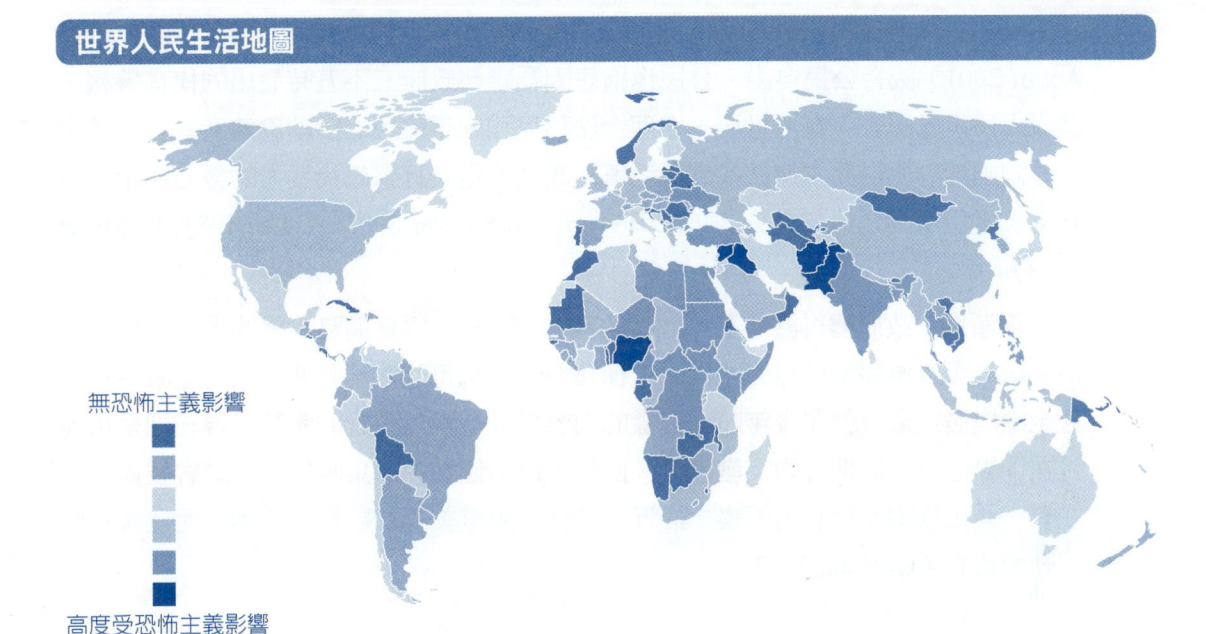

無恐怖主義影響

高度受恐怖主義影響

資料來源：Institute for Economics and Peace 2017b.

全球恐怖主義指數測量世界 163 個國家受恐怖主義影響的程度。為了代表恐怖主義造成的持續影響，每個國家被給予一個分數，代表五年內的加權平均數。

圖 15-2　全球恐怖主義指數

主義的必要面向包含媒體的使用。恐怖分子希望他們的身分保密，但又希望其政治訊息和目標可以盡可能傳達給更多的人。使用 Goffman 的擬劇法，社會學家 Alfred McClung Lee（1983）將恐怖主義比作舞台劇，也就是說固定的場景會以可預測的方式發生。無論透過媒體的呼籲、匿名的宣言或其他方式，恐怖分子一般都會承認並維護其暴力行動。

　　社會學家和其他學者研究何種行為會被標籤為「恐怖主義」的角色。社群媒體允許標籤為「恐怖分子」的團體，如博科聖地（Boko Haram）、伊斯蘭國（ISIS）、塔利班（Taliban）與蓋達組織，將他們的行動稱為正義的，以及民族國家針對他們的行動是非法且邪惡的。如標籤理論所示，被使用的標籤取決於一個人的觀點：公民權利團體如黑命關天質疑美國境內恐怖分子標籤的限制，並主張反黑人暴力行為的行凶者，包括警察，也應該算是恐怖分子。如同反映在黑命關天運動中的爭論是，恐怖主義不是聯合國安全理事會（UN Security Council）指定的恐怖組織的專有名稱（Gladstone 2015; Kampf 2014）。

　　自從 2001 年的 911 事件後，世界各國更加努力防範恐怖主義。雖然大眾普遍認為增加的監控與社會控制是必要之惡，但這些措施仍增加政府的爭議。例如，有

些美國和其他國家的公民質疑，是否某些措施如《美國愛國者法案》（USA Patriot Act of 2001）威脅公民自由。公民也抱怨因為聯邦政府三不五時發出的模糊警報，造成人民焦慮爆表。在全世界，處理合法移民和庇護難民的手續龜速進行，讓其家人分割兩地，使得雇主無法找到人手填補職缺。這些打擊政治暴力的努力顯示，恐怖主義這個用詞是恰如其分的（R. Howard and Sawyer 2003; A. Lee 1983; R. Miller 1988）。

逐漸地，政府變得關心另一類型的政治暴力——惡意網路攻擊的潛在危機。在電腦病毒可以傳播全世界的時代，這種類型的攻擊可能癱瘓整個國家的電腦系統，甚至癱瘓發電廠。就在幾年前，這樣的內容可能被視為小說的劇情，現在則是可能是在世界任何一個地方的突發事件。此外，以前僅被犯罪集團使用的駭客技術，現在有一些民族國家也照用不誤。最近，俄羅斯鎖定美國和歐洲的大選，而北韓也使用勒索軟體（Gidwani 2017）。

15.1　概述與回顧

摘要

每個社會必須有一個**政治系統**（political system），用來分配珍貴的資源。

1. 在所有的政治系統中都有三大基本**權力**（power）：**武力**（force）、**影響力**（influence）與**權勢**（authority）。
2. Weber 發現有三種權勢的理想型態：**傳統權勢**（traditional）、**法理權勢**（rational-legal）與**神格權勢**（charismatic）。
3. 有四種基本類型的政府：**君主制**（monarchy）、**寡頭制**（oligarchy）、**獨裁制**（dictatorship）與**民主制**（democracy）。
4. **戰爭**（war）可以被定義為組織之間的衝突，必須含有經訓練戰鬥力，並具有毀滅性的武器——這個定義包括與恐怖組織之間的衝突。

批判性思考

1. 在你的校園中，哪些是三大權勢類型的例子？
2. 請以 Weber 的定義比較在獨裁社會和民主社會中，權力運用的不同。
3. 對於世界和平最大的威脅為何？應該如何對抗這個威脅？

重要詞彙

權勢	政治體系
神格權勢	政治
民主制	權力
獨裁制	理性權勢
經濟制度	代議制民主
武力	恐怖主義
影響力	極權主義
君主制	傳統權勢
寡頭制	戰爭
和平	

15.2 在美國的政治行為和權力

美國公民經常將美國的政治體系視為理所當然。他們已經很習慣住在一個有權利法案（Bill of Rights）的國家、有兩大政黨、無記名投票選舉、民選總統、有別於國家政府的州和地方政府等。然而，每個社會都有自己的方式自我管理和決策方式。美國人民期望民主黨與共和黨候選人競爭公職；古巴和中國的人民，習慣共產黨一黨專政。在本節中，我們將檢視美國政治行為的幾個層面。

政治參與與政治冷感

從理論上來講，如果選民能夠得知充分資訊，並積極將其觀點傳達給政府領導人，代議制民主將發揮最有效和最公平的作用。遺憾地，美國並非如此。幾乎所有美國公民都熟悉基礎的政治流程，並且許多人固定支持某個政黨。2017 年底，約 44% 符合資格的美國選民傾向支持民主黨，和 37% 的民眾傾向支持共和黨。

然而，這樣的數字並不能反映過去 20 年的趨勢。首先，認同某主要政黨的人傾向越來越對立，由於共和黨與民主黨對於社會議題的觀點大異其趣。其次，比起以往，越來越多的美國人認為自己並不絕對只支持某一黨；但有相對較少的選民表明哪一黨都不支持，既不偏向共和黨，也不偏向民主黨。

四分之一到三分之一忠實的政黨支持者，將另一黨視為「對國家福祉的威脅」。驚人的是，92% 的共和黨支持者偏右（也就是較保守派），94% 的民主黨人都偏左（也就是較自由派）。最後，這樣的局面若要形成政治妥協或合作聯盟都將日益困難（Pew Research Center 2017c; Samantha Smith 2016a）。

到了 1980 年代，許多美國人很明顯開始對政黨政治冷感，對政治家和大政府漠不關心。這種日益增長的政治冷感，可以從投票統計數據上明顯看出。今日，所有年齡和種族的選民似乎比以往任何一個時代的選民，對選舉，甚至連對總統大選，都顯示出缺乏熱情。例如，在 1896 年的美國總統大選中，幾乎 80% 符合資格的美國選民都參與投票。然而到了 2016 年大選時，投票率只剩下 65%──遠低於 1960 年代的水準（圖 15-3）。

最後，政治參與使得政府對選民負責。如果政治參與度下降，政府運作時對社會的責任感就會降低。對美國最沒有

©Frank Micelotta/Getty Images

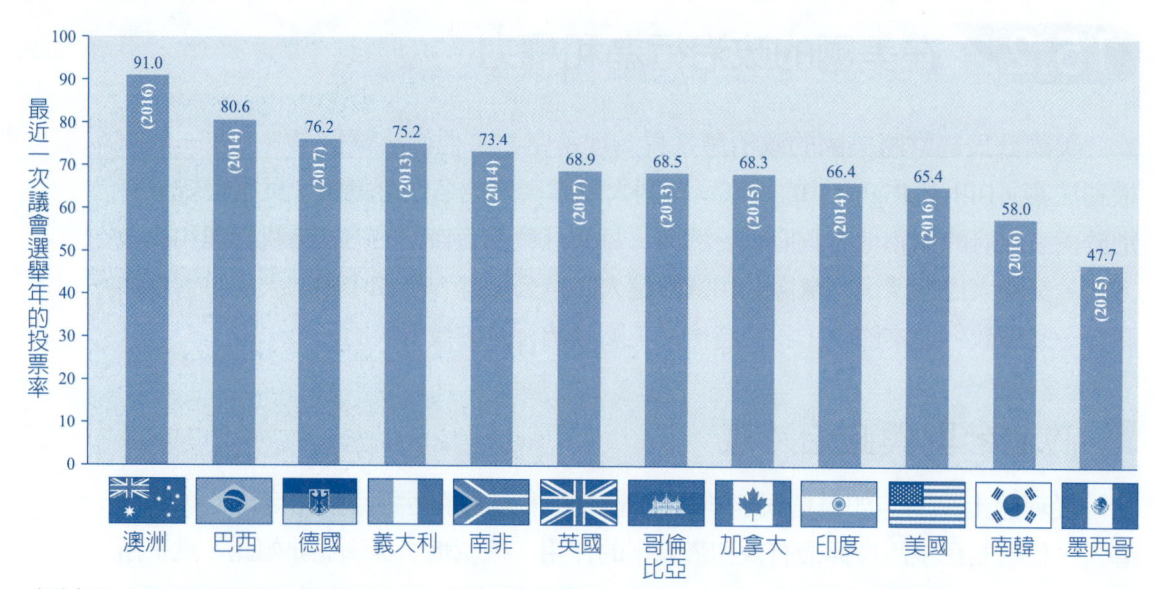

圖表：全球各國最近一次議會選舉年的投票率

國家	投票率	年份
澳洲	91.0	(2016)
巴西	80.6	(2014)
德國	76.2	(2017)
義大利	75.2	(2013)
南非	73.4	(2014)
英國	68.9	(2017)
哥倫比亞	68.5	(2013)
加拿大	68.3	(2015)
印度	66.4	(2014)
美國	65.4	(2016)
南韓	58.0	(2016)
墨西哥	47.7	(2015)

資料來源：International Institute for Democracy and Electoral Assistance 2018a. Flags: ©admin_design/Shutterstock

圖 15-3　全球各國的投票率

權力的個人和團體來說，這個問題最為嚴重。從歷史上來看，種族和少數民族成員的投票率特別低。然而，在 Obama 當選的 2008 年和 2012 年總統選舉的選後調查顯示，非裔美國人實際投票的比例幾乎與白人相同，甚至更高。

有許多的潛在選民未登記投票。窮人——可以理解的是，他們的重點是生存——傳統上，窮人在選民中的代表性也不足。在窮人群體中常常呈現較低的投票率，有一部分反映窮人共同的無力感。然而，低投票率的統計數據卻更鼓勵擁有政治權力的政客，繼續無視窮人和少數族群等弱勢團體的利益。

投票率的數據顯示，對投票最冷感的是年輕人。即使是 2012 年和 2016 年的總統大選，Obama 競選連任，和最聳動的 Trump 對 Hillary 競選的背景下，在這幾場大選中，18 歲到 24 歲的美國選民仍然表現興趣缺缺，只有低於半數的年輕選民前往投票，相較之下，65 歲及以上的老人投票率卻超過七成。

年輕人對選舉冷漠的原因為何？一般較常被解釋為，人民——尤其是美國年輕人——對政治體系的疏遠，他們被政治體系的膚淺和對候選人與競選活動的反感情緒影響。然而，美國年輕人確實會隨著年齡增長而提高投票率，但另外一個解釋似乎更為合理，例如投票登記很不方便或根本不去投票。年輕人們並不認為投票是自身的公民義務，反而認為政黨候選人應負全責，說服選民投票應是候選人的工作（*The Economist* 2017d; File 2017）。

✓ 運用你的社會學想像

你是否認為政治參與是一項重要的公民義務？如果是的話，你會藉由關注社會議題和投票來履行公民義務嗎？孰是孰非，原因為何？

政治上的種族和性別問題

由於政治伴隨著賦予權力和權威，我們不應意外，弱勢邊緣族群，如女性及種族和少數民族的政治力量薄弱。美國女性在 1920 年以前都沒有投票權；大部分的華裔美國人在 1926 年以前都沒有投票權；非裔美國人則直到 1965 年，由於美國國家投票權法案立法通過，才終於獲得公民投票權。可以預見的是，這些群體花了好長一段時間，才終於掌控他們的政治權力，並開始有效地行使。

將少數群體納入政府政治體系的進展很緩慢。2016 年大選後，19% 的國會議員是女性，18% 是種族和少數民族。雖然這個數字已經創記錄，但卻意味著非西班牙裔白人男性占全美當選人的三分之二。

今天，由於黑人和拉丁裔擔任選舉職務的人數創歷史新高，許多評論家譴責政客似乎只有在選舉時才想到少數族裔群體。

相較於過去，女性政治家現在較能享受勝選的滋味，然而有些證據顯示，媒體對政治家的報導男女有別。一項以報紙報導州長競選的分析指出，比起男性候選人，記者更常對女性候選人的私生活、外貌或個性品頭論足，而較少撰述她們的政治理念與得票率。此外，當報紙專欄中提到政治議題時，記者較常引述男性候選人，而非女性候選人的意見（Devitt 1999; Jost 2008）。

圖 15-4 顯示，在選定國家的立法機關中，女性代表的比例。雖然女性占比在美國與其他國家立法機關中都逐漸增加，但在諸多國家裡，卻只有一個國家的女性是超過半數的。非洲的盧安達是唯一的例外，排名第一，擁有 61.3% 的女性立法官員。直到 2017 年底，在 190 個國家的立法機關女性占比中，美國排名第 101 名。

©Win McNamee/Getty Images

2008 年，André Carson 從印第安納州當選國會議員。他成為第二位穆斯林的國會議員。截至 2019 年，共有 3 名穆斯林的國會議員，包括 2 名女性。Carson 在此特別感謝支持者——來自印第安納州，印第安納波利斯（Indianapolis）地區的選民。

為了補救這個問題，許多國家採用女性代表保留名額制。在一些國家，政府甚至安排女性固定席位，通常占比14%到30%。而其他國家，政黨則決定提名的女性候選人需要占比20%到40%。目前有86個國家與一些領域，都設置女性保留名額制度（International Institute for Democracy and Electoral Assistance 2018b）。

美國的權力階層模型

在美國是誰掌控了權力？「人民」真的透過我們的民選代表管理這個國家嗎？或者在幕後真的有一群少數菁英掌控政府和經濟體系？在美國如此複雜的社會，權力究竟落入誰的手中，實在一言難盡。為了探究這個關鍵的問題，社會科學家針對美國的權力結構，發展出兩個基本觀點：權力菁英模型與多元主義模型。

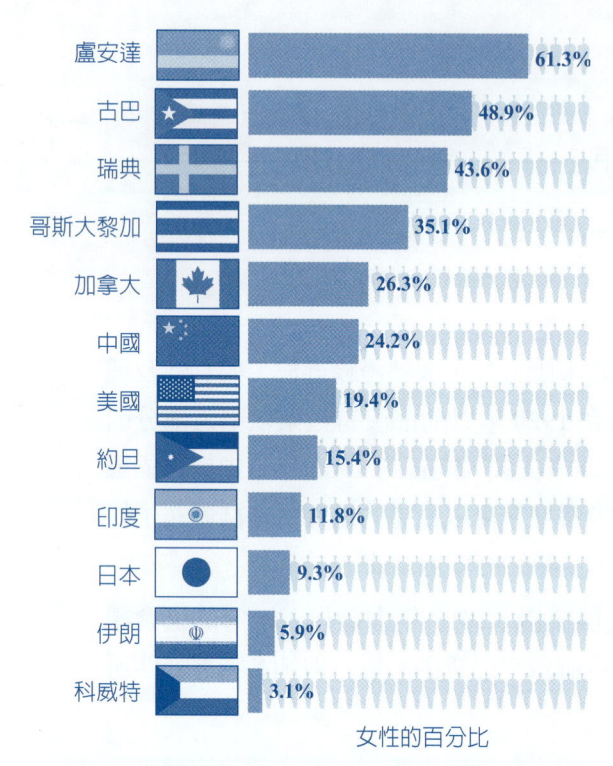

國家	女性百分比
盧安達	61.3%
古巴	48.9%
瑞典	43.6%
哥斯大黎加	35.1%
加拿大	26.3%
中國	24.2%
美國	19.4%
約旦	15.4%
印度	11.8%
日本	9.3%
伊朗	5.9%
科威特	3.1%

註：數據僅限下級立法機關，2017年10月1日統計；關於上級立法機關，例如美國參議院，不包括在內。

資料來源：Inter-Parliamentary Union 2017. Flags: ©admin_design/Shutterstock

圖 15-4　在選定國家的立法機關中的女性比例

權力菁英模型

Marx 認為，十九世紀的代議制民主在本質上就是一場騙局。他認為，工業化社會是被一群擁有工廠和天然資源的相對少數人所掌控。Marx 的觀點認為，政府官員和軍事領袖本質上是這個資本主義階層的走狗，並且對他們言聽計從，因此政客做的任何重要決定，無可避免地反映出主流資產階級的利益所在。正如其他贊同權力關係的**菁英模型（elite model）**的人，Marx 相信社會是被少數人團體所統治，而這些人的政治與經濟利益是一致的。

米爾斯模型

社會學家 Mills 在著作《權力菁英》（*The Power Elite*）（[1956] 2000b）使這個模式更加進化。Mills 描述一群擔任軍事、工業與政府領袖的少數團體，掌控美國的命運——**權力菁英（power elite）**。無論在政府內部或外部，權力都是握在少數人手裡。

圖 15-5 權力菁英模型

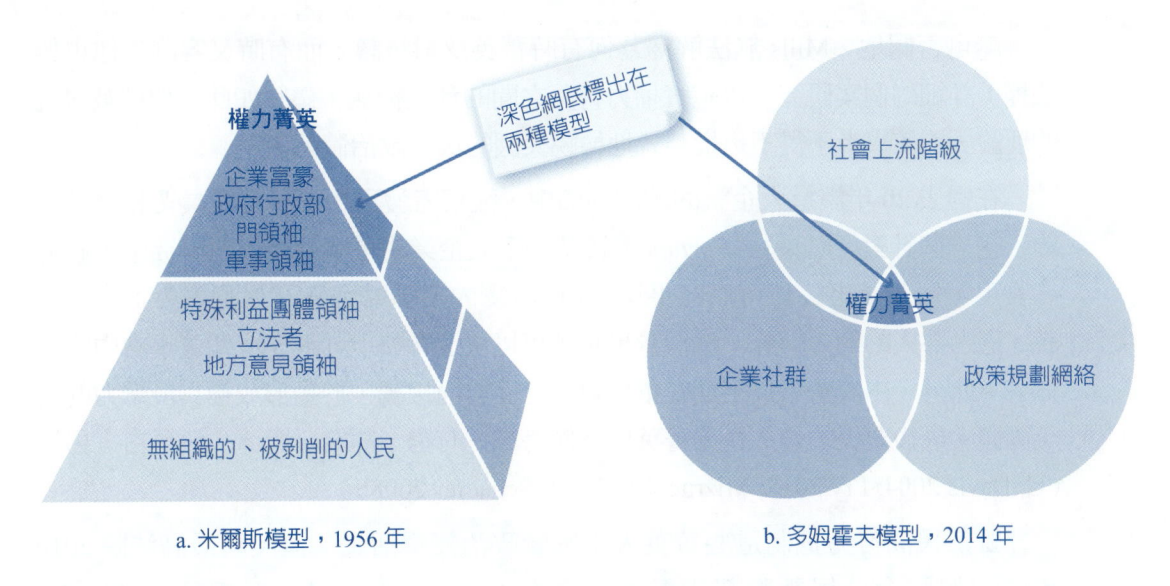

資料來源：(a): Author based on Mills [1956] 2000b. (b): G. William Domhoff. *Who rules America? The Triumph of the Corporate Rich*, 7e, 2017. ©2014 by The McGraw-Hill Companies, Inc. All rights reserved. Used with permission.

圖中標示：
- a. 米爾斯模型，1956 年（金字塔結構）
  - 頂層：權力菁英—企業富豪、政府行政部門領袖、軍事領袖
  - 中層：特殊利益團體領袖、立法者、地方意見領袖
  - 底層：無組織的、被剝削的人民
- b. 多姆霍夫模型，2014 年（三圓交集）
  - 社會上流階級、企業社群、政策規劃網絡
  - 交集處：權力菁英
- 深色網底標出在兩種模型

　　Mills 的模型以金字塔描繪美國的權力階級結構（圖 15-5a）。在金字塔頂層的是企業富豪、政府行政部門領袖，與軍事領袖（Mills 稱為「軍閥」）。在此之下的階級為地方意見領袖（民意代表）、立法者與特殊利益團體領袖。Mills 主張，這些人或團體基本上對掌控大局的權力菁英言聽計從。最後，在金字塔底層才是無組織的、被剝削的人民。

　　權力菁英模型在許多方面而言，與 Marx 的理論十分接近。最大的差別在於，Mills 認為具有經濟影響力的有錢人機關算盡，和軍事、政治機構官商勾結，以謀求他們的共同利益，他反對 Marx 認為資本主義經濟結構會創造出一個統治階級。然而，Mills 權力菁英模型底層沒有權力的人民，絕對能使人聯想到 Marx 所描繪的，在世界中被壓迫的工人階級，他們「除了桎梏，別無所失」。〔譯註：摘自 Marx《共產黨宣言》（1848），作者引用的原文為：「無產者在此革命中，除了桎梏，別無所失。他們贏得的，將是整個世界。全世界無產者，聯合起來吧！」〕

　　Mills 的理論的基本元素在於，權力菁英不僅包括相對少數的人，也作為一個有自我意識的、有凝聚力的團體。雖然不一定是窮凶惡極、殘酷無情，但菁英由相似類型的人互相勾結而組成，並大抵上擁有一致的政治與經濟利益。Mills 的權力菁英並非陰謀論，而是一個具影響力的少數人士所組成共同情緒、利益的社群（A. Hacker 1964）。

無可否認地，Mills無法解釋為何有時菁英反對抗議，而有時又容許；他也無法提供詳細的個案研究，以證實權力菁英之間的利益輸送。儘管如此，他挑戰傳統的理論，迫使學者不得不更批判式地檢視美國的民主政治體系。

在過去20年震撼大企業的醜聞評論中，觀察者發現企業菁英成員是私交甚密的。在一個針對《財星》（Fortune）雜誌一千大企業的董事會成員的研究中，研究者發現，每個董事長都可以在平均3.7個步驟內，聯繫到每一個董事會；也就是說，透過熟人的熟人轉介，每個董事長都可以快速聯繫上其他999個董事會中的某個人。此外，由於董事長定期在董事會議上面對面接觸，於是形成極具凝聚力的菁英團體。最後要提的是，企業菁英們不僅有錢、有勢、團結，還清一色是白人男性（G. Davis 2004; Fry 2015; Mizruchi 1996; R. Schaefer 2008b）。

雖然民間努力抵制這些菁英人士影響政治競選活動，但美國最高法院2010年的判例聯合公民訴聯邦選舉委員會案（Citizens United v. the Federal Election Commission）使民眾情何以堪。此判例停止來自組織、企業、政治捐客與個人，對選舉政治獻金金額的限制，他們想用這些錢創造自己的競選造勢文宣，或在媒體刊登廣告。

Mills的權力菁英模型的一個衍生物為，對於全球權力菁英存在的現今研究——也就是這些企業、政治及前軍事領袖，他們的權力之大可穿越國界。由於這個研究路線相對而言較新，在此術語的定義上仍有爭議。一個盛行的觀點是，這些具有影響力的國際玩家似乎比可以被國界定義的那些人更具爭議；結果就是缺乏共識。此外，許多全球性組織製造自己的領袖團隊，他們可以嚴重影響政治、法律與經濟決策（Madsen and Christensen 2016）。

多姆霍夫模型

過去三十年來，社會學家G. William Domhoff（2014a, 2014b, 2018）同意Mills的觀點，即有一個強大的菁英階層真正統治著美國。這個菁英階層團體由來已久，成員多半年紀不小，且為上流社會的白人男性。然而，Domhoff強調在美國企業界的菁英和政策規劃網絡組織中的領導者扮演的角色，例如美國商會和工會，兩組中的許多人也是社會上流階級的成員。他還指出，在關鍵的重要職位中，仍可見到有極少部分的女性和少數族裔男性——基本上被排除在Mills的職權階層系統之外的少數群體，他們今天在美國社會中的代表性仍然不足。

儘管在Domhoff的權力菁英模型中，三個群體有所重疊，如圖15-5b所示，但他們對某些具體政策意見不一定相同。Domhoff指出，在選舉的競技場下，有兩種團結聯盟發揮影響力：企業—保守黨聯盟（corporate-conservative coalition）在兩

個政黨中都發揮重要作用，透過發送直接郵件，呼籲需要支持某特定候選人；另一個自由—工黨聯盟（liberal-labor coalition）則以工會為基礎，由地方環境組織、少數團體社區和自由派的教會、大學與藝術社區群體的成員所組成（Zweigenhaft and Domhoff 2006）。

多元主義模型

另有一些社會科學家堅持，美國的權力比權力菁英模型顯示的更為廣泛，是由不同群體共治的。在這群社會科學家看來，**多元主義模型（pluralist model）**更能準確地描述美國的國家政治體系。根據多元主義模型，許多社區內相互競爭的群體皆有機會接觸政府政策，因此並沒有某單一群體具有獨占優勢。

多元主義模型表明，各種群體在決策制定中發揮重要作用。通常，多元主義者會頻繁地利用觀察到的案例或社區研究。最著名的是——康乃狄克州紐哈芬的決策報告——源自 Robert Dahl（1961）的調查報告。報告發現，雖然參與重要決策的人數很少，但社區的權力結構卻很分散。很少有政治行動家能在所有議題上獨攬大權，某個人或小團體確實可能對杯葛都市更新的決議具有一定影響力，但是對教育政策決議的影響力卻很有限。

然而，多元主義模型仍遭受嚴肅的質疑。Domhoff（1978, 2014a）重新檢視 Dahl 在紐哈芬的決策研究，並認為 Dahl 和其他多元主義者未能發現決定政策的地方菁英，其實都是屬於一個更大國家統治階層的人。此外，對於社區權力的研究，例如，Dahl 對紐哈芬的研究，只能說檢視政治層面的議題決策。這個模型並無法說明，地方菁英其實暗中控制某些事物，使政府無權干涉。

對多元主義模型最主要的批評是，如同我們最初所述，該模型並未指出，無論聽起來如何多元，這仍是由美國白人掌控的多元主義，其中有色及少數民族基本是不存在的。確實，仍有黑人、拉丁裔及亞裔的政治家和決策者存在，但壓倒性地，他們的影響力往往僅限於種族議題，或少數族裔主導的政策領域，例如投票權或移民政策改革。即便在這些領域，白人的影響力仍無遠弗屆；而在主要由白人組成的政治領域

©Haraz Ghanbari/AP Images

在遊說團體試圖影響公共政策的活動中，我們可以看到多元主義者的行動。廣為人知的幹細胞研究就是一個很好的例子；保守的宗教團體反對健康倡導團體，政治領導人在這場爭論中被迫要選邊站。幾位著名的共和黨政治領袖，表示支持幹細胞研究技術的立法，包括共和黨猶他州參議員 Orrin Hatch，圖中他與知名演員暨倡議者 Michael J. Fox 合影。儘管如此，在 2001 年，George W. Bush 總統禁止聯邦政府資助幹細胞的研究。而八年後，Obama 總統又解除了該限制。

中,少數族群的聲音經常被忽略(Berry and Junn 2015; Pinderhughes 1987)。

從歷史角度來看,多元主義者強調大量的人民能參與或影響政府決策的方式。透過新的通訊技術,可將人民的聲音傳達給政府,這不僅適用於美國,也適用於開發中國家,乃至於世界各國。然而,不論是權力菁英主義或多元主義,都闡述一個共同的觀點:在美國的政治體系中,權力分布不均。雖然所有的公民在理論上是平等的,但在國家權力結構中處於高層的人「更為平等」。社會動盪,例如 2010 年到 2012 年的阿拉伯之春起義,造成大批民眾的政治參與,但最終長期決策仍然掌握在相對少數人的手中(Freedman 2014; Ishak 2013)。

無論是何種形式的政府,社群媒體和人民能夠取得網路的能力,改變政治生活的型態,如專欄 15-1 所述。

或許無論一個國家的權力結構如何,對權力的最終考驗都是關於戰爭的決定——無論是這個國家要參戰或開戰,因為士兵往往源自下層階級——社會中最弱勢的群體——對這些遠離權力中心的人民而言,戰爭的決定卻是性命攸關的。長遠來看,如果一般民眾普遍不相信戰爭是必要的,軍事行動就很難成功。因此,戰爭是解決國家跟國家之間衝突的一種高風險方式。在下一節中,我們將回到經濟層面,檢視世界經濟如何隨著全球化而改變。

我們緊密連結的世界

專欄 15-1

網路競選活動

即使在網路發達的現在,公民仍可透過投票、捐款或花時間去競選人辦公室支持他們,或是在地方報紙投稿等傳統方式來行使政治權力。公眾集會或抗議雖然可能不適合所有人,但也能有效表達對特定政治家或社會議題的支持。現在,網路和社群媒體的出現,成為新興的政治活動模式,並快速擴張。

今天,社群媒體是公民政治參與的主要力量。甚至過去未曾特別關心政治的人,也因為社群媒體中朋友的影響,進而透過各種社群媒體平台得知政治新聞。在 2016 年美國總統初選的高峰期,研究顯示有 62% 的人是從社群媒體上獲得競選新聞的相關資訊。

在 2016 年美國總統大選,Trump 對 Hillary 競選的一個特徵是,網路競選內容的分歧性質與黨派仇恨。這種分歧成為政治議題,因為候選人互相指責對方有負面或虛假陳述,因此激起網民對重要社會議題的口水戰。

雖然網路競選活動的參與,以年輕族群較為興盛,但年齡層的差異其實並不大。例如,30 歲以下的民眾有 43% 會使用網路搜尋競選文宣,而 50 歲到 64 歲的民眾仍有 22%。

關於線上行使公民權的有效性,其研究

才剛剛啟蒙。網路社群媒體對民眾的政治意見有影響力嗎？如果確實有，是何種影響？超過 40% 的人在社群媒體上追蹤政治人物，因此可以「搶先了解政治新聞」。四分之一的人相信網路資訊，比傳統新聞播報更為可靠。進階研究的一個重要路線是，網路政治是否真的說服民眾改變想法。

在歐洲政治家使用推特的早期分析報告指出，社群媒體的主要功能很可能是「向皈依者傳道」，但鑑於網路宣傳的成本較低，卻可能獲得中間選民的選票、堅定支持者沒選錯人、使投票率增加種種原因，將會影響政治議題決議和選舉結果。

對網路政治的依賴，日益對政治組織產生影響。使得競選團隊更加關注在網路上發布訊息的方式。比起記者會或競選集會的媒體報導，政黨團隊對線上發布訊息的內容擁有絕對的掌控度，也可以選擇接收訊息的群眾類型，甚至還可以量身訂做，鎖定人口中的某一小類族群。

在本章前面，我們注意到年輕族群的低投票率。線上網路競選活動，似乎是增加年輕人對選舉政治參與的有效辦法。但是 18 歲到 21 歲的人通常不包含在競選團隊的選民資料庫中，因此若要接收競選資訊，年輕選民必須自行聯繫競選團隊。隨著競選團隊在鎖定潛在選民的科技上日益精準化，這個問題將會迎刃而解。

鑑於網路和社群媒體，傾向鼓勵人民多多參與政治活動，政府則覺得此風不可長，而試圖壓制這些平台。各國政府紛紛打壓反對中央政府的網路或人權運動，例如言論自由、少數族群觀點或宗教觀點。2006 年，當軍事政變推翻泰國的民選政府，泰國公民失去可以自由表達批評意見的網路管道。這些行動賦予武力新的意義，它作為權力的來源，能夠對線上內容做審查；同樣是使用武力的例子，包括關閉報社，或逮捕政治異議人士等。

如同公民，政府也開始善用網路，並跨越國界做政策宣傳。被描述為「公共外交」（public diplomacy），美國國務院已經習慣在國外使用推特。2012 年，在美國駐中東領事館遭到暴力襲擊的幾分鐘內，美國駐開羅大使館就在推特上，發布緊急號碼給美國公民，並感謝其他推特用戶對駐利比亞大使遭謀殺發表的慰問。

對於總統候選人 Trump，推特成為一個有用的媒體平台，並且在他當選總統後，繼續愛用推特發言。大約有六分之一關於 Trump 的新聞報導都提到他的推文，雖然褒貶不一。

討論

1. 你是否出於政治目的，使用網路或社群媒體？如果是的話，你的社會網絡中有哪些人，會影響你的政治觀點或政治參與？
2. 線上競選活動可能會有哪些缺點？

資料來源：Deibert et al. 2008; Donges and Nitschke 2018; Grieco and Gottfried 2017; Shearer and Gottfried 2017; Duggan and Smith 2016; *The Economist* 2014a; Vergeer 2015.

15.2　概述與回顧

摘要

政治參與讓政府對人民負責。

1. 在美國與世界上一些國家，選民對政治體系表現出政治冷感。
2. 女性在政界仍屬少數，但漸漸地在選舉政府官員的公職時嶄露頭角。
3. 美國權力結構的**菁英模型（elite model）**的提倡者，認為美國被少數人團體所統治，這些人〔**權力菁英（power elite）**〕擁有相同的政治與經濟利益。**多元主義模型（pluralist model）**的提倡者，則認為各利益衝突的團體，能共享權力。

批判性思考

1. 在美國的政治行為中，性別與種族何者扮演較重要的角色？請解釋。
2. 在美國的權力結構中，你覺得權力菁英模型與多元主義模型，何者較為貼切？試述之。

重要詞彙

菁英模型
多元主義模型
權力菁英

15.3　經濟制度

根據 Lenski 所創的社會文化演進法，將前工業時代的社會依照經濟的組織方式分類。如前所述，前工業化時代社會的主要型態有採獵社會、初期農業社會及農業社會。

在 1760 到 1830 年的這段時間，主要發生於英國的工業革命，造成工作場所社會組織之改變。人們離開家，到集中的場所工作，如工廠。當工業革命進行時，一種新的社會結構也伴隨而生：**工業社會（industrial society）**，這是一個依靠機器來生產貨物與服務的社會。

這幾個大型經濟體系的影響無遠弗屆，如圖 15-6 所示，在過去三個世紀中，工業化大幅增加國家的財富。中國自 1990 年（在二十世紀後半葉）才開始開放買賣農地，從世界第十一大晉升至第二大經濟體系。

現代的工業社會，區分成兩種基本的經濟制度：資本主義和社會主義。如同以下所述，資本主義和社會主義，是兩種經濟制度的理想類型。沒有任何一個國家，完全符合其中一套模式。每一個工業化國家之經濟，都代表資本主義和社會主義的混合，即便任何一種主義，通常足以形容一個社會的經濟結構。

世界最大經濟體系

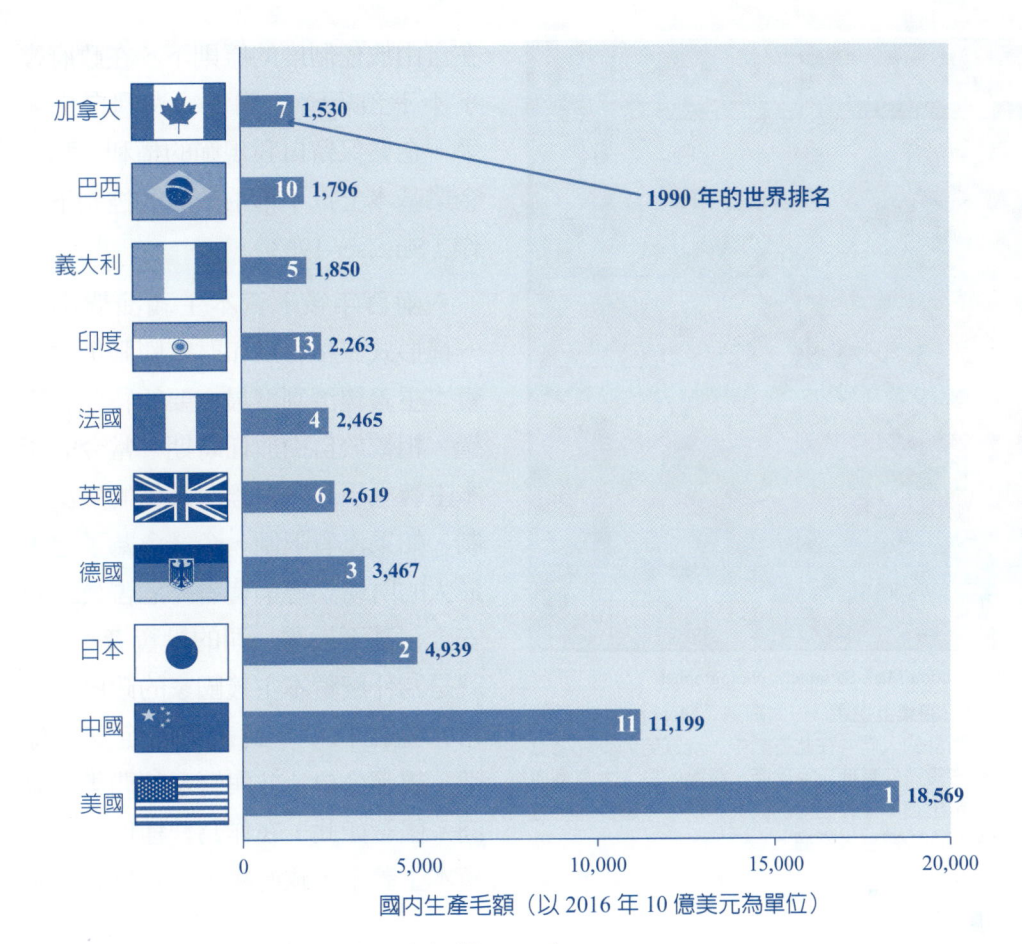

國家	1990年的世界排名	國內生產毛額
加拿大	7	1,530
巴西	10	1,796
義大利	5	1,850
印度	13	2,263
法國	4	2,465
英國	6	2,619
德國	3	3,467
日本	2	4,939
中國	11	11,199
美國	1	18,569

國內生產毛額（以2016年10億美元為單位）

資料來源：World Bank 2018. Flags:©admin_design/Shutterstock

圖 15-6　世界最大經濟體系

資本主義

在前工業化的社會，土地可以視為所有財富的來源。工業革命改變了一切，它需要一些特定的人和機構，願意冒極大的風險資助新發明、機械和商業活動。最後，銀行家、工業家與其他極度富有的人，取代原來的地主，成為最主要的經濟力量。這些人投注資金，並期望能變得更富有，因此成為房地產和企業的擁有者。

伴隨著資本主義經濟的興起，經濟型態轉換為私人企業。**資本主義（capitalism）**指生產的方法大多被私人控制，而經濟活動的主要動機，是累積財富的一種經濟制度。實際上，資本主義制度，因為政府控制私人企業及經濟活動的程度，而不同（D. Rosenberg 1991）。

一種普遍的資本主義形式緊隨著工業革命而來，稱為**自由放任制度（laissez-faire）**（任由他們）。正如英國經濟學家 Adam Smith（1723-1790）提倡與保證的，

©McGraw-Hill Education/Mark Steinmetz, photographer
流行將近一個世紀的桌上遊戲——大富翁（Monopoly），已經娛樂了全球數以百計的人們。在此遊戲中，玩家努力支配著虛擬的經濟，並想方設法使其他玩家破產。諷刺的是，大富翁遊戲的開發，正顯示出資本主義制度的缺失，例如，超額的租金與大多數的財富都由少數富人掌握。

在自由放任制度的原則下，在政府幾乎不干預經濟情況下，人們自由競爭。企業保留自我規範的權利，私人企業基本上以不懼怕政府的控制下運作（Smelser 1963）。

兩百年後，資本主義演變出另一種形式。私有制和財富膨脹仍然是資本主義經濟制度最主要的特色。不過，相較於自由放任時期，當今的資本主義呈現政府對經濟關係的廣泛控制。如果沒有限制，企業會為了追求最大的財富誤導消費者、危害員工的安全，甚至欺騙公司的投資者——這就是為什麼資本主義國家的政府必須常常監控物價、為工業制定安全標準、規範公會，並與管理部門集體協商。儘管如此，在作為一種理想型的資本主義下，政府幾乎不會接收整個產業的所有權。

現代資本主義和自由放任制度在某個重要的層面也有區別：資本主義容許獨占手段。**獨占（monopoly）**指一家單一公司控制整個市場。一家公司支業，並且可以使用價格制定、品質標準及供給率來控制商品。購買者幾乎別無選擇，只能向此單一公司妥協外；消費者無法在其他地方買到同樣的商品或服務。獨占行為破壞Smith與其他自由放任資本主義的支持者，所珍視的自由競爭理想。

有些資本主義國家（如美國），依照反獨占條例，而將獨占視為非法。如此的法律能防止單一公司在同一產業中取代所有其他的競爭力，而得以控制整個市場。美國聯邦政府只在一些例外的情況下（如能源和交通產業），才會允許獨占的情形。即便如此，規範管制的單位會監督這些法律允許獨占公司的行為，以保護大眾的權益。和Microsoft公司持續不斷的法律抗爭，正標示資本主義國家中，政府和私人獨占企業間的緊張關係。

衝突論學者指出，純獨占並不是美國經濟的基本元素，在被稱為自由企業的制度中，競爭受到更大的限制。在許多產業，少數公司主控整個領域，阻止新投資者進入這個市場。

從 2008 年經濟嚴重衰退期間開始，美國更加與自由放任的經濟制度背道而馳。為了防範主要財務機構破產，聯邦政府對遭逢財務危機的銀行、投資及保險公司投資上千億美元。在 2009 年，政府協助即將倒閉的通用汽車（General Motors）工廠脫離困境，持有 60% 的股權，加拿大政府則取得另外 12% 的股權。

©Tom Stoddart Archive/Getty Images
在剛果，工人用汗水和鏟子挖鈳鉭鐵礦。由於美國電腦公司對這種金屬的需求突然大增，造成渴求戰爭資金的鄰國侵略剛果。司空見慣地，全球化經常造成一個國家的經濟或設想福利的意想不到的惡果。

正如之前所述，全球化與跨國企業興起，拓展世界各地資本主義利潤的追求。尤其是在開發中國家，政府並非隨時都有準備能處理外資的湧入，以及其對經濟的影響。例如剛果，驗證無限制的資本主義會傷害開發中國家。剛果當地富藏鈳鐵礦—鉭鐵礦（簡稱鈳鉭鐵礦），此金屬被廣泛使用在製造電路板。直到手機、筆記型電腦的需求市場激增之前，美國製造商是從澳洲取得大部分的鈳鉭鐵礦。但是當客戶需求量暴增，美國製造商則向剛果的礦場購買原料，以增加供應量。

勞工年均所得的三倍以上——這樣一來，便吸引了不懷好意的關注。很快地，鄰近國家盧安達、烏干達與蒲隆地開戰，為了找到戰爭資金的來源，他們看上了剛果國家公園的自然資源，利用砍伐、焚燒等破壞環境的方式，使林地下的鈳鉭鐵礦暴露。鈳鉭鐵礦需求劇增，間接提供戰爭資金和對環境的掠奪。在 2017 年，美國主要製造商（為避免繼續破壞環境）停止自剛果進口。同時，較小的新創公司試圖和合法供應商合作，以確保被僱用的剛果人能在人道的工作環境下工作（Amnesty International 2017b）。

✓ 運用你的社會學想像

你個人欣賞資本主義的哪些層面？哪些層面覺得不妥？請解釋。

社會主義

社會主義理論產自 Marx 與 Engels 的著作。這些歐洲激進分子，非常憂慮勞工階級在工業革命時被剝削的情況。他們認為，資本主義迫使許多人們成為血汗勞工，用勞力換取微薄的薪資。企業主從工人付出的勞力中獲利，主要是因為付給工人的薪水，遠比所生產產品的價值來得低。

作為一個制度的理想型，社會主義經濟制度企圖消滅經濟剝削。在**社會主義**（**socialism**）之下，社會的生產和分配方法是由社會全體成員，而非由私人擁有。這個經濟制度的基本目的乃是符合人民的需求，而不是追求最大利益。社會主義者不相信放任政策的自由競爭會造福大眾的那套理論哲學；相反地，他們相信代表全民的中央政府應該做出基本的經濟決策。因此，所有主要產業皆為國有──包括鋼鐵生產、汽車製造和農業，這是社會主義作為一種理想型的主要特徵。

從實際操作面來看，社會主義經濟制度依政府對私有企業的容許程度而有所差異。例如，英國是結合社會主義和資本主義經濟的國家。主要的航空服務業，是由政府所擁有的英國航空（British Airways），然而，即使在英國航空於 1987 年民營化，民有的航空公司也能與之競爭。

社會主義國家對社會服務的投入方式，與資本主義國家不同。例如，美國政府透過老人醫療保險（Medicare）和美國醫療救助（Medicaid）兩種方案，對老人與貧窮者提供健康照護和健康保險。社會主義國家通常提供，由政府補助的醫療保健給所有的人民。理論上，集中全民的金錢，用於個人與家庭，提供醫療保健、住宅、教育與其他重要的社會服務。

Marx 相信每個社會主義的國家終將「枯萎」，並演變為共產主義社會。作為一種理想型，**共產主義**（**communism**）是指一種經濟制度，所有的財產都是公有的，社會不因個人的生產能力加以區分。近幾十年來，蘇聯、中國、越南、古巴和一些東歐國家，被認為是共產主義經濟制度的例子。然而，這是不正確使用帶有政治敏感意味的詞彙，二十一世紀實施共產主義的國家，事實上都與理想型大相逕庭（Walder and Nguyen 2008）。

早在 1990 年代早期，東歐國家的共產黨已經不再掌權。到了 2017 年，莫斯科有 60 位億萬富豪，緊追紐約市領先世界的 79 位。在同一年，共產黨掌權的中國，光是首都北京有 51 位億萬富豪（*Forbes* 2017）。

如前所述，資本主義和社會主義是兩種截然不同經濟制度的理想型。事實上，每一個工業社會的經濟──包括美國、歐盟與日本，都同時含有資本主義和社會主義的某些成分（請見表 15-1）。無論差別如何，無論它們比較符合資本主義或社會

表 15-1　三大主要經濟制度之特色 ｜總結

經濟制度	特色	代表國家
資本主義	生產方法大多被私人掌控 主要動機是累積財富	加拿大、墨西哥、美國
社會主義	生產方法是集體，而不是個人所擁有 基本目標是滿足人民需求	俄羅斯、委內瑞拉
共產主義	所有財產都是共有的 不因個人的生產能力來區分其社會地位	古巴、北韓

註：在第三欄列舉的國家是相關經濟制度的典型國家，但不代表其完全符合該制度。實際上，大多數國家的經濟制度是由這三種主要經濟制度混合而成。

主義的理念型，在所有的工業社會都依賴貨物生產和服務的機械化。

非正式經濟

在許多國家，有一種經濟制度，足以與資本主義及社會主義相抗衡。即是——**非正式經濟（informal economy）**中，金錢、商品與勞務的轉讓，不需要上報政府。非正式經濟的例子包括，以物易物——幫某人剪髮換取他教你電腦；在街上擺地攤；或從事非法交易，例如賭博和毒品交易。非正式經濟也包括看不到的地下經濟，非法保姆、非法家事清潔員。這類經濟的參與者，能逃避稅收和政府的規範。

在美國，非正式經濟占整體經濟的 8%；在其他工業化國家則因地而異，北美與歐洲的勞工中有 20% 到 30% 屬於此類。而在開發中國家，如亞洲與非洲的某些國家，其非正式經濟的占比高達 80% 到 95%（Loayza 2016）。

功利主義者聲稱，官僚制度的管制有時會促進非正式經濟興起。在開發中國家，政府常會讓工作量過大的官僚執行繁重的商業管制。當執照和特許的申請案件堆積，延緩商業計畫，合法的企業家發現需要轉入地下才能便宜成事。儘管這樣做明顯較有效率，但這種非正式型態對國家整體的政治和經濟福利而言，卻是一種失功能（有害的）。由於這種非正式企業一般都故意設立於偏遠地區以逃避查緝，所以當利益增加時，它們也不能輕易地擴展。由於它們在財產及契約權利的保護上受限，非正式經濟的參與者（員工），不太可能將收入作為儲蓄或投資。

無論非正式經濟有什麼功能，對勞工而言，在某些方面都是有失功能的。在那些非法企業的工作條件，通常不很安全甚至非常危險，當有人生重病或是無法繼續工作時，也不太可能會有什麼工作津貼。也許更明顯的是，年長勞工待在非正式經濟的時間越久，也越難轉換到一般正常的經濟中。不論勞工多麼有效率或生產力，

成功的攤販老闆或自營業的清潔工，雖然都具備寶貴的經驗和技能，但在面試者的眼中卻一文不值（Venkatesh 2006; WIEGO 2016）。

15.3 概述與回顧

摘要

一個社會的經濟系統對社會行為和其他社會制度有重大的影響。

1. 隨著工業革命的發生，一個新型的社會結構出現：**工業社會（industrial society）**。
2. **資本主義（capitalism）** 制度，因政府控制私有企業及經濟活動的程度而有所差異，但都強調以獲益為動機。
3. **社會主義（socialism）** 的基本目標是消弭這種經濟剝削，並符合人民的需要。Marx 相信，社會主義最終會演化成**共產主義（communism）**。
4. 在開發中國家，**非正式經濟（informal economy）** 占總體經濟很重要的一大部分。而且因為這一部分十分依賴婦女的勞動力，因此其產值被低估。

批判性思考

1. 在美國，什麼因素可能會鼓勵非正式經濟的成長？這些因素與（美國）國內的經濟系統有何關聯？
2. 為何這些自稱為共產主義的國家，在實際施行上，卻無法達到 Marx 定義的共產主義制度？

重要詞彙

資本主義　　　　　　自由放任制度
共產主義　　　　　　獨占
工業社會　　　　　　社會主義
非正式經濟

15.4　變動的經濟

正如權力菁英模式提倡的，資本主義社會的潮流是所有權集中在大財團手裡，特別是跨國大企業。在之後的小節中，我們將檢視在美國關於此潮流的五種發展：勞動力的面貌變化、去工業化、共享經濟、暫時的勞動力與境外生產。這些潮流顯示，任何經濟型態的改變都具有社會與政治的含義。

■ 勞動力面貌之變化

在美國，勞動力的內容一直在變化。第二次世界大戰期間，當時男性必須從

軍，龐大數量的女性加入勞動力。隨著 1960 年代公民權運動的興起，許多工作機會向少數族群開放。專欄 15-2 詳細說明，對積極聘用女性和少數族群進入職場的平權行動。

儘管預測不一定可靠，但社會學家和勞工專家預見，勞動力將由更多女性和少數族群組成。在 1950 年，勞工市場中超過 86% 男性，而女性則為 34%。到了 2025 年，預計 66% 男性將進入勞工市場，而女性則為 55%（Toossi 2016）。

在少數族群的工人中，這樣的效應更為戲劇化，如圖 15-7 所示。在 1996 年到 2026 年這三十年，由非西班牙裔白人構成的勞工比例會從約 75% 下降到 58%。

當少數族群加入了勞動市場，移民及其子女從非正式經濟的邊緣化工作和職業，進入能見度及責任更高的職業時，勞動市場越來越直接反映人口的多樣化。勞動力變化所帶來的衝擊絕對不只表現在數據上。越來越多樣化的勞動力，意味著勞工更有可能超越性別、種族和族群的界線。互動論學者指出，人們將會發現他們的上司或是屬下是和自己截然不同的人。

去工業化

當一家公司因為營利上的考量，而決定將營運已久的公司或工廠地點轉移到國內其他地區，或甚至遷移到另一個國家時，會發生什麼情況？人們失去工作；商店失去顧客；地方政府的稅收減少，因而必須縮減服務。這不幸的過程，在過去十年一再上演。

去工業化（deindustrialization）是指有系統地、全面地，將如工廠等生產基本層面的投資撤銷。當大企業去工業化時，並不表示它們拒絕投資新的或營利機會。實際上，只是改變投資標的與地點，並且在自動化生產的影響下，機械取代勞工，

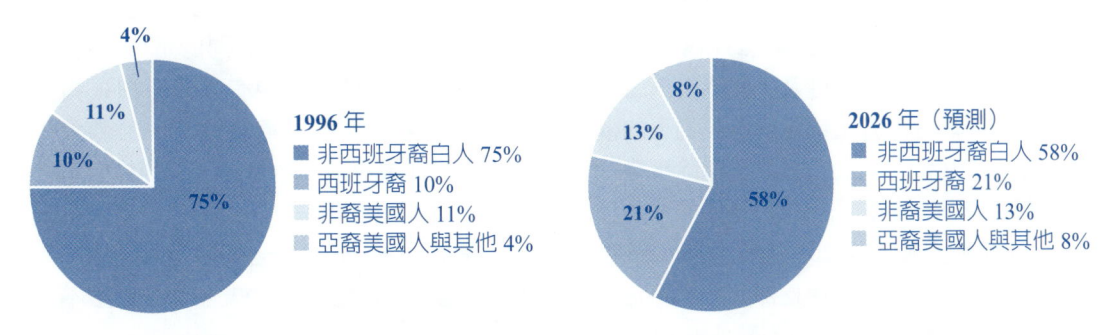

1996 年
- 非西班牙裔白人 75%
- 西班牙裔 10%
- 非裔美國人 11%
- 亞裔美國人與其他 4%

2026 年（預測）
- 非西班牙裔白人 58%
- 西班牙裔 21%
- 非裔美國人 13%
- 亞裔美國人與其他 8%

資料來源：Bureau of Labor Statistics 2017e:Table 3.1.

圖 15-7　美國勞動力日益增長的多樣性

當代研究　專欄 15-2

平權行動

平權行動一詞最早出現在由美國 Kennedy 總統於 1961 年簽署的一項行政命令。這項命令呼籲雇主要「以平權行動來保證求職者被聘僱，而雇員在受僱時，不論種族、信仰、膚色或是國籍，都能受到平等對待。」1967 年，Lyndon Johnson 總統修正此項命令，將性別也納入禁止歧視的一環，但平權行動仍是一個模糊的概念。現在，**平權行動（affirmative action）** 是指以積極性的努力，促進少數族群成員或女性就業、晉升和受教育的機會。

社會學家尤其是衝突論學者和女性主義學者，視平權行動為企圖減少潛藏在社會結構中不平等的合法手段，這個方法增加如女性與非裔美國人這些過去被剝奪團體的機會。雖然白人男性和其他族群之間的收入存在明顯的不平等，然而許多人質疑一切以平權行動為名的作為，是否就是大家想要的。評論家提出警告，就業和就學的保障名額，可能同時形成對符合資格的白人男性的一種「逆向歧視」（reverse discrimination）。

在 1966 年的選舉中，平權行動變成競選活動的主軸，因為當時加州選民以 54 比 46 的比例通過加州公民權倡議（California Civil Rights Initiative）。這個又稱為 209 提案（Proposition 209）的措施，對州憲法提出修正，禁止任何提供女性及少數族群人士，大學錄取、聘任、升遷或是政府契約工的優先辦法；換言之，它的目標便是廢除平權行動。1998 年，華盛頓州的選民通過類似的反對平權行動措施。自 2017 年起，Trump 行政團隊與美國司法部公民權部門，利用它們的資源追討回對白人學生的入學歧視。

Cartoon ©2003 Mike Keefe, The Denver Post. Used by permission of Cagle Cartoons, Inc.

最高法院就平權行動計畫的合憲性做出許多決定，使得各組織難以在不違法的情況下鼓勵多樣性。

美國的大專院校以新政策因應，擴展以往傳統上較無法嶄露頭角的少數族群學生的機會。然而，反對平權行動的人繼續告上法庭並聲稱，這樣的措施是對白人不利的違憲行為。鑑於最新的法律條文，大專院校也持續檢討政策。

越來越多平權行動的評論家提出，讓無視膚色的政策來取代平權行動。這種政策基本上是想讓所有申請者都能有公平的審查。然而，反對者卻警告，這樣的主張其實是**色盲種族主義（color-blind racism）**──一種使用種族中立的原則，但其目的卻是要保持種族不平等的現狀。他們想問的是：「無視膚色的政策是否會終結現有的優惠白人措施？」舉例來說，根據資料顯示，哈佛大學校友子女（幾乎清一色是白人）的錄取率是 40%；相對地，非校友子女的錄取率只有 11%。諷刺的是，研究報告同時指出，比起少數族群或運動績優生，校友子女經常跟不上學業進度。

> **討論**
> 1. 你就讀的學校是否實施平權行動的入學政策？如果有的話，你認為這項政策是否能保障立足點的平等？這項政策是否也排擠一些符合資格的申請者？
> 2. 對你的同學做調查，班上有多少比例的同學支持在僱用及大專院校入學上實施平權行動？如果是分別依照性別、種族及族群為採行的依據呢？
>
> 資料來源：Kahlenberg 2015; Massey and Mooney 2007; Miller 2017; Pincus 2003, 2008; University of Michigan 2003.

使得對勞工的需求也會漸漸減少。例如在美國，可能首先，工廠也許會從國內的大城市移至郊區。下一個步驟則可能是從美國東北和中西部的郊區，移到法律對勞工（工會）較不友善的南部各州。最後，企業可能會乾脆轉移至勞工工資低廉的國家，例如通用汽車決定在中國設置一間數百億美元的工廠，而非設廠在堪薩斯或墨西哥（Lynn 2003）。

雖然去工業化常常涉及產業轉移，但有時候企業會以重組的形式表現，例如企業尋求在越來越激烈的國際競爭中，壓低生產成本。當重組發生時，會對原來組織裡的階層結構帶來很大的衝擊。一個大財團也可能拋售，或是放棄整個生產力較低的分部，並且去除一些不必要的管理階層。工資和薪水可能被凍結，而有些員工福利也可能被刪除——一切都是為了重組。對自動化，尤其是依賴新的科技，對勞動力影響甚鉅。幾乎所有商業部門都會使用的數位科技，我們將在第 17 章詳細說明。

組織精簡（downsizing）一詞在 1987 年產生，作為去工業化的一部分，用來形容一家公司的勞動力減少。從衝突論觀點來看，1990 年代中期對裁員議題前所未有的關心，反映出美國社會階級的重要性。衝突論學者發現，失業尤其衝擊藍領工人，這也是工業化的特色之一，卻無人關心。但是，一旦大量的中產階級經理和其他收入優渥的白領員工也遭到資遣時，媒體突然之間便重視起組織精簡這個現象。

去工業化是社會科學家與經濟學家長期關注的焦點，但在 2016 年美國總統大選，將此問題變成政治議題。總統候選人 Trump 將去工業化這個重大議題聚焦於美國貿易政策不佳，以及政策缺乏鼓勵新公司成立。許多政治分析學者認為，2016 年總統大選 Trump 當選的結果，歸功於獲得原先為民主黨大本營的愛荷華州、密西根州與威斯康辛州的選票，在這幾個州製造業商機的衰退十分嚴重（Pacewicz 2016）。

去工業化及組織精簡的社會成本極高，工廠關閉造成社區內大量的失業人口，可能同時在衝擊微觀層面和鉅觀層面。從微觀層面來看，失業者與依靠這份薪水的

家庭，必須適應突然喪失的消費力，物質享受與家庭和諧都可能毀於一旦。預定的房子裝潢或是重新粉刷、購買健康保險或是為將來的退休生活儲蓄，甚至是想要再生一個孩子，這些計畫都得先擱置。婚姻幸福與家庭和諧也會因而受到影響。雖然許多被資遣的員工，後來都能再找到工作，但是他們常須接受較不理想的職務，及妥協於較低的薪資。失業和高材低就，與許多我們之前討論過的社會問題是密不可分的。包括照顧小孩的需求，以及與各種福利有關的爭議。

共享經濟

如果你可以用低廉價格向陌生人購買或租賃商品或服務，又何必花大錢在商店或網路購買？這是一種線上服務的概念，使人可以共享汽車（如 Uber 或 Lyft）、共享住宅（Airbnb）、照顧寵物、共享單車、家用電器及其他東西。**共享經濟（sharing economy）**是指未充分利用資產的擁有者，與願意小額付費的使用者共享。

評論家批評，共享經濟只不過是臨時勞動力的一種延伸，而且大多數共享經濟的創業家，會比較喜歡在薪資更好、有法律保護、保證最低勞工工時、有福利津貼（請見第 9 章）的公司工作。他們強調許多點對點租賃公司在 2008 年到 2010 年經濟大衰退期間創立並非巧合，因為當時沒有什麼傳統的僱用機會。其他人則認為共享經濟提供商品化服務，而這些服務本來應是免費的，如搭便車、去朋友或認識的人家裡借住。

共享經濟的消費者受到可以省錢的概念吸引，而在共享經濟工作的員工也喜歡收入和有彈性的工作時間。然而，這種企業的問題是提供的服務品質。例如，計程車公司和連鎖飯店質疑，它們競爭的主體在新興線上市場。此外，政府開始管

©Age Fotostock/Superstock　　　　　　　　　　　　©Uladzik Kryhin/123RF

在麻薩諸塞州，波士頓的廢棄工廠，如左圖。對照右圖——加州山景城（Mountain View）的 Google 公司豪華企業園區。去工業化和高科技的崛起，改變美國的勞動市場，並汰換許多勞工。

控這些服務，尤其是因為與它們競爭的企業都繳納稅金，而共享經濟企業卻沒有（DuPuis and Rainwater 2014; *The Week* 2014; White 2015）。

臨時勞動力

過去四十年，美國雇主越來越依賴兼職的勞動力。自 1970 年以來，經濟衰退、緩慢的經濟復甦，更助長這樣的趨勢。在 2017 年，1 億 5,400 萬在美國工作的人，就有大約 2,100 萬是兼職者，主要是因為非經濟原因——較不緊張的工作、不喜歡的企業環境，或無法找到全職工作。大多數的人擁有兩份（含兩份）以上的兼職（Bureau of Labor Statistics 2017f）。

這種人人皆兼職的趨勢，重塑美國勞動力的風貌。傳統上，企業無論賺錢與否都僱用員工，保護他們免受經濟波動的衝擊。然而，在許多企業裡，這種概念早已不復存在。今日，許多兼職員工——工時從每週 1 到 34 個小時——其實都是臨時工或季節性勞工，他們按兼職時數工作，或只在一年中某段期間工作。這些勞工通常沒有健康保險、帶薪病假，甚至失業補償等工作福利。

顯然有些勞工之所以選擇兼職，是因為喜歡時薪工作具有彈性。例如，還在讀書的學生可能就會偏好兼職。

然而，對大多數的勞工而言，時薪制的兼職工作並非第一選項。為了因應這種和傳統全職工作背道而馳的潮流，越來越多的勞工採取「自由球員心態」，隨時隨地積極找工作，隨時可以上工，代替苦等難找的全職工作。

境外生產（又稱為離岸外包）

美國企業將部分業務外包出去，早已行之有年。例如，中小企業如家具行與洗衣店，長期倚靠物流公司送貨到顧客手中。**境外生產（offshoring）**的趨勢，則更進一步把其他類型的工作轉讓給國外的承包商。今日，甚至大型公司也轉向外包業務海外公司，大多位於開發中國家，境外生產已然變成傳統商業策略——壓低成本提高利潤——的最新趨勢。

顯然地，將公司業務從一個國家轉移到另一個國家，不再侷限於製造業。由於通訊科技的發達，傳統辦公室與專業工作也可以使用國外外包的方式。表 15-2 列舉最容易境外生產的職業別。

2012 年，蘋果（Apple）在中國工廠的工作條件問題引起大眾關注，使大家驚覺該公司的成功是基於境外生產的勞工。曾經，蘋果在美國製造電腦，今日這家公司仍然在美國僱用 43,000 名全職員工。然而，蘋果還擁有 70 萬名短期約聘員工，

表 15-2　最容易境外生產的職業別

排名	職業別
1	電腦程式設計
2	資料輸入
3	電子繪圖
4	機械製圖
5	電腦與資訊科學、研究
6	精算學
7	數學
8	統計
9	數學科學（以及其他相關產業）
10	電影與影片編輯剪接

資料來源：Bureau of Labor Statistics data cited in Hira 2008; Moncarz et al. 2008.

這些人在海外設計並製造產品。在對蘋果境外生產的批評聲浪不斷的同時，經濟學家發表未來四年的預測，另外 37 萬 5,000 個高薪工作將會流向海外，包括資訊科技、人力資源與財務及銷售等職位（China Labor Watch 2015; P. Davidson 2012; Duhigg and Bradsher 2012）。

境外生產並非完全不可避免。最近，媒體大肆報導有一種稱為回流生產（reshoring）的逆向趨勢，有些美國公司將製造工作與客服中心遷回美國。奇異（General Electric）、福特（Ford）及惠而浦（Whirlpool）是在超過 200 家公司中，帶頭搬回美國的。典型地，由於增加的工資——主要在中國，或是對品質的疑慮，使得對這些公司而言，開發中國家的競爭力不如母國，尤其是當運費增加也成為重要因素時。大多數的專家同意回流生產，要視個別企業的情況而定，這些特殊案例並不能抵消持續進行的境外生產趨勢（Cohen 2015; *The Economist* 2013f; Northam 2014）。

因為境外生產就如外包，其目的皆為增進企業營運的效能，所以對社會來說，可以被視為具功能性的。境外生產的同時，也增加在不同地區及不同國家的企業間，在經濟上的互相依賴其商品供應與服務生產。衝突論者指責這樣的全球化，造成進一步的社會不平等。雖然將高技術工作需求，遷移到開發中國家，確實可以幫助公司降低成本。不過，對那些被解僱後找不到其他工作的技術人員和服務勞動者而言，簡直是一場惡夢。工業化國家的中產階級也因此戰戰兢兢，深怕被外國的勞動力取代。由於境外生產增加效率，經濟學家因而反對抵制境外生產的行為，但提供給因產業外移而失業的勞工援助實在是杯水車薪。

對這些外國人而言，境外生產也充滿缺陷。雖然外包提供開發中國家中產階級重要的就業，但其他上億人口並未因此受惠。境外生產對開發中國家的長期影響難以預估。

✓ 運用你的社會學想像

你認識的人裡有工作轉移到國外的嗎？如果有的話，這個人在同一個城市（鄉鎮）能夠找到差不多的工作嗎？或是他必須轉換工作地點？他失業多久的時間？

15.4 概述與回顧

摘要

任何經濟的變遷都有社會和經濟涵義。

1. 在美國，工人們必須面臨**去工業化**（deindustrialization）、**境外生產**（offshoring）的挑戰，而僱主必須訓練越來越多樣化的勞工。
2. **優惠性差別待遇**（affirmative action）的目的，要補償少數族群、及女性在教育及職場上所受歧視的影響。然而，這個概念引發許多爭議，有些人認為這對多數族群而言是一種反歧視。
3. 在開發中國家，**微型貸款**（microfinancing）改善了數以百萬計的窮人的生活。

批判性思考

1. 在美國，如去工業化、境外生產這些潮流，對於家庭、教育與政府等社會制度有何涵義？
2. 在你的國家，你看到哪些去工業化或組織精簡的具體證據？經濟轉型帶來的多大的影響？

重要詞彙

優惠性差別待遇	微型貸款
色盲種族主義	境外生產
去工業化	共享經濟
組織精簡	

本章摘要

社會學實戰小練習

1. 選擇一個具有國際公信力的非政府組織，例如紅十字會、無國界醫生或國際特赦組織（Amnesty Interational）。上網調查這些組織如何代表世界和平，這些非政府組織具體做了什麼避免或阻止戰爭？
2. 如果你不熟悉，請參訪在地的社區大學，並前往行政辦公室。詢問該大學在勞動力發展上的方針為何？該大學是如何培養未來的勞動力（學生）？不僅是對於學生，對社區整體而言，這些技巧的意義為何？

重要詞彙

Affirmative action 平權行動 積極努力促進少數族群和女性參與職業、晉升及受教育的機會。
Authority 權勢 制度化的權力，其行使者可以凌駕於他人之上。
Capitalism 資本主義 生產工具大多掌握在私人手裡，而經濟活動最主要的動機是累積個人財富的一種經濟制度。

Charismatic authority 神格權勢 由於領導者對追隨者而言，擁有傑出的個人能力與魅力，而使其（領導者）合法獲得權力的一種權勢。

Color-blind racism 色盲種族主義 使用種族中立的原則為由，行種族歧視之實。

Communism 共產主義 一種理想類型，在此經濟制度下，所有的財產都是公有，不因個人生產的能力做社會區分。

Deindustrialization 去工業化 有系統地、全面地將如工廠等生產基本層面的投資撤銷。

Democracy 民主制 如同字面意義，由人「民」為國家的「主」人。

Dictatorship 獨裁制 由一個獨裁的人，制定並行使法律的政府形式。

Downsizing 組織精簡 一家公司勞動力的縮減，是去工業化的一部分。

Economic system 經濟制度 貨物和服務透過它而被製造、分配及消費的一種社會制度。

Elite model 菁英模型 認為社會由一小群有共同政治和經濟利益的個人統治的觀點。

Force 武力 威脅或實際使用武力，強迫他人服從或改變某人的意願。

Industrial society 工業社會 一個仰賴機器生產貨物和服務的社會。

Influence 影響力 透過勸說的方式行使權力。

Informal economy 非正式經濟 金錢、商品與勞務的轉移，不需要上報政府。

Laissez-faire 自由放任制度 允許人們在政府干預經濟最低程度下，自由競爭的一種資本主義形式。

Monarchy 君主制 由皇室的極少數人，如國王、女王或其他世襲貴族統治國家的政府形式。

Monopoly 獨占 一家單一公司控制整個市場。

Offshoring 境外生產 將工作轉移給國外的承包商。

Oligarchy 寡頭制 一種由少數人統治的政府形式。其實是一種發源自古希臘和古埃及的古老統治方法，現代的寡頭制大多為軍權政府。

Peace 和平 沒有戰爭，或更廣泛地指，積極的努力培養國家間的合作關係。

Pluralist model 多元主義模型 社會中有許多社群的競爭團體可以直接與政府溝通，因此單一團體便不會獨占。

Political system 政治體系 建立在一套確立的程序上，以達到社會目標的社會制度。

Politics 政治 Lasswell 定義為：「研究某人於某時、用何種方法，得到某事物的學問。」

Power 權力 凌駕於他人的能力。

Power elite 權力菁英 控制美國命運的一小群軍事、工業和政府領導者。

Rational-legal authority 理性權勢 由法律賦予的合法權力。

Representative democracy 代議制民主 此種政府形式是由民意代表來為民喉舌。

Sharing economy 共享經濟 未充分利用資產的擁有者，與願意花小額金錢使用它們的人共享。

Socialism 社會主義 在此經濟制度下，社會的生產和分配方法是由社會全體成員而非由私人擁有。

Terrorism 恐怖主義 對於隨機或象徵性目標使用暴力或威脅施以暴力，以達到其政治目的。

Totalitarianism 極權主義 包括對一個社會的社會及政治生活，由政府進行完全管控與監視。

Traditional authority 傳統權勢 由習俗與文化習慣賦予的合法權力。

War 戰爭 組織之間的衝突，必須含有經訓練戰鬥力，並具有毀滅性的武器。

自我評量

請仔細閱讀下列問題，並選擇最適合的答案。

1. 下列哪兩種基本的經濟制度類型，顯示現代工業社會之特色？
    a. 資本主義和共產主義
    b. 資本主義和社會主義
    c. 社會主義和共產主義
    d. 資本主義和獨裁制

2. 在本書中對資本主義的討論，下列何者為真？
    a. 私人掌握大多數生產工具
    b. 經濟活動的主要目的是為了累積個人財富
    c. 政府對私有企業及經濟活動的管制程度不一
    d. 以上皆是

3. 多姆霍夫模型是一個什麼例子？
    a. 菁英權力理論
    b. 權力多元論
    c. 功能論的權力理論
    d. 互動論的權力理論

4. 在所有的政治體系中，不可或缺的三大權力來源為：
    a. 武力、影響力與權勢
    b. 武力、影響力與民主制
    c. 武力、合法性與偶像特質
    d. 影響力、偶像特質與官僚制

5. 以下何者並非 Weber 提倡的權勢分類系統？
    a. 傳統權勢
    b. 多元主義權勢
    c. 理性權勢
    d. 神格權勢

6. 根據 C. Wright Mills 的說法，權力掌握在？
    a. 人們
    b. 代議制民主
    c. 貴族
    d. 權力菁英

7. 將例如工廠等生產基本層面的投資，有系統地、全面性地撤除，是指下列何者：
    a. 去工業化
    b. 社會主義
    c. 後工業化
    d. 貴族化

8. 社會學家與勞工專家預知，越來越多地勞動力將由誰組成？
    a. 女性
    b. 少數種族
    c. 少數族群
    d. 以上皆是

9. 積極鼓勵少數團體成員和女性，在職業、升遷及教育上進取，被稱為
    a. 平等權利
    b. 平權行動
    c. 工作計畫
    d. 平等行動

10. _____ 的原則，正如英國經濟學家 Adam Smith 所鼓吹和主張的，是工業革命後資本主義的主要典型。

11. 在 _____ 之下，一個社會的生產和分配的工具是集體，而不是私人擁有的，這個經濟制度的基本目的是要符合人民的需求，而不是追求最大利益。

12. _____ 是指一種經濟制度，所有財產皆為國有，個人的社會地位不因生產能力而加以區分。

13. _____ 學者指出，純獨占雖然並不是美國經濟的基本元素，但在一個被稱為自由企業的制度中，競爭其實受到很大的限制。

14. 在有些資本主義國家，如美國。依照反托拉斯法，將 _____ 視為非法行為。

15. 政治權力的菁英模式指出，美國政府存在一種 _____ 的形式。

16. 對女性而言，性別歧視是從事公職最大的障礙。為了補救這樣的情況，許多國家採用女性代表的_____。
17. _____是透過說服的過程來行使權力。
18. 美國通常被歸類於_____國家，因為由選舉選出的國會和州議員來制定法律。
19. _____模型的倡議者主張，社區內的競爭團體應可以與政府溝通，這樣才不會被單一團體獨占。

答案：
1. (b); 2. (d); 3. (a); 4. (a); 5. (b); 6. (d); 7. (a); 8. (d); 9. (b); 10. 自由政代; 11. 此曼主義; 12. 共產主義; 13. 極權獨裁; 14. 獨占; 15. 寡頭制; 16. 配額; 17. 影響力; 18. 代議制民主; 19. 多元主義

16 Chapter 健康、人口與環境

16.1 健康與疾病的社會學觀點
16.2 美國的社會流行病學與醫療保健
16.3 何謂精神疾病？
16.4 人口
16.5 環境的社會學觀點

©Hung_Chung_Chih/Getty Images
北京是世界十大都市之一，自行車騎士卻壟罩在嚴重的霧霾中。由於汙染有時會嚴重到影響市民健康，在霾害極為嚴重時，政府當局會關閉學校與工廠。

16.1 健康與疾病的社會學觀點

　　我們該如何定義健康？想像一個一端是健康，另一端是死亡的連續體。世界衛生組織（WHO）在1946年成立時，其規章前文中定義**健康（health）**是一種「身體、心靈及社會的健全和諧狀態，而不僅是沒有罹患生理疾病或精神疾病」（Leavell and Clark 1965:14）。此種定義是指，連續體上所謂「健康」的一端，代表的不僅是一種精確狀態，而是一種理想。

　　依照這個連續體，根據每個人、親屬、朋友、同事及醫護人員所建立的基準，來定義自己是否健康或生病。健康與疾病，換言之，就是社會建構的產物。健康與疾病深植於文化，而且由抱怨者定義──描述自己為健康或生病的人──以及範圍很廣的利益團體，包括醫療照護提供者、製藥商，甚至是食物供應商（Conrad and Barker 2010）。

因為健康是社會建構的產物，我們可以認定其在不同情境與文化的定義下會不同。當其他人並不認同時，你又為何會認為自己生病或健康？誰主控我們社會的健康或生病的定義？結果如何？當你認為自己（或別人認為你）生病或失能時，會造成什麼後果？在本節我們以四種社會學觀點：功能論、衝突論、互動論及標籤理論，深入探討社會對健康與疾病的定義及治療。

功能論觀點

疾病使個體在工作與生活暫時失去秩序，由功能論觀點來看，疾病必須獲得控制，才不至於同時影響許多個體必須擔負的社會責任。功能論認為，過於廣義的疾病定義，會擾亂社會的運作。

疾病要求個人必須扮演一種社會角色，即使是暫時的。**病人角色（sick role）**是指社會期盼一個被視為生病的人，所應該具有的態度及行為。社會學家 Talcott Parsons（1951, 1975）以建構功能理論聞名於世，他指出人們認可的病人行為；他們不須擔負日常責任，且不會遭人議論，但他們必須尋求醫治，也包括尋求足夠的專業照護。這個義務來自於共通觀點：疾病是失功能的，因為會破壞社會的穩定。對於世界上的開發中國家，尋求疾病的治療尤為重要。現代的工業化社會能夠忍受較嚴重的疾病或失調；但在農業社會裡，可用人力的多寡，對社會十分重大（Conrad and Leiter 2013）。

根據 Parsons 的理論，醫師對於病人的功能如同守門員，醫生確認病人的情況是「病了」，或是診斷病人已經「痊癒」。病人依賴醫生，是因為醫生能控制有價值的獎賞（不僅是對於疾病的控制，還有工作與上學請假）。Parsons 認為醫生與病人之間有如親子關係，就像父母，醫生協助病人作為一個功能健全的成人，進入社會。

對於病人角色觀念有好幾種的批評。第一，病人對於健康的判斷，可能與他們的性別、年紀、社會階級及族群等有關。例如，年輕人可能輕忽危險疾病的警訊，而老人則可能小題大作。第二，病人角色適用在短期疾病患者，勝於罹患慢性病的病患。最後，即使是最

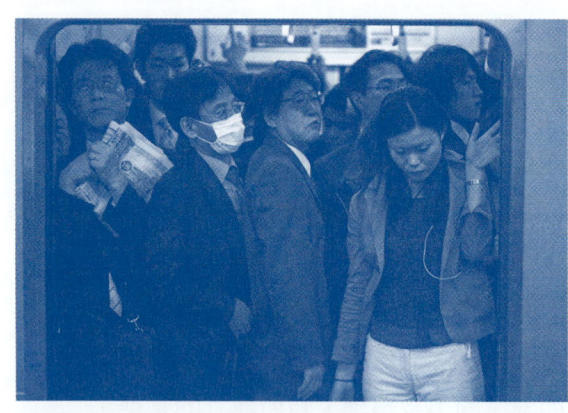

©Paul Souders/Corbis/Getty Images

健康實務（health practices）可能因國家而異。不像其他國家的人，日本人經常會在公眾場合佩戴外科口罩，以保護自己不被感染疾病或受到汙染。此實務自 1919 年開始，當流行全球的西班牙流感在區域大流行時，變成公共健康威脅。今日，佩戴口罩的人堅稱即使在沒有公共健康威脅時，仍應要佩戴。

簡單的因素，例如個人是否受僱，似乎也會影響病人角色的意願，而社會化的衝擊對特定職業或活動亦然。例如，從兒童期初期開始，運動員便學習分辨某些病症是屬於運動傷害，因此不認為「運動」傷害算是「疾病」。儘管有各種批評，但社會學家仍仰賴 Parsons 的功能論分析模型──疾病與社會對疾病之期望的關係（Frank 2015）。

✓ 運用你的社會學想像

描述一些你看到的情況，描繪出「病人角色」的不同定義。

衝突論觀點

衝突論學者發現，醫界塑造一種無遠弗屆的重要性，遠超出讓學生請病假或員工有藉口不上班。社會學家 Eliot Freidson（1970:5）將今日的醫學地位比喻為過去的宗教──具有官方認可的，定義健康、疾病及如何治療的獨占權利。衝突論學者使用社會醫學化（medicalization of society）一詞，來指醫學逐漸成為社會控制的主要制度。

社會醫學化

社會控制涉及限制行動的技巧與策略，其目的在於強調個別文化的獨特規範與價值觀。典型地，我們知道的非正式社會控制存在於家庭與同儕團體之間，而非正式社會控制，則由經授權的代理人執行，如警察、法官、學校主任與雇主。不過，由衝突論觀點來看，醫學不僅是「專業治療」，也是一種管束機制。

醫學如何展現社會控制？首先，過去數十年來，醫學的專業領域已迅速擴張，現在的醫生深入研究的主題很廣。例如，性（包括同性戀）、老年、焦慮、肥胖、兒童發展、酗酒、藥物成癮。社會容許醫學領域不斷擴張，是因為醫學專家控制某些具有傳染性疾病後，希望他們能解決更多複雜的人類問題。

醫學化的社會意義是，一旦以**醫學模式（medical model）**來看待問題，醫學專家對公眾政策的提出與評價越來越具影響力，一般人會更難參與討論及影響政策決定。因為重點被放在身體或醫學因素所形成的問題，所以要檢視這些議題受到的社會、文化或心理因素影響，也會更加困難（Caplan 1989; Conrad 2009; Zola 1972, 1983）。

其次，醫學是社會控制的一種機構，藉著針對健康照護過程的絕對管轄權，甚

由於年輕人對肥胖症的擔憂逐漸加深，他們開始注意飲食習慣與運動的需求。對於肥胖的擔憂是醫學化社會的象徵之一。

至試圖為了捍衛其管轄權，醫學排斥一些健康照護專家，諸如脊椎整骨師及助產士。在美國和墨西哥，助產士其實是最先將專業引進生產過程的人，但醫師們卻將助產士描述成非法領域的人。助產士認為追求執照是獲得專業尊重的方式，但醫生卻持續排擠他們，讓助產士低他們一等（Scharnberg 2007）。

健康照護的不平等

當衝突論學者在定義健康照護機構的作用時，社會醫學化一直是他們關心的議題。如我們所見，在分析任何問題時，衝突論學者尋求：決定誰是受益者、誰是受害者、誰為了獲得主控權犧牲了他人。以衝突論觀點來看，美國的健康照護的實行明顯不公。舉例來說，在貧困及偏鄉地區，醫療照護普遍缺乏，這是因為醫療照護有貧富差距。

同樣地，以全球觀點來看，很明顯地，醫療照護的分配極為不平等。現今在美國每一萬人有 25 名醫生可以照顧他們，而在非洲國家，每一萬人卻分配不到一名醫生。**人才外流（brain drain）**使情況更為惡化，移民到美國及其他工業化國家的特殊技術勞工、專家及技術人員，都是其母國迫切需要的人才。因為人才外流，醫生及其他健康照護專家，自印度、巴基斯坦與許多非洲國家等等的開發中國家，移民到美國。

衝突論學者將第三世界的移民潮，認為是世界核心的工業化國家不惜犧牲開發中國家人民，以提高自我生活品質的方法。一方面，開發中國家一直以來平均壽命較低，在非洲及許多拉丁美洲和亞洲的國家，其平均壽命遠低於工業化國家（Migration Policy Institute 2016）。

衝突論學者認為，健康照護資源的不平等和生死有正相關。從衝突論觀點而言，全世界的嬰兒死亡率天差地遠（圖 16-1），反映出在不同地區與國家，健康照護資源的不平等分配是基於貧富差距。**嬰兒死亡率（infant mortality rate）**是指，一年中每一千名 1 歲以下嬰兒的死亡數。嬰兒死亡率是社會的健康照護程度的重要指標，反映出父母營養、生產過程及嬰兒篩選測量。儘管美國已經十分富裕，但仍有至少 49 個國家的嬰兒死亡率低於美國。衝突論學者指出，與美國不同的是，這些國家提供所有公民由政府支付部分費用的健康照護體系。一般來說，這些健康照護體系，通常會提高產前照護的可用性使用率。

✓ 運用你的社會學想像

從社會學觀點來看，什麼可能是減少健康照護不公的最大挑戰？

互動論觀點

從互動論觀點來看，不該將病人視為被動的角色，事實上他們積極尋求治療（健康照護人員的服務）。在檢視健康、疾病，以及將醫學視為社會制度的過程裡，互動論通常關心，健康照護專業人員與病人關係的微觀研究。互動論對於醫生學習如何勝任工作特別感興趣。例如，社會學家 Howard Becker 在最早期的研究中，認為醫學院的教育使這些學生社會化成為醫生角色，這個功能和教導醫學知識一樣重要（H. Becker et al. 1961）。

互動論也觀察到，醫療提供者與病人之間的面對面接觸情況，可能使照護品質降低。在一項研究中，醫生面對不太聽話的病人，如未遵醫囑或其他人可能給予一些「這很有效」的建議，而他誤以為是醫生說過的。當被問及社會階層與種族可能使患者受到較差的治療時，醫療提供者典型地認為之所以會對患者不同，是由於患者個人的缺點，而非對患者的偏見。當面對醫療上不公平的證據時，醫療提供者最常回答：「我沒有看到（這樣的情況）」，或「我相信絕無此事！」（Gengler and Jarrell 2015）。

國家	每 1,000 名新生兒中的嬰兒死亡率
中非	87
巴基斯坦	67
阿富汗	60
海地	48
印度	37
世界平均	32
墨西哥	27
中國	10
美國	5.8
加拿大	4.3
捷克	2.8
瑞典	2.5
日本	2.1

貧窮國家的嬰兒死亡率高於平均水準。

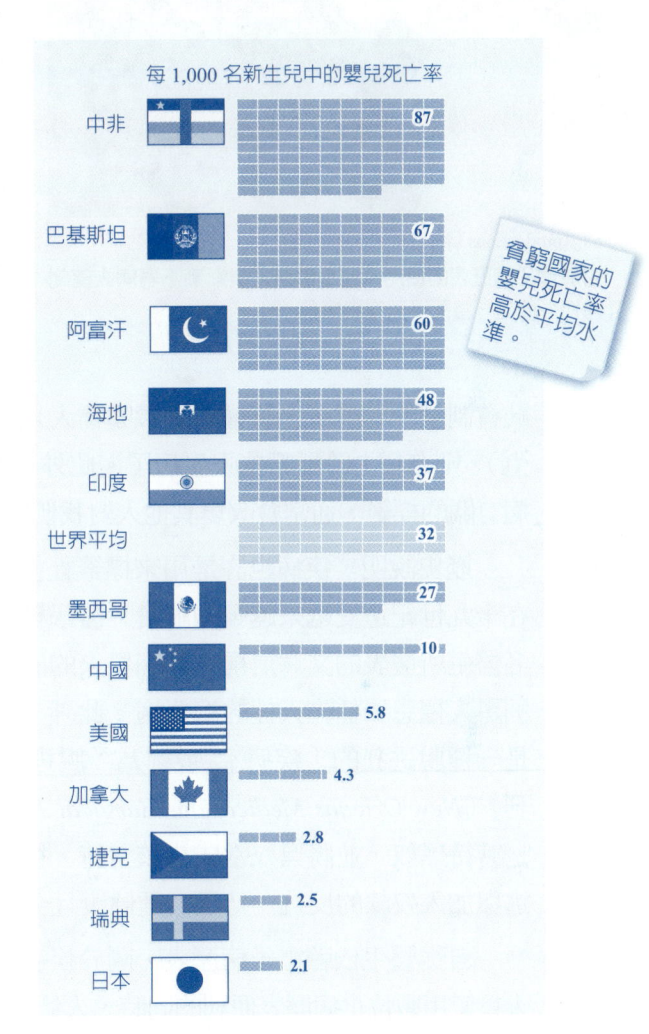

資料來源：Keneda and Dupuis 2017. Flags:©admin_design/Shutterstock

圖 16-1　在選定國家的嬰兒死亡率

最近，互動論將注意力轉向一直存在的電腦螢幕，如何影響醫病關係？今日，大約有四分之三的醫生會用電腦確認患者的病歷或是檢驗結果，並對現在正診療的患者，用電腦打字輸入他們的觀察。結果，約減少三分之一的面對面互動。醫療專業人員感到憂心忡忡，利用社會互動論的方法，現在他們要求醫生在看病人之前，

由於電子病歷表的使用，醫學專業人員漸漸不對病人望聞問切，而是一直死盯著電腦螢幕。

先瀏覽電子病歷表，並在診療中必須和患者分享電腦螢幕，使患者對診療更有參與感（Duke et al. 2013; Reddy 2015）。

標籤理論

標籤理論（labeling theory）有助於我們理解，為何某些人會被認為是偏差、「壞孩子」或罪犯，而其他行為相似的人卻不然。標籤理論學者也提出，所謂的「健康」或「生病」，通常包含其他人制定的社會定義。警察、法官及其他社會制度的管理者，有權力定義哪種人是罪犯，而健康照護的專業人員（特別是醫生），則有權力診斷哪些人生病了。此外，如同暗示不順從或有罪的標籤一樣，與疾病有關的標籤，通常會改變其他人對我們的治療態度，以及我們的自我觀感。

歷史說明，疾病也許是用來標籤社會行為的最極端形式。美國黑人的奴隸制度在十九世紀遭受越來越多的譴責，醫學權威對此批評提出新的合理化解釋。一名知名醫生所發表的文章辯稱，非洲黑人的膚色不同於「健康的」白人膚色，是因為非洲黑人罹患一種先天性的癲瘋病。此外，非洲黑人逃離白種主人的行為，更被認為是一種脫逃狂的「疾病」（或稱為「脫逃狂熱症」）。著名的《紐奧良醫學與外科期刊》（New Orleans Medical and Surgical Journal）曾建議，治療此病症的唯一方法就是善待黑奴，並將黑奴當成小孩對待。很明顯地，這些醫學權威拒絕接受，黑奴脫逃與加入奴隸的反抗，乃是一種健康且合理的人性本質（T. Szasz 2010）。

自從醫生依賴電子病歷表，關於疾病標籤化的新問題隨之而來。越來越多醫療人員使用數位化病歷表便利的同時，人們也更加擔憂病歷是否會被不當使用，例如患者的病歷如何被主觀讀取或被錯誤解讀。有許多的醫學標籤，從抗癌成功人士到糖尿病患者，可能造成歧視，即使法律明文禁止亦沒有太大作用（Stablen et al. 2015）。

同樣地，標籤理論學者主張，曾被認為是精神疾病的行為，在今日可能不再認為是疾病。相反地，個人的問題可能來自社會生活中，而非生理疾病。從這個觀點來看，許多今日認為是疾病的生活經驗，可能根本不是疾病。經前症候群、創傷後壓力症候群（post-traumatic stress disorders, PTSD）與過動症，都是今日我們在醫學上視為疾病的例子，但標籤理論學者對此嚴重質疑。

目前最惡名昭彰的標籤化的醫學實例，也許就是同性戀。多年來，精神科醫師將男同性戀或女同性戀認為是一種精神疾病，而非生活型態。由精神科醫師做出

的診斷，是早期美國的同性戀權利運動的抗議目標。在 1974 年，美國精神醫學會（American Psychiatric Association, APA）投票通過，將同性戀自《精神疾病診斷手冊第三版修訂版》中刪除（Conrad 2009）。

表 16-1 摘要介紹健康與疾病的四大社會學觀點，雖然看起來各異其趣，但可將這些觀點結合成兩點。首先，任何人的健康或疾病，不單是身體器官的狀態，因為健康與否受到和他人互動的影響。由於文化、家庭、朋友與專業醫療人員的影響，健康與疾病不僅是一種生物學事件，同樣也是一個社會學事件。再者，既然社會成員（特別是工業社會）共享相同的健康照護體系，健康自然成為群體及社會的事務。雖然健康可以定義為個人整體的健康，但也是個人在社會環境下，所產生的結果（Cockerham 2015: 361）。

表 16-1　健康與疾病的社會學觀點　　　　　　　　　　　　　　　　　　　| 追蹤社會學觀點

	功能論	衝突論	互動論	標籤理論
主要強調	控制生病的人數	過度醫學化 健康照護嚴重不平等	醫病關係 醫療人員之互動	疾病和健康的定義
控制因素	醫生是守門員	醫學專業 社會不平等	醫學專業	醫學專業
主張者	Talcott Parsons	Thomas Szasz Irving Zola	Howard Becker	Thomas Szasz

16.1 概述與回顧

摘要

對行為的社會定義，塑造**健康（health）**的概念。

1. 根據 Parsons 的功能理論角度來看，醫師的功能如同**病人角色（sick role）**的「守門員」，若不是診斷某人是否「罹病」，就是判定某人已「痊癒」。
2. 衝突理論學派運用社會醫療化，此一名詞，意指醫學的角色成長，作為一個社會控制的主要制度。
3. 標籤理論學者主張，判定一個人「健康」或「罹病」與否，通常涉及他人的社會定義。這些定義影響其他人如何看待我們，以及我們如何看待自己。

批判性思考

1. 請以功能論、衝突論、互動論與標籤理論觀點定義「健康」二字。
2. 請描述你認識的人，不認同某種社會採用的醫學標籤的場合。這個標籤為何？人們為何不認同？

重要詞彙

人才外流　　　　　　標籤理論
健康　　　　　　　　醫學模式
嬰兒死亡率　　　　　病人角色

16.2　美國的社會流行病學與醫療保健

社會流行病學

　　社會流行病學（social epidemiology）是一門研究大眾疾病分布、損害，以及一般健康情況的學科。早期，流行病學家主要關心傳染病的科學研究，以及傳染病的病因與疾病傳播方式。現在的社會流行病學涵蓋範圍很大，不僅重視傳染病，也重視非傳染性的疾病：外傷、毒癮、酗酒、自殺及精神疾病等。最近，流行病學家，也擔負追蹤生物恐怖主義的重任。於 2001 年，他們追蹤炭疽病的蔓延，並隨時準備應對恐怖分子使用天花，或其他致命的微生物的攻擊。流行病學家運用多樣化且廣泛的科學研究者，包含醫師、社會學家、公共衛生官員、生物學家、獸醫、人口統計學家、人類學家、心理學家及氣象學家等的研究成果，為依據。

　　流行病學家發現，在 2017 年底，全世界約有 3,700 萬人感染 HIV 病毒。雖然後天免疫缺乏症候群（AIDS，俗稱愛滋病）的傳播，因為通報的新案例減少而漸趨穩定，但這個疾病的分布卻是不平均的。高度感染區最缺乏治療設備——撒哈拉沙漠以南的非洲——面對此疾病的威脅最大（圖 16-2）。

　　發病率的數字通常用比率，或以每 10 萬人所占人數的方式呈現，稱為**罹病率**（morbidity rate）。〔而**死亡率**（mortality rate）則是指特定人群中，死亡的發生率。〕社會學家發現罹病率是非常有用的數據，因為可以顯示出某特定疾病在某部分的人口發生機率較高。如同我們將會看到的，社會階級、種族、族群、性別、性別認同與年齡，都可以影響某部分人口的罹病率。

	新感染 （兒童）	新 HIV 感染 （百萬計）	AIDS 相關病症 死亡（百萬計）	治療中人數 （百萬計）
2001	550 000	3.4		
2004	550 000	3.0	2.3	
2007	480 000	2.7	2.2	2.9
2010	360 000	2.5	1.9	6.6
2013	250 000	2.1	1.3	13.0
2016	160 000	1.8	1.0	20.9

資料來源：UNAIDS 2013, 2017.

圖 16-2　後天免疫缺乏症候群的全世界感染人數

社會階級

　　社會階級顯然影響罹病率和死亡率之間的落差。美國與其他國家的研究一致顯示，民眾若處於較低社會階級之死亡率、罹病率與長期（終生）殘障的比例較高。

　　為什麼社會階級與健康息息相關？擠沙丁魚似的居住環境、低於安全標準的簡陋住宅、不健康的飲食與壓力，都造成美國低收入戶的民眾健康情況堪憂。在某些情況下，低教育程度可能導致這些人，

對維持健康缺乏警覺性。對於窮人而言，財務壓力是影響健康的主要因素之一。

令人傷腦筋的是，窮人的劣勢如雪球般越滾越大。由於他們在兒童或青少年時很少能獲得醫療照護，使得年老後更容易生病。因為低收入而無法獲得適當醫療的時間越長，慢性疾病和難以治療的疾病就越多。

在美國，社會階級與健康而另一個相關因素是，許多窮人屬於少數種族或族群——與其他人相比，他們根本負擔不起妥善的醫療照護。有錢人比其他人更有可能擁有醫療保險，無論是因為他們負擔得起保費，或是擁有較好的工作，雇主支付醫療保險。藥劑師指出，許多人只買「最需要」的藥物，或是由於藥太貴，所以一次只買極少量的藥，如四顆藥丸。

關於醫療保險條件的幾項變更，與 2010 年的患者保護與平價醫療法案（Patient Protection and Affordable Care Act，亦稱歐巴馬健保）同時生效，然而條款卻耗費數年才實行，而且隨著時間的推移，州政府與聯邦的行動改變此法令的影響。整體而言，沒有健保的人口比率下降，在 2016 年達到 8.6% 的新低點（請見圖 16-3）。然而，在購買保險的能力上，收入水準仍是造成差異的關鍵。年收入低於 25,000 美元的家庭負擔不起健保的比率，和年收入超過 12 萬 5,000 美元的家庭相比，高達三倍以上（Barnett and Berchick 2017:13）。

最後，以 Marx 與現代衝突論學者的觀點看來，在資本主義社會，如美國，關心利益的最大化，往往勝過員工的健康和安全。正因如此，政府機構並未大刀闊斧地行動，來整頓工作場所的現況，而工人卻蒙受一些原本可以避免的職場意外與職業病。如同在本章接下來將會看到的，研究亦顯示，比起那些富裕的人，社會階級越低的人更可能暴露在汙染的環境中——不只在職場，生活環境亦然。

> **運用你的社會學想像**
> 健康照護的成本如何影響你接受醫療服務的方式？

種族與族群

許多種族與少數族群的健康紀錄，反映出美國嚴重的社會不平等現象。非裔美國人、西班牙裔人及美洲原住民的貧窮與環境狀況，從這些族群的高罹病率和死亡率，可以看出因果關係。雖然確實有一些疾病屬於某種族常見的遺傳疾病，例如黑人易罹患的鐮狀細胞貧血症，但在大多數的情況下，環境因素是造成罹病率及死亡率有種族差異的主因。

如前所述，健康照護的主要指標之一為嬰兒死亡率，但是在美國的全國人民

美國國內生活地圖

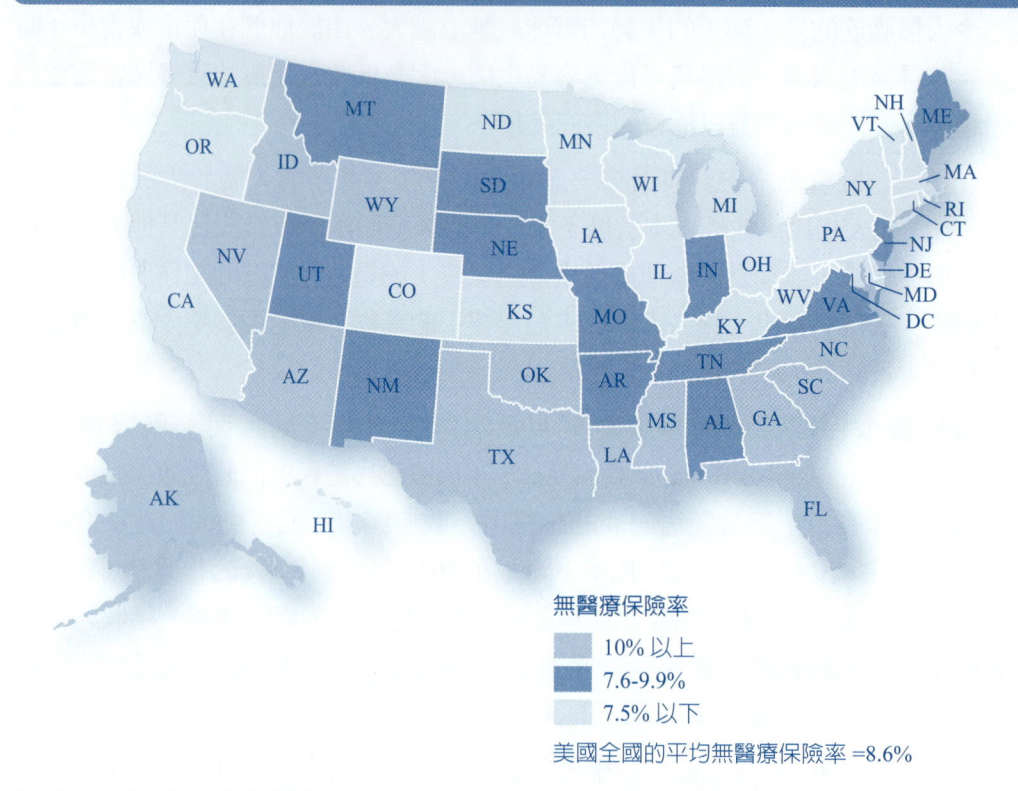

無醫療保險率
- 10% 以上
- 7.6-9.9%
- 7.5% 以下

美國全國的平均無醫療保險率 = 8.6%

註：在 2016 年，無私人或政府醫療保險的人數，這些人也無美國醫療照護險、老人醫療保險，或軍人醫療險。
資料來源：Barnett and Berchick 2017:19.

圖 16-3　無醫療保險者在美國每州的比率

平均，與白人的嬰兒死亡率卻有極大差別。總而言之，黑人的嬰兒死亡率高出兩倍（National Academies of Sciences, Engineering, and Medicine 2017a）。

醫療機構也避不開種族主義之影響。歧視和偏見經常被媒體忽略，而聚焦在種族主義明顯的形式，如仇恨犯罪。少數族群即使有健保，仍接受次級的健康照護。雖然黑人、拉丁裔人和美國印第安人，可獲得醫療照護，他們卻受到不平等的對待，除了種族偏見，也和不同健康照護計畫品質參差不齊導致。再者，全國臨床研究顯示，即使將收入和保險範圍的差異納入考量，少數種族和族群也很難像其他族群接受合宜的健康照護，與某些疾病的救生治療，例如 HIV 感染症（Centers for Disease Control and Prevention 2016; National Academies of Sciences, Engineering, and Medicine 2017a）。

社會學家 Howard Waitzkin（1986）以衝突論觀點認為，種族之間的緊張造成黑人的醫療問題。他認為，因種族偏見與歧視而導致的壓力，能夠解釋相較於美國

白人，非裔美國人（及西班牙裔人）為何罹患高血壓的比率較高。美國黑人高血壓的比率為 41%，非西班牙裔白人的比率卻只有低於 29%，一般認為這是黑人死亡率高的關鍵因素（由於心臟病、腎臟病及中風的重要導因都是高血壓）（Gillespie and Hurvitz 2013）。

一部分的墨西哥裔美國人，和很多拉丁裔人承繼他們的文化信仰，較不願意尋求完善的西方醫療制度的幫助。他們可能以傳統的民俗醫療來詮釋疾病，或是**庫朗德利斯摩（curanderismo）**——一種全人醫療和照護的形式。庫朗德利斯摩影響一個人看待健康照護與定義生病的方式。大部分西班牙裔人傾向使用民俗療法，或稱庫朗德羅斯（curanderos），但是有 20% 的人依賴家庭用藥。根據拉丁美洲民俗信仰，有些人認為疾病是薩斯托（susto）（譯註：類似道教的受驚症），與阿塔格（atague）（譯註：亦稱波多黎各綜合症，類似恐慌症發作）造成。由於這些疾病並非毫無生物學基礎，醫療人員應望聞問切才能正確地診斷和治療疾病。此外，以文化差異為由，批評拉丁裔人接受的民俗療法粗陋不堪是不對的。拉丁裔人較會在疾病已經很嚴重時，去門診和急診室尋求治療，而很難有經濟能力負擔家庭醫師定期的預防醫療（Centers for Disease Control and Prevention 2016; Hendrickson 2015）。

性別

一個數據龐大的研究指出，雖然女性的平均壽命較男性長，但在多種疾病的罹病率也較高。男女有許多的不同，例如男性較容易得到寄生蟲病，女性則較容易有糖尿病——但就團體而言，女性比男性不健康。

女性壽命較長但是較不健康，這看似矛盾卻並非不能解釋，研究者因而提出一個理論。因為女性較少吸菸（因此罹患心臟病、肺癌及肺氣腫的風險較低）、較少酗酒（因此車禍及肝硬化的風險降低），加上危險行業比較不會僱用女性，這正是三分之一的女性，比男性更長壽之原因。除此之外，臨床研究指出，女男罹病率上的真正差異，或許比資料顯示的更不明確。研究者認為，女性較願意尋求醫師的診治（而男性較會有病拖著不去治），因此疾病的診斷數據，會落在女性的資料上。

從衝突論觀點來看，女性尤其受到社會醫療化之影響。從生孩子到美容，這些服務內容都成為醫療的一部分，如此萬事皆可醫的結果，可能導致女性的罹病率數字高於男性。諷刺的是，儘管女性特別容易受到醫療化的影響，醫學研究者卻經常將女性排除於臨床研究之外。女性醫師及研究者為此忿忿不平，主張都是性別歧視作祟，並堅持應研究女性的相關議題（Centers for Disease Control and Prevention 2016; Gengler and Jarrell 2015; Rieker and Bird 2000）。

年齡

老人最關心的事情是健康,根據報導,在美國大部分的老人至少罹患一種以上的慢性疾病,但只有少數情況有生命威脅或需要就醫。同時,健康問題也嚴重影響老人的生活品質。美國幾乎有一半的老人罹患關節炎,許多老人有視覺或聽覺受損,這些問題都有害日常生活的正常進行。

老人特別容易罹患某些心智疾病。美國失智症主要為阿茲海默症,估計約五百萬名老人深受困擾——三分之一老人的死因。雖然有些阿茲海默症患者的症狀輕微,阿茲海默症之嚴重性與發病年齡呈正比(Alzheimer's Association 2018)。

並不令人意外地,美國老人(75歲以上)使用醫療服務的次數,高出年輕人(15歲到24歲)五倍。美國老人極度依賴健康照護體系的事實,在討論健康照護成本,以及改革健康照護體系時必須考量的關鍵因素(O'Hara and Caswell 2013)。

性別認同

當社會逐漸開始接受性別認同的多樣性時,學者則致力於研究性別認同對健康照護服務的重要性。幾乎所有的醫療專業人士和服務提供者接受的訓練,都是針對異性戀者或家庭,對於尋求醫療的人可能是同性戀者的認知不深。直到近幾年,大眾才開始認識雙性戀者和跨性別者。

如同衝突論學者指出,在歷史上,LGBT人士及其家屬在醫療機構受到不寬容的歧視,與少數種族或族群的經歷十分相似。在2015年,美國同性婚姻合法化,減少性別認同並非傳統男女伴侶的汙名化。同性戀理論家呼籲,科學研究不應以默認異性戀規範為正統,並認為各種性別認同的人皆有醫療需求。

迄今的研究僅限於健康議題相關的小型研究。例如,一個研究擁有跨性別父母養育18個小孩的研究指出,擁有跨性別的父母並不會讓小孩有任何發展目標上的異常。另一個研究則指出,與異性戀人士相比,LGBT人士自述健康情況較差。這個結果可能是他們較少利用醫療服務所致,若不是因為前述的不愉快經驗,不然就是因為沒有醫療保險。直到不久之前,同性伴侶都無法享受配偶的醫療保險福利。

一個未來研究的明顯走向是,鑑於LGBT人士一生必須承受的心理壓力,心理健康服務的實現不可或缺。當然,假設大多數LGBT人士都有心理健康問題是錯誤的,顯然我們在這方面需要更多的科學研究,尤其是在社會對於不同性別認同的人漸漸改變刻板印象(National Academies of Sciences, Engineering, and Medicine 2017a; Thomeer et al. 2018; Woodell 2018)。

總而言之，為了達到平等就醫與消除對醫療對象的歧視，聯邦衛生機關的官員必須解決不僅深植於年齡，還有社會階級、種族與族群、性別不平等。如果這麼做仍不夠，他們還必須解決醫療保健資源的城鄉差距。

美國的醫療保健

所有美國人眾所皆知，國家的醫療保健成本暴漲（圖 16-4）。到了 2020 年，花在醫療保健的金額已經幾乎等同於教育、國防、監獄、農場整治金、糧票（譯註：低收入戶的食物券補助，可拿此券至指定商店購買食品），以及綜合外援經費等。預估在不久後的 2025 年，美國醫療保健的總支出會超過 5.5 兆美元。2010 年的平價醫療法案的執行，我們稍後會討論到，被有些人認為可以控制醫療成本，然而醫療成本卻持續增加。其肇因於幾個因素：醫療制度本身效率極為低下且利益導向，高齡化人口消耗大量醫療保健成本，以及藥廠持續研發高價的特殊藥品（Armour 2015）。

美國的醫療保健系統與早期家庭醫師仍住在民眾的附近或社區中，出診看病收取適當看診費用的時代，截然不同。為何醫療保健成為巨大的營利事業？這與美國國內的連鎖大醫院與行銷策略有關。這樣的改變又如何重塑醫病關係？我們將會在本小節討論這些問題。

歷史概況

今日，州政府的醫療執照與醫學學位授予醫療專業人員權威，這是代代相傳。然而，美國的醫療保健系統並非一直遵循這個模式。1830 年代到 1840 年代的「大眾健康運動」強調預防醫學，以及術語為「自助」（self-help）的醫療觀念。強烈批評「醫療」（doctoring）是一種有償職業。新的醫學哲學或小教派建立醫學院，並挑戰傳統醫生的權威與方法。到了 1840 年

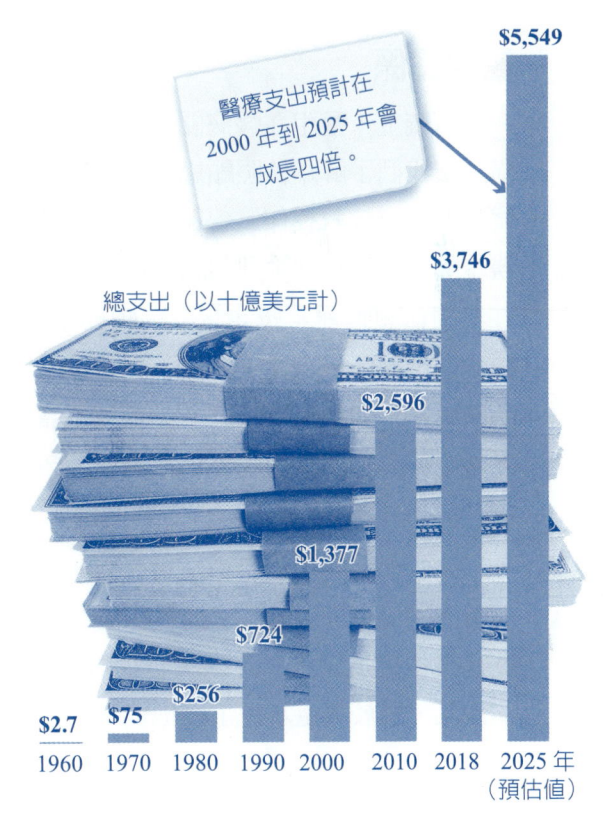

醫療支出預計在 2000 年到 2025 年會成長四倍。

總支出（以十億美元計）

年	金額
1960	$2.7
1970	$75
1980	$256
1990	$724
2000	$1,377
2010	$2,596
2018	$3,746
2025（預估值）	$5,549

資料來源：Centers for Medicare and Medicaid Service 2013a, 2017.
照片：©Comstock Images/Alamy Stock Photo

圖 16-4　美國醫療保健總支出金額，1960 年到 2025 年

代,大多數州都廢除醫療執照法。

作為回應,透過 1848 年成立的美國醫學會的領導,「普通」醫生攻擊外行醫療人員、教派醫生及女性醫生。他們一度透過標準化的教育課程與頒發執照,將權威機構化,只頒發執照給完成他們課程的人。醫生的權威再不仰賴外行人的態度,或占據病人角色的人,而是內建於醫學專業與醫療保健系統的結構中。到了 1920 年代,這些醫學院畢業的醫生掌控醫院的科技、醫療專業人員的勞動力,以及間接地,其他專業實務工作,如護士與藥局(R. Coser 1984)。

傳統上,病人仰賴醫療人員告訴他們醫療保健問題,但逐漸地轉向從媒體獲得醫療保健資訊。注意到這樣的民眾意識改變,藥廠於是直接透過電視或雜誌,向潛在的顧客推銷處方用藥。對於患者想知道的醫療資訊,網路是另一個逐漸壯大的來源,以至於醫療專業人士對這些醫療資訊的新來源抱持懷疑態度。

今日,消費者無疑更常從這些新方法獲得醫療保健資訊。在過去十年,他們發現一種獲得傳統醫療的新方式:去商場(專欄 16-1)。

醫病關係

傳統上,醫生在醫病關係中占有主導地位。功能論與互動論觀點提出各自的架構,讓我們了解關於照顧患者時,醫生的專業社會化。功能論認為,現正執業中的醫生與醫學院教授作為導師或模範來傳遞知識、技能與價值觀給被動的學習者——醫學院學生;互動論則強調,這些學生在醫學院與同學的互動造就他們。

兩種觀點都一致認為,美國醫生的典型訓練導致相對非人性化(機械化)的醫病關係。Lori Alvord 醫師,這位納瓦荷族外科醫師觀察到,醫病關係應是「信任的培養至為關鍵。這是患者自願將身體掌控權託付給他人,而這是很可怕的。患者在接受外科手術時的感受也很重要,所以我儘量讓外科手術的環境,盡自己最大可能,使其具有正面的感受」(2009)。

儘管努力將人性化方法導入醫學院課程,患者過多與醫院經費刪減,都讓正面的醫病關係更難以維持。此外,廣為人知的瀆職醫療訴訟與高額的醫療成本,使得醫病關係更加緊張。互動論更仔細檢視醫病之間的順從與交涉,他們認同 Parsons 的觀點,由於醫生掌握主控地位,並控制獎賞,醫病關係會逐漸趨於不對等。

✓ 運用你的社會學想像

如果你身為病人,會全然信任醫師或是自己先做些功課?如果你是醫師,會希望患者自行上網查詢醫學資訊嗎?請解釋你的觀點。

當代研究

專欄 16-1

美國醫療保健的零售模式

賀卡在走道7，打疫苗在走道4。今日，在全美到處都有這種位於零售商的小醫療站，包括沃爾格林藥局（Walgreens）、CVS連鎖藥局與沃爾瑪。其工作人員為護理專業人員，擁有進階學位的護理師，這些商店內的小醫療站只治療清單上的一些常見疾病，包括喉嚨痛、中耳炎、結膜炎，以及不複雜的呼吸系統疾病，而這些護理師可以開立處方藥。

這些新型醫療站對傳統醫療保健有什麼含義？在美國，由於人們頻繁地換工作，而每家公司的契約診所都不同，要固定去看同一個醫生，是越來越困難了。無論喜不喜歡，今年看的醫生明年也不一定還能替你看病。在這樣的情況下，零售醫療保健可能不會對傳統醫療實務構成很大的威脅。

最近，研究者比較這些零售商內的醫療站，與醫生開設的診所、急救護理中心及大醫院急診室。對於三種急性病症——喉嚨痛、中耳炎、泌尿道感染——他們發現零售商內的醫療站，提供比傳統醫療場所相同，甚至更好的醫療品質，包括在初診或復診時的預防醫療。

零售商內的醫療站正是**麥當勞化（McDonaldization）**的另一個例子，這是指官僚化理論漸漸形成國際組織。麥當勞化自然提供清楚聲明的服務和價目表，但也造成缺乏人情味的問題。家庭醫師指出，40%的診所病人擁有一位家庭醫師。但由於美國醫療保健服務的缺點，實在難以反對這種新的醫療服務提供方式。

醫療保健學者往往認為醫師本應望聞問切才是正途，麥當勞化的醫療保健則將醫療效率最大化。不令人訝異地，CVS連鎖藥局將超過一千個站點的商場內醫療站，稱為「一分鐘診所」（MinuteClinics）。

討論

1. 你曾經去過美國的商場內醫療站看病嗎？如果有的話，你滿意它們的醫療服務嗎？你支付多少錢？——它的收費是合理的嗎？
2. 試以功能論和衝突論觀點，評價「商場內醫療站」的出現。整體而言，你認為這些醫療站對社會是有利的嗎？

資料來源：Abelson and Creswell 2018; Accenture 2015; Hamilton 2014; Pickert 2009; RAND 2010; Ritzer 2015.

傳統醫療保健以外的替代療法

在醫療保健的傳統模式中，民眾治療疾病仰賴醫生與醫院。越來越多成人使用額外的技巧來維持健康，如果一個非主流的醫療實務與常規醫學併用，會被認為是互補療法。如果一個非主流的實務用來替代常規醫學，則會被認為是替代療法。這些技巧逐漸被視為預防醫學實務，有時甚至會被醫療保險認定（為給付項目）。

最近幾年，源自於中醫的全人醫療（holistic或拼作wholistic）理論，十分受

到西方人歡迎。**全人醫療（holistic medicine）**指保健醫生必須考慮患者的生理、心理、情緒及精神層次的特質來做治療。患者被視為一個整體，而非互不相關的器官系統的結合。全人醫療的治療法包括按摩、脊椎指壓醫學、針灸、吐納練習，以及草藥療法。補品、運動、觀想也可用來治療病痛，取代西醫往往使用西藥和住院來治療。

全人治療的醫師並非完全獨立於傳統西醫的醫療保健系統之外，有些也擁有西醫學位，並仰賴 X 光與心電圖的機器來輔助診斷；也有一些全人醫療診所，將自己定位為保健中心（wellness clinics），並拒絕使用醫療器材。近年來，全人醫療再度崛起，與廣為傳播的營養學價值和認知到過度依賴處方藥（尤其是用來減輕壓力的藥物，如煩寧）〔譯註：煩寧（Valium）：為地西泮（Diazepam）的藥名之一，為精神科經常處方的抗焦慮藥物〕的危害有關。

西醫體系的建立（專業機構、研究型醫院與醫學院），逐漸成為傳統醫療保健技巧的嚴格保護者。然而，在 1992 年，有了一個重大突破，在美國聯邦政府的國家衛生院（National Institutes of Health）——美國的生物醫學研究主要的資金來源——開設國家補充與整合衛生中心（National Center For Complementary and Integrative Health），並被賦予接受授權請求的權力。國家衛生院贊助的國家研究指出，在美國有四分之一的成人曾在過去數月或數年內，使用過某種形式的「補充或替代療法」。例子包括針灸、民俗療法、冥想、瑜珈、順勢療法、大劑量維生素療法，以及脊椎指壓療法。若將禱告也視為一種替代或補充療法，則使用替代療法的成人比例高達 62%（P. Barnes et al. 2004; Black et al. 2015）。

在國際層面，世界衛生組織監控全球替代療法的使用。根據世界衛生組織的數據，居住在全球最貧窮地區有 80% 的人使用某種形式的替代療法，從草藥療法到信仰治療者都有。在大多數國家，這些療法大多無法可管，儘管有些甚至有致命風險。例如，卡瓦胡椒這種太平洋島國的藥草茶，在濃縮形式時可能造成肝中毒。然而，有些替代療法則被發現對治療某些嚴重的疾病時確有奇效，如瘧疾、鐮狀紅血球貧血症等。世界衛生組織的目標是彙編這些療法的清單，以及鼓勵對替代療法的醫生進行全球化訓練課程與提升道德水準。據悉，全球有超過 80% 的人口仰賴草藥療法與保健食品（Kunle et al. 2012; McNeil 2002）。

政府的角色

其實直到二十世紀,美國的醫療保健服務才開始有聯邦政府補助。第一個重要的政府介入是 1946 年的希爾—伯頓法案(Hill-Burton Act),此法案提供醫院的建設與改建,尤其是在農村地區。更為重要的改變則是,1965 年兩項範圍廣泛的政府補助方案:老人醫療保險——本質為一種對老人的強制健保;以及美國醫療救助——為一種替貧窮的人設計的聯邦與州的健保,受保者免付保費。這些方案使得聯邦得以高度介入,幫助負擔不起醫療保健費用的窮人,不論男女老幼。

鑑於老人的高疾病率與殘障率,老人醫療保險對醫療保健系統造成很大的衝擊。最初,老人醫療保險只給付醫療照護服務提供者,如醫生或是醫院的醫療帳單。然而,在 1983 年,醫療照護險的總成本急遽增加,聯邦政府於是導入預算控制系統。在此系統之下,私立醫院經常將害它們賠錢的病人轉介至公立醫院機構。事實上,許多私立醫院都會對病人進行「財力審查」——也就是對於想來看診或住院的病人在從事醫療行為前,先檢查他們的荷包,被判定為沒有錢的病人,就會拒絕掛號或踢皮球似的丟給其他醫院。儘管 1987 年有一項聯邦法律通過,嚴禁接受老人醫療保險資金的醫院將沒有錢的病人踢皮球這樣不合法的行為,但仍無法杜絕(Office of Inspector General 2016)。

在 2010 年的平價醫療法案改善醫療保險給付以往對年齡的限制,尤其是針對年輕成人,他們能更長時間地依附在父母的健保方案中。Obama 總統的施政,使得該法案能因應許多問題,包括補助沒有醫療保險的人難以負擔的高額醫藥費,並且使得有既存疾病的人能夠獲得醫療保險。在 2012 年與 2015 年,美國最高法院都支持聯邦政府施行此法律條款。

反對此法案的人將其稱為「歐巴馬健保」(Obamacare),宣誓試圖改變立法,並阻礙此法施行。評論家抱怨此法案對納稅人而言太昂貴,而且根本非必要——甚至是違憲的——因為支配公民的醫療選擇。然而,此法案中有些條

©John Bazemore/AP Images
當美國最高法院聽到具爭議性的新聯邦健保法可能違憲時,其氣氛是緊張的。這些公民反對 2010 年的平價醫療法案。像這樣的反對聲浪使得國會修改法律,賦予州與個人更多掌控權,而非建立全國統一的健保給付標準。

款，例如要求保險公司不得拒絕給付有既存疾病的個案，以及要求保險公司必須讓 26 歲以下的孩子依保，十分受到歡迎，這都使得評論家很難贊同替代方案或修法。

16.2 概述與回顧

摘要

社會流行病學（social epidemiology）不僅重視傳染病，也關注非傳染性疾病：外傷、毒癮、酗酒、自殺及精神疾病等。美國的健保系統是複雜且昂貴的社會系統，早期則相對單純。

1. 研究一致顯示，相較於其他人，低社經階級團體的人擁有較高的死亡率和殘障率。
2. 在美國，少數種族與族群比起白人有更高的罹病率和死亡率。
3. 美國女性的健康情況比男性差，但卻比較長壽。
4. 老人特別容易罹患精神疾病的問題，如阿茲海默症，以及受到生理病痛之苦。
5. 醫師在美國醫療保健系統中扮演了傑出的角色，使得他們往往覺得可以掌控護士和病人。
6. 許多人使用替代療法技巧，如**全人療法**（holistic medicine）與自助團體。

批判性思考

1. 你覺得在醫療保健平等上，種族和性別何者為較重要的因素？
2. 美國明明是擁有世界知名的先進醫療系統的國家，你覺得為什麼還有這麼多人寧可尋求替代療法？

重要詞彙

庫朗德利斯摩	罹病率
全人醫療	死亡率
麥當勞化	社會流行病學

16.3 何謂精神疾病？

正如其他疾病，精神失調不僅影響個人與他的家庭，更會影響作為整體的社會。在工業化經濟中，精神失調是失能的一個重要原因。因此，英國醫學期刊與世界心理衛生高峰會（Global Mental Health Summit）共同宣布：「對健康而言，心理健康不可或缺」（Prince et al. 2007）。

遺憾地，精神疾病與瘋狂（insanity）等名詞，引起人們對情緒問題具戲劇性但錯誤的印象。媒體往往強調精神病患的暴力行為，但心理健康及精神疾病可以更適當地被視為人們行為的連續體。使用一個理性的定義，一個人「若他（她）對於處理例行的事物感到應付不來，使日常生活窒礙難行。」可能會被視為精神異常。

精神疾病（mental illness）一詞，應該用於描述一個人腦部功能失調，並影響其思考、感覺，與他人互動能力的情形（J. Coleman and Cressey 1980:315; McLean 2017）。

傳統地，美國民眾普遍對於精神異常抱持負面且質疑的看法。身為「精神病患」或甚至是「曾經的精神病患」，都會導致不幸的後果。有時，這些人不能投票，而且被懷疑能否勝任擔任陪審團，曾經的情緒問題，都成為離婚與監護權官司是否勝訴的關鍵。此外，針對電視節目內容所做的分析顯示，精神疾病角色清一色地被描繪成負面形象，許多還被貼上「瘋子罪犯」、「瘋子」、「神經病」等汙名化標籤。互動論觀點認為，主流社會制度操縱象徵，強化人民對精神病患的恐懼，（Diefenbach and West 2007）。

©Larry Marano/REX/Shutterstock
2011 年，歌手暨演員的 Demi Lovato 宣布正在接受暴食症的住院治療，並坦承她苦於嚴重的憂鬱與自殘行為。由於這些具影響力的藝人紛紛站出來，承認自己有各種精神疾病，對精神疾病的汙名化有緩慢減少趨勢。

2012 年，在美國康乃狄克州紐鎮（Newtown）發生的不幸校園槍擊案，導向人們重新審查精神疾病在槍枝暴力事件中扮演的角色。據說槍手曾有精神疾病，而且顯然沒有接受治療。結果，一些民眾強烈要求當局遏止槍枝濫用，然而，立法者卻寧可將炮口對準精神疾病，而非槍枝管制。遺憾地，這樣的公眾辯論傾向助長錯誤的推論：認為有精神疾病的人是危險的，而進一步使他們的疾病遭到汙名化。**汙名化（stigma）**一詞是由互動論學者 Goffman（1963）首創，描述社會用來貶低某社會團體所使用的標籤。

一則關於可獲得調查數據的評論顯示，隨著時間的推移，一般大眾對精神疾病有更深入的了解，且也許更能接受揭露、認同與樂於回答精神健康問題。不過自 1950 年以來，人們似乎更常將「暴力」與「精神疾病」連結，儘管有太多證據支持相反的論點。事實上，絕大多數的有精神病的人並沒有暴力行為。在美國，僅有 3% 到 4% 的暴力犯罪可能與精神疾病有關。同時，比起一般人，罹患精神病的人超過十倍以上的可能性成為暴力犯罪的受害者（Gass and Mendoza 2017）。

儘管精神疾病有被汙名化的現象，但相較過往，有更多的人尋求醫學治療，和專業人士的協助。在軍中，很多軍人的憂鬱症和壓力後創傷症候群逐漸受到重視，越來越多的立法單位認可，提供治療精神疾病的醫療服務（Kessler et al. 2006; Tanielian 2009）。

精神疾病的理論模型

在研究精神疾病時，我們可以描繪出兩種模式：醫學模式與利用標籤理論推導出的社會學模式，每個模型都假設病人接受不同的精神疾病治療。

根據醫學模式，精神疾病是源於生理病因，能夠透過藥物治療。有時是因為腦部受傷，有時是因為遺傳，導致大腦生理結構受損，或腦內的生物化學物質失衡，都被視為疾病的病因。美國衛生署長（U.S. Surgeon General, 1999）發表關於心理健康的一個完整報告，他聲稱科學證據顯示，生理因素無疑是精神疾病的原因之一。

然而，這並不代表社會因素不會導致精神疾病，如同文化會影響疾病的發生率、盛行率與治療方法，以及文化限定型病症；文化也會影響精神疾病。確實，精神疾病的定義會因文化的不同而不同。在美國主流文化，幻覺是很不正常的，然而，在許多傳統文化中，幻覺被視為神明寵愛的證據，並會授予幻覺者特別的地位。如同本書中一再強調地，一種行為在某個社會被視為正常，在另一個社會雖不贊同但能容忍，但在第三個社會，則被標籤為無法接受的病態。

關於醫學模式的重大爭議之一為《精神疾病診斷準則手冊》（*Diagnostic and Statistical Manual of Mental Disorders, DSM*），在 2013 年發行第五版（*DSM-5*）。*DSM* 為美國精神醫學會於 1952 年導入的系統，其目的是建立精神疾病的診斷準則。然而隨著時間的推移，對於精神疾病的分類已然改變，並似乎讓「精神疾病是不變的醫學狀況」的概念不攻自破。例如，此準則在 1987 年的一次改版，在「性取向障礙」此一診斷的項目上，做出此病可以治好的結論。在 *DSM-5*，暴食與某些形式的囤積被加入疾病清單，而喪親之痛從疾病清單中移除，改列為憂鬱症的症狀之一。

重要的是，*DSM* 不只是學術書籍，它所列出的精神疾病分類，是保險支付、特殊教育與行為服務，以及開立藥物處方的準則，而且可能讓符合某些診斷標準的人獲得身心障礙傷病給付。雖然 *DSM* 的擁戴者知道其限制，但仍強調臨床工作者需要對精神疾病，建立有共識的定義與規範的療法（American Psychiatric Association 2013; Satel 2013; Scheid 2013）。

與醫學模式相反，標籤理論主張，精神疾病並非真正的疾病，個人問題源自於所居住的社會，而非生理疾病。例如，美國衛生署長報告（1999:5）指出，「喪親悲痛症狀」若未持續兩個月，便不算是精神疾病，但若超過兩個月，則需要重新定義。社會學家將喪親範例視為附加標籤，而非認可其為生理疾病。

精神科醫師 Szasz 在 2010 年出版的《精神疾病之迷思》（*The Myth of Mental*

Illness）一書中提出，許多人格異常並非疾病，而是被其他重要人士將這些行為模式標籤化為疾病。對於 Szasz 這驚世駭俗的觀點，在當時引起嚴厲的批評：紐約州衛生部官員，要求大學解僱他，因為 Szasz 不「相信」精神疾病這個說法，但許多社會學家則認同他的看法，認為他檢視了在社會脈絡中的個人行為邏輯。

總而言之，醫學模式很具說服力，因為它指出精神疾病的起因及治療方法；然而，標籤理論學者主張精神疾病是一種獨特的社會過程，無論其過程，從社會學觀點來看，對精神疾病的理想看法，應該介於標籤理論與醫學模式之間（Horowitz 2002; Scheid 2013）。

照護模式

在人類的歷史中，照顧罹患精神疾病的人，一直被視為家庭的責任，但政府對於精神疾病的關注，其實早於生理疾病，因為嚴重的情緒失調會威脅社會的安定，並增加政府的負擔。早在 1600 年代，歐洲城市將精神疾病患者和貧民與罪犯關起來，這項措施引起監獄囚犯的不滿，對於被迫與「瘋子」關在一起，他們怒不可遏。因為精神病患無論在監獄與社會中都被排擠，醫生成為最終決定他們福利的主要權威。

1963 年，美國通過了《社區心理衛生中心行動法案》（Community Mental Health Centers Act），這是精神病患照護主要政策的一大突破。眾所周知，社區心理衛生中心計畫不僅提高聯邦政府對治療精神疾病的參與程度，同時也建立以社區為基礎單位的心理衛生中心，以門診的方式治療病患。因此，病人不須住院，而可以在家居住並繼續工作。這個計畫顯示，門診治療遠比州立精神病院的機構化計畫，更能有效地幫助患者。

一個較令人傷腦筋的趨勢是，由於州立精神病院的去機構化，導致釋放出大量的精神病患，最後很可能被送進監獄。約有七分之一的州或聯邦監獄囚犯，以及四分之一坐牢的人，曾被診斷出嚴重的精神疾病（Bronson and Berzofsky 2017）。

2008 年的《美國心理衛生平等與附加平等法案》（Mental Health Parity and Addition Equity Act），於 2010 年正式生效，要求保險業者自 2014 年起為身心醫療，增加相當的福利。儘管大家對這樣的法案，首先關心的是，這會使得醫療保險的成本大大增加，然而初步研究顯示，事實並非如此。事實上，《人人可負擔醫療法案》（Affordable Care Act）進一步減少身心健康保險給付的差距。然而，這是在一個人擁有很好的保險方案的前提下，才能算是好結果，若是「給付額有限而自付額很高」的情況下，則生理與精神疾病的保險給付額都會減少（National Alliance on Mental Illness 2018）。

16.3　概述與回顧

摘要

精神疾病（mental illness）是一種腦部失調，其擾亂一個人的思考、感覺，還有與他人的互動。

1. 精神疾病應被視為從心理健康到精神疾病的一系列行為。
2. 有精神疾病的人遭受**汙名化（stigma）**，貶低他們的社會團體成員。對於精神疾病會造成暴力行為的錯誤推論，導致汙名化。
3. 精神疾病可由兩種不同的觀點來看，分別是醫學模式與基於標籤理論的社會學模式。在美國，社會傳統上對精神病患保持負面、不信任的態度。

批判性思考

1. 什麼因素延續精神疾病的社會汙名化？這些汙名化該如何消除？
2. 為何去機構化政策對精神病患導致負面的結果？此政策的缺點該如何改善？

重要詞彙

精神疾病
汙名化

16.4　人口

■ 人口學：人口的研究

人口學（demography）乃是針對人口進行的科學研究，以規模、組成及地域分布這些人口要素，來研究人口對社會造成的結果。人口統計學家，研究地理差異與歷史趨勢以便做人口預測，亦分析人口結構——人口的年齡、性別、種族、族群等，Thomas Malthus 為這種研究模式的一個重要人物。

Malthus 的理論與 Marx 的回應

牧師 Thomas Robert Malthus（1766-1834）畢業於英國劍橋大學（Cambridge University），窮其一生教歷史與政治經濟。他批評當時的兩大主要社會制度——教會制度與奴隸制度。他留給當代學者最重要的遺教是 1798 年出版的《人口論》（*Essays on the Principle of Population*, 1798）。

Malthus 認為，世界人口的成長速度遠大於食物的供給速度。馬爾薩斯論說明食物的供給是以「等差級數」成長（1、2、3、4……），而人口擴張是以「幾何級數（平方）」成長（1、2、4、8……）。據他分析，食物供應及人口之間的差距，會

持續加劇。雖然食物供應仍會增加，但是食物增加的速度趕不上供應世界人口膨脹的需求。

Malthus 提議，用節育來縮減人口增加和食物供應之間的差距，但他卻抨擊人工避孕方式，因為基督教會反對這種方法。對 Malthus 來說，合適的人口控制方式是延遲成婚年齡，他認為夫婦必須要為所生養的子女人數負責；如果沒有給予限制，全世界將有可能面對貧窮、饑荒與苦難（Mayhew 2014）。

Marx 則批評 Malthus 的人口觀點。Marx 將歐洲工業社會的經濟關係本質視為萬惡之源。他不認同 Malthus 的觀點（認為世界人口增加的概念才是社會的病態，而非關資本主義。）Marx 認為，世界人口數和資源供應（如食物）之間並沒有特殊關聯。如果一個社會其組織良好，人口增加應該會帶來更大的財富，而不是饑荒和苦難。

當然，Marx 不相信資本主義可以理想地運作。他認為資本主義運用資源來製造建築及工具，而不適用於公平分配食物、住屋和其他生活必需品。Marx 的著作之所以對人口研究很重要，是因為他結合人口過剩和資源分配不均兩個問題。他對於 Malthus 著作的擔憂，也驗證政治與經濟對於人口的重要性。

Malthus 與 Marx 對人口議題的觀察，已被合稱為新馬爾薩斯觀點（neo-Malthusian view）。以 Paul Ehrlich《人口炸彈》（*The Population Bomb*）一書（Paul Ehrlich 1968; Ehrlich and Ehrlich 1990）為代表，新馬爾薩斯論學者贊同 Malthus 說的世界的人口暴增正在消耗自然資源。然而，和這位英國理論家相反，新馬爾薩斯論學者堅持，需要控制出生率來穩定人口成長，他們抨擊那些低出生率，但卻大量占據世界資源的已開發國家，這個論點則帶有馬克思學說的味道。縱使對未來採取懷疑的態度，這些理論家認為控制出生率及理性地運用資源，是解決暴增的世界人口的主要對策（J. Tierney 1990; Weeks 2016）。

研究當今人口

出生人數與死亡人數平衡的議題，在今日和在 Malthus 及 Marx 的年代一樣重要。Malthus 所說的苦難，仍發生在當今世界許多飢餓和貧窮的人身上。在開發中國家，600 萬兒童年死亡率中營養不良占 45%。戰爭與大量移民使得人口和食物供

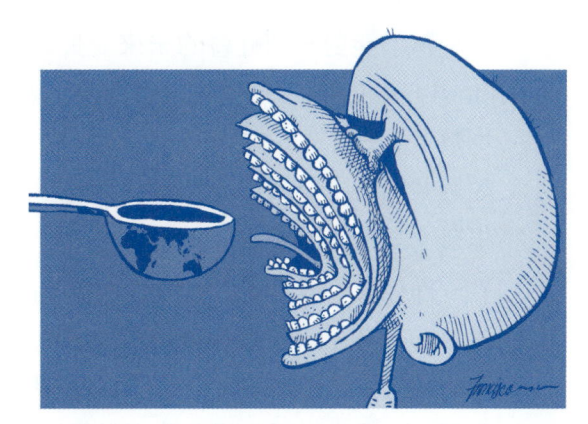

Cartoon by Manny Francisco ©2008. Used by permission of Cagle Cartoons, Inc.

在這個漫畫中，Manny Francisco，構思基於人口急遽增加的菲律賓島，展現 Malthus 所謂的世界饑荒觀點。

給問題加劇。例如，最近數年在敘利亞、阿富汗、剛果與伊拉克的戰爭，已經造成食物供應極度不均，造成區域性健康擔憂。為了解決世界饑荒，也許需要減低嬰兒之出生率、大規模增加世界的食物供應，或是兩者並行。對現今世界來說，人口相關議題之研究尤為重要（World Health Organization Media Centre 2014）。

在美國和大多數國家，蒐集人口資料的最主要工具是人口普查。**人口普查（census）** 是人口的統計。美國憲法規定，每十年需人口普查一次，以此決定國會代表席次。這項定期調查還有**生命統計（vital statistics）**，或是由政府單位所管理的一套登記系統中，蒐集而來的出生、死亡、結婚與離婚等記錄。此外，其他一些政府問卷調查，也對商業發展、教育趨勢、工業擴張、農業行為，以及如兒童、老人、少數族群、單親父母，這些團體的狀況提供最新資料。

在執行全國普查與進行其他類型的研究時，人口統計學家應用許多在第 2 章提到的技術與方法，包括問卷、晤談與抽樣法。人口預測的精確度，仰賴人口統計學家採用一系列評估的準確性。首先，他們必須決定過去的人口成長趨勢，且確定預測開始日期的人口基準。然後，他們必須確定出生率及死亡率，加上未來可能的變動。既然可能會有許多人口移入或移出，在預測一個國家的人口趨勢時，人口統計學家，也必須將移民納入考量。

人口學的要素

人口學家以一套由人類生活基本要素（出生與死亡）所發展出來的語言，來傳達一些人口真相。**出生率（birthrate）**〔或是更明確地說，粗出生率（crude birthrate）〕是在一年內，每一千人中活產嬰兒的數字。例如在 2017 年，美國每一千人之中就有 12 個新生兒。出生率為一個社會的人口成長模式提供資訊。

為了能對一個社會的未來成長做出精確預測，人口統計學必須使用總生育率（total fertility rate, TFR）這個數據。總生育率是任何一個女性所生下存活嬰兒的平均數字——假設每個女性的生育數相同。開發中國家如尼日等，每一女性平均生產超過七個新生兒相比，美國在 2017 年的總生育率為，每一女性平均生產 1.8 個新生兒。

像生育一樣，死亡也能以許多不同的方式來測量。**死亡率（death rate）**〔又稱為粗死亡率（crude death rate）〕是特定一年內，每一千人中的死亡人數。2017 年美國的死亡率是每一千人中死亡 8 人。嬰兒死亡率則指在一年內，每千人中活產的新生兒，一足歲以下的死亡數。嬰兒死亡率是衡量一個社會健康照護的重要指標；反映出生前營養、生產過程及新生兒篩查。由於存活的嬰兒長大以後，勢必促成未來人口的增加，嬰兒死亡率對未來人口來說，也是一個極為有價值的指標。

人口學家用**平均壽命**（life expectancy）來作為一般的健康衡量——在目前的死亡率情況下，預期一個人所能存活的平均年數。通常這個數字稱作出生平均壽命。以目前看來，日本的出生平均壽命是83歲，比美國的79歲略高。相較之下，在中非，出生平均壽命只有52歲（Kaneda and Dupuis 2017）。

成長率（growth rate）指在一個社會中，每一千人中出生數減掉死亡數，再加上移入者（遷入到某個國家定居者）和移出者（永久遷離某個國家的人）之間的差異。由於一個人無論移民到哪裡，肯定移不出地球表面（至少以目前的科技），所以全球的移入者和移出者人數必然是相等的，成長率只是每一千人中出生與死亡數字的不同而已（圖16-5）。

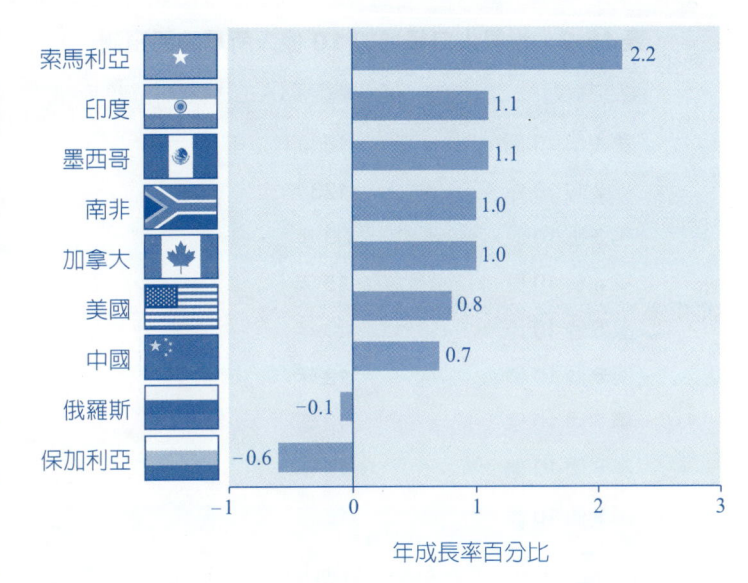

國家	年成長率百分比
索馬利亞	2.2
印度	1.1
墨西哥	1.1
南非	1.0
加拿大	1.0
美國	0.8
中國	0.7
俄羅斯	-0.1
保加利亞	-0.6

資料來源：Bureau of the Census 2017 p. Flags:©admin_design/Shutterstock

圖 16-5　在特定國家，計畫中的人口成長率，2019年

世界人口模式

在人口統計學中，人口歷史的研究十分重要。但這怎麼做得到？畢竟全國性的人口普查在1850年以前，十分稀有。因此，對早期人口有興趣的學者，必須從考古聚落遺跡、墓葬、洗禮、稅收記錄與老人口述的歷史資料著手。在下一節中，將檢視這些調查工作告訴我們關於人口隨著時間的變遷。

人口轉型

一名叫做Helac Fatina的男嬰在1999年10月13日，出生於波士尼亞與赫塞哥維納的塞拉耶佛（Sarajevo）的某家婦產科醫院，世界上第60億個人就是他。其實一直到近代，世界的人口才暴增，一般估計，在一百萬年前，世界人口才大約12萬5,000人。表16-2顯示過去兩百年來世界人口激增的情形（World Health Organization 2000:3）。

我們可以從出生數及死亡數模式的改變來解釋，近代世界人口的戲劇性轉變。自1700年代末期到1900年代中期，西歐與北歐的死亡率便開始持續降低。由於食

表 16-2　世界人口每增加 10 億人所需時間預測

人口程度	達到新人口層級所耗費的時間	達到年份
第 1 個 10 億	1800 年以前	1804
第 2 個 10 億	123 年	1927
第 3 個 10 億	33 年	1959
第 4 個 10 億	15 年	1974
第 5 個 10 億	13 年	1987
第 6 個 10 億	12 年	1999
第 7 個 10 億	12 年	2011
第 8 個 10 億	15 年	2026
第 9 個 10 億	16 年	2042

資料來源：Bureau of the Census 2013b; Kunzig 2011:40.

物生產、衛生設備、營養學與公共衛生醫療方面的進步，人們較古時候長壽。當死亡率降低，出生率仍很高；導致歐洲人口，在這段時間前所未有的暴增。不過，到了 1800 年代末期，許多歐洲國家的出生率就開始下降，同時人口成長率也同步減少。

　　於十九世紀期間，一個人口統計轉變的範例即是歐洲出生率及死亡率的變化。**人口轉型（demographic transition）**乃是人口學家用來描述一個國家，出生率和死亡率之改變，導致一個新型態的生命統計。正如我們看到很多現代國家的人口轉型，從高出生率和高死亡率，轉變為低出生率和低死亡率。如圖 16-6 所示，人口轉型通常可以分為三個階段：

1. 轉型前階段：高出生率、高死亡率，以及低人口成長。
2. 轉型階段：死亡率降低，主要是因為嬰兒死亡數減少，加上高至中等的出生率，造成顯著的人口成長。
3. 轉型後階段：低出生率、低死亡率，以及低人口成長。

　　人口轉型不能視為一種人口成長法則，而是對工業化國家人口歷史的一種概化。它幫助我們更加了解世界人口的問題。這個世界大約有三分之二的國家在第二階段的人口轉型，即使這些國家在節制生育上也有很顯著的進步，其人口數仍有很大的成長，原因為許多人都已經進入生育年齡。

　　每個國家的人口轉型模式都不同，一個特別有價值的區分方法，乃是將開發中國家現在所發生的轉變（包括全世界三分之二的人口），與一些先進的工業化國家

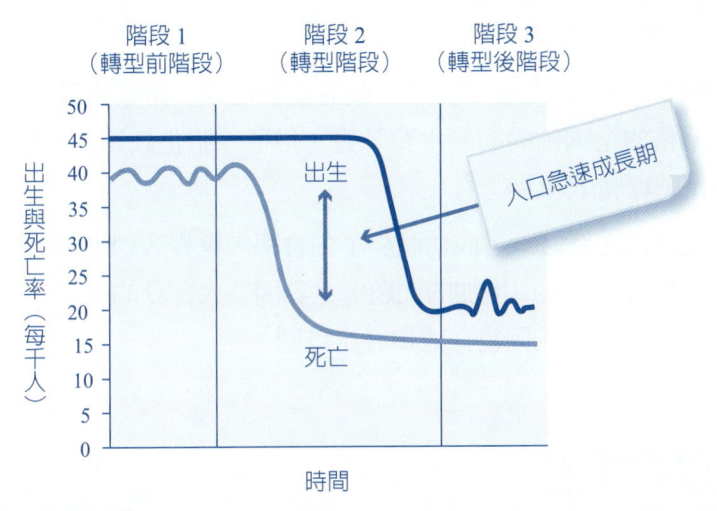

資料來源：Developed by the author.
人口統計學家使用人口轉型的概念，來描述一個國家發展過程中出生率和死亡率的變化。該圖顯示在開發中國家的模式。在階段 1，出生率和死亡率都很高，所以人口增長很少。階段 2，出生率居高不下，死亡率急遽下降，導致人口快速增長。最後一個階段，許多開發中國家尚未進入此階段，出生率與死亡率都下降，從而減少了人口增長。

圖 16-6　人口轉型

在於百年之前的轉變做對照。開發中國家的人口轉型，正經歷死亡率的急遽降低，但出生率並無太大不同。

更明確地說，第二次世界大戰後，開發中國家的死亡率才急遽降低。對「死亡率的控制」是因為抗生素、疫苗、殺蟲劑（如撲滅瘧蚊的 DDT）的發明，以及發明預防或治療天花這種絕症的成功。大量的醫藥及公共衛生科技，由已開發國家快速地導入，於是在花了歐洲近百年才達到的死亡率降低幅度，在許多開發中國家才花費不到二十年。

而出生率幾乎來不及調整。對於什麼才是適當的家庭規模，這種文化信仰不像降低死亡率那樣能在一朝一夕做出改變。數個世紀以來，多數人只知道因為孩子容易早夭，於是習慣多生幾個，生下多達八個以上的嬰兒，因為只有兩三個能長大成人。比起放棄行之有年的傳統與宗教教育下的生育模式，家庭較能接受延年益壽的醫療科技。造成的結果是，1900 年代中期的人口開始失控。然而，到了 1970 年代中期，人口統計學家觀察到由於節制生育的實施，許多開發中國家的人口成長率，有略微下降（Haub 2013; R. Lee and Reher 2011）。

人口爆炸

快速的人口成長經常被以情緒化的字眼，如「人口炸彈」或「人口爆炸」來形容。用這樣嚇人的字眼並不奇怪，由於在二十世紀，世界人口的激增正是如此（表

16-2）。

從 1960 年代，一部分開發中國家的政府便贊助或支持家庭計畫。在中國，共產黨政府實施嚴格的全國性的節制生育計畫（俗稱一胎化政策），造成某些都市區域的人口負成長（專欄 16-2）。

即使在家庭計畫的努力下，成功減少了生育率，世界人口增加的態勢已銳不可當。開發中國家，仍面臨人口增加的問題，尤其因為大部分的人口都逐漸接近生育年齡（請見圖 16-7 最上方的阿富汗人口金字塔圖）。

全球社群的社會學 — 專欄 16-2

中國的人口政策

在上海的一個住宅區內，當地家庭計畫委員會成員敲響一對夫婦的門，詢問：你們怎麼還不生孩子？若時空背景轉換到 1979 年，這樣的問題簡直匪夷所思。當時家庭計畫的官員為了避免人口爆炸一觸即發的危機，開始以節育手段推行政府的一胎化政策。

然而到了 2015 年，共產黨政府決定一改以往作風，將實施多年的節制生育計畫放寬至二胎化政策。這樣的政策主要是為了解決兩個問題：經濟成長的停滯與人口老化。隨著人口的增長，卻是老人越來越多，而能照顧他們的年輕人越來越少。

持續近兩個世代的一家一孩光景，並不會馬上消失。例如，由於男尊女卑，只有男子能繼承香火的傳統觀念，過去曾有為數不少的夫婦只好採取墮胎女嬰或是疏於照顧導致女嬰死亡的極端手段，以確保這一胎是男孩。錯誤觀念造成的惡果，到了 2015 年，中國 1 歲到 4 歲的男女性別比為 116：100──遠超過自然出生率的 105：100。如此嚴重失調的性別比，使得中國政府憂心未來女性人口會太少。他們預估，在二十年內約有五分之一的男性會難以覓得女性伴侶。為了力挽狂瀾，中國政府發放獎金給生女孩的家長，請他們說服大家一起來生養女孩。

一胎化政策的另一個惡果是，照顧老人的年輕人口短缺。隨著平均壽命的延長，出生率的長期下降，已經造成老無所終的現象。年輕成年人的移民潮（移出），使得照顧老人的年輕人口更加流失。而雪上加霜的是，僅有四分之一的中國老人能拿到任何形式的退休金。放眼世界，沒有一個國家面臨必須照顧這麼多的老年人口，而僅有這麼少的社會支持。

二胎化政策在萬眾矚目之下，由於經濟能力等多重因素，中國人民會如何調整家庭計畫仍有待觀察。不同於美國、澳洲與加拿大等移民國家，由於中國並不輕易接受能提供年輕人力的移民，所以僅能夠計算國土內的人口成長。

討論

1. 無論人口過剩的問題何其嚴重，你認為一個國家可以透過女性節育方式，以限制家戶人口數嗎？為什麼？
2. 你認為中國的一胎化政策最戲劇化的結果為何？

資料來源：Burkitt 2015; Erlanger 2015; Greenhalgh 2008; Qi and Wang 2018.

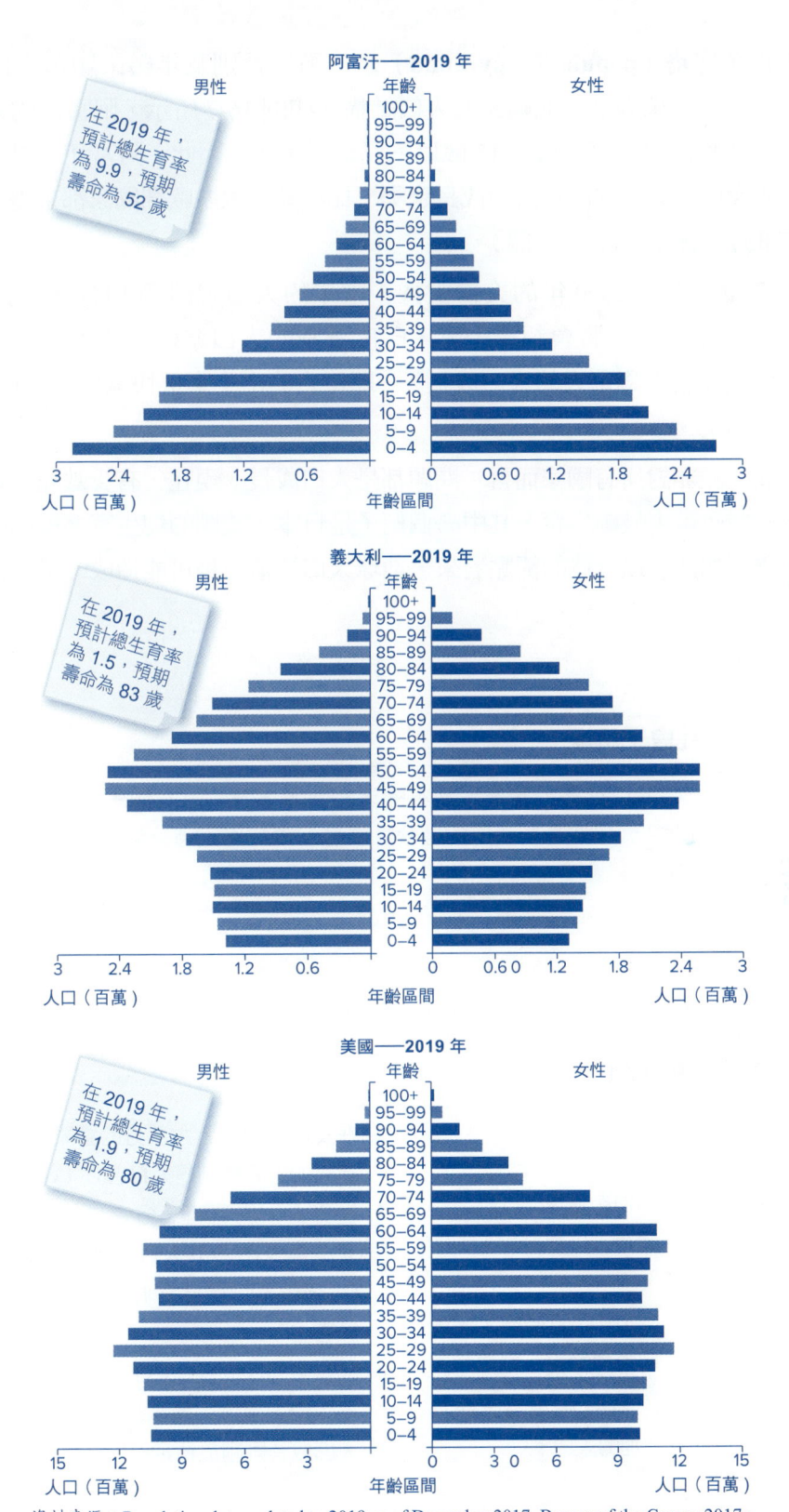

圖 16-7　阿富汗、義大利及美國的人口結構，2019 年

資料來源：Population data updated to 2019 as of December 2017. Bureau of the Census 2017p.

人口金字塔（population pyramid）是一種以性別及年齡來顯示人口分配的條狀圖，通常用來表示一個國家的人口結構。如圖 16-7 所示，阿富汗的大部分人口，是由即將接近生育年齡的 15 歲以下兒童所組成。因此，阿富汗（以及世界上很多的開發中國家）的內在人口成長趨勢，比美國及很多歐洲國家都來得大（請見圖 16-7 的義大利人口金字塔圖）。

若考量印度在 2000 年的人口數據，當年的人口就超過 10 億人。到了大約 2026 年，印度的人口將會超過中國。印度本身的人口結構，意味著未來的幾十年，這個國家將面臨驚人的人口成長——即使它的出生率很快減低（Bureau of the Census 2017b）。

然而，並非對所有國家而言，問題都是人口成長。現在，有少數先進國家甚至須採用一些政策來鼓勵生育。其中一個例子是日本，該國的總生育率很明顯的嚴重下降。儘管如此，以全球的觀點看來，地球人口持續成長可能造成的嚴重後果，還是顯而易見。

✓ 運用你的社會學想像

假設你住在一個人口很多的國家，基本的天然資源如食物、水和生活空間都嚴重不足，你該怎麼辦？假如你身為政府的社會計畫者，會如何因應這個危機？如果你是公職人員又會如何？

16.4 概述與回顧

摘要

本節介紹人口趨勢如何影響世界社群，包含人口的規模、組成與分布，以及測量人口的方法。

1. Malthus 認為世界人口成長的速度，比食物的供給還快，經年累月下來，這個差距會越來越大。然而，Marx 視資本主義為社會的病源，而非增加的人口。

2. 在美國和世界上大部分的國家，取得人口資料的主要機制是**人口普查（census）**。

3. 世界上大約還有三分之二的國家，尚未完成第二階段的**人口轉型（demographic transition）**，因此它們的人口成長仍十分顯著。

4. 開發中國家面臨持續的人口成長，因為許多人口正逼近生育年齡；有些已開發國家人口成長則趨於穩定。

批判性思考	重要詞彙	
1. 選擇一個開發中國家，並查閱其人口統計。基於這些統計數字，你會判定此國在哪個階段的人口轉型？ 2. 選擇一個你特別感興趣的社會政策議題，人口的規模、組成與分布會如何影響這個議題？	生育率 人口普查 死亡率 人口轉型 人口學	成長率 平均壽命 人口金字塔 總生育率 生命統計

16.5　環境的社會學觀點

人們所居住的環境，對健康有顯著的影響。住在壓力大且擁擠的地方的人，比住在良好環境的人更容易生病。同樣地，人也對環境造成很大影響。放眼世界，人口的增加，以及伴隨而來的經濟發展已嚴重影響環境。我們到處可以看到掠奪；我們的空氣、水和土地已經被汙染，無論我們住在聖路易、墨西哥市或奈及利亞拉哥斯。

儘管環境問題很好辨識，但要設計出一套在社會和經濟上都能兩全其美的解決方案，實屬不易。在本節中，我們要探討社會學家對經濟成長和發展，以及對環境的影響之間權衡，更清楚解析環境問題。

人類生態學

人類生態學（human ecology）是研究人類與環境之間的互動關係。環境主義者 Barry Commoner（1971:39）表示「萬事皆息息相關」。如我們所見，人類生態學家專注於研究實體環境對人類生活的影響，以及人類是如何影響其周遭的環境。

我們並不缺乏人和環境息息相關的實例。例如，科學研究發現環境的汙染，與人的健康與行為、氣喘普及率的提升、鉛中毒及癌症都有關。同理，皮膚癌的增加，也與全球暖化有關。食物和營養的生態改變，被發現與早年肥胖和糖尿病有關。最後，世界人口成長對環境亦有極大的影響（請見表 16-2）。

從「事事皆息息相關」的觀點出發，人類生態學強調，改變環境的每一個決定都帶有權衡利弊的意味。面臨二十一世紀的環境挑戰，政府政策制定者和環境主義者須決定，如何實現人類社會迫切需求（如食、衣、住、行等）的同一時刻，還能保存自然環境作為資源的來源，同時讓我們在此安身立命，並儲藏我們的廢棄物。

環境議題的衝突論觀點

透過分析全球體系，可顯示開發中國家的人力與自然資源，如何被重分配到核心的工業化國家。這個過程加劇世界貧窮地區自然資源之破壞。從衝突論觀點，較窮的國家被迫開發礦產、森林與漁產，來支付舉債。貧窮讓它們轉向唯一的生存之道：挖掘山坡地、焚燒熱帶雨林，並且過度開發牧地（Pellow and Brehm 2013）。

巴西是經濟困難和環境破壞相互影響的一個例子。亞馬遜雨林每年有超過 570 萬英畝被焚燒，用來種植穀物和放牧牲畜，這種剷除雨林的行為影響全球氣候，並產生溫室效應，使得地球的溫度上升。對環境造成傷害的社會經濟模式不只發生在拉丁美洲，也發生在非洲與亞洲的許多國家。

衝突論學者對於第三世界土地使用，對環境造成的負面影響十分清楚。但衝突論學者認為，若把焦點放在開發中國家，則帶有族群中心主義。其一，綜觀人類歷史，已開發國家才是造成溫室效應的罪魁禍首，直到近幾年，開發中國家才開始排放造成溫室效應的氣體，事實上其排放量和已開發國家相差無幾（environmental Protection Agency 2012）。（有關造成溫室效應的氣體排放，之後會深入探討。）

其二，北美與歐洲的工業化國家僅占全球 12% 的人口，但消耗量卻是全球的 60%。這些理論家感慨道：誰才是環境惡化的罪魁禍首？是那些窮苦潦倒、「飢寒交迫」之人？抑或是對「能源索求無度」的工業化國家？工業化國家的人民光是每年在郵輪揮霍的錢，足以供給地球上每個人喝到乾淨的飲用水。在歐洲光是給小孩買冰淇淋的錢，就足以讓世界上每一名兒童打到基本的預防針。因此，衝突論學者認為，對環境最嚴重的威脅是來自全球的消費者階級（Pellow and Brehm 2013）。

Allan Schnaiberg（1994）將這個分析進一步修正，並將焦點從富裕的消費者轉移到視資本主義制度為環境問題。以他之見，資本主義制度因為永無止盡地追求利益，它如同一個「生產跑步機」。這個跑步機，由於對產品貪婪的持續需求，又想以最低的代價獲得自然資源，以及用最快的速度和最便宜的方式製造產品——而無視這樣的方法，長此以往對環境會產生什麼後果。的確，約一世紀前，Weber 早就預測無法無天的工業主義，將會持續到「最後一噸的頁岩油燃盡時」（[1904] 2011:157）。

生態現代化

人類生態學與衝突論模型的評論家必然很不服氣，認為這畢竟早已事過境遷，而抱持這些觀點的人仍停留在強調既存實務。相反地，**生態現代化（ecological modernization）**的支持者則認為，應該透過不斷地適應和重建，達到環境友善實

務與經濟利益的雙贏局面（Gould and Lewis 2015）。

生態現代化可以是鉅觀層面，也可以是微觀層級。在鉅觀層面，適應和重建可以指將工業廢棄物回收再利用於產線；在微觀層面，也可以指重塑生活型態，包括在本章前述的消費模式。在某種意義上，生態現代化實務者並非尋求必須做到完全「回歸自然」或「過著不用電的自給自足生活」。他們相信，即使微不足道的生產或消費模式的改變也能增加環境永續性（Adua et al. 2016）。

環境正義

有關密西根州弗林特（Flint）的情況，此城有三分之二的人口是黑人或西班牙裔人士，超過 10 萬人受到汽車工廠關閉的影響而生活艱苦。城市的預算可說是寅吃卯糧，而施政單位被密西根州收回。為了省錢，在 2014 年政府決定從弗林特河獲取自來水源，代替過去 50 年從底特律購買處理廠產出的淨水。

很快地，新水源被發現在城市老舊水管中的鉛浸入供水系統，甚至到了不安全的程度，造成市民的健康危機；最嚴重還會導致幼童永久的腦部損傷。最終，密西根州說明這個問題，首先使用提供罐裝水的方式，之後又說明潛在的問題，但不可挽回的傷害已然造成。諷刺地，差不多在同一時期，州政府通過私人飲料公司的稅務津貼，使其可以使用本州東北部的純淨水含水層的水做成罐裝水，作為美國中西部的商業使用（Eligon 2016）。

以衝突論觀點來看，弗林特的案例是不成比例地傷害少數團體，他們將這樣的案例作為環境正義的例子。**環境正義（environmental justice）**——是以宣告少數種族受到不成比例之環境傷害，作為依據的一種法律策略。觀察者宣稱，環境正義是「二十一世紀的新公民權運動」（Kokmen 2008:42）。自環境正義運動創始以來，行動家和學者，已揭發打破種族與社會階級界線的環境不平等。窮人和有色人種，一般而言，比其他人更可能是環境汙染的受害者，不管是來自高速公路，或是焚化爐的空氣汙染。

2014 年的一項美國國內研究指出，大多數美國人並不住在危害健康或傷害兒童成長的工業汙染區附近。然而，較可能住在有毒區域的人往往是非裔美國人。收入絕對是一項重要的因素，因為無論種族，窮人更容易住在有害的環境周遭，然而當研究者控制收

©Detroit Free Press/ZUMA Wire/Alamy Stock Photo
破產的密西根州弗林特是一座以黑人和西班牙裔為主的都市，它被迫購買更便宜的供水系統，最終導致飲用水含鉛量超標。

入差異選項時，我們仍能看到明顯的種族差異，比起相同收入的白人家庭，黑人家庭更容易住在有害環境的區域。並且隨著時間的推移，比起黑人家庭，相同收入的白人家庭較可能有機會搬離有害環境的社區（Pais et al. 2014）。

比起只賺1萬美元的白人家庭，年收入5萬到6萬美元的非裔美國人家庭更可能住在汙染的環境。在一項研究分析中，檢視美國超過600個已認定的有害廢棄物處理、儲存和處置設備，發現43%的非白人和拉丁裔住在危險區域方圓一英里內。懷疑論者經常強調，少數族群住在這些有害區域是由於房租或房價較便宜。然而，有兩項最近的縱貫研究（長期研究），時間橫跨30年與50年，發現有毒設施傾向蓋在少數族群的社區（Ellison 2015; Mohai and Saha 2007; Mohai et al. 2009:413）。

環境正義運動變得全球化有好幾個原因。在許多國家，活動家注意到在有害廢棄物處理區域皆有相同的模式。這些團體開始組織跨國網絡，分享戰術和補救措施。這樣國際聯合的方法是明智的，因為他們得罪的大多是跨國企業；要影響它們的行動並且不被起訴是很困難的。如前所述，關於全球暖化的辯論，往往將批評聚焦於如中國與印度這些開發中國家，而非工業巨頭的國家，其產生溫室氣體尤為行之有年（Pellow and Brehm 2013）。

環境正義運動全球化的一個重要面向是，將關注放在環境難民人口的成長上。

環境問題

放眼全世界，人們越來越認知到需要指出對環境的挑戰，然而在美國所做的調查受訪者並不將環境問題視為急迫，而且通常會阻撓擬定的解決方案。遺憾的是，將環境議題視為「問題」，可能使人們不將環境的惡化視為機構實務與自身行為的副產品。因此，在2015年的一項全球研究中，相較於61%的非洲人與74%的拉丁美洲人，只有45%的美國人感覺氣候變遷是很嚴重的問題（Stokes et al. 2015）。

我們將會在本節討論全球暖化的巨大挑戰，包括三種廣域的環境議題，其中的兩種：空氣和水汙染，被認為是造成全球暖化的元凶。

空氣汙染

全世界大約有十億人暴露在空氣汙染，可能達到對人體有害的程度。遺憾地，世界各地的居民，都早已對粉塵及汙染的空氣司空見慣。在美國，郊區的空氣汙染主要是因為汽車排放的廢氣，其次則是發電廠及重工業所造成。市郊的粉塵不但妨礙視線，還可能導致嚴重的健康問題；輕者如眼睛不適，重者甚至如肺癌。諸如此類的問題在開發中國家尤為嚴重。

雖然人們可以改變行為，但卻不願意做出永久的改變。在 1984 年洛杉磯奧運，居民上班被要求要共乘與分流上班時間，以減輕交通壅塞的程度，並改善運動員呼吸的空氣。這樣的改變造成明顯的 12% 臭氧層改善。但是當奧運結束後，人們又恢復行為，然後臭氧層又恢復到之前的水準。同樣地，在 2008 年北京奧運，中國採取激烈的行動，確認北京高度空氣污染不會影響比賽。北京的建築工程皆停工，造成汙染的工廠和發電廠暫時關閉，每天灑掃街道好幾次。然而，如此暫時的措施很難解決中國持續中的問題（A. Jacobs 2010）。

空氣汙染不僅限於開發中國家，或近年來過度依賴石油能源的工業化國家。2017 年，世界大約 39% 的人口都住在臭氧層或懸浮微粒汙染在不健康程度的區域，住在這些地方的人都處在罹患肺癌、氣喘、心血管疾病，與發展與生殖系統的傷害（American Lung Association 2017）。

水汙染

全美國的溪流、河流和湖泊，已被工業及地方政府所丟棄的廢棄物汙染，其結果是，許多水源都變得不能飲用、垂釣及游泳。在世界各地，海洋的汙染也越來越受到關注。汙染源自永無止盡的丟棄垃圾、船隻漏的油，和偶爾發生的原油洩漏事件。在 1989 年發生的油輪瓦爾迪茲號（Valdez）事件，此船在阿拉斯加的威廉王子灣（Prince William Sound）航行。油輪內 1,100 萬加侖的原油漏油，汙染海灣並蔓延至沿岸，汙染的海岸線長達 1,285 英里。大約 1 萬 1,000 人投入清除工作，斥資高達 20 億美元。全世界的原油洩漏事件偶有發生，2010 年的英國石油（BP）漏油事故〔或稱深水地平線（Deepwater Horizon）漏油事件〕，估計是瓦爾迪茲號事件的 16 倍以上（ITOPF 2006; Shapley 2010）。

比起大規模的事件或災難，雖然較不顯著，但在世界各處較常見的是，最基本的水供應問題。由於城市、工業、農業礦業，造成地表水和地下水嚴重的汙染情況。埃及是一個典型的例子，農業和工業廢水排放到尼羅河。每年有 17,000 名埃及兒童死於接觸汙染河水造成的腹瀉和脫水。雖然北美的水情況並不致命，但是從 2000 年到 2014 年，在美國西部與加拿大經歷中度至重度的乾旱與水需求急遽增加（Hengeveld 2012; National Oceanic and Atmospheric Administration 2014）。

©Steve Allen/Brand X Pictures

氣候變遷

氣候變遷（climate change）是一種可觀察的地球大氣變化，會影響長達數十年或更長時間的氣候模式。在人類出現之前，地球早已有過數次氣候變遷。近年來，氣候變遷包括快速的全球暖化。

全球暖化（global warming）是指如二氧化碳之工業氣體，把地球的大氣層變成虛擬的植物溫室，地球表面溫度會顯著提升。這些溫室氣體包括甲烷、笑氣、臭氧，將熱氣聚集在低大氣層。只要地球表面溫度升高攝氏 1 度，就會引起森林大火的發生、河川和湖泊縮小、沙漠面積擴大，以及豪雨，包括颱風和颶風的發生。溫室氣體在德國、俄羅斯與日本等高度工業化國家排放量最高。然而，這些國家很努力減少二氧化碳的排放量。

2014 年冬季奧運期間的新聞頭條寫著「雪景末日？」（The End of Snow?）雖然雪不會在地球上消失，但氣候學家預測將來要找到舉辦需要雪的國際賽事，合適地點會越來越難。在 19 個曾舉辦冬季奧運的城市裡，到了 2050 年只剩下 10 個還可以舉辦，而到了 2100 年，只剩下 6 個。對於將 2014 年到 2015 年降雪記錄翻找出來的人，可能覺得這樣的預言有些可笑，但全球趨勢是降雪量會減少。積雪減少造成現在美國東北部有一半的滑雪場慘澹經營；如果這種情況繼續，可能三十年後就難以經營，類似的趨勢正威脅美國西部的滑雪場。更重要的是，積雪厚度不夠滑雪；融雪形成的春季逕流，對於維持水源供應至為關鍵（Fox 2014）。

雖然全球暖化的科學關注有升溫的形勢，但氣候變遷在政策制定者的關注清單中往往敬陪末座。這個問題看似抽象，而且在許多國家，官方認為可能採取行動的真正影響取決於其他國家。1977 年的京都議定書（The Kyoto Protocol），希望減少造成全球暖化和氣候變遷的全球溫室氣體排放量。對抗氣候變遷的全球努力核心部分，被稱為 2015 年巴黎氣候條約（2015 Paris Climate Accords），或簡稱為巴黎協議。此協議宣誓 196 個國家回應氣候變遷，藉由減少排放量，將全球維持在前工業化水準的攝氏 2 度誤差之內（華氏 3.6 度）。

在 2020 年巴黎協議的行動正

©Lynne Sladky/AP Images
是的，有人住在水中，或至少似乎在這麼做。為了紀念 2015 年巴黎氣候變遷高峰會，藝術家 Lars Jen 創作一個裝置藝術，其中一個人長時間生活在一個裝滿水的水族箱裡，意圖讓大家關注世界的海平面升高，和由於氣候變遷造成的失控大自然。

在進行，各國公布能做出什麼貢獻。其中一個計畫是工業化國家每年提供至少 1,000 億美元給開發中國家，協助它們開發綠能以代替石油能源。反映出巴黎協議會阻礙經濟發展，Trump 總統曾公開指出美國會儘快脫離這個協議，最快可能會在 2020 年（Domonoske 2017）。

我們可從世界體系分析的觀點，來看全球暖化。人類歷史上，核心國家都是那些主要的溫室氣體製造國。然而，今日製造業目前都轉移到邊陲和半邊陲國家，致使溫室氣體的排放量快速升高。然而，諷刺的是，許多號召要減少造成溫室氣體的人類活動力量都出於造成問題元兇的核心國家。我們要吃漢堡，卻譴責為了養牛的草地砍伐雨林；我們要便宜的衣服和玩具，卻譴責開發中國家依賴燃油發電廠。

造成我們日益嚴重的環境問題的基本原因有哪些？一些觀察家如 Paul Ehrlich 與 Anne Ehrlich，視人口成長為環境惡化的核心因素，他們認為最重要的是，以人口控制防止饑荒的擴散和環境的毀滅。

生物學家 Barry Commoner 則認為，環境傷害的主要成因是對環境有害的新科技產品增加使用，其中包括塑膠、消毒劑、合成纖維、殺蟲藥、除草劑及化學肥料。衝突論學者從世界體系分析的角度看到環境的掠奪；而互動論學者強調，有知識的個人與團體，經由仔細地選擇消費用品，努力減少他們的碳足跡，亦即他們每一天（甚或終身）的溫室氣體產量（Carbon Trust 2015; Commoner 1990, 2007; Ehrlich and Ellison 2002）。

©Ariadne Van Zandbergen/Africa Media Online/Image Works

在未受到汙染的天堂中渡假吧！漸漸地，來自已開發國家的人轉向生態旅遊，以對環境友善的方式來看世界。這樣的新潮流將商人與重視環保的人士結合在一起，尤其是在開發中國家。當地導遊帶領這些賞鳥者，正在烏干達渡假。

16.5 概述與回顧

摘要

人類生態學（human ecology） 觀點主張環境具有三大功能：提供生命必須的資源、作為廢物的儲藏室，以及人類的家園。

1. 衝突論學者認為，對環境的最大威脅來自西方工業化國家。
2. **環境正義（environmental justice）** 強調，環境危害不成比例的剝削少數族群。

3. 四大環境議題為：空氣汙染、水污染、地球暖化與全球化。雖然全球化會造成環境問題，但同時也帶來好處。
4. 環保主義主要是由西方富有白人在工業化國家發起的社會運動。然而漸漸地，所有種族、族群、社會階層與國際的人類，變得關心地球暖化，其威脅地球的健康。

批判性思考

1. 生物和人類環境如何與你所在的社區或近郊連結？
2. 在你所處的社區，空氣和水污染哪個嚴重？為什麼？

重要詞彙

氣候變遷
生態現代化
環境正義
全球暖化
人類生態學

本章摘要

社會學實戰小練習

1. 研究你所在城市中 HIV/愛滋病的情況，並查閱相應的罹病率與死亡率。這些數據和其他城市相較如何？什麼是可能造成數不同城市的患病數據不同的原因？
2. 訪問你所在地區的醫院急診室，觀察在候診區的情況。候診區有多擁擠？在那裡有多少人看起來是重傷或重病？有多少人看起來並不十分緊急？對於聚集在那裡的人，你還能觀察到什麼狀況？或者說這些狀況能否解釋他們出現在那裡的原因？
3. 使用網路查詢你學校或住家附近的有害廢棄物汙染地。其中有多少已經清理乾淨？要付出多少成本？是誰支付此筆費用？又有多少地點的問題還沒解決？

重要詞彙

Birthrate 出生率　一年中每一千人中的存活嬰兒數，也稱為粗出生率。
Brain drain 人才外流　專業工人、人士與技工移民至美國或其他工業化國家的現象，這些人都是其母國正需要的。
Census 人口普查　對人口的統計或計算。
Climate change 氣候變遷　幾十年內的地球大氣可觀察之改變，其影響氣候的自然模式。
Curanderismo 庫朗德利斯摩　拉丁裔民俗醫學，一種全人醫療和照護的形式。
Death rate 死亡率　一年中每一千人的死亡數，也稱為粗死亡率。
Demographic transition 人口轉型　形容從高出生率與死亡率到相對低出生及死亡率轉變之專有名詞。
Demography 人口學　對人口的科學研究。

Ecological modernization 生態現代化 透過不斷地適應和重建，是指出自身經濟利益和生態有著密不可分關係的一種環境實務。
Environmental justice 環境正義 以少數種族受到不成比例環境傷害的宣稱為依據的一種法律策略。
Fertility 生育率 生育年齡婦女之生育量。
Global warming 全球暖化 當由於二氧化碳等工業化廢氣，將地球大氣層轉變為溫室，使得地球表面溫度明顯上升的現象。
Growth rate 成長率 出生及死亡人數之間的差異，加上每一千人中移入者和移出者之間的差異。
Health 健康 根據世界衛生組織的定義，生理、心理、社會福祉的良好狀態，並非單指沒有疾病或是虛弱。
holistic medicine 全人醫療 是指保健醫生必須考慮患者的生理、心理、情緒及精神層次的特質來做治療。
Human ecology 人類生態學 人類和環境之間的互動關係之研究。
Infant mortality rate 嬰兒死亡率 任何一年中每千人活產兒裡1歲以下的嬰兒死亡數。
Lebeling theory 標籤理論 一種解釋為何特定人士被認為是不同的，而明明做了相同行為的另一群人卻不然之理論。
Life expectancy 平均壽命 在目前的死亡率下，預期一個人可以活到的平均年齡。
McDonaldization 麥當勞化 是指官僚化理論漸漸形成國際組織。
Medical model 醫學模式（型） 醫學專家對疾病的定義，並控制療程與患者對自身的觀感。
Mental illness 精神疾病 一種心理或腦部的疾病，使得患者與他人有一定程度的社交障礙。
Morbidity 罹病率 特定人群中的疾病發病率。
Mortality 死亡率 特定人群中的死亡率。
Population pyramid 人口金字塔 一種以性別及年齡來做人口分配的條狀圖，形狀像是金字塔。
Sick role 病人角色 社會對於病人應持有的態度或行為之印象。
Social epidemiology 社會流行病學 研究大眾疾病分布、損害，以及一般健康情況的學科。
Stigma 汙名化 一種貶低特定社群成員的標籤化。
Total fertility rate, TFR 總生育率 任何一名女性依循目前的生育率，所生產存活嬰兒的平均數字。
Vital statistics 生命統計 自政府單位的登記系統中，蒐集之出生、死亡、結婚、離婚率等記錄。

自我評量

請仔細閱讀下列問題，並選擇最適合的答案。

1. 下列哪個社會學家發展出病人角色這一概念？
    a. Émile Durkheim
    b. Talcott Parsons
    c. C. Wright Mills
    d. Erving Goffman

2. 關於健康照護的不公平，衝突論觀點認為：
    a. 醫生作為病人角色的守門員，將患者的狀況視為「疾病」或「康復」，兩者擇一
    b. 在健康照護上扮演積極角色的病患，會不遵醫囑
    c. 吸收來自第三世界的移民醫生，是核心工業化國家強化國家生活品質的方法，消耗的是開發中國家的人才

d.「健康」或「生病」之判斷，與他人決定的社會定義有關
3. 下列哪個國家的嬰兒死亡率最低？
   a. 美國
   b. 莫三比克
   c. 加拿大
   d. 日本
4. 與白人相比，黑人在下列哪種疾病的死亡率較高？
   a. 心臟病
   b. 糖尿病
   c. 癌症
   d. 以上皆是
5. 下列哪位理論家主張資本主義社會，如美國，在乎利潤最大化更甚於工人的健康與安全？
   a. Robert Merton
   b. Talcott Parsons
   c. Erving Goffman
   d. Karl Marx
6. 下列何者為對於病人角色的批評？
   a. 患者對於自身健康狀況的判斷，可能由於性別、年齡、社會階層、族群而不同
   b. 病人角色可能較適用於短期疾病而非長期慢性慢性病的患者
   c. 即使是是否失業這樣看似不相干的問題，也會影響假設的病人角色
   d. 以上皆是
7. 人口轉型的最後一個階段為
   a. 高出生率與高死亡率
   b. 高出生率與低死亡率
   c. 低出生率與高死亡率
   d. 低出生率與低死亡率
8. 下列何種觀點強調環保實務與自身經濟利益的雙贏？
   a. 衝突論
   b. 人口轉型
   c. 生態現代化
   d. 環境正義
9. 衝突論學者主張將世界環境惡化的罪魁禍首歸咎於開發中國家是出於
   a. 族群中心主義
   b. 文化衝擊
   c. 分裂主義
   d. 目標錯置
10. _____ 研究人口中社會階層、種族與族群、性別及年齡，對於疾病、障礙與健康的影響。
11. 以 _____ 的觀點，「生病」的人必須被控管，以確保不會同時有太多人無法達成他們的社會責任。
12. 專業工人、人士與技工移民至美國或其他工業化國家的現象稱為 _____，這些人都是在其母國正需要的人才。
13. 傳統地，在較大型的社會，醫生與護士的關係往往是 _____ 主控。
14. 社會學家發現考慮 _____ 率是十分有用的，因為它顯示特定疾病更容易發生在人口中的某些人。
15. _____ 學是關於人口的科學研究，由許多面向組成，包括人口規模、人口組成與領土分布。
16. _____ 是在政府單位的登記系統中，蒐集而來的出生、死亡、結婚、離婚率等記錄。
17. 生物學家 _____ 譴責科技發明，如塑膠和農藥等，造成環境劣化。
18. 環境問題主要可分為四大領域：_____ 汙染、_____ 汙染、_____ 與 _____。
19. _____ 是以少數種族受到不成比例環境傷害的宣稱，作為依據的一種法律策略。

17 Chapter 全球社區中的社會變遷

17.1 集體行為
17.2 社會運動
17.3 社會變遷
17.4 全球社會變遷

©Caro/Alamy Stock Photo
社會變遷是全球性的，具有顯性和隱性的效應。在泰國的芳縣（Fang），小和尚正在玩電腦遊戲。電腦和網路也以一種十年前無法想像的方式，傳遞佛法（佛教徒的教導）到世界各地。

17.1 集體行為

　　基本上，所有的行為都可被視為集體行為。不過對社會學家而言，這個詞彙有更明確的定義。根據社會學家 Neil Smelser（1981:431），他是此領域的翹楚，定義**集體行為（collective behavior）**是「一群相對非籌劃安排、無組織性的人，他們以一種不明確的立場，對應一種共同影響。」謠言也是一種集體行為的形式，公眾意見亦然——人們對於共享的事件，如戰爭或選舉的反應。在本節中，我們將會檢視集體行為的三種社會學理論，以及集體行為的十種不同形式，從流行與時尚，到社會運動。

集體行為理論

2003 年，美國羅德島州西華瑞克（West Warwick），Great White 樂團在夜店內表演煙火時引發火災，造成 100 人死亡。許多粉絲在火焰吞噬舞台時，還興奮得以為是舞台特效。2008 年，一位健康的 34 歲警衛被活生生擠死——死時還站著卻無法呼吸——當興奮的購物人潮在黑色星期五特價日一開門時，衝進沃爾瑪（Walmart）商店的大門。在 2017 年，委內瑞拉發生嚴重的食物短缺，絕望的人民洗劫商店尋找能吃的東西，在僅僅兩週的期間，發生超過 50 起暴動，5 人死亡，包括一位 5 歲的小女孩經過商店外遭流彈擊斃。

如同這些事件，集體行為通常無組織性且非籌劃安排的。由於它的流動性，使得社會學家更難在這些情況下概化人們的行為。儘管如此，社會學家還是研究出數個理論觀點——群眾、暴動、流行與其他類型的集合行為，這些觀點有助於我們學習，並以建構的方式分析集體行為。

規範浮現論（又稱：新規範論）

集體行為的早期著作都認為群眾基本上是無法控制的，然而此話並不盡然。在許多場合，可以用規範或是一定程序控制群眾，例如排隊。我們經常必須排隊，例如在速食店點餐或是銀行櫃檯，或是在電影院或足球賽進場和散場時。通常物理障礙如護欄或是結帳櫃檯，有助於我們乖乖排隊。當涉及大量的群眾時，可能就會有帶位人員或警衛，協助群眾按照順序行進。儘管如此，有時這些措施證明並不適當，如之前所舉的例子，以及接下來要提的這個案例。

在 1991 年 12 月，超過 5,000 人一大早就出現在紐約市市立大學（City College）體育場，為了參加一場廣為宣傳的籃球名人賽。由於體育場只能容納 2,730 人，光看群眾的人數，就知道不可能每個人都能進場。當沮喪的球迷等待著誰能被准許入場時，群眾中充滿不安和不滿的情緒，於是爆發零星的打架事件。

當體育場的大門打開時，一次只准許 50 人進場，他們必須先下兩層樓梯，並從唯一的沒上鎖的入口進去——令人抓狂的超慢速度，使得通道上擠滿人。最終，入場超過開場時間，而且由於場館早已爆滿，於是大門被關上了。由於說比賽已開始的謠言滿天飛，場外超過 1,000 名粉絲強行擠進建築物大門，朝著樓梯推擠。夾在已關閉的大門和不斷往樓梯推擠的人之間，像是三明治一樣的 9 名年輕男女死亡，還有 29 人因為推擠撞在牆上或門上而受傷（Mollen 1992）。

社會學家 Ralph Turner 與 Lewis Killian（1987）對這種災難事件提供了一種集體行為的觀點。他們假設一開始有一大群人，如搖滾樂迷或足球球迷，由預期的適當行為控制，如同四人進行網球雙打一般有條不紊，但在集體行為發生一段時

間後,一項決定哪些行為是適當的新定義自群眾中浮現。Turner 與 Killian 將這種觀點稱為**規範浮現論（emergent-norm perspective）**。如同其他社會規範,浮現的規範反映出團體成員共同的信念,並以制裁的方式執行。關於合宜行為的新規範,可能一開始看起來並不太妥當。浮現的規範建立一個整體的架構,包含定義十分廣泛的行為（關於此觀點的詳細討論,請見 McPhail 1991；Van Ness and Summers-Effler 2016）。

©Ed Betz/AP Images

因為集體行為通常無組織性且非事先籌劃安排,它的發生可能是致命的。購物人潮的推擠實在過度強烈,當沃爾瑪商店在感恩節後一天的特賣日開幕時,一名警衛被活活擠到窒息慘死。

使用規範浮現論觀點來解釋,我們可以看到在市立大學慈善籃球賽場外的粉絲,覺得自己處於不明確的立場。正常程序的群眾控制,如按照順序排隊,快速瓦解。同時,新規範浮現:推擠是可被接受的,雖然前面的人們已經在抗議。群眾中有些人——特別是擁有有效票的人——可能覺得往前推擠是合理的,這樣可以保證他們可以看到比賽;而其他人往前推擠,純粹是因為後面的人推他們,只好順勢而為。即使反對浮現的新規範的人也害怕抵抗,由於害怕被嘲笑或受傷。因此,通常在高度具有組織性情況下不會發生的行為,在這樣混亂的群眾中於是發生,正如 The Who and Great White 樂團夜店火災,以及沃爾瑪黑色星期五特賣會所發生的慘事。然而,在發生危險的情況下,我們可能誤以為粉絲的行為是統一的集體行為。

社群媒體的發明與實況上傳,提供正面和負面的影響。社群媒體在尋求幫助,以及和警告人們避免即將發生危險時很有益。但是這樣的警告也會讓人們陷入危險,以及遭到第一批反對者阻撓他們的努力（Wasik 2012）。

增值論觀點

Smelser（1962）則對集體行為的產生,提出一個截然不同的社會學解釋,他使用**增值論模型（value-added model）**,解釋社會條件如何以固定模式轉變為集體行為。這個模型概述集體行為有六大要素:結構性誘因、結構緊張、一般化信念、誘發因子、行動動員及社會控制的運行方式。

以 Smelser 的看法,要產生一個集體行為事件,必須有某些元素的存在。他用**結構性誘因（structural conduciveness）**一詞,指助長衝突利益產生的社會上組織。明顯的結構性誘因,如北非與中東在 2011 年在阿拉伯世界發起的民主運動,也稱

為阿拉伯之春（Arab Spring）。當時，專制獨裁政府以暴力鎮壓反政府的示威活動；在某些情況下，政府支持的民兵壓制抗議者。分享抗議者成功的社群媒體，觸發其他國家的人採取集體行動。這樣的結構性誘因使得集體行為成為可能，雖然並非必然發生。

集體行為的第二個決定要素是結構性緊張（structural strain），發生在對潛在衝突的社會結構誘因，被衝突利益確實會發生的感受所取代。許多東德人強烈希望移居或移民西歐國家，這對當時東德共產黨政府的社會控制能力產生極大的緊張。這樣的結構性緊張，導致 Smelser 稱為一般化信念（generalized belief）──一種對現實共同的觀點，重新定義社會行動與引導行為。東德與蘇聯國家共產政權的推翻，部分原因是一般化信念的結果，民眾認為共產政權壓迫人民，而大眾的抵抗可能導致社會變遷。

Smelser 認為一個特定的事件，稱為觸發因子（precipitating factor），會觸發集體行為。事件可能從社會結構中產生，但無論起源為何，它造成一個團體或是社區的緊張和共同信念。例如，在 2013 年，射殺手無寸鐵的非裔美國人青年 Trayvon Martin 的嫌疑犯被無罪釋放後，全美組成許多團體喚起大眾對黑人青年無差別射殺的關注。一個用標籤＃黑命關天（#BlackLivesMatter）的人權組織於是產生，繼續從每個執法人員草菅黑人性命的事件中，更堅定他們的力量。

根據 Smelser，第四個決定因素則是確認集體行為是否必要發生。除了這些因素外，團體必須有行動動員。一場大雷雨或嚴重的暴風雪就可能讓一場動員取消，人們比較可能參加週末而非平日、晚上而非白天的集會。

最後一點是，社會控制運作的方式──正式與非正式的──在決定先前的因素是否最後會成為集體行為。簡而言之，社會控制可能會阻止、延期或中斷一場集會的發生。在某些例子中，社會控制的使用可能是誤判，造成爆發的嚴重性增加。

社會學家質疑規範浮現論與增值論，由於兩種觀點在定義上都不太明確，而且無法以經驗來測試。有些人批評規範浮現論，在定義何者建構出新規範上講得不明不白；其他人則批評增值論，在一般化信念和結構性緊張的定義上模糊不清。在這兩個觀點中，相較於增值論規範浮現論，對在社會上廣為發生的集體行為提供較實用的解釋，例如狂熱（M. Brown and Goldin 1973; Quarantelli and Hundley 1975; K. Tierney 1980）。

然而，Smelser 的增值論，相較於其他早期理論，總是將群眾行為視為非理性、極度衝動的行為有較好的解釋。增值論方法認為，集體行為的發生與整體社會結構有關（G. Marx 2012; 欲了解這個方法的詳細討論，請見 McPhail 1991, 1994; Van Ness and Summers-Effler 2016）。

聚集論觀點

在美國德州大學舉行一連串的足球賽優勝慶祝，使得奧斯汀主要道路上擠滿慶祝人潮，一群社會學家審查他們的行為（Snow et al. 1981）。有些參與者積極向路過的人要求「擊掌」，或對經過的駕駛大喊、按喇叭同樂。事實上，鼓勵更多的人聚集似乎成為參與者的第一要務。當沒有人經過時，這些參與者就很安靜。如我們所見，集體行為的一個關鍵決定因素是行動的動員。人們如何聚集在一起，並從事集體行動？

Clark McPhail 可能是集體行為理論近四十年來最多產的學者，他認為人們和組織是有意識地對應彼此的行動。基於互動論觀點，McPhail 與 Miller（1973）提出了聚集過程的概念。在他們的**聚集論觀點（assembling perspective）**中，試圖檢視人們為何從不同地點向一個共同場所聚集。在新科技發明之前，集體行動的聚集過程比起今日較為緩慢且更須刻意安排，但 McPhail 的方法仍然適用。

一個基本的區分兩大類型的集會。**定期集會（periodic assembly）**包括會再度發生、相較定期的人們的聚集，如工作團體、大學課程與運動賽事的季票。這種集會的特色在於事先計畫安排，與再次參加的大多數是老面孔。例如，修社會學入門的學生，在星期一、三、五早上十點都會聚在一起。反之，**不定期集會（nonperiodic assembly）**包括示威、遊行、火災現場的圍觀民眾、意外現場與逮捕，這樣的集會經常是由口頭的資訊號召，通常比定期聚會不正式。一個例子是高立頓大學（Gallaudet University）在1988年組織的校長選舉造勢大會，由於該校有許多聽障學生，他們要推選一位聽障人士當校長（McPhail 2006, 2008; D. L. Miller 2014）。

集體行為的這三種觀點，讓我們更深入了解何謂「相較非事先規劃安排，且無組織性的情況」。雖然集體行為的發生，可能對局外人而言看似沒有邏輯（非理性的），然而參與者之間浮現的新規範，以及齊心協力聚集在某時某地（正是其邏輯所在）。

©Jim West/Alamy Live News/Alamy Stock Photo
正如之前許多的美國總統，Trump 總統似乎將美國兩極化。圖中他的支持者和抗議者參與同一場示威遊行，有些人可能是臨時起意參加，有些人則是精心籌劃。

✓ 運用你的社會學想像

想想學生聚集在一起上課，或聚集到圖書館學習的行動。以一天為週期，這樣的行動如何受到同學、同事、親戚或隊友直接或間接的影響？

集體行為的類型

你看了最新的忍者龜電影了嗎？你認識誰在蒐集豆豆娃嗎？你父母的衣櫃裡有搖滾T恤或平口小可愛嗎？流行和時尚基於集體行為發生。使用規範浮現論、增值論與聚集論觀點，並應用其他社會學觀點，社會學家調查許多不同類型的集體行為——不只是流行與時尚，還有群眾、災難行為、恐慌與狂熱、謠言、公眾意見與社會運動（將在第17.2節詳細討論）。在本節中，我們會學到所有形式的集體行為。

群眾

群眾（crowd） 是一種暫時的近距離人群聚集，其擁有共同的利益焦點。一場籃球賽的觀眾、賽前動員會及暴徒都是群眾的例子。社會學家對群眾常有的特徵感興趣。當然，要概化群眾是很困難的事，因為他們的性質可以南轅北轍。想想在被劫機的機上乘客，和一場宗教儀式的會眾。

正如其他形式的集體行為，群眾並非無組織性。即使在暴動時，參與者仍受制於可辨別的社會規範，並展現確切的行為模式。事實上，群眾和其他社會集會相比，並非那麼情緒化、人云亦云、具破壞性。社會學家Richard Berk與Howard Aldrich（1972）分析在1960年代的暴動中，在美國15個地點，破壞公物的模式，他們發現有剝削員工嫌疑的店家特別容易受攻擊，而有優良評價的私人住宅和公共機構卻不太會被破壞。顯然地，掠奪者仍良心未泯，達到一個集體共識，什麼「適合」破壞，什麼「不適合」破壞。在今日，這樣的資訊可以透過社群媒體共享。

規範浮現論觀點認為，在城市暴動中，一個新的規範浮現，容許搶劫，至少暫時容許，應尊重私人財產的規範——以及遵守法律的規範——由所有的商品都屬於社區財產的概念取代。所有你想要的東西，包括在上鎖的門後面的，都可以作為「公共福利」使用。事實上，浮現的規範容許搶劫犯搶奪那些他們認為是自己財產的東西——在2003年，Saddam Hussein的政權垮台時，巴格達就發生這樣的事。然而，並非所有參與者都這樣為所欲為。典型地，大多數的社區居民拒絕接受新規範，若不是袖手旁觀，就是意圖阻止大規模的偷盜（Couch 1968; Quarantelli and Dynes 1970；另見 McPhail 1991, 2006, 2008）。

在網路時代，群眾更有了新的意義。**群眾外包（crowdsourcing）** 一詞用來描述，詢問網友問題和參與網路活動或運動。群眾外包最有名的例子之一便是維基百科（Wikipedia）——一個由互不認識的網路用戶，合力編纂的線上百科全書。線上群眾也幫助太空人為銀河系繪製地圖、政治活動家追蹤政客的行蹤，以及行銷人員推廣新產品（*The Economist* 2008b:10）。

在網路時代，群眾的另一個形式是**快閃族（flash mob）**，他們是由社群媒體集結的一群人，在某個地點突然出現，進行某種集體活動，然後表演完立刻原地解散。他們的活動可以從很愚蠢的行為，如在十字路口附近上下跳十次；也可以是藝術表現，如在購物中心大合唱；或是更精心設計的舞台演出。快閃族甚至也可以是政治性質的，例如贊成或不贊成一個組織或民意代表的示威遊行。在 2001 年出現第一群快閃族，在收到「至乙沙，著黑衣」（Go 2EDSA, Wear black）的簡訊後，馬尼拉的居民聚集起來反對菲律賓總統。在四天的期間，超過百萬名身著黑衣的快閃族在乙沙大道（Epifanio de Los Santos Avenue, EDSA）聚集（譯註：本書英文版原文 Eifano de Los Santos Avenue 為誤植，此道路名稱應為馬尼拉市的 Epifanio de Los Santos Avenue，譯文為乙沙大道，或愛得薩大道）。幾天後，軍方放棄支持這位總統，他遭受彈劾，並且提名新總統。

快閃族經常被路人用智慧型手機拍下，然後將影片上傳至 YouTube，在此平台上有幾百萬觀眾可能會瀏覽一支影片。在 2009 年，一個「歷史性」的快閃族在比利時安特衛普（Antwerp）表演 *Do Re Mi*，此影片後來在網路上瘋傳。為利用這些網路影片的熱度賺取金錢，尤其是年輕人，有些企業聘請演員表演快閃活動，以求讓自家廣告訊息透過社群媒體傳播。確實，看似即興演出的安特衛普 *Do Re Mi* 表演，其實是為了讓《真善美》（*The Sound of Music*）重出舞台，刻意安排讓主演演員發揮即興才能。更近期，耐吉為了宣傳自家的新高爾夫球鞋，聘請舊金山一個業餘舞蹈團設計一場快閃活動。

快閃族的一個較不正常的方式是，歹徒利用社群媒體集結成員在某時某地進行犯罪，如行竊，然後快閃逃逸。這種行為變得十分常見，執法單位習慣稱他們為**快閃幫派（flash gang）**，為了預測這些犯罪的發生，警探開始監控社群媒體。總之，正如集體行為的許多元素，群眾與幫派可說在結構和目的上十分類似（Holguin 2013）。

✓ 運用你的社會學想像

你曾經看過快閃族或是參與快閃族嗎？你覺得它看起來很有組織性嗎？是否有些參與者扮演領導或指揮他人的角色？

災難行為

報紙、電視報導，甚至是謠言，將「災難」二字傳遞到全世界。**災難（disaster）**一詞是指一種突然發生或具有破壞性的一個或一連串的事件，使得社區的資源無法應付，需要外界援助。傳統意義上的災難是指自然災害，如地震、洪

©Pat Milton/AP Images
在恐怖攻擊擊潰紐約市的災害緊急應變指揮中心，政府當局快速地重建一個新的，指揮救援和復原行動。即使在無法想像的天災人禍降臨時，人們的反應仍有條不紊。

水與火災。然而在工業化時代，自然災害要再加上「科技災害」，如飛機墜機、工業爆炸、核電廠的熔毀災害及大規模化學汙染。然而，這兩種災難其實沒有真正的區別。如同環境學家所觀察的，人類的所作所為要不是導致，就是引發自然災害。在容易發生洪水的沖積平原大興土木、人工開挖自然水道、砍伐整片森林便於人為規劃，以及在地震地區蓋高樓，都會造成潛在的災難（Marshall and Picou 2008）。

災難研究

社會學家在災難研究方面已經獲得巨大的進展，儘管這類型的調查本來就困難重重。德拉瓦大學（University of Delaware）災難研究中心的研究尤為重要，此中心有訓練良好的研究者，隨時準備好在災難發生的四小時內趕到現場，他們的實地考察工具有鑑定材料、錄音設備，以及一套針對各種不同災難的訪談程序清單。在前往災難現場途中，這些研究者便著手了解可能遇到的情況。當到達現場時，他們建立通信站以協調現場工作，並與中心保持連線。

自 1963 年創立以來，災害研究中心已經在美國與其他國家，進行超過 700 件自然和科技災害的實地考察。此中心的研究用來研發緊急醫療實施的有效計畫、謠言控制中心的建立和運作、災害後心理醫療服務的協調，以及防災與緊急應變計畫的執行。此中心也提供研究所學生訓練和實地考察機會，這些學生有志於在災難研究領域長期發展，以及經常必須前往災難服務中心，如紅十字會與民防局工作的人（Disaster Research Center 2018; K. Tierney 2007）。

案例研究：世貿中心的倒塌和卡崔娜颶風

有兩件令人崩潰但十分不同的災難，提供讓研究者獲益匪淺的案例研究材料。一個案例是 2001 年 9 月 11 日恐怖攻擊導致世貿中心倒塌，造成將近 3,000 人死亡，財產損失約數十億美元；另一個案例是 2005 年 8 月的卡崔娜颶風，造成空前的浩劫，使得成千上萬人無家可歸。研究這類型災難的社會學家發現，通常在災難發生後，緊接而來的是緊急應變團體的建立，指揮公共服務與私部門服務，例如食物的配給。與平時相比，決策在這段期間變得更由中央控管。

在 2001 年 9 月 11 日的恐怖攻擊事件，精心規劃的緊急應變中心就位於世貿中心，在大廈倒塌時被摧毀，而市政府附近的地區也全部停電。然而在數小時內，一個事件指揮站與一個新的緊急應變運作中心便快速成立，負責指揮這 16 英畝地區（世貿中心倒塌的面積）的搜救與復原行動。很快地，災民收容中心、資訊小站，及開立死亡證明的辦公室建好，24 小時都有諮商師服務，以及供餐給搜救人員的設施。為了進一步確認潛在的危險，並調查這個巨大的犯罪現場，警察與公共安全官員，利用電腦地圖和航空攝影科技，也指出可確認有罹難者或受困者的確切位置、重置人力資源功能，並且蒐集各地來的慈善捐助物資（Wachtendorf 2002）。

卡崔娜颶風則是截然不同的災難。雖然不像 911 事件，颶風的到來是可預測的，但受災區域——廣達 90,000 平方英里，比起 911 事件的面積大了太多，這是令人意想不到的。在 911 事件發生的四年後，美國所有層級的政府機關努力改善災害應變能力，無論災害發生的原因是什麼。然而，在地勢低窪的美國東南沿海地區，發生可預測的災難性颶風卡崔娜侵襲，有關當局卻慢半拍，花了好幾天才統籌出全面性救援行動。由於街道被淹沒與通訊系統中斷，受困的災民只能爬到屋頂上，等待救援隊的飲用水、食物或直升機來把他們載走，並好奇救援隊在哪裡。

哪裡出錯了？政府機關之間簡直令人跌破眼鏡的缺乏協調。涉及救災行動的無數個機構亂成一團，包括聯邦緊急事務管理署（Federal Emergency Management Agency, FEMA），這個機構在不到兩年前才被重新規劃到國土安全局（Department of Homeland Security）的管轄範圍；美國國民警衛隊（National Guard），在每個州都有不同的指揮方式；現役軍人；還有上千個市、郡、州政府各有職權範圍，實際上各行其政。在這些混亂中，FEMA 面對的最嚴峻的挑戰還是在 911 事件之後，國家的緊急應變措施有所修改，聯邦官員決定讓地方政府管控災後幾天的應變措施。然而，卡崔娜颶風摧毀當地警察與臨近海灣區的國民警衛隊。如此一來，在災難發生後讓中央指揮災情應變，竟耗費數日，而不是數小時。在災後，聯邦官員再修改災害應變計畫，並重新檢視轉換指揮機關的法律，以圖在需要時能加快聯邦和軍方的救助。

©Vincent Laforet/AP Images

救難直升機飛越紐奧良淹水的災區，尋找在屋頂上求救的倖存者。在颶風後的幾天，聯邦、州與當地機關努力協調救災行動，成千上萬災民缺乏食物和飲用水。

卡崔娜颶風的災後重建比搜救行動更為棘手，相較於世貿中心的倒塌，卡崔娜颶風對本來就一窮二白的窮人受災戶帶來的衝擊，簡直無法言喻，由於他們缺乏備急金，這些家庭在別處很難安身立命，而且比起其他手頭較為寬裕的災民，他們在另尋出路和尋找能長住久安的地方也困難重重。

災難研究顯示，隨著災害的發生，維持與恢復通訊設備是至關重要的，不僅僅是為了救災工作的進行，更是為了減少倖存者的不安。在 911 事件當天，由於通訊塔和中繼站被摧毀，曼哈頓大多數的手機都打不通。為了聯繫上親人，或計畫如何逃離馬路上充斥著救護車的城市，人們排隊打公共電話。在之後幾天，為了尋找生死未卜的親人，家屬只好去臨時布告欄，張貼一張張尋人啟事。

在卡崔娜颶風之後，倖存者被分散送到全國的收容所——經常家人都是杳無音訊、生死未明的狀態——他們瀏覽特別的網站尋找親人、工作的同事、老師甚至寵物。在無法想像的浩劫餘生後，災民和機構的反應皆在情理之中（Brunsma et al. 2010）。

流行與時尚

一個幾乎無窮無盡的物品清單與行為模式，似乎暫時吸引大人與小孩的注意。想想曾流行的傻瓜黏土（史萊姆黏土）、呼拉圈、魔術方塊、霹靂舞、曼陀珠與可口可樂、快速約會、數獨、各種流行的手環、搖滾舞池及指尖陀螺。流行與時尚是對某種生活模式或特殊服裝品味、音樂或娛樂，突然爆紅的全民運動。

流行（fad）是一大群人暫時的行為模式。流行前無古人，後無來者，僅此一回；反之，**時尚（fashion）**則是大眾心嚮往之而參與的潮流，特徵為社會中有相當多的人接受，而且有歷史脈絡可循。因此，龐克頭可以被認為是一種時尚，在不斷改變的流行髮型中占有一席之地；然而，瑪卡雷娜舞（Macarena dance）就可被視為一種流行，由於它只在 1990 年代中期的一段時間流行（J. Lofland 1981, 1985）。

對智慧型手機與平板電腦的依賴，改變流行的表現方式。比起在實體店逛，年輕人更喜歡線上購物〔這樣的潮流在 2018 年玩具反斗城（Toys R Us）倒閉達到最高峰〕。流行，如《寶可夢 GO》（Pokémon Go）和《堡壘遊戲》（Fortnite）等電子遊戲，在網路上越來越多。

典型地，當人們想到時尚時，第一個想到的就是服裝風格和消費者行為。在現實生活中，消費者迅速改變的喜好已造成低度開發國家的沉重負擔。大多數的二手衣物，甚至是舊的棒球帽，無論是捐贈給慈善機構或丟棄，每年大約都有 40 億美元的產值，最後這些衣物都會運到——用 Wallerstein 的世界體系分析一詞所謂的「邊陲國家」，有的衣物在街邊的攤販再度被販售，但大多數還是淪為破布，或被剪

下來的零件，如鈕扣或拉鍊。當然這產生一些經濟價值，然而評論家指出，這些捐贈衣物摧毀許多非洲國家的紡織業。因此，許多開發中國家如今在邊境禁止進口這些剩餘貨物。

流行和時尚，使人們認同一些與主流體系和文化象徵不同的東西。次文化的成員在參與同儕的參考團體時，也能打破傳統。流行通常只持續很短的期間，而且對大多數不參與的人而言，似乎有點可笑且興趣缺缺。另一方面，時尚通常含義較廣，因為它可以反映財富與身分地位（或是給人這樣的印象）。

©Hocine Zaourar/AFP/Getty Images
流行服飾的快時尚的副產品，就是堆積如山的廢棄衣物。圖為在阿爾及利亞捐贈衣物構成的垃圾山。社會觀察者指出，捐贈舊衣的活動已然造成開發中國家當地紡織廠難以經營，許多國家，現在已經禁止這些物品捐贈。

✓ 運用你的社會學想像

列出一些最近的流行或時尚，然後回想你小學的時候。你可以說出兩個當時很流行，但現在似乎已消失不見的東西嗎？

恐慌與狂熱

恐慌與狂熱都代表對於一般化信念的反應。**狂熱（craze）**是一種興奮的群眾參與，持續一段相對長的期間。例如 1973 年末，一名威斯康辛州議員召開記者會，描述美國聯邦政府竟然無法買到足夠的衛生紙讓政府機構的員工擦屁股。不久後，在 12 月 9 日 Johnny Carson 的節目《今夜秀》(Tonight Show)，作為他每天晚上必講的玩笑話，他說如果不是全國都缺衛生紙就太奇怪了。數百萬名觀眾誤將玩笑當真，出於對缺貨的恐懼，去掃貨衛生紙。很快地，衛生紙因為這種囤貨狂熱，竟然真的缺貨了！其影響竟然持續到 1974 年（Crockett 2014）。

相較之下，**恐慌（panic）**是基於一種不一定會發生的一般化信念，激發群體的恐懼或集體潰逃。在恐慌中，人們通常會覺得沒有足夠的時間或適當的方法避免受傷。恐慌通常發生在戰場、過度擁擠的發生火災的大樓，或是股市崩盤。恐慌和狂熱的不同在於，恐慌是要逃離某事物，而狂熱則是努力獲取某事物。

在美國最有名的恐慌例子，是由媒體事件所觸發：1938 年萬聖夜的廣播劇，H. G. Wells 的科幻小說《世界大戰》(The War of the Worlds)。該廣播劇講述火星人入

侵地球，說星際不速之客在北紐澤西州登陸，並在 15 分鐘後占領整個紐約，講得煞有其事。廣播電台的播報員一開始便表示這是虛構故事，但是 80% 的聽眾沒有聽到，而開始恐慌，以為這是新聞報導。

許多報導對於民眾對《世界大戰》廣播劇反應的描述過度誇大不實，例如全美國的人都在禱告、哭泣、瘋狂地逃離火星人大開殺戒。相較之下，CBS 針對國內的聽眾調查，其實只有 20% 的聽眾相信這種鬼話而感到害怕。儘管也許有 100 萬人，對這個廣播劇有反應，但大多數人還是直接理智地轉台，確認這是否「真實發生」。這個「外星人入侵地球」只引起有限的恐慌，而非大眾歇斯底里（Schwartz 2015）。

雖然人們普遍認為會陷入恐慌或狂熱的人，必定對自己的行動並不自覺，但並非都是如此。正如規範浮現論所主張的，在這種形式的集體行為中，大多數的人會參考他人的行為並伺機而動。即使在威脅生命的逃難中，例如人潮擁擠的電影院發生火災，人們也不會互相踩踏，落荒而逃，反而會根據感知到的情況和聚集於相同場所的他人作為，來調整自己該怎麼做。儘管對事後諸葛的旁觀者而言，人們（在恐慌時）的決定可能看來愚不可及（向鎖住的門推擠），或無疑自尋死路（從陽台跳樓），然而對於當事人當時的情形，可能會覺得這樣的行動似乎是適當的——或是在絕望之下別無選擇（L. Clarke 2002; Quarantelli 1957）。

謠言

瘦魔人（Slender Man）可能會造成人們做惡夢，但不太可能造成凶殺案，他是來自短篇恐怖小說網站的一個虛構角色。這個角色在 2009 年以電腦繪圖技術創造出來，延續其他虛構角色如吸血鬼、殭屍與外星人的故事邏輯，瘦魔人通常是身體不成比例的瘦長、穿著黑色西裝，默默地跟蹤受害者。

瘦魔人的粉絲還不少，有成長趨勢，儘管大多數的成人根本沒聽說過那是什麼。在 2014 年，瘦魔人對威斯康辛州的兩個女孩而言成為恐怖的近乎真實，她們相信他在附近樹林出沒，並為了滿足瘦魔人的殺戮需求，她們做出令人毛骨悚然的努力，她們在樹林殘虐地用刀刺傷另一位女孩，害她幾乎喪命。瘦魔人這個只存在於網路世界的假象，竟然真的殺死一個人——以一種傳說中的大腳怪、雪怪、尼斯湖水怪無法想像的方式。數日後，俄亥俄州的一名 13 歲的女孩用刀刺傷她媽媽，只是因為媽媽質疑她對瘦魔人謠言的堅信不移。在 2018，一部名為《瘦魔人》（*Slender Man*）的電影上映。根據威斯康辛州的事件大幅改編，造成威斯康辛州慘事的當事人家庭強烈譴責電影的製作（L. Miller 2015; Richmond 2018）。

沒有人可以對聽信或製造謠言免疫。**謠言（rumor）**是用來解讀不清楚的情況，以非正式管道獲得的一種資訊。謠言的作用在於提供團體一個共享的信念。

當一個團體努力爭取共識時，成員負責排除無用或不可信的謠言。研究指出，在職場，關於正在發生和即將發生的事情的謠言，準確度很高。因此，謠言可以作為適應改變的預防針。如果一家公司要被另一家公司併購，通常傳的謠言會是人員異動的可能情況。逐漸地，這樣的謠言既未被證實，也沒有被丟棄，但是這種以訛傳訛讓人們較容易接受自己無法控制的事實。可怕的謠言可能傳得最快，因為恐懼製造壓力，但告訴別人可以減輕壓力。此外，有些人唯恐天下不亂，喜歡引起他人的恐懼（Fine and DiFonzo 2011; Hutson 2015; D. E. Miller 2006）。

©Raoul Minsart/Superstock

「你聽說了嗎？」謠言是一種常見的社會互動形式，強調共享的認知──即使傳達的內容是子虛烏有。今日越來越多的謠言透過網路傳播，其中有許多是私人的或具高度煽動性質的。

在五角大廈和世貿中心恐怖攻擊事件時，一連串的謠言滿天飛。根據假消息，當其中一個塔崩塌時，一名警察從 86 樓的鋼樑上衝浪似地「滑」下來。由於媒體扮演傳遞消息的角色，因而也製造許多謠言。例如，一個謠言說 CNN 的一支巴勒斯坦人在攻擊後在街上跳舞的影片，事實上是波斯灣戰爭時錄製的真實影片。在巴基斯坦，瘋傳被劫的飛機撞上世貿中心的謠言竟真實上演。

正如這些例子，謠言經常強化人們的意識型態與對媒體的懷疑。令人不安的還有社群媒體日益強大的存在感，尤其在 2016 年美國總統大選和 2018 年美國期中選舉，還有在全世界的政治中產生「假新聞」一詞。這些未經證實的謠言，讓公民對真正的議題和重點失焦。記者逐漸擔憂公眾越來越對各種新聞管道反感，覺得新聞全都是假的。如同這些例子，謠言通常強化人們的意識型態，與他們對大眾傳媒的懷疑（Fine and Ellis 2011; Mozur and Scott 2016; Slackman 2008）。

公眾與公眾意見

公眾是集體行為中最不具組織性且最個人化的形式。**公眾（public）** 是指分散的一群人，彼此之間不一定有聯絡，他們對共同的議題有興趣。當這個詞彙用在集體行為的研究時，公眾不包括每個人，而是集結的一群人關注某個議題、參與討論、同意或不同意，而且有時在議題決議後，這些人就會自動解散（Blumer 1955, 1969; R. Turner and Killian 1987）。

公眾意見（public option） 是指傳達給決策者對公眾政策的表態。定義中「傳達給決策者」這點尤為重要。集體行為的理論家在討論公眾意見時，必然會談到「公眾」和「決策者」。在研究公眾意見時，我們並不在乎個人對社會與政治議題的

態度；反之，我們關心公眾的態度會以何種方式傳達給決策者，以及公眾嘗試影響政策決定的最終結果。

投票和調查在評估公眾意見上，占有十分重要的角色。利用這些技巧，研發出具有信度的問卷與訪談程序，調查專員進行公眾意見的研究，可用於公司（市場分析）、政府、大眾媒體（節目收視率），理所當然地，還有政客。調查數據十分關鍵，不只在購買商品之前做功課，還有評估哪個政治候選人可能會勝選，甚至決定要提名誰擔任最高法院的大法官（Gans 2013; Manza and Brooks 2012）。

今天美國政治的民意調查是結構完善的，以一種代表樣本技術為基礎的調查。這樣做的結果是，反映出來的民意結果和實際投票通常僅有幾個百分點的誤差。與這樣的投票背道而馳，有些調查嚴重誤導他人，例如選擇題式的意見調查。

在 2016 年美國總統大選時，候選人 Trump 意外選贏 Hilary Clinton，部分的原因在於，公眾意見民意調查的監票人，在宣布全國結果時，並未將各州的結果轉譯為選舉人團結果（Electoral College outcome），這才是真正決定勝者的關鍵。另一個被公眾忽略的關鍵實況是，在民意調查結果很接近的關鍵州，Trump 的支持者比起 Hilary 的支持者更踴躍投票（Salvanto 2018）。

總而言之，社會學家研究集體行為，因為它包含每個人日常都會參與的活動。此外，集體行為理論確認，在動員心生不滿的社會成員與帶來社會變遷上，社會運動扮演關鍵角色。表 17-1 摘要社會學家研究的集體行為的十大形式。

✓ 運用你的社會學想像

你可以想到上一次因為聽到或讀到盛行的公眾意見，而改變自己的觀點是在什麼時候嗎？

表 17-1　集體行為的形式

形式	定義	例子
群眾	一種暫時的近距離人群聚集，其擁有共同的利益焦點	政治或隊伍造勢活動
災難	一種突然發生或具有破壞性的一個或一連串事件，使得社區的資源無法應付，需要外界援助	龍捲風、颶風或煉油廠大火造成的效應
流行	一大群人暫時的行為模式。流行前無古人，後無來者，僅此一回	背包拉鍊頭（手鏈墜子、卡通人物、超級英雄）
時尚	大眾心嚮往之而參與的潮流，特徵為社會中有相當多的人接受，而且有歷史脈絡可循	設計品牌包包

表 17-1　集體行為的形式（續）

形式	定義	例子
恐慌	基於一種不一定會發生的一般化信念，激發群體的恐懼或集體潰逃	在流行病期間取消旅遊計畫
狂熱	一種興奮的群眾參與，持續一段相對長的期間	音樂團體或運動隊伍的追星粉絲
謠言	用來解讀不清楚的情況，以非正式管道獲得的一種資訊	說美國登陸月球是用特效P圖偽造的
公眾	分散的一群人，彼此之間不一定有聯繫，他們對共同的議題有興趣	環境學家
公眾意見	傳達給決策者對公眾政策的表態	地球暖化的觀點
社會運動	為了促進或抵抗一個已存在團體，或是社會組織化的集體活動。	同志權利與 #MeToo 運動 *

*譯註：#MeToo 運動為 2017 年 10 月由 Harvey Weinstein 性騷擾事件後，席捲全球的反性侵與反性騷擾社會運動。

17.1　概述與回顧

摘要

集體行為（collective behavior）是一群相對非籌劃安排、無組織性的人，他們以一種不明確的立場，對應一種共同影響。

1. **規範浮現論觀點（emergent-norm perspective）**認為，新形式的行為可能會在集體行為發生時浮現。**增值論模型（value-added model）**提出集體行為的六大要素：結構性誘因、結構緊張、一般化信念、誘發因子、行動動員及社會控制的運作方式。**聚集論觀點（assembling perspective）**，試圖檢視人們為何從不同地點，向一個共同場所聚集。
2. 在**群眾（crowd）**中，人們在很近的物理距離裡，並在某段時間內，因為關注某事並有共同利益而互動。
3. 研究者對團體在**災難（disaster）**如何互動感興趣。
4. **流行（fad）**是數量龐大的一群人暫時的行為模式；**時尚（fashions）**與流行相比更具有歷史連續性。
5. **恐慌（panic）**是逃離某事，而**狂熱（craze）**是趨向某事的大眾運動。
6. **謠言（rumor）**是用來解讀不清楚的情況，以非正式管道獲得的一種資訊，並提供團體一個共享信念。
7. **公眾（public）**是集體行為中最個人化，但最缺乏組織性的。**公眾意見（public opinion）**是傳達給決策者對於公共政策的個人態度的表現。

批判性思考

1. 描述 2013 年波士頓馬拉松炸彈事件後的緊急應變。在攻擊事件後的集體反應，是否表達出災難研究的結果？又是以何種方式？
2. 有什麼其他形式的集體行為在那一天很明顯？請描述它們扮演的角色。

重要詞彙

聚集論觀點	災難	快閃族	公眾
集體行為	規範浮現論	不定期集會	公眾意見
狂熱	流行	恐慌	謠言
群眾	時尚	定期集會	增值論模型

17.2 社會運動

雖然環境、人口、科技和社會不平等，都是造成社會變遷的因素，但最終導致社會變遷的還是社會運動組織的集體個人努力。**社會運動（social movement）**一詞，表示利用有組織的集體活動，來造成或是阻擋現存團體或社會的基本變革（Benford 1992）。Herbert Blumer（1955:19）將社會運動定義為「集體努力建立生活的新規律」，當時他便意識到社會運動的重要性。

許多國家，包括美國，社會運動對歷史與社會結構的演變有戲劇性的影響。想想那些廢奴主義者、女性參政支持者、民權工作者、反越戰者、占領華爾街（Occupy Wall Street）運動者，以及黑命關天人權運動者。為了改變社會，每一個社會運動的成員，不遵循傳統社會的管道，並在公共政策上發揮明顯的影響力。數十年前，許多觀察家曾認為，東歐是對社會變遷「免疫」的，也就是說，絕不可能發生社會變遷的國家，然而，人民藉由集體努力，以和平方式推翻了共產主義政權。

儘管社會運動暗示衝突的存在，但我們仍然能從功能論觀點來分析。即使社會運動失敗，也會形成公眾輿論。當Margaret Sanger和其他早期的倡議者主張節制生育時，公眾還覺得這個想法很偏激，但現今在全美各地都可以輕易買到避孕藥。

因為社會運動無國界，甚至民族主義運動已深受全球事件的影響，越來越多的社會運動，自始就具有國際的規模。尤其

©Rena Schild/Shutterstock
此圖為2018年在Trump總統的就職典禮一週年之際，在華盛頓進行的女性遊行。為了呼籲大眾對女性性騷擾與性侵犯的關注，類似這樣的遊行在全美展開。

是跨國企業透過國際的流通，達到自己的目標，無論像麥當勞這樣的私人企業、或世界貿易組織這樣的跨政府組織。然而，全球行動主義（Global activism）已不是新概念，始於 Marx 的著作，Marx 試圖在工業化國家動員被壓迫的人民。今日，社運人士網絡因網路而強化，參與跨國行動主義已較過去更為寬廣，而且熱情更快被點燃。

社會運動的崛起

社會運動為什麼會發生？又是如何發生？很顯然地，是人們對一些現況不滿意。然而，是什麼因素讓他們在特定的時間組織起來，以集體的方式為變革努力？社會學家以兩種論點——相對剝奪論與資源動員論，來說明人們動員的原因。

運用你的社會學想像

在你的校園中，何種社會運動最醒目？在你的社區呢？你認為這些團體要怎麼做，才能達到效果？

相對剝奪論

對社經狀況感到挫折和失意的社會成員，並非是客觀上的窮人。社會科學家早就認知到，重點在於人們如何感受自身的情況。如 Marx 所說的，雖然勞工的苦難可以反映他們受壓迫的情況，但亦反映出他們與資本統治階級相對的地位（Marx and Engels [1847] 1955）。

相對剝奪（relative deprivation）一詞被定義為：對合理的期待與現實狀況之間的差異負面的感受（J. Wilson 1973）；換言之，事情並不如理想。這種狀況可能是必需品的不足，而非缺乏。被相對剝奪的人感到忿忿不平，是因為他和適當的參考群體，相較之下，他覺得被踐踏或抑制。因此，一個住家只有兩個房間的藍領階級工人——雖然不算是經濟階層的底層，但和住在豪華郊區的企業經理和專業人士相比，可能會覺得自己受到剝奪。

除了相對剝奪感外，還有兩種因素是必要的，人心中的不滿才會導致社會運動的產生。首先，人們必須覺得有權利獲得他們的目標；亦即，他們值得擁有比現在更好的事物；其次，弱勢團體也必須同時覺得，使用傳統方法無法達成他們的目標。這個想法孰是孰非。無論如何，除非擁有這種相對剝奪感，並且只能透過集體行動終止，否則群體不太可能會展開一場社會運動。

評論家發現，並不一定需要有被剝奪的感覺，人們才發起運動。再者，這個論點無法解釋為什麼有一些被剝奪的感受會演變成社會運動，而某些相似情況則不然。最終，近幾年社會學家將社會運動的形成原因聚焦於背後的必要動力（G. Martin 2015）。

> **✓ 運用你的社會學想像**
>
> 為什麼貧困的人會感到被剝奪？

資源動員論

發動社會運動，光靠慾望是不夠的。金錢與政治之影響、媒體管道及成員，都對發起社會運動有所幫助。**資源動員（resource mobilization）**是指一個社會運動如何利用這些資源。的確，一個改造運動的成功與否，要視它有哪些資源，與有效動員的程度。換句話說，動員追隨者與安排資源對社會運動的成功至為關鍵（D. Miller 2014; Van Dyke 2017）。

要讓對社會不滿的人加入社會運動，核心因素在於領導人物。運動經常是由一個有群眾魅力的人來領導，如 Martin Luther King Jr.（譯註：美國黑人運動活動家）。如同 Weber 在 1904 年形容的，領袖魅力是將自己和其他平凡人區分開來的一種特質。當然，魅力稍縱即逝，這也是某些社會運動並不長久的原因（Morris 2000）。

為什麼此一時彼一時？有些人會加入社會運動，而類似情況下另一些人就不會？有些人因被動招募而加入的（而非自發）。Marx 呼籲工人要覺察他們被壓迫的地位，並注意到階級時，他發現招募的重要性。與現代的資源動員論者不謀而合，Marx 認為社會運動（確切地說，無產階級的造反）需要一些領袖來加強受壓迫者的。為了組織革命運動，領導者必須幫助工人克服**虛假意識（false consciousness）**或是阻礙工人認知到他們的客觀地位之態度。在 1960 年代末期和 1970 年代初期的婦女解放運動，也同樣地，面臨的最大挑戰之一，便是如何說服婦女的權力與重要社會資源受到剝奪。

性別與社會運動

社會學家提倡，性別與性別認同，乃是了解社會運動之重要因素。在傳統由

男性領導者與政策決定者主導的社會裡，日常生活也傾向異性戀社會。此外，傳統社會政治制度之檢視，往往集中在男性主導的權力管道，如立法機關及企業的董事會，卻忽略由女性主導的一些場所，如家庭、以社區團體，或以信仰為基礎的宗教組織。在女性主義方法改變這些偏見的同時，許多學者仍認為社會運動只能透過一種完全忽略同性關係的框架進行。

　　研究社會運動的學者現在了解到，性別可以影響我們如何看待、帶來或抗拒組織化努力的變革。舉例來說，強調以理性和冷靜來達成目標，模糊了在成功的社會運動中熱情和感情的不可或缺性。但是呼籲不要過度感性的研究，往往只針對婦女運動，因為傳統上感性一直被視為女性的特質之一（Hurwitz and Taylor 2012）。

> ✓ **運用你的社會學想像**
>
> 試圖想像一個沒有社會運動存在的國家。這樣的社會在何種情況下可能存在？你會想住在這樣的國家嗎？

新社會運動

　　自 1960 年代，歐洲的社會科學家，就已經觀察到新興社會運動的組成和目標發生變化。早期社會運動關注經濟議題，由從事相同職業的人或工會帶領運動。然

資料來源：Illustration reprinted by permission of the publisher from John B. Christiansen and Sharon N. Barnartt, *Deaf President Now! The 1988 Revolution at Gallaudet University*. Gallaudet University Press, 1995, p.22 (photo): ©The Washington Post/Getty Images

位於華盛頓特區的高立頓大學是在美國唯一為聽障學生開設的四年制文理學院。左圖為 1988 年分發的一張傳單，經過學生、教職員與校友會的努力，成功聘任此大學第一位聽障人士的校長。在 2007 年，在該位校長退休後，學生再度抗議選舉過程。最終，由一位經驗豐富，天生為瘖啞人士的學校行政人員當選校長。資源的動員，包括傳單，都是讓社會運動成功的重要關鍵。

而，近幾十年來，最活躍的社會運動——包括：當代女性運動、和平運動以及環境運動——並沒有看見百年前歐洲、美國與孟加拉，勞工抗議的社會階級之根本特色（Tilly 1993, 2004）。

新社會運動（new social movement）是指強調價值與社會認同，以及改善生活品質的，一種具有組織的集體活動。這些運動可能與發展群體認同有關，它們有超越單一議題的多重目標，往往跨越國界。受良好教育的中產階級，在這類新社會運動成員中占比極高，如婦女運動與同志平權運動。

新社會運動者，通常不認為政府是改善社會的夥伴。雖然他們通常不是什麼反政府組織，但偶有批評、抗議或抵制官員。研究者發現，新社會運動的成員，極少支持既定權威，這裡說的權威，甚至包括科學與科技的專家。在環境運動及反核運動中最為常見，新社會運動者與他們自己的專家來和政府及大企業相抗衡（Garner 1996; Polletta and Jasper 2001; A. Scott 1990）。

環保運動是全球注目的諸多新社會運動之一。環保運動者發現，在努力提倡降低空氣及水汙染、遏制全球暖化，以及保護瀕臨絕種生物的同時，單靠一個國家採取強力的法令並不夠。同理，如果一家跨國企業能輕易將工廠遷移到另一個薪資較低的國家，工會領袖和人權倡議者，再如何揭發開發中國家血汗工廠的實況，也對改變現狀無能為力。當傳統的社會運動觀念關注當地資源動員時，新社會運動理論提供更廣泛、全球的社會及政治行動主義觀點。

表 17-2 摘要介紹為對社會運動有貢獻的社會學研究法（理論）。每一項都加上我們對社會運動發展的了解。

通訊與社會運動的全球化

今天，活動者透過社群媒體就可以在瞬間與全世界的廣大群眾連結，而且不需要花費什麼成本。社會網絡使得社會運動的組織者不需要面對面，就能招募志同道合的人，甚至即時互動。

表 17-2　對社會運動理論的貢獻　　　　　　　　　　　　　　　　　　　　| 總結

研究法（理論）	強調
相對剝奪	當期望破滅時，最可能發起社會運動
資源動員	社會運動的成功取決於必須可獲得資源，並有效利用它
新社會運動	當人們因價值觀與社會認同議題而動員時，社會運動才會產生

此外，相較於書籍或報紙，電視與網路由於具有即時性，經常傳達一種虛假的親密感，我們似乎不得不受最新的名人新聞影響。因此，最新科技將我們聚集在這個電子地球村中（Della Porta and Tarrow 2005; Garner 1999）。

網路聚集感也擴展到社會運動範疇，越來越多這樣的團體出現在網路上。透過網路即時通訊，墨西哥薩帕塔民族（Zapatistas）解放軍與其他的原住民團體可以將他們的訴求轉為國際遊說的努力，綠色和平組織可以將全世界環保人士透過網路錄製影片的方式，傳送到成員的手機。

©Pavel Filatov/Alamy Stock Photo

蒙古大草原的居民在蒙古包外和衛星設備合照。在 2008 年，抗議者湧入蒙古首都，群情激憤抗議選舉詐欺。自此，抗議者要求更公平分配國家的礦產，並聚焦於環境汙染。在所有的抗議者中，來自農村地區的人使用網路組織活動。

社會學家開始將以電子強化既存社會運動，稱為**電腦媒介通訊（computer-mediated communication, CMC）**。電腦媒介通訊可以定義為透過兩個或以上的網路裝置（如電腦或手機）的通訊互動。這個術語亦可泛指各種由文字訊息或影像構成的互動，包括電子郵件和手機簡訊，有些透過社群媒體的技術支持。這類電子通訊能強化團體的團結，使羽翼未豐的社會運動成長並發展快速。因此，曾經對社會運動而言不可或缺的面對面接觸，不再是必要條件。（Castells 2010b）。

新的全球化通訊也有助於讓志同道合的人聚集在一起。《世界變遷》（*World Changing*）一書的編輯 Alex Steffen（2008）指出，網路已然改變人們與他人的關係，可以跨越漫長的距離，使得聚焦於少數的觀眾成為全球通訊的一部分。如此一來，他們可以找到共同的目的。由於網路的科技結構，這樣的社會連結得以發生。網站無自主與獨立性，它們是相互連結的，一個網站往往有好幾個其他網站的連結。例如，當搜尋校園種族歧視的資訊時，便有特定校園的維權團體，以及關於如何有效動員策略的描述或影片。通訊科技的新發展，顯然使我們與他人的互動方式更廣泛多元。

✓ 運用你的社會學想像

你曾經透過社群媒體得知國外的社會運動嗎？

17.2　概述與回顧

摘要

社會運動（social movement）比其他形式的集體行為更具規模，並可維持較長時間。

1. 一個團體要動員成一場社會運動，不可或缺的是人人都必須有**相對剝奪**（relative deprivation）感，否則就只是集體行為而已。
2. 一個社會運動要能成功，端看**資源動員**（resource mobilization）是否有效。
3. **新社會運動**（new social movement）傾向聚焦於經濟以外的議題，並且經常是跨國界的。
4. 通訊科技的進步——尤其是網路——為社會運動的主要影響。

批判性思考

1. 什麼可能是全球通訊科技的弊病？
2. 傳統性別角色的哪一層面，可以解釋男性和女性在社會運動中典型扮演的角色？
3. 你會用怎樣的準則來判定，何種集體行為逐漸形成社會運動？

重要詞彙

電腦媒介通訊
虛假意識
新社會運動
相對剝奪
資源動員
社會運動

17.3　社會變遷

社會變遷理論

我們已經將**社會變遷**（social change）定義為：隨著時間的推移，行為模式與文化的顯著改變。社會變遷可能發生得十分緩慢，幾乎無法探測到它的影響，也可以急遽地變化。如圖 17-1 所示，光是在二十一世紀初，美國經濟就發生天翻地覆的急速改變。例如，我們可以看到健康與社會救助工作的急速成長，甚至成為現在最熱門的職缺；同時製造業承接自上世紀開始的衰退，仍持續進行中。讓我們想想兩件你可能不太會注意到的事：第一個是露天汽車電影院的減少（圖 17-2），你可能根本沒有去過，但是才在半個世紀前，露天汽車電影院是主要娛樂場所之一，現在我們都去影城或線上看電影；第二個社會變遷的例子則是走路上班的人（圖 17-3）。在美國，現今誰能走路上班呢？實在不多。在某些都會區較為常見——10% 住在紐約市的人走路上班、華盛頓特區有 13%，以及波士頓有 15%，但其他的所有地方，幾乎沒有人可以走路上班（McKenzie 2014）。

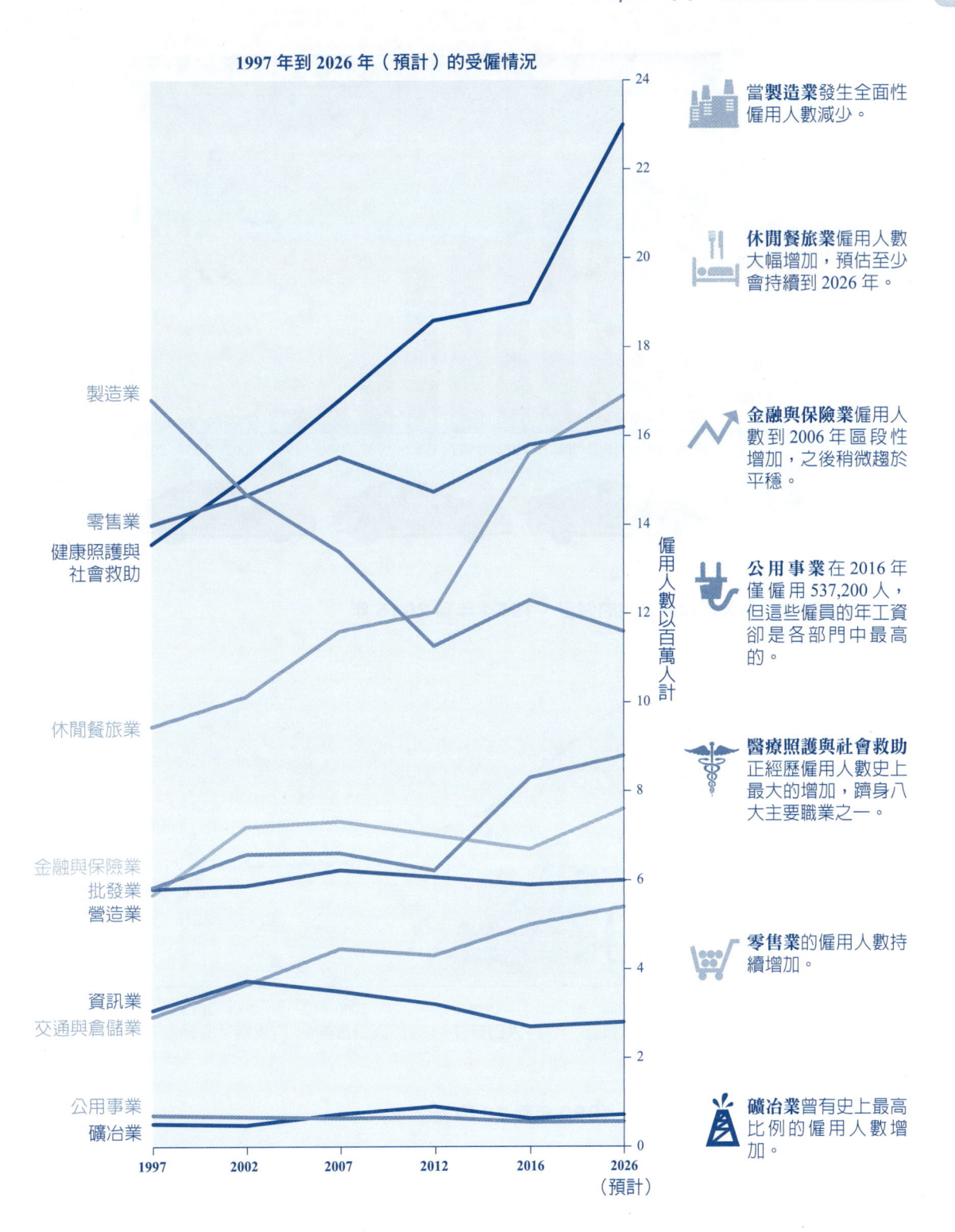

Chapter 17　全球社區中的社會變遷　449

1997 年到 2026 年（預計）的受僱情況

僱用人數以百萬人計

產業	說明
製造業	當**製造業**發生全面性僱用人數減少。
休閒餐旅業	**休閒餐旅業**僱用人數大幅增加，預估至少會持續到 2026 年。
金融與保險業	**金融與保險業**僱用人數到 2006 年區段性增加，之後稍微趨於平穩。
公用事業	**公用事業**在 2016 年僅僱用 537,200 人，但這些僱員的年工資卻是各部門中最高的。
醫療照護與社會救助	**醫療照護與社會救助**正經歷僱用人數史上最大的增加，躋身八大主要職業之一。
零售業	**零售業**的僱用人數持續增加。
礦冶業	**礦冶業**曾有史上最高比例的僱用人數增加。

圖例（左側標示）：製造業、零售業、健康照護與社會救助、休閒餐旅業、金融與保險業、批發業、營造業、資訊業、交通與倉儲業、公用事業、礦冶業

X 軸年份：1997　2002　2007　2012　2016　2026（預計）

資料來源：Bureau of Labor Statistics 2014e, 2017e.

圖 17-1　變動的美國經濟，1997 年到 2026 年（預計）

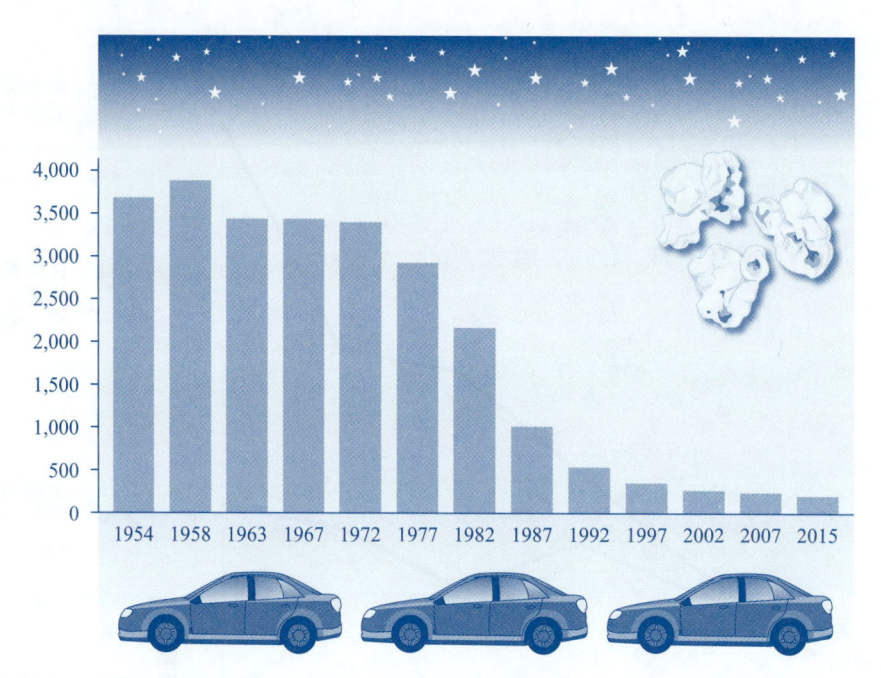

資料來源：Bureau of the Census 2015i.

圖 17-2　露天汽車電影院的減少，1954 年到 2015 年

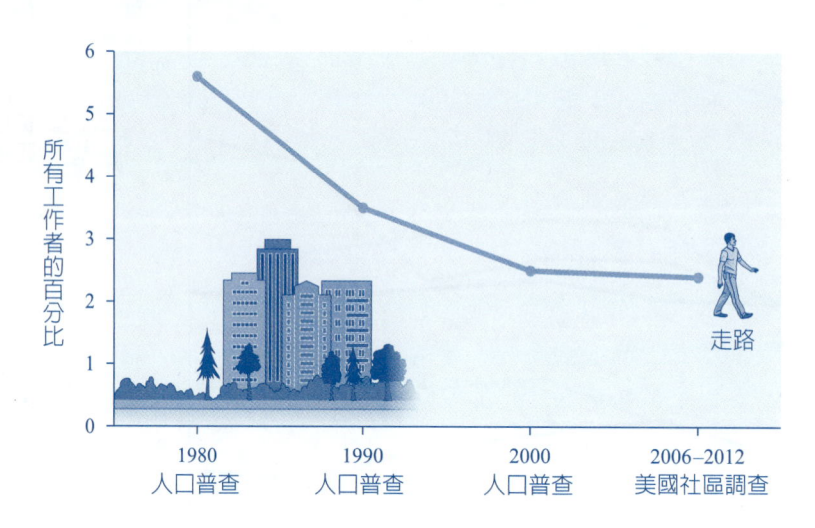

資料來源：McKenzie 2014.

圖 17-3　走路上班的人，1980 年到 2012 年

　　對我們今日多元且複雜的世界而言，解釋社會變遷的確是一種挑戰。縱然如此，來自各個不同學派的理論家已經試圖分析社會變遷。我們先來看看三種關於變遷的不同理論——演化論、功能論觀點與衝突論觀點，接著再來檢視對社會變遷的抗拒。

演化論

　　Charles Darwin（1809-1882）在生物演化論的奠基上，對十九世紀的社會變遷理論功不可沒。達爾文理論強調，連續的生物形式持續演化。譬如，人類進入演化的時間比爬蟲類更晚，我們所表現出的是一種更複雜的生命形式。社會理論家尋找一種類似生物模式的比喻，創造社會逐漸進步的**演化論（evolutionary theory）**。早期的演化論學者一致同意，社會無可避免地會演化到更高等的狀態。不出意料地，他們以民族中心主義的基調做結論，認為自己的文化與行為，比其他古文明來得高尚且進步。

　　社會學鼻祖 Auguste Comte（1798-1857）是社會變遷的演化論學者，他視人類社會的思考，從相信神話進步到以科學方法。同樣地，Durkheim（[1893] 1933）承襲 Comte 之思維，認為社會從簡單部落，演化到更複雜的社會組織形式。

　　今日，演化論以各種方式對社會學家產生影響。例如，演化論鼓勵社會生物學家研究人類和動物之間的行為關係，還研究人類生態學，其影響社區及其環境之間的相互作用（Maryanski et al. 2015）。

功能論觀點

　　由於功能論社會學者的關心是：維持一個制度，而不是改變一個制度的是什麼。這看似是說，功能論社會學者不能提供研究社會變遷的幫助。然而，如社會學家 Talcott Parsons 的研究所說的，功能論在社會變遷研究的範疇內有卓越的貢獻。

　　Parsons（1902-1979）是功能論的領導者，他認為社會在一種自然的均衡狀態。他所謂的「均衡」（equilibrium），是指社會達到一種穩定或平衡的狀態。Parsons 甚至認為長期的勞工罷工或平民暴動，只是現狀中的暫時干擾，而不是社會結構的嚴重改變。所以，根據他的**均衡模型（equilibrium model）**，社會中的一部分發生變化，其他將產生。

　　在考慮演化論方法時，Parsons（1966）認為，有四大社會變遷階段。(1) 分化（differentiation）是指社會組織越來越複雜。如，在健康領域中，從醫療人員這樣的概稱，轉變到醫生、護士和藥劑師，就是一種分化。隨之產生的過程是 (2) 適應提升（adaptive upgrading），社會機構的目的變得更專業。醫生又細分成婦產科醫生、內科醫生、外科醫生等，這都是適應提升的例子。

　　Parsons 提出的第三種過程是 (3) 納入（inclusion），納入那些因為性別、種族與社會階級背景因素，而先前遭社會排斥的團體，醫學院增加女性及非裔美國人的入學名額來實現納入。最後，Parsons 認為社會會產生 (4) 價值一般化（value generalization），發展出更多元活動的新價值觀。對於預防醫療跟另類療法的接

納,便是價值一般化的例子;我們的社會已經擴大它的健康醫療觀點。Parsons 提出的四種過程都強調共識——對社會組織及價值觀本質的社會共識(S. Best 2015)。

Parsons 的方法雖然應用演化論的發展概念,不過,他模型中的主題是穩定。社會或許會改變,但是藉由新的融入,仍然可維持穩定狀態。如,法律、司法程序及新的價值觀和信念,取代過往提供社會凝聚力的家族觀念。

衝突論觀點

功能論觀點將變遷的重要性簡單化。他們強調社會生活的延續,並視變遷為維持社會均衡(或平衡)的方法;反之,衝突論學者認為,社會系統和行為之所以能延續,是因為有影響力的團體,具有維持現況的能力。社會變遷很重要,因為社會需要不斷地變遷,來矯正不公與不平等。

Marx 接受演化論認為社會循著途徑發展的說法。不過,有別於 Comte 和 Spencer,Marx 並不相信「下個時代肯定會更好」這種說法。Marx 認為,無論歷史如何改朝換代,總有某個社會階級受到剝削,古代社會剝削「奴隸」;封建制度剝削「佃農」;現代資本主義社會剝削「勞工」。最終,經由無產階級所領導的社會主義革命,將會讓人類社會推進至最後一個階段:階級制度不復存在的共產主義社會,如 Marx 在 1867 年的《資本論》(*Das Kapital*)形容的,「自由人的社區」(請見 Bottomore and Rubel 1956:250)。

如同我們所見,Marx 對社會學的發展有極為重大的影響,他的思想為經濟、家庭、宗教與政府這些制度提出深入的見解,馬克思理論對社會變遷的看法很鼓舞人心,因為在和物質文化無可避免的變遷循環中,並不將人侷限為被動的角色。相反地,馬克思理論替那些想跳脫歷史桎梏,並從不義中獲得自由的人提供了一項工具。與功能論者強調穩定相反,Marx 認為衝突是社會變遷中一個正常且需要的一面。事實上,變遷應該被鼓勵,以作為一種剷除社會不公平的方法。

功能論強調穩定,衝突論著重變化,兩者的差異反映出社會的矛盾。人類社會穩定且長久,卻也經歷嚴重的戰爭衝突。Dahrendorf 發現,儘管在許多方面意見分歧,功能論和衝突論亦能相輔相成。確實,Parsons 提到社會變遷產

©ALI AL-ARIFI/AFP/Getty Images
社會變遷在不同文化中有不同的表現。自 2018 年開始,沙烏地阿拉伯的女性首次被允許進入足球場,雖然她們必須從另一個入口進入,而且被隔離在「家族包廂」內。

表 17-3　社會變遷的社會學觀點　　　　　　　　　　　　　　　　　　|　追蹤社會學觀點

演化論	社會變遷以明確的方向來改變社會，經常是從簡至繁。
功能論	社會變遷必須有助於社會的穩定。 適度的調整必須能順應社會變遷。
衝突論	社會變遷可以導正社會的不公和不平等。

生的新功能，而 Marx 也認為，為求社會能更公正的運作，社會變遷尤其重要。

表 17-3 摘要說明社會變遷的三大主要理論與其差異。

對社會變遷的抗拒

推動社會變遷的努力很有可能遭遇抗拒。在科學與技術快速發展下，對許多人而言，不斷變遷的社會帶來的壓力，令人無法應付。此外，社會若維持現況，對某些個人及團體是有利的。

社會經濟學家 Thorstein Veblen（1857-1929）發明**既得利益（vested interests）**此一術語，是指在社會變遷發生時，利益會遭受損害的人或團體。例如，要規範、限制或禁止一項產品或服務所做出的努力，典型地會遇到提供這些商品或服務的人堅決反對。最近的歷史見證如菸草、酒與武器的企業，為了抗拒變革而大肆遊說。更近期的例子是，政策制定者與醫療專業人員提倡，如果不能公然禁止日晒沙龍，也要增加限制，以防讓愛美人士暴露在過量的紫外線下，而紫外線是造成皮膚癌的主因。在 2003 年，巴西成為第一個禁止 18 歲以下青少年使用日晒機的國家；在 2009 年，這個禁令擴大到所有只以美容為目的而使用的日晒機。不令人訝異地，在美國有許多組織站出來反對類似的禁令，並抹黑人造日晒裝置會致癌的學術研究。

以更微觀層面來看，研究顯示，即使之前曾樂意接受社會變遷的人，若是遇到利益衝突，自然還是利字當先（Ford 2018:133）。

經濟與文化因素

經濟因素在抗拒社會變遷上，十分重要。例如，提升產品的安全、工人的工作安全，以及保護周遭自然環境，可能會讓生產者多花一大筆錢。衝突論觀點認為，在資本主義的經濟制度中，許多公司並不想為符合嚴格的環境安全標準而多花錢，它們可能偷工減料或施壓讓政府放寬規定的方法，來抵抗社會變遷。

社群亦保護它們的既得利益，往往是以「保護財產價值」為名。NIMBY 是英文「Not In My Backyard」（別在我家後院）的首字縮寫。我們常聽到人們抗議掩埋場、監獄、核能設備，甚至自行車步道與心智障礙機構建在他們的社區。這些社區並不一定反對這些機構，他們只是堅持這些機構不要蓋在我家附近。「別在我家後院」的態度非常普遍，政策制定者已經幾乎找不到願意接受危險廢棄物掩埋場這種設備的地點（Jasper 2014）。

在世界上，許多「嚴禁破壞地球」的運動已經出現。這些運動的成員強調許多問題，不論是謀取暴利或核擴散、勞工權利，或消滅貧困和疾病。本質上，反全球化的運動，在國際會議中各國貿易代表和國家元首的發言一覽無遺。

如經濟因素，文化因素亦抗拒變革。William F. Ogburn（1922）區分文化中的「物質」和「非物質」兩種層面。物質文化（material culture）包含發明、文物與科技；非物質文化（nonmaterial culture）包含想法、準則、溝通傳播與社會組織。Ogburn 指出，在新技術的產生前，我們無法設計出控制並利用新科技的方法。因此，非物質文化通常要適應物質文化的變遷。Ogburn 發明**文化失調（culture lag）**此一術語來指出調整無法跟上的混亂時期，在此期間，非物質文化仍然在適應新的物質環境。無人機便是最近一個文化失調的例子，至少有 50 個國家使用這種無人駕駛的飛機，來做軍事監控或發射空對地飛彈或炸彈。大眾亦欣然接受，無人機使用在工作上，如觀測農地與娛樂目的。然而，社會才剛剛開始處理這項科技的非物質層面，無論是無人機武器的道德議題，或是從限制無人機干擾飛機起降或侵犯他人隱私權。

在某些情況下，物質文化之改變會對非物質文化的價值觀或信念，帶來負

©Alexander Kolomietz/123RF　　　　　　　　　　資料來源：U.S. Air Force

無人機逐漸增加的使用率引起各界關注。例如，娛樂用無人機（左圖）可能干擾客機飛航安全，或侵犯他人隱私；軍用無人機（右圖），以無人駕駛的飛機進行作戰或軍事監控，則有道德上的問題。

面影響。大眾對抗癌疫苗喜聞樂見，但是能抵禦性傳播疾病的人類乳突病毒疫苗（HPV）就不見得了，儘管 HPV 是造成子宮頸癌的主因。由於此疫苗只在感染該病毒之前有效，疾病管制與預防中心建議 11 歲或 12 歲的男孩、女孩及早接種，而其他衛生組織則建議早至 9 歲便應接種。

2006 年，HPV 疫苗才上市，許多父母對於給年幼子女接種防止性傳播的疫苗感到十分不舒服。儘管如此，在物質文化上的這項進步漸漸被大眾接受。青少年對於此疫苗的接種率持續增加，至少 88% 接種至少一劑，而 43% 則接種最新型的疫苗（Walker et al. 2017）。

> ✓ 運用你的社會學想像
> 你覺得哪種社會變遷是最難以接受？哪種又是最容易接受的呢？

對科技的抗拒

科技（technology）是一種文化資訊，可以用來滿足人類需求或慾望的環境物質資源。物質文化的改變往往引起抗拒，科技發明便是一個例子。工業革命發生在 1760 年到 1830 年的英國，首創將非動物的動力運用到勞動工作上的科學革命。隨著工業革命的持續進行，社會開始依賴農業和工業生產工具的新發明，如蒸氣機。在一些工業中，機器降低對工廠人工的需求，並使工資更廉價。

有些國家對工業革命有強烈的抗拒。在英國，在 1811 年發起蒙面的手工業者此極端暴民行動：在午夜襲擊工廠，並毀損新機器。政府逮捕這些**路得提斯暴民**（**Luddites**），最後驅逐一些人，並吊死部分抗議民眾。在法國也發生類似的抗議，一些氣憤的工人將他們的木鞋（sabots）扔進工廠的機器，使得機器毀損，因此創造破壞（sabotage）這個單字。路得提斯暴民和法國工人的抗拒，雖然短暫且以失敗收場，卻成了抗拒科技的象徵之一。

我們現在是否身處第二次工業革命中，有現代版路得提斯暴民？許多社會學家認為，我們現在是生活在一個後工業社會裡。我們很難確切指出這個時代，一般而言，是在 1950 年代間，當時工業社會裡首次有大量服務業的勞工，而非生產實體商品。

正如路得提斯暴民抗拒工業革命一樣，許多國家的人也抗拒後工業科技帶來的社會變遷。**新路得提斯暴民**（**neo-Luddites**）是指害怕科技發明、對不斷擴張的工業化抱持著質疑態度，並對於逐漸被破壞的自然界和農業，以及現代資本主義「用過即丟」造成環境汙染，感到憂心的那些人（Volti 2013）。

都市阿米許人（urban Amish）這個俚語，特別是指那些，抗拒已經成為生活必需品的電子產品（如手機）的人。這些人堅稱，不論工業及後工業科技有多少好處，這種科技造成的社會成本，可能對人類和地球的未來，意味著一種危機（Urban Dictionary 2018）。

時至今日，仍有很多人抗拒新科技，經常因為新發明很難用，或是不希望生活更複雜。對於新的資訊和媒體科技，這兩種反對意見都格外真實。無論是懸浮板還是智慧手環，很多消費者都對這些所謂的必備品，不以為然。

✓ 運用你的社會學想像

何種社會因素可能使一個人或團體，較可能或較不可能接受社會變遷？

17.3 概述與回顧

摘要

社會變遷（social change）是指隨著時間的推移，行為模式與文化的顯著改變，包括習俗與價值觀。

1. 社會變遷**演化論**（evolutionary theory）的早期倡議者認為，社會必然會越來越進化。
2. Parsons 是功能論代表之一，認為社會會自然達到均衡或平衡的狀態。
3. 衝突論學者認為變革有重大意義，由於變革可以用來矯正社會的不公或不平等。
4. 整體而言，那些擁有社會不成比例的財富、地位與權力的人，是**既得利益**（vasted interests）者，為了維持他們的現狀而會抗拒變革。
5. **文化失調**（culture lag）是指非物質文化仍然在適應新物質環境的不適應期。

批判性思考

1. 你覺得何種社會變遷觀點最令人信服？為什麼？
2. 你認為經濟或文化因素哪一個對抗拒社會變遷影響更大？為什麼？
3. 你覺得目前哪項社會運動可能帶來社會變遷？何種社會力量支持這樣的變革？何種力量抗拒變革？

重要詞彙

文化失調　　　　　社會變遷
均衡模型　　　　　科技
演化論　　　　　　既得利益
路得提斯暴民

17.4 全球社會變遷

　　我們身處在歷史上極具戲劇性的時代，使我們必須以全球來考量社會變遷。Maureen Hallinan（1997）在向美國社會學學會發表的演說中，要求與會者思考一些近年的政治事件：共產主義之瓦解；世界各地發生的恐怖主義，包括美國；在非洲、中東和東歐，政權的改變和經濟的混亂；後天免疫缺乏症候群的傳播；以及電腦革命。在她發表演說後短短幾個月，第一個驗證就是複製羊桃莉羊（Dolly the sheep）。此後，科學家在治療後天免疫缺乏症候群上獲得重要的進展，新的世界流行病肆虐，學者針對人工智慧的威脅和約定爭辯不休，以及科學家正在建造世界上最大的人類基因資訊圖書館。

預期的變遷

　　在社會、政治和經濟大規模變化的這個時代，關於全球規模的社會變遷，是否可以被預測？科技的變遷顯而易見，然而，在 1990 年代初期，前蘇聯和東歐共產黨政府的瓦解，卻讓人們大感意外。但蘇聯解體之前，衝突論社會學家 Randall Collins（1986, 1995），發現一個被大家忽略的重要事件序列。

　　Collins 早在 1980 年的研討會及 1986 年出版的一書中曾認為，蘇聯的擴張導致資源過度擴張，包括不成比例的軍事開銷，這種過度擴張會影響穩定的政權。再者，地緣政治理論認為在如蘇聯這樣一個幅員廣大的國家，隨著時間的推移，會分裂成較小的單位。Collins 預測，幾個在邊境發生的社會危機，將使蘇聯突然瓦解。

　　1979 年，伊朗革命的成功，促發鄰近阿富汗及在蘇聯中，大量基本教義派穆斯林的反抗潮。在整個東歐和蘇聯本身，開始抗拒共產主義。Collins 曾預言，在蘇聯內部不同派系的共產主義的崛起，可能加速共產政權的瓦解。自 1980 年代後期，蘇聯領導人 Mikhail Gorbachev 面對東歐的反對意見，並未動用軍事力量強力鎮壓；反之，Gorbachev 針對蘇聯社會提出民主化和社會改革，並願意重塑蘇聯為一個較為自治、自由的聯邦。但在 1991 年，六個西部周邊的共和國宣布獨立，並在數月內蘇聯正式瓦解，主要領土成為俄羅斯，和其他幾個獨立國家。

　　在 Maureen Hallinan（1997）的主席致詞中，她提出必須超越社會變遷的限制，意即演化論的線性觀察與功能論觀點的均衡假設。Hallinan 指出，動盪和重要社會變遷確實會發生，而社會學家必須學習如何預測它，正如 Collins 預測蘇聯解體那樣。舉例來說，想像一下戲劇性的非線性改變，如杜拜從一個未開發的小公國，搖身一變成為經濟與通訊的重要樞紐。

©Howard Boylan/Getty Images　　　　　　　　　©David Cannon/Getty Images

自 1990 年到 2008 年，阿聯酋高爾夫俱樂部附近的地區簡直是今非昔比。

科技與未來

如飛機、汽車、電視、原子彈，以及電腦、數位媒體和智慧型手機這些科技發明，已為我們的文化、社會化模式、社會制度、每天的社會互動，帶來明顯的變化。科技的發明，以驚人的速度產生並被人們接受。

工業化國家在消費技術上，光是在過去的一個世代就已出現重大變革。人們不再購買耐用十年的電子產品，而是在購買時已預計兩三年後，產品就會壽終正寢，因為需要升級到全新的科技。理所當然地，有人會拒絕新科技，或者為了努力學習使用新科技而困擾。還有一些人是「拒絕高科技一族」——他們抗拒全球電子網絡化。這些「拒絕高科技一族」的人，做出和自己同時代的人截然不同的生活選擇，如同一些人不生孩子，決定成為「頂客族」（Darlin 2006; Kornblum 2007）。

無論「拒絕高科技一族」是否流行，職場的數位化都是不容忽視的。**數位化（digitalization）**是數位科技擴展到幾乎所有職場的現象，重塑經濟和工作的世界。社會學家將其視為**擴散（diffusion）**——由一個團體擴散到另一個團體，或是由一個文化擴散到另一個文化的文化產物的特定形式。

數位化在職場快速發生，而且可能會造成員工的焦慮。代表布魯金斯學會（Brookings Institution）的研究者做了詳細的分析報告，含括美國 545 個職業類別中 90% 的勞動力，數位內容的改變。圖 17-4 顯示數位化程度如何廣泛地改變企業和職業。

在接下來的章節將探討未來科技的幾種面向，並考慮科技對社會變遷的全面影響，自然包括科技帶來的壓力。我們特別著重近來電腦科技、人工智慧、電子審查制度，以及生物科技的進展。

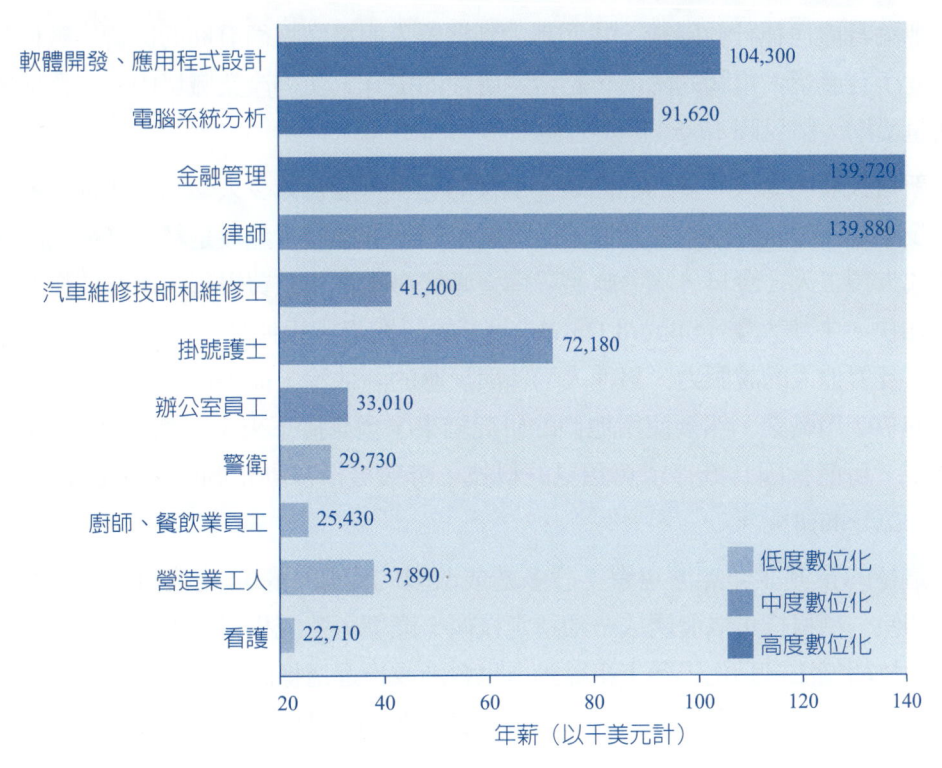

職業	年薪（千美元）
軟體開發、應用程式設計	104,300
電腦系統分析	91,620
金融管理	139,720
律師	139,880
汽車維修技師和維修工	41,400
掛號護士	72,180
辦公室員工	33,010
警衛	29,730
廚師、餐飲業員工	25,430
營造業工人	37,890
看護	22,710

圖例：低度數位化、中度數位化、高度數位化

資料來源：The Brookings Institute 2018; Muro et al 2017.

圖 17-4　特定職業的數位技巧水平

電腦科技

過去十年，全球目睹電腦科技的日新月異，影響最為深遠的就是全球最大的電腦網絡：網路。2017 年，網路使用者達到 39 億，相較於 1996 年僅有 5,000 萬人。

事實上，網路是在 1962 年，由美國國防部研發架設，目的為讓學者及軍事研究者，在萬一核子攻擊摧毀國家部分的通訊時，仍然能繼續為政府工作的電腦系統。直到上個世代，除非是任職於大學或政府研究實驗室，不然幾乎沒有機會接觸到網路。然而，現在任何人都能透過智慧型手機或是電腦上網。人們在網路上能做很多事，包括買賣車輛、交易股票、拍賣、找新藥、投票，或長久失聯的朋友，而這只是網路功能的千分之一。

遺憾的是，並非人人都可以進入這資訊的高速公路，尤其是較不富裕的地區。再者，這種不平等是全球性的。Wallerstein 在他的世界體系分析中描述，核心國家壟斷資訊科技；亞洲、拉丁美洲和非洲等邊陲國家，仰賴核心國家提供的科技和資訊。少數工業化國家如北美、歐洲和其他地區的國家，擁有世界上幾乎所有的網路主機）——一種可以連接到全球網路的巨型電腦。

無論身處何種社會階級，我們都受到機器人與電腦技術發展的影響。數位化正在改變所有產業。電腦的降價，結合適應性的提升，使得產業職場中的工業機器人銷售量暴增（請見圖 17-5）。

新科技發明令人不安的面向是，這樣的進步可能會減少人類的工作機會。這樣的擔憂不是什麼新鮮事；在整個二十世紀，第一批機器，然後是精細度很高的機器人取代人類工人。今日，隨著軟體設備逐漸變得精細化且買得起，新科技發明的速度更加快。牛津大學（Oxford University）的研究者，根據物品的操作、思考原創度，以及對他人的說服力、對他人情緒與反應的評估等，從工作者扮演的角色檢視美國的 702 項職業。然後使用他們的研究結果，預測接下來十年到二十年，702 項職業中，可能會因為既存或可預見的科技，導致機械自動化的職業。表 17-4 摘要他們一部分的研究。

這樣的預測並非無懈可擊；許多造成改變的變數，都可能讓預測不準確。例如，即使一項科技可以發展成一項特定技術，廉價勞工或相對昂貴的科技成本也會使這項技術無法自動化，勞工組織動員也會造成推遲這樣的結果發生。儘管如此，大約有 47% 的美國僱員都從事容易被自動化取代的高風險職業，可能會在一、二十年後被淘汰。

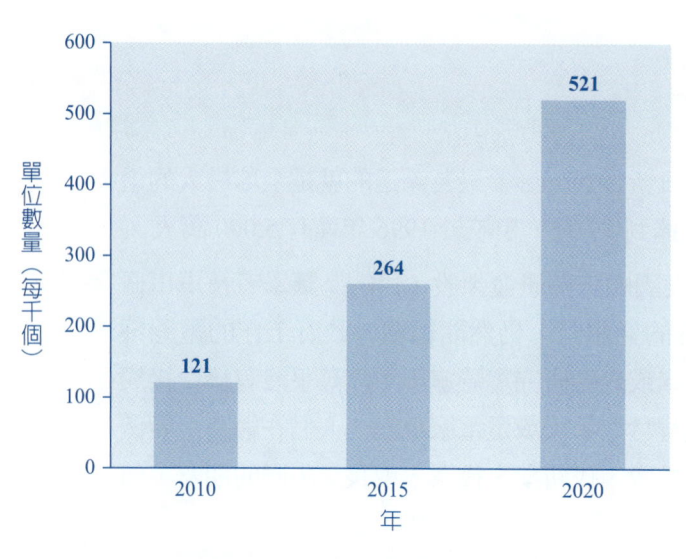

人工智慧

在 1968 年，作家 Philip Dick 寫的小說《銀翼殺手》（*Do Androids Dream of Electric Sheep?*），書中描寫末日後的世界，人類住在外星殖民地，由機器人僕人伺候他們。隨後這本小說被改編為動作電影《銀翼殺手》（*Blade Runner*），該片描寫一個淒涼又嚇人的世界，以 2022 年為時代背景。

機器人和各種形式的人工智慧，是物質文化的變化超越非物質文化的另一個例子。**人工智慧（artificial intelligence）** 或簡稱 AI，是指機器的智慧，而非人類的智慧，能解決問題與執行任務，並以某種方式達到某種程度

資料來源：International Federation of Robotics. "How Robots Conquer Industry Worldwide." IFR Press Conference. September 27, 2017.

逐漸地，常規工作被機器人取代。除了用在製造業和物流業的工業機器人，從外科手術到清洗窗戶都可見服務機器人的蹤影。自動操作裝置使用的增加，導致工業被分成兩大類：很令人討厭的和很令人喜歡的，越來越少介於中間的工作。

圖 17-5　預估的工業機器人全球年銷售量，2010 年到 2020 年

的成功。在過去，AI 總是令人聯想到在西洋棋或《危險邊緣》（*Jeopardy!*）遊戲打敗人類，但 AI 逐漸被用來執行真實世界的任務，從辨認影像、駕駛汽車到做醫學診斷。

牛津大學和耶魯大學（Yale University）的學者集結在一起，預估 AI 何時會足夠進步到大量取代人類的任務。他們預估可能不會重現《銀翼殺手》的世界，但確實提出很多 AI 完勝人類的壯舉：

- 在《憤怒鳥》（Angry Birds）遊戲打敗最強的人類玩家：2019 年
- 摺衣服速度超越人類：2022 年
- 給予指令下，組合出樂高（LEGO）積木的速度快過人類：2024 年
- 翻譯一個新發現的語言：2024 年
- 駕駛卡車：2027 年
- 從 Taylor Swift 的新歌中，分析重組成四十首難以區分的流行歌曲：2027 年
- 在 5K 城市競賽中，雙腳機器人打敗人類：2028 年
- 寫出一本《紐約時代》（*New York Times*）雜誌排行榜最暢銷書籍：2049 年
- 取代外科醫生的工作：2053 年

關於科技專家的預估則差異很大，他們預測在 2017 年到 2241 年，AI 就可以在所有的勞動任務中完勝人類（Cross 2018; Grace 2017）。

對這些預測的反應是，除了懷疑論，經常強調不應聚焦於什麼產業會被 AI 與科技取代，而是要看人類的收穫。例如，一項 2017 年的預估做出結論，在美國三分之一新增的職業是在 1990 年代中尚未存在或才剛成立的。

表 17-4　電腦化導致消失的職業

最不可能被科技取代的職業別（可能低於 0.5%）
急救員
心理健康與藥物濫用輔導社工
聽力學家 / 聽力治療師
消防第一線管理者
減重顧問與營養師
編舞家
外科與內科醫生
小學老師
最可能被科技取代的職業別（可能高於 98%）
模特兒
簿記員、會計師與審計員
信用分析師
運動裁判類
沖洗照片工人
報稅員
貨運代理人
手錶維修員
手工刺繡員與下水道清理工人

註：在接下來十年到二十年可能被電腦化的職業。這些選定的職業出自美國 702 項職業中，最可能和最不可能被電腦化的職業別。

資料來源：Frey and Osborne 2013:Appendix.

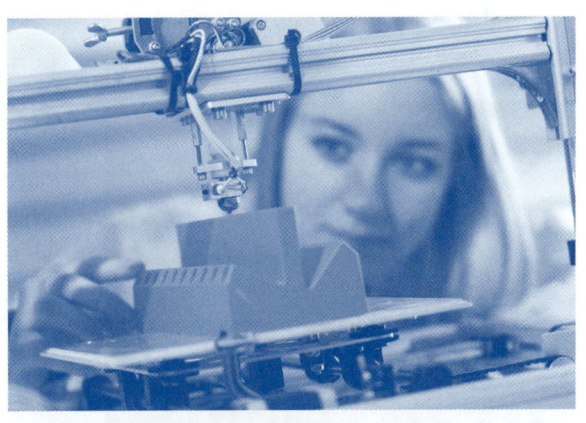

©Science Photo/Shutterstock

由於人工智慧的進步，使得未來的科技進展難以預料。在一個更基本的層面，3D 印刷技術現在不難獲得，雖然仍然很昂貴，並且逐漸使用在設計和製作商品上。

另一項對 AI 的觀察反映出衝突論學者的取向：無論 AI 帶來什麼好處，不是全世界的每個人都能享受到。開發中國家會落後工業化國家，而在富裕國家，AI 的有效應用將會集中在社會階層的頂級人士（Sharma 2017）。

地球村的隱私權與審查制度

今日新型機器人、可以自動停車的汽車，與智慧型手機，帶來天翻地覆的社會變遷。儘管大部分的改變是有益於人類，但負面的影響亦如影隨形。最近電腦科技的發展，使得企業、政府機關，甚至是罪犯，越來越容易蒐集和儲存我們的購買記錄，找到我們的消費習慣。無論在公共場所、公司和網路上，監視軟體現在可以追蹤我們的一舉一動，無論打字或在自動櫃員機提款。我們分秒不離手的手機，使得老練且無孔不入的駭客攻擊我們的隱私權和匿名性。為了應對這個問題，有些人開始提倡建立類似打擊生物威脅的疾病管制局（Centers for Disease Control and Prevention, CDC）的公立機構，來打擊電腦病毒。然而，為了換來整體隱私安全的提供，必須限制執法單位，為了潛在威脅搜索電子通訊訊息的權限，無論這些內容是否為竊盜或恐怖主義（Lucas 2015; Rosen 2015）。

從社會學的觀點而言，關於隱私權和審查制度的問題，被認為是文化失調的一個例子。像往常一樣，物質文化（科技）的改變比非物質文化（管理使用科技的規範）快。很多時候，人們使用新技術缺乏規範限制。

關於電子通訊監視的立法，一直無法維護公民的隱私權。1986 年，美國聯邦政府通過《電子通訊隱私法案》（Electronic Communications Privacy Act），取締未受到美國司法部長和聯邦法官允許下之非法電話監聽，但是傳真和電子郵件並未受到同級的保護。在 2001 年，在 911 恐怖攻擊後的一個月，美國國會通過《愛國者法案》（Patriot Act），放寬執法人員在現行法律上的檢查監督。於是，聯邦政府機構現在可以更恣意地蒐集電子資料，如信用卡收據和個人銀行記錄。2005 年，美國人才發現國家安全局與美國主要的幾家電信公司早就狼狽為奸，偷偷摸摸地監聽民眾的電話，自從暴露之後，聯邦政府的法院乾脆裁定沒有搜索令的竊聽為合法行為（ACLU 2015b）。

社會學家對於使用和濫用新技術的看法有異，主要是根據各自不同的理論觀點。功能論學者對網路普遍採取積極的看法，指出其促進交流的顯著功能。從他們的觀點來看，網路有

©Andre Kudyusov/Photodisc/Alamy Stock Photo

授權的潛在功能，讓那些擁有很少資源的團體——從仇恨團體到特殊利益團體，更容易和大眾溝通；相反地，衝突論學者強調在社會中最有力的群體，有使用技術侵犯較弱勢者隱私權的風險。實際上，中國官員試圖審查線上討論團體和批評政府的網路貼文。公民自由的倡議者提醒我們，如果公民在保護隱私權上不保持警惕，同樣的傷害可能會在美國發生（Magnier 2004）。

與資訊時代之前相比，今日人們似乎對自身隱私權的維護較為鬆懈。年輕人逐漸長大，瀏覽網路似乎能夠接受網頁 cookie 和間諜軟體（spyware）的存在，他們從小習慣成人檢視自己在電子聊天室的談話。許多人認為，提供個人資訊給在線上遇到的陌生人無傷大雅。難怪現在的大學教授在對學生談到隱私權政治的重要性時，彷彿對牛彈琴（Turkle 2004）。

✓ 運用你的社會學想像

你是否對於個人電子通訊隱私權保持強烈的看法？如果你的安全正面臨威脅，會願意犧牲自己的隱私權嗎？

生物科技與基因庫

在另一個刺激全球社會變遷的科技領域是生物技術。胎兒性別的選擇、生物基因工程、基因複製羊、牛和其他小動物——近幾年在生物科技領域中，都備受爭議。George Ritzer（2015）的麥當勞化概念，亦適用於整個生物科技技術。速食的概念滲透社會，現在的生命無不受醫療的干預。的確，社會學家將許多生物技術視為，社會醫療化趨勢的擴張，藉由基因操縱的方式，醫學專業亦能進一步擴大地盤（Clarke et al. 2003; Human Genome Project 2018）。

生物技術上值得注意的成功案例——現代戰爭意外的收穫——即是治療肢體殘障上的醫療進步。在伊拉克和阿富汗戰爭中，為了照顧大量受傷的士兵，軍醫和治療師，發明電子控制義肢。他們的發明包括能回應思考，產生神經傳導的人造四肢。新科技使截肢患者也能移動雙腿、手臂，甚至能夠活動手指。對於受傷者的復健，電腦科學的廣泛應用，無疑將會擴展到一般民眾的治療上。

一項驚人的生物科技進展是，以基因工程改變人類行為或生理特徵。有時使用基因組編輯（genome editing）的形式，科學家藉由添加、替換或移除 DNA 的某些元素來改變基因序列。混合魚類和植物的基因，用來創造新品種的抗凍的馬鈴薯和番茄。更近期的則有，將人類基因植入豬體內，培養出像人類的腎臟，以提供器官移植使用。Ogburn 在九十多年前，描寫文化失調時，不可能會預料到未來的

科學進展能夠如此。不過，像這樣的科學進展，如成功的複製羊，再度說明物質文化可以如何快速地改變，以及非物質文化如何緊追不上（National Academies of Sciences, Engineering, and Medicine 2017b）。

雖然今天的生物技術堅稱有利於人類，但仍有待監測與觀察。正如我們看到的，生物科技的進步帶來許多棘手的道德和政治問題，調整基因庫是其中之一，它可能會以令人意想不到的方式來改變我們的環境。基因改造食品（genetically modified food, GM food）的爭議也越來越多。原本出現在歐洲的這個問題，現已蔓延到世界各地，包括美國。這個技術旨在提高人類糧食的產量，使農業更進步。但評論家發明——科學怪食（Frankenfood）一詞，用英語科學怪人（Frankenstein）的諧音，指由基因改造玉米製成的早餐穀片，基因改造的番茄。反生物科技（antibiotech）運動的成員反對人工改造自然，反對可能影響健康的基因改造食品。在另一方面，基因改造食品的擁護者，不光是生物科技公司，還有一些人認為這種技術可以幫助改善非洲和亞洲地區，因人口暴增造成的糧食不足問題（Shuttleworth 2015）。

相較之下，較不昂貴且較不具爭議性的新科技，可以幫助需要農業進步的地區。想想手機，不像其他大多數的新科技，這個世界上大多數的手機持有者都在低度開發國家。相較來說比較便宜，而且不像電腦需要昂貴的通訊基礎建設，手機在世界上最貧困的地區也很普及。在烏干達，農夫使用手機來查詢天氣預報與農產品的市價；在南非，勞工用手機找工作；非洲的農夫用 iCow 的 APP，追蹤每隻乳牛的個別孕期，如此一來就不會錯過擴展牛群的寶貴機會。倫敦商學院（London Business School）的學者發現，在開發中國家，10% 手機使用者的增加與 0.6% 的 GDP 增加呈正相關（Bures 2011; Schneider 2015）。

©Trevor Snapp/Bloomberg/Getty Images
一位烏干達農夫正用手機查詢咖啡豆的市價。

17.4 概述與回顧

摘要

我們生活在一個社會、政治與經濟都急遽變化的時代——變遷不僅發生在地區或國家內，而是全球規模的。

1. 電腦科技的發展，已使得個人、公司行號、政府機關更容易取得任何人的個人資訊，因此侵犯我們的隱私權。
2. 雖然人工智慧（artificial intelligence），或稱 AI，快速取代曾經是由人類執行的工作，但是並非全世界都能享受好處。
3. 生物科技的進步，已然造成基因工程上難解的道德問題。

批判性思考

1. 你覺得生物科技的哪一方面前景最看好？
2. 你是否覺得有時候自己的未來在電子世界，而非在人群和你所處的環境。
3. 整體而言，新科技的發明對社會究竟是有害還是有益？試述你的看法。

關鍵詞彙

人工智慧
擴散
數位化

本章摘要

社會學實戰小練習

1. 選擇一個你感興趣的社會運動並研究。如果可以的話，訪問你的社區中此運動的成員。哪種社會學理論較能解釋此運動的組成方式？相對剝奪論或資源動員論？你是否會描述此運動為一種新社會運動？在此運動中，通訊扮演何種角色？
2. 嘗試關閉你的所有電子設備（手機、筆記型電腦等）一段時間，比如一天。之後，以社會學觀點分析這個實驗。當沒有這些裝置可用時，你失去何種功能？你從這個經驗中學到什麼？
3. 選擇一個吸引你注意的新科技，並從一個社會學觀點分析。你認為這項科技可能對社會有什麼貢獻？又可能會有哪些負面影響？你注意到任何對這些科技的抗拒嗎？如果有的話，抗拒的人是基於何種理由？

重要詞彙

Artificial intelligence 人工智慧 機器的智慧，而非人類的智慧，能解決問題與執行任務，並以某種方式達到某種程度的成功。

Assembling perspective 聚集論觀點　由 McPhail 與 Miller 提出的集體行為理論，試圖檢視人們為何從不同地點向一個共同場所聚集。

Collective behavior 集體行為　以社會學家 Smelser 的觀點，是一群相對非籌劃安排、無組織性的人，以一種不明確的立場對應一種共同影響。

Computer-mediated communication, CMC 電腦媒介通訊　透過兩個或以上的網路裝置（如電腦或手機）的通訊互動。這個術語亦可泛指各種由文字訊息或影像構成的互動，包括電子郵件和手機簡訊，有些透過社群媒體的技術支援。

Craze 狂熱　一種興奮的群眾參與，持續一段相對長的期間。

Crowd 群眾　一種暫時的人群聚集，擁有共同的利益焦點。

Culture lag 文化失調　當非物質文化仍在在適應新物質狀況，所產生失調的那段時期。

Diffusion 擴散　一項文化產物，由一個團體擴散到另一個團體，或是由一個文化擴散到另一個文化的過程。

Digitalization 數位化　數位科技擴展到幾乎所有的職場的現象，重塑經濟和工作的世界。

Disaster 災難　一種突然發生或具有破壞性的一個或一連串的事件，使得社區的資源無法因應，需要外界援助。

Emergent-norm perspective 規範浮現論　由 Turner 與 Killian 提出的一種集體行為理論。認為在集體行為的進行期間，產生行為是否恰當的一種集體定義。

Equilibrium model 均衡模型　功能論學者視社會會自然朝向穩定或是平衡狀態的觀點。

Evolution theory 演化論　認為社會朝著一個固定方向移動的社會變遷理論。

Fads 流行　一大群人暫時的行為模式，流行前無古人，後無來者，僅此一回。

Fashion 時尚　大眾心嚮往之而參與的潮流，特徵為社會中有相當多的人接受，而且有歷史脈絡可循。

False consciousness 虛假意識　Marx 形容特定階級人民持有一種無法反映他們真實情況的用語。

Flash mob 快閃族　由社群媒體集結的一群人，在某個地點突然出現，進行某種集體活動，然後表演完立刻原地解散。

Luddites 路得提斯暴民　十九世紀英國的蒙面手工業者，毀損工廠的新機器，作為抵抗工業革命的方式。

New social movement 新社會運動　為促進自主性、自決與改善生活品質，一種具有組織性的集體活動。

Nonperiodic assembly 不定期集會　一種非經常性的人群集會，經常由口耳相傳的資訊而來。

Panic 恐慌　基於一種不一定會發生的一般化信念，激發群體的恐懼或集體潰逃。

Periodic assembly 定期集會　一種經常性的，相對定期的人群集會，例如大學授課。

Public 公眾　分散的一群人，彼此之間不一定有聯繫，對共同的議題有興趣。

Public opinion 公眾意見　傳達給決策者對公眾政策的表態。

Relative deprivation 相對剝奪　對合理的期待與現實狀況之間的差異，負面的感受。

Resource mobilization 資源動員　社會運動運用金錢、政治、媒體及成員等資源的方法。

Rumor 謠言　以非正式管道獲得的一種非經證實的資訊。

Social change 社會變遷　包括規範及價值觀等，歷年來在行為模式和文化上的重大改變。

Social movement 社會運動　為了促進或抵抗一個既存團體，或是社會組織化的集體活動。

Technology 科技 利用自然環境中的資源，來滿足人類需求及慾望的資訊。

Value-added model 增值論模型 由 Neil Smelser 提出的集體行為理論，說明許多社會情況可以用一種明確的模式變成某種形式的集體行為。

Vested interests 既得利益 那些在社會變遷發生時，利益會遭受損害的人或團體。

自我評量

請仔細閱讀下列問題，並選擇最適合的答案。

1. 以社會學術語的定義，下列何者構成群眾？
    a. 棒球比賽的觀眾
    b. 大學的賽前運動會
    c. 都市暴徒
    d. 以上皆是

2. 最不具組織性，並且形式最個人化的集體行為是指
    a. 謠言
    b. 公眾
    c. 時尚
    d. 恐慌

3. Karl Marx 認為社會運動的領導者必須幫助勞工克服何種感覺？
    a. 階級意識
    b. 虛假意識
    c. 社會主義意識
    d. 剩餘價值

4. 促進匿名性與自決，以及提升生活品質的有組織集體行動是指
    a. 新社會運動
    b. 社會演化論
    c. 資源動員論
    d. 狂熱

5. 下列何者的文字引用，是社會變遷一個公認的定義？
    a. 喧鬧的、革命性的選擇，導致領導人的改變
    b. 隨著時間的推移，行為模式和文化的重大改變
    c. 在一致的參照社會架構下，定期的改變
    d. 在任何社會系統中，難以覺察的改變

6. 十九世紀社會變遷理論，促發了哪一個人在生物演化論的開創性研究？
    a. Albert Einstein
    b. Harriet Martineau
    c. James Audubon
    d. Charles Darwin

7. 根據 Talcott Parsons 的均衡模型，在何種過程中，社會系統變得在目的上更加明確？
    a. 分化
    b. 適應提升
    c. 納入
    d. 價值概化

8. 下列關於 Karl Marx 的敘述，何者為非？
    a. Karl Marx 接受演化論點，其認為社會按照一定脈絡發展
    b. Karl Marx 相信在歷史經歷許多不同的時期，但每個時期必有被剝削的階層
    c. Karl Marx 接受 Talcott Parsons 的均衡模型，認為若要達到社會的穩定，當改變發生在社會的一部分時，另一部分必隨之調整
    d. Karl Marx 認為衝突是常態，並且是社會變遷中好的層面

9. 下列何種術語，是 William F. Ogburn 用來指非物質生活的改變跟不上物質生活改變的調整期？
    a. 經濟轉型
    b. 政治動盪
    c. 社會變遷
    d. 文化失調

10. _____ 是有組織的集體活動，為既存團體或社會帶來或是抗拒本質的改變。
11. 一個人受到相對剝奪時會十分不滿，因為相較於合適的 _____ 團體，他感到被欺壓。
12. 早期的演化論者以帶有 _____ 色彩的口吻下結論，他們自己的行為和文化比早期的文明來得更進步。
13. Parsons 使用 _____，指社會組織越來越複雜。
14. 社會經濟學家 Thorstein Veblen 塑造 _____ 一詞，指會因為社會變遷遭受損失的人或團體。
15. _____ 一詞是指那些懼怕科技發明，對不斷持續擴張的工業化抱持質疑態度，對於逐漸被破壞的自然界和農業世界，以及現代資本主義「用過即丟」行為造成環境汙染，感到憂心的那些人。
16. 在 2001 年，911 恐怖攻擊後的一個月，美國國會通過《_____ 法案》，放寬有關執法人員在現行法律上的檢查監督。因此，聯邦政府機構現在可以更自由地蒐集電子資料，包括信用卡收據和銀行記錄。
17. _____ 為全球最大的電腦網絡。
18. 在開發中國家，與昂貴的生物科技相比，_____ 是促進農業發展的更廉價的方式。
19. _____ 強調在社會中最有力的群體，會使用技術來侵犯較弱勢者的隱私權。

答案

1. (d)；2. (d)；3. (b)；4. (a)；5. (b)；6. (d)；7. (b)；8. (c)；9. (d)；10. 社會運動；11. 參考；12. 種族中心主義；13. 分化；14. 既得利益；15. 新盧得運動論者；16. 愛國者；17. 網際網路（或網路）；18. 手機（流行動電話）；19. 衝突論者

索引

一畫
一夫一妻制　monogamy　281
一夫多妻制　polygyny　281
一妻多夫制　polyandry　281

二畫
人口金字塔　population pyramid　416
人口普查　census　410
人口學　demography　408
人口轉型　demographic transition　412
人工智慧　artificial intelligence, AI　460
人才外流　brain drain　390
人性關係取向　human relations approach　143
人格　personality　88
人類生態學　human ecology　417

三畫
三明治世代　sandwich generation　261, 269
大眾傳播媒體／大眾傳媒　mass media　149
女性主義　feminism　255
女性主義觀點　feminist perspective　18
小教派　sect　344
工具性能力　instrumentality　245
工業社會　industrial society　130, 370

四畫
不定期集會　nonperiodic assembly　431
中年危機　midlife crisis　269
中觀社會學　mesosociology　14
互動論觀點　interactionist perspective　20
仇恨犯罪　hate crime　191
內容分析　content analysis　48
內婚制　endogamy　288
內團體　in-group　134
公眾　public　439
公眾意見　public option　439
反文化　counterculture　81
少數團體　minority group　222
支配矩陣　matrix of domination　247
文化　culture　61
文化失調　culture lag　454
文化相對論　cultural relativism　63
文化傳遞　cultural transmission　182
文化落差　culture lag　78
文化資本　cultural capital　14, 66
文化震撼　culture shock　82
父系繼嗣　patrilineal descent　282
父權制　patriarchy　283

五畫
世俗　profane　330
世俗化　secularization　330
主流意識型態　dominant ideology　156
主要身分　master status　116
主導意識型態　dominant ideology　73
代議制民主　representative democracy　355
出生率　birthrate　410
功能論觀點　functionalist perspective　16
去工業化　deindustrialization　377
古典理論　classical theory　143
外婚制　exogamy　288
外團體　out-group　134
失功能　dysfunction　17
平均壽命　life expectancy　411
平權行動　affirmative action　230, 378
平權家庭　egalitarian family　283
正式社會控制　formal social control　175
正式組織　formal organization　137
正式規範　formal norms　69
母系繼嗣　matrilineal descent　282
母權制　matriarchy　283
民主制　democracy　355
民族誌　ethnography　44
犯罪　crime　188
生命統計　vital statistics　410
生命歷程觀點　life course approach　98
生態現代化　ecological modernization　418
白人優越性　Whiteness privilege　228
白領階級犯罪　white-collar crime　190
目標置換　goal displacement　140

六畫

交織性　intersectionality　247
先賦地位　ascribed status　115
全控機構　total institution　99
全球化　globalization　27, 205
全球社會學　global sociology　14
全球暖化　global warming　422
共享經濟　sharing economy　380
共產主義　communism　374
再社會化　resocialization　99
印象管理　impression management　95
同化　assimilation　236
同居　cohabitation　301
因果邏輯　causal logic　38
多元主義　pluralism　237
多元主義模型　pluralist model　367
多配偶制　polygamy　281
守門員　gatekeeping　154
安寧照護　hospice care　272
年齡歧視　ageism　274
成長率　growth rate　411
有機連帶性　organic solidarity　126
次文化　subculture　80
次級分析　secondary analysis　48
次級團體　secondary group　134
死亡率　death rate　410
死亡率　mortality rate　394
汙名化　stigma　178, 405
老年學　gerontology　263
自由放任制度　laissez-faire　371
自我　self　92
自致地位　achieved status　115
自然科學　natural science　3
自變數　independent variable　38
色盲種族主義　color-blind racism　226, 378

七畫

君主制　monarchy　354
均衡模型　equilibrium model　451, 453
快閃族　flash mob　433
災難　disaster　433

狂熱　craze　437
男子氣概　machismo　291
角色取替　role taking　94
角色退出　role exit　119
角色緊張　role strain　119
角色衝突　role conflict　118
身分　status　115

八畫

依賴理論　dependency theory　205
依變數　dependent variable　38
初級團體　primary group　133
初期農業社會　horticultural societies　129
制度性歧視　institutional discrimination　229, 252
刻板印象　stereotype　156, 226
和平　peace　357
宗教　religion　330
宗教信念　religious belief　339
宗教經驗　religious experience　341
宗教儀式　religious ritual　340
官僚化　bureaucratization　142
官僚制度　bureaucracy　138
定期集會　periodic assembly　431
彼得原理　Peter principle　141
性別角色　gender role　101, 242
性別歧視　sexism　252
性別認同　gender identity　249
性認同　sexual identity　250
武力　force　352
歧視　discrimination　227
法律　law　69, 175
法理社會　Gesellschaft　127
物質文化　material culture　78
社會　society　62
社會不平等　social inequality　27
社會互動　social interaction　112, 113
社會化　socialization　87
社會反應取向　societal-reaction approach　184
社會文化演化　sociocultural evolution　128
社會主義　socialism　374
社會生物學　sociobiology　65
社會角色　social role　118

Index

社會制度　social institution　121
社會建構論觀點　social constructionist perspective　185
社會流行病學　social epidemiology　394
社會科學　social science　3
社會控制　social control　171
社會結構　social structure　114
社會解組理論　social disorganization theory　183
社會資本　social capital　14, 159
社會運動　social movement　442
社會網絡　social network　120
社會學　sociology　1
社會學想像　sociological imagination　2
社會變遷　social change　448
社群媒體　social media　149
表達能力　expressiveness　245
門當戶對　homogamy　288
非正式社會控制　informal social control　175
非正式規範　informal norm　69
非正式經濟　informal economy　375
非物質文化　nonmaterial culture　78
非語言溝通　nonverbal communication　20

九畫

信度　reliability　40
後工業社會　postindustrial society　130
後現代社會　postmodern society　131
政治　politics　351
政治體系　political system　351
活動理論　activity theory　264
流行　fad　436
玻璃天花板　glass celling　228
相對剝奪　relative deprivation　443
相關　correlation　38
研究設計　research design　42
科技　technology　76, 129, 455
科學　science　2
科學方法　scientific method　35
科學管理取向　scientific management approach　143
重要他人　significant other　94
降黜儀式　degradation ceremony　99
面子功夫　face-work　95

十畫

倫理規約　code of ethics　50
剝削理論　exploitation theory　232
家庭　family　280
家庭主義　familism, familismo　291
差別正義　differential justice　186
差別接觸　differential association　182
庫朗德利斯摩　curanderismo　397
恐怖主義　terrorism　358
恐慌　panic　437
效度　validity　40
時尚　fashion　436
核心家庭　nuclear family　280
氣候變遷　climate change　422
病人角色　sick role　388
神格權勢　charismatic authority　353
神聖　sacred　330
能力分班　tracking　314

十一畫

假設　hypothesis　38
偏見　prejudice　226
偏差　deviance　177
偏差脫序理論　anomie theory of deviance　181
健康　health　387
參考團體　reference group　135
問卷　questionnaire　43
國教　ecclesia　343
基本教義主義　fundamentalism　339
基礎社會學　basic sociology　26
專業犯罪　professional criminal　189
專業盲點　trained incapacity　139
從眾　conformity　172
採集社會　hunting-and-gathering society　129
接觸假說　contact hypothesis　233
控制理論　control theory　176
控制組　control group　47
控制變數　control variable　40
教派　denomination　343
教師期望效果　teacher-expectancy effect　316
族群團體　ethnic group　222

現代化　modernization　211
現代化理論　modernization theory　212
理念型　ideal type　9, 38
理性權勢　rational-legal authority　353
理論　theory　5
異化　alienation　139
異教崇拜　cult　345
符號　symbols　68
第二輪班　second shift　254
組織犯罪　organized crime　190
組織精簡　downsizing　379
習俗　folkway　70
脫序　anomie　8, 180
脫離理論　disengagement theory　263
規範　norm　69
規範浮現論　emergent-norm perspective　429
訪談　interview　43
連續的一夫一妻制　serial monogamy　281
麻醉負功能　narcotizing dysfunction　153

十二畫

創新　innovation　75
單親家庭　single-parent family　295
普世文化　cultural universals　62
殖民主義　colonialism　204
無被害人犯罪　victimless crime　189
發明　invention　75
發展認知理論　cognitive theory of development　96
發現　discovery　75
菁英模型　elite model　364
虛假意識　false consciousness　444
視覺社會學　visual sociology　46
量化研究　quantitative research　44
集體行為　collective behavior　427
順從　obedience　172

十三畫

亂倫禁忌　incest taboo　288
傳統權勢　traditional authority　353
傳播　diffusion　76
微觀社會學　microsociligy　14

意見領袖　opinion leader　164
新社會運動　new social movement　446
新教倫理　Protestant ethic　333
新殖民主義　neocolonialism　204
新興宗教　new religious movement, NRM　345
暗語　argot　80
極權主義　totalitarianism　355
概括化他人　generalized other　94
經濟制度　economic system　351
群眾　crowd　432
解放神學　liberation theology　333
資本主義　capitalism　371
資源動員　resource mobilization　444
跨國公司　multinational corporation　208
跨國犯罪　transnational crime　191
路得提斯暴民　Luddites　455
農業社會　agrarian society　129
過度消費　hyper consumerism　152
過渡儀式　rites of passage　97
道德　mores　69
鉅觀社會學　macrosociology　13
隔離　segregation　235
電腦媒介通訊　computer-mediated communication, CMC　447
預期社會化　anticipatory socialization　98

十四畫

團體　group　120, 133
境外生產　offshoring　381
寡頭制　oligarchy　354
寡頭政治鐵律　iron law of oligarchy　142
實驗法　experiments　47
實驗組　experimental group　47
對應原理　correspondence principle　315
演化論　evolutionary theory　451
種族中心主義　ethnocentrism　63, 226
種族主義　racism　226
種族形成　racial formation　223
種族描述　racial profiling　233
種族滅絕　genocide　234
種族隔離制度　apartheid　235

Index

種族團體　racial group　222
精神疾病　mental illness　405
網路犯罪　cybercrime　190
聚集論觀點　assembling perspective　431
語言　language　67
酷兒理論　queer theory　19
領養　adoption　294

十五畫

價值中立　value neutrality　52
價值觀　value　71
增值論模型　value-added model　429
影響力　influence　352
數位化　digitalization　458
數位落差　digital divide　158
標籤理論　labeling theory　184, 392
樣本　sample　39
潛藏的課程　hidden curriculum　312
獎懲　sanction　70, 172
確立的小教派　established sect　344
衝突論觀點　conflict perspective　17
調查　survey　43
質性研究　qualitative research　44

十六畫

戰爭　war　355
操作性定義　operational definition　36
機械連帶性　mechanical solidarity　126
獨占　monopoly　372
獨裁制　dictatorship　354
罹病率　morbidity rate　394
融合　amalgamation　236
親屬關係　kinship　282

隨機樣本　random sample　39
霍桑效應　Hawthorne effect　47

十七畫

嬰兒死亡率　infant mortality rate　390
應用社會學　applied sociology　24, 47
擬劇法　dramaturgical approach　20, 95
環境正義　environmental justice　419
瞭悟　verstehen　9
聯盟　coalition　136
臨床社會學　clinical sociology　26
謠言　rumor　438
隱性功能　latent function　17

十八畫

擴展家庭　extended family　280
擴散　diffusion　458
禮俗社群　Gemeinschaft　126
醫學模式　medical model　389
雙系繼嗣　bilateral descent　282
雙重意識　double consciousness　12
雙薪家庭　dual-income family　294

十九畫以上

證照主義　credentialism　312
鏡中自我　looking-glass self　92
權力　power　352
權力菁英　power elite　364
權勢　authority　352
變數　variable　38
顯性功能　manifest function　17
觀察　observation　44

473

notes

notes

notes